清末民初文獻叢刊

禮記質疑

（上册）

[清] 郭嵩燾 著

朝華出版社
BLOSSOM PRESS

圖書在版編目（CIP）數據

禮記質疑 ： 全3册 / （清）郭嵩燾著. -- 北京 ： 朝華出版社，2018.9

（清末民初文獻叢刊）

ISBN 978-7-5054-4335-8

Ⅰ. ①禮… Ⅱ. ①郭… Ⅲ. ①禮儀－中國－古代②《禮記》－研究 Ⅳ. ①K892.9

中國版本圖書館CIP數據核字(2018)第183625號

禮記質疑（全三册）

作　　者　[清]郭嵩燾

選題策劃　楊麗麗　尚論聰
責任編輯　胡　泊
特約編輯　齊　芳
責任印制　張文東　陸競贏
封面設計　劉敬偉

出版發行　朝華出版社
社　　址　北京市西城區百萬莊大街24號　　郵政編碼　100037
訂購電話　（010）68996618　68996050
傳　　真　（010）88415258（發行部）
聯系版權　j-yn@163.com
網　　址　http://zhcb.cipg.org.cn
印　　刷　藝堂印刷（天津）有限公司
經　　銷　全國新華書店
開　　本　880mm×1230mm　1/32　　字　　數　395千字
印　　張　48.75
版　　次　2018年9月第1版　2018年9月第1次印刷
裝　　別　精
書　　號　ISBN 978-7-5054-4335-8
定　　價　365.00元（全三册）

出版前言

中國自一八四〇年鴉片戰爭以來，傳統的農業文明在西方的堅船利炮轟擊之下徹底被顛覆，有擔當的知識分子苦苦追尋，思索社會改革的途徑。從最初的『師夷長技以制夷』到『民主制度，天下之公理』（梁啓超語），他們發現要『强國富民』，首先要『開啓民智』，祗有民衆擁有了獨立思想和批判精神，國家纔能實現真正的强大。在此後一百年的時間裏（一八四〇—一九四九），思想者們從社會變革深入到國民性的改造，用每一部作品見證着中國近代化的遞變歷程。這是一個極其重要的時代，《清末民初文獻叢刊》正是收録了這一時期的作品，大部分書籍都是早期版本，有着極高的文獻研究價值。

清末的中國經歷了『三千年來未有之大變局』（李鴻章語），大清王朝面對西方列强的艦炮，表現得驚慌失措。尤其是鴉片戰爭，使『天朝帝國萬世長存的迷信受到了致命的打擊，野蠻的、閉關自守的、與文明世界隔絶的狀態被打破了』（《馬克思恩格斯選集》）。一批士大夫知識分子，尤其是在歐美諸國擔任使臣或者游歷的知識分子最先覺醒，着眼于對西方國家的考察，進而反省本國政治制度的劣勢，可以視作『啓蒙』的端倪。如曾擔任駐英公使（兼任駐法公使）的郭嵩燾在《使西紀程》中以日記的形式記録了自已對歐西諸國的觀感，他在考察了英國的政治制度之後，發現英國政府官員收入超過三百磅者與普通老百姓一樣同等納税，他説：『此法誠善，然非民主之國，則勢有所不行。西洋所以享國長久，君民兼主國政故也。』他明確提出了『民主』，在國家的管理問題上，人民也有參與的權利。他在該書中所披露的西方政治、經濟、文化等領域優于大清帝國這一事實觸動了保守派的神經，立刻遭到保守派群起而攻之，進士何金壽彈劾他『有二心于英國，欲中國臣事之』，他家鄉湖南的民衆對他更是痛加詆毁，以至于滿城揭帖，誣蔑他『溝通洋人』，在這種群情洶洶的情况下，朝廷最後下旨將《使西紀程》毁版，從而使該書成了禁書。然而，書雖被毁版，却不能堵死民衆的傳播與閲讀的途徑，上海的《萬國公報》依舊連載該書，張佩綸曾説：『朝廷禁其書，而新聞紙接續刊刻，中外傳播如故也。』從某種意義上來説，啓蒙是時代的需要，盡管清政府發諭旨禁了該書，民衆乃至一些朝廷大員却依舊在私下閲讀，以便瞭解外部的世界。進步的社會是開放性的，任何企圖『閉關鎖國』的努力都意味着歷史的倒退，衹有開放，與整個世界文明保持同等的步伐，纔能實現真正的强國之夢。當大批知識分子走出閉鎖的國門，親歷了文明的洗禮之後，也就把啓蒙的智識帶回了中華大地。容閎的《西學東漸記》，梁啓超的《新大陸游記》，崔國因的《出使美日秘日記》等一大批作品介紹了海外諸國的政治、經濟、軍事、外交、文化。雖然這些作品在認識上仍然帶有時代的局限性，然而却是那時最爲珍貴的聲音。

另一方面，在學術上，中國文化母體内『經世致用』思想與資産階級思想相結合，也喚起了變革，以康有爲、梁啓超爲首的改良派試圖通過自上而下的革新以實現變革。康有爲的《新學僞經考》《孔子改制考》就是借經學之表論資産階級學説之裏的著作，康有爲的弟子梁啓超更是通過《新民説》一書提出國民性改造。與早期啓蒙者『師夷長技』的器物文明引進不同，梁啓超上升到形而上的精神領域，從文化心理上更加徹底地進行變革。梁氏是清朝末年到民國初年一個橋梁式的人物，被譽爲『輿論之驕子，天縱之文豪』，其影響力不但在學術領域，同時還在文學領域，他所倡導的『詩界革命』得到了譚嗣同、黄遵憲、丘逢甲等人的響應，黄遵憲的《日本雜事詩》，丘逢甲的《嶺雲海日樓詩鈔》都體現了這種主張。這一主張要求反映新的時代和新的思想，用『我手寫我口』（黄遵憲語）的方式直抒胸臆，對長期占詩壇主流的擬古主義、形式主義產生了巨大的衝擊，解放了寫作者的心靈和頭腦。

與社會變革同步的是早期對西方思想著作的翻譯，這裏面影響最大的是嚴復，他翻譯的《天演論》《社會通詮》等書直接孕育了民國一代的知識階層。魯迅、胡適等人在文章中都曾提到《天演論》對他們思想所產生的震撼。與嚴復略有不同的另一位翻譯家是林紓，他的譯作雖然參差不齊，但却在更細膩的心靈層次對讀者產生影響，許壽裳曾回憶，他和魯迅都熱衷于林譯的小説，如《巴黎茶花女遺事》《黑奴籲天録》《迦茵小傳》等作品。

辛亥革命之後，進步社會思潮成爲主流，比之清末思想啓蒙者『求存』的追求，民國以來的知識階層深入到了更加細微的肌理，一方面呼唤社會變革，另一方面進行點滴的建設，革命并不能使所有的一切一蹴而就，在更加深廣的領域，事物的改變是由微觀而宏觀。通俗地説，比之于革命，建設的意義更大。如《中國商業史》《中國教育史》《中國倫理學史》《中國哲學史大綱》《中國小説史略》等一大批作品都是進行系統的梳理與建設的理論作品。其中，以胡適和魯迅二人的影響最大，他們的作品一紙風靡，從而成爲新文化運動的主力人物。

《清末民初文獻叢刊》收録的文獻大致上可以分爲三個階段，其中龔自珍、張之洞、魏源、郭嵩燾、薛福成等人的作品可視爲『早期啓蒙』，康有爲、梁啓超、黄遵憲、嚴復、林紓等人的作品可視爲『中期啓蒙』，胡適、魯迅、蔡元培等人的作品可視爲『晚期啓蒙』。當然，這種劃分并非嚴格意義上的，大部分啓蒙思想者隨着時代的變化，其思想在不斷進步。縱觀整個近現代史，可以發現，要求變革不是在某一個領域，由某一類人發起和完成的，而是全社會的要求。變革，已經成爲全社會的共識。

從清末民初的文獻中，我們能够發現一種豐富性。這些作品涉及政治、經濟、軍事、教育、外交、宗教、心理、情感等方方面面，從内而外地净化着中國兩千年以來的封建積習。它不衹是對社會的改造，更是對人心靈的重塑；它首重國家社會之建設，同時亦重靈魂心智之唤醒；它是宏大的，也是微觀的；它是嚴肅莊重的，也是活潑靈動的；這些作品結構精巧，思想内容深刻，擁有濃厚的人文主義色彩，對推動社會主義建設，實現中國夢有重大意義，是近現代中國一百年來最宏富的智識與情感的寶藏。因此，整理這些文獻作品，無論是出于資料保存的目的，還是爲圖書館提供資料副本，都有不可估量的意義。

特定時代下的文獻，當它一旦形成（既指草擬，創作的完成，也指其成爲一個載體），就不可再複製了，也就意味着它將面對消亡。對于文獻資料而言，越接近歷史事件發生的時代記録，越具有研究價值。文獻本身具有不可再生性，它衹會消亡，而不會增多。盡管文獻本身的文字可以保留下來，并進行傳播，却失去了當時的時代氣息。當時的作品可能在技巧上，文字的成熟度上不及當代，但它所負載的信息，創作者的情感都反映了當時的歷史，也就是説，它具有不可替代的歷史意義。

影印的版本有三個特點，第一是擁有文獻的『原始性』；第二個特點是『未經改動的』；第三個特點是『歷史的原貌』。所謂『原始性』，也就是説，它是第一手資料，而非轉述的，回憶形成的；『未經改動的』，是指未被篡改、删節、挖補的；『歷史的原貌』是指在影印製作過程中，完全依照文獻的原來模樣……這樣製作出版的作品，無异延續了文獻的壽命。

近現代思想史上的一個最重大的思潮就是『開放』，從林則徐的『開眼看世界』到蔡元培的『兼容并包』，都是在倡導一種開放式的胸襟。而《清末民初文獻叢刊》最有魅力的部分就是『開放』這一主題，衹有融入到世界文明發展的進程中，中華文明纔能歷久彌新。

《清末民初文獻叢刊》編委會

二〇一七年四月十四日

凡例

一、《清末民初文獻叢刊》（以下簡稱『叢刊』）爲影印本，舉凡所用之底本，均爲該書之早期版本。有清末刊本，亦有民國印本。

二、《叢刊》均依底本影印，未予删改，僅代表作者個人觀點，不代表官方立場；原刊本有誤，不予校改，以保留文獻之原貌。

三、《叢刊》所用之底本，因時日久遠存在漫漶的情况，均進行了修復；底本闕文、印刷不清，均保留原貌。

四、爲讀者閲讀之便，《叢刊》中之舊底本目録未標記頁碼者，編了目次；原底本有頁碼和目録，未予重複編目。

五、爲保持文獻的原始風貌，影印本保留了原書書影（原書爲多册，則保留第一册書影）、扉頁等信息。所用底本無相應信息者，則不予妄添，以免錯訛。

目録

上册

原刊本（清光緒十六年思賢講舍刊本）扉頁 一
序（陳澧） 三
序（潘祖蔭） 五
禮記質疑後序 七
禮記質疑自序 一一
禮記質疑卷一 一七
禮記質疑卷二 七七
禮記質疑卷三 一四一
禮記質疑卷四 二二三
禮記質疑卷五 二八五
禮記質疑卷六 三九五
禮記質疑卷七 四四五
禮記質疑卷八 四八七
禮記質疑卷九 五二七

中　册

禮記質疑卷十　五七五
禮記質疑卷十一　六二七
禮記質疑卷十二　六九三
禮記質疑卷十三　七四七
禮記質疑卷十四　八一三
禮記質疑卷十五　八三七
禮記質疑卷十六　八九三
禮記質疑卷十七　九一三
禮記質疑卷十八　九四九
禮記質疑卷十九　九七一
禮記質疑卷二十　一〇二五

下　册

禮記質疑卷二十一　一〇七五
禮記質疑卷二十二　一一一三

禮記質疑卷二十三　一一六一
禮記質疑卷二十四　一一九三
禮記質疑卷二十五　一二二九
禮記質疑卷二十六　一二五三
禮記質疑卷二十七　一二五九
禮記質疑卷二十八　一二六七
禮記質疑卷二十九　一二七七
禮記質疑卷三十　一二八三
禮記質疑卷三十一　一二九七
禮記質疑卷三十二　一三一七
禮記質疑卷三十三　一三四九
禮記質疑卷三十四　一三六一
禮記質疑卷三十五　一三七七
禮記質疑卷三十六　一三八三
禮記質疑卷三十七　一三九七

禮記質疑卷三十八 一四〇五
禮記質疑卷三十九 一四一一
禮記質疑卷四十 一四二三
禮記質疑卷四十一 一四三五
禮記質疑卷四十二 一四四七
禮記質疑卷四十三 一四六一
禮記質疑卷四十四 一四六七
禮記質疑卷四十五 一四七三
禮記質疑卷四十六 一四九一
禮記質疑卷四十七 一五一一
禮記質疑卷四十八 一五二一
禮記質疑卷四十九 一五二九

禮記質疑

四十九卷

光緒十有六秊
思賢講舍開雕

序

經學難者三禮

國朝經學極盛諸經師林立而兼治三禮者葢寡湘陰郭公兼治三禮著書滿家先以禮記質疑寄示且命爲序澧讀之帀月想見公之讀書一句一字注目研思紬繹乎禮文反復乎注疏必求心之所安而後已其有不安則援據羣經稽覈六書而爲之說故有易注者有易疏者有與注疏兼存者於

國朝經師中卓然爲一家其以封疆大吏退歸田里而精治經學則昔之經師所未有也近者經學衰矣求治經者於韋布中猶不可多得也有大吏爲經師庶可以振而興之儒者讀書出則辦天下之事處則興天下之學辦事必藉權位興學則得自

爲之禮學雖難然記有之曰難者不避人人皆避難就易經學安得不衰與且公之書多與注疏異義而題曰質疑又示學者以謙慎之意爲其難復存其慎尤可以持風氣於不敝公昔撫粵下交於澧今以書命序推許太過澧不敢當也爲序且謝不敏同治十二年十二月番禺陳澧序

序

鄭君注禮之功如江河日月不復可泯宋人好異先儒朱子於禮獨守鄭注不敢有所違反誠大典之括囊羣言之萃藪也然所注既廣或有先後不同彼此互異按之經籍時亦明而未融蓋宏綱大目雖已包舉而繁文隱義難於周檢故自魏氏以後若王肅孫毓王基陳統孔晁馬昭之徒各有所持紛訟攻難而其說終不妨並存卽皇侃專疏鄭禮而亦時有不同孔穎達禮記正義堅不破注無一字出入然其疏易及春秋左傳則又時匡鄭短蓋治經之道貴於明辨審思衷其是非無取專己守殘阿黨苟同也茲讀郭伯琛丈所箸禮記質疑條舉其說櫛疏帚祀務融會於六藝貫通於諸子兼采宋以後諸家之義平心衡

量無門戶騎牆之見無攻擊爭勝之心
國朝經儒林立於鄭學之卓然者闡揚申繹幾無復遺而拾其
闕失以歸至是誠亦高密之功臣也是編也出吾知讀之者益
知鑽擘於鄭注以求其得失之所在而不至以陳匯澤之集說
爲足盡戴經之藴且以見尙博通而無墨守正亦鄭氏家法也
吳縣潘祖蔭序

禮記質疑後序

漢儒傳經皆有師承然其爲說務立新義不相因襲至於辨難紛紜詆非百端又各以其說相授受流分派別莫能統一史稱鄭氏囊括大典網羅衆家刪裁繁誣栞改漏失學者以知所歸自漢至唐數百年言經者歸鄭氏貞觀中𠜂定諸經注疏各主一家之說而三禮獨宗鄭注詩箋與毛傳竝存則以鄭氏援禮箋詩詩與禮相因亦相備也朱子最深於禮其所述錄多依鄭氏無有異同略有辨正語言文字之歸趣而已陳氏集說頒行學官數百年議廢者屢矣獨賴其文平淺易通仍而弗改要其式序典禮於鄭注固無違反而於禮經微言大誼所弗能達多矣故知鄭氏之邃於禮二千年未有能易者也徒以包羅羣籍

兼綜竝攬折衷於禮時有出入或拘於一義而無由會其通或淆於衆說而時未免決以臆先王制禮經緯人倫紀綱萬事其勒爲成書條其篇目獨在儀文度數之末而精義不著於篇更秦之亂焚燒載籍掇拾灰燼之餘大都殘缺不完又學校淪廢無復師儒世守蓋禮經之散亡尤甚矣孔氏之徒各據所聞明禮制之原推論其義例而詳略區分參差互見諸儒敘論又益紛岐會禮之家名爲聚訟有由然也鄭君博采羣言校其優劣述先聖之元旨整百家之不齊更歷魏晉諸大儒下逮宋明論難往復互有從違各以發明其義趣嵩燾亦幸於其中窺求崖略辨知其得失其言之蕃變交午通諸三禮之文可以辨而析之其言之微舉見義證諸禮經之以類相從可以疏而明之如

是而鄭義卽有抵牾旁推交通曲折融貫渙然無有疑難其庶以爲讀鄭注者之津梁乎夫三代典禮未易行之後世而聖人固曰從周爲夫大體明備垂法萬世放而皆準苟知其意則今日所行何一非周禮之遺哉不知其意則亦具文而已於其宏綱大用一皆滯固不可通是故禮者人情物理之所不能違也知其不可違也範圍曲成斯禮意也區區愚昧因禮經之文之散見者以求知禮意實惟鄭君之有以詔我也光緒庚寅冬月書成竝志於後郭嵩燾謹記

禮記質疑自序

咸豐壬子避亂山中有終焉之志讀船山禮記章句尋其意恉將合大學中庸章句爲一書以還戴記之舊所得經義爲多鄙心竊獨好之有疑輒標識簡端乃益求之注疏討論其源流得失積久而疑愈多於是求之儀禮周官經推測其立言之旨凡戴記所錄皆發明二經之義趣者也二經所未具亦常推廣而補明之而其文或參差互見或繁複相抵或引其一端而辭有偏勝或殊其旨要而義實兼通其言列國時事多與左氏異同要以發明春秋之義例以著禮之大經誠欲上考古禮必此之爲涂徑也而拘牽文義交午扞格亦多矣漢書儒林傳言后倉說禮數萬言號曰后氏曲臺記以授梁戴德戴聖沛慶普竊疑

禮記之名緣始曲臺而藝文志禮十三家記百三十一篇曲臺后倉九篇注謂行禮射曲臺后倉爲記而河間獻王自得禮記古文獻之隋書經籍志謂獻王得仲尼弟子後學者所記一百三十一篇卽據漢志爲說而言劉向增爲二百十四篇戴德戴聖各有刪合未知其言所本鄭著禮記目錄皆見之劉向別錄似戴氏傳經稍先於劉向謂戴氏刪定劉向之書恐未然也藝文志稱孔安國獻古經五十六篇今大戴禮書有諸侯遷廟釁廟投壺公符諸篇皆儀禮逸文疑出安國所獻曲臺專記射禮今射義一篇與儀禮鄉射記文異想出曲臺記也后倉所傳東漢慶氏學最顯曹褒傳言自其父充持慶氏禮褒又傳禮四十九篇慶氏學遂行於世是慶氏禮四十九篇與小戴同也橋元

傳其七世祖仁從戴德學著禮記章句四十九篇號曰橋君學藝文志稱大戴授琅邪徐良小戴授梁橋仁而仁本傳明言從戴德學是大戴禮四十九篇亦與小戴同也後漢董鈞亦習慶氏禮而鈞傳論鄭君本習小戴後以古經校之取其義長者爲鄭氏學又注小戴禮記四十九篇是鄭君於三家之書會通抉擇始注而傳之於禮爲顓門之學而用心尤勤其考論典章制度及古今文聲音訓詁流傳至今學者得知所歸宋世儒者研求義理時有違反而於三代典禮兼綜畢貫山涵海納終不能有易也然自漢世傳經具有家法而實各立新義未嘗拘守舊說是以王子雍李欽仲之徒以善賈馬之學專難鄭義其中得失蓋亦參半然固各持一義不必强而同之要如鄭君傳經之

功所謂百世之師者也蓋孔子後千有餘年而鄭君出由宋以前言禮者受範焉又千餘年而朱子出由元以至於今言禮者受範焉政教所趨人心所向凡所著書與其行禮之實確守而尊事之莫敢違越而獨禮經之傳授持之有本其異於鄭說者終無幾也

國朝諸儒摽立漢學宋學之名援其說以詆程朱而鄭學乃大顯討論研習之深精義之發於人心亦足上擬前賢矣而援引傳會屈經以從其說者蓋亦多也嵩燾區區時有疑義一準之經以校注之有合與否不敢意爲從違竊論禮者徵實之書天下萬世人事之所從出也得其意而萬事可以理不得其意則恐展轉以自牾者多也程子有言得於辭不達其意有矣未有

不得於辭而能通其意者也蒙於此經沈潛反復於其辭也稍得其二三焉由其辭以求其意又幸庶幾其一得也伏讀
欽定禮記義疏實言禮者之圭臬所錄宋儒之說爲獨多惟其斟酌古今以求當於理有宋諸子之所長也嵩燾於此亦時有會悟焉戴記一書發明禮經之意周秦閒儒者爲之其言非盡純也而其義蘊拓之而愈閎析之而愈深漢魏以來儒者有不能竟其緒焉卽經以求之而後儒所以爲離合得失可循攷而知也嵩燾於此粗涉其藩籬所以樂發其疑將徐竢其有悟焉庶以求益也成書二十餘年奪於仕宦老病乞休又迫人事旣乖夙昔求進之心又自忖年衰學儉志意銷落無由增益其所不能束置高閣久矣益吾祭酒强取授梓起諸荒廢之中俾蹐

論述之末用備言禮者之一說而已知我罪我吾無辨焉時光
緒十有六年歲在庚寅夏六月朔日湘陰郭嵩燾自序

禮記質疑卷一

思賢講舍

湘陰郭嵩燾伯琛著

曲禮上

曲禮曰毋不敬

鄭注禮主於敬孔疏引鄭目錄曲禮之中體含五禮則五禮皆須敬然五禮皆以拜爲敬嵩燾案疏以拜爲敬又引熊氏以兵車不式爲不敬而辨其不然以釋毋不敬之義極爲迂曲論語君子所貴乎道者三曰動容貌曰正顏色曰出辭氣皆禮之行於其身者故曰脩己以安百姓戴氏記禮引此以冠全經之首所以爲行禮之本也毋不敬是總括語儼若思敬之形於容色者也安定辭敬之發於辭氣者也曲禮一書

詳論居處言動之節而挈其大綱於篇首足徵三代立教之旨內外交養本末兼賅自起居言動推至經世宰物之大用其道無以逾此鄭注禮主敬亦略盡之疏家㧑爲以拜爲敬之文亦稍失鄭意矣

疑事毋質直而勿有

鄭注彼己俱疑而己成言之終不然則傷知己若不疑則當稱師友以正之謙也嵩燾案朱子經說以兩句相連爲文疑事毋質卽少儀所謂毋身質言語也直而勿有謂陳我所見聽彼抉擇不可據而有之經言疑事自不得直陳所見直陳所見卽質也少儀毋身質言語謂自往證成之此云疑事毋質則或有問者彼此均有疑焉不與質正也然事有疑而理

可自信則亦直陳之諮以理之當否而行止進退不以己有所見而强使從猶疑事之不可定以己見也鄭注析分上句爲疑下句爲不疑語自分明而於義仍未有盡

禮聞取於人不聞取人

鄭注此謂君人者取於人謂高尚其道取人謂制服其身嵩燾案朱子經說以此與治人治於人食人食於人語意相類取於人者爲人所取法也取人者人不來而我引取之也禮有取於人所以彼有來學無取人所以我無往教鄭意以此節分屬之君師朱子幷爲一義而經兩發禮聞之言似不當合爲一事疑此云取即取與之取禮務施報取與者施報之大經也而禮之德主於辭讓故有養欲給求之施而無懷惠

責報之意下云往來行禮之大常此云取於人而不取人君子守禮之微旨宜與下來學往教參看不往教者以道自重不取人者以義自守孟子分人以財謂之惠教人以善謂之忠二者事同而義各有取故連類及之胡氏銓云取於人者以身下人也即取於人以爲善之意取人者屈人從己意亦近之然屈人從己而謂之取人於文義仍未曙然以經詁經自然明曉不必深求

七十曰老而傳

鄭注傳家事任子孫是謂宗子之父嵩燾案鄭意據儀禮傳重之文爲說而孔疏云七十時祭祀之事猶親爲之其視灌溉則子孫其意以爲傳者上受祖父之重下傳子孫非宗子

無由傳也喪服記宗子孤爲殤鄭注言孤有不孤者不孤謂父有廢疾若年七十而老子代主宗事但以宗子主祭事爲傳而王制言七十致仕七十不與賓客之事並不言宗子祭事傳之子孫是所傳者通謂賓客酬酢繁縟之節命子弟代主之宗子老而傳祀事亦猶是也鄭云是謂宗子之父舉其顯而可見者證之疏据以爲鄭唯云宗子非庶子似亦誤會鄭意

行役以婦人適四方乘安車

孔疏行役謂本國巡行役事適四方謂遠聘異國蒿盦案王制七十不與賓客之事則會盟聘弔自本國以至異國皆所不與此云行役必非聘使之常婦人謂內御者七十需人以

養路室候館廬餐旅宿遠近一也孔疏專謂本國行役然則近固需人而遠否耶恐不然也周禮巾車王后之五路重翟厭翟安車皆有容蓋鄭云安車坐乘車說文車部輼輬下皆云臥車輇下云蕃車下庳輪也有輻曰輪無輻曰輇安車當爲卑輪其行遲顏師古漢書注輼輬安車可以臥息輼者密閉輬者旁開窗牖各別一乘隨事爲名孟康云如衣車有窗牖閉之則溫開之則涼似安車卽庳輪車而兼溫涼之用鄭注安車坐車若今小車庾氏蔚因引漢世駕一馬坐乘之車以明之孔疏徑謂四馬之車立乘一馬小車坐乘如巾車之文安車幷列五路豈得爲小車哉經意適四方猶乘之所以優老其在本國可知婦人不立乘凡婦人所乘皆安車也七

十乘安車則從車亦皆安車故可以婦人自隨二語正互相
備陳氏祥道沿孔疏分析二者爲說徑謂行役不以安車適
四方不以婦人尤誤
越國而問焉必告之以其制
鄭注鄰國來問必問於老者以答之嵩燾案鄭意人臣無外
交不宜越國有問因展轉以通之皆據告問者以其制而言
疑此必告之與下必操几杖以從之相連爲文所以爲優老
之禮也越國承上行役適四方葢謂所適之國也問者所適
之國之人就而問之以決其事之當否然事當而於其國之
制或有乖忤則亦不能行故先告以其國之制使所問之事
不至與其國之制相背而後能審所宜以行之先告之者以

省問答之煩也其有越國來使者就問亦同禮文簡括云越國者正通所問及問者言之若他國來問與本國之制何干而必告之苟所問在此又不容以不告也鄭注於此疑不可通

負劒辟咡詔之則掩口而對

鄭注負謂置之於背劒謂挾之於旁嵩燾案史記始皇本紀王負劒凡倚著於背皆謂之負明堂位天子負斧依孔子間居負牆而立孟子虎負嵎國語一个負矢史記司馬相如傳縣令負弩矢負小兒於背狀如負劍因以名之史記夏侯嬰傳面擁樹乃馳蘇林曰南陽人謂抱小兒爲擁樹然則置於背曰負劒挾於懷曰擁樹皆取形似鄭注分負與劒爲二恐

非而就此節經義求之當連上長者與之提攜則兩手奉長者之手爲文葢謂長者挈之以行而奉長者之手以示不敢受長者之挈因復以背承之若負劒然使長者得憑之以行負小兒爲負劒負長者之手亦可以爲負劒取義同也辟咡謂側面向長者而屏氣不敢舒也辟讀若周官注辟行人之辟謂旁止其吻言辟咡則側面可知負劒辟咡二事各爲句皆少者之儀也陳氏集說析負劒二者而分屬之二人於詞尤不文據下文掩口而對是皆敎之以禮非待抱負者也

戶外有二屨

孔疏長者一人脫屨戶內少儀排闔脫屨於戶內者一人而已是也又引熊氏云一人之屨在戶內其外有二屨則三人

也嵩燾案鄉飲酒禮主人請徹俎衆賓皆降脫屨揖讓如初升坐乃羞無算爵鄉射禮徹俎衆賓皆降主人以賓揖讓脫屨乃升大夫及衆賓皆脫屨升堂並無一人脫屨堂上之文少儀凡祭於室中堂上無跣燕則有之是登席盡歡乃脫屨燕飲在堂脫屨堂下燕見在室脫屨戶外無少長皆同少儀排闥脫屨於戶內者一人而已謂獨居不與賓客爲禮故入室不脩容上云侍坐於君子君子欠伸撰杖屨少儀亦云侍坐於君子君子欠伸運笏澤劍首還屨屨皆在席旁可爲獨居脫屨戶內之證賓客至出迎皆脫屨戶外卑幼則否所謂尊長於己踰等燕見不將命是也此下踐屨踖席連文蓋皆爲就見尊長言之排闥脫屨戶內禮豈教人爲敖若此哉排

闔則不待奉扃脫屨戶內則無與爲讓曰一人者言不與賓客爲禮也其云有尊長在則否不敢專有其室也古者父在子不得當室雖燕處與賓客同故仍脫屨戶外鄭注少儀云脫屨於戶內者一人雖衆敵猶有所尊似於禮無徵案鄉射疏尊卑在室尊者脫屨戶內自餘脫屨戶外若尊卑在堂則亦尊者一人脫屨在堂自餘脫屨堂下是以燕禮大射臣皆脫屨堂下公皆不見脫屨之文明公舄在堂矣疑燕禮大射徹俎卿大夫皆降而公不降與鄉飲鄉射賓主人皆降者異燕禮大射司正身受命皆命君曰無不醉賓及卿大夫皆興曰敢不醉以君命臨之與鄉飲鄉射賓主人同燕者異蓋猶尊長脫屨戶內不與卑幼爲禮之義疏引以釋鄭注衆敵猶有所尊之文疑非經旨疏遂援之以釋此經岐路之中又有岐焉未敢據以爲信

大夫士出入君門由闑右

鄭注臣統於君孔疏云門以向堂爲正右在東嵩燾案王氏

經義述聞引玉藻闈月闔門左扉吳語乃闔左闔皆以東爲左路門之內有堂雉門庫門之內皆無堂安所得堂而向之周官司士王族故士虎士在路門之左大僕大右大僕從者在路門之右內則子生男子設弧於門左女子設帨於門右亦以東爲左西爲右由闑右當爲由闑左字相似而誤据儀禮士相見鄉飲酒鄉射聘及公食禮並言賓入門左少牢禮祝先入門右尸入門左特牲禮祝迎尸於門外尸入門左士相見禮主人揖入門右有司徹禮主人揖先入門右尸入門左此經下云主人入門而右客入門而左正據儀禮爲說士冠禮出門左鄭注左東也出以東爲左入以東爲右士相見疏云凡出門以西爲右東爲左入門以東爲右西爲左士虞

記餞尸尸出門右卽出門西也凡經言左右皆據人之左右言之王氏所引左扉左闑及諸言門左門右正以自內向門而分左右不以門東西爲一定之左右也大夫士入君門由闑右連出入爲文而義自繫乎入自君言之曰闑左扉由內以向外也自大夫士言之曰闑右由入以賅出也王氏必改字以從之反與經文爲忤矣

客至於寢門則主人請入爲席然後出迎客客固辭主人肅客而入

鄭注爲猶敷也雖君亦然固辭又讓先入嵩燾案鄭注聘禮公揖入立於中庭云公揖先入省內事也既則立於中庭以俟賓不復出君行一臣行二於禮可矣其意以敵禮爲席而

出迎客其非敵則不出迎孔疏衍其義云聘禮君使卿歸饔餼賓迎於門外及廟門賓揖俱入是敵禮不重出迎者尊主君之命不敢當也賓見主國大夫及廟門大夫揖入不出迎者尊聘君之命不敢當也據儀禮士冠云賓立於外門之外主人迎出門左與賓揖先入士相見云出迎於門外主人揖入門右賓奉贄入門左鄉飲酒云迎於門外主人揖先入賓入門左介衆賓皆入門左鄉射云主人出迎於門外以賓揖先入賓厭衆賓衆賓皆入門左凡此皆敵禮也聘禮公迎賓大門內賓入門左公揖入每門每曲揖及廟門公揖入立於中庭賓襲執圭擯者入告出辭玉納賓賓入門左又云賓卽館君使卿歸饔餼賓迎於外門外揖入又云賓問卿迎於外

門外揖先入公食大夫云逆賓於大門內賓入門左公揖入賓從凡非敵禮皆迎於門內而揖先入幷同鄭据聘禮立於中庭一語申不出迎之義蓋卽沿此經以釋儀禮之文不知儀禮凡言先入者皆立於中庭以竢賓爲有當陳當碑之三揖耳獨於聘禮言之以聘禮既迎賓而後上介授圭賓執圭以入爲時稍久故及於廟門後申言公立之處以見義鄭遂據以爲不出迎之證誤矣孔疏乃通聘禮之文以附會鄭義尤爲無據詳儀禮之文聘禮公食大夫禮皆於廟行之故言迎賓大門內士冠禮亦在廟故言外門之外外門卽大門也鄭注外門大門外亦欠分明其士相見迎賓門外則寢門也鄉飲鄉射迎賓門外者庠門也聘禮迎賓大門內遂及每門每曲揖而他

不言盍自路門以外皆略之禮記之文多補儀禮之未備言
每門知凡迎賓皆於大門之外言及寢門請入爲席則禮辭
也客固辭主人卽不入爲席而肅客入儀禮不言略也鄭氏
泥於然後迎客之文謂及寢門先入而又出迎客於禮無徵
孔疏因之而愈岐矣

主人與客讓登主人先登客從之

孔疏燕禮大射賓先升者以宰夫爲主人賓尊也聘禮君使
卿歸饔餼於賓館卿升一等賓從於時賓爲主人不先升者
卿銜主君之命尊也至賓禮卿賓升一等大夫從升以賓作
主人故也嵩燾案儀禮鄉射主人升一等賓升聘禮公食大
夫禮並云公升二等賓升是敵禮主人先升一等其非敵則

先升二等士冠鄉飲酒但言主人升賓升不言先升一等當以鄉射禮爲例其燕禮大射禮公皆降階迎而升卽席然後賓升自西階義繫乎公宰夫爲主人主獻酬之事升賓非所事也惟聘禮歸饔餼大夫先升一等賓從升問卿則賓升一等大夫從升獨爲異義蓋凡入門升堂必主人先者入門而揖升堂而拜主人先以爲禮也不當以尊卑論君升先二等則鄭注所謂君行一臣行二升宜稍後是也歸饔餼致主君之命於賓則大夫先升問卿致其君之命於大夫則賓先升兩段下皆有東面致命之文足見儀禮先升後升之序皆有所事因文可以見義孔氏不達古人行禮之意一以先升爲尊然則儀禮入門升堂並主人先豈皆所以尊主人耶賓禮卿於

其私廟而云賓爲主人尤誤　鄭注燕禮云賓每先升尊也已先開其誤矣

凡爲長者糞之禮必加帚於箕上以袂拘而退其塵不及長者以箕自鄉而扱之

鄭注以袂擁帚之前埽而卻行之孔疏云以一手捉帚又舉一手衣袂以拘障於帚前嵩燾案釋文糞作攩引少儀埽席前曰攩攩拚同字經云其塵不及長者葢謂長者已就席席前或有塵垢爲攩除之加帚箕上則帚與箕相連塵皆內斂不外揚矣鄭注加帚箕上兩手奉箕謂初執而往時也如此則與下以袂拘而退句闊遠不相及玩必加帚於箕上一必字明是糞時事非初執而往時事也少儀拚席不以鬣執箕膺擖郎加帚箕上之義以袂拘而退所以狀加帚之容也謂屈肘以斂塵退者席前地無多拘而遠之既退而後扱之以箕則箕內鄉帚外鄉稍舒帚爲之距

長者遠且有箕扱之於外不嫌外揚矣鄭注以袂擁帚之前語自分明疏乃云一手捉帚一手舉袂於經文爲添設矣

爲人子者三賜不及車馬

鄭注卿大夫子不受不以尊踰父天子諸侯子不受自卑遠於君嵩燾案周禮司命掌五儀五等之命自九命至一命宫室車旗衣服各眡其命數巾車職又有服車五乘孤卿大夫士下及庶人皆有乘車其袁車散車不在等者鄭注謂給游燕及恩惠之賜大夫士以上命數車服皆闕典禮袁車散車又惟所賜豈容不受四明萬氏因謂賜者上與下之稱三賜至再至三也引坊記父母在餽獻不及車馬爲證然此辭受取與無與於人故以下文稱孝稱慈等爲有闕文疑戴氏記

禮雜采遺文當時及聞萬石君家法敘述其議論情事如石慶入里門不下車萬石君爲不食肉袒請罪乃謝罷慶慶及諸子弟入里門趨歸家齊魯諸儒自以爲質行不及其云不及車馬謂雖屢受車服之賜不敢施之州閭鄉黨故以孝稱之親戚交游各以類相應服其善也此條宜在越國而問焉必告之以其制後

奉席如橋衡

鄭注橋井上桔槹衡上低昂順尊者所安嵩燾案橋字惟見儀禮笄加於橋似凡物橫平而高出者謂之橋說文橋梁字互訓云橋水梁也桔槹名井橋淮南主術訓橋直植立而不動俛仰取制焉是謂桔槹直木所以施桔槹者竝以高出爲義鄭意奉席宜有低昂故以桔槹爲訓然有低昂必上下其

手不當云橋衡鄭注周禮衡古文橫橋衡者橫平之義似不得有低昂陳氏集說如橋之高如衡之平析分爲二於文不順四明萬氏斥爲俗訓詁據儀禮橫平之木皆可名橋不宜竝謂說文皆俗訓詁也

請席何鄉請衽何趾

鄭注衽臥席也坐問鄉臥問趾嵩燾案說文衽衣裣也裣交衽也方言褸謂之衽郭璞注衣襟也或曰裳際也喪服記衽二尺有五寸鄭注衽所以掩裳際也玉藻衽當旁鄭注謂裳幅所交裂也疑衣下揜裳處爲衽其旁爲裣亦謂之交衽引申之以臥席爲衽席葢坐席無首尾臥席有首尾當足處爲衽故亦謂之衽席周官大府掌王之燕衣服衽席牀第是也鄭司農訓衽席爲單席者誤坊記衽席之上讓而坐下又因

臥席而通坐席爲衽士昏禮御衽於奧媵衽良席在東皆有枕北止所謂北止者卽當衽處也弟子職云問疋何趾疋足也或言足或言衽皆據席下言之鄭注臥席是也然通衽席言之謂之臥席專言衽則謂席之當足處耳

席南鄉北鄉以西方爲上東鄉西鄉以南方爲上

鄭注坐在陽則上左坐在陰則上右嵩燾案鄭注鄉飲禮賓升席自西方云升由下也鄉飲記主人介凡升席自北方降自南方注云席南上升由下降由上卽据此經爲說而以升席自西方爲由下又與此經忤有司徹禮主人降筵自北方鄭無注亦窮於爲說矣士昏禮主人筵於戶西西上右几醴賓徹几改筵東上鄭注鄉爲神今爲人賈疏云爲神則西上

爲八則東上先儒因据以釋此經言祭於室神東鄉拜者西鄉以南方爲上祭於堂神南鄉拜者北鄉以西方爲上然此經連請席何鄉請衽何趾爲文並不及事神之禮竊疑昏禮筵於戶西西上改筵東上蓋初爲虛位設几以尊賓徹几改筵而後成禮（案儀禮凡在門東者西上在門西者東上惟聘禮賓入門左介皆入門左北面西上知虛位以西爲上所以尊賓）若以西上爲神席改而東上以待賓神人共席甯不爲瀆乎儀禮凡言東面西面皆北上凡言南面北面皆東上適與此經相反疑此承上請席何鄉請衽何趾言之蓋室中布席無常所而以西上南上爲之節與禮席有常所者自別皇侃論語疏奧內也室東南開門西南安牖牖內隱奧恆尊者所居之處也室制以西南爲尊士昏禮婦至媵布席於

奧夫入於室卽席御布對席婦卽對筵皆坐又云御衽於奧媵衽良席在東北止是室中東西席以南爲上之明證婦饋舅姑於室特豚合升並南上婦徹席於北牖下設席前如初西上又室中以南爲上以西爲上之明證注家混堂室爲一又據禮席以曲證其說宜其不能通矣

兩手摳衣去齊尺

孔疏衣謂裳也以兩手當裳前提挈使起令裳下緝去地一尺嵩燾案玉藻圈豚行不舉足齊如流席上亦然是登席而齊猶拂地若挈齊使去地尺亦褻而不恭矣經明言摳衣去齊尺豈可混衣與裳而一之此記卽席將坐之容蓋將坐而衣揜股際或爲所壓以失容古人坐必先跪衣之去齊不能

盈尺故先摳之使去齊尺以爲節與下衣毋撥足毋蹶連文
或坐而壓衣而待撥而揚之足亦爲之蹶張則失容甚矣
虛坐盡後食坐盡前
鄭注盡後謙也盡前爲汙席蒿燾案玉藻徒坐不盡席尺鄭
注文王世子席之制廣三尺三寸三分不盡席尺則屈足而
坐得席二尺三寸此云盡後盡前前後皆當虛席一尺所謂
虛坐卽徒坐也蓋平居卽席之常禮凡席升降皆自旁其升
席就坐當以中爲準虛坐則當膝處宜中而虛其前以待事
食坐盡前以就食豆去席尺足以相及曰虛坐者正言不與
賓客爲禮也盡後不當爲謙鄭注似泥
侍坐於所尊敬毋餘席見同等不起

鄭注必盡其所近尊者之端爲有後來者孔疏坐於近尊者之端勿使更有空餘之席欲得親近先生且擬後人之來故闕其在下空處以待之嵩燾案周官司几筵五几五席皆不著其尺度公食大夫記司宮具几與蒲筵常加萑席尋鄭注丈六尺曰常半常曰尋大率禮席下爲筵其加席小於筵者半鄭注文王世子席之制三尺三寸三分似常席應如此鄭注羣居五人則長者必異席云席以四人爲節孔疏引公食大夫記蒲席常容四人周官匠人度九尺之筵凡室二筵則丈八尺也以丈八尺之室而有丈六尺之席疑異席無所容經以五人爲言知凡室必有四席以待賓客席容二人四人以下可以專席至五人必有同席者若爲同等宜先上以明敬有長者則專席經言長者異席謂專席也先盡卑幼同席五人以上可以類推證之經傳無四人同席之文賓主相接各自爲席其賓席或專席或同席視人數爲衡毋無字通言毋餘席正謂坐席已滿疏

據爲勿使有餘席於事爲牾於辭亦爲不文經意侍坐於所
尊敬賓至所尊敬者主之與己同等而起與爲禮嫌於自主
而其坐席已不能容又疑以己私敬强所尊敬爲加設一席
皆非所安也使後至者亦所尊敬豈容不起亦使有餘席即
同等亦可起而讓坐經文交互見義注以近尊者爲義失之

燭不見跋

鄭注跋本也燭盡則去之嫌若燼多有厭倦疏謂藏所然殘
本恐客見之知夜深慮主人厭倦嵩燾案燕禮大射禮宵則
庶子執燭於阼階上司宮執燭於西階上甸人執大燭於庭
閽人作大燭於門外鄭注作大燭以竢賓客出是宵而執燭
則賓當出春秋莊公二十二年左傳陳敬仲云臣卜其晝未

卜其夜夜則賓應退也燭不見跋承上燭至起爲文燭至而晝夜異燭而見跋則夜久矣故雖侍食尊者亦盡燭而出其曰燭不見跋者以是爲之節也此記侍坐於所尊敬之儀鄭注於燭不見跋一語又旁及執燭者似於文爲岐出

坐毋箕

孔疏箕謂舒展兩足狀如箕舌嵩燾案魏志管甯傳注引高士傳甯越海及歸常坐一木榻積五十餘年未嘗箕股其榻上當膝處皆穿古人坐先屈兩膝故當膝處榻爲之穿箕股猶今盤坐亦謂之箕踞李善注文選高唐賦箕踵前闊後狹九章算術有箕田亦云前闊後狹凡盤足坐其形正如箕兩膝張處猶箕舌也古人坐皆席地脫屨而後升席無舒展兩

足之理孔疏失之

斂髮毋髢

鄭注髢髲也毋垂餘髮如髢也孔疏古人重髮以纚韜之不使垂嵩燾案說文髢髲也髲益髮也少牢饋食禮主婦被錫鄭注被錫讀爲髲鬄古者或剔賤者刑者之髮以被婦人之紒爲飾周禮所謂次也春秋左傳哀十七年衞莊公見己氏之妻髮美使髠之以爲呂姜髢髢所以益髮若今之假紒周官追師掌王后之副編次鄭注副之言覆所以覆首爲之飾編編列髮爲之次次第髮之長短卽所謂髢也爲婦人首飾內則櫛縰笄總總以束髮縰以韜髮男婦並同惟婦人加髢以爲髮之飾總與縰皆所以斂髮也毋髢謂不加飾詩鬒髮

如雲不屑髢也言婦人髮美不施髢莊子禿而施髢則男子無髮者亦可以髢飾之毋髢者嫌爲婦飾也鄭謂垂餘髮如髢婦人髮鬄之制冒之髮端不垂以爲飾也

兄弟不與同席而坐弗與同器而食父子不同席

鄭注女子十年不出嫁及成人可以出矣猶不與男子共席而坐父子不同席異尊卑也嵩燾案內則父母舅姑之衣衾簟席枕几不傳敦牟巵匜非餕莫敢用疑此云同席同器猶上同椸枷同巾櫛之義古人男女皆異器服卽楎椸篋笥夫婦各別不相混上云男女不雜坐皆親屬也此復別爲姑姊妹女子子容已嫁而反器服備用者當別制之雜坐且有禁焉有兄弟共席而坐共器而食之理案兄弟通辭也賅上言之曰姑賅下言之曰女

子子兄弟至親舉以爲例孔疏不云姪及父惟云兄弟姪父尊卑禮殊不嫌大誤子婦佐餕則食餘之器仍而不易而凡席無敢憑坐專言父子不同席則女子子反在室者亦可佐父母之餕此當通內則之文而互求之舊注皆恐未安

齊戒以告鬼神

鄭注昏禮凡受女之禮皆於廟爲神席以告鬼神孔疏受六禮並在廟明女是先祖遺體不可專輒許人嵩燾案鄭注於告鬼神據女氏爲說白虎通義娶妻不先告廟者示不必安也是以禮家論昏禮皆無告廟之文據春秋左氏傳鄭公子忽如陳逆婦嬀先配而後祖杜注逆婦必先告祖廟而後行故楚公子圍稱告莊公之廟朱子儀禮經傳通解引此說與

儀禮及白虎通義不同疑左氏不足信記禮者獨於此著其義文王世子亦云五廟之孫祖廟未毁雖爲庶人冠娶妻必告足見左氏之文杜預之注之必有所本矣今就昏禮記之文求之可推見者亦有數條其曰凡行事必用昏昕受諸禰廟明言親迎之期質明告廟也其納吉曰吾子有貺命某加諸卜占曰吉卜必於廟卜吉卽告廟也儀禮之文不具者多矣如昏禮戒女醮子及三月廟見之文皆詳見昏禮記中案士昏記婦入三月然後祭行卽曾子問所謂三月廟見是也士昏禮若舅姑既沒則婦入三月乃奠菜卽曾子問所謂擇日而祭於禰是也舊注皆未分明言禮者於戒女醮子則信之於廟見告廟一依經文爲斷謂無是禮傳記所載悉廢不用鄭注至以告鬼神屬之女氏於此節文義亦爲岐出矣

故買妾不知其姓則卜之

鄭注妾賤世無本繫故卜之孔疏引熊氏云卜者卜吉凶既不知其姓但卜吉則取之嵩燾案白虎通義娶妻卜之何卜女之德知相宜否昏禮記所謂命某加諸卜是也凡娶必卜此云買妾不知其姓則卜之必非專卜吉凶明矣疏與鄭異義殆非也史記黃帝二十五子其得姓者十四人國語黃帝之子二十五人同生而異姓者四母之子別爲十二姓族姓之傳始於黃帝氏分益繁而受姓止有此數春秋左氏傳族姓見於卜者如爲嬴敗姬如有嬀之後將育於姜如利以伐姜不利子商未嘗不可因卜而測之此當云卜其同姓與否不當僅以卜吉凶爲言也

左殽右胾食居人之左羹居人之右膾炙處外醯醬處內

鄭注食飯屬居人左右明其近也外內殽胾之外內也嵩燾案公食大夫禮庶羞十六豆皆加豆也在稻南簋西其序西北上牛炙最北次牛胾牛膾次羊炙羊胾豕炙次豕胾魚膾凡四列牛羊豕皆有胾有炙或異列或同列而炙必先胾膾炙不得處殽胾之外明矣就公食大夫禮之文推之醯醬最先設大羹湆實於鐙在醬西所謂羹居人之右也豆六在醬東鉶四在豆西豆二列則鉶當在豆南俎在豆南黍稷六簋在豆西簋又在鉶南所謂食居人之左也粱在湆西稻在粱西鄭注進稻粱以簋公食大夫禮云贊者取黍稷授賓祭之又云賓坐席末取粱稻祭於醬湆閒粱稻近而黍稷遠故也禮以黍稷爲尊經所謂食居人之左當指黍稷言之酒實於觶正饌在豆東漿飲在稻西豆東則酒在左稻西則漿在右經並酒漿處右言之文略也

此云進食之禮自當以公食大夫禮爲據鄭云胾在豆殽在俎而膾炙皆豆實也與殽之在俎者相距遠所云處外處內據初設之醯醬與加豆之庶羞以明其終始陳設之序次舉膾炙而胾亦在其中與上左殽右胾各爲一義鄭注誤連殽胾外內言之彭氏燕食禮圖因列食羹爲第一行醯醬蔥渫脩脯酒漿爲第二行殽胾爲第三行膾炙爲第四行顯與儀禮參差矣

蔥渫處末

鄭注渫烝蔥也處醯醬之左言末者殊加也渫在豆孔疏儀禮正饌惟有菹醢無蔥渫故知蔥渫爲殊加也嵩燾案鄭意以蔥渫處末承上膾炙處外膾炙加豆在右蔥渫菹屬在左

故云處末以殊於加豆之在右者語極分明孔疏似失其義據內則膾春用蔥秋用芥脂用蔥肉腥細者為膾大者為軒切蔥若薤實諸醯以柔之似蔥芥一類皆以佐膾加豆有芥醬與魚膾最處末經云末者當豆南盡處與醯醬處內對文鄭注處醯醬之左恐誤禮蔥與薤皆切而實於醯無云烝蔥者鄭注少儀牛羊魚之腥聶而切之為膾云聶之言牒也說文牒薄切肉也正韻牒縷切也釋文蔥漆作蔥渫渫漆本字疑渫當為牒蔥之切而佐膾以實於醯者也據內則春用蔥秋用芥之文則蔥漆與芥醬互用

祭食祭所先進殽之序徧祭之

鄭注主人所先進先祭之所後進後祭之如其次之序殽謂

胾炙膾也蒿燾案經分食與殽二者鄭意似專以殽釋之葢據公食大夫禮正饌之黍稷加饌之稻粱皆祭故不言祭食而通以殽之先後爲序疑此證之特牲少牢禮可以通其義特牲饋食禮佐食取黍稷授尸尸祭之其後九飯皆不祭而舉肺脊舉幹舉骼舉肩尸振祭嚌之賓長以肝從兄弟長以燔從尸皆振祭嚌之少牢饋食禮下佐食取肺上佐食與黍授尸尸同受於豆祭其後十一飯皆不祭而祭羊鉶豕鉶上佐食舉牢幹舉魚舉腊肩舉牢肩取肝尸皆振祭嚌之似食先進黍一祭而止而殽體皆祭公食大夫禮魚腊醬湆不祭而又云賓三飯以湆醬則亦不祭也是其云祭所先進就進食時言之以明侑食三飯以下皆不祭而凡舉肺舉肝皆祭

此食禮之可推見者禮文之不具葢多也而十七篇中互文見義可以參考而得之胡氏銓云黍稷稻粱之屬所先進者祭之後者不祭於文順矣而又於禮無徵則所謂知其一未知其二者也

毋嚃炙

鄭注嚃謂一舉盡臠特牲少牢嚌之加於俎孔疏前云毋反魚肉此得反於俎者上文共人同器而食特牲少牢獨食故得反也嵩燾案少牢饋食禮羊俎豕俎魚俎腊俎膚俎皆設豆東尸入舉肺正脊而後升肵俎其舉肺脊舉幹及取肝燔皆祭嚌之而加於肵俎鄭注特牲禮佐食受而加之反之也似肵俎以歸尸所祭之餘與禮食加豆之炙之爲庶羞者自

别說文最積也玉篇聚也爾雅灌木叢木也詩釋文叢木一本作最木是最聚字同訓嘬謂聚食之孟子蠅蚋姑嘬之趙岐注嘬相共食之也攢聚食之與聚所食皆可名嘬炙之加於豆者葢薄切而燔之每食取其一若連而聚之於梜則爲貪食鄭引饋食之反加於俎爲說非也疏據毋反魚肉爲共食獨食之分殆尤誤矣

徹飯齊以授相者

鄭注公食大夫禮賓卒食北面取粱與醬以降孔疏此是卑者侍食之禮若敵者則否嵩燾案公食大夫禮北面坐取粱與醬以降西面坐奠於階而大夫相食卒食徹於西序端鄭注亦親徹似大夫相食但徹於西序端於公所則徹於西階

凡禮食皆親設故必親徹玉藻主人自置其醬則客自徹之是也疏恐失之儀禮皆言坐徹此云客自前跪主人興辭然後客坐疑禮當然儀禮之文不具也公食大夫禮宰夫授醯醬公設之賓辭授飯粱公設之於湆西賓北面辭主人親設而賓辭賓徹主人亦辭於禮宜矣孔云主人起辭不聽自徹客亦止而坐者亦非也

長者辭少者反席而飲長者舉未釂少者不敢飲

鄭注燕禮曰公卒爵而後飲孔疏士相見及玉藻二文皆先君卒爵而此後飲此據燕飲正禮玉藻及士相見謂私燕之禮故不同也嵩燾案士相見及玉藻云君賜之爵蓋專賜也燕禮無算爵執膳爵者酌以進公執散爵者酌以之公命所

賜所賜者降席下奠爵再拜稽首以爵就席坐公卒爵然後
飲則無算爵行而君賜之爵也疏據此爲燕飲正禮疑此云
長者少者通私燕言之與士相見禮之賜爵正同鄭注士相
見卒爵而俟君卒爵欲其釂然也竢君卒爵然後授虛爵正
所以示不敢先君之義膳爵酌先進則公卒爵宜先矣其義
本無二也

餕餘不祭父不祭子夫不祭妻

鄭注餕而不祭惟此類也食尊者之餘則祭孔疏祭謂祭先
也父得子餘夫得妻餘不祭言其卑也非此二者悉祭啇羸
案此承上御食於君君賜餘言之當爲飲食必有祭之祭鄭
意特牲禮兩人餕祭舉祭鉶少牢禮四人餕祭黍祭舉祭酒

是廟中餕必祭玉藻日中而餕亦云朝祭胏夕祭牢肉是日食餕亦祭故但以祭先爲說然據玉藻若祭賜之食而君客之命之祭然後祭上文亦云主人延客祭亦云侍食於君君祭先飯則共長者食以客禮待之則延而後祭否者不祭侍食而餕其餘不得有祭明矣與饋食禮餕之進敦俎鉶豆者自別玉藻朝祭胏夕祭牢肉所謂餕者日一牢而已不以所食之餘進也經明言餕餘卽承上君賜餘爲義可知鄭注疑非也父不祭子夫不祭妻當别爲一義喪服小記除殤之喪除成喪皆有祭又云婦之喪虞卒哭夫若子主之祔則舅主之凡喪祭皆有主者而饋獻之事尊者不親故於此發其義曰父不祭子夫不祭妻猶之主喪者必於次雜記爲長子杖

則其子不以杖即位爲主喪也喪服小記父不爲衆子次於外爲不主喪也而喪服大記發其義曰父不次於子兄不次於弟與此正同義朱子經義云孔子君賜腥熟而薦之非餕餘以薦先祖賜食則或爲餕餘但正席先嘗而已雖父不以祭子夫不以祭妻不敢以鬼神之餘復以祭也以此爲申足上意者亦誤

爲天子削瓜者副之巾以絺爲國君者華之巾以綌爲大夫累之士疐之庶人齕之

鄭注副析也既削又四析之乃横斷之華中裂之不四析也累倮也謂不巾覆也疐不中裂横斷去疐而已齕不横斷嵩燾案鄭注副華累疐皆備兩義而齕字無義故孔疏連上文

以去疐而鬶之爲訓據爾雅瓜曰華之邢疏訓華爲半破蓋中析之或四或二取足以便食副則橫斷之也鄭司農周禮注副貳也說文判也既中析而又橫斷爲二故曰副呂氏大臨云自大夫以上皆削故曰爲天子爲國君爲大夫以下不削故曰士疐之庶人齕之最得經義削瓜二字貫下三項削者刊削其皮也天子諸侯皆中析必覆巾以避塵大夫不覆巾是不中析也累者但去其皮以進呂氏讀爲祼裎之祼是也士但削其疐庶人不爲削齕去其疐而已古者雜佩有刀礪之屬大夫以下皆自裂之此明禮食進瓜之等差大夫以上皆削士庶人不削經語分明鄭注恐失之

尊卑垂帨

鄭注授受之儀尊卑一孔疏賓主俱是大夫則爲尊俱是士則爲卑嵩燾案周禮輪人爲蓋上欲尊而宇欲卑尊卑猶言高下此承上執簫承弣之文以明其高下之節執弓者磬折而立承弣當心則執簫當佩垂處蓋均爲執弓之容下文由客之左接下承弣方及受弓之容中閒不應攙入賓主之尊卑可以體玩經義而自得之

受弓劒者以袂

鄭注敬也孔疏不露手取之用衣袂承接以爲敬嵩燾案說文袂袖同訓釋文袂掣也開張之使受臂屈伸也袂從夬說文夬分決也左右分出曰袂袂口曰袖凡言袂皆謂當肘處上文操右袂亦謂扼持其右肘弓劒之長三尺張兩臂以承

之自袖以上皆爲袂也與上節自受而承弣者各爲一義上云自受則此或使人受之而凡從長者受弓劒之儀皆應如是徐氏師曾據爲兼受弓劒者誤

君知所以爲尸者則自下之尸必式乘必以几

孔疏謂散齊之時君在路見尸尸必式者廟門之外尸尊未伸不敢亢禮故式爲敬以答君也嵩燾案特牲禮前期三日筮尸乃宿尸少牢禮前宿一日宿戒尸明日筮尸曰來日丁亥用薦歲事以某之某爲尸吉乃遂宿尸鄭注不前期三日筮尸者大夫下人君君祭之期乃視濯與士異據此則君筮尸亦前期三日安得有散齊時在路見尸之事疑自大夫以上筮尸前皆先戒尸故君知所以爲尸宜在已戒而未筮時

不曰尸而曰所以爲尸明尚未筮也大夫士下君門見君必下可知爲君尸者大夫也既醉詩傳云公尸天子以卿知諸侯以大夫既已戒尸則有爲尸之道君亦必下以致其敬經不言尸下者辭略也祭統尸在廟門外則疑於臣君在廟門外則疑於君臨祭猶然斷無在路相見君下而尸式之理禮卑者避尊者之拜則還辟不敢亢禮自當辟之而謂尸尊未伸以式爲敬揆之經旨尤爲無當尸必式乘必以几別爲一義鄭注乘必以几尊者愼也其必式者先祖之神憑焉敬以迓之二語連文言敬而又致其愼也案下云乘君之乘車不敢曠左左必式又云乘路馬不敢授綏左必式並與此尸必式同文皆別爲一義以申足上意士昏禮壻御婦車授綏婦乘以几乘几者踐之以登車也疏謂几在式上尤誤

生與來日死與往日

鄭注此士禮貶於大夫大夫以上皆以來日數蒿㒒案鄭意大夫士之喪皆三日殯而喪大記析分大夫三日之朝既殯杖士二日殯杖孔疏因謂大夫三日殯不數死日則天子諸侯悉同然禮言諸侯五月而葬而春秋書葬皆以見月爲期其間或踰四月或不及四月葬以見月爲期知殯亦必以見日爲期書召誥三月丙午朏越三日庚申越三日庚戌越五日甲寅若翼日乙卯越三日丁巳越翼日戊午越七日甲子顧命丁卯命作冊度越七日癸酉凡周書計日皆然足爲明證喪大記君之喪三日子夫人杖五日既殯大夫世婦杖大夫之喪三日之朝既殯主人主婦室老皆杖士之喪二日而

殯三日之朝主人杖婦人皆杖是三日成服杖天子諸侯以下並同而殯異日大夫士之殯皆在成服杖前大夫有家臣與諸侯同則疑成服之有次第故並以既殯言之曰三日之朝既殯知殯之必不繫於三日之朝矣經文通言之鄭據喪大記謂之士禮恐未安也

史載筆士載言

鄭注筆謂書具之屬言謂會同要盟之辭孔疏史謂國史書錄王事士謂司盟之士而引崔靈恩云必載盟會之辭者或尋舊盟或用舊會之禮應須知之嵩燾案儀禮聘禮史讀書是諸侯卿大夫出史皆從周禮內史掌書王命外史掌書外令卽其職也士載言言卽簡策也周禮土訓道地圖以詔地

事道地慝以辨地物誦訓道方志以詔觀事道方慝以詔辟
忌巡守則夾王車凡所至山川物類及古今土俗之宜具之
簡策所謂言者卽此類土訓誦訓皆中士也鄭注專以盟會
之辭言之疑有未盡
凡祭於公者必自徹其俎
孔疏祭於公謂士助君祭大夫以上則君使人歸其俎大夫
以下自祭其廟則使人歸賓俎嵩燾案疏意據公食大夫禮
有司卷三牲之俎歸於賓館遂以通之祭禮據特牲禮佐食
徹阼俎堂下俎畢出鄭注兄弟及衆賓自徹而出惟賓俎有
司徹歸之然鄭注特牲禮賓在有司中特牲記有祝俎阼俎
主婦俎佐食俎賓及長兄弟宗人如佐食俎似祝俎爲最尊

而特牲禮云祝執其俎以出有司徹云祝告利成乃執俎以出是雖士大夫之祭助祭者皆自徹俎惟尸俎阼俎佐食徹之而有司徹禮云司士歸尸侑之俎祝執俎出有司受歸之則自尸俎以下皆宜有司歸之又不必大夫以上矣孔疏於此似未分明

逮事父母則諱王父母不逮事父母則不諱王父母

鄭注不及識父母恩不及於祖此謂庶人適士以上廟事祖雖不逮事父母猶諱祖嵩燾案下文大功小功不諱則凡期親以上皆諱也王父母正服無不諱之理此與下夫人之諱婦諱不出門同義雜記母之諱宮中諱妻之諱不舉諸其側惟子與父同諱父母所嘗諱者則亦諱之如世父母叔父母

期當諱從父母小功可以不諱矣而及見父母之諱之則亦不敢舉其名雜記王父母兄弟世父叔父姑姊妹子與父同諱是也經言王父母正謂王父母兄弟喪服從祖祖父母小功卽王父母也從父昆弟大功已不諱矣從祖祖父母於父爲期及見父母之諱之則雖小功亦諱也準此而言知諱之所及皆仁之至義之盡也禮不下庶人鄭注以庶人爲說疑未安

外事用剛日內事用柔日

鄭注出郊爲外事春秋傳曰甲午祠兵崮讟案表記大事有時日小事無時日有筮外事用剛日內事用柔日不違龜筮經連卜筮爲文則外事內事皆謂祀事左氏傳禮不卜常祀

如郊用辛社用甲禘於太廟日用丁亥皆所謂大事有時日者其餘皆筮日詩吉日維戊吉日庚午毛傳云外事用剛日用剛用柔蓋筮日者各以類求之祭者求陰之義惟祠兵以陽爲用鄭注允矣孔疏以郊社分郊外內爲言似乖鄭意

卜筮不過三卜筮不相襲

鄭注求吉不過三卜不吉又筮筮不吉又卜是瀆龜筮也嵩燾案周禮筮人凡國之大事先筮而後卜洪範亦云龜從筮從並無卜筮不兼用之文疑此承上喪事先遠日吉事先近日言之非泛言卜筮之用也特牲禮筮日若不吉則筮遠日少牢禮若不吉則筮遠日又筮日如初鄭注少牢禮日用丁已筮旬有一日言先月下旬之已筮來月上旬之已不過三

者筮及中旬下旬而止鄭注所謂魯四卜郊春秋譏之是也士喪禮筮宅旅占卜日亦旅占特牲少牢禮筮尸筮日或用卜或用筮無兼用者蓋謂喪祭常事卜筮之用如此與洪範之言大疑周禮之言大事者自別孔疏襲有二義一則大事用卜小事用筮一則卜不吉不得用筮筮不吉不得用卜以意擬之而於禮經之文未能研審知其牴牾多矣

僕展軨效駕

鄭注展軨具視效駕白已駕也嵩燾案展軨效駕至下驅之五步而立當爲一事效蓋校試之意車已駕而先試其車具之完善馬力之調良也爾雅釋言展適也說文展轉也鄭注喪禮軸狀如轉轔展軨卽轉轔之意謂稍動車輪以校試之

下云奮衣由右上者輪動車行不復能從容故言奮矣五步而立則猶近距階前也凡二十五字一氣直下若展軨一視而卽告駕於君乃始乘而試之是此二語中尚多一轉折而告駕於君則君當出何由反乘之以驅文義亦稍陵越矣

車驅而騶

孔疏驅車而進左右從者急趨從君行也嵩燾案騶卽周官趣馬之趣月令命僕及七騶咸駕鄭注七騶謂趣馬主爲諸官駕稅者左傳成十八年程鄭爲乘馬御六騶屬焉使訓羣騶知禮杜注諸侯有六閑馬乘車尙禮容君行有貳車有從車此謂車驅而騶從也騶有趣音車驅而騶隨之以動不敢後也車驅而騶四字當別爲一義疏意似未分明案車行有副車有車

右皆以備不虞副車隨行而車右以時登降各有當也

故君子式黃髮下卿位

鄭注卿位朝之卿位君出過之而上車入未至而下車孔疏君子謂人君也嵩燾案周禮宰夫掌治朝之法司士正朝儀之位大僕眡燕朝則正位朝士掌外朝之法天子諸侯皆有三朝雉門之外外朝也朝士掌之路門之內治朝也宰夫司士掌之路寢燕朝也大僕掌之亦謂之內朝所謂正位者如王南面三公北面孤東面卿大夫西面臨時界畫其方位而已惟外朝左九棘右九棘面三槐樹槐棘以表之爲有定位故朝士但云掌外朝之法而不云正位小司寇掌外朝之政以致萬民國有大故謀及庶人亦於外朝無於此下卿位之

理案司士正治朝之位所正者北面東面西面之等而卿大夫皆西面朝士云左九棘孤卿大夫位焉羣士在其後是天子三朝卿大夫同位諸侯之卿異位亦與大夫士分左右列而同位一庭之中下車當庭但當云下朝位而已不得言下卿位也於禮亦別無可徵凡朝皆有位三朝則卿位凡三當三下之尤恐非宜鄭注周禮大僕燕朝於路寢之庭而樂師注登車於大寢西階之前降車於阼階之前則亦進越卿位矣案孔疏引燕禮大射禮卿大夫門右北面公降阼階南鄉爾卿此爲公始降階迎賓之儀儀禮於此下云皆少進明非定位也疏據以當卿位尤失之疑此君子通言之周禮匠人九分其國以爲九分九卿治之三代建國統治於君九卿各有官府以分治周禮辨方正位書召誥攻位於洛汭位謂王居九卿治所即爲卿位下卿位者貴貴也案下言國君下宗廟謂不以車入廟中宗廟在雉門外外朝在焉云下宗廟過朝位不下可知大夫士下公門於卿亦不下也故知此君子通言之鄭據人君言之則下

卿位句不可通而入國入里之文施之國君亦爲不倫矣

國中以策彗卹勿驅塵不出軌

鄭注彗竹埽孔疏不用鞭策取竹帚帶葉者爲杖故云策彗嵩燾案說文彗埽竹也用以埽者竹之梢也朱子經說疑謂策之彗若今時鞭末韋帶是也似不當別取竹帚爲策經意謂擧策而垂其彗以搔摩馬背不振而揚之說文勿州里所建旗象其柄有三游勿本以趣民而下所建旗則止故又引申爲禁止卹有撫卹之意言以策彗搔馬背若撫摩之勿字多借爲沒字故鄭注作沒音爾雅釋詁蠠沒郭注猶黽勉也漢書劉向疏作密勿鄭注周易亹亹猶沒沒也其注祭義云勿勿猶勉勉也經言卹勿與蠠勿義略近吳氏澄以彗卹句

勿驅二字句云彗衈者謂埽拂之然經言驅之五步而立則猶在路門內車驅而騶則猶在大門內馳驅二字自別說文馳大驅也廣韻馳疾驅也走馬謂之馳策馬謂之驅以策彗衈勿卽所以驅也國中不得言勿驅明矣此自當以鄭注爲正

禮記質疑卷一終

禮記質疑卷二

思賢講舍

湘陰郭嵩燾伯琛著

曲禮下

執天子之器則上衡國君則平衡大夫則綏之士則提之

鄭注衡謂與心平上衡謂高於心綏讀曰妥妥之謂下於心

嵩燾案周禮梓人鄉衡而實不盡鄭司農云衡謂麋衡曲禮執君器齊衡是鄭司農以衡當眉禮言衡者不一皆實有所指周禮輿人爲車輪崇車廣衡長輈人職謂之衡任鄭注在兩軛之閒梟氏甬上謂之衡鄭注此二名者鍾柄玉人衡四寸鄭司農云衡勺柄鄭注衡古文横謂勺徑也左傳桓二年衡紞紘綖杜注衡維持冠者玉藻幽衡蔥衡鄭注佩玉之衡

皆假衡爲名漢書律歷志衡平也故衡可訓爲平而此經云上衡平衡明有所指必非以衡爲平之假借鄭注梓人衡平也與此同訓而經言上衡平衡則是上於平平於平也似於詞爲不文疑此執器與上奉提連文說文奉承也提挈也挈懸持也執持也凡握而持之曰執縣持之曰提加敬而承之曰奉詩奉璋峩峩則執天子之器極於奉而止無因更加於奉之上也覲禮奉束帛奉篋服聘禮奉束帛加璧奉束錦奉幣周書顧命奉同瑁奉圭兼幣凡執天子諸侯圭幣皆曰奉射禮有執弓執旌聘禮有執筴執圭執幣燕禮有執冪其食飲饋奠執鐙執豐執爵執觶自士禮以達於諸侯其儀並同葢凡執器者皆有授受之節豈得於士之器提而挈之經云執器者通詞也天子以下常用之器執之皆有其節凡器有典守者有監造者皆可以執言之衡者佩玉之衡正當帶

閒上衡則上於帶平衡者平其肘倚於帶閒綏之謂曲肘向後而手稍垂提之則縣挈於旁四者之異皆不上於心不下於帶案上衡平衡皆兩手執持綏之提之則從左右手之便下文國君綏視大夫衡視衡又下於綏綏如武車綏旌之綏言下垂也此云綏承衡言之下云綏視承袷言之鄭據綏下於衡遂以爲視天子視國君視大夫士之節者誤天子視不上於袷不下於帶袷帶之閒惟所視國君則稍下於袷大夫則當帶閒所視上下皆有常節與此節文義可以參觀而得之案荀子平衡曰拜下衡曰稽首楊倞注平衡謂罄折頭與腰平正此義

執玉其有藉者則裼無藉者則襲

鄭注藉藻也有藻爲文裼見美亦文無藻爲質襲充美亦質圭璋特而襲璧琮加束帛而裼亦是孔疏引崔氏云圭璋特

故有藻其餘束帛加璧既有束帛不須藻熊氏云朝時用圭璋特賓主俱襲行享時用璧琮加束帛賓主俱裼皇氏云上公享天子圭以馬享后璋以皮皮馬不上堂其上惟有圭璋必以物覆襲之侯伯子男享天子璧以帛享后琮以錦既有帛錦承玉其上惟用輕細之物蒙覆以裼之嵩燾案鄭注析藉爲二義孔引諸家疏又析爲三義據周禮典瑞大圭鎮圭繅藉五采五就桓圭信圭躬圭三采三就穀璧蒲璧二采再就瑑圭璋璧琮二采一就玉人大璋中璋邊璋皆有繅是禮玉無不用繅藉者崔申鄭義殆誤也案鄭注本析分二義崔誤合爲一皇氏之說尤謬聘禮賓裼奉束帛加璧享加璧謂加於束帛之上易藉用白茅馬氏融云在下曰藉此言藉者以束帛承藉之

義熊氏用鄭注後說爲長其云藻藉者非也竊疑藻藉二字
之義諸儒均未分明聘禮記朝天子圭與繅皆九寸繅三采
六等朱白蒼問諸侯朱綠繅八寸皆元纁繫長尺絇組鄭注
古文繅或作藻今文作璪說文璪玉飾如水藻之文左傳桓
二年藻率杜注以韋爲之所以藉玉率如玉藻凡帶有率無
箴功謂緶緝之玉人所云藻以象德者是也而鄭注典瑞繅
有五采文所以薦玉木爲中幹用韋衣而畫之就成也一帀
爲一就既云以韋衣木則一帀一就之文將何所指弁師五
采繅十有二就鄭注合五采絲爲之繩繩之每一帀貫五采
玉弁師巾車言就者皆繩之一帀也詳味聘禮記之文皆元
纁繫長尺絇組承上繅九寸繅八寸言之是所謂三采二采

者其組也其藻藉但有元纁二色禮文簡括互證之自明董子春秋繁露主天法商玉厚九分白藻五絲主地法夏玉厚八分白藻四絲主天法質玉厚七分白藻三絲主地法文玉厚六分白藻二絲白藻者上元下纁用白爲水藻文五絲四絲三絲二絲卽所謂五采五就以次及二采一就言所繫之絇組也聘禮言垂繅者垂其組屈繅者斂其組藉下之元纁繫旁之組通名爲繅鄭注聘禮賈人東面坐啟櫝取圭垂繅云繅有繫組語最合經旨而言之不詳自皇氏侃以下皆不能明矣周禮大行人桓圭九寸繅藉九寸信圭躬圭七寸繅藉七寸穀璧蒲璧五寸繅藉五寸藉之長廣一如其玉之數鄭注聘禮繅所以藉玉其或拜則奠於其上屈繅者斂之繅之制僅足以藉玉何爲更斂之而以韋衣木之繅亦無能加斂也據儀禮聘禮賈人取圭垂繅授上介上介不襲執圭

屈繅授賓賓襲執圭公襲受玉於中堂東楹之閒賓出公側授宰玉裼降立擯者出請賓裼奉束帛加璧享儀禮言襲裼之文惟見於此鄭注裼者免上衣見下衣凡襢裼者左孔疏近體有袍襗之屬其外有裘夏則葛其上有裼衣裼衣上有襲衣襲衣上有常著之服若皮弁之屬掩而不開謂之襲若開皮弁及中衣左袒出其裼衣謂之裼賈疏但云裼衣上有皮弁服然皆承鄭注免上衣見下衣之文謂裼別爲一衣據禮有衵衣有中衣有表說文表上衣也論語當暑袗絺綌必表而出之加衣於上曰表開其左右袒曰裼說文裸裎裼三字連文並云袒也鄭注免上衣亦卽袒意禮無以裼衣爲名者自賈疏乃有裼衣之文而鄭義亦隱矣玉藻以帛裏布非

禮也卽謂中衣冬裘夏葛皆中衣也故曰表裘不入公門袗絺綌不入公門論語狐貉之厚以居者表裘也上加緇衣素衣卽爲禮服經言裼裘特詳裘有羔裘狐裘麛裘之別裼之所以爲文也惟加敬則襲賈疏以玉藻裼衣與皮弁禮服之色微有異同因謂裼衣上有皮弁服据士冠禮爵弁服纁裳純衣緇帶皮弁服素積緇帶元端元裳黃裳雜裳緇帶皆詳於裳而略於衣盍衣裳本同色而鄭注周禮司服凡冕服皆玄衣纁裳韋弁以韎韋爲衣裳皮弁服白布衣積素以爲裳冠弁緇布衣亦積素以爲裳其詩采芑箋天子韋弁服朱衣裳其論語注緇衣羔裘視朝之服素衣麑裘視朔之服黃衣狐裘司服所云兵事韋弁服之服如鄭說是一韋弁服而衣已三異詩秦風傳錦衣狐裘朝廷之服與玉藻正合必謂裼衣上別有禮服是緇衣羔裘上又加緇衣恐非制也孔氏乃以出其裼衣爲裼裼衣何衣而特出之以爲飾乎求之諸經之文鄭注近之而詞多隱而未宣諸疏承之而愈舛矣說文膻肉袒也詩膻裼暴虎是襢裼之襢說文作膻古人肉襢盍出左背而禮服之袒亦左掩

右開之則扱兩衽於旁與左襘者自别鄭引襘裼爲訓亦恐失之

士不名家相長妾

孔疏長妾妾之有子者又引熊氏云士有一妻二妾言長妾者當謂娣也嵩燾案喪服緦麻章貴臣貴妾鄭注士卑無臣妾又賤不足殊有子則爲之緦無子則已此卽孔疏所本然儀禮自列貴臣貴妾於士爲庶母下亦不專指大夫言之貴臣貴妾自屬通辭從其娣姪言之則娣爲長亦貴妾也士昏禮女從者畢袗元在其後鄭注女從者謂姪娣也似士昏亦得備姪娣經不云貴妾而云長妾正以士卑不必盡備姪娣妾年長者服役久宜異視之不與羣妾齒卽經求義固自明曉無庸别爲之辭

君子行禮不求變俗祭祀之禮居喪之服哭泣之位皆如其國之故謹脩其法而審行之

鄭注不務變其故俗重本也謂去先祖之國居他國者其法謂其先祖之制度嵩燾案孔疏於此引熊氏云王制脩其敎不異其俗左傳定四年封魯因商奄之民封康叔於殷墟啟以商政封唐叔於夏墟啟以夏政疑熊義爲優家語孔子相衞司徒敬子之喪用殷禮曰喪事吾從其質鄭志答趙商衞武公居殷墟故用殷禮所謂因其國之故大率質文之別而已其正朔色尚及車服禮儀之等自有本朝法度不可踰越其法者所奉一王之大法謹脩而審行之期使因俗者仍不逾夫法而法之行亦不與俗相戾也三代立一王之法以整

齊天下而俗之所趨時之所宜君子不爲苟異要使其法脩明於上動而不過其則孟子云魯人獵較孔子亦獵較卽因俗之義也案不求變俗正謂所處之地之俗君子不求立異也注反以去國用其故俗爲言則亦有意立異矣

爵祿有列於朝出入有詔於國

鄭注爵祿有列於朝君不絕其祖祀詔告也謂與卿大夫吉凶往來相赴告也嵩燾案鄭意爵祿出入皆舉故國言之而於下云兄弟宗族猶存謂無詔無列者上下四語自相差參吳氏澄因移上節謹脩其法而審行之句於出入有詔於國下又補若兄弟宗族猶存二句於出入無詔於國下尋求文義殊不爾出入有詔於國如大夫士私行出疆必請反必告當就所處之國言之有列於朝出入不可以私非凶喪大事

不得外出兄弟宗族則故國所立爲後者三世仕於他國舊君之義絕矣告於宗後明不與舊君相聞也以三世爲言知三世以前雖爲大夫猶用故國之俗三世而無有仕者則終守故國之俗行之俟興起受命爲大夫乃從新國之法文義本自分明說經者一循鄭氏之說而章法句法隔閡多矣案此與上君子行禮兩節文義相因而事各別鄭注誤合爲一然經於故國言俗於新國言法字法極分明法者行禮之大經俗則質文繁簡之從宜者也去國而猶循用其國之俗至於三世而遂已矣吉凶之事以告其國之嗣爲後者可也若未仕仍不變其國之俗鄭以爵祿出入爲復立其族則其族之嗣爲後者出入自告於其君與去國者何涉而經以出入有詔於國出入無詔於國爲文明所係者出入不得私也

席蓋

鄭注席蓋載喪車也雜記曰士輤葦席以爲屋蒲席以爲裳

帷嵩燾案鄭意據此爲車蓋而誤入雜記葦席蒲席之文連席蓋言之據雜記其輤有裧緇布裳帷素錦屋鄭注輤載柩之車飾輤取名於櫬與蒨輤以覆蓋裳帷以蔽車屋以蔽棺士覆車及棺皆以席非以席爲蓋也與此所引似忤蓋所以覆車左傳莊公三十二年投蓋於稷門正謂蓋重且巨無因挾之以入公門呂氏大臨云席所以坐蓋所以禦日與雨席蓋當爲二物國語暑不張蓋家語孔子將出雨而無蓋司馬相如賦蜺爲旌翠爲蓋皆此几杖席蓋爲一類重素袗絺綌爲一類几杖席蓋皆所以自便安者以入公門亦爲不敬案朝燕布席席有司掌之曾子問諸侯相見及旅見天子入門雨霑服失容則廢足爲席蓋不入公門之確證

凡家造祭器爲先犧賦爲次

鄭注大夫稱家謂家始造事嵩燾案鄭意以君子將營宮室節主諸侯言之此節主大夫言之孔疏又引禮運之文大夫祭器不假非禮也儀禮諸侯大夫少牢此言犧謂牛因據以申鄭義云此爲天子之大夫據下文無田祿者不設祭器君子雖貧不粥祭器是士受田祿皆得有祭器王制宗廟之器不粥於市犧牲不粥於市經意正分宮室與器用之造於家者言之馬氏晞孟兼大夫士爲說至允鄭注犧賦以稅出牲有田則有犧賦呂氏大臨所云犧牲之器牢互盆簝之屬皆隨犧牲而具者周禮牛人所謂載公任器者是也祭祀之牲通名犧說文犧宗廟之牲也尚書孔傳色純曰犧體完曰牷毛詩傳犧純也鄭注犧牛毛純也其注牧人犧牲云毛羽完

具也則弁兼羽物言之詩與我犧羊左傳見雄雞自斷其尾

云自憚其犧也周禮犬人其犬牲用牷物犧牷不專屬之牛

明矣疏申鄭義似亦失之

素衣素裳素冠徹緣鞮屨

鄭注言以喪禮自處也鞮屨無絇之菲孔疏緣中衣緣也素

服裏有中衣吉時用采緣凶喪故徹緣而純素嵩燾案喪服

衰三升以次至小功十升若十一升而朝服十五升緦錫衰

亦十五升而抽其半是喪服以治麻疏密爲差鄭注周禮司

服皮弁服十五升白布衣積素以爲裳而注屨人云凡屨舄

各象其裳之色素積白屨注士冠禮云皮弁者以白鹿皮爲

冠詩曹風箋麻衣深衣諸侯之服秦風傳素衣繡黼丹朱中

衣是皮弁服深衣中衣皆用素不必卽爲喪服檜風傳素冠練冠也箋又引玉藻縞冠素紕謂之祥冠而間傳云小祥練冠縓緣大祥素縞麻衣深衣疏以布緣曰麻衣凡此練祥之服竝未别爲中衣鄭注檀弓練衣黃裏縓緣竝練中衣以黃爲內緣爲飾疏以緣爲中衣卽本此而經明言徹緣亦與練祥之縓緣素紕異矣案鄭注喪服記麻衣縓緣云小功布深衣而注深衣云連衣裳而純之以采朝服元端以上皆有裳無緣惟深衣加緣此云徹緣蓋卽深衣常服而去其緣耳云中衣者誤也周禮司服眡朝皮弁服凶事服弁服後云大札大荒大烖素服所云素服卽服弁服也亦謂之素端鄭注司服其齊服有元端素端云素端者爲札荒有所禱請蓋所異者皮弁而衣與裳皆同鄭云服弁喪冠也恐誤周禮明分凶事弔事衰服爲三似未宜

以凶事倂入下凶服言之喪服惟衰素衣素裳素冠非衰也
經云徹緣但去深衣之緣以凶禮自處非能於去國時制衣
以行也鞮屨亦非菲屨說文鞮革履也胡人履連脛謂之絡
鞮鄭注周禮鞮鞻氏四夷舞者所屝也許別出胡人之絡鞮
連脛者尤允鞮屨祇是革屨便於奔走蓋賤者之履也鄭注
連喪服為文遂據檀弓繩屨無絇釋之皆恐未然

大夫士見於國君君若勞之則還辟再拜稽首君若迎拜則還
辟不敢答拜

鄭注謂見君旣拜矣而後見勞也聘禮曰君勞使者及介迎
拜謂君迎而先拜之聘禮曰大夫入門再拜嵩燾案鄭意據
聘禮享私覿禮畢送賓公勞賓及介疏云聘禮無還辟之文

者文不備也疑聘禮自有常儀經云若勞之若迎拜無常儀則此見於國君者通詞也聘禮使者歸反命君勞之再拜稽首君答再拜上介如上賓之禮士介亦如之是使歸反命君勞之與聘享同公食大夫禮賓朝服卽位於大門外如聘公逆於大門內賓入門左公再拜賓辟是食禮君迎拜亦與聘禮同案公食禮賓辟下云再拜稽首者另文云辟則非答拜也士相見禮有始見於君之儀有燕見之儀有外臣相見之儀此於禮有事則勞食則拜迎其國之君及異邦皆然鄭注一以聘禮證之疑非經旨案鄭注聘禮勞之以道路勞苦勞者辭也賓至近郊使卿勞勞者奉幣入東面致命賓北面聽命還少退再拜稽首此云還辟亦卽受勞而還少退之意與迎拜還辟之文略異記禮者連類言之迎拜還辟不敢當其拜勞而還辟不敢當其言則外矣儀禮之文已詳於郊勞疏言文不備者亦誤

大夫士相見雖貴賤不敵主人敬客則先拜客客敬主人則先拜主人

孔疏使臣行禮受勞已竟次見彼國卿大夫也異國則爾同國則否嵩燾案朱子經説已疑此未有以見同國異國之辨士相見禮先生異爵者請見之則辭辭不得命則先見之鄭注引此云主人敬賓則先拜賓然儀禮之文仍以貴賤異等言之自是士大夫相見之常禮此云敬客敬主人皆通辭也孟子曰用下敬上謂之貴貴用上敬下謂之尊賢鄭注以尊賢釋此最合經旨記禮者通禮文之變以達人所以交相爲敬之情其義美矣疏申鄭義失之

凡非弔喪非見國君無不答拜者

鄭注國君見士不答其拜士賤嵩燾案鄭意卽據下君於士不答拜也爲義疑經但言見國君並不言士士相見禮始見於君士大夫奠摯再拜稽首君答壹拜聘禮使者反命君勞之再拜稽首君答拜勞上介士介亦如之是於士不答拜亦惟燕見爲然以事見猶答拜也經以弔喪見國君相連爲文所云不答拜當據見國君者言之聘禮賓入門左公再拜客辟不答拜公食大夫禮賓入門左公再拜賓辟其不敢答拜於其國之君及異邦皆然注於上下各節多據聘使言之惟此專屬其國之君義亦未備

大夫士見於國君國君拜其辱士見於大夫大夫拜其辱

孔疏大夫見於國君謂見他國君也聘禮公在門左拜是拜

其辱也士見於大夫大夫拜其辱聘禮賓朝服問卿卿送於廟門外再拜是也嵩燾案疏意以下有同國始相見之文故於此就異國言之而以聘禮之賓當士非所詳也案同國始相見者通辭也以敵禮相見則主人先拜其辱同國而固有賓主之分言同國以賅異國也注家轉因之而以上二句之文爲異國矣又引熊氏云同國大夫見君君拜其辱以初見君敬之尋常則不拜也士相見禮明言始見於君士大夫奠摯再拜稽首君答一拜不云拜辱也士見於大夫於其入也一拜其辱大夫拜辱之文實見於儀禮則固同國非異國也據玉藻士於大夫不敢拜迎而拜送是凡拜迎皆敵禮士冠士相見鄉飲酒鄉射主人迎於門外再拜賓答拜是也尊者迎拜則辟聘禮賓入門左公再拜賓辟不答拜公食大夫禮逆賓於大

門內再拜賓辟是也奉使不答拜士昏禮納采主人迎於門外再拜賓不答拜覲禮至於郊王使人以璧勞侯氏迎於帷門之外再拜使者不答拜聘禮郊勞賓迎於舍門之外再拜勞者不答拜歸饔餼賓迎於外門外再拜大夫不答拜賓問卿迎於外門外再拜賓不答拜是也凡言拜其辱者迎賓之辭而云國君云大夫明尊者可以拜辱而卑者不敢以施之尊者義不得行賓主之禮以勞尊者之答拜也此當與玉藻之文參看玉藻於不敢拜迎而拜送下又云士於尊者先拜進面答之拜則走葢變通其例言之謂大夫見於士士不拜迎士見於大夫大夫當拜迎士則及其未出迎也而先拜之答拜則走與此章文義正互相備舊注皆失之

國君春田不圍澤大夫不掩羣士不取麛卵

孔疏國君春田不圍則天子春圍大夫春不掩則國君春掩士春不取麛卵則大夫春取而引王制天子不合圍諸侯不掩羣謂夏禮嵩燾案周禮田役六官之屬分掌其政而總於大司馬公侯以下禮數不詳蓋軍禮以田簡衆惟天子諸侯得行之王制天子諸侯歲三田陳氏禮書引左傳襄三十年豐卷將祭請田子產弗許以爲天子諸侯有四時田獵之禮大夫士不與周禮田僕凡田王提馬而走諸侯晉大夫馳王制天子殺下大綏諸侯殺下小綏大夫殺止佐車實爲諸侯大夫從天子田獵之等非大夫自行田獵也疑陳氏之言得之王制天子不合圍諸侯不掩羣專據天子諸侯爲說爲足

徵信其云不合圍不掩羣則固田獵之常儀也周禮大司馬四時田惟冬狩爲詳而虞人萊所田之野爲四表二百五十步車三發徒三刺皆及表而止其左右和以旌爲門出左右陳前後有屯百步設驅逆之車葢所田不出二百步之中昭八年穀梁傳亦云蒐狩習武艾蘭以爲防置旃以爲轅門過防弗逐蒐狩大田役皆無合圍之事天子諸侯其禮略同非但春田而已穀梁傳又云揜禽旅范甯注揜取衆禽也鄭注大司馬徒獘致禽亦云冬田主用衆物多衆得取則田獵以揜禽爲義王制諸侯不揜羣與此大夫不揜羣語同而義稍別王制不揜羣葢卽不合圍之意此云不掩羣大夫不足以致車徒行誅賞則固不能揜禽以校獵也疏據此經遂謂諸

侯不揜羣爲夏禮甚誤其大夫以下之有田獵見於經傳者
實繁周禮迹人掌邦田之地政爲之厲禁凡田獵者受令焉
禁麛卵者鄭注邦田之地若今苑令謂時與處也天子諸侯
之苑有禁而凡田獵者各有其時與處知士大夫皆得以田
獵取禽月令山林藪澤有能取田獵禽獸者野虞教導之是
教民田獵自周盛時已然又不獨士大夫也鄭風之叔于田
齊風之旋皆言大夫以下田獵之事鄭箋於旋言子言我云
皆士大夫也豳風一之日于貉二之日其同箋云其同者君
臣與民俱出田孟子趙簡子使王良與嬖奚乘大夫家臣亦
有田魯人獵較孔子亦獵較列國風氣相習於田又事之變
也天子諸侯有車徒教令以簡軍實大夫以下從禽而已而

大夫家臣之屬猶多故以揜羣爲戒士無家臣則亦不能揜羣也月令毋麛毋卵承孟春言之王制不麛不卵承豺祭獸然後田獵以下文義言之是不取麛卵天子諸侯四時之田並同獨於士言者士田取禽少麛卵其易取者也經文錯舉見義孔疏舉一以例其餘失之甚遠方氏慤云用大者取愈廣位卑者禁愈嚴附會疏義大失經旨

大夫不食粱士飲酒不樂

鄭注粱加食也不樂去琴瑟孔疏士平常飲酒奏樂今凶年猶許飲酒但不奏樂嵩燾案公食大夫禮正饌黍稷加饌稻粱而惟飯粱公設於湆西賓左擁簠粱右執湆以降公辭鄭注降者欲食於階下然也似食禮粱尤重下云賓三飯以湆

醬卒食執粱與醬以降鄭注示親徹是所飯者粱也大夫不食粱謂禮食無加饌若常食黍稷稻粱惟所宜無加食不應於粱獨異也士禮惟鄉飲酒用樂歲凶則殺其禮此與下無故不去琴瑟各爲一義下云無故蓋專據喪禮言之此云歲凶則周禮之凶禮荒禮皆統於是君言祭事舉其重者大夫士言禮食禮飲亦舉其重者其餘所以自奉之節以君爲差君子自制其義於心可矣

士有獻於國君他日君問之曰安取彼　大夫私行出疆必請反必有獻

孔疏安取彼猶何處取彼物士卑德薄嫌其無有也反必有獻者大夫有德必能招人餽遺故反必有獻蒿燾案聘禮反

命執禮幣以盡言賜禮私幣不告若有獻則曰某君之賜也上介徒以公賜告是禮幣公賜以告君君更賜之私幣大夫以獻於君介則否經云大夫私行出疆若莊二十七年公子友如陳葬原仲宣五年齊高固來逆叔姬昭五年左氏傳鄭罕虎如齊娶於子尾氏昭九年晉荀寅如齊逆女並當以幣交受幣而歸致之君亦與聘禮同凡獻於君有禮辭少儀君將適他臣致金玉貨貝於君曰致馬資於有司致隧於君曰致廢衣於賈人爲君喪納貨貝於君曰納甸於有司爲人祭曰致福爲己祭致膳於君子曰膳皆禮辭也此云士有獻於國君則或私獻無禮辭也所以問者餽獻宜有因士獻於君不親受他日見君乃詳其致獻之由也孔疏疑失之陋

畛於鬼神

鄭注畛致也祝告致於鬼神嵩燾案爾雅釋詁畛告也郭注引禮記曰畛於鬼神釋言畛致也正鄭注所本致卽致告之意而釋詁禧畛連文釋言畛底連文自分兩義禧釐字通漢書祠官祝釐卽禮告之意郭注引此經以訓釋詁之畛亦禮告也畛底之訓致猶言至極也周禮太宰聽其致事鄭注平其事來至者之功狀致者至也竊意畛當與眕通說文眕目有所限而止古者巡狩望秩山川極目所見謂之望虞書至于岱宗柴望秩于山川巡狩所至止此一祭經言畛於鬼神正虞書之望秩也玉篇眕聽也埤雅眕告也禮記曰眕於鬼神說文無眕字疑埤雅所引亦當作眕周禮遂人溝上有畛

畛者田閒經界左傳封畛土略遂通之於疆界望秩山川各視疆界所極鄭注不云畛告也而云畛致也立義至精呂氏大臨云畛猶畦畛之相接畛於鬼神者接於鬼神方氏慤云畛田閒道也望秩之禮必於野外祭於畛而謂之畛猶祭於郊而謂之郊望文生義無當經旨

天子未除喪曰予小子生名之死亦名之

鄭注生名之曰小子王死亦曰小子王晉有小子侯僭取於天子也嵩燾案向書顧命康王始喪稱予末小子卽位及朝諸侯稱予一人釗因以春秋時事推之僖公九年夏會於葵邱稱宋子穀梁傳云宋稱子未葬之辭也左傳凡在喪王曰小童公侯曰子左氏固以未葬爲在喪僖公二十八年會於

謚稱陳子定四年會於召陵稱陳子杜注左傳先君未葬例在九年僖公二十五年冬盟於洮稱衛子杜注左傳衛文公既葬成公不稱爵降名從未成君二十八年盟於踐土稱衛子杜注左傳衞侯出奔其弟叔武卽位從未成君之禮似春秋之例凡未改元皆稱子而襄公三十二年冬十有二月晉侯重耳卒三十三年夏四月晉敗秦師於殽左傳云子墨衰經敗秦師於殽遂墨以葬文公其秋晉侯敗狄於箕是左氏傳例未葬稱子既葬稱侯莊公三十二年子般卒公羊傳君薨稱子某踰年稱公僖公十年晉里克弒其君之子奚齊襄公三十一年子野卒皆其例也昭十一年楚子虔誘蔡侯般殺之於申冬楚滅蔡執蔡世子有以歸亦未踰年稱子某之例文公十八年子卒以未正其爲君子而不

名公羊及左氏義各有取凡君薨踰年改元三代皆然而禮辭不必稱公公羊左氏並著春秋改元之義鄭氏引公羊文九年傳三年稱子此經所云予小子卽其徵也案文九年毛伯來求金左傳不書王命未葬也公羊氏以爲踰年卽位而未稱王以天子三年稱王亦知諸侯於其封內三年稱子疑三年稱王於禮無徵當以左傳爲正而據晉小子侯爲例則恐未然左氏傳桓公三年曲沃武公伐翼獲哀侯七年曲沃伯誘晉小子侯殺之八年滅翼史記曲沃武公殺晉哀侯國人立哀侯子小子爲君是爲小子侯四年曲沃武公殺小子侯國人立哀侯之弟緡小子侯及緡皆無謚則小子者其名也卽位四年不得以未除喪爲例明矣意或曲沃武公以其年幼爲之名以虐之豈得爲僭禮記之文有雜取三代遺制約略爲之說者此經所

述與周禮及春秋義例不必盡同此經云除喪春秋或斷以旣葬或斷以改元疑三代典禮固有參差記禮者折衷以取義所云予小子與生名之死名之各爲一義予小子若顧命之稱予末小子生名之死亦名之則昭二十二年景王崩春秋於悼王書王猛其卒書王子猛卒（書名而繫之王正其爲君也書王子卒未即位也）三者有自稱有書史之稱固不當混而爲一也（康王之誥稱予一人釗則生亦自名）

天子有后有夫人有世婦有嬪有妻有妾

孔疏引鄭檀弓注舜三夫人夏因而廣之增九嬪殷增二十七世婦周增八十一女御又引鄭周禮九嬪注女御八十一人當九夕世婦二十七人當三夕九嬪九人當一夕三夫人

當一夕后當一夕尊者宜先卑者宜後十五日而徧嵩燾案周禮九嬪世婦女御皆不言數鄭注世婦云不言數者君子不苟於色有婦德者充之無則闕疑天子三公不備官周禮之卿卽上大夫也不必公卿大夫之實備其數則三夫人九嬪以三相函亦正不必其人之備而數之適均矣虞書嬪于虞詩大雅曰嬪于京是嬪者婦人之通稱天子之禮數以九爲節數極於九九嬪者數之極也春秋莊十九年公羊傳諸侯一聘九女而何休公羊隱元年傳注適夫人無子立右媵右媵無子立左媵左媵無子立適姪娣適姪娣無子立右媵姪娣右媵姪娣無子立左媵姪娣所謂九女者一夫人二媵各從姪娣二人則天子一娶十二女一后二媵各從姪娣三

人九嬪卽姪娣之屬一后及左右二媵稱三夫人合之則十二人周禮漿人供夫人致飲於賓客之禮掌客夫人致禮玉人諸侯以致夫人夫人以勞諸侯鄭注掌客云夫人王后也三夫人宜統王后言之古者天子諸侯一娶而媵妾皆備安得別求三夫人九嬪以備其數乎周禮九嬪各帥其屬以御敘於王所世婦掌祭祀賓客喪紀之事似九嬪治宮事世婦治外事皆爲后以下任宮職者所謂內命婦也女御掌御敘於王之燕寢祭祀贊世婦而從世婦以弔則宮婢而已內則庶子有有賜者有衆子有賜若世婦之屬衆子若女御之屬可以御敘於君所而不必盡當夕疑世婦分任宮職姪娣之屬皆可爲之以分則嬪爲尊以職則世婦爲重周禮序世婦

於九嬪之下而此序之上者義各有所取也案周禮春官世婦宮卿二人下大夫四人中士八人鄭引漢大長秋詹事中少府大僕爲證而所職與天官世婦正同疑世婦領於宗伯而兼屬之太宰周禮固云凡內事有達於外官者世婦掌之其非卿大夫士之職明矣內宰治內外命婦正其服位凡有命卽有數昏義三夫人以下視公卿大夫士之等數所謂正其服位者卽此疑春官詳世婦之數不及九嬪女御而宮職列爲三等必賅九嬪女御言之鄭氏泥於昏義之文牽合諸經以曲證其說殆誣禮之尤者矣

天子建天官

嵩燾案鄭注於此四節並云此殷時制也據虞書命官羲和爲首而司徒司空秩宗已同周制共工掌工事別爲一官禹貢厎愼財賦總於六府左傳載少皞氏紀官治歷最詳其言五鳩鳩民司徒司馬司空司寇司事與此經正同又云五雉

爲五工正則虞書共工所由仿也馬氏通考言陶唐以前命
官詳於天事虞夏以後命官詳於民事而自三代以上工事
並重其時制器以利民用主之自上有司掌之洪範敘禹之
治疇曰八政以食統六府以貨統六材以祀統六典其餘五
者五官之所掌也虞書羲和主四時四嶽主方嶽春秋昭二
十九年左傳五行之官是謂五官楚語南正重司天以屬神
火正黎司地以屬民上世命官皆取法天地而以天地四時
分命六官實刱始於周經言天子建天官葢周制也記禮者
綜古今之宜上察天道下究民事合三代典禮以求其精義
之所在而舉大宗之屬隸之天官推本虞書欽若昊天之意
以事天其義精矣杜氏通典援鄭注据此以爲殷制孔子固

曰吾學殷禮有宋存焉春秋紀宋事及官無與此經合者此當原本周官而總括歷代之制以爲折衷之論蓋論譔之文非紀述之文也以爲殷制竊恐未然

五官致貢曰享五官之長曰伯

鄭注貢功也致其歲終之功於王周禮太宰歲終令百官府正其治受其會聽其致事而詔王廢置嵩燾案周禮太宰以九貢致邦國之用是九服之貢太宰主之而司徒制地貢司馬施貢分職太宰之屬職貢事者曰太府曰內府曰司會其餘司馬之屬則職方氏制貢各以所有司寇之屬則大行人掌五服之貢物而小行人令諸侯春入貢秋獻功王者居中馭外制九貢以會四方之計而總司於五官所以整齊天下

以奉一王之大法尤莫嚴於此但以歲終考百官之成言之則猶末也五官之長鄭注謂爲三公孔疏三公無職故不在五官之中據王制分天下以爲左右曰二伯春秋隱五年公羊傳自陝而東周公主之自陝而西召公主之尙書康王之誥太保率西方諸侯畢公率東方諸侯王氏肅云畢公代周公主東諸侯而春秋定四年左傳云周公爲太宰鄭注顧命畢公入爲司馬孔傳亦云冢宰第一召公領之司馬第四畢公領之周制六官分治鄭氏所謂公兼官以六卿爲正是也五官之長曰伯言五官長諸侯者謂之伯何嘗不在五官之中哉春秋隱十一年左傳許太岳之允襄十四年左傳諸戎四嶽之裔胄杜注四嶽堯時方伯姜姓也詩崧高傳堯時姜

氏爲四伯於周則有甫申齊許而鄭語述史伯之言姜伯夷之後也史記齊世家其先祖嘗爲四嶽索隱引譙周云炎帝之裔伯夷之後虞書伯夷爲秩宗當主東嶽太嶽者東嶽也是唐虞四嶽亦兼官史記黃帝置左右大監監於萬國唐虞爲四嶽殷周又爲二伯經意以五官制諸侯之貢又於五官之中置二伯使長諸侯以明內外相制大小相維之義孔疏疑未能詳

九州之長入天子之國曰牧

鄭注每一州之中天子選諸侯之賢者以爲之牧牧尊於大國之君而謂之叔父辟二伯也嵩燾案周禮太宰施典於邦國而建其牧立其監鄭注侯伯有功德者加命作州長謂之

牧所謂八命作牧監謂公侯伯子男各監一國書西伯戡黎鄭以爲雍州伯王逸注楚詞亦云文王爲雍州牧皆據周禮八命作牧九命作伯爲訓鄭注太宰牧以地得民長以貴得民云牧州長也長諸侯也然周禮於牧言地自據有國者言之於長言貴則六官之長也施典邦國而建其牧施則都鄙而建其長長不得爲諸侯明矣虞書輯五瑞覲四岳羣牧王制但言覲諸侯羣牧者四方之諸侯也各有方岳以領之虞書十二牧統舉十二州爲義非謂四岳之下別有十二牧以領諸侯也王制五國爲屬屬有長十國爲連連有帥三十國爲卒卒有正二百一十國爲州州有伯後世以一王臨御天下大小相維宜有如此三代建國無此制王制以意擬之耳

以經義求之五官之長曰伯於外曰公九州之長曰牧於外曰侯東夷北狄西戎南蠻雖大曰子庶方小侯曰某人四者蓋皆春秋例也桓八年蔡公來僖九年會宰周公於葵邱三十年天王使宰周公來聘公羊傳天子之爲政者也穀梁傳天子之宰通於四海蓋周盛時周召分陝以長諸侯實爲二伯周語宣王欲得國子之能道訓諸侯者命魯孝公於夷宮韋昭注命爲侯伯其後平王錫文侯命及僖二十八年冊命晉侯爲侯伯侯國大者自爲伯以天子之命臨之而固不得爲公惟天子之宰謂之公則五官之長也覲禮同姓大國曰伯父異姓曰伯舅同姓小邦曰叔父異姓曰叔舅以國大小爲次而此繫之五官之長曰伯命爲伯者必大國其義一也

九州之長皆侯國也周制惟宋承殷後稱公其餘大國爲侯經言九州之長言極九州之地有土之君皆長也不必一州一長書立政宅乃事宅乃牧宅乃準鄭注殷之州牧曰伯虞夏及周曰牧王氏肅云牧者諸侯之長也孔傳牧牧民九州之伯取義略同然立政言文王罔敢兼於庶言庶獄庶政惟有司之牧夫豈文王亦立九州之牧耶立政又云其勿誤於庶獄惟有司之牧夫呂刑四方司政典獄非爾惟作天牧孔傳立政典獄謂諸侯也經傳所載無以諸侯之長爲牧者牧者爲天子牧民覲於天子謂之羣牧鄭據王制八州八伯之文以當州牧是則諸侯之長曰伯曰牧相連爲文而遂及於夷狄無一語及諸侯之通稱疑經義必不爾蠻夷之君若楚

若吳於春秋爲大國而稱爲子亦春秋例也桓十五年邾婁人牟人葛人來朝穀梁傳稱人夷狄之也僖二年齊侯宋公江人黄人盟於貫三年齊侯宋公江人黄人會於陽穀春秋之例凡書人者微也而小國之君來朝及會盟稱人書史之辭也入天子之國曰某人蓋亦書史之辭經所言皆周制六太五官之屬不得爲殷制益明矣案下天子不言出諸侯不生名失地名滅同姓名皆以發明春秋之例

天子當依而立諸侯北面而見天子曰覲天子當宁而立諸公東面諸侯西面曰朝

鄭注春朝受贄於朝受享於廟秋覲一受之於廟夏宗依春冬遇依秋嵩燾案周禮大宗伯春見曰朝夏見曰宗秋見曰

覲冬見曰遇鄭注六服之內四方以時分來名殊禮異更遞而徧虞書五載一巡狩羣后四朝周禮大行人十有二歲王狩巡殷國四方諸侯各以時至其邦畿千里之外六服常朝則五百里侯服歲壹見又五百里甸服二歲壹見又五百里男服三歲壹見又五百里采服四歲壹見又五百里衞服五歲壹見又五百里要服六歲壹見並無四時之異鄭氏合巡狩四方之禮與六服常朝言之乃多有不可通者虞書覲四岳羣牧八月西巡狩至於西岳如初孔傳謂如岱宗未嘗言朝覲異禮四時朝諸侯並云覲亦未嘗言朝覲異名周語邦內甸服邦外侯服侯衞賓服蠻夷要服戎狄荒服甸服者祭侯服者祀賓服者享要服者貢荒服者王日祭月祀時享歲

貢終王又豈但朝覲之異禮而已疑四時朝覲通言之周公制爲此禮合天下以奉一王之大法大行人以春朝圖事秋覲比功夏宗陳謨冬遇協慮諸侯圖事比功者各以時至小行人待四方之使者令諸侯春入貢秋獻功鄭注使者諸侯之臣使來者也圖事陳謨蓋不常有入貢獻功則所同也故亦不必諸侯自至至於巡狩四方朝覲大宗伯所謂時見曰會殷見曰同是也僖二十八年夏五月盟於踐土公朝於王所其冬天王狩於河陽公朝於王所是卽時見禮也左氏傳言禹會諸侯於塗山執玉帛者萬國史記亦言黃帝合符釜山是之謂殷見四時巡狩與朝覲宗遇之禮自別而六服之以歲見於天子者當並同朝禮又不當以朝覲之禮分別言

之諸侯見天子有朝覲二禮而自分隆殺旅見曰朝（曾子問旅見天子諸侯皆在各以其方色與其兵）特見曰覲（覲禮諸侯前朝皆受舍於朝同姓西面北上異姓東面北上鄭注言諸侯明來朝者衆顧其入覲不得並耳）周禮大行人廟中將幣其饗食諸禮皆於廟惟朝禮諸侯旅見於朝爾雅釋詁覲見也釋言陪朝也郭注陪位爲朝可以知朝覲二字之旨書康王之誥王出在應門之內太保率西方諸侯入應門右畢公率東方諸侯入應門左此朝禮也郊特牲覲禮天子不下堂而見諸侯儀禮所載擯與侯氏之辭無旅見之文其受舍於朝分東西明同姓異姓之別而禮辭但稱伯父舉受舍之等以見例耳覲禮諸侯覲於天子爲宮方三百步四門壇十有二尋周禮司儀合諸侯令爲壇三成宮旁一門掌舍掌王會同之舍爲壇

壝宮棘門則巡狩之禮也明堂位所敘諸侯之次是也案古巡狩朝諸侯方岳周禮通謂之會同覲禮四傳擯明堂位極之四塞之國蓋周公營東都會諸侯於明堂四方諸侯畢至因以爲頒政之所所謂殷見也儀禮惟云諸侯覲於天子知朝覲通辭覲者見也見於天子必北面朝有東面西面而奉圭幣奠再拜稽首皆北面以覲爲文所以明諸侯北面之義也朝覲之禮之異於此經著之諸侯秋獻功見天子上功狀而已故亦名覲注家必以春朝秋覲之文通之於六服歲見及巡狩之禮牴牾多矣

諸侯未及期相見曰遇相見於郤地曰會

鄭注及至也郤閒也孔疏未及前所期之日及所期之地而忽相見用遇禮相接既及期又至所期之地其禮閒暇故曰

會嵩燾案此經所云春秋之例也隱四年公羊傳遇者何不期也一君出一君要之也隱八年穀梁傳不期而會曰遇未及期猶言未與爲期凡春秋書遇者皆此例也而左氏傳隱八年云齊侯將平宋衛有會期宋公以幣請於衛請先相見故遇於犬邱莊三十二年云齊侯爲楚伐鄭之故請會於諸侯宋公請先見於齊侯遇於梁邱據此則遇亦有期也昭二十二年公羊傳以遇禮相見禮簡而已檀弓周人作會而左氏傳云禹會諸侯塗山又云夏桀爲仍之會會者天子之事也周禮大宗伯時見曰會是也昭三年左氏傳有事而會不協而盟會盟之及於諸侯周之季世也穀梁傳會者外爲主焉爾如左氏傳隱九年公會齊侯於防謀伐宋十年公會齊

侯鄭伯於中邱爲師期十一年公會鄭伯於郲請伐許桓二年齊侯鄭伯會於鄧始懼楚也曰外爲主者義不繫於其國也郤地明非要地所謂有事而會者有所謀事於其國相交之地期而見也二者皆春秋例也疏引覲遇之禮爲訓已非經旨而云未及期爲遇及期爲會至謂郤地爲閒暇殆尤失之

諸侯見天子曰臣某侯某

鄭注若爲州牧則曰天子之老臣某侯某其注上擯於天子曰天子之吏云擯者辭也春秋傳曰王命委之三吏謂三公也孔疏於彼云若擯者傳辭於天子稱二伯爲天子之吏玉藻伯曰天子之力臣謂介傳命擯者受辭傳於天子則曰天

子之吏嵩燾案周禮大宗伯朝覲會同則爲上相王命諸侯則擯五官之長卽六卿之兼職爲天子擯以傳命於諸侯曰天子之吏自稱則曰天子之老召誥之戒成王自稱曰予小臣召公時爲二伯未聞於天子前自稱天子之吏者鄭於此以天子之老加之臣某侯某之上尤爲無徵孔疏因謂天子之吏亦當稱名以意傅會經文失之愈遠

既葬見天子曰類見

鄭注類猶象也執皮帛象諸侯之禮見也嵩燾案鄭注周禮小宗伯類者依其正禮而爲之許氏五經異義夏侯歐陽說類祭者以事類祭之古尚書說非時祭天謂之類疑此類見正其義陳氏祥道云有事於上帝而非事天之常禮曰類於

上帝有事於社稷宗廟而非祭享之常禮曰類於社稷宗廟

經云類見者明非朝覲之常禮也周禮典命凡諸侯之適子

誓於天子攝其君則下其君之禮一等未誓則以皮帛繼子

男鄭注引此經極允謂之類見其禮必稍從殺而牲幣皆具

比類以行事云爾

問大夫之富曰有宰食力祭器衣服不假問士之富以車數對

鄭注宰邑士也食力謂民之賦稅孔疏祭器衣服不假謂四

命大夫若三命以上有田者造而不備上士三命賜車馬副

車隨命中士乘棧車無副車嵩燾案鄭注周禮宰主也家宰

主國家臣主家通謂之宰少牢有司徹禮皆有宰蓋家臣之

長春秋襄二十五年左傳惟卿備百邑鄭注小司徒四井爲

邑方二里四邑爲邱方四里四邱爲甸方八里旁加一里方十里爲成四甸爲縣縣方二十里百邑之田加於縣三分之一以卿食縣之法推之諸侯之卿四大夫祿下大夫倍上士上士倍中士中士倍下士則下士當食邑不必大夫始有邑士食賦稅也疑經於國君之富言山澤於大夫之富言有宰食力似皆主人力言之襄五年左傳宰庀家器杜注庀具也祭器衣服皆宰司之國君任地利於山澤大夫任采食於宰明富之非外求也周禮巾車服車五乘士乘棧車又云凡良車散車不在等士喪記乘惡車白狗幦蒲蔽貳車白狗攝服又云薦乘車道車稾車鄭注稾猶散也道車以朝夕及燕出入散車以田以鄙玉藻士齊車是士之車亦非獨一棧車而

己鄭注大宗伯一命受職云於子男爲大夫王之下士亦一命再命受服云列國之大夫再命於子男爲卿卿之服元冕王之中士亦再命三命受位云列國之卿始有列位於王王之上士亦三命四命受器云公之孤得有祭器王之下大夫亦四命於禮無三命賜車馬之文案四命受器若左傳之受明器於王室柩罍弓矢之屬皆是也自士一廟以上卽當有祭器不宜四命始受也左傳成二年賜三帥先路三命之服襄二十六年鄭賜子展先路三命之服賜子產次路再命之服先路次路自非但乘車之比再命以上皆得賜路鄭注士喪禮以諸侯之下士爲言而已有貳車則謂中士無副車者亦非也巾車言大夫乘墨車士乘棧車亦未分別中士言之以車數對明非一車良車散車車數不在等車數備者

爲富也孔疏一以命數定大夫士之富周禮典命明謂宮室車旗衣服禮儀各眡其命之數三命四命之等固不待問而始知矣

天子祭天地祭四方祭山川祭五祀歲徧諸侯方祀祭山川祭五祀歲徧大夫祭五祀歲徧

鄭注此蓋殷時制也祭法曰天子立七祀諸侯立五祀大夫立三祀士立二祀謂周制也嵩燾案五祀相沿有二義月令言祀中霤門行戶竈左傳昭二十九年言社稷五祀屬之五行之官鄭注周禮大宗伯五祀依左氏傳注小祝分禱五祀依月令而一以祭法王立七祀爲斷故其注小祝云王七祀五者司命泰厲出入不以告注王制大夫祭五祀徑以祭法

諸侯立五祀之文當之注曾子問五祀之祭亦云天子七祀言五者通中言之而於禮運降於五祀之謂制度云始爲宮室制度則亦不能主祭法七祀爲說（案月令臘先祖五祀鄭注五祀門戸中霤竈行也孔疏於彼亦云據殷禮言之若周則七祀附會鄭注全失經旨）鄭氏喜立異義諸言五祀者一以祭法之七祀證之宜其牴牾多矣乃遂謂五祀爲殷制竊意七祀之制不別見於經傳而祭法所論廟祀與諸經傳亦多異同或秦世儒者緣飾禮經爲之而其言天子爲羣姓立七祀諸侯爲國立七祀又各自爲立祀則亦足補禮經之闕周禮小子珥於社稷祈於五祀鄭注珥讀爲衈祈讀爲刉刉衈者釁禮之事謂始成其宮兆時也五帝五祀皆有宮兆而宮中亦自有四時之祭曾子問天子崩未殯五祀之祭

不行自啟至於反哭五祀之祭不行五祀之祭在喪不廢則宮中之祀也天子諸侯大夫皆兼五祀而立宮兆與否宜有異者士喪禮記行禱於五祀則士亦兼五祀而禮更略鄭注五祀博言之士二祀曰門曰行亦未然五祀者日用出入皆有事焉故曰五祀所以本事也自天子以下皆歲徧諸經所言可以互證鄭以爲殷制於諸言五祀者皆不可通矣

支子不祭祭必告於宗子

鄭注謂宗子有故支子當攝而祭者也孔疏宗子有疾庶子代攝可也猶宜告宗子然後祭嵩燾案大傳庶子不祭明其宗也此支子自通大宗小宗之支子言之喪服小記庶子不祭祖者明其宗也謂繼禰之小宗不敢祭祖所以明其繼祖

之宗庶子不祭禰者明其宗也謂非祭禰之小宗亦不敢祭禰所以明其繼禰之宗繼祖繼禰之宗以當宗子則皆支子也內則若富則具二牲獻其賢者於宗子夫婦皆齋而宗敬焉終事而後敢私祭私祭者繼禰之宗也富謂大夫有田祿而祭所宗之祖必獻牲使宗子主之而已助祭爲大夫得祭所宗之祖以大夫之禮祭者大夫也而告於宗子以祭是主祭者仍宗子也故曰支子不祭下語正申足上意鄭云宗子有故支子當攝而祭攝而祭則固已受命於宗子矣不得更有告也案廟制有定而既葬卒哭必立主大宗世奉大宗之主小宗各奉其主非宗子宜就祭宗子家所以必告

犬曰羹獻

鄭注羹獻食人之餘也孔疏人食羹餘以與犬犬食之肥可

獻祭於鬼神嵩燾案禮運腥其俎孰其殽體其犬豕牛羊疏云腥其俎豚解而腥之爲七體孰其殽體解而爓之爲二十一體凡牲有豚解有體解儀禮無豚解薦腥之文士喪禮特豚四鬄兩胉脊肺既夕禮羊左胖腸胃肺豕亦如之士虞及特牲禮舉肺脊舉幹舉骼舉肩少牢禮升右胖肩臂臑膊骼正脊脡脊橫脊短脅正脅代脅羊豕並同皆所謂體解也士冠禮若殺則特豚載合升惟鄉飲鄉射牲用狗但云羹定無體解合升之文然則犬惟羹食而已案鄉飲酒薦脯醢設折俎與士冠禮有乾肉折俎同所以薦脯也祭肺亦加於俎餘體皆不薦曰羹獻者著其實也鄭注似太迂曲

粱曰薌萁

鄭注其詞也嵩燾案說文其豆莖也王氏章句通作萁也漢

書五行志糜弘其服顏師古注其草似蘿廣雅藋粱木稷也粱莖高大似蘿故亦謂之高粱曰薌萁者正以其莖高美而名之近程氏瑤田九穀考因月令首種之文以粱當稷以今粟當粱稷爲五穀之長謂其色黃主土非以首種爲義粱自爲今高粱於經言薌萁而可知其所以命名矣似不得爲語助詞案釋文正作萁而云萁音基王肅音期期時也亦於義無取

四足曰漬

鄭注謂相瀸污而死春秋傳曰大災者何大漬也嵩燾案今公羊傳大漬作大瘠周禮蜡氏掌除骴鄭注故書骴作脊鄭司農云脊讀爲殰曲禮四足死者曰漬月令掩骼埋胔骨之尙有肉者及禽獸之骨皆是似鄭意骴胔瘠脊漬殰並同一

義說文漬漚也漚久漬也此云相瀸污而死又別一義疑鳥
高飛死則降於地獸行地死則陷於淖曰漬明不獨潔也孔
疏謂餘者更相染漬而死失之

君命大夫與士肄在官言官在府言府在庫言庫在朝言朝

鄭注君有命大夫與士展習其事惟就君命所在展習之孔
疏先習學所爲事備擬君之所使命之在官則展習言議在
官之事命之在府在庫在朝皆然嵩燾案君命所在自不得
他及經通大夫與士言之則亦未知所命者大夫耶士耶將
有命而兼習之耶似此言君命者通辭如有所董戒敎令大
夫諸曹之長士則其佐也言與者蓋通肄之諸曹之大夫士
各以其職事奉行君之敎令官府庫朝彙舉見義楚語旅賁

有規官師有典誦訓有諫瞽御有箴皆各以其職司對揚君命不敢漫令以廢事亦不敢曠官以承旨也

納女於天子曰備百姓於國君曰備酒醬於大夫曰備埽灑

鄭注納女猶致女也壻不親迎則女之家遣人致之此其辭也嵩燾案士昏禮納采問名納吉納徵請期皆有禮辭其問名曰敢請女爲誰氏主人對曰吾子有命且以備數而擇之某不敢辭所云備數者卽此備百姓備酒醬備埽灑之辭也左傳凡公女嫁於敵國姊妹則上卿送之公子則下卿送之於大國雖公子亦上卿送之於天子則諸卿皆行於小國則上大夫送之凡納女皆致送士昏亦云饗送者以一獻之禮禮始於謹夫婦齊風不親迎則著詩刺之春秋隱二年紀履

綸來逆女公羊傳云譏始不親迎也春秋之始也似不宜有不親迎而致女之禮辭鄭注失之

禮記質疑卷二一終

禮記質疑卷三

思賢講舍

湘陰郭嵩燾伯琛著

檀弓上

檀弓免焉

鄭注故爲非禮以非仲子也禮朋友在他邦乃袒免嵩燾案大傳四世而緦五世袒免問喪緦者其免也是喪服緦以上皆免其專以袒免爲文則無服而情有不能已者喪服所謂朋友皆在他邦則袒免是也服窮於緦而終之以袒免蓋惟臨喪有禮哭無常服大傳五世袒免殺同姓也殺於同姓五服之親則義賅於朋友矣士喪禮主人括髮袒眾主人免於房奔喪禮自齊衰以下皆免袒喪服小記緦小功虞卒哭則免遠葬者比反哭皆冠及郊而後免反哭問喪冠者不肉

袒故爲之免以代之古人哭皆袒踊免者所以爲袒也齊衰以下自小斂哭皆免五世無服亦免旣夕禮商祝免袒執功布袒者必免是賓當事亦皆免也喪服朋友皆在他邦袒免歸則已爲在他邦朝夕奠將事皆袒免曰已者無朝夕將事之文也是朋友亦有免義而同姓無不免者姓統譜齊公族有食瑕邱檀城因以爲氏姓纂亦云瑕邱魯地衞亦有瑕邱姓統譜六國時齊有檀子望周卿士亦有檀伯達此檀弓則魯人也疑檀氏亦出姬姓於公儀氏爲遠族故援五世袒免之例爲之免以弔之凡弔無不免經云免焉謂檀弓往弔其家也辭之文也注故爲非禮以譏仲子之非恐不可爲訓

趨而就子服伯子於門右

孔疏小斂前主人未忍在主位有事在西階下賓亦弔於西階小斂之後主人位在阼階下賓於東階下弔也檀弓之來當在小斂前於西階行弔乃趨向門右問於伯子嵩燾案士喪禮卒塗奠燭升自阼階衆主人皆西面於東方喪事大斂於阼殯於客位故既殯而後主人由阼階孔氏以爲小斂後位阼階下者誤儀禮三日成服乃詳主人及賓卽位之次主人卽位門外西面外兄弟在其南賓繼之門東北面西上門西北面東上西方東面北上主人拜賓還入門堂下直東序西面兄弟皆卽位如外位卿大夫在主人之南諸公門東他國之異爵者門西賓位門東門西皆有之而以異國者爲賓朝夕奠皆然先卽位門外而後入是不當事皆在門外鄭注

公儀蓋魯同姓檀弓去賓位就門之右語最分明蓋賓位門外東面而趨門右以就伯子趨者趨而入也鄭注士冠禮出以東爲左入以東爲右既夕禮賓出主人送入復位公賵主人迎於廟門外先入門右賓奉幣北面致命出主人送於外門外若奠入告出以賓入將命如初若賻入告主人出門左西面賓東面將命告事畢拜送入是喪禮主人即位東階下弔者若賵若賻有入而將命者有主人出就賓而將命者而主人皆在門內賓皆在門外同姓亦衆主人之列位主人南故在門右孔疏不達鄭義乃以未小斂賓主人皆就西階爲辭失之遠矣

季武子成寢杜氏之葬在西階之下請合葬焉許之入宮而不敢哭

鄭注季孫夙自見夷八冢墓以爲寢欲文過記此者善其不奪人之恩孔疏引晏子春秋景公成路寢之臺逢於阿盆成

适後喪竝得附葬景公寢中與此同嵩燾案雜記主妾之喪其殯祭不於正室此或季武子有庶子庶婦之喪而殯於正室橫渠以杜氏之葬當爲杜氏之殯亘然然謂取其柩以歸合葬未知合葬何所取柩者又誰也語意皆未分明於此經亦多一轉折疑季武子成寢若小宗伯之兆甫竁冢人之請度甫竁鄭注度量始竁之處謂始穿壙也漢舊儀奉常屬有諸廟寢園令長丞又有園郎寢郎續漢書祭祀志諸陵皆有園寢承秦制秦始起寢墓側名陵寢此云成寢秦語也冢人掌公墓辨其兆域爲之圖武子蓋自治其兆域而庶婦有請合葬者喪服小記妾祔於妾祖姑禮無庶婦合葬之文故曰非古入宮不敢哭者庶子庶孫不當哭於正室也此記季氏

之失禮遂非無所顧也哭於正室祔合葬之違禮固爲細矣

拜而后稽顙頹乎其順也稽顙而后拜頎乎其至也

鄭注拜而后稽顙此殷之喪拜稽顙而后拜此周之喪拜嵩燾案鄭注周禮太祝吉拜拜而后稽顙謂齊衰不杖以下者凶拜稽顙而后拜謂三年服者據儀禮士喪弔者至主人哭拜稽顙以次至三虞卒哭賓出主人送拜稽顙無先稽顙后拜者蓋周人尚文始赴於君主人命赴者拜送有賓則拜之賓有大夫則特拜之皆先拜以致敬於賓而后稽顙成踊以致哀禮經具詳其文鄭氏反據此以爲殷禮深所未喻因考太祝九拜之文鄭氏已先失其義宜喪拜之多有未詳也太祝之拜四稽首頓首空首振動四者拜之體也振動卽稽顙

杜子春曰振讀爲振鐸之振動讀爲哀慟之慟哭拜稽顙成踊所以爲振動也吉拜凶拜褒拜奇拜則其用也吉拜若拜稽首拜手稽首再拜稽首稽首再拜凶拜若拜稽顙稽顙拜周禮惟拜稽顙經云稽顙后拜疑當爲殷禮鄭注惟奇拜褒拜肅拜得之餘皆誤而以吉拜凶拜均屬之喪拜則尤誤也雜記非爲人喪問與賜與三年之喪以其喪拜非三年之喪以吉拜言非爲以喪來弔則是所問所賜皆常禮也惟三年重服不爲之變餘則拜受亦以常禮奔喪禮遠兄弟之喪既除喪而後聞喪拜賓尙左手內則凡男拜尙左手尙左手者吉拜也則凶拜當尙右手是亦吉拜凶拜之義也鄭注拜賓則尙左手引逸奔喪禮凡拜吉喪皆尙左手鄭意以拜稽顙爲吉拜稽顙拜爲凶拜因推論大功以上爲凶喪小功以下爲吉喪以喪服之輕重分吉凶由誤解周禮九拜之

文故也喪服小記為父母長子稽顙大夫弔雖緦亦稽顙明非三年之喪無稽顙者大夫弔則緦喪亦為之稽顙以大夫尊而專為己來弔故重其禮若在喪次則惟主人拜稽顙衆主人無稽顙之文也鄭氏據雜記喪拜吉拜之文謂三年之喪凶拜齊衰不杖以下吉拜因牽合周禮以為之說亦所不能解矣家語孔子相衛司徒敬子之喪用殷禮曰喪事吾從其質此經所記亦是此意鄭注適得其反耳

故君子有終身之憂而無一朝之患故忌日不樂

鄭注終身之憂謂念其親無一朝之患謂毀不滅性也忌日不用舉吉事嵩燾案祭義君子有終身之喪忌日之謂也此承亡則弗之忘句為文而舉忌日以實之忌日之哀終身之

喪所由寄也有終身之憂而無一朝之患疑古有是語記禮者引之以示終身弗忘之意其義則孟子盡之此連無一朝之患爲文非經義所繫也鄭注失之祭義言忌日不用以事言此言忌日不樂以心言不樂謂去琴瑟曲禮士飲酒不樂祭統齊者不樂此經下云縣而不樂子卯不樂弔於人是日不樂凡言不樂者皆謂琴瑟之屬忌日不樂仍以喪禮處之所謂終身之憂也樂讀如字鄭注不用舉吉事疏云不爲樂事亦恐失之

殯於五父之衢人之見之者皆以爲葬也其慎也蓋殯也

鄭注欲有所就而問之殯於家則知之者無由怪己欲發問端也慎當爲引殯引飾棺以輤葬引飾棺以柳翣孔子是時

以殯引不以葬引嵩燾案此云殯非大夫士三日而殯之殯葢葬之淺者杜注襄十一年左傳五父之衢道名在魯國東南昭八年陽虎取寶玉大弓以出舍於五父之衢此當在魯城外殯於五父之衢謂臨大道以便拪也雜記君殯用輴大夫殯以輤士殯塗上帷之無用引者雜記諸侯行而死於道其輤有裧緇布裳帷言載喪車非殯車也不得爲殯引之證義疏引孔叢子此說出於魏臣李由之對魏王謂當時已斥其造謗誣聖不足據檀弓所記多非事實於孔氏尤多誣誕注家又並檀弓之意失之其說乃益支離矣

問於郰曼父之母然後得合葬於防

鄭注曼父之母與徵在爲鄰相善嵩燾案史記孔子生魯昌

平鄉郰邑卽叔梁父所治之郰邑也在曲阜東南而史記敘其先曰防叔索隱引家語云防叔畏華氏之偪奔魯闕里志稱其仕魯爲防大夫左傳襄十七年齊高厚圍臧紇於防郰叔紇送臧孫如師而復守防疑防叔所治邑卽此叔梁爲郰大夫而防猶其宗邑故與臧氏守防經云合葬於防蓋自防叔以下竝葬防實孔氏之私地域也五父之衢爲叔梁殯地其時孔子甫三歲而孟皮廢足不能遠葬權葬於此歲久而遂疑叔梁葬於五父之衢所謂不知其墓言不知叔梁之墓之爲葬與殯也案杜注左傳五父之衢在魯國東南郰邑亦魯東南地相距當不遠而史記云叔梁死葬於防山在魯東孔子疑其父墓處誤讀檀弓而又以防爲山括地志乃據魯東山當之其承誤實始自史公也下云殯於五父之衢人之見之者皆以爲葬也其愼也蓋殯也曲

盡前後情事意謂防叔伯夏兩世葬防叔梁不於防而於五父之衢孔子亦心疑之愼者謂審知其事也旣審知其事又得聊曼父之母問以證之曼父聊人其母年長矣親見叔梁之殯此孔子因啟叔梁之柩而合葬於防案周禮墓大夫令國民族葬說文祔後死者合食於先祖故祔葬亦爲合葬經但云合葬竝不及顏母之喪疑所謂少孤者父母皆早卒史記所傳恐不足據經義分明鄭注自爲迂曲之辭以誣聖人集說從而辨之竝文義亦失之矣案左傳所載凡有二防隱九年會齊侯於防即此防與齊接壤在魯北杜注在瑯琊縣東南者誤隱十年取防則宋地也杜注高平昌邑縣西有西防城地在魯西故名西防隱八年鄭人來歸祊爲鄭助祭泰山湯沐之邑杜注在瑯琊費縣東南似誤合防爲一其地當近泰山亦不得遠出瑯琊東南也

周人牆置翣

鄭注牆柳衣也嵩燾案旣夕記巾奠乃牆謂載柩於車舉奠

畢乃施帷荒也鄭注卽本於此據禮器天子七月葬五重八翣諸侯五月葬三重六翣大夫三月葬再重四翣是翣本飾葬之具喪大記飾棺君龍帷黼翣二黻翣二畫翣二大夫畫帷黻翣二畫翣二士布帷畫翣二則柩車帷旁亦置翣而帷荒之屬不窆惟翣窆說文牆垣蔽也凡蔽於外者皆可假借爲牆經連瓦棺塈周棺椁言之所以飾葬也天子棺五重諸侯三重大夫再重通椁言之案此經下云天子之棺四重革棺椸棺一梓棺二四者皆周帷柏椁以端禮器云五重自兼椁爲言凡葬皆置翣椁外此言牆者椁也鄭據以爲柩車之飾與上瓦棺塈周棺椁之文似不相屬案鄭注喪大記云漢禮翣以木爲筐廣三尺高二尺四寸方兩角高柄長五尺既窆樹於壙中檀弓曰周人牆置翣較此注爲得其實

布幕衞也縿幕魯也

鄭注幕所以覆棺上也衛諸侯禮魯天子禮嵩燾案雜記緇布裳帷素錦以爲屋鄭注屋其中小帳襯覆棺者喪大記謂之素錦褚蓋專爲柩車載路而設周禮幕人大喪共帷幕帟綬鄭注帷以帷堂或與幙張之於庭掌次又云凡喪王張帟三重諸侯再重孤卿大夫不重鄭注張帟柩上承塵此經下云君於士有賜帟鄭注帟幕之小者所以承塵賜之則張於殯而注天子殯菆塗龍輴以椁加斧於棺上云斧謂之黼以刺繡於縿幕加椁以覆棺疑經所謂菆塗以椁加斧椁上者葬有椁殯則菆塗以象椁葬有翣殯則加斧椁上以象翣與縿幕無與覆棺惟在車爲然自大夫以上皆素錦褚亦無用布者鄭注幕人帷幕皆以布爲之幄帟皆以繒爲之此云幕

者卽掌次之帟也施之於殯哭泣齊斬饘粥皆在殯之儀焉氏晞孟云三者所以自致由庶人達於天子無加損焉至於幕帟之飾得以隆殺此爵衛所以有縿布之辨也最合經旨爾雅釋天纁帛縿練旒九說文縿旌旗之游也爾雅以正幅爲縿縿幕蓋通帛爲之而旁有旒周禮帷幕幄帟皆有綬所以爲飾也經意布幕縿幕皆末也隆殺惟所施衛多沿殷俗之舊方氏慤以布幕爲殷禮意亦近之鄭氏以爲天子諸侯之辨尤恐無據

末之卜也

鄭注末之猶微哉言卜國無勇而又云縣卜皆氏也嵩燾案以氏稱人於古未聞死者縣賁公所責者卜國亦恐不免歧

左周禮太卜作龜之八命一曰征左氏春秋傳桓十一年楚敗鄖師於蒲騷莫敖曰卜之定十七年吳伐楚卜戰不吉哀二年晉趙鞅禦齊卜戰龜焦哀六年楚子救陳卜戰不吉卜退不吉哀九年晉趙鞅卜救鄭哀十年趙鞅伐齊大夫請卜之哀二十三年荀瑤伐齊知武子請卜是古人行師一皆決之於卜僖十五年卜右慶鄭吉哀十七年楚將取陳麥卜帥十八年巴人伐楚卜帥此云未之卜也蓋公倉卒從公子偃以擊宋人未及卜戰幷御與右亦未及卜所以深責縣賁卜國之意也鄭注但以爲責卜國恐未然案左傳莊十年公敗宋師於乘邱無敗績事莊九年及齊師戰於乾時我師敗績公喪戎路傳乘而歸秦子梁子以公旗辟於下道是以皆止杜注秦梁二子公御及戎右也與此此所敘情事正合左傳以爲被獲而此云死名氏又各不同則傳聞之異也

逐誄之士之有誄自此始也

鄭注誄其赴敵之功以爲諡周雖以士爲爵猶無諡也殷大夫以上爲爵嵩燾案周禮太宰爵以馭其貴鄭謂公侯伯子男卿大夫士也廣韻爵量也量其職盡其才白虎通義爵盡也所以盡人才王制王者之制祿爵鄭注爵秩次也疑爵者通言之無周以士爲爵殷大夫以上爲爵之分而諡與誄又各異周禮太祝作六辭六曰誄鄭注引春秋傳孔子卒哀公誄之而云積累生時德行以錫之命似誄者累其行讀之無錫命周禮太史大喪遣之日讀誄小喪賜諡鄭注小喪卿大夫也小史卿大夫之喪賜諡讀誄是誄通於天子太史掌之卿大夫之誄小史掌之鄭併誄與諡爲一非也案下經魯哀公誄孔某鄭

注誄其行以爲謚曰尼父者因其字以爲之謚
孔疏强爲之說曰尼謚也竝混誄與謚爲一

華而晥大夫之簀與

鄭注華畫也簀謂牀第也晥說者謂刮其節目字或爲刮嵩燾案爾雅釋器簀謂之第郭注牀版也說文簀牀第也第簀也士喪禮設牀第衽下莞上簟浴襢第鄭注襢袒也袒簀去席是簀本爲牀棧與簟席實別而史記范雎傳雎佯死而卷以簀索隱簀謂葦荻之薄也小雅鄭箋竹葦曰簟陳氏集說因訓簀爲簟周禮司几筵掌五几五席之名物有朝席有饗席有祭席而寢席無聞鄭注繅席削蒲蒻展之編以五采疑此云華而睆者繅席也司几筵諸侯酢席及筵國賓皆莞筵加繅席王席又加次席則大夫禮席得專用繅席可知說文

睅大目也徐鉉本睅下有睆字云睅或從完詩邶風毛傳睍睆好貌故孔疏於此云睆睆然好疑纅席編以五采則織文相交處如目之相比顯見於外故曰華而睆衞風毛傳簀積也積蒲蒻與竹爲之故席亦通名爲簀鄭注云牀第者非也於簀言華則亦不止刮劘節目而已閒傳齊衰之喪苄翦不納是惟喪席不加刮劘不當更以刮劘節目爲言也記禮者引此見聖賢死生之際猶一一謹於禮無所遷就正不必辨其事之誠然否也

魯婦人之髽而弔也自敗於臺鮐始也

鄭注禮婦人弔服大夫之妻錫衰士之妻則疑衰與皆吉笄無首素總嵩燾案周禮司服王爲三公六卿錫衰爲諸侯緦

衰爲大夫士疑衰服問公爲卿大夫錫衰以居出亦如之當事則弁經大夫相爲亦然爲其妻往則服之出則否似錫衰非但弔服而已大夫爲大夫妻乃專用以弔喪服小記諸侯弔必皮弁錫衰儀禮喪服記大夫弔於命婦錫衰命婦弔於大夫亦錫衰知大夫以上弔服皆錫衰周禮世婦掌弔臨於卿大夫之喪內司服凡命婦共其衣服及喪衰是內命婦有相爲弔之禮喪服記所謂命婦者內命婦也言弔則知內命婦皆無服大夫之有本服者仍各服其服士之相弔朋友而已喪服記朋友麻則弔亦當以麻鄭氏乃謂士以緦衰爲喪服疑衰爲弔服分言似誤又推其例於士之妻周禮以錫衰疑衰爲天子服公卿大夫士之等非以爲大夫士弔服之等士妻內外宗親各有其服麻而弔爲親近也安得專有疑衰爲士妻之制哉

喪服記女子子適人者爲其父母婦爲舅姑惡笄有首以髽卒哭子折笄首布總喪服小記齊衰惡笄以終喪惡笄云有首者異於衰三年之箭笄也案喪服記布總箭笄髽衰三年箭笄謂其形似箭無笄首鄭注訓箭爲篠者誤卒哭子折笄首謂仍象笄而去其首又異於惡笄也惡笄之有首者吉笄之無首者蓋皆齊衰之笄喪服小記曰男子冠而婦人笄凡弔弁服而加環絰則婦人弔當吉笄而加素總未聞以弔服而折笄首者曾子問三年之喪練不羣立不旅行而弔哭不亦虛乎是既練而猶不弔也雜記三年之喪雖功衰不弔如有服而往哭之則服其服而往期之喪練則弔期之喪未葬弔於鄉人不聽事功衰弔待事於執事小功緦執事不與於禮婦人之髽蓋喪服之重者不得與於

弔經云髽而弔明死者之衆而弔之速也鄭注徒以弔服爲言恐非經旨

南宮縚

鄭注南宮縚孟僖子之子南宮閱也字子容朱子論語集註因之云南容居南宮名縚又名适字子容謚敬叔孟懿子之兄也史記南宮适字子容索隱云家語作南宮縚是孟僖子之子仲孫閱也世本仲孫貜生南宮縚蓋皆以南容與南宮敬叔爲一人漢書人物表列南容三等南宮敬叔四等顏師古注於南容云南宮縚字子容於南宮敬叔云南宮适又分适縚爲二人案論語南容再見南宮适一見並記者之詞而名字互出疑係兩人古字多假借聲形相近皆可互通近顧氏江氏段氏考定古音兌昏二字同出一部故疑南宮适爲南宮説左氏傳稱孟懿子與南宮敬叔師事仲

尼家語竝詳其事而論語無敬叔名意适說字本通論語之南宮适卽敬叔也自世本合适縚爲一人於是南宮适之名遂屬之南容矣據左傳昭七年屬說與何忌於夫子故孟懿子與南宮敬叔師事仲尼是敬叔名說一作閱亦孔門弟子而史記家語皆不列其名案昭十一年左傳孟僖子會邾莊公盟於祲祥泉丘人有女奔僖子其僚從之反宿於薳氏生懿子及南宮敬叔於泉丘人其僚無子使字敬叔敬叔當爲懿子之弟韋昭注國語云敬叔懿子弟南宮閱也朱子謂爲懿子之兄亦誤敬叔自爲仲孫氏以居南宮故亦稱南宮敬叔而南宮之爲氏見於周書甚繁君奭有南宮括顧命有南宮毛逸周書武王時有南宮忽南宮伯達左傳昭二十三年南宮極二十四年南宮嚚爲周之南宮氏莊十一年南宮長萬十二年南宮牛爲宋之南宮氏王肅注論語南容魯人孔安國亦云魯人則胥亦當有南宮氏說苑魯穆公時尚有南宮

邊子與敬仲之居南宫者自別五代馮繼先春秋名號歸一圖稱仲孫閱卽南宫敬叔僖子之子不及适縚自勝舊說而南容自名縚近世夏宏基弟子傳略辨正定适縚爲一人字子容仲孫閱爲一人字敬叔王肅注論語亦云名縚字子容适或爲說或爲縚聲之轉或別爲一人則所不可知也

有子蓋既祥而絲屨組纓

鄭注譏其早也禮既祥白屨無絇縞冠素紕嵩燾案三年問三年之喪二十五月而畢士虞記中月而禫中月者當祥月也此經下云祥而縞是月禫徙月樂所云既祥者據禫言之閒傳禫而纖無所不佩方言繒帛之細者謂之纖鄭注黑經白緯曰纖舊說纖冠者采纓也士冠禮緇布冠青組纓皮弁

爵弁緇組纓鄭注間傳再期大祥素縞麻衣云十五升布深
衣謂之麻者無采飾也雜記除殤之喪其祭也必元除成喪
者其祭也朝服縞冠除喪之祭卽祥祭也祥而朝服深衣巳
卽吉矣鄭注除殤喪元端黃裳於成人爲釋禫之服案朝服亦元端
所異者縞冠似禫冠采纓其得用組纓宜矣而周禮屨人有赤舃
黑舃素屨士冠禮有黑屨白屨纁屨不詳其爲絲爲布鄭司
農注屨人赤繶黃繶云以赤黃之絲爲下緣緣用絲則屨亦
絲案士冠禮屨夏葛冬皮屨可也舉冬夏以明屨之異制餘屨皆絲也喪服傳齊衰杖疏屨不杖麻屨凡深衣無緣曰
麻衣麻屨亦無緣屨人之素屨則絲屨之無緣者互證之自明孔疏乃據士冠禮冬皮屨夏用葛無云絲屨者此絲屨爲
以絲飾絇繶純之屬其誤甚矣絲屨組纓蓋卽緇布冠元端之類所謂禫服
也此謂既祥後兼用禫服非譏有子之失禮疑絲屨猶當去

飾以別於純吉疏申鄭義以絲當絇繶之屬者誤也

太公封於營邱比及五世皆反葬於周

鄭注齊太公受封留爲太師死葬於周子孫生焉不忍離也

嵩燾案史記齊世家太公子丁公呂伋丁公子乙公得乙公子癸公慈母癸公子哀公不辰紀侯譖之周周烹哀公立其弟胡公靜徙都薄姑是自太公以下都營邱者凡五世周書顧命齊侯呂伋以二干戈虎賁百人傳稱伋爲天子虎賁氏而齊自丁公乙公癸公三世皆無謚疑太公後當世爲虎賁位下大夫不甚顯至哀公被誅於周因亦葬周此必當時傳聞太公有五世葬周之事記禮者因以意擬之鄭氏遂謂子孫不忍離非也顧氏日知錄辨此甚詳而引水經注淄水下

有胡公陵胡公太公元孫未嘗反葬於周則亦未知胡公之上有哀公足爲五世葬周之證也

伯魚之母死期而猶哭

孔疏伯魚母出期而猶哭故夫子怪之嵩燾案橫渠張氏以爲父在爲母之制當然疏言出妻者非年譜哀公十年夫人幵官氏卒案漢禮器碑云幵官聖配在安樂里隸辨云家語孔子娶於宋之幵官氏通志氏族略引白褒魯先賢傳孔子娶於宋之幵官氏闕里文獻考作亓官氏明刊家語亦作亓官姓譜別有亓氏而幵官氏或省作开官作亓官者誤也孔庭纂要哀公十六年六月初九日葬夫子魯城北泗上與夫人幵官氏合葬水經注夫子故宅一頃所居之堂後世以爲廟夫子在西閒東向顏母在中閒南向夫人隔東一閒東向家語稱孔子十九歲娶幵官氏哀公十年幵官氏卒

距孔子卒七年而合墓於泗上安得有出妻之事經言期而猶哭統期以後祥禫之祭言也正據儀禮父在爲母期言之服除則不哭矣鄭注未詳其義疏乃據以爲出母於此經前云子之先君子喪出母乎亦引伯魚之母被出爲證案近世江氏永引豐城甘氏四書類典云叔梁父初娶施氏無子家語後序所謂叔梁公出妻是也其後施氏卒夫子爲之服期經云子之先君子喪出母謂夫子自喪出母非謂令伯魚爲出母服也集說亦不知辨而仍之誣謬甚矣

曾子之喪浴於爨室

鄭注見曾元之辭易簀矯之以謙儉也禮死浴於適室嵩燾案鄭意似謂曾子之遺命然也據士喪禮甸人掘坎於階間少西爲垼於西牆下淅米於堂煮潘於垼棄渜濯於坎鄭注

所謂重死事是也曾子蓋貧甚不能備物浴於爨室謂煮所浴之瀋於爨室不爲埊也喪大記管人汲授御者御者差沐於堂上君沐粱大夫沐稷士沐粱甸人爲埊西牆下陶人出重鬲管人受沐煮之甸人取所徹廟之西北厞薪爨之管人授御者沐禮文甚繁曾元居曾子之喪容有不能備禮者以爨室供沐事一以生道事之而非薄於爲親也記禮者無貶辭注家以爲非禮誤

子思之哭嫂也爲位婦人倡踊申詳之哭言思也亦然

鄭注過此以往獨哭不爲位嵩燾案以經義求之似凡哭皆爲位伯高死赴於孔子孔子哭諸賜氏而命子貢爲之主爲主則爲位以受弔喪服小記哭朋友者於門外之右南面是

亦爲位也奔喪云哭父之黨於廟母妻之黨於寢師於廟門外朋友於寢門外所識於野張帷爲位不奠凡哭無不爲位者喪服傳娣姒婦小功女子子適人者爲衆昆弟大功爲昆弟之爲父後者期嫂叔無服妻之昆弟亦無服婦人倡踊以妻之爲小功大功者當爲之主雖無服而可以情推之以哭諸其位也此爲在遠聞喪言之凡喪之輕者斷自小功下云小功不稅禮有明文此云小功不爲位則亦禮文所未有也記禮者因更引無服之爲位者以明之奔喪云無服而爲位者嫂叔及婦人降而無服者麻蓋以其情重於其服也疏於子思之嫂引孔氏連叢云一子相承以至九世或其兄早死二子相承惟存一人故得有嫂家語孔弗字子蔑孔子兄孟

皮之子史記作孔忠孔忠子璇子思之嫂爲同曾祖兄弟之妻意或子思仕衞而聞嫂喪緣情以爲之禮而不嫌其過也鄭注似未達經旨

古者冠縮縫今也衡縫

鄭注今冠衡縫以其辟積多孔疏直縫者辟積襵少故一一前後直縫之今冠多辟積下復一一直縫但多作襵而並橫縫之嵩燾案續漢書輿服志委貌冠皮弁冠同制長七寸高四寸制如覆杯前高廣後卑銳當猶係周之遺制禮圖竝多作襵縫蓋古布帛之幅二尺二寸縮縫者連一幅布爲廣狹之節爾雅釋器繩之謂之縮之郭注縮者約束之卽此縮縫之義衡縫則橫幅爲之可以加襵爲飾是以橫縫有辟積縮

縫竝無辟積鄭注今冠橫縫以其辟積多語簡而盡疏申鄭義以爲直縫辟積少又以今冠下復直縫多作襵而又橫縫之是謂加橫縫於直縫之上也於鄭注亦爲忤矣

兄弟吾哭諸廟父之友吾哭諸廟門之外師吾哭諸寢朋友吾哭諸寢門之外所知吾哭諸野

孔疏此殷禮周則兄弟哭於寢故雜記云有殯聞遠兄弟之喪哭之側室無殯當哭諸正寢師哭於廟門外故奔喪云師哭諸廟門外鄭答趙商之問亦以爲然嵩燾案春秋襄十二年左傳凡諸侯之喪異姓臨於外同姓於宗廟故哭父之黨於廟親親之義也而經數云有殯聞遠兄弟之喪哭於側室有殯聞外喪哭於他室蓋凡哭必爲位以受弔重喪在殯不

得於廟受弔故惟哭之他室孔疏於此申其義云無殯當哭諸正寢恐非經旨寢所私也凡於已有私恩則哭於寢母妻之黨與所師皆私恩也尊師以抗之親則於廟門外盡己之私則於寢自防叔奔魯三世而叔梁仕魯屢與於師聖人自以羈旅之臣尊事父友以章其志而明禮之等所以爲精義之學也孔疏一以殷禮當之非所謂達於禮者矣

子夏喪其子而喪其明

孔疏此論子夏恩隆於子之事嵩燾案子夏喪明事自王充論衡已訾其虛妄據家語子夏少孔子四十四歲孔子卒當敬王之四十一年子夏年二十九年譜稱威烈王元年魏文侯立受子夏經上距孔子之卒五十四年子夏年已八十有

三矣史記六國表文侯卽位十四年受子夏經若然則子夏且及百歲退老西河不知何時大約因文侯師事而其名益著年譜載曾子卒當考王六年年七十一下距文侯之立十有一年而以退老西河責子夏亦曠遠不相及矣近當塗夏氏著檀弓辨誣謂其言不類曾子語氣允矣而未一論及此要之檀弓一書多假借春秋時事以爲之辭不必言之果信而有徵也

衰與其不當物也甯無衰

鄭注不當物謂精粗廣狹不應法度嵩燾案黃氏幹引左傳服以將禮禮以行事事有其物物有其容今君之容非其物也物謂哀戚心貌之實足以稱其服黃氏之言是也而物自

爲升縷長短制度之數所以求當於物者則心貌之實也間傳斬衰貌若苴齊衰貌若枲大功貌若止所謂當物也下文齊衰不以邊坐大功不以服勤蓋喪服之制如此亦使人因文以生其情而求稱於物也鄭注分析言之恐誤案齊衰不以邊坐即曲禮有喪者專席而坐意鄭注邊偏倚也孔疏喪服宜敬坐起必正又曰齊衰不邊坐大功可也竝誤

顏淵之喪饋祥肉孔子出受之入彈琴而後食之

鄭注彈琴以散哀也嵩燾案鄭注士虞記期而小祥引此是鄭意以饋祥肉爲小祥然禮於期言練再期言祥析言之爲大祥小祥專言祥則再期也喪服四制祥之日鼓素琴告民有終也以節制者也祥而除喪可以鼓琴矣聖人之於顏淵其哀有不能忘者受顏淵之祥肉而心有動焉乃彈琴以理

之所以自調其中和之節也記曰夫子之喪顏淵若喪子而無服祥而彈琴正以喪子之義處之吳氏澄云彈琴常事此彈琴適在受祥肉之後故記者云然殆誤也

設崇殷也

鄭注崇牙旌旗飾嵩燾案詩崇牙樹羽所以飾虡大雅疏以采色爲大牙其狀隆然謂之崇牙司常九旗之制無云崇牙者明堂位兩言崇牙其一簨虡飾承上夏后氏之龍簨虡言其一旌旗飾承上有虞氏之綏言鄭注一云刻木爲之一云刻繒爲之爾雅釋天素錦綢杠纁帛縿練旒九鄭注周禮巾車正幅爲縿斿則屬焉旒斿同字即旌旗旁之刻繒爲飾者也考工記龍旂九斿鳥旟七斿熊旗六斿龜蛇四斿斿皆有

數漢以後旌旗旁之飾刻繒如齒無數卽古旒之遺制鄭據以釋崇牙恐誤說文崇巍高也簨虡之崇牙加之業上故曰崇（詩虡業維樅毛傳樅崇崇牙也樅崇音近）牙者其形也刻繒旌旗旁不當名崇牙以牙取義而去牙言崇亦不辨爲何物王氏章句崇牙旒端橫木以張旒者刻爲齟齬高出與簨虡之崇牙同三代儀物皆相沿加飾據爾雅周制旌旗亦綢練張旒之崇牙竝宜通用之經云夏殷原其始也孔子仕魯攝卿喪禮當從周制記禮者因三代之遺侈爲之辭耳

褚幕丹質蟻結於四隅殷士也

鄭注畫褚之四角其文如蟻行往來相交錯似今蛇文畫嵩燾案喪大記諸侯大夫素錦褚士褚不詳素錦有織文丹質

無文蓋殷尙質蟻結四隅謂縫合四隅而結之如蟻行有行列吳都賦重城結隅言郛郭周帀四隅保而固之魯靈光殿賦懸棟結阿亦言四垂完密若蟻結爲畫文而專施之四隅爲無名矣書顧命麻冕蟻裳傳謂蟻裳元色是蟻亦色也古棺外加衽束故須有褚幕覆其上四隅縫合宜加組紃雜記亦謂之素錦屋鄭以畫文釋之恐未然士喪禮爲銘各以其物鄭注銘明旌也此經公西赤爲志公明儀爲志鄭注志謂章識實後世志銘所由仿

羣居則絰出則否

鄭注羣謂七十二弟子相爲朋友服凡弔服加麻者出則變服嵩燾案喪服記朋友麻鄭注朋友相爲服緦之絰帶而引

此經羣居則絰出則否服問公爲卿大夫錫衰以居出亦如之當事則弁絰大夫相爲亦然又云凡見人雖朝於君無免絰惟公門有脫齊衰大夫相爲錫衰而絰惟當事齊衰以下服入公門脫之而絰不除皆謂服輕而絰重朋友之麻猶大夫之相爲錫衰無以絰居者又羣居惟弟子之從師有之朋友相爲不得言羣居禮不爲師制服而此經發其例云羣居則絰出則否羣居者師死而弟子相守以服習其教爲之制服以報之孔子之喪絰而出則所謂見人無免絰者同於事親之禮也二語發凡起例之辭而與上連文注家遂平列釋之禮記之文多類此者如曲禮尸必式乘必以几郊特牲以官爵人德之殺也死而謚今也喪服小記養尊者必易服養

卑者否少儀乘貳車則式佐車則否皆緣上文而發明其義例別引一說以取證鄭注於此云七十二弟子相爲服失之

主人既祖塡池推柩而反之降婦人而後行禮

鄭注塡池當爲奠徹奠徹謂徹遣奠設祖奠禮既祖而婦人降今反柩婦人辟之復升堂反之而又降婦人欲矜賓於此婦人嵩燾案既夕禮有司請祖期商祝飾柩一池設披屬引商祝御柩乃祖婦人降卽位於階閒乃奠鄭注是之謂祖奠在葬前一日鄭意以飾柩縣池在祖奠前經云既祖因改塡池爲奠徹而遂以屬之明日謂徹遣奠重設祖奠其釋降婦人言婦人避之升堂而又降以爲矜賓於此婦人竝於經文多一轉折孔疏遂謂行禮爲行遣奠禮既夕記祖還車不易

位鄭注乃祖云還柩鄉外其注正柩兩楹間云是時柩北首如初如殯宮時古人葬皆北首殯及遷柩於祖亦北首惟柩車行南首以達於壙故於此還車鄉外既夕記云不易位又云納車於階間蓋由兩楹間還柩卽達之階間經云既祖蓋始還車時也左還布席乃奠又由階間而達之庭案孔疏下柩載於階間乘蜃車載訖遷柩向外謂之祖據士喪禮掘肂見衽升棺用軸既夕禮遷於祖用軸以下但云還車竝無易車之文蓋古棺天子五重諸侯三重大夫再重故殯用輴車以訖於葬爲棺重不能改載故也既夕禮飾柩有池有紐有齊三采有披有引皆所以飾葬車經不云飾車而云飾柩是卽用殯車以葬之明證經意謂既還柩則首鄉外不能受弔故仍推柩反之以俟賓雜記魚躍拂池下有振容柩行則魚躍經云塡池謂車還池動稍引而定之塡鎭字通以志還車之容也既祖婦人降於階間賓升自階婦人遂

降階下以避賓升既夕禮旣奠請葬期賓賵若奠若賻若贈皆當於庭無爲反柩以受弔知此云旣祖者始還車而又反之倉卒受弔當時情事畢具安得如鄭注所云之繁累也檀弓之文多非事實注家又更以意擬之以重其誣證之禮經而固知其不然矣

子游爲之麻衰牡麻絰

鄭注爲之重服以譏之疏云牡麻絞絰與齊衰絰同嵩燾案喪服傳朋友麻鄭注服緦之絰帶而喪服自緦以上皆牡麻絰惟斬衰苴絰絞帶疏於此云牡麻絞絰與齊衰同未詳所據周禮司服凡弔事弁絰服鄭注素弁而加環絰亦牡麻絰也子游蓋以朋友之服臨之故曰禮也何爲而有齊衰之重

服哉喪服斬衰傳爲君鄭注天子諸侯及卿大夫有地者皆曰君又云公士大夫之衆臣爲其君布帶繩屨降於貴臣之絞帶菅屨也子游若以諸臣之服服之又不止於齊衰也疑注所云重服以譏之爲非事實其注諸臣之位云大夫之家臣位在賓後士喪禮大夫卽位於門外西面外兄弟在其南賓繼之鄭注外兄弟異姓有服者也似喪位以服爲次諸臣之服隆於外兄弟當次主人之後子游以惠子之喪不立適子爲喪主則諸臣皆可爲之主故進於主人之次以諷切之鄭注反以爲在賓後似於禮無徵案喪大記子坐於東方卿大夫父兄子弟立於東方是國君之卿大夫位父兄子姓之上又云君喪三日子夫人杖五日大夫世婦杖大夫之喪三日主人主婦室老皆杖是大夫之室老與主人同服不得反位賓後明矣而子游趨就諸臣之位反去客位下

是又引而自遠不足示諷切之意疑鄭注失之

主人深衣練冠待於廟

鄭注待於廟受弔不迎賓疏引雜記既祥雖不當縞者必縞注謂有以喪事贈賵來者雜記爲重來者故縞冠此經始來者故練冠推此而言禫後始來弔者則著祥冠若禫後更來有事則著禫服士喪禮始死爲君命出小斂以後爲大夫出是有受弔迎賓今以除服受弔故不迎賓嵩燾案既夕禮請葬期公賵主人迎於廟門外賓賻主人出門左西面賓東面是自君使至敵者皆出迎而士喪禮小斂奠有襚者主人待于位既祖奠賻則出門左似始喪迎賓之禮殺於殯葬以後其平時相見無不出迎者士喪禮敵則先拜他國之賓他國

之賓禮宜加隆經云待於廟蓋於廟受弔而先至以俟弔者與士喪禮之云待於位者自別安在其不出迎也疏云除服受弔不迎賓尤爲無徵雜記祥而外無哭者禫而內無哭者樂作矣故也祥而縞冠除服卽吉不當受弔故爲之深衣練冠深衣吉服練冠則猶始期之喪冠也子游故以爲中禮案雜記既祥雖不當縞必縞然後反服經云既祥有謂禫前者有竝禫言之者祥而練冠禫而綅冠吉祭而後反常服雜記之言既祥蓋祥而猶未反常服也不當縞則禫而綅冠矣或有事而告則猶縞冠將事以爲喪服之餘也鄭注一以受弔言之而引此經以爲始弔重弔之分大誤三年問云稱情以立文受弔而有哀泣之節既練不廢哭爲之練冠所以稱情立文也孔疏所云全失經旨

學者行之

鄭注學於孔子者行之做殷禮嵩燾案鄭意專承上殷道以經義求之當兼承上周道殷道二節之義其云經也者實也爲一章之關鍵周尙文名者文之所由起也敬長尊賢文之用也至於死喪之戚必有哀痛之實以行之文也不如其質也殷尙質哀痛之至不能爲文則宗廟宮室掘之毀之而不恤學者行之蓋欲學者損益質文之中因事以制宜而自繕其性情之用豈謂掘中霤而浴毀竈以綴足躐宗以行惟是之學孔子哉士喪禮一書賓弔者皆拜出皆拜送大夫則特拜之賓有禭有賵有奠有賻有贈有反哭之弔從事於賓爲多聖人於喪禮誠有取於殷焉記禮者兼舉周道殷道而以學者行之深致其斟酌典禮之意鄭注於此似未曙然

子柳之母死子碩請具

鄭注子柳魯叔仲皮之子子碩兄嵩燾案鄭意據下叔仲皮學子柳爲說而訓學爲教謂叔仲皮教其子柳據孟子魯繆公時公儀子爲相子柳子思爲臣又云泄柳申詳無人乎繆公之側則不能安其身子柳卽泄柳蓋魯人也孟子又云泄柳閉門而不納趙岐注但云賢者不云魯公族叔牙孫叔仲彭生文十八年爲襄仲所殺立叔仲氏亦叔孫氏之族也史記稱魯悼公時三桓盛魯如小侯卑於三桓之家其時距繆公不遠叔仲皮爲公族彊盛而子柳閉門以拒繆公似公族之賢者不當有此此經所記子柳貧而守禮當爲魯人之賢而隱者鄭以爲叔仲皮之子非也案史記顏辛字子柳家語云魯人少孔子四十六歲

孟子子柳子思爲臣敘子柳於子思之上當亦聖門弟子下經亦稱顏柳或其人也泄柳與段干木申詳似當爲名與子柳恐非一人

叔孫武叔之母死既小斂舉者出尸出戶袒且投其冠括髮子游曰知禮

鄭注尸出戶乃變服失哀節子游曰知禮嗤之也嵩燾案士喪禮卒斂主人括髮袒士舉男女奉尸俠於堂卽位襲絰於序東是括髮袒在小斂後在奉尸俠於堂之前而奉尸男女竝在事袒而奉尸或嫌已褻武叔奉尸出戶而後袒括髮稍變通行之以小斂畢奉尸將事加愼焉耳故子游謂之知禮

問喪親始死雞斯徒跣扱上衽鄭注雞斯讀爲筓纚喪大記小斂袒說髦括髮以麻三日杖是始死去冠小斂乃脫筓纚

而括髮然後襲絰相距小斂一日之間無因更加素委貌之冠疑素委貌之冠既殯成服而後施之鄭謂始死冠素委貌冠似亦無徵此投其冠亦但據笄纚之屬言之凡加於首通謂之冠也

從母之夫舅之妻二夫人相爲服君子未之言也或曰同爨緦

鄭注時有此二人同居死相爲服者甥居外家而非之嵩燾案喪服傳爲從母小功爲舅緦從母之夫舅之妻無服二者皆從服也由母而推至母之姊妹母之兄弟大傳所謂屬從從於母之親屬也從母之夫舅之妻又各以其服相屬而不屬之於母則無從推母之親以爲之服喪服傳出妻之子爲母期爲外祖父母無服而引絕族無施服爲義鄭注在旁而

及曰施族者五服之親也非五服之親而從爲之服則更不旁及禮文廣大可以類通之記禮者因有同爨緦之一說而取證禮經所本無之義緣情以爲之辭相爲服者禮無不報也鄭意以禮不爲制服委曲以求合禮文而經旨反有未達矣

喪具君子恥具

鄭注避不懷也嵩燾案王制六十歲制七十時制八十月制九十日脩人子之於親思深慮徹豫防所闕何云恥哉經云恥具蓋自爲也春秋襄二年穆姜使擇美檟以自爲櫬襄四年季孫爲已樹六檟蒲圃東門之外此經下云宋桓司馬自爲石槨所謂恥具亦恥自爲喪具而已下云君卽位爲椑歲

一漆之是喪具亦有自爲者要適如制而止不求備也一日二日可爲則子之於親有不忍具而顧自爲之所以爲恥

瓦不成味

鄭注味當作沬沬靧也孔疏沬黑光也言瓦器無光澤也嵩燾案說文沬洒面也字亦作頮尚書顧命王乃洮頮水作頮者省廾耳內則燂潘請靧玉藻沐稷靧粱作靧竝荒內切沬从水从午未之未疏訓黑光謂浮沫黑者从本末之末釋文沫亡曷反亡乃輕脣之微母以切沫字者重脣借輕脣也切韻取同等明母無同等字故借輕脣之亡字以切之陸氏蓋从孔疏作沫注作與靧同音悔固喉音也李善文選注亦引作沬音悔與鄭同瓦不成味謂瓦器不可以洒濯盛水則滲

漏也疏恐失之

昔者夫子失魯司寇將之荆蓋先之以子夏又申之以冉有鄭注言汲汲於仕得祿嵩燾案史記世家定公九年孔子爲司寇十四年適衛適陳反衛十五年去衛過曹去曹適宋遂至陳居陳三歲哀公二年適衛將西見趙簡子臨河而還反衛哀公三年如陳季康子召冉求哀公四年自陳遷於蔡哀公六年自蔡如葉自葉反於蔡楚使人聘孔子於是使子貢適楚昭王興師迎孔子孔子自楚反乎衛哀公十一年季康子問於冉有召孔子是孔子去魯八年始一至楚其時冉有方仕於魯使適楚者子貢也檀弓之文多不足據而速貧速朽矯時而失之激已非曾子之言又轉而爲喪不欲貧死不

欲朽至援聖人制禮之精心一出於計較之私其弊尤有不勝言者孔子受楚聘方困於陳猶先使子貢適楚以審進退之宜未逾時而復反衛鄭注汲汲於仕得祿亦失之誣矣

公叔木

鄭注木當爲朱春秋作戍衛公叔文子之子定公十四年奔魯疏引世本衛獻公生戍子當當生文子拔拔生朱朱戍聲相近嵩燾案三傳俱作公叔戍此經下云衛公叔文子卒其子戍竝不作朱疑此公叔木不得爲公叔朱之誤檀弓連言仲憲言於曾子公叔木問於子游狄儀問於子夏皆魯人也記禮者因彙次言之春秋成十五年嬰齊卒杜注襄仲子公孫歸父弟宣十八年逐東門氏使嬰齊紹其後曰仲氏仲氏

亦魯公族也案史記仲由卞人卞亦魯地而仲由自別爲氏鄭注仲憲孔子弟子原思史記原憲宋人字子思仲氏原氏族別氏族志有原仲氏陳大夫原仲之後而原憲不聞稱仲是以仲憲爲原思者亦誤也氏族志周成王封母弟孝伯於狄城襄十年左傳狄虒彌杜注魯人則狄亦魯舊氏也疑三者皆魯人而其名不別見正不必舉其人以實之春秋成十一年穆姜出聲伯之母嫁於齊管于奚生二子而寡以歸聲伯聲伯以其外弟爲大夫喪服傳繼父同居不杖期不同居齊衰三月如聲伯之外弟爲聲伯制服宜也禮記之文多引申儀禮遺意以正當時之得失於此經似以子游之大功爲允而於魯人之齊衰有未協焉鄭注親者屬大功是而王肅難之蓋亦未知周以前

之服制不可强同於後世也

子思之母死於衛柳若謂子思

鄭注伯魚卒其妻嫁於衛柳若衛人也嵩燾案此經下云子思之母死於衛赴於子思子思哭於廟門人至曰庶氏之母死鄭注嫁母也姓庶氏合兩節文義求之一在衛一在魯聞赴而皆不云嫁母案檀弓於子上之母稱出母於伯魚子思但著其居喪之節而已所云庶氏之母猶言諸子以下之母也鄭以庶爲氏誤闕里述聞稱子思奉母居衛又稱子思游於齊宋仕於衛似子思居衛之日爲多中閒或還魯或游於齊宋而其母常居衛孔氏之廟在魯則防叔在宋則孔父嘉孔子之父叔梁以叔爲字當尙有兄孔子亦有兄孟皮云庶氏者謂非冢嫡非冢嫡不得哭諸廟所謂他室廟之別室也

使爲嫁母子思安得哭於廟哉新唐書展禽食采於柳下其後爲柳氏柳氏亦魯公族疑柳若之戒子思爲在魯聞赴時事慎者戒其不以哀毀也子思言喪不盡禮者多而哀可自致吾何愼哉言無所致其愼時卽禮運所謂禮時爲大魯所行周禮也衞所行殷禮也死於衞當因衞之俗不能一準周禮行之柳若魯人故告之如此鄭注一以嫁母釋之所嫁之族自爲喪主與子思何與而何禮之足觀乎

綌衰繐裳非古也

鄭注非時尚輕涼慢禮嵩燾案喪服傳繐衰者何以小功之繐也鄭注治其縷如小功而成布四升半諸侯之大夫爲天子繐衰蓋喪服庶人爲國君齊衰三月而家臣無服爲統於

所尊也故傳曰諸侯之大夫以時接見乎天子而爲之服繐衰周尙文等差之辨隆於二代意殷以前無此制凡衰服皆麻喪服大功卽葛九月小功卽葛五月葛者葛帶也經云緆衰於禮無徵疑緆衰當爲錫衰與緦之麻同緦者治其縷錫者治其布又較緦爲加飾蓋周之弔服也案儀禮纂用緆若錫緆之疏者與錫同功故緆錫字互混錫繐皆以衰爲名而在五服之外云非古者明周制之以文爲尙也孔疏古謂周初制禮時恐誤

哭者呼滅子臯曰若是野哉

鄭注滅蓋子蒲名惟復呼名野哉非之也嵩燾案曲禮卒哭乃諱此之哭必非卒哭時尊者呼名不爲野也經云呼滅安見爲子蒲之名哉周禮九伐內外亂鳥獸行則滅之滅蓋非

考絰之詞間傳斬衰之哭若往而不反齊衰之哭若往而反大功之哭三曲而偯所謂哭踊有節也呼滅則號嘑無次語索氣粗有乖哭泣之節故子臯以爲野鄭注未協

杜橋之母之喪宮中無相以爲沽也

鄭注沽猶略也嵩燾案喪服齊衰冠布纓傳曰冠者沽功也又曰齊衰大功冠其受也沽功卽大功疑卽此沽字所本喪服公之庶昆弟大夫之庶子爲母大功傳曰先君餘尊之所厭不得過大功也士喪禮有擯者鄭注周禮大宗伯出接賓曰儐入詔禮曰相喪禮之有儐相士以上皆然庶子爲其母大功則不得於正寢故不立相杜橋之母未知何服時人因其無相以爲服大功也此可推求禮文而知之案襄十七年左傳齊晏桓

子卒晏嬰麤衰斬苴絰帶杖菅屨其老曰非大夫之禮也曰惟卿爲大夫杜橋或僭用大夫禮爲母喪故時人以爲譏

司士賁告於子游曰請襲於牀子游曰諾縣子聞之曰汰哉叔氏專以禮許人

鄭注時失之也禮唯始死廢牀子游當言禮然言諾非也叔氏子游字嵩燾案王氏章句云此蓋治魯侯之喪也襲於牀者士禮諸侯必別有廞次賁欲以士禮加之諸侯而子游許之故縣子譏焉此子游蓋魯君之叔與言子游同字據周禮司士大喪作士掌事鄭注事謂奠斂之屬司士賁告於子游請襲於牀爲治魯君之喪王氏之言極允而謂諸侯之斂別有廞次似於禮無徵喪大記含一牀襲一牀遷尸於堂又一牀君大夫士一也士喪禮死於適室主人入坐於牀東婦人

侇牀東面無廢牀之文喪大記寢東首於北墉下廢牀始死遷尸於牀此鄭注所本然遷尸後有浴有含乃襲安得有襲於地之事當時失禮亦不至此而自浴而含而襲亦不別言設牀惟小斂設席於戶內設牀第兩楹之閒所謂遷尸於牀一牀也以事例求之喪大記云設牀襢第當爲浴牀卽始死之牀而含襲斂別爲一牀士喪禮設席於戶內卽此以浴無席含襲斂皆當有席故也經文彙舉見義當通觀之此云請襲於牀或不別設席以從簡略而子游許之史記言偃吳人字子游從無叔氏之稱鄭以爲子游字是子游又字叔氏也疑當別爲一人說文泰滑也汰泰同字汰者滑利猶謂語言輕率也以禮許人言禮之所在而許人以簡便行之其瀆禮亦甚矣情事顯然鄭意恐失之迂回

宋襄公葬其夫人醯醢百甕曾子曰既曰明器矣而又實之

鄭注名之爲明器而與祭器皆實之是亂鬼器與人器孔疏無人器則亦實明器夏后氏用明器半分以實之殷人用祭器亦分半以虛之周人兼用則空鬼而實人嵩燾案既夕禮陳明器茵苞二筲三黍稷麥甕三醯醢屑甒二醴酒苞筲甕甒四者皆實之此外有用器有役器有燕器而無祭器其燕樂器有亦可也士禮蓋如此祭器若簠簋豆鉶之屬所謂禮器也皆用實器不專似明器之效形而苞牲及筲甕甒仍稱明器竝不以實之祭器安得如孔疏所云空鬼而實人乎苞牲用遣車卽遣奠之牲體雜記引大饗卷三牲之俎歸於賓館爲證此又別一義也前云竹不成用瓦不成味竹者筲也

瓦者甕甒疑所謂黍稷醯醢皆不必實有其物儀禮云甕三醯醢屑但以屑爲備物而已案雜記遣車視牢具置於四隅載粻有子曰非禮也置牢具四隅而以載粻爲非禮足爲明器不實之顯證故曰明器鬼器也祭器人器也鬼無形與聲而有用器可以意擬之祭器者以人之精氣上接乎鬼神而如或饗之故謂之人器鄭釋鬼器人器字太泥因謂醯醢諸物當實之人器則亦未知祭器者人與鬼相交接之器而不得專屬之人也曾子言明器不宜實醯醢足證儀禮之稱醯醢屑者必亦明器之類疏援儀禮之文擬議以爲之辭未信三代之禮之果然也案左傳宋襄公卒於僖公二十三年文公十六年襄夫人尚見於傳史記宋世家夫人王姬使衛伯攻殺昭公服虔云襄公夫人周襄王之姊其時距襄公之卒二十七年或襄公尚有前夫人曾子從後追論其事檀弓記載大率類此

司徒旅歸四布

鄭注旅下士也司徒使下士歸四方之賻布孔疏孟氏家臣司徒敬子使旅下士歸還四方賻主人之泉布而引皇氏云獻子以餘布歸之君君令國之司徒歸賻於四方熊氏則云獻子家臣爲司徒左傳叔孫氏之司馬鬷戾是家臣亦有司徒司馬嵩燾案周禮有家宗人家司馬家士而少牢饋食爲大夫禮兼有宰宗人司馬司士無司徒名少儀適公卿之喪曰聽役於司徒司徒之職掌起徒役致民而於公卿之喪無職司疑卿大夫之喪得立司徒以掌喪事致徒役旅如旅見諸侯及士旅之之旅謂既葬司徒職喪事畢總會賓之賻而歸之孟獻子卒在襄公十九年昭四年杜洩稱季孫爲司徒

叔孫爲司馬孟孫爲司空事在襄公二十四年上距獻子之卒六年其時爲司徒者季武子也三家三分公室已非一日安能更待層司徒之下士治其喪哉案周禮宰夫公卿之喪與職喪帥有司治之大夫之喪使其旅帥有司治之承上邦之弔事爲言職喪掌卿大夫士之喪以國之喪禮涖其禁令序其事凡爲有司之所供皆掌之諸所職者禮而已豈能兼掌其財賻而爲之歸於賓鄭意據宰夫之職使旅帥有司遂因以釋此旅之爲下士證以當時情事而知其不然也案鄉射作相爲司正司正爲司馬鄉射兼大夫士置官涖事一如邦國之禮此其證也

父兄命赴者

鄭注父兄命赴謂大夫以上也士主人親命之嵩燾案士喪禮乃赴於君主人西階東南面命赴者拜送專以赴於君爲言則知大夫以下不親命赴而以屬之諸父諸兄以尊者涖

之重其事也與儀禮之文正互相備鄭注以為大夫士之等臨之以君則固不得謂士必親命大夫遂可以不親命也

君復於小寢大寢

孔疏小寢高祖以下寢大寢天子始祖諸侯太祖也嵩燾案士喪禮復者一人升自前東榮中屋降自後西榮卽所死於適室之前後榮也周禮夏采大喪以冕服復於太祖以乘車建綏復於四郊祭僕復於小廟隸僕復於小寢大寢鄭注小寢高祖以下廟之寢也始祖曰大寢則是所居宮寢無一人復者而太祖小祖廟復者三人於事為不類周禮夏采下士四人祭僕中士六人隸僕下士二人隸者賤稱也掌五寢之埽除自當據王之五寢言之自寢而廟而郊當同時竝復高

祖以下四廟祭僕六人於四廟爲有餘裕而以隸僕二人復於五廟之寢亦有弗給矣鄭孔之訓恐未然也

喪不剝奠也與祭肉也與

鄭注剝猶倮也有牲肉則巾之脯醢之奠不巾巾嵩燾案鄭意以不剝奠爲覆巾然士喪禮小斂奠俎豆皆有巾脯醢豆實也大斂奠加籩巾如初其朝夕奠不巾朔月奠祝與執豆者巾乃出是自小斂後殷奠乃巾而皆有脯醢鄭云脯醢不巾者非也案既夕記始死即牀而奠用吉器無巾柶既襲凡籩豆實具設皆巾之足證脯醢不巾之誤說文剝裂也剝蓋割而裂之之意不剝奠謂不視牲不親割前云始死之奠其餘閣也與卽士喪禮所謂脯醢醴酒奠於尸東者是也小斂陳一鼎其實特豚大斂陳三鼎豚合升不視牲

不親割明雖特殺祭肉而已虞祭以後乃視牲士虞記主人不視豚解鄭注主人視牲不視殺爲喪事略也豚解解前後脛脊脅而已熟乃體解升於鼎士虞記羹飪升左肩臂臑肫骼脊脅離胏取左膉皆親割則所謂剝奠也未葬以前一主於哀而不備禮無視牲親割之文是以喪祭祭肉皆無剝奠也推明禮意前無所承記禮者約略言之鄭注似未協

父母之喪哭無時使必知其反也

鄭注使謂既練反必有祭嵩燾案鄭意以使爲出使疏因引禮運三年之喪期不使爲證是所謂哭無時專主練後言之仍與下語不相貫屬經義恐不爾間傳斬衰之哭若往而不反齊衰之哭若往而反爲此反字所本往而不反一哭氣盡

更無回聲往而反者聲相接續其哀無窮其哭亦與之無窮蓋哀極而哭憤懣之氣傾情而出而哀旋又結於心若反歸其故居與之相守不能驟舍是以哭無時使者謂若有迫而然使之哭者心也心一過焉而又反也此為善言哀哭之情狀王氏章句疑有闕文或當然然如鄭注則固不可通矣

練練衣黃裏縓緣

鄭注小祥練冠練中衣孔疏正服不可變中衣非正服但承衰而已故小祥而為之黃裏縓緣嵩燾案閒傳期而小祥練冠縓緣喪服記公子為其母練冠麻衣縓緣為其妻縓冠麻衣縓緣皆既葬除之則所云練衣者小祥後之喪服也閒傳斬衰三升既虞卒哭受以成布六升冠七升為母疏衰四升

受以成布七升冠八升但言卒哭之受服而不言小祥之受服小祥蓋除衰而練練者治麻令熟而升數當仍視功衰小祥練衣之縓緣與大祥麻衣之布緣其制竝同深衣也春秋宣元年公羊傳已練可以弁冕是練冠弁服練衣深衣皆即吉之漸也故名之小祥呂氏大臨云斬疏繐大功小功緦錫皆曰衰喪正服也練麻皆曰衣喪變服也至親以期斷加隆而三年加隆之服正服當除而有所不忍故爲之變服最得經旨鄭注以練爲中衣而小祥後之受服於禮無徵鄭亦不能舉其說禮經之以小祥名練反有難明矣

鹿裘衡長袪袪裼之可也

鄭注衡當爲橫袪謂褏緣袂口也練而爲裘橫廣之又長之

又爲袂則先時短狹無袪可知裼表裘也有袪而裼之備飾也孔疏有袪爲吉加裼之可也明小祥時外有衰衰內有練中衣中衣內有裼衣裼衣內有鹿裘嵩燾案喪服記袂屬幅袪尺有二寸是衰皆有袪袪者袂口非袂口之緣也經云衡長袪謂練裘稍橫侈而袪加長本一事而注析爲三袪裼之以袪長外見而練衣之加其上者無待更掩其袪所以取便非備飾也禮服有裼深衣之裘無裼裼者開左右衽以見所服裘深衣衽當旁而無下裳無從見所服裘意或稍斂外袂露所服裘之袪於外謂之袪裼既練而裘袪加長從而裼之可也明其與衰異孔氏於裼襲之義多未能明宜所言之加煩重矣

所識其兄弟不同居者皆弔

鄭注就其家弔之成舊恩也疏云連上有殯言之又引皇氏云別更起文所識謂識其死者之兄弟小功以下之親既識兄弟雖不同居皆就弔之嵩燾案曲禮知生者弔知死者傷弔者所以哀生也此從所識字起義皇氏之言是也所識而有兄弟之喪雖不同居亦各就所居弔之同國則爲之兄弟者宜在喪次不同國弔諸所識之家因所識而推之也集說謂死者爲吾之所識其兄弟不同居者皆往弔之此於喪禮在衆主人之列不爲喪主則無受弔之文不同國而爲主則其弔也又不待言矣

天子之哭諸侯也爵弁經紂衣或曰使有司哭之

鄭注周禮王弔諸侯弁經緦衰不見尸柩不弔服此言經衍

字時人間有弁絰因云之耳嵩燾案周禮司服王爲三公九卿錫衰爲諸侯緦衰爲大夫疑衰疏云君爲臣弔服既葬除之服問公爲卿大夫錫衰以居出亦如之惟當事弁絰鄭謂經衍字卽據服問爲說春秋襄十二年左傳凡諸侯之喪異姓臨於外同姓於宗廟同宗於祖廟同族於禰廟似臨喪爲位以哭卽謂之當事弁絰宜也下云使有司哭之謂聞喪必哭臨天子不親臨則使有司將事也鄭以有司哭之爲非而云哀戚之事不可虛均非經旨

天子之殯也菆塗龍輴以椁加斧於椁上畢塗屋

鄭注菆木以周龍輴如椁而塗之天子殯以輴車畫轅爲龍斧謂之黼以刺繡於緣幕加椁以覆棺已乃屋其上盡塗之

孔疏菆叢也先菆四面爲椁上與棺齊繡覆棺之衣爲斧文從椁上入覆於棺故云加斧於椁上又四注爲屋以覆於上而四面塗之嵩燾案鄭意菆塗加幬又屋其上凡三事說文菆麻莖也既夕記御以蒲菆鄭注菆牡蒲莖也左傳襄十二年左射以菆王逸注楚辭枲翮曰廏一作菆枲翮謂枲莖也然則菆塗者用麻莖或牡蒲莖攢柩而塗之取其柔能護棺且受塗以椁者謂方其外如椁加斧於椁上言椁上竝爲黼文以象褁其謂畢塗屋者旁廣而豐起如屋喪大記大夫殯塗不曁於棺惟君得畢塗屋也喪大記飾棺素錦褚鄭注以櫬覆棺卽棺衣也周素錦爲之無繡黼者覆棺之衣豈得加於椁上繆幕之屬則周禮幕人所共之幕帟鄭注幕張之於

庭帟者柩上承塵王張帟三重諸侯再重又不得以覆棺也
既夕記用軸鄭注軸輁軸也大夫諸侯以上有四周謂之輴
天子畫之以龍輴一作楯說文楯欄檻也縱曰欄横曰楯天
子殯車四周有楯畫龍而此注云畫轅爲龍轅者車前輈所
以駕馬殯車不當用馬考工記注輈長丈四尺四寸以納之
所殯之屋將無所容尤乖龍輴命名之義此當以儀禮注爲
正

公卿大夫士皆厭冠哭於太廟

鄭注厭冠今喪冠其服未聞嵩燾案周禮大司馬若師不功
則厭而奉主車鄭司農云厭謂厭冠喪服也軍敗以喪禮春
秋傳曰秦伯素服郊次鄉師而哭司服大札大荒大裁素服

素服者損盛服也鄭注周禮兼服言之語自明曉既夕記冠六升外縪纓條屬厭賈公彥疏吉冠從武上鄉內縫之縪餘在內謂之內縪凶冠從武下鄉外縫之謂之外縪以其冠在武下過鄉上反縫故云厭也五服之冠皆厭孔氏曲禮疏乃云厭冠謂厭帖無梁纚問喪親始死雞斯鄭注雞斯當爲笄纚笄纚者去冠也小斂括髮而後去纚厭冠易冠而已未宜竝纚去之晉書輿服志古者冠無幘冠下有纚漢世易纚爲幘漢輿服志冠有銕卷梁展筩晉書以纚爲展筩而進賢冠有五梁三梁兩梁一梁之别鄭注士冠禮纚今之幘梁也幘梁連文則若古之笄纚非括髮無去笄纚之理厭冠自爲冠制孔疏以去梁纚當之不獨非厭冠之義亦稍失事實矣

三日君不舉或曰君舉而哭於后土

鄭注后土社也孔疏或者言亦舉樂而自於社中哭之嵩燾案兩舉字連文而義各別周禮膳夫王日一舉以樂侑食邦有大故則不舉鄭注殺牲盛饌曰舉大故寇戎之事玉藻諸侯日特牲朔月少牢論語敘魯樂師有亞飯三飯四飯之名王制所謂日舉以樂蓋天子諸侯同之舉必以樂經言三日不舉自謂不特殺非謂不舉樂也下云君舉而祭於后土又別爲祭告之禮不承上爲文師氏凡祭祀賓客會同喪紀軍旅王舉則從舉者通辭也肆師凡師甸用牲於社小司徒凡會同軍旅甸役之禱祠爲位國有禍裁亦如之大司馬若師有功愷樂獻於社不功則厭而奉主車鄭注主謂遷廟之主

及社主在軍者奉送也送主歸於廟社是凡軍旅之事出入必於社詩靡神不舉曲禮凡祭有其舉之王制山川神祇有不舉者爲不敬君舉者謂君自告祠於社而哭之孔疏不達其義集說遂引應氏之言以爲君舉非也殆失之遠矣

未仕者不敢稅人如稅人則以父兄之命

鄭注不專家財也稅謂遺於人嵩燾案稅當爲裞說文贈終者衣被曰裞段氏玉裁云裞蓋襚之或字而說文襚下云衣死人也以衣死人故凡贈死者之衣通名爲襚許君自分兩義鄭注士喪禮襚之言遺也與此同訓贈終者與生者皆可言遺而以物遺人不得爲稅士喪禮親者襚不將命庶兄弟襚將命於室朋友襚親以進凡五服之親及朋友皆有襚此

云稅人泛言之也雜記諸侯相襚以後路與冕服先路褒衣不以襚是凡致襚各以其服未仕者元端弁服皆不得具故無稅人之理通言父兄當假父兄已仕者之命行之諸父諸兄皆是也內則子婦無私貨無私畜無私器不敢私假不敢私與父兄在而私遺人尤禮所必無者鄭注不專家財殆誤也

士備入而後朝夕踊

鄭注國君之喪嫌主人哭入則踊嵩燾案經意盡其臣以下達於士而致其哀所以尊親也鄭注得之然據士喪禮朝夕哭婦人卽位於堂哭丈夫卽位於門外外兄弟在其南賓繼之主人卽位辟門還入門哭婦人踊主人堂下直東序西面

兄弟皆即位如外位卿大夫在主人之南諸公門東少進他國之異爵者門西少進拜賓升自阼階丈夫踊是朝夕哭之儀衆兄弟及賓先即位門外而後主人即位乃入門哭即位堂下又序衆賓之等以推及他國之異爵者皆入即位而後主人升堂踊自國君以達於士其禮竝同國君之喪絕大夫士各供其職而庖人酒正司尊彝司几筵之屬凡有事於朝夕哭者皆士也經云士備入蓋盡言之孔疏以爲士卑最後入亦誤

是月禫徙月樂

鄭注禫明月可以用樂嵩燾案鄭注儀禮中月而禫云與大祥間一月自喪至中月凡二十七月據三年問三年之喪二

十五月而畢公羊傳三年之喪實以二十五月荀子禮論亦同喪服小記再期之喪三年也期之喪二年也古人敘次年月日以見月見日起例練祥所以筮日者及十二月而練及十四月而祥皆以見月爲期至於大祥三年之期已屆而服除矣而孝子不忍變也又爲之禫以明即吉之有漸而盡一月之數焉徙月者終三年之期也以所歷月計之則固二十五月矣閒傳中月而禫禫而飲醴酒禫祭以前未敢飲也又曰禫而牀禫祭以前未敢牀也喪大記禫而從御吉祭而復寢既禫而未逾吉祭猶居黝堊未復寢也始喪而有襲經成服既葬而有虞卒哭除喪而有祥禫皆所以重申其哀戚之情不敢遽已也經云是月禫明祥禫之相因也云徙月樂明

吉祭復寢而後樂徙月者不盡於二十五月之辭也雜記期之喪十一月而練十三月而祥十五月而禫鄭注此父在爲母齊衰三年之喪而厭於父稍紓祥禫之期以達人子之至情其餘期喪則否戴德喪服變除禮引以爲據而云二十五月大祥二十七月禫實爲漢儒論喪服之緣始王肅之難鄭義允矣而云二十六月作樂則猶未達禮文之精義也後世定喪服之制依於鄭王二說而鄭氏二十七月之論行之至今爲定制稍申餘日使人知哀之不可以遽忘義不能廢也而喪服之寬假者固已多矣此又古今人事之變然也

禮記質疑卷三終

禮記質疑卷四　　思賢講舍

湘陰郭嵩燾伯琛著

檀弓下

君之適長殤車三乘公之庶長殤車一乘大夫之適長殤車一乘

鄭注降殺以兩成人遣車五乘長殤三乘下殤一乘尊卑以此差之孔疏有地大夫皆有君號公則五等之上又同三公而引鄭注雜記云士無遣車嵩燾案雜記明言遣車視牢具而鄭注云天子太牢包九个諸侯太牢包七个大夫太牢包五个士少牢包三个大夫以上乃有遣車鄭意以士喪禮不言遣車而此經云國君七个遣車七乘大夫五个遣車五乘

因據以爲說證以諸傳記之言似此言車三乘卽士禮也而經但言適長殤庶長殤不及成人成人者適子傳重者也喪服爲長子三年爲衆子期大夫爲子之爲士者大功天子諸侯以下及大夫爲長子皆同大夫降其庶子而君之庶子自爲公子得別立氏故庶殤亦用遣車其君之適殤降爲三乘大夫適殤降爲一乘視所服爲斷喪服大功公爲適子之長殤中殤大夫爲適子之長殤中殤皆降二等傳曰喪成人者其文縟喪未成人者其文不縟三乘一乘以示簡也其君大夫之適子則自以杖卽位君之適子牢具視君大夫之適子牢具視大夫不宜更有降殺爲主喪者君大夫也鄭注降殺以兩恐未然君公異稱爲君之庶子皆爲公子以別於大夫

凡記稱君者通謂諸侯孔疏就字義分析言之殆亦誤也案士喪記薦乘車道車槀車是士喪薦車凡三周禮虎賁氏及葬從遣車而哭鄭注遣車魂魄所馮依鄭意似以虎賁氏之遣車當乘車經云車三乘車一乘不云遣車疑國君之適殤葬車視士所謂車者薦車之屬也專言車卽不得爲遣車矣

公之喪諸達官之長杖

鄭注達官謂君所命雖有官職不達於君則不服斬孔疏達官謂國之卿大夫士被君命者也不達於君謂府史之屬嵩燾案喪服庶人爲國君齊衰三月鄭注庶人或有在官者不服斬衰但服齊衰三月疑經言達官之長不言不達於君言達官之長杖竝不言自長以下不服斬府史之屬庶人之在官者不在此論據喪大記子皆杖不以卽位大夫士哭殯則杖哭柩則輯杖是君喪大夫士皆杖而以杖卽位與否自各

不同喪服斬衰章公士大夫之衆臣爲其君布帶繩屨傳曰衆臣杖不以即位近臣君服斯服矣大夫之衆臣異於貴臣而猶服斬鄭云不服斬者非也經明言達官之長自下士以上無不達於君者朱子語類公卿六官之長杖次則不杖六官之屬各有副貳其職皆中大夫恐無不杖之理所云諸達官猶立政之言百司庶府顧命之言百尹御事如宮伯上士二人中士四人司書上士二人中士四人牛人中士二人下士四人職喪上士二人中士四人竝有職於喪紀者而惟其長涖事上士杖則中士不杖中士杖則下士不杖所謂不以杖即位是也其衰服竝同鄭注所云似屬無據

及出命引之三步則止如是者三

鄭注以義奪孝子嵩燾案鄭意孝子不忍親柩之行而君命引之據下云弔於葬者必執引是凡執引賓皆與有事焉君臨大夫之葬不親執而命引周禮喪祝及葬御匶王弔則與巫前則此命引者喪祝之事也雜記弔者之辭曰寡君有宗廟之事不得承事使一介老某相執綍君臨臣喪雖親至猶使人執引三引而畢略示助葬之義而已孔疏孝子攀轅柩車不動君奪孝子之情命遣引之既夕禮商祝執功布以御柩乃行君使宰夫贈元纁束主人去杖由左聽命賓由右致命主人哭拜稽顙君臨葬主人當迎拜安得於此時有攀轅之事似屬以意擬之

及其喪也曾點倚其門而歌

鄭注明己不與也嵩燾案經意承上季武子專政魯人事之如君言之事之如君則喪必廢樂曾點自倚其門而歌若不知有其喪者故曰不與孔疏云慕蟜固之直倚武子之門而歌曾點雖狂亦何至故臨喪者之門而歌哉義疏季武子卒在昭公七年孔子年十七曾晳少於子路時止六七齡耳未必有是事記禮者藉以明武子之僭而士之守禮者能不為之廢樂與蟜固事相類而實兩不相蒙疏申鄭義失之

大夫弔當事而至則辭焉

鄭注辭猶告也擯者以主人有事告也主人無事則為大夫出孔疏當事主人當大小斂殯之事嵩燾案士喪禮始死襚惟君命出大夫則特拜之及大斂有大夫則告主人奉尸斂

於棺降拜大夫之後至者葢大斂有視斂之文主人當先拜賓儀禮云有大夫則告卽謂大夫之後至也主人方奉尸入棺故先告辭以示不能成拜之意喪大記士之喪於大夫不當斂則出出卽降拜之義雜記大夫至雖當踊絕踊而拜之於士既事成踊襲而後拜之士於大夫雖當踊不辭皆所以發明儀禮之旨凡當事皆踊大夫至絕踊拜之惟當大斂視斂有告辭之文喪大記言當斂者大斂也殯則視殯視塗在主人降拜之後不待辭矣

喪公弔之必有拜者雖朋友州里舍人可也

鄭注拜者往謝之也雖朋友州里舍人謂無主後者嵩燾案喪大記喪有無後無無主故人皆可爲之拜而拜謝之禮不

見於經傳鄭注士喪禮三日成服杖拜君命及衆賓云旣殯之明日必往拜謝孔疏於此云若有主後主人自當親拜然經言必有拜者不云往謝亦不云無主後喪必有主拜賓凡賓至皆然此云公弔之似其禮特施之君玩下寡君承事之文與此云舍人疑當爲異國之辭所謂舍人者館人也朋友謂出使之介及諸從行者州里則與同國之人先後竝至此國爲在異國而受其君之弔則其國之大夫士不當主異國之喪而爲之拜其君惟館人之義自其生時已爲之主至此而異國之朋友州里無能爲主喪者以館人攝主可也士喪禮君入門主人辟君升自阼階西鄉君升主人主人西楹東北面是君弔自爲主此擯者之辭曰寡君而受弔者曰臨明

雖在其國而固不爲之臣則一以賓禮接之也案雜記諸侯使人弔其次含襚賵臨皆同日而畢事惟諸侯相與弔有臨主人曰臨尊之亦以明此弔者之爲異國也喪大記爲後者不在則有爵者辭無爵者人爲之拜無爲主後大夫士以上有爵者皆辭不受弔不得更受君弔明矣鄭注疑不可通

子張死曾子有母之喪齊衰而往哭之

孔疏此論哭朋友失禮之事嵩燾案上經云有殯聞遠兄弟之喪雖緦必往雜記三年之喪不弔如有服而往哭之則服其服而往經言孔子之喪顏淵若喪子而無服喪子路亦然曾子於子張之喪當視兄弟兄弟有往哭之義其有服者服其服而往朋友不當爲之制服故曾子仍其齊衰而往哭之亦若喪兄弟而無服也曾子曰吾弔也與哉情傷而語亦深

矣孔疏以爲失禮非也

有若之喪悼公弔焉子游擯由左

鄭注喪禮廢亡時人以爲此儀當如詔辭而皆由右相子游正之嵩燾案少儀贊幣自左詔辭自右皆擯者所有事贊幣者賓幣詔辭者主人之辭蓋亦尊左之意凡吉事尙左凶事尙右此云由左又非事也鄭注大宗伯出接賓曰擯而注儀禮云出以東爲左入以東爲右由左者傳命而出之辭也士喪禮乃奠升自西階鄭注以君在阼階君弔於臣升降由阼階則主人自由西階有若未嘗仕魯而悼公弔之當待以賓師之禮而不以臣禮子游擯由阼階而出迎於門左所以成悼公之志而明有若之不爲臣爲能以道重於君也鄭注以

意擬之未能自證其說案士喪禮有襚者則將命擯者出請入告主人待於位擯者出告須以賓入若君至則主人出迎於外門外無擯者請事之文君臨臣喪巫祝桃茢執戈居前擯者不為導也悼公弔有若之喪而子游為擯必不以君臨臣喪之禮行之子游之由左蓋亦擯禮之常而施之於君則變也記禮者著其事於經以明人君重道士亦以道自重如此舊注皆失之

君子念始之者也復盡愛之道也有禱祠之心焉

鄭注始猶生也念父母生己不欲傷其性嵩燾案經方言哀戚之至不當有自惜其生之情節哀順變通喪事始終言之言服以次而變哀亦以次而節自是段首總括語於念始之意無取王氏章句屬下復盡愛之道為言蓋人之生形與氣相依而氣為之始其生也氣聚於身知覺運動皆氣之所充周也其卒也氣散而返之太虛而身與判焉復之為義及其

初判而假生人之氣呼而召之禱祠云者幸其或感而通神應以來返也案鄭注以分禱五祀言之據士喪記行禱五祀在未卒前與復無涉氣既判而之幽因以鬼神之義求之也念始之者一氣之往復也君子謂始制斯禮者於此求之意味深長鄭注屬之上文非也

愛之斯錄之矣敬之斯盡其道焉耳

鄭注謂重與奠嵩羞案孔疏云此亦得總爲銘旌之義故士喪禮爲銘下鄭注引此疑疏義優於注鄭意以下有主人自盡語因以與此盡其道聯合言之愛之斯錄之謂不忍其死而遂已也爲之表而識之以明其身死而名存也司常王建大常諸侯建旂孤卿建旜大夫士建物鄭於大喪其銘旌下注云王則大常是銘旌各視所建之旗盡其道而不過所以

昭敬也疏亦未能發明其義方氏慤云敬之則不敢遺送死之道銘旌者死而揭其名於旌示人以弗忘非所以送死也重主道也殷主綴重焉周主重徹焉

鄭注春秋傳虞主用桑練主用栗殷人作主而聯其重縣諸廟去顯考乃埋之嵩燾案春秋文二年作僖公主公羊傳云虞主用桑練主用栗穀梁傳云喪主於虞吉主於練作主壞廟有時日於練焉壞廟易檐改塗可也左傳云君薨卒哭而祔祔而作主特祀於主蒸嘗禘於廟疑殷人練而祔因有虞主有練主公穀所述殷禮也左氏所述葢周禮周秦之交當已襲用殷禮故公穀皆據以爲說何休公羊注期年練祭埋虞主於兩階之間易用栗所謂綴重者桑主也何休引士虞

記桑主不文吉主皆刻而諡之案今士虞記無此文或逸禮也綴重於主以棲神所繫仍在重也練而易主而後徹重周卒哭而祔則但有栗主無桑主比葬而遂徹重焉荀子書其銘置於其重周禮設重以置銘也鄭氏以為縣重於廟未知縣於何所又云去顯考乃埋之祭法顯考廟高祖廟也是謂親盡毀廟乃埋重重與主竝設凡廟皆然於禮尤無徵矣案士喪禮重木刊鑿之甸人置重於中庭三分庭一在南夏祝用二鬲鬻餘飯幕以疏布繫用靲縣於重冪以葦席北面祝取銘置於重既殯祝取銘置於肂既啟遷於祖祝復取銘置於重正柩兩楹間置重如初既祖祝取銘置於茵遣奠畢甸人抗重出自道道左倚之是重之大當庭三分之一旁縣二鬲周禮陶人鬲實五觳鄭司農觳受三斗鄭注豆實三而成觳觳受斗二升五觳盇容六斗鄭注士喪禮云士二鬲大夫四諸侯六天子八似喪具莫大於重自始設重置銘中間惟殯後置銘於肂所云刊鑿之者盇鑿為員孔以樹銘旌之杠也其後柩行而先抗重倚於道左嗣是不復言重疑遂棄之道左雜記重既虞而埋之盇反哭

而虞就所倚處埋之道左凡爲重三分庭之一不得縣諸廟
明矣殷主綴重當是縣主於重以棲神故曰喪主不文置銘
與縣主其義一也置銘以表柩故亦爲神所棲縣
鬲者食道也經義分明諸儒之言重者恐皆失之

奠以素器以生者有哀素之心也唯祭祀之禮主人自盡焉爾豈知神之所饗亦以主人有齊敬之心也

鄭注哀則以素敬則以飾孔疏哀則以素謂葬前敬則以飾謂虞後故士虞禮不用素器嵩燾案士喪禮云素俎既夕記云素勺士虞禮云素几葦席似祔廟後乃除素器虞卒哭皆素也

案下云卒哭日成事以吉祭易喪祭士虞記卒哭即位
皆哭三獻皆踊猶喪祭也惟云丈夫說經帶於廟門外
婦人說首經爲受服之始其明日
祔以吉祭記禮者連爲之辭耳

喪禮錦冒黼殺龍帷黼荒皆用飾而祭器用素無飾奠者人子自致其誠以上交乎鬼神所以用素猶人子自盡之情也豈知神之所饗猶言何以

知神之所饗齊敬之至若或饗之則亦饗之於人子之心而已哀敬二者皆所自致奠之用素器者此義也祭祀之禮正承上奠字言之鄭意析奠與祭祀爲二事恐失經旨

弁絰葛而葬

鄭注天子諸侯變服而葬冠素弁以葛爲環絰既虞卒哭乃服受服雜記曰凡弁絰其衰侈袂竊案經言葬服之異僅見於此既夕禮髽散帶垂鄭注爲將啟變也以後無明文喪服小記父母之喪偕其葬服斬衰又云久而不葬者主喪者不除其餘以麻終月數孔叢子亦云三年之喪未葬服不變似葬以前從重服無變喪服改葬緦鄭注服緦三月而除之是服除改葬猶服緦也喪服小記爲兄弟既除喪及其葬也

反服其服是兄弟服除而葬猶服本服也問傳既虞卒哭去麻服葛期而小祥要經不除卒哭易葛帶小祥除首經首經先除而不易葛帶經易葛而不除故曰除服者先重者易服者易輕者而於葬服以葛爲環經恐非事也鄭意亦知其不可通乃云逾時哀衰大夫士三月而葬未逾時故據以爲天子諸侯之禮喪禮受服以卒哭爲斷雜記親喪外除言日月已竟而哀未忘也乃以七月五月爲逾時而易葛經以葬似稍乖禮意矣陳氏集說因謂禮於山川之神於弁經葛而葬意又爲無著據下周人弁而葬殷人冔而葬是所易者冠也周禮弁師王之弁經弁而加環經鄭注環經大如緦之麻經雜記小斂環經公大夫士一也則兼斬衰之苴經齊衰之牡

麻經言之凡經皆環而苴經之與弔服麻有疏細經有廣狹

鄭氏援周禮司服凡弔事弁經服之文遂據以爲弔服並所服衰亦爲侈服之弔衰直以吉服從事此禮所必不然者南史吳苞傳冠黃葛巾宋書陶潛傳取頭上葛巾漉酒並冠服之至簡者葬服之弁或葛爲之仍準六升之冠案士虞禮主人及兄弟如葬服賓執事者如弔服卒哭受服虞猶始服之衰也用此知葬服必無變易所異者易冠而弁耳經之用麻證之諸經無易葛之文孔疏之云葛經麻帶爲婦人之受服喪服無此制也

反哭升堂反諸其所作也主婦入於室反諸其所養也

鄭注堂親所行禮之處室親所饋食之處孔疏反哭於廟行禮者謂生平祭祀冠昏皆在堂也既夕禮遂適殯宮故知初

反哭在廟也嵩燾案坊記殷人弔於壙周人弔於家孔子曰死民之卒事也吾從周與此章文義互相發明弔於家知不當受弔於廟也既夕禮乃反哭升自西階婦人入升自阼階主婦入於室賓弔者升自西階主人拜稽顙送於門外遂適殯宮皆如啟位疏援遂適殯宮遂以升自西階爲在廟下云葬日虞既葬當立虞主無因復至於廟問喪入門弗見也上堂弗見也入室弗見也既夕禮遂適殯宮殯宮柩所存也自在西階之上而不必當階適殯宮所以爲哀之至也疏以升堂入室皆在廟恐未然

卒哭曰成事是日也以吉祭易喪祭明日祔於祖父其變而之吉祭也比至於祔必於是日也接不忍一日末有所歸也

鄭注既虞之後卒哭而祭日有所用接之士虞禮所謂他用剛日也孔疏虞卒哭祔皆常禮此經云變以其變常禮也所以有變者未及葬期而葬喪服小記報葬者報虞三月而後卒哭卒哭日賖不可無祭謂之爲變三虞卒哭之間接連其祭恆用剛日鄭注士虞記三虞卒哭他用剛日云他謂不及時而葬者虞卒哭之間有祭事亦用剛日其祭無名謂之他者假設言之嵩燾案鄭注於禮無徵敖繼公儀禮集說三虞卒哭謂三虞遂卒朝夕之哭他者變易之詞不用柔日而用剛日故謂之他士虞記三日而殯三月而葬遂卒哭將旦而祔則薦云遂者以其與葬事相屬也薦在三虞之夕來日旦明祔廟薦於寢以告之詳考諸經之文敖氏之說最爲精覈

而義仍有未盡喪禮葬及練祥之祭皆筮日而虞卒哭祔不筮日爲其事並繫於葬也喪事用柔日三虞卒哭獨以剛日卒哭而祔祔以柔日故先期卒哭用剛既夕禮三虞卒哭明日以其班祔士虞記連三虞卒哭爲文而不別詳其儀惟云祭畢未徹乃餞餞即卒哭之祭也是此二者同日其云三虞卒哭他用剛日蓋謂三虞卒哭或有他故易期祔廟則此三虞與卒哭別爲一日而皆用剛日下云三月而葬遂卒哭葬而虞三虞而卒哭相承爲義其云將旦而祔則薦則以他故不即祔廟臨事而薦薦餞同義皆謂卒哭之祭初虞辭曰哀薦祫事再虞曰哀薦虞事三虞曰哀薦成事卒辭曰來日某祔爾於皇祖某甫卒哭在三虞之夕敖氏之說無可疑者此

經云變而之吉祭比至於祔必於是日也接正發明此義言虞屬之葬卒哭屬之祔葬而遂祔則三虞卒哭葬而不卽祔則卒哭之祭必與祔接喪服小記報葬者報虞三月而後卒哭亦此義也經文錯舉其義在善讀者之自會之鄭注失之甚遠

明日祔於祖父

鄭注祭告於其祖之廟嵩燾案鄭注既夕禮祔卒哭之明日祭名祔猶屬也祭昭穆之次而屬之士虞記注祔已復於寢如既祫主反其廟練而後遷廟是鄭意但以祔爲祭名相沿至今循用其說說文祔後死者合食於先祖文二年左傳卒哭而祔祔而作主特祀於主蒸嘗禘於廟特祀者練祥之祭

四時常祀及薦新則同於祖廟據儀禮之文既葬而虞以神道事之而徹朝夕奠矣喪祭止於虞卒哭而用吉祭矣必無饋食於寢之事後世誠意不逮於古而文或過之賀氏循云自祔之後惟朔月月半殷奠士喪禮朔月奠用特豚鄭注大夫以上月半又奠然則士喪在殯月半不殷奠祔後乃殷奠乎司馬家儀朱子家禮竝有祔祭而於初虞後云罷朝夕奠亦竝不言朔月之殷奠開元禮禫而祔程子云三年喪畢吉禘然後祔祧主藏於夾室新主遷於廟祔者合食之謂禫而吉祭遷主於廟非祔義矣呂氏大臨云以昭穆之班祔於祖廟有祭卽而祭之既除喪而后遷於新廟故此謂之祔論祔義最盡未可援漢以後通行之禮强周制以從之也

殷練而祔周卒哭而祔孔子善殷

鄭注期而神之人情嵩燾案曲禮虞而立尸有几筵故曰以虞易奠虞之名祭蓋以神道事之而不復名奠殷練而祔則是既葬而仍不廢朝夕奠也周人易之以虞卒哭爲終期而朝夕哭不能常也殷之質也儀禮既殯而有朝夕奠既葬而有朝夕哭不奠至卒哭而止以次差之周之文也孔子固曰三年之喪吾從其質者文二年穀梁傳作主壞廟有時日於練焉壞廟又援殷練而祔而遂以祔爲毀廟遷主所傳之失實也鄭注士虞記練而後遷廟又承穀梁之說而失之

君臨臣喪以巫祝桃茢執戈惡之也所以異於生也

鄭注君聞大夫之喪去樂卒事而往未襲也其已襲則止巫

去桃茢孔疏若往臨生者但有執戈無巫祝執桃茢之事今有巫祝故云異於生也嵩燾案士喪禮巫止於門外祝代之小臣二人執戈先二人後鄭注引周禮男巫王弔則與祝前喪祝王弔則與巫前諸侯臨臣之喪使祝代巫執茢居前下天子也儀禮明言祝代之是不去桃茢也襄二十九年公在楚楚康王卒楚人使公親襚使巫以桃茢先祓殯桃茢先者巫也喪大記云祝代之先卽謂先入以桃茢祓也此經遍巫祝言之凡弔巫祝與有事焉使祝代者祝相君以便事也孔疏云臨死者謂未襲以前臨生者既斂而死者已不可見故曰臨生者附會鄭注去桃茢之文曲析經義以從之非所安矣

國君七个遣車七乘大夫五个遣車五乘

孔疏既夕禮包牲取下體鄭注前脛折取臂臑後脛折取骼是一牲取三體士小牢二牲則六體也分爲三个一个有二體大夫以上皆太牢牲有三體凡九體分爲十五段三段爲一包凡五包諸侯分爲二十一段凡七包天子分爲二十七段凡九包嵩燾案士虞禮舉魚腊俎俎釋三个鄭注个猶枚也腊亦七體賈疏羮飪升左肩臂臑肫胳脊脇七體初舉脊次舉幹舉骼舉肩惟臂臑肫三者不復盛釋猶遺也特牲禮盛所俎俎釋三个鄭注牲腊則正脊一骨長脅一骨及臑魚則三頭而已有司徹禮乃摭於魚腊俎俎釋三个其餘皆取之實於一俎鄭注魚摭四枚腊摭五枚所釋腊則短脅正脅

代脅魚三枚而已少儀膳告於君子太牢則以牛左肩臂臑折九个少牢則以羊左肩七个特豕則以豕左肩五个鄭注折斷分之也竝以牲一體爲一个鄭注於此云个謂所包遣奠牲體之數七个五个卽牲體之數也其釋既夕禮苞牲取下體云士苞三个前脛折取臂臑後脛折取骼鄭意前是臑後是骼皆下體士苞三个皆此類也既夕禮云苞二羊豕各骼一个而已遣車置椁四隅苞牲下體實之亦明器之屬也疏云尊者取三體其肉多卑者取三體其肉少未詳所據而以个訓包又謂士二體爲一个大夫以上三體爲一个殆非鄭意也

曰我喪也斯沾爾專之賓爲賓焉主爲主焉

鄭注斯盡也沾讀曰覘覘視也國昭子自謂齊之大家有事人盡視之欲人觀之法其所爲也專猶同也嵩燾案史記魏其傳沾沾自喜集韻沾的協切沾沾自整貌斯沾爾專之當作一句讀言我之治喪當令男女整位一方專以賓主爲義既夕禮主人西面北上婦人東面周禮自有常位國昭子欲專以己意行之悍然不顧豈有意備人之覘視者哉案既夕禮主人西面婦人東面不及賓前云弔於葬者必執引若從柩及壙皆執紼賓以助葬爲義無哭泣之位國昭子蓋欲會葬之賓皆臨窆之以示矜張之意

昔者吾有斯子也吾以將爲賢人也吾未嘗以就公室

鄭注未嘗就公室言未嘗與到公室觀其行也季氏魯之宗卿敬姜有會見之禮嵩燾案方氏析疑云古者小學在公宮

南之左周官師氏居虎門之左國之貴游子弟學焉侯國制應同或文伯少孤敬姜未使就學於公宫南至是始悔之方氏之說是也鄭云宗婦有會見之禮則朝祭必與何以云未就公室觀子之行而必就公室又非事也經云以就公室正以之就學公宫之意意葢以其質美自能賢也未嘗使就公室薫習於師友追咎其好色以自隕其生亦傷其無取友之益也

禮有微情者有以故興物者

鄭注微情謂節哭踊以故興物謂衰絰之制孔疏微殺也哭踊有節以殺其内情使之俯就不肖者無哀情使之覩物思哀也嵩燾案說文微隱行也爾雅釋詁幽微也匿微也微情

者哀之至而若隱之似無節殺其情之義如賓之有拜也大夫之有特拜也袒括髮之有襲也冢人營宅之有筮也日之有卜也爲之制以不得直達其哀故曰微情故者已然之謂因其已然之情而興起之於物衰經之制皆物也悲痛之至之必爲辟踊也人心自然之應也先王制之以爲成法使之哭且踊以道其悲痛之心而自致其慎終追遠之實杖衰倚廬之異制皆因其哀踊以致其文者也故曰以故興物微情由外而隱之於內以故興物由內而道之於外似不僅如舊注所云也

古者天子崩王世子聽於冢宰三年

鄭注時人君無行三年之喪禮者子張問有此與怪之也嵩

燾案論語何必高宗古之人皆然古者謂殷以前亮陰之禮自殷猶然周公之攝政蓋行殷禮也既定周禮建六官政統於君遂廢亮陰之禮康王即位而朝諸侯史臣記之以是爲周公之刱制也世降而文不能以天下大政一聽之冢宰周公因時制宜以定萬世之法誠有不得已也聖人於此蓋拳拳焉周制之文也所以嚴君臣之分也聖人繼周公而起承文之敝而返之於仁孝其於周制必更有損益而其道終以不能行亦時爲之也與論語所記同旨

至於今既畢獻斯揚觶謂之杜舉

鄭注畢獻獻賓與君禮揚作媵孔疏杜蕢此事在燕禮之初賓主既入得杜蕢之言獻君與賓燕事則止燾案燕禮主

人獻賓賓酢主人次獻公受公酢遂媵觚於賓以酬賓小臣自阼階下請媵爵者作下大夫二人媵爵公坐取所媵觶酬賓賓以旅酬於西階上似獻賓與公而媵爵乃燕禮之正文賓舉旅畢而後獻卿又媵爵爲卿舉旅而後獻大夫又奠觶爲大夫舉旅而後獻士孔疏獻君與賓燕事則止尤爲無據燕禮媵爵者序進洗角觶酌散交於楹似所謂媵爵者有從爵也與揚觶揚字義別左氏傳稱平公欲廢知氏知悼子卒而飲酒樂所以快之天子諸侯月一舉皆有樂杜蕢所飲者一工一嬖臣必非燕禮可知畢獻而揚觶乃推行之於燕禮疑所謂揚觶者直酌以飲公無拜送爵之文燕禮凡獻祭酒啐酒奠爵告旨而後卒爵揚觶若加爵飲公在燕禮媵爵舉

旅之外鄭注疑未合案儀禮周初文昭公九年荀盈卒左傳載其事在春秋之季未宜援儀禮爲證

夫子疾莫養於下請以殉葬

鄭注下謂地下嵩燾案玉篇殉用人送死也春秋諸侯通用之文六年秦穆公卒以子車氏之三子爲殉成三年宋文公卒始用殉成十年晉景公卒小臣有晨夢負公以登天遂以爲殉昭十三年申亥以其二女殉楚靈王而葬之定三年葬莒莊公殉五人宣十五年魏武子有嬖妾無子疾病命顆曰必以爲殉是大夫亦有用殉者此云夫子疾莫養於下蓋憤侍疾者之無狀醫藥飲食不得其和因以致死下謂內豎之侍疾者以殉葬卽以此侍疾者爲殉也與下彼疾當養者孰若妻與宰緊相呼應鄭注非也陳氏集說乃云疾時不在家家人不得以致其養故曰莫養於下於事無徵於文亦爲不類矣

與之邑裘氏與縣潘氏

鄭注裘縣潘邑名孔疏裘氏與縣潘氏二邑也陸氏釋文縣音元嵩燾案周禮小司徒九夫爲井四井爲邑四邑爲邱四邱爲甸四甸爲縣邑與縣別邑方二里縣方二十里而載師職云以公邑之田任甸地以家邑之田任稍地以小都之田任縣地以大都之田任畺地又似邑與縣以地廣狹相乘而各異地地遠則益廣故六遂之縣又與六鄉之縣異制左氏傳凡邑有宗廟曰都無曰邑都邑二字三代通稱尚書言夏邑言商邑言宅新邑言用附我大邑周言作新大邑於東國洛凡國都通謂之邑春秋以後始有稱縣者僖三十三年晉襄公以再命命先茅之縣賞胥臣宣十五年賞士伯以瓜衍

之縣襄二十六年蔡聲子曰晉人將與之縣昭三年趙文子曰溫吾縣也哀三年趙簡子誓曰上大夫受縣晏子春秋桓公與管仲狐與穀其縣七十案狐與穀即縣也其縣七十謂狐穀二縣盡七十里之地此仿左氏傳與之邑六十爲文而義各別說苑景公致千家之縣一於晏子史記吳世家予慶封朱方之縣而成二年仲叔于奚救孫桓子衛人賞之以邑襄二十一年庶其竊邑於邾以來而與之邑襄二十七年皆取其邑而歸諸侯襄二十九年說晏平仲納邑與政哀三十一年子皮使尹何爲邑邑與縣錯舉爲文據昭三年傳云州縣欒豹之邑也昭五年傳韓賦七邑皆成縣也縣邑二字通稱而云七邑皆成縣是縣固大於邑也襄二十九年賜子展先路三命之服先八邑賜子產次路再命之服先

六邑杜預注八邑三十二井襄二十七年與免餘邑六十宋左師請賞與之邑六十襄二十八年與北郭佐邑六十疑左傳言邑有與縣同者有與縣異者而古制邑皆度田爲之田四井爲邑所云賜之邑六十皆以田計昭二十八年分祁氏之田以爲七縣分羊舌氏之田以爲三縣是縣亦以田計而邑實通大小言之昭十年與桓子莒之旁邑哀七年宋伐曹築五邑於其郊似壘土爲聚通謂之邑經云邑裘氏縣潘氏自當爲二事水經注沙水東南徑陳留縣裘氏鄉裘氏亭西陳留鄭地西與衞接壤其時地或屬衞水經注又云漳水徑磻陽城北九域志林慮縣有磻陽城在淇水北隋初分林慮置淇陽縣水經注汲郡西北有磻溪疑卽潘陽城所由名潘

郇㽹也潘縣名裘氏邑名邑小而縣大邑近而縣遠故於此分別言之未宜併爲二邑也

爾以人之毋嘗巧則豈不得以其毋以嘗巧者乎則病者乎

鄭注以與巳字同言甯有强使女者與毋無也於女甯有病苦與止之㟁𧰼案鄭意以則豈不得以斷句其毋作反揭語

阮氏校勘記云惠棟校宋本宋監本閩本石經岳本作毋衞氏集說同監毛本毋誤毋嘉靖本同釋文出其毋云音無注亦云毋無也則經不作毋明甚盧文弨校云依注當作毋下倣此據鄭注士相見禮古文毋爲無爲毋無字異義其注曲禮毋不敬竝不云毋無也此獨云然者葢經本毋字而注以毋釋之陸德明音義從鄭注音無諸本作無承注義也陳氏

集說則豈不得以其母以嘗巧者乎作一句讀極允其母正對上人之母以人之母嘗巧則亦豈不得以己之母嘗巧於心亦有病乎否乎語極分明鄭注訓其母爲其毋疏家直據以爲無字而經義亦稍迂曲矣

使之雖病也任之雖重也君子不能爲謀也士弗能死也

鄭注使謂時徭役任謂時賦稅蒿𢑴案左氏傳云事充政重杜預注亦云事充謂繇役煩政重謂賦稅多疑此與左氏傳所載情事不同傳云公叔務人見保者而泣以師近在郊徵民入保而無能一戰何以能國是以泣也此云見負杖入保者息則從征之士也傳稱冉有入齊軍右師奔蓋孟孺子洩之徒卒負其兵杖奔入保者師次雩門之外而戰于郊距

國爲近負杖入保而息於途抑何暇也是時孟氏叔氏皆不欲戰孟孺子勉强一出而士卒散亂如此公叔禺人所爲憤激以死也與左氏傳情事稍異而取義同總以見魯政之無紀而已似此所記爲得其實左傳見保者而泣在師始出時無因爲此憤激之言哀悼之世季氏專政而以後無聞郎之戰其氣已索聖人固曰三桓之子孫微矣此其徵也任之重屬下君子言謂三家之專政者使之病屬下士言謂入保之士任雖重而不能出一謀使雖病而固當死文氣緊相承接與左氏傳都無役煩賦重之意注家意爲之辭耳

朝不坐燕不與

鄭注朝燕於寢大夫坐於上士立於下然則商陽與御者皆

士也孔疏路門外正朝大夫以下皆立若其燕朝在於路寢如孔子攝齊升堂是大夫坐於上嵩燾案周禮三朝朝士掌外朝之法司士正朝儀之位太僕王眂朝則前正位司士所掌治朝也而云孤卿特揖大夫以其等旅揖士旁三揖王入內朝皆退是朝儀皆揖而退朝士外朝禁錯立族談者但有立無坐也義疏惟王公有坐論之理考工記云坐而論道謂之王公作而行之謂之士大夫言王公謂坐而論道者天子諸侯非以朝位言也燕禮獻士爲士舉旅分先後而已無不與於燕者鄭注併朝燕爲一疏遂援攝齊升堂以證朝坐之說似皆失之昭公十二年楚子狩於州來圍徐以懼吳是時棄疾已有代楚之心故爲不忍殺人以示惠疑工尹商陽陳棄疾名當互易鄭云兵車參乘射者左戈盾在右御居中央疏引

宣十二年楚許伯御樂伯攝叔爲右於時樂伯主射而云左射以菆是凡兵車左主射左者甲士三人之長也乘車之禮君居左車右居右御者居中故車將在左射者將所有事也工尹商陽與棄疾同車必非任爲將者其時或爲右或御棄疾無因代將手弓以射昭公十一年楚子使棄疾居蔡朝不坐燕不與者謂居陳蔡不與朝燕之事言未與聞伐吳之謀也案上陳太宰嚭行人儀洪氏邁云嚭爲吳夫差之宰陳遣使者正用行人則儀乃陳臣也人名倒亂正與此類

爲懿伯之忌不入

鄭注忌怨也敬叔有怨於懿伯難惠伯也孔疏敬叔殺懿伯恐惠伯殺己入滕國由主人防備不復在己故難之嵩燾案左傳昭三年叔弓如滕葬滕成公子服椒爲介及郊遇懿伯

之忌敬子不入惠伯曰公事有公利無私忌椒請先入乃先受館敬子從之杜預注叔弓禮椒爲之辟仇傳言叔弓之有禮鄭意敬叔辟惠伯之仇己杜意敬叔爲惠伯辟仇孔疏附會鄭意又捌爲敬叔殺懿伯之說集說引劉氏敞云先言及郊而後言忌是及郊方遇忌也忌祇是忌日懿伯是敬叔從祖及滕郊而適遇忌日故欲緩至次日乃入一埽諸說之障孔疏引世本叔肹生聲伯嬰齊嬰齊生叔老叔老生叔弓叔肹宣公母弟於桓公爲八世孫慶父生穆伯敖敖生文伯穀穀生獻子蔑惠伯蔑孫於桓公爲七世孫春秋姓氏表子服它孟獻子之子爲子服氏而通志稱慶父元孫懿伯字子服爲子服氏惠伯始見襄二十三年左傳注孟椒孟獻子之孫

子服惠伯子服它當卽惠伯之父懿伯與子服它同出孟獻子懿伯不必爲子服氏案左傳襄二十三年稱孟椒昭三年稱子服椒傳曰胙之土而命之氏疑惠伯仕爲大夫乃以其父它之字爲子服氏敬叔以惠伯於懿伯當服期故欲辟其忌日祭義忌日不用鄭注不用擧他事是也所以不入者爲惠伯辟也劉氏乃云懿伯是敬叔從祖則是疏屬無服之從祖無庸辟之劉氏之說猶誤

哀公使人弔蕢尙遇諸道辟於路畫宮而受弔焉

鄭注行弔禮於野非嵩燾案此經前云君遇柩於路必使人弔之旣夕記惟君命止柩於堩似柩在道亦得受君弔經又云君於大夫將葬弔於宮及出命引之朝亦如之哀次亦如之旣夕禮至於邦門公使宰夫贈元纁束將葬弔於宮於廟

於門贈則於國門又似有常所襄二十三年齊侯自莒歸遇杞梁之妻於郊使弔之是尙未見柩也杞梁死國難當以禮弔而弔其妻於郊宜辭而拒之不得與此使人弔蕢尙比曾子所譏葢謂其畫宮受弔視其在野如在家爲非禮也君使至主人去杖而左聽命賓由右致命辟於路而畫宮於禮虛矣鄭注似未盡案鄭注不釋辟於路陳氏集說辟讀爲闢謂除闢道路疑車在堩無由畫宮受弔畫宮葢畫爲拜迎拜送之門爲東西階爲庭當引車就道右爲之曾子問葬引至於堩日有食之止車就道右葢喪車專道而行止車必於道右辟於路者猶言避就道右也下云畫宮更不待言除闢道路矣

孺子𩠀之喪哀公欲設撥

鄭注孺子𩠀魯哀公之少子撥可撥引輴車所謂紼嵩燾案書金縢洛誥立政文稱成王爲孺子晉語里克杜原款並稱

申生孺子里克亦稱奚齊孺子秦穆公弔重耳稱孺子似孺子爲世子應爲後者之稱左氏傳稱孟莊子曰孺子速武伯曰孺子洩齊子尾之臣稱子良曰孺子韓宣子稱鄭子齹曰孺子皆嗣立爲世卿者哀公或欲以蘋爲世子用諸侯禮葬之故有若以爲可經云爲楡沈故設撥鄭訓撥爲紼甚誤撥蓋所以轉輴車陸氏佃云楡性堅忍所謂不剝不沐十年成轂者性沈難轉所載亦沈故設撥以撥輴語極明曉鄭謂楡沈以水澆楡白皮汁播地以取滑其於輴車之重且膠黏不能行矣

天子龍輴而椁幬諸侯輴而設幬

鄭注輴殯車也殯以椁覆棺而塗之所謂菆塗龍輴以椁也

嵩燾案經云葬車與殯無涉說文椁葬有木郭也椁者周於棺外殯以菆塗象椁葬車以輴象椁竝取周棺四圍爲義輴與楯通說文車欄檻也龍輴蓋車四圍槧木以象檻而畫龍其上說文幬襌帳也爾雅釋器幬謂之帳史記禮書大路之素幬也是車帷亦通名幬喪大記天子龍帷諸侯黼帷竝以加於輴上天子龍輴周棺象椁故曰椁幬諸侯之輴不畫龍而下於棺惟以幬覆之鄭以殯車爲言恐誤

孟氏不以是罪予朋友不以是棄予

鄭注恃寵虐民非也嵩燾案陳氏集說引劉氏云買道而葬後以爲例而難乎爲繼此亦愚而過慮之一端其言近之而義猶未盡家語子路治蒲爲水備簞食壺漿以食治溝洫者

夫子止之子賤爲單父宰有齊師而禁民割麥皆急以利防民買道而葬後難繼也陳義自正一施小惠於民而使之薄其哀死之情以生悻心而啟爭端亦所謂違道以干百姓之譽者也孟氏不以罪予朋友不以棄予姑以是釋申詳之疑非苟幸人之不我責也

仕而未有祿者君有饋焉曰獻使焉曰寡君

鄭注見在臣位與有祿同也君有饋有饋於君孔疏若出使自稱己君爲寡君言雖仕未得祿而有物饋君及出使他國所稱竝與得祿者同嵩燾案經明言君有饋而鄭以爲饋君徒以使曰寡君爲疑方氏析疑引左氏傳晉荀寅奔齊陳恆與之言稱寡君足爲確證衞氏集說引臨川王氏長樂陳氏

山陰陸氏文叔李氏諸說足證注疏之誤記禮者爲孔子之居衞居陳子思之居衞孟子之居梁居齊特著此例祿謂田祿如子思之繼肉繼粟孟子之養以萬鍾皆所謂傳食於諸侯而不可以云祿也曰使焉者卽君所使致饋者也

舍故而諱新

鄭注易說曰易之帝乙爲成湯書之帝乙六世王天之錫命疏可同名𦍒灥案左氏傳周人以諱事神是諱名之典剏自有周三代傳國皆數百年周世之傳三十又上推之以至於帝嚳而名有不勝諱矣是以卒哭乃諱卒哭而祔祔則昭穆各以次定而將上祧其祖所祧之祖不復諱親盡故也如穆王滿十六世而有王孫滿厲王胡十七世而有釐王胡齊又

如夷王十三世有簡王夷定王五世有慎靚王定亦不聞諱夷王定王之稱五世親盡不諱可知殷以前本不聞有諱以干紀號而不立謚殷制也據史記湯號天乙其名曰履稱帝乙者以帝加之鄭以爲同名非也

有焚其先人之室則三日哭故曰新宮火亦三日哭

鄭注有焚其先人之室謂火燒其宗廟嵩燾案此經上下二語緊相承專言宗廟則經義不明成三年公羊傳廟災三日哭禮也昭十八年鄭火書焚室而寬其征三日哭是國大災亦有三日哭之文此云先人之室謂居室傳自先人者先人所營宮室子孫不戒於火而焚之有足隱傷先人之心者故爲之三日哭穀梁傳新宮者禰宮也宣公十八年十月薨成

三年二月新宮火吉禘未久故曰新宮以其爲先人之神之所憑依也亦三日哭緊承上先人之室言之言所重者先人也先人之室與新宮相爲映合槪以宗廟言之非也

喪不慮居爲無廟也

鄭注喪不慮居謂賣舍宅以奉喪嵩燾案鄭義似非情事義疏云古者五畝之宅受之於君非己所得賣或曰慮居謂謀寢處之安據喪禮寢苫枕塊無謀及寢處之理此喪字與喪欲速貧之喪同謂出亡也出亡則宗廟之祀無主故不敢謀居處之安古者適士以上皆立廟卒哭乃祔廟經云爲無廟也正據出亡而廟祀廢言之若爲居喪之禮不得言無廟矣

易則易于則于

鄭注易謂臣禮于謂君禮孔疏臣來則行臣簡易之禮君來則行君寬大之禮嵩燾案鄭注雜記鑿巾而飯云士親飯必發其巾大夫以上賓爲飯則鑿巾周禮太宰大喪贊含玉天子諸侯之含大宰掌之諸侯朝會至者亦視含上云諸侯伐秦曹宣公卒於會諸侯請含是也雜記使人弔其次含襚賵臨皆同日而畢事含者執璧將命坐委於殯東南有葦席既葬蒲席降出反位盝兼弔禮行之含襚賵皆介將命易者易直如諸侯相爲視含于者迂曲謂既殯既葬而使人歸含歸含委璧而已而云使某坐含是使之親含也故曰易于雜鄭以易爲臣禮于爲君禮似誤案鄭云大夫賓爲含疏易其辭云大夫以上使人含大誤又據寡君使容居坐含進侯玉爲使者致詞其使容居以含爲記人錄語未知何所取義徐君僭用王禮邾

禮四

之有司不能直正其失以拒之而託爲之辭以使其自悟容居之對亦所謂遯辭知其所窮者也案徐少昊後魯國少昊之墟也容居自述爲魯人而仕徐徐自周穆王時已僭稱王疑所謂駒王卽史記所敘之偃王也其後吳楚皆僭王而徐距中國爲近子孫世襲其僭邾婁又覗徐爲小故遂以王禮施之容居之言不敢忘祖益謂徐偃王時諸侯服從皆用此禮也注謂容居駒王子孫而訓魯爲鈍恐屬意爲之辭

子思之母死於衛赴於子思子思哭於廟門人至曰庶氏之母死何爲哭於孔氏之廟乎子思曰吾過矣吾過矣遂哭於他室

鄭注子思之母嫁母也姓庶氏嵩燾案鄭注因檀弓有子上之母死而不喪之文遂竝伯魚之母子思之母皆謂之出母春秋左傳襄十二年言凡諸侯之喪同姓於宗廟同姓於祖廟同族於禰廟族謂五服之親是以孔子亦言兄弟吾哭諸

廟而廟亦自有親疏次第周禮以嫡長爲尊謂之宗子其宗其祖之所自出爲大宗宗其禰以上皆爲小宗孔子之兄孟皮以病癈然苟有子固當承所宗之祀爲宗子子思哭嫂爲位而不詳其兄之名意或其賢不及子思傳記皆略之史記敘孔子世家詳其先世而不及孟皮周人皆以孟仲叔季爲次孔子之父叔梁則亦尙有兄也其敘伯魚子思八傳而至孔鮒鮒無傳乃次其弟子襄起博士爲長沙太守又四傳至延年及其弟安國亦起博士爲臨淮太守所敘錄皆有名蹟而於派分不詳子思蓋居宋居衞而終反魯自防叔居防爲孔氏宗邑子孫之爲大宗小宗必各有別孔叢子云哭孔氏於夫子廟哭孔氏之別姓於弗父之廟燕義有庶子官鄭注庶子諸子也此云庶氏猶若

孔氏之庶子庶子之哭其毋不於祖廟而於其所出之宗他室者所出之宗之別室鄭注子思之母嬪於庶氏恐失之誣

臣弒君凡在官者殺無赦子弒父凡在宮者殺無赦

鄭注弒君弒父其罪無赦諸臣子孫皆得殺之嵩燾案鄭意據隱四年公羊傳衞人殺州吁其稱人何討賊之辭何休注明國中人人得討之專正其弒逆之罪而疑在官在宮皆殺無赦爲濫刑故有是說誠然則亦自相賊殺耳於斷獄之義無取易曰臣弒君子弒父非一朝一夕之故其所由來漸矣在官在宮有同惡者有與聞其故者有坐視君父之被弒而不救者皆與黨逆之誅曰凡者凡是有罪從坐皆無赦也如此而後可云斷獄公羊傳孔父正色而立於朝則人莫敢過

而致難於其君者弑父弑君而及同惡之誅亦春秋之義也敝帷不棄爲埋馬也敝蓋不棄爲埋狗也丘也貧無蓋於其窆也亦予之席毋使其首陷焉路馬死埋之以帷

鄭注路馬君所乘者其他狗馬不得以帷蓋嵩燾案帷蓋以埋狗馬通上下皆然經引路馬以證孔子之言君子所以曲致其仁其視狗馬一而已不當有貴賤之分也据周禮輪人爲蓋屬攻木之工蓋弓之長六尺與帷席不相爲類而輪人云良蓋弗冒弗紘冒者蓋衣也帷以衣車冒以衣蓋冒小於帷故以埋狗幕人掌帷幕幄帟綬之事鄭注在旁曰帷在上曰幕四合象宮室曰幄帟在幕若幄中坐上承塵蓋衣曰蓋幕帟之屬亦曰蓋掌次王張帟三重諸侯再重孤卿大夫不

重此經上云君於士有賜帟是士不得張帟孔子之云貧無葢謂不得張帟也席又小於葢裹首以窆之而已舊注通葢爲車葢者誤

盡飾之道斯其行者遠矣

孔疏弔有常服而得盡飾謂更服新衣嵩燾案喪服記朋友麻諸侯大夫之弔服皆錫衰弁經朋友當緦衰孔氏所云新衣者何衣而於弔時更服似屬無徵近當塗夏氏檀弓辨誣云喪禮有擯相有將命弔客有介閽人何爲而自拒之納之古人行禮未入之先或待於次或待於門外廏何地也而曾子子貢入之喪大記大夫之喪君視大斂君卽位於序端卿大夫卽位於堂廉楹西北面東上此從君入者士喪禮君出

主人拜送襲入即位拜大夫之後至者此大夫後至者當君在時自不得入豈有君親咫尺而卿大夫辟位之禮又豈有行弔於人而君降一等揖之之禮曾子子貢之賢聞於魯國君卿大夫之敬禮有素矣於區區入廄之脩容何與哉檀弓所記尤無如此章之猥陋者疑莊周列禦寇之徒虛誕相高而戴氏誤入之此章大旨即莊子外篇儒以詩書發冢之意譏儒者之矜飾而已莊子語雋而此所刺微戴氏亦不能辨也

魯莊公之喪既葬而絰不入庫門士大夫既卒哭麻不入

鄭注閔公吉服不與虞卒哭羣臣畢虞卒哭亦除喪麻猶絰也孔疏絰葛絰也諸侯弁絰葛而葬萬稾案閒傳斬衰三升既虞卒哭受以成布六升去麻服葛葛絰三重期而小祥練

冠縓緣要絰不除卒哭受服而易葛帶既期遂除首絰首絰無易葛者前云弁絰葛而葬葬冠易弁非易絰也孔疏誤莊公薨慶父亂政十有一月而始葬葬而遂除服士大夫卒哭而亦除服麻猶衰也不入言無有服麻而入者此由慶父廢喪禮以成其亂閔公年八歲見制慶父亦以見喪禮所由失也

叔仲皮學子柳叔仲皮死其妻魯人也衣衰而繆絰叔仲衍以告請繐衰而環絰曰昔者吾喪姑姊妹亦如斯末吾禁也退使其妻繐衰而環絰

鄭注學敎也子柳叔仲皮之子衍蓋皮之弟衣當爲齊士妻爲舅姑之服也時婦人好輕細多服繐衰衍既不知禮之本

子柳亦以爲然使其妻爲舅服之嵩燾案喪服女子子適人者大功士喪禮苴絰散帶垂牡麻絰亦散帶垂婦人之帶牡麻結本在房是凡齊衰服皆繆絰繐衰治其縷如小功而成布六升半稍次於齊衰喪服記序之大功之上其服亦牡麻絰環絰不繆蓋從簡叔仲皮爲魯公族孔疏引世本叔身生武仲休休生意伯彭生皮爲叔仲氏春秋文十八年襄仲殺叔仲惠伯已而復叔仲氏襄七年杜注叔仲昭伯叔仲惠伯之孫二十八年注昭伯叔仲帶昭十二年注叔仲穆子叔仲小叔仲帶之子叔仲皮叔仲衍皆不見於傳與子柳同時當爲叔仲穆子之後必非彭生之子也子柳蓋魯賢者叔仲皮師事之子柳之妻與叔仲皮爲昆弟經云魯人者謂亦魯公族也爲叔仲皮齊衰以爲父後之昆弟服之叔仲衍以告謂告於子柳之妻辭重服繐衰環絰下於齊衰一等亦非正服也其云吾喪姑姊妹亦如

斯即喪服之云姑姊妹報者是也子柳魯之高節者亦不樂加厚妻之族因從而爲之服語意甚明鄭注直以子柳爲叔仲皮之子經義乃始糾紛矣案周之季世人各以其私意制爲之服子柳賢者亦不能正前云裕衰繐裳非古也正指此

吾欲暴尪而奚若

鄭注尪者面鄉天覬天哀而雨之𩦎蘦案左氏傳僖二十一年公欲焚巫尪杜注瘠病之人其面上向俗謂天哀其病恐雨入其鼻故爲之旱是以公欲焚之說文尣部尣尳曲脛也象偏曲之形篆文作尪玉篇尪僂也說文人部大徐本云僂尪也段氏注尳是曲脛之名引申爲曲脊之名尪僂同病與鄭注面鄉天正反荀子正論篇傴巫跛匡楊倞注匡讀爲尪

廢疾之人荀子云跛匡仍以足疾言之其王霸篇賤之如尪
注云尪當爲尫病人也廣韻云尫弱杜氏以爲瘠病之人是
也其引俗說附會鄭義而益失之誣此當卽僖公二十一年
事記禮者以爲穆公益傳聞之誤而左氏傳云焚巫尫此云
暴義較近周禮女巫旱暵則舞雩憤其不能以救旱而暴之
又牽及尫者何爲便焚之集韻焚火灼物也玉篇灼熱也疑
左傳言焚亦祇是暴意

禮記質疑卷四終

禮記質疑卷五　　思賢講舍

湘陰郭嵩燾伯琛著

王制

公侯田方百里伯七十里子男五十里

鄭注此地殷所因夏爵三等之制也殷有鬼侯梅伯春秋變周之文從殷之質合伯子男以爲一則殷爵三等者公侯伯也異畿內謂之子周初更立五等增以子男而猶因殷之地以九州之界尚狹也周公攝政致太平斥大九州之界大者地方五百里其次侯四百里其次伯三百里其次子二百里其次男百里孔疏引鄭志答張逸徵子箕子畿內采地之爵非畿外治民之君故云子嵩燾案虞書輯五瑞卽周禮典瑞

公侯伯執圭子男執璧以朝覲宗遇會同於王者也四岳羣后以五玉爲差自唐虞已然杜預春秋氏族譜邾顓頊之後有陸終產六子其五子曰安邾卽安之後也周武王封其苗裔邾俠爲附庸楚重黎之後周文王時其苗裔鬻熊爲文王師莒少皞之後周武王封莒輿期於莒許堯四岳伯夷之後周武王封其苗裔文叔以續太岳之嗣杜氏所述皆出世本楚邾莒子國許男國其來已久疑武王所封各國之苗裔卽虞書頒瑞之義以明一王之大法而已通考云徐子爵出自伯翳始封於夏歷殷迄周爲徐戎鄭謂殷爵三等未知何據其云畿內謂之子則是殷爵固有子矣畿內及五服建國同制爵亦同安得謂畿內盡稱子案古紀循蜚因提禪通疏仡多繆悠之言而諸侯之名始

見黃帝紀虞書統名之羣后如契封商稷封邰皆不詳其名爵夏書可紀者防風氏有扈氏有窮氏及有鬲伯明斟灌斟尋之屬疏以氏紀歷商始有侯伯之名疑商以前但分五服以五玉頒瑞別其等數至周始備其制而周之封爵實止侯伯二等三恪稱公其稱子男者皆立國夏商以前降而爲子男者也春秋列國皆然其稱續封卽降封也吳楚僭國不與朝會聖人以義制法使從要荒稱子之例文武時未有封也孟子言春秋天子之事正謂此等先儒於此義多未有發明疏云文家五等質家三等而引孝經證夏制之非三等不知五等之封由來益遠殷亦未有變也鄭據殷爵三等遂以此經制田爲殷制而謂周公斥大九州之界以證周禮封國之等大司徒諸公之地方五百里其食者半諸侯之地方四百里其食者參之一諸伯之地方三百里諸子之地方二百里諸男之地方百里其食者四之一鄭司農云公所食租稅得其半其半皆附庸小國參之一四之一皆然案鄭注其食者半參之一四之

一土均均邦國地貢輕重之等疑三代取民之制皆什一封國制貢不應乃如是之重鄭又以一易再易三易之地爲言徒增枝節而已魯頌錫之山川土田附庸泰山亦魯封地而自主東岳天子以爲四鎮則五百里四百里之地不必盡爲所受之土田定四年左傳因商奄之民命以伯禽而封於少皞之墟史記衞世家以殷餘民封康叔居河淇間故殷墟晉世家唐有亂周公誅滅唐遂封叔虞於唐在河汾之東方百里三代建國皆因其故封孟子周公相武王誅紂伐奄滅國者五十奄地最大以封魯諸所建國皆以有罪滅之而後改封唐亦侯國而僅得百里限於地也疑周禮所載爲唐虞建國之常制其後或削地或益地或改封地勢屢變周制五等但異以命數而地制不必悉均歷時久而建國益繁大率因其故地

析而分之合而併之不復能如舊制矣案左傳禹會諸侯於塗山執玉帛者萬國亦略言之異義公羊說殷三千諸侯周千八百諸侯遞相減少恐非事實三傳之文具在略可考見三代封國之遺制大司徒建邦國以土圭土其地而制其域周公之營洛猶其遺也而封國不以屬之司徒爲正其封域足見周禮所述追溯皇古分國建邦之法不專爲周制也鄭注一依周禮爲說於所不能通者概目之爲殷禮王制漢博士之書會萃三代之禮爲之辭證之傳記而固有以辨知其異同矣

天子之元士視附庸

鄭注元善也善士謂命士孔疏天子上中下之士皆稱元士所以異於諸侯之士嵩燾案元士者六官以下有司之長有

上士有中士有下士以其分職而領之謂之元士元者長也方氏慤云上士稱元士與元子元侯同義附庸之國不以里限舉元士以起例中士下士之爲副者皆統其中鄭通命士言之似泥孟子天子之卿受地視侯大夫受地視伯元士受地視子男與此所述微有參差而此爲得其實周禮司服上公九命侯伯七命子男五命王之三公八命其卿六命其大夫四命及其出封皆加一等司服五冕卿大夫得服元冕故自天子大夫以上命數視子男制祿亦如之士之命數自分三等而分職爲多子男制田有常數以通之士則畿內之田有弗能給士一命得受邑邑方二里惟附庸之國不限里數是以元士視附庸而可以降殺之等差之王制言爵祿原本

孟子皆約略爲之辭而此之言元士視附庸者視孟子爲優矣

百畝之分上農夫食九人其次食八人其次食七人其次食六人下農夫食五人庶人在官者其祿以是爲差也

鄭注田肥墽有五等收入不同孔疏周禮地有九等故司徒上地家七人中地家六人下地家五人注云七人以下授之上地所養者衆也五人以下授之下地所養者寡也以七人六人五人爲率者舉中而言上地家七人者中地之上家六人者中地之中家五人者中地之下以此推之上地之上家十人至下地之下家二人有九等此經自九人至五人惟五等準庶人在官之祿言之嵩燾案周禮大司徒不易之地家

百畮一易之地家二百畮再易之地家三百畮是以周制授田三等地磽則倍給之遂人辨上地中地下地亦以萊五十畮萊百畮萊二百畮爲差知必非食多者受上地食少者受下地小司徒之云上地家七人中地家六人下地家五人以家之口率計之非言地之等也故下接言凡起徒役無過家一人以其餘爲羨餘者餘夫也七人之家任役者三人則是一夫而有二子其半爲婦女老弱二子則一爲餘夫餘夫别受田二十五畮周禮明分三等以稽人民之數孔疏於此乃掤爲九等之說於經義亦稍忤矣竊意此以農夫所食多寡爲庶人官祿之差農夫所食多寡視其力庶人在官之祿多寡視其職周禮廩人詔穀用一日稍食而約計其食云人四

鬴上也人三鬴中也人二鬴下也鄭注謂一月食米六斗四升曰鬴以中人計之五人之食十五鬴是庶人最下之食月得米九十五斗葉氏時云王宮之宿衞宮正均其稍食后宮之人民內宰均其稍食士庶子及衆庶之守城郭溝池者掌固均其稍食馭夫圉師府吏之在宮中者校人均其稍食內外朝官吏匭治文書者稾人均其先食大率以是爲等疏申鄭義以爲農夫受地之等者誤

次國之上卿位當大國之中中當其下下當其上大夫小國之上卿位當大國之下卿中當其上大夫下當其下大夫

鄭注此諸侯使卿大夫頫聘竝會之序也其爵位同小國在下爵異在上嵩燾案周禮六官皆卿六卿之貳皆中大夫前

云諸侯之上大夫卿卽周制也周制無上大夫上大夫卽卿故卿自爲一位天子有中大夫下大夫諸侯無中大夫貳卿者皆下大夫也故大夫自爲一位崔氏靈恩於此云小宰小司徒爲上大夫小司馬小司寇小司空爲下大夫是五大夫別分上下大夫有二位矣三卿又分三位與周禮乖異疑此數語見成三年左氏傳蓋東周以後列國自爲之制僖十二年王以上卿之禮饗管仲管仲辭受下卿之禮其禮數亦各有等非復周禮之舊矣案次國三卿二卿命於天子一卿命於其君管仲言天子有二守國高在所謂命卿也是以諸侯之卿亦各有等至列國之季而益分矣王制自引左傳之文以明三卿之等視國大小爲差不必專爲聘會言之注家必以此求合周禮固無當也

其有中士下士者數各居其上之三分

鄭注謂其爲介若特行而並會也大國之士爲上次國之士爲中小國之士爲下士之數國二十七人上九中九下九以位相當則次國之上士當大國之中中當其下小國之上士當大國之下凡非命士亦無出會之事嵩燾案鄭氏此訓仍承上節言之而以國大小爲差於數居三分之義無取典命公士一命侯伯之士亦如之子男士不命鄭注大宗伯列國之士一命於子男爲大夫王之下士亦一命此云命數兼及大國之下士次國之中士小國之上士於禮亦無徵草廬吳氏清江徐氏並以此節錯簡當在下上士二十七人之下似爲近之而鄭以上九中九下九爲三分方氏慤以上士中士

下士各二十七人爲三分於各居其上三分之義亦無取據周禮六官之屬其分職或上士或中士或下士或上士統中士或中士統下士或三者兼統其數皆相倍所謂各居其數之三分者上士一人則中士二人上士二人則中士四人以一統二以二統四三分之而上士居其一中士居其二連上而得三分之數中士二人則下士四人中士四人則下士八人以二統四以四統八三分之而中士居其一下士居其二下以中爲上亦連上而得三分之數其有中士下士爲三卿五大夫以下之分職言也方氏慤云其有者中士下士諸侯或有或無周禮之文具在方氏略而不考而意爲之辭胡氏銓至謂上士數居大半中士下士各居上士之三於鄭氏以

九爲分方氏以二十七人爲分之外又增一說亦失周禮建官之義矣

州方千里州建百里之國三十七十里之國六十五十里之國百有二十

鄭注立大國三十十三公也立次國六十十六卿也立小國百二十十二小卿也此大界方三千里殷制也周公制禮九州大界方七千里嵩燾案鄭氏此訓葢以畿內之制通之畿外十二小卿者六官之副皆中大夫二人言九州建國視畿內公卿大夫皆十倍之而統計其大界三千里以爲殷制專據周禮大行人侯甸男采衛要六服各五百里定爲周制七千里則非也禹貢九州自冀而南爲豫爲荆揚而荆揚地最

廣東爲兗爲青西爲雍西南爲梁梁地亦最廣而冀自處北天下之勢贏於西南而縮於東北兗青二州之地不足以當一梁至舜而北加幷東北加幽營實始居中以制四方其後併青於營併梁於雍而廢幷葢殷都多在豫地其北爲冀梁地已多淪於夷視舜十二州稍狹矣郭注爾雅九州以爲殷制者是也周起雍東併徐於青而稍分青地屬兗東北併營於幽而別分幽地爲幷九州之地不加於殷周公營洛建天下之中以殷見諸侯爲周禮九服之義所自仿大司馬及職方氏所敘衞服之外尚有蠻夷鎭藩四服大行人以蠻服屬之要服是夷鎭藩三服皆宜屬之荒服禹貢要荒竝數亦不宜專及要服而以七千里爲斷九州地勢自有參差如青徐

兗三州專隸東海一隅而又加置營州三代畫野分州皆詳於東北而略於西南爲西南地廣力有弗周故也周公何從斥大九州之地倍於殷而又加至一千里哉九州以正疆域九服以示藩衛取義各别九州之道里不能適均九服之疆界豈能四達王者建中定制略示大法而已鄭注通九州五服之數以求合周禮遂據此以爲殷制亦稍泥矣王制以八州三千里定中國之地勢正據漢初言之其時北極代邊南界閩粤相距實不逾三千里賈生所謂衆建諸侯而少其力博士實早及此漢儒傳經者守章句而未達事變轇轕至今固無當也

天子之縣内方百里之國九七十里之國二十有一五十里之

國六十有三

鄭注縣內夏時天子所居州界名也殷周曰畿畿內大國九者三公之田三爲有致仕者副之則六也其餘三待封王之子弟次國二十一卿之田六亦爲有致仕者副之爲十二又三爲三孤之田其餘六亦待封王之子弟小國六十三大夫之田二十七亦爲有致仕者副之爲五十四其餘九亦待封王之子弟三孤之田不副者以其無職佐公論道雖有致仕猶可卽而謀焉嵩燾案鄭意以周禮未嘗名國都爲縣商頌但言邦畿而夏書已有酒荒于厥邑之文因通邑於縣以爲夏時之稱陳氏祥道引周禮有在鄉之縣有在遂之縣有采邑之縣有閒田之縣故王畿統謂之縣其說近之而義未盡

周禮四井爲邑四甸爲縣邑縣地至小而詩書多稱國都曰邑湯誓率割夏邑立政其在商邑周書用附我大邑周及諸言作新大邑宅新邑是也詩商邑翼翼作邑於豐無云縣者史記鄒衍名中國曰赤縣神州始皇紀宇縣之中陳書高祖紀光宅區縣唐書禮樂志福流寰縣謝莊文埽恥瀛縣締寓開縣皆承鄒衍之遺名天下曰縣絳侯世家盜買縣官器索隱縣官謂天子疑秦漢之際乃有此稱經云天子之縣內亦漢時語也鄭據夏時言之似屬無徵其縣內之國九十三容亦有世祿及他有功者之賜而以井里推之王畿千里提封百萬井百里之國九去田九萬井七十里之國二十一去田十萬二千九百井五十里之國六十三去田十五萬七千五

百井合三十五萬四百井約得王畿三分之一八州建國大小分井以三相函王畿大國得八州之一分而殺其一次國又羸其一而以三相函以合三分之一之數正不必如鄭注所云九十三國按地分布一無畸零也

凡九州千七百七十三國天子之元士諸侯之附庸不與

鄭注殷承夏更制中國方三千里之界建此千七百七十三國周公復唐虞之舊域分其五服爲九因殷諸侯之數廣其土增其爵孝經說曰周千八百諸侯布列五千里內此文改周之法關盛衰之中三七之間以爲說也嵩燾案緯書所記殷周國數本不足據而云千八百國與此千七百七十三國數正相符葢一總其成數一詳其細目也鄭復據此爲殷禮

以爲關盛衰之中然則周公廣土增爵至千八百國乃謂之
盛王制顧不舉周制之盛而舉殷制之衰者乎三代建國各
因其舊有罪誅之滅之而後改封侯國附庸皆先代小國仍
其祀不廢封國地廣者包而有之謂之附庸所以爲仁至義
盡也杜注左傳如郳小邾極牟葛蕭郭鄣竝云附庸小國僖
二十一年傳任宿須句顓臾風姓也杜氏無注似須句顓臾
竝當爲魯附庸所云附庸之國或曹姓或子姓或封姓必非
周所建國無疑外如舒蓼州來偪陽不羹鍾吾之屬皆小國
而不云附庸者不竝入大國封內不得爲附庸也經云不能
五十里附於諸侯亦約言之春秋如郳小邾屢與盟會未嘗
不聽其自達附庸不與者附於侯國封內即不以大小之國

合計而數之也

天子百里之內以共官千里之內以爲御

鄭注田稅所給官謂文書財用也御謂衣食孔疏官是卑褻故用近物御爲尊重故用遠物此殷法也嵩燾案孔疏以鄭注王制建國竝云殷制因亦附會及之葉氏夢得云官者宗廟社稷賓客燕饗有司所供也御者乘輿服膳匪頒賜予王所用也君子廉於奉己嚴於事神故有司所供主在百里之內王所用主在千里之內義疏亦取其說據周禮大府關市之賦以待王之膳服邦中之賦以待賓客四郊之賦以待稍秣家削之賦以待匪頒邦甸之賦以待工事邦縣之賦以待幣帛邦都之賦以待祭祀山澤之賦以待喪紀幣餘之賦以

待賜予職內掌邦之賦入辨其財用之物而執其總職歲掌邦之賦出以待會計內府待邦之大用外府受邦之小用歲終則會惟王及后之服不會似九賦財用之式各有職掌鄭注大府云良者以給王之用其餘以給國用正不必以遠近分隆殺外府王及后之服不會常用所需非經制也鄭以供官專屬之文書爲御專屬之衣食恐未安田稅所入則甸師耕耨王耤以供齍盛倉人掌粟入之藏辨九穀之物以待邦用廩人掌九穀之數以詔穀用惟祭祀用耤田其九穀之數藏者倉人制其用者廩人不得有百里千里之分於其中等而別之鄭云田稅亦非也疑此卽載師任地之法所謂宅田士田賈田任近郊之地官田牛田賞田牧田任遠郊之地皆

以共官者也以公邑之田任甸地以家邑之田任稍地以小都之田任縣地以大都之田任疆地皆以爲御者也爲御以供服御卿大夫之采地皆爲御者也經言百里之內千里之內而不言賦貢之入足證注家之誤

八州八伯五十六正百六十八帥三百三十六長八伯各以其屬屬於天子之老二人分天下以爲左右曰二伯

鄭注殷之州長曰伯虞夏及周皆曰牧老謂上公周禮曰九命作伯春秋傳曰自陝以東周公主之自陝以西召公主之

嵩燾案史記黃帝置左右太監監於萬國其制實剏自黃帝至堯乃以四岳領諸侯虞書言羣牧卽四岳所領之諸侯也竹書紀年文丁十一年賜季歷圭瓚秬鬯九命作伯鄭詩箋

殷王帝乙之時王季爲西伯書西伯戡黎王肅謂之二伯是二伯之名始於殷黃帝謂之監唐虞謂之岳鄭注西伯爲雍州牧楚辭天問伯昌號衰秉鞭作牧王逸亦云雍州牧郎據王制八伯之文而引虞書羣牧竝以爲九州諸侯之長疑經云屬長連帥卒正州伯卽漢世以州統郡以郡統縣之制而文之以封建合三代之遺文參以漢世制度非古建國之常法也秦漢以後建官分職大小相維統於一尊博士因以推之三代以明天子大一統當使四方諸侯更相連屬以奉朝請注家必援詩書之文以實之非所詳也

天子使其大夫爲三監監於方伯之國國三人

孔疏引崔氏云此謂殷之方伯皆有三人以輔之下文其祿

視諸侯之卿謂公之孤也嵩燾案周禮太宰施典於邦國建其牧立其監施則於都鄙建其長立其兩施法於官府建其正立其貳兩以副長貳以副正則監者所以副牧也書梓材言王啟監卽命監之辭其云疆畎塈茨丹雘皆牧所有事而監卒成之周禮典命王之大夫四命公之孤亦四命疏以大夫爲監者當公之孤實不誤公孤之名見於禮經而傳記無可徵惟周書有命監之文酒誥矧惟若疇圻父薄違農父若保宏父定辟王氏炎亦據以爲三監孔傳圻父司馬農父司徒宏父司空實三卿之命於王者左傳亦云天子之二守國高在藎齊初立國而國高爲命卿曰天子之守卽此使爲監之意大國三卿皆命於天子因謂之三監公孤之制周禮已

未盡行而三卿之命於天子者三傳猶能言之記禮者摭拾

西周遺聞約略爲之辭證之周禮猶有可推見者孔疏以爲

殷制失之遠矣

制三公一命卷若有加則賜也不過九命

鄭注三公八命加一命則服龍衮多於此則賜非命服也虞

夏之制天子服有日月星辰孔疏九命卷龍之外若有加益

則是君之特賜非禮法之常雜記謂之褒衣嵩燾案周禮典

命上公九命車旗衣服禮儀以九爲節侯伯七命以七爲節

子男五命以五爲節衮冕九章鷩冕七章毳冕五章卽衣服

之節也王之三公八命卿六命大夫四命未及九章七章五

章之等則從其次者出封加一等乃各服其正服若不出封

三公加一命而服衮謂之賜服加命者加於命數之常也此舉三公一命卷爲例下三語通辭卿加一命服鷩大夫加一命服毳皆賜服也明所加者非正服鄭注多於此則賜語殊無據疏因謂九命之外有褒衣大誤褒衣卽加服也僖二十八年賜晉侯大輅之服杜注大輅金路周禮巾車金路樊纓九就金路之服以九爲節卽衮也案杜注其服鷩冕誤晉侯爵當服鷩而有衮冕之賜故謂之褒衣公服衮亦謂之褒衣者衮上服所以尊之案鄭注雜記褒衣始命爲諸侯之衣及朝覲加賜之衣似欠分曉雜記復諸侯以褒衣冕服冕服正服褒衣加服並兼用之後云公襲卷衣一褒衣一卷衣鄭注自爲緣衣之誤孔疏云上服最在內者誤也詳見雜記

周禮司服舜冕服十二章至周而以日月星辰畫於旌旗所謂三辰旂旗昭其明也冕服九章登龍於山登火於宗彝鄭

意司服祀昊天上帝服大裘而冕不言十二章之服遂謂大裘表裘疑禮服無表裘大裘據冬至祀天言之其服仍十二章也案玉藻裘之裼也見美也服之襲也充美也是故尸襲執玉龜襲無事則裼弗敢充也又云禮不盛服不充故大裘不裼大裘不裼則上有禮服可知周禮舉大裘以明十二章之服之用以郊天也玉藻顯著其文諸儒未一詳考耳郊特牲王被袞以象天鄭注象天謂有日月星辰之章是十二章之服通名爲袞玉藻於九章之服以龍袞別之故知司服之云大裘者略文也左傳之言火龍黼黻三辰旂旗自據諸侯言之司常日月爲常交龍爲旂又云王建大常公侯建旂鄭引左傳三辰旂旗謂升日月星辰於旂然則交龍爲旂又何升乎周尙文冕服之章尤文之外見者反絀於古制必非事也鄭注郊特牲乃謂日月星辰之章爲魯禮殆尤支離

不足據矣案冕服九章先儒多能辨之而義均未盡

大國之卿不過三命下卿再命小國之卿與下大夫一命

鄭注卿命則異大夫皆同孔疏此夏殷禮也嵩燾案周禮典命公侯伯之卿三命大夫再命士一命子男之卿再命大夫一命士不命周制天子六官皆卿諸侯三卿兼六官之職其副卿者大夫也故卿大夫之等視其國而別無卿大夫之等列國卿大夫之等始於東周以後則諸侯之僭禮也準以周制亦全失其舊甘誓言六卿伊訓微子竝言卿士說命言大夫師長卿大夫士之名三代同之而命數創自有周郊特牲云古者生無爵死無謚所謂爵者命數也蓋周制之文也埤雅命秩爲爵殷以前無之孟子所謂君一位卿一位大夫一

位三卿五大夫之位惟均定於一尊也卿大夫命數之不同周制之紊也疏據以爲夏殷禮舛矣

命太師陳詩以觀民風命市納賈以觀民之所好惡志淫好辟命典禮考時月定日同律禮樂制度衣服正之

鄭注民之志邪淫則其所好者不正同陰律也嵩燾案史記王者制事立法物度軌則壹稟於六律律有陰陽是名六律六同總謂之十二律而六律其準也虞書同律度量衡鄭云律陰呂陽律也王氏肅云同齊也律自兼陰陽言之不必別分同律與虞書之文正同律也禮樂也制度也衣服也皆守一王之大法同字貫下四項疑下正之二字當承志淫好辟爲文蓋錯簡也虞書詩言志樂記鄭音好濫淫志宋音燕女

溺志衛音趨數煩志齊音敖辟喬志志者詩之所從出也志淫屬陳詩觀風言之好辟屬納賈以觀好惡言之志淫好辟民俗之流勢將蕩而忘返故當矯正之至於歷律禮樂制度衣服一代之典考之定之同之以示諸侯之法守而已有敢變易者流之討之奚待正之哉此為錯簡無疑也案正民俗先正諸侯之法守脩明禮樂制度卽所以正之二字通結上文志淫好辟亦須是考求禮樂制度以為正之之本所謂正之者仍正其志淫好辟之過也

天子將出類乎上帝宜乎社造乎禰

鄭注類宜造皆祭名其禮亡孔疏宜者令誅伐得宜造至也言至父祖之廟也嵩燾案周禮小宗伯兆五帝於四郊四望四類亦如之凡天地之大烖類社稷宗廟則為位肆師凡師

甸用牲於社宗則爲位類造上帝亦如之太祝掌六祈一曰類二曰造大師宜於社造於祖設軍社類上帝大會同造於廟宜於社詛祝掌盟詛類造攻說禬禜之祝號司巫國有大烖則帥巫而造巫恆三者之祭見於周禮甚詳虞書肆類於上帝周書宜於冢土詩是類是禡毛傳於內曰類於野曰禡爾雅禷禡師祭也起大事動大衆先有事乎社而後出謂之宜說文禷以事類祭天神詩書傳記多能言其義鄭云其禮亡葢謂秦漢以來此禮久廢其儀文無可考鄭氏注禮多引漢制爲證三者之祭皆漢制所無也據太祝類造列之六祈似類造一例禬禜一例攻說一例而類造禬三者爲祈福祥案鄭注周禮除災害曰禬禬刮去也說文禬會福祭也會部云合也曾益也不得有刮去之義說文禘祀也鄭云除災害

當屬禬字解非禬義禜攻說三者爲弭烖患於太祝之六祝則祈福祥吉祝也弭烖患化祝也於太祝之六辭則皆禱辭也推求其禮小宗伯兆五帝於四郊四類亦如之鄭注兆爲壇之營域是類亦爲壇案鄭注四類日月星辰兆日於東郊兆月與風師於西郊兆司中司命於南郊兆雨師於北郊疑類祭王出適諸侯及征伐告天祝所出之方各於其郊祭故曰四類鄭注日月星辰分兆四郊於禮無徵類者祭天而又云類社稷宗廟則爲位肆師亦云類造上帝似二者之祭亦通行之而云爲位是類祭皆別爲位也肆師用牲於社宗與類造連文故鄭注太祝云類造皆有牲詩序桓講武類禡也是類祭且有樂矣詩吉日維戊既伯既禱曲禮外事用剛日鄭注引春秋甲午治兵類造之祭皆用剛日五經異義引古尚書說非時祭天謂之禷言以事類告也說文禷

告祭也造從告案杜子春讀造如造次之造義亦未盡曾子問諸侯見天子必告於祖奠於禰諸侯相見必告於禰反必告於祖禰類造二者皆告祭之名合告曰類特告曰造疏云造至也誤太祝設軍社鄭司農引春秋傳君以師行祓社釁鼓祝奉以從爾雅所謂起大事動大眾有事乎社而後行謂之宜有事非但祭也古者師行載社主必先祭告孔疏於此云載社主也甚允說文宜所安也葢載社主以行祭而安之而統為祈禱之祭孫炎云宜求見福祐也凡禱祀皆以祈福而取義於福祐非所以名祭也疏云令誅伐得宜則尤陋矣案太祝大師宜於社大會同宜於社但取所事之宜何以云宜於社也

天子無事與諸侯相見曰朝考禮正刑一德以尊於天子

鄭注事謂征伐孔疏諸侯相與朝王之時考校禮儀正定刑法專一道德以尊崇天子嵩燾案孟子諸侯朝於天子曰述職考禮正刑正述職中事經云無事明與時見曰會殷見曰同以事見者異也禮以興化刑以止姦一代之典章所謂大經大法者諸侯不得自爲損益天子所以統制諸侯一道德齊風俗惟此禮刑二者之用而已其有變通就王朝考而正之明有尊也疏以考禮正刑一德分列三事恐非

諸侯賜弓矢然後征賜鈇鉞然後殺

孔疏賜弓矢謂八命作牧鄭注宗伯八命作牧云諸伯有功德者加命得專征伐此謂征伐當州之內若九命爲二伯則得專征一方五侯九伯七命以下不得賜弓矢尚書大傳云

以兵屬於得專征伐者錫鈇鉞謂上公九命鄰國臣弑君子弑父者得專討之晉文公受弓矢不受鈇鉞崔氏云以不得鈇鉞不得專殺故執衛侯歸之於京師魯無弓矢之賜陳恆弑君孔子請討之者鄰國簒逆亦得專征伐若鄰國無罪而輒伐之則不可故哀公八年魯伐邾吳子討之是也嵩燾案周禮以九伐之法正邦國論語天下有道禮樂征伐自天子出天下無道禮樂征伐自諸侯出疑三代無命諸侯專征之事竹書紀年帝辛三十三年賜西伯弓矢得專征伐淮南子命將之文授鉞授斧必親其辭曰自此以上至天下至淵將軍制之六韜法亦云然蓋兵家言也周禮司弓矢唐弓大弓以授學射者使者勞者鄭注勞者勤勞王事若晉文侯文公

受王弓矢之賜詩序彤弓天子賜有功諸侯也左傳文四年甯武子言諸侯敵王所愾而獻其功王於是乎賜之彤弓一彤矢百玈弓矢千以覺報宴杜注諸侯有四夷之功王賜之弓矢又爲歌彤弓以明報功宴樂是諸侯有功得賜弓矢文侯之命及襄王策命晉侯之辭無言及專征伐者（案定四年公羊傳何休注天子雕弓諸侯彤弓大夫嬰弓士盧弓荀子大略篇天子雕弓諸侯彤弓大夫黑弓彤弓本諸侯之弓故與馬及大路之服戎路之服同賜安得有專征伐之事）孟子載葵邱之會四命曰無專殺大夫齊桓霸主猶明此義如崔氏靈恩之說諸侯賜鈇鉞得自相殺其謬已甚而引晉人執衛侯歸之京師爲證則晉文公自以私怨出衛成公於楚既復國而又執之又鴆之其終納賂以免春秋書晉人不與晉之執也成十五年晉侯執曹伯

歸於京師猶爲稍近於正其不得專殺則同也疏又以八命爲八伯專征一州九命爲二伯專征一方而以賜鈇鉞當九命尤爲無據僖四年管仲引召康公命太公之辭五侯九伯汝實征之以夾輔周室謂諸侯之陵犯王命者太公未嘗爲二伯以主諸侯也鄭注西伯戡黎文王爲雍州伯南兼梁荆而黎入殷圻内屬冀州文王以八伯征及畿内之國說文戡作戋云殺也則竝專征與殺矣疏於此以意擬之非事也陳恒弑君孔子請討春秋之季王綱益微聖人自制其義於心以明春秋之大法豈與列國諸侯私相討伐者相提竝論哉吳晉爭霸非有王命魯於諸侯自爲宗國不受正於吳伐邾非也而遂與吳討魯以伐邾之罪則尤非也記禮者承周末

諸侯之專征專殺傳會經義而假王命以臨之疏因比合春秋時事以爲之辭有害經義甚大證之經傳而固知其不然矣

小學在公宮南之左大學在郊

鄭注此小學大學殷之制孔疏下云殷人養國老於右學養庶老於左學左學小右學大此云小學在公宮南之左故知殷制也嵩燾案周禮師氏居虎門之左以教國子弟凡國之貴游子弟學焉使其屬守王門保氏使其屬守王闈蔡邕明堂論所謂周官有門闈之學是也此公宮南之左卽虎門之學以教國子者禮言諸侯之學僅見於此而文王世子言始立學似亦據諸侯之學言之而東序瞽宗上庠之名畢具後

言語於郊以德進事舉言揚三者爲之程而兼及曲藝則又學之通及於庶人者詳見文王世子辟雝爲天子之學頖宮爲國學則專以教國子大司樂掌成均之法而合國之子弟樂師掌國學之政以教國子小舞大胥掌國士之版以待致諸子鄭注竝以公卿大夫之子弟言之正與虎門之小學相當不得下及庶民州里庶民之秀者由鄉學升之國學國都以內庶民學者必由郊學升之國學文王世子所云四郊之學以德事言三者之選卽升學之法也禮文錯綜言之可以推考而知其大略鄭氏援此以定四代學制而云上庠右學大學也在西郊下庠左學小學也在國中王宮之東東序東膠大學也在國中王宮之東西序虞庠小學也在西郊禮器注云判

宮郊學字或爲郊宮孔疏因謂魯以小學爲頖宮天子亦以小學爲辟雝引鄭駁異義三靈一雝在郊展轉相沿與禮經之言學制無一合者周立四代之學文王世子言上庠虞學也東序夏學也瞽宗殷學也庶人之學名虞庠所謂虞庠在國之西郊者是也所以名之大學者亦國學之分凡州黨之學貢之成均者必升之郊而序進焉曰大學在郊重其名也國老者卿大夫致仕之老庶老者庶人之老養國老於國學養庶老於庶人之學經義原自分明虎門之學自八歲以至十五始就學者入焉故曰小學其餘通謂之大學案鄭注學記家有塾云古之仕者歸教於閭里朝夕坐於門門側之堂謂之塾正與門闈之學之專教國子者相當小學爲子弟之始學者羣聚其中而以之養老可乎鄭氏於大學小學之

名言之未晰而學名之與學制聚訟至今益滋淆亂矣

禡於所征之地受命於祖受成於學

鄭注禡師祭也爲兵禱其禮亦亡孔疏受命於祖在造乎禰之前前文類帝宜社禡於所征之地總説出行之時然後申敘初時受命於祖受成於學之事所以文倒也疏又引肆師注祭表貉於所立表之處爲師祭造軍法者其神蓋蚩尤或曰黃帝嵩燾案周禮大司馬鄭司農注云貉讀爲禡爾雅疏禡周禮作貉詩是類是禡毛傳云於內曰類於野曰禡經云禡於所征之地則是至所征之地而後祭也肆師表貉之文明立表以爲位與毛傳在野義合小宗伯大師立軍社奉主車鄭注遷主曰祖曾子問天子巡守以遷廟主行載於齊車

言必有尊也春秋隱十一年左傳鄭伯將伐許授兵於大宮

杜注授兵賦車馬也大宮鄭祖廟凡出師必告於祖廟而奉遷廟之主以行受命謂奉遷主軍中示有所受命也受成於學禮無明文案孔叢子問軍禮篇使有司以特牲告社告以所征之事而受命焉舍奠於帝學以受成然後類於上帝柴於郊以出是告社奠學在類上帝之先而於受成義無取疑孔叢子後出不足信疑卽魯頌之在泮獻功告於廟以受其成下文出征執有罪反釋奠於學以訊馘告申足受成於學之義受命於祖者在軍將事之辭受成於學者旋師奏凱之辭孔疏以爲適在禡祭之前失之

天子諸侯無事則歲三田

鄭注三田者夏不田蓋夏時也周禮春曰蒐夏曰苗秋曰獮冬曰狩孔疏引鄭釋廢疾歲三田謂以下乾豆三事嵩燾案

春秋桓四年公狩於郎公羊傳春曰苗秋曰蒐冬曰狩穀梁傳春曰田夏曰苗秋曰蒐冬曰狩四時之田用三焉何休據歲三田之文以駁穀梁而鄭釋之隱五年左傳春蒐夏苗秋獮冬狩皆於農隙三年而治兵入而振旅歸而飲至以數軍實證以周禮之文蒐苗禮略獮狩禮詳以獮用旗物則徒衆多也冬狩而教大閱左氏傳所謂三年治兵即大閱之禮疑四時皆田取備豆實之用而已案周禮獸人凡獸入於腊人腊人掌乾肉凡田獸之脯腊祭祀共豆脯脯者籩實醢者豆實禮蓋通言之鄭注醢人作醢及臡者必先膊乾其肉乃後莝之云乾豆者以豆實麋鹿麕兔用田獸爲多也賓客及君之庖皆豆實而以祭祀爲重故專以乾豆言之不必歲徧穀梁四時之田用三最得其實田取農隙夏時農隙無多而苗禮自備何休注公羊云不以夏田者春秋制也亦不謂無夏苗之禮

春秋書狩者二書蒐者一書大蒐者四書大閱者一書治兵者一案周禮大司馬中秋教治兵中冬教大閱因治兵而行蒐禮因大閱而行狩禮故田以秋冬爲正公羊於昭八年發其例云蒐何以書蓋以罕書也春秋紀異無所譏而書蒐爲其罕也東周以後四時田政多廢不脩案詩序於還言哀公好田獵於盧令言襄公好田獵左傳亦云晉侯好田則又常時從禽之事不必四時一舉矣經云無事歲三田常禮也車攻吉日美宣王田獵而云之子於苗則因會諸侯而田事之盛也非常禮也公羊穀梁二說與周禮互有異同而義實無牾鄭據此爲夏禮恐未然也

天子殺則下大綏諸侯殺則下小綏大夫殺則止佐車

鄭注下謂弊之佐車驅逆之車孔疏引鄭答趙商春夏用大麾秋冬用大常綏旌旗無旒者周謂之大麾則春夏田用綏

下謂弊之者謂弊仆於地也嵩燾案周禮司常大閱贊司馬頒旗物王建大常諸侯建旂孤卿建旜大夫士建物師都建旗州里建旟縣鄙建旐大司馬秋獮辨旗物之用亦略同鄭答趙商未知何據而司常游車載旌鄭注游車木路王以田以鄙析羽爲旌五采繫之旌上所謂注旄於干首也其注明堂位綏以旄牛尾爲之綴於橦上田僕掌佐車之政設驅逆之車令獲者植旌山虞大田獵弊田植虞旗於中致禽澤虞大田獵弊田植虞旌以屬禽弊者止也田止則植旌以告獲凡建旌旗無弊仆於地之事案大司馬有弊旗作旗之文則以聽誓令作旗而先偃旗以待作亦非弊仆於地之謂疏引詩傳天子發抗大綏諸侯發抗小綏抗綏者以表獲也正是此義曲禮武車綏旌德車結旌下卽綏旌

也結旌則結而不下植旌曰抗綏垂其緌於下曰下綏與天子所建之常諸侯所建之旂又別一物故以大小別之周禮戎僕有倅車道僕有貳車田僕有佐車與驅逆之車互舉則佐車者天子木路之副車也佐車以衞王車宜取便利故以田習之大夫乘木路而不必有佐車是天子之佐車得從大夫以田大夫比禽以獻各從天子諸侯所植之旌不別樹旌也注義恐未然

獺祭魚然後虞人入澤梁

孔疏月令正月獺祭魚孝經緯云獸蟄伏獺祭魚則十月中也是獺一歲再祭魚此謂十月時近嵩燾案王氏經義述聞云夏小正正月獺祭魚逸周書時訓篇驚蟄之日獺祭魚並

與月令同魯語大寒降土蟄發水虞於是講罛罶取名魚登
川禽大寒降土蟄發皆在孟春淮南主術篇獺未祭魚網罟
不得入於水漢書食貨志豺獺未祭罝網不布於壄澤高誘
注淮南顏師古注漢書竝以爲孟春之月據周禮魚人掌以
時魚爲梁春獻王鮪月令孟冬命水虞漁師收水泉池澤之
賦案收水泉池澤之賦是聽民取魚也而漁師至季冬始漁蓋魚常物季冬水澤腹堅魚皆深伏不易得故漁師取之
季冬命漁師始漁季春薦鮪於寢廟詩序潛季冬薦魚春薦
鮪也賈公彥周禮疏以爲一歲三時取魚皆爲梁竝云取魚
之法歲有五而引鼈人秋獻龜魚謂秋亦取魚鄭司農注鼈
人以時簎魚鼈謂以杈刺泥中搏取之然則秋惟杈魚漁人
捕魚以冬春二時十月天寒水落獺可以取魚再寒而冰孟

春冰解獺又取魚故凡取魚以獺祭爲斷而獻魚以季冬獻鮪以季春蓋季冬冰堅魚伏不易得季春魚長大魯語故謂之名魚皆獻其美者而已

冢宰制國用必於歲之杪

鄭注杪末也而未詳其義嵩燾案周禮太宰以九式均節財用必於歲之杪卽所以均節財用之法謂以今年所入之數制明年所出之數也所謂式者有一定之常式有一年之通式祭祀用常式賓客服用視所入之數而均節之則一年之通式也均者比而齊之節者等而制之三十年之通謂通計三十年豐耗之數爲之等差如大荒耗一年之儲後雖有豐年亦稍節其用以補之故曰通也舊注於此均無詮釋

祭用數之仂喪三年不祭惟祭天地社稷爲越紼而行事喪用三年之仂喪祭用不足曰暴有餘曰浩祭豐年不奢凶年不儉

鄭注仂者算一歲經用之數用其什一喪大事用三歲之什一暴猶耗也浩猶饒也孔疏仂是分散之名考工記石有時以泐鄭司農云謂石解散也輪人以其圍之阞捎其數彼注云三分之一此云什一以民稅十一國祭所用亦什一也嵩燾案鄭孔此訓以經義求之皆恐未然下文祭豐年不奢凶年不儉是此節正文謂有常式也冢宰制國用以年之豐耗定所用之贏縮通一國之經制言之而祭祀之用不在數易言歸奇於扐太元經作艻郭璞注云成也謂歸此一成之數也鄭注周禮輪人以其圍之阞云阞者三分之一竝與此仂字同義通

言一成之數也總會祭祀之用提出此一成祭有常經而所用不必適一故通言之如鄭注輪人三分之一則已多此言十分之一則太約矣而後以制用所餘爲一歲之儲案下九年之蓄六年之蓄三年之蓄皆謂九年六年三年之儲足備一年之食云用數之仂者明不在所制用數之內也喪三年不祭喪用三年之仂蓋併三年祭祀常費爲喪紀之用而其中天地社稷之祭不以喪廢則是三年之仂仍當酌殺其數案鄭注越猶蹴也紼輴車索孔疏未葬之前屬紼於輴祭天地社稷越蹴此紼而往祭之停住之時謂之紼若在塗人挽而行之則曰引據既夕禮商祝飾柩設披屬引爲將御柩以行也殯無用引者疏云屬紼於輴未詳所據曾子問天子郊社五祀之祭簠簋既陳天子崩及后喪皆廢焉有喪在殯而祭天地社稷之禮屬紼於輴而必越蹴以行尤爲悖理義疏越紼與大路越席之越同言路車之索不用絲而用苧麻既夕禮所謂約綏約轡是也周禮巾車喪車五乘鄭注木車始遭喪所乘素車卒哭所乘藻車既練所乘駹車大祥所乘漆車禫所乘此云越

紼正素車之飾祭必卜日喪在殯不得有祭　九式之用祭祀爲大喪紀兼三年祭祀之式豐儉均爲適中喪祭用不足者以常式之數爲不足於用也有餘謂有存餘暴殄也浩者輕薄之意集韻以水沛酒曰浩謂淸薄也案陳氏集説暴殄敗之義言不整齊浩汎濫之義謂以美沒禮也用以引申鄭義然此有餘不足正承上祭用數之仂爲言鄭意適得其反　經言喪祭之用常變相參語語承遞而下義足辭完略無滲漏鄭以一歲經用之數用其什一謂之仂則是祭祀之用亦無常數也與下豐年不奢凶年不儉不相應周禮九式其喪荒之式非常數祭祀居八式之一而所用僅及十一亦太簡矣古禮不如是也

喪不貳事自天子達於庶人

鄭注庶人終喪無二事不使從政喪大記曰大夫士既葬公

政入於家既卒哭弁絰帶金革之事無辟也嵩燾案鄭意以此專屬庶人謂大夫士之喪有二事而經兩言自天子達語自分深淺上言葬殯之期有遲速而致哀則同下言禮數之等差極之庶人不封不樹亦云簡矣而專心一志於親之喪以盡其哀則自天子至庶人同也天子諸侯聽於冢宰大夫士公事致於君私事廢自始喪至卒哭以至祥禫自有國有家以至庶人事各不同而居喪一主於哀不貳事者治喪禮不以他事間也案禮經凡言喪者通辭也而其中各有分辨有通三年喪言之有專就斂殯及葬以前事言之如此之爲喪不貳事皆葬以前事也如鄭說則自天子達於庶人句爲無著矣

喪從死者祭從生者

鄭注從死者謂衣衾棺椁從生者謂奠祭之牲器孔疏引盧植云從生者謂除服後之吉祭若喪中之祭虞祔練祥仍從死者之爵故小記云士祔於大夫則易牲又云其妻爲大夫而卒而後其夫不爲大夫則不易牲雜記云上大夫之虞也少牢卒哭成事祔皆太牢下大夫之虞也犆牲卒哭成事祔皆少牢是喪中之祭仍從死者之禮而鄭云奠祭之牲器與小記雜記違者小記雜記據死者子孫無官爵若其生者有爵則祭從生者之法喪祭尙爾喪後告祭可知或云奠者吉祭之奠及非時祭耳嵩燾案孔疏引盧植說甚允又據生者無官爵以傅會鄭義不知記禮者通士以上言之未嘗及庶人也奠者喪祭至卒哭祔而用吉祭云吉祭者禮數器物有

異虞祔練祥之爲吉祭猶喪祭也故皆用死者之爵此云祭但謂宗廟時祭而已古之祭禮文繁而事務盡其實士田祿薄牲器之供不能上逮大夫先王制禮使人所以上事其祖父其義足以自盡而已士二廟或祖爲大夫而父爲士必祭大夫以大夫之禮祭士以士禮則祖與父牲器皆異人子之心反有不安故祭從生者三代之制然也後世未嘗著爲律令聽人子之自達其情而不爲之限制此亦古今之異宜矣鄭注並奠祭皆從生者似未審方氏析疑但據生時以大夫牲鼎養不應以士禮奠爲言皆未達先王制禮之精意者也

天子七廟三昭三穆與太祖之廟而七

鄭注此周制七者太祖及文武二祧與親廟四太祖后稷殷

則六廟契及湯與二昭二穆夏則五廟無太祖禹與二昭二穆嵩燾案義疏云鄭氏此說皆原於禮緯在西漢時言始封之君爲太祖以下五廟迭毀韋元成也言天子三昭三穆與太祖廟而七劉歆也魏王肅言廟制同於劉歆鄭氏以高祖而下與始祖爲五同於韋元成盧植馬融亦守此義議禮者多伸王說又據王肅謂高祖之父高祖之祖與文武二室則周廟宜有九竊意經文明言三昭三穆自祖禰而上推之文武二世室不得與四親廟通言昭穆證以經傳之文鄭注實有不可通者商書七世之廟可以觀德語出古文而其言要有所本禮經言七廟甚繁竝未據爲周制祭法王立七廟曾子問取七廟之主又七廟無虛主僖十五年穀梁傳天子七

廟諸侯五大夫三士二德厚者流光德薄者流卑始封必爲祖范甯注卽據祭法爲言足知禮言七廟通辭也非專言有周一代之制荀子禮論篇亦云有天下者事七世家語天子七廟自虞至周所不變也蓋祖廟曁四親廟天子諸侯同而親盡當祧天子特立二祧以賅羣祖爲親盡故曰遠廟遠廟之祧仍須與四親廟序昭穆合之爲三昭三穆析之則四親自爲廟二祖自爲祧也蓋三代王者皆累數十世太祖廟之夾室不足以容故立二祧以統昭穆之祧主周禮命官曰守祧明有尊也其分藏於祖廟夾室者先公之祧也由太祖順而下之藏於二祧者先王之祧也由高祖以上之二祖等而上之案祭法五廟皆月祭之遠廟爲祧享嘗乃止由廟而祧而後遷主而藏之亦以明有漸也親盡而祧

分昭穆爲二祧升二祖主祧自爲二廟曾子問七廟無虛主
高祖以上之二祖所以正祧廟之主也經言七廟三代之通
制也文武二世室爲百世不遷之主則周制也劉歆之言九
廟是也鄭合文武世室以言七廟則夏殷禮異而天子五廟
下同於諸侯不足以云七廟矣禮器旅酬六尸足爲三昭三
穆之證周公宗祀文王明堂其時文王爲祖廟周公特剏此
制以明文武當别立廟用此以爲之程至穆王時文王當遠
廟之祧又再傳至懿王文王爲文世室至懿王子夷王而武
王爲武世室不曰廟而曰世室明與太廟竝尊也此周公制
禮所未及故周禮無世室之文言禮者必以文武世室爲七
廟之通制於經傳之文抵牾多矣

春曰礿夏曰禘秋曰嘗冬曰烝

鄭注此葢夏殷之祭名周春曰祠夏曰礿以禘爲殷祭詩小雅曰礿祠烝嘗于公先王孔疏郊特牲春禘鄭注禘當爲禴祭義春禘鄭注夏殷禮引詩小雅謂文王受命改殷之祭名以夏祭之禘改名曰礿嵩燾案戴氏記如祭法之言禘喪服小記及大傳言禘其祖之所自出自據大禘言之祭義春禘秋嘗郊特牲饗禘有樂食嘗無樂以禘爲春祭此經及祭統又以禘爲夏祭仲尼燕居嘗禘之禮所以仁昭穆也中庸禘嘗之義禘與嘗連文皆謂時祭也詩序長發大禘也是殷亦有大禘時禘之分爾雅春祭曰祠夏祭曰礿公羊桓八年傳春曰祠夏曰礿竝與周禮同而禘嘗之名猶沿以爲稱不必

卽爲夏殷之禮

天子諸侯祭因國之在其地而無主後者

鄭注夏后氏郊鯀至杞爲夏後而更郊禹晉侯夢黃熊入國而祀夏郊此其禮也嵩燾案都邑考伏羲都陳神農亦都陳又營曲阜少皞亦都曲阜故左傳云陳太皞之墟又云命伯禽而封以少皞之墟帝嚳都亳顓頊都帝邱夏后相亦都帝邱衞成公徙帝邱左傳衞顓頊之墟也又云衞成公夢康叔曰相奪予享公命祀相晏子對齊景公爽鳩氏始居此地季萴因之有逢伯陵因之蒲姑氏因之子產亦言遷閼伯於商邱商人是因遷實沈於大夏唐人是因如左傳所載鯀與相皆祀於杞非無主後者魯爲少皞之墟而任宿須句顓臾自

司少皡之祀爲魯附庸而太皡顓頊之祀無聞疑陳當祭太皡衞當祭顓頊其因國之在其地者尤多有之平陽安邑皆晉地也世紀鯀封崇伯禹封夏伯崇夏皆不隸於晉鯀祀夏郊與晉無與鄭引以當因國之祭非也

天子犆礿祫禘祫嘗祫烝

鄭注天子諸侯之喪畢合先君之主於祖廟而祭之謂之祫後因以爲常天子先祫而後時祭諸侯先時祭而後祫凡祫之歲春一礿而已不祫以物無成者不殷祭周改夏祭曰礿以禘爲殷祭也魯禮三年喪畢而祫於太祖明年春禘於羣廟自爾之後五年而再殷祭一祫一禘嵩燾案鄭意以祫字別義下文於諸侯言嘗祫烝祫故以爲天子先祫而後時祭

諸侯先時祭而後祫而於禘一犆一祫之文義不可通因考禘祫二祭不見於周禮鄭注大宗伯以肆獻祼當祫以饋食當禘而注司尊彝追享朝享謂禘祫也在四時之間故曰間祀禘之名喪服小記大傳詳其義祭法著其事論語發其微國語亦屢具其體祫之名曾子問備其儀公羊穀梁盡其說而二者之異同禮無明文楊氏復云禘者禘其祖之所自出於始祖之廟以始祖配之不兼羣廟之主爲其尊遠不可褻也祫者合毀廟未毀廟之主於太祖之廟而祭之乃謂之殷祭證之禮經數語爲最盡春秋於閔二年僖八年書禘者二於文二年書大事者一公羊穀梁竝云大祫杜注左傳則云禘也左傳於昭十五年有事於武宮云禘於武宮於昭二十

五年云禘於襄公於定八年從祀先公云禘於僖公以春秋之例推之三年遷廟合祭於太祖曰禘說文所謂諦祭也既祭而遷主於祧新主正禰廟之名故亦曰吉禘士虞禮云吉祭卽吉禘也文二年以躋僖公謂之大事亦吉禘也左傳於祭毀廟之主與祭禰皆謂之禘非事也公穀二傳於文二年之吉禘謂之大祫以爲合食毀廟與未毀廟之主亦非事也疑公羊傳五年而再殷祭於鄭注魯禮三年喪畢祫於太祖明年春禘於羣廟之說正合葢喪禮廢祭喪畢合食太祖而遷廟而後四時之祭行又明年始合祭毀廟之主說文三歲一祫五歲一禘始免喪之祀然也免喪而祭而誠以漸而達於遠不敢遽也故曰五年而再殷祭禮經言禘言祫無以年

計者明堂位季夏六月以禘禮祀周公於太廟則亦常祀也案大傳王者禘其祖之所自出諸侯及其太祖大夫士干祫及其高祖諸侯不得祭其祖之所自出故魯禘止於周公而因合祀毀廟之主故通謂之祫此禘祫二祀之名所由合也周禮固曰四時之間祀三傳之言禘者始免喪之禮禮之言禘則常禮也未宜混而一之春秋紀異不紀常書禘者二皆魯之失禮也然固可以證魯之吉禘皆喪畢合祭而後遷廟此經言犆言祫自據四時常祀言之與他言祫禘者有別古人先祭有卜日有齊有戒尸卜尸既祭有繹七廟之祭次第行之則一月不能具舉若同日而祭其於敬也弛矣而力亦弗給禮器旅酬六尸鄭注后稷發爵不受旅亦據祫祭爲言而祫祭合毀廟未毀廟之主於太祖之廟不得專立六尸曾子問祫祭於祖祝迎四廟之

主疑皆爲常祫天子諸侯七廟五廟之主歲惟一犆祀其餘三祭皆祫如此則敬有所申而力亦有所能給鄭注於其中分析祫祭言之恐未然也

諸侯礿則不禘禘則不嘗嘗則不烝烝則不礿

鄭注虞夏之制諸侯歲朝廢一時祭孔疏南方諸侯行礿祭竟夏來朝故闕夏禘西方諸侯行夏祭竟秋來朝故不嘗北方諸侯行秋祭竟冬來朝故廢烝東方諸侯行冬祭竟春來朝故廢礿嵩燾案虞書肆覲東后各以其方見乃巡守之禮非朝覲之禮周禮大行人侯服一歲見甸服二歲見男服三歲見采服四歲見衞服五歲見要服六歲見禹貢五服周禮析爲九服是禹貢甸侯綏要四服當各以歲致朝貢於王虞

書五載一巡守羣后四朝蓋四服各以一年朝也安得有歲朝而廢一祭之事疑此敘於諸侯祫犆之前必非諸侯之正祭當承上言諸侯助祭天子之禮所云諸侯謂畿內諸侯也詩序烈文臣工竝云諸侯助祭諸侯因朝會而助祭者眾則播之詩歌明非常也惟畿內諸侯助祭有常制經意歲或一助祭或再助祭間一時休息以使之不勞通言諸侯者諸侯朝覲助祭天子亦與畿內諸侯同也諸侯朝覲者當一助祭畿內諸侯得再助祭此經所述固當專指畿內言之

有田則祭無田則薦

鄭注祭以首時薦以仲月孔疏引晏子春秋天子以下至士皆祭以首時嵩燾案周禮大司馬中夏享礿中冬享烝是周

禮實以仲月龜人上春釁龜祭祀先卜凡祭卜日皆以先月下旬始春釁龜而後再卜一歲首祭不於釁龜前卜可知是爲祭用仲月之明證而月令於孟冬言大飲烝後漢祭祀志四時祭春以正月夏以四月秋以七月冬以十月疑祭用孟月起於秦漢康成注禮多援漢制以證之春秋桓八年書烝者二桓十四年書嘗者一嘗以八月周制也三傳皆無異辭烝以正月用夏制夏五月又烝公穀二傳皆譏其黷禮桓五年左傳云始殺而嘗閉蟄而烝杜注始殺建酉之月閉蟄建亥之月一據夏正言之而嘗以仲月烝以孟月不限以時疑春秋以前四時之祭皆無常月至漢始有定制循用至今從鄭說也月令仲春獻羔開冰薦寢廟季春薦鮪孟夏以彘嘗

麥薦寢廟仲夏以雛嘗黍薦寢廟孟秋登穀薦寢廟仲秋以犬嘗麻薦寢廟季秋以犬嘗稻薦寢廟季冬嘗魚薦寢廟薦者新也不當限以月下云庶人春薦韭夏薦麥秋薦黍冬薦稻正當據孟月爲言黍熟於季夏稻熟於季秋庶人薦以四時秋薦黍冬薦稻者祭先月之新也疏申鄭義均恐未然

庶羞不踰牲

鄭注祭以羊則不以牛肉爲羞嵩燾案周禮膳夫羞用百有二十品鄭注內則下大夫十六上大夫二十公食大夫禮羞庶羞蓋十六品有膷臐膮（鄭注今時臛也牛曰膷羊曰臐豕曰膮）有牛炙牛胾牛鮨（鄭注內則謂鮨爲膾）有羊炙羊胾豕炙豕胾是牲皆備也疑不踰牲如左氏傳博碩肥腯之類牛人所供有祭祀之牛有膳羞

之牛祭祀之牲掌之充人展牲告牷碩牷則贊不踰牲者言膳羞不得上與牲竝也論語菲飲食而致孝乎鬼神惡衣服而致美乎黻冕與此同意下云燕衣不踰祭服寢不踰廟天子元端以居諸侯朝元端夕深衣與冕服自別路寢內寢之制與宗廟自別而天子諸侯所居宜加廣矣知所謂不踰者皆主豐儉之飾於外者言之

夫圭田無征

鄭注古者謂殷時夫猶治也𦑡𦓠案周禮士田任近郊之地稅什一鄭意以載師之士田當圭田而近郊之稅什一故竝據此爲殷禮圭田之制見於孟子趙岐注所以供祭祀也是卿大夫之圭田猶天子諸侯之耤田與采邑之田以民力所

供爲祿入者自別畿內之田稅入於王采邑之田稅入於食采邑之卿大夫皆征也圭田卿大夫所自治故曰無征夫者餘夫也趙岐注孟子引此經云餘夫圭田皆不當征春秋宣十五年初稅履公羊謂之履畝而稅左氏傳云穀出不過藉三代田法皆詳於役而略於賦計夫受田而分田以井故以夫爲之綱賦役二者皆視之以爲準所謂穀出不過藉者稅則一出之井田也圭田及餘夫所受之二十五畝皆不列於井田之中猶後世畸零田卿大夫齍盛之所出餘夫力食之所資以此取給餘夫得正田四分之一爲不足於食故亦無征孟子言野九一而助國中什一使自賦先儒謂國中用貢法非也園廛及郊地不能以井定稅無公田助法之可言也

其鄉以下之圭田及餘夫之田孟子不詳其賦法則自三代皆無征可知也吳氏澄亦以夫當餘夫所受之田似爲得之

凡居民材必因天地寒煖燥溼廣谷大川異制民生其間者異俗剛柔輕重遲速異齊

鄭注使其材藝堪地氣也異制謂其形象異俗謂其所好惡異齊謂其性情緩急嵩燾案此承度地居民之義而廣言之也材謂造邑廬宿市之材廣谷大川異制則其法度方式也周禮太宰百工飭化八材考工記審曲面勢以飭五材左氏傳鳩工庀材材者匠人營國之首需也大司徒以土宜之法辨十有二土之名物以相民宅而知其利害以土圭土其地而制其域日南則景短多暑日北則景長多寒日東則景夕

多風日西則景朝多陰因寒煖燥溼而知制邑居民用材之宜廣谷則築宜庫大川則基宜崇皆度地居民之事也民生其間異俗始及人民之習尚剛柔蘊之心者以質性言輕重形之身者以舉止言遲速措之事者以動作言齊如內則食齊視春時羹齊視夏時之齊謂調劑其平也爾雅殷齊中也玉篇整也整齊之使適於中過者裁而抑之不及者輔而進之所謂異齊也

東方曰寄南方曰象西方曰狄鞮北方曰譯

鄭注鞮之言知也今冀部有言狄鞮者孔疏通傳夷狄之語與中國相知嵩燾案鄭意以冀部名知難通之語言者爲狄鞮故以知釋之亦取鞮與知同音爲訓然傳四夷語言以通

相知不得專於狄言知疑周禮象胥掌蠻夷閩貉戎狄之國

協其禮與其辭言傳之說文譯傳四夷之語者義主於傳言

語周禮通謂之象漢以後通謂之譯中國地勢東極於吳越

語言猶易通也說文客寄也謂之寄者若寄寓於中國之一

隅以客禮待之而已南達於交阯稍遼遠矣周易象也者像

也說文像似也語言嗜欲可以想像得之西北地最遠說文

逖遠也牧誓逖矣西土之人詩舍爾介狄毛傳云遠也是逖

假借爲狄說文鞮革履也革履能行遠言須遠歷各國而後

通知其言語也譯者傳而釋之四者有遠近之異而取義亦

各以類別

凡居民量地以制邑度地以居民地邑民居必參相得也

孔疏此論居民與地相得嵩燾案經云參相得則是地也邑也民居也三者皆量度所宜熊氏安生云計量地土廣狹制四井爲邑每邑居三十二家小司徒四井爲邑以制井田之數不必四井聚居於一邑左傳凡居有宗廟曰都無曰邑邑若今之村落論語十室之邑千室之邑邑大小無定各因地以制之公邑之大夫私邑之宰居焉百工之飭材者商賈之阜貨者亦懋遷其中以通有無之用而農民各就田畝匠人爲溝洫田間有畎井間有溝成間有洫同間有澮而其後言溝防之式亦云葺屋三分瓦屋四分疑農民當依溝防餘地比次以居無聚處一邑之理此亦當爲載師任地之法地者井里之通名也地有高下遠近所制之邑必與地相得邑有

廣縮險易所用以居民者抑必與邑之地相得邑不侵地之數以爲餘閒是以無曠土民不樂邑之媮以事轉移是以無游民疋申足上文地邑民居必參相得之義

命鄉簡不帥教者以告耆老皆朝於庠元日習射上功習鄉上齒

鄭注耆老皆朝於庠將習禮以化之使之觀焉嵩燾案周禮鄉大夫受教法於司徒頒之鄉吏以教其所治考其德行道藝三年大比興賢者能者退而以鄉射之禮五物詢衆庶州長以月吉屬其州之民考其德行道藝而勸之糾其過惡而戒之春秋以禮會民射於州序三年大比贊鄉大夫廢興黨正以四時之孟月吉日屬民而讀邦法以糾戒之祭祀以禮

屬民飲酒於序族師以月吉屬民讀邦法掌其治令戒禁刑罰閭胥掌其比觵撻罰之事比長各掌其比之治五家相受有罪奇衺則相及徙於國中及郊則從而授之若徙於他則爲之旌節而行之無授無節則惟圜土內之自州長黨正族師閭胥比長皆鄉吏也而大司寇以五刑糾萬民三日鄉刑上德糾孝準以周禮之文知鄉簡不帥之法卽在屬民讀法之時鄉大夫之以五物詢衆庶州長之屬民以糾其過惡黨正之讀邦法而糾戒之皆其事也耆老朝於庠而習射及鄉飲禮正州長黨正所謂以禮屬民者檀弓孔子射於矍相之圃子路延射先辨僨軍亡國與爲人後者是鄉射之禮卽寓簡不帥教之意鄉射大射竝云司射取扑搢之鄭注扑所以

撻犯教者鄉射記射者有過則撻之虞書侯以明之撻以記之小胥觵其不敬者撻其怠慢者閭胥所掌觵撻罰之事亦卽射飲中事也下云右鄉移之左左鄉移之右及移之郊移之遂疑卽大司寇九月役七月役五月役三月役使州里任之之事比長從國及郊從而授之鄰長從於他邑從而授之授之比長鄰長以從役也遂師移用其民縣正移執事亦卽此移之郊遂者而以事役之竝不專屬在學之士案此卽大司寇之鄉刑上德糾孝者其訟獄之麗於法則掌之鄉士所云簡不帥教凡鄉之民皆簡焉下文小胥大胥小樂正簡不帥教者以告始就在學之士言之鄭注似以射飲之禮專爲不帥教行之恐非又云中年考校移之左右亦復習禮於鄉學後中年又爲之習禮於郊學遠郊之外四遂又中年移之使居遂又習禮於遂

之學不變屛之遠方謂九州之外一準學記九年大成之例次第移學而後屛之未免臆爲之說

升於司徒者不征於鄉升於學者不征於司徒曰造士

鄭注造成也能習禮則爲成士嵩燾案周禮州長黨正族師作民師田行役各掌其戒令政事而鄉師受州里之役要逆其役事辨其可任者與其施舍者鄉大夫辨其夫家可任者征之貴者賢者能者服公事者老者疾者皆舍大司徒大軍旅大田役以旗致萬民鄉師以司徒之旗致衆庶是小役征於鄉大役征於司徒鄉繫而司徒之役簡也大胥掌學士之版祭祀用樂以鼓徵學士小胥掌學士之徵令升之學則供學事不屬役於司徒下文順詩書禮樂以造士國之俊選皆

造焉是所謂造士者合選士俊士而造就之非謂其爲成士
也方氏慤云有選士之造有俊士之造大司徒頒職事於邦
國都鄙以登萬民十曰學藝十一曰世事十二曰服事其施
十二教六曰以世事教能則民不失職疑所謂學藝者卽升
學之俊士所謂世事者六官之屬之政教禁令服事則其府
史之屬也並鄉所升之選士爲之而皆以時致之於學曰造
士者明一造之以詩書禮樂也鄭注能習禮則爲成士似於
前後文義未能曙然
將出學小胥大胥小樂正簡不帥教者以告於大樂正大樂正
以告於王
鄭注此所簡者謂王太子王子羣后之太子卿大夫元士之

適子孔疏恐所簡兼有鄉人故明之嵩燾案上文國之俊選皆造焉是凡與於學之事者皆簡之不盡於學士之版也太史掌邦之六典法則辨法者攷焉不信者刑之祭祀讀禮書協事辨事者攷焉不信者誅之王者一道德同風俗期使學出於一不帥教者無篤信謹守之實則將流爲邪辟而不自知屏之遠方卽太史不信之刑也入學謂因射飲而有乞言合語之禮以糾戒之將出學而簡其不帥教者因而罰之不以升於司馬俟王視學糾察其果不帥教而施罰焉案屏之遠方猶上文屏之四方惟其所之終身不齒猶周禮司圜雖出三年不齒謂不復列之於士而已使爲士者遠之雖有邪說詖行而固不足以害人心而亂風俗西方曰棘東方日寄言聽其所之也正不必加以放流之刑王者於四民之治惟致其嚴於學蓋所與共天祿以理治天下者無他士

而已矣其學之成否天下之人卽受之以爲利病故夫先王立學之意期使才知之士浸漬於其中而脩己治人之大法從容討論皆夙成焉則所以調和元氣以董正天下之性情皆於學基之是以立法常嚴虞書敬敷五教在寬爲百姓言也寬焉而使人易從也學記師嚴而後道尊爲士言也使夫天下之爲不善者皆不得齒於學則士知自重矣士知自重而後才成於學而教沛於天下則教之效也王制一書非盡周以前之制也而時能得其遺意卽此足見三代立學之旨矣

有發則命大司徒教士以車甲

鄭注乘兵車衣甲之儀嵩燾案周禮大司徒大軍旅大田役

以旗致萬民而治其徒庶之政令鄉師凡四時之田前期出田法於州里簡其鼓鐸旗物兵器脩其卒伍及期以司徒之大旗致衆庶而陳之以旗物族師師田行役合其卒伍簡其兵器以鼓鐸旗物帥而至鄰長作其民用之以旗鼓兵革帥而至葢司徒掌民數徵發徒役皆司徒之事也師田則以旗致之使成具車甲士三人皆具甲所謂教士以車甲者簡其車甲使皆備也鄙族師酇長各以旗物帥而至之意族師上士鄰長中士由司徒發之以應司馬之役而後大司馬大合軍以行禁令乘車衣甲坐作進退之儀司馬掌之非大司徒教之所及也

凡執技以事上者不貳事不移官出鄉不與士齒仕於家者出

鄉不與士齒

鄭注不與士齒賤也仕於家亦賤故亦不與士齒嵩燾案周官大祝大史射人太卜皆下大夫大馭中大夫小祝小史馭夫卜人皆中士下士醫師有上士下士考工記所敘之輪人輿人皆以工名官者也其仕爲中大夫以逮中士下士無不齒於士之理疑凡執技三節層遞而下首詳其用次列其目終序其材品論力謂服勞任重適四方謂利奔走贏股肱謂勞筋骨決射御謂供役事皆以術藝工作事人者官如曲禮在官言官之官凡朝廷治事處曰官不貳事就所執之藝言之不移官就所履之地言之春秋聖門諸賢多仕爲家臣論語亦稱公叔文子之臣大夫僎戰國以來仕無世官官無世

祿無可以家名者此云仕於家若史記春申君呂不韋等傳舍人之類以食客爲名通謂之仕非復春秋以前之爲家臣者矣案執技通言之若秦醫和醫緩魯公輸般皆以技名豈得爲賤疑此漢世功令所以廣厲學官非古制然也

凡制五刑必卽天論郵罰麗於事

鄭注必卽天論言與天意合過人罰人當各附於其事不可假他以喜怒孔疏言執五刑之時必就上天之意議論輕重天意好生又有時以生有時以殺言就天道使生殺得中故云與天意合嵩燾案周禮大司寇庶民之獄訟以邦成弊之小司寇以五刑聽萬民之獄訟附於刑用情訊之至於旬乃弊之讀書則用法是以鄉士遂士縣士方士皆達之司寇以聽之羣士司刑皆在各麗其法以議獄訟輕重之法無不麗

於事者經蓋言五刑之制必準以情郵罰小者則弊以事可也即小司寇附於刑用情訊之之意天論者推諸天理人心之同然而因以論斷其獄非但以法麗之而已至於過失之罰一以其事之輕重爲準不復深究其情士師以五禁五戒先後刑罰無一不昭示之於民而猶有犯者糾其罪而無所赦所以齊天下之耳目也罪小而無事之可麗亦不強法以從之經義曲盡鄭注似未能分晰

必察小大之比以成之

鄭注小大猶言輕重孔疏言雖疑而赦之不可直爾而放當察案舊法輕重之例以成於事嵩燾案疏申鄭義連上疑獄爲文疑此總結上文言既致其詳審而後比例以定其罪小

大之比猶今律例之分小如司刑所掌五刑之法其屬各五百以辨罪之輕重大如司寇建邦之三典有輕典有中典有重典合而察之所謂庶民之獄訟以邦成弊之者也察其大則罪名定而不能私有出入察其小則獄情別而不能意爲重輕大小輕重未宜混而一之

凡作刑罰輕無赦

鄭注法雖輕不赦之爲人易犯也嵩燾案下文刑者侀也侀者成也一成而不可變故君子盡心焉不應此二語全無矜卹之意疑此以起下文言先王制爲刑罰之法各以其罪之輕重附之司刺以三刺三宥三赦之法求民情斷民中而施上服下服之罪其不入於三法者固不能不正之以刑而無

可赦也惟其輕而無赦是以一犯法而即列爲刑人君子所尤宜盡心者也

析言破律亂名改作執左道以亂政殺

鄭注析言破律巧賣法令者也亂名改作謂變易官與物之名更造法度左道若巫蠱及俗禁嵩燾案鄭意分列三項言之疑此云亂政即孟子所謂作於其心害於其事作於其事害於其政而統括之於左道析言以下四者皆左道也析言如鬼谷子之七術鶡冠子之四稽五至韓非子之五蠹破律如老子之絶聖棄智莊子之剖斗折衡墨子之非樂非儒亂名如公孫龍子之堅白異同愼子之椎拍輐斷改作如商君之開塞耕戰書鄧析子之竹刑其言悖於聖賢之道而用以

矯虔天下終至於亂政下文行堅言僞學博順非用之爲學足以害教此用之爲道足以害治其事同也

錦文珠玉成器不粥於市衣服飲食不粥於市

鄭注不示民以奢與食也孔疏衣服飲食與珠玉連文據華美者不得粥之恐民貪饕案此二者一訓儉一訓勤周禮司市治市之貨財珍異質人掌成市之貨財珍異廛人斂珍異之有滯者錦文珠玉皆珍異也所禁者成器如製錦爲帷帟鏤珠玉飾器之類司市所謂以政令禁物靡而均市是也魯語自庶士以下皆衣其夫祭法庶士庶人立一祀或立戶或立竈爲衣服飲食皆自爲之衣服貴賤有制飲食日膳有常粥於市則等差無別亦所以防淫佚也司虣所謂禁屬游

飲食於市是也合上下十四事皆市禁司市掌之

太史典禮執簡記奉諱惡天子齊戒受諫

鄭注諱先王名惡忌日若子卯歲終羣臣奏歲事諫王當所改爲也孔疏餘諱亦太史奉之禮運天子適諸侯必舍其祖廟不以禮籍入是謂天子壞法亂紀是亦諱諸侯之祖父也惡亦兼餘事誦訓云掌道方慝以詔避忌嵩燾案鄭意於此析分兩節以天子與冢宰百官皆歲終受質而周禮太史職凡喪祭朝會師旅皆得執簡記詔王不主歲終受質言之故分析爲二據周禮太史正歲年以敘事內史掌敘事之法受納訪以詔王聽治鄭注納訪納謀於王也周禮內史中大夫太史下大夫敘事納訪當屬內史敘事者王日有所事若左

史記言右史記動之類疑太史所執之簡記即此歲終一詔諸王諱隱事惡過舉奉者備列而陳之亦使人君知所畏戒春秋列國史氏猶有能舉其職者隋唐以前人君不令見國史葢猶古制而用意殊矣北魏崔浩之誅禍斯烈焉奉諱惡綜一歲之言動美惡皆備無所隱飾故曰受諫也案周禮太宰歲終令百官府正其治受其會聽其致事而詔王廢置司會以歲會考歲成詔王及冢宰廢置小宰贊冢宰受歲會周官以百官之成統之冢宰王制以百官之成統之三官則猶緣飾漢制以爲之辭耳惟太史執簡記奉諱惡以天子之成詔王受之疑古禮當然爲足補周官之闕

凡養老

孔疏引皇氏云人君養老有四一養三老五更二養爲國難死者之父祖三養致仕之老四引戶校年養庶人之老又引

熊氏云養老一歲有七四時皆養老鄭此注飲養陽食養陰陽用春夏陰用秋冬是也文王世子凡大合樂必遂養老注云大合樂謂春入學舍菜合舞秋頒樂合聲世子又云凡視學必遂養老是季春大合樂天子視學亦養老總爲七也嵩燾案陳氏禮書引周禮羅氏獻鳩以養國老在仲春月令養衰老授几杖在仲秋通季春大合樂云一歲三養老而言月令無冬夏養老之文周禮禮記惟言春養秋食而已與孔疏又有異同據大戴記保傅篇春秋入學坐國老執醬而親饋之是天子有事於學就行養老之禮春秋合樂正其事也陳氏所引月令春養老之說則耆老孤子歲有常養無關入學養老之義其老者仍得春秋合饗證之月令孟春命樂正入

學習舞仲春上丁命樂正習舞釋菜仲丁又命樂正入學習樂季春大合樂是春習樂亦常禮也仲春季春天子皆有視學之文而不必皆至季秋命樂正入學習吹大胥春入學舍菜合樂於月令為仲月秋頒樂合聲於月令為季月似春秋入學亦不必有定時大司樂掌成均之法凡有德者有道者使教焉內則凡養老五帝憲三王有乞言文王世子天子視學適東序設三老五更之席位尙書大傳大夫七十致仕退老歸其鄉里大夫為父師士為少師入學上老坐於右塾庶老坐於左塾鄭注上老父師庶老少師疑三代學制鄉學鄉大夫主之國學大司成主之其任教學之責者卽所養之老也鄉飲酒禮鄉大夫所以養老其平時則有德藝者留教於

學而其餘皆以禮會尚書大傳之言上老坐於右塾庶老坐於左塾蓋鄉學也鄉飲禮賓若有遵者諸公大夫一人舉觶乃入則又致仕之老之尤尊者未嘗教於學而以禮會故其禮殺於賓而席有加天子之三老五更則皆致仕之老之尊者惇史之言即以爲敎於學故凡養老皆主大夫士言之庶人之老則但與之引年免其子弟之征而已不養之於學也

五十養於鄉六十養於國七十養於學達於諸侯八十拜君命一坐再至瞽亦如之九十使人受

鄭注國國中小學在王宮之左學大學也在郊小學在國中大學在郊此殷制明矣命謂君不親饗食必以其禮致之孔疏八十年衰不堪來學受養君以饗食之禮使人就家致之

嵩燾案鄉飲酒義六十者坐五十者立所以明尊長也六十者三豆七十者四豆八十者五豆九十者六豆所以明養老也鄉大夫養老之禮自九十至於六十五十者立西階下不與於養此云養於鄉者鄉飲五十者皆至爲其年巳尊於鄉也天子視學養老年六十乃得與而仍不屬於席三老五更之席位必年七十以上曰養於學者明三老五更之正位於東序也又經言養老皆以禮會大夫以上致仕者旣使之教於學天子有問則就見之而以時帥公卿大夫養之於學以致其敬其大司徒以保息六養萬民養老與振窮恤貧連文則所謂歲有常餼者上云養者老以致孝而屬之司徒卽其事也遺人以門關之委積養老孤司門又云財物犯禁者舉

之以養死政之老與其孤死國事者之父母又養老中之一事而與視學養老之禮固自判然以此之養老隆其養視學之養老則以致其敬也案周禮外饔邦饗耆老孤子則掌其割亨之事酒正饗耆老孤子共其酒無酌數稾人饗耆老孤子共其食郊特牲春饗孤子秋食耆老月令仲春養幼少存諸孤仲秋養衰老授几杖行糜粥飲食葢遺人養老孤頒於司徒以門關所入之貨賄爲常餼春秋特會而饗之漢書高祖紀置三老勿繇以十月賜酒肉猶其遺意大夫致仕有田祿與在官無異天子所以優老與其時賜皆有加禮其在學論說乞言天子與在學之國子同禮而尊之不得下及庶人之老明矣此經言養老之禮自五十達於九十葢通言之鄉皆有學天子之虞庠亦鄉學也所以養老熊氏安生云國老謂卿大夫致仕者庶老謂士國學以教國子虞庠之學以教庶士亦與鄉學同升於國學卿大夫致

仕有德者有道者教於國學其次教於虞庠之學退老於其鄉者教於鄉學在鄉學爲庶老在國學爲國老上云小學在公宮南之左大學在郊下云虞庠在國之西郊前後相應虞庠者庶士之大學也經文蓋錯綜言之鄭氏據在國者爲小學而以殷禮釋之證之諸經無一合者至謂八十以上不親饗食以其禮致之則亦不知鄉學之養老者亦上及九十而此以八十與瞽並言專論拜受君命之節別爲一義以與上七十連文故特以達於諸侯一語自爲結束經文比而分之注家必聯而合之而文義皆不可通矣

五十杖於家六十杖於鄉七十杖於國八十杖於朝九十者天子欲有問焉則就其室以珍從七十不俟朝八十月告存九十

日有秩

鄭注大夫士之老者君揖則退孔疏此謂大夫士年老而聽致仕者若不聽致仕則祭義云七十杖於朝八十不俟朝嵩燾案曲禮大夫七十而致仕若不得謝則必賜之几杖是七十不致仕者得杖於朝此通五十六十七十八十言之明不得賜至八十亦可杖於朝周禮司士正朝儀之位孤卿特揖大夫旅揖士旁三揖王還揖門左揖門右王入內朝皆退是朝禮卿大夫士序立於庭王左右揖畢還入內朝司士所掌治朝之禮當竝通於外朝君揖卽退不必大夫士老者始然祭義七十杖於朝君問則席八十不俟朝君問則就之此當爲內朝之常禮玉藻朝辨色始入君日出而視之退適路寢

聽政使人視大夫大夫退而後適小寢是常日內朝畢出就治事所居考工記所謂外有九室九卿朝焉是也七十杖朝有問則席八十不俟朝有問則就之明謂常朝議所治事八十可以不與朝位而俟君之就見之蓋朝位皆立八十未致仕者就九室治事之所坐而論之不俟朝見以優老也此云七十謂既賜几杖亦可以是優之若致仕則固無位於朝也八十之告存九十之日秩亦不當以施之無位者經蓋通言之鄭注不云致仕孔疏所言亦不善申鄭義矣

五十而爵

鄭注賢者命爲大夫孔疏王制殷禮殷士無爵嵩燾案周禮太宰爵以馭其貴大司徒以賢制爵皆通卿大夫士言之所

謂爵者命秩也大宗伯之九命是也殷制以官序而無命數

廣韻殷爵三等周爵五等以燕饗命諸侯而謂之爵非周制

詔爵之義燕禮小臣納卿大夫卿大夫皆入門右升就席士

但旅食而已燕饗之禮以爵爲尊卿大夫得因燕饗受爵士

冠記古者五十而後爵下云諸侯未賜爵視天子之元士以

君其國故爵通於士而專言爵則大夫也孔疏據爲殷禮失

之太遠

有虞氏養國老於上庠養庶老於下庠夏后氏養國老於東序

養庶老於西序殷人養國老於右學養庶老於左學周人養國

老於東膠養庶老於虞庠虞庠在國之西郊

鄭注上庠右學太學也在西郊下庠左學小學也在國中王

宮之東東序東膠亦太學也在國中王宮之東西序虞庠亦小學也西序在西郊周立小學於西郊孔疏引熊氏文王從殷禮辟雝太學在郊又引劉氏小學爲辟雝在郊蒿燾案自有虞立學有上庠下庠之分三代因之以東西相勝蓋古者天子以下及公卿大夫之子皆入於學三代世祿其禮義成於士大夫而士庶莫能竝焉凡入學以齒不能概之士庶也故士庶之子在鄉學者必選其秀者而升之天子國都之士庶別立學以使與鄉學同升文王世子乃進其等以其序謂之郊人遠之於成均以明貴賤之等也而取賢斂才以不阻其進學之所以終出於一也至周立四代之學而學制大備祭義天子設四學易太初篇太子旦入東學晝入南學暮入

西學夜入北學北學者上庠也[illegible]曰瞽宗以祀先聖先師東曰東膠以養老文王世子所謂適東序者此也樂記祭義所謂食三老五更於大學者亦此也南曰成均周學也大司樂掌成均之法明一代之學制以統四學也（案注引董仲舒云成均五帝之學賈疏周人立此學即虞庠之學是也大誤）大戴記尚書大傳及賈誼疏竝有五學之名亦名其中學曰太學有虞氏以北爲上謂之上庠夏后氏上東殷上右右者西也周以南爲上而合四代之學總名之曰辟雝上云天子曰辟雝是也疑上庠下庠以上下爲次東序西序右學左學皆東西相向爲次一爲太學一爲士庶之學周兼立四代之學士庶之學不能與太學竝立故遠之於郊都城以外皆郊也其必於西郊者夏尚東殷尚西周立

太學國中而詘虞庠西郊以相勝也近秦氏五禮通考考定四代之學甚詳而於虞庠西郊之義不能有所發明鄭氏一據小學在公宮之左太學在郊之文釋之孔疏因之而愈歧矣

有虞氏皇而祭深衣而養老夏后氏收而祭燕衣而養老殷人冔而祭縞衣而養老周人冕而祭元衣而養老

鄭注皇冕屬也畫羽飾焉凡冕屬其服皆元上纁下有虞氏十二章周九章夏殷未聞嵩燾案文王世子凡釋奠者必有合也凡大合樂必遂養老是天子視學合樂釋奠先聖先師乃遂養老王制因言學而及養老則此祭即釋奠之祭非泛言司服五冕之祭也學記皮弁祭菜視學之祭當以皮弁士

冠禮及郊特牲竝云周弁殷冔夏收殷冔夏收正與周弁爲類說文弁冕也鄭注士冠禮爵弁制如冕黑色但無繅何休公羊宣五年傳注夏曰收殷曰冔周曰弁加旒曰冕弁冕制同以旒爲別是以周禮掌弁冕之官但曰弁師此云冕而祭葢卽皮弁視學之祭也元衣卽元端次於皮弁服而祭義云食三老五更於太學冕而總干周禮司服饗先公饗射則鷩冕鄭注饗食賓客與諸侯射射亦視學之事而服鷩冕疑禮經錯舉爲文而事各別天子視學有始立學有春秋釋奠樂記敘食三老五更於大學冕而總干以明武樂之遲久則周之盛禮也其春秋視學養老不必盡然固知此冕而祭之卽爲弁而祭也鄭據五冕之祭爲言似於養老之文爲不類

百工各以其器食之

鄭注器能也孔疏百工謂有雜技藝因其各有所能供官役使以廩餼食之而引晉語戚施直鎛籧篨蒙璆侏儒扶盧矇瞍脩聲聾聵司火嵩燾案疏意是也義疏亦引淮南子伊尹之興土功也脩脛者使跖钁强脊者使負土眇者使之準偃者使之塗足盡此義國語所謂官師之所材也而百工二字據瘖聾跛躃斷者侏儒之藝能言之於文不類周禮太宰以九職任萬民九曰閒民無常職轉移執事是亦聽民之相役也司稼掌均萬民之食而周其急而平其興是亦課民之相賙也國有六職百工居一而工事之任人力尤多器者百工所執之器若攻木攻金攻皮設色刮摩摶埴之屬所具以役

人之力者也案淮南子言伊尹之興土功亦百工之一事瘖聾跛躃斷者侏儒皆可聽役於百工授之器而使食其力之所能給所以廣其仁於天下以荅遂其養也

古者以周尺八尺爲步今以周尺六尺四寸爲步

鄭注禮制周猶以十寸爲尺或言周尺八寸則步更爲六十四寸孔疏古以周尺八寸爲步則一步六十四寸今以周尺六尺四寸爲步則一步五十二寸案六十四寸之八得五十一寸二分疏據成數言之嵩燾案說文尺十寸也周制寸尺咫尋常仞諸度量皆以人之體爲法咫下云中婦人手長八寸謂之咫周尺也夫部下云周制八寸爲尺是許意徑謂周尺八寸蔡邕獨斷亦云夏十寸爲尺殷九寸爲尺周八寸爲尺說苑一粟爲一分十分

爲寸積寸爲尺何休公羊注側手爲膚案指知寸布手知尺或云粟或云黍或云案指陳氏祥道謂有指黍二尺之辨尺者十寸之積也長短在度不必增減寸數經云周尺八尺爲步周尺六尺四寸爲步言步法非言尺法而步法實以尺爲準孟子夏后氏五十而貢殷人七十而助周人百畝而徹井田經界既定不得擅變以步法推之夏八尺爲步百步爲畝五十畝方尺者三十二萬殷尺準夏尺八寸四分五釐有奇七十畝得方尺者四十四萬八千每步當夏尺六尺七寸六分周尺準殷尺八寸三分六釐有奇百畝得方尺者六十四萬每步當殷尺六尺六寸八分八釐是三代步法與尺法相準以次各減其尺十之二而有畸零步狹則畝數增多商鞅

治秦步過六尺者有罰似古尺法代有減殺而秦漢之初一準周尺爲度而量步則減殺其尺寸以周尺最爲短縮無可減也周尺當今營造尺六寸四分今步五尺當周尺七尺八寸有奇案司馬温公云周尺當五寸五分弱是宋尺贏於今尺八分有奇步法亦略同而秦之以六尺爲步爲最狹矣司馬遷之云六尺爲步卽秦制經明言周尺八尺周尺六尺四寸與秦之以六尺爲步皆準周尺言之更無減殺其寸以爲尺之義而周尺視殷得八寸三分有奇殷尺視夏得八寸四分有奇亦不如蔡邕所云夏尺十寸殷尺九寸周尺八寸各減一寸以爲度也鄭注以意擬之恐未然案鄭瑛七脩類稿云周八寸爲尺秦比周七寸四分前漢官尺比周一尺三分有奇所云秦尺卽準秦步六尺爲言然周秦傳記但云六尺爲步不別著秦尺法疑秦人更定三代步法以加增田畝爲厚斂之計於尺法初

無更定也依鄭氏之說秦尺當準周尺七寸五分云四分者亦誤

方伯爲朝天子皆有湯沐之邑於天子之縣內視元士

孔疏前文不能五十里曰附庸天子元士視附庸此湯沐之邑亦五十里以下嵩燾案周禮大司徒九夫爲井四井爲邑史記舜一年所居成聚二年成邑釋名邑人聚會之稱也湯沐之邑謂朝宿處不必遽爲五十里以下之地春秋隱八年鄭伯使宛來歸祊案公穀二傳祊皆作邴桓元年鄭伯以璧假許田三傳皆云鄭以泰山之祊易許田杜注左傳成王營王城賜周公許田以爲魯朝宿之邑鄭桓公封鄭有助祭泰山湯沐之邑公羊以爲諸侯朝天子天子之郊皆有朝宿之邑從祀泰山皆有湯沐之邑穀梁云邴者鄭伯之所受命而祭泰山之

邑也據周禮大行人辨諸侯之命以待賓客出入皆有積司儀致饋致飧致饔餼致館掌客備其物掌訝待其事環人送逆邦國之賓客舍則授館是諸侯朝覲天子餼饔賜舍皆有司掌之惟天子巡狩及朝會諸侯東都宜有朝宿邑定四年左傳取於有閻之土以共王職取於相土之東都以會王之東蒐杜注有閻衛所受朝宿邑會王東蒐爲湯沐邑王東巡狩以助祭泰山昭九年周甘人與晉閻嘉爭閻田是閻亦近東都之邑衛之閻田魯之許田皆爲朝會東都湯沐之邑左傳云取者明非天子所授邑也其曰許田曰有閻之土竝以井計邑安得有附庸五十里之地爲湯沐邑哉漢書注郡國朝宿之舍在京師者名邸說文邸屬國舍也朝宿湯沐異名

起於公穀二傳漢儒傳經之所由仿葢亦多本漢制言之

事爲異別

鄭注事爲百工技藝也異別五方用器不同也嵩燾案此二者屬之八政百工及五方之器用於政無與項氏安世云事爲如冢宰之九職司徒之十二事考工之六職皆司徒所頒以任民者也異別者司徒五地之常職方九土之宜王制中國四夷之俗皆司徒所辨以居民者也然八政首飲食衣服自據民生日用之常言之辨土居民體國經野之大政於此爲不類疑司徒十二事頒諸邦國都鄙者事爲也冢宰之九職卽屬異別如載師任民之法任農以耕事任圃以樹事任工以飭材事任商以市事任牧以畜事任嬪以女事任衡以

林事任虞以澤事卽於事爲之中加之異別亦非僅辨物土之宜而已

禮記質疑卷五終

禮記質疑卷六

思賢講舍

湘陰郭嵩燾伯琛著

月令

祭先脾

鄭注春爲陽中於藏直脾脾爲尊其注夏令祭先肺云陽位在上肺亦在上中央祭先心云五藏之次心次肺至此心爲尊秋令祭先肝云秋爲陰中於藏値肝冬令祭先腎云陰位在下腎亦在下嵩燾案說文心部心土藏也博士說以爲火藏肉部腎水藏也肺金藏也脾土藏也肝木藏也五經異義引今文尚書歐陽說肝木也心火也脾土也肺金也腎水也古尚書說脾木也肺火也心土也肝金也腎水也月令用古

尚書說揚雄太玄木藏脾金藏肝火藏肺水藏腎土藏心亦用古文家說高誘注呂覽始有相勝之說亦兼引古文云一曰脾屬木自用其藏其云肺火心土肝金自用其藏竝兼取古文家說白虎通云脾土也春木王殺土故以所勝祭之冬腎六月心非所勝也以爲土位中央至尊故祭以心心藏之尊者水最卑不得食其所勝此則專主今文尚書而曲爲之說鄭駁五經異義月令四時祭乃其五藏上下之次耳冬位在後而腎在下夏位在前而肺在上春位小前故祭先脾秋位小卻故祭先肝腎也脾也俱在鬲下肺也心也肝也俱在鬲上祭者必三故有先後焉不得同五行之義蓋鄭意主今文而不取相勝之說故以五藏上下次第言之說文心部主

古文說亦兼取今文肉部專主今文固以今文家說爲勝月令出於周秦之世則古文尚書之說也以經義求之自以五行當令爲先鄭注自立一說然非月令之旨矣

乃命太史守典奉法司天日月星辰之行宿離不貸無失經紀以初爲常

鄭注典六典法八法也離讀如儷偶之麗宿儷謂其屬馮相氏保章氏掌天文者相與宿偶當審候伺不得過差經紀謂天文進退度數嵩燾案鄭注周禮馮相氏引月令乃命太史言馮相保章屬太史此云太史卽馮相氏保章氏之屬也典如馮相氏之會天位以辨四時之敘法如保章氏之五物所以察天象之變者也典者容成調歷之式法者疇人推步之

方史記天官書二十八宿宿猶次舍日月五星必依之以爲次舍故曰經星所會之辰有次舍謂之宿所歷之度有進退緩急伏見謂之離離者麗也不當訓爲儷偶二十八宿之次經也日月五星相與出入紀也初者冬至甲子之歷元治歷者用爲推步之準鄭注於此似未分明

措之于參保介之御間

鄭注保介車右也君車使勇士衣甲居右而參乘備非常也保猶衣也介甲也嵩燾案車右爲保介不見他文高誘注呂覽副也周頌嗟嗟保介專言農事朱子因訓爲農官之副應氏鏞引詩楚茨尸爲神保楚辭巫爲靈保因以保介爲農神御者參陪而立措之此間依神以求福也然神何神天子之

車與神並載恐無是事載芟詩有依其士有略其耜毛傳士
子弟耕而負耒者子弟天子耕耤負耒之農正謂之保介國
語命農大夫戒農用韋昭注農大夫田畯農用田器也耕耤
之耒耜必有司掌之國語又云王耕一墢韋注一耦之發也
耜廣五寸二耜爲耦贊王耜而比耦曰保介高誘所謂副者
此也周禮戎右中大夫齊右下大夫道右上士有常職而司
右掌羣右凡勇力之士屬焉無常職此云參保介者參乘兼
掌耒耜居御者之右而措耒耜於其間也參者車右也保介
贊王之耒耜鄭通以車右釋之周頌之云嗟嗟保介義不可
通矣

躬耕帝藉

鄭注帝籍爲天神借民力所治之田也嵩燾案鄭注周禮及詩箋並云藉之言借也說文帝耤千畝古者使民如借故謂之耤韋昭注國語藉借也借民力以爲之皆本孟子助者藉也之說據周禮甸師帥其屬耕耨王藉鄭注其屬府史胥徒也庶人終於千畝謂徒三百人是鄭意終畝之庶人亦庶人在官者甸師之屬下及徒三百皆天子之主伯亞旅也國語王治農於藉耨穫亦於藉天子之藉田耕耨及穫皆有事焉而領之甸師何嘗借助民力哉漢書文帝後二年開藉田應劭曰藉者帝王典藉之常也臣瓚曰藉謂蹈藉也段注說文斥其刺謬證之經義瓚說固爲近之國語宣王不藉千畝又云農正陳藉禮以事名藉又云司空除壇於藉廩於藉東南

鍾而藏之並以地名藉盧氏植云藉耕也左傳鄭人藉稻杜注藉稻蓋履行之卽蹈藉之義云帝藉者天子自履行之田周禮禮記及詩小序皆作藉說文作耤亦名之爲帝耤因有帝藉之名而後以耤名田樂記耕藉然後諸侯知所以敬祭義耕藉所以教諸侯之養天地山川社稷宗廟之粢盛皆出於藉故曰藏帝藉之收爲神倉鄭以帝藉專屬之天神亦恐未然周禮內宰王后帥六宮生穜稑之種以獻於王鄭注王當以耕種於藉田王后獻種天子秉耒以耕其耨穫亦於藉國語三時務農一時講武惟天子自行田故謂之帝藉段注說文言藉者歉然於當親事而未能親事也疑非經旨

命祀山林川澤犧牲無用牝

孔疏山林川澤其祀旣卑餘月牲皆用牝惟此月不用爲傷妊也若天地宗廟大祭雖非正月皆不用牝嵩燾案曲禮天

子祭山川諸侯祭山川之在其地者皆屬正祀周禮司服祀四望山川毳冕祭社稷五祀希冕大宗伯以血祭祭社稷五祀以貍沈祭山陵川澤犧牲皆共之牧人而繫之充人鄭注充人凡散祭祀之牲繫之國門云散祭祀司中司命山川之屬安得餘月有用牝之事周禮自鄉師州長黨正族師皆以祭祀屬民閭胥凡春秋之祭祀聚衆庶此云命祀者葢州黨族閭春秋祈報之祭祀舉山林川澤以贊生物之功也民間方祀所用之犧牲不必奉牲告牷惟於首春申用牝之禁以明長育之義耳

元鳥至至之日以太牢祠於高禖

鄭注元鳥巢人堂宇而孚乳嫁娶之象也媒氏之官以爲候

高辛氏之世元鳥遺卵娀簡吞之而生契後王以爲媒官嘉祥而立其祠焉變媒言禖神之也嵩燾案毛氏元鳥詩傳湯之先祖有娀氏女簡狄配高辛氏帝與之祈於郊禖而生契本其爲天所命以元鳥至而生焉生民詩傳亦主郊禖之說閟宮詩引孟仲子曰是禖宮也並據此經元鳥至祀郊禖爲說而遂以姜嫄之廟爲禖宮說文禖祭也與祈禳禬祰爲類生民詩以弗無子箋訓弗爲祓除周禮女巫掌祓除女祝掌招梗禬禳之事禖之名祀亦招禬之類以非常祀故宗伯所掌無其文經云元鳥至祀高禖殆周秦間人緣飾元鳥詩義說如此五經通義郊禖祭天地據詩生民克禋克祀以弗無子而謂之郊禖則亦祭天而已蔡邕以爲禖神高辛以前舊

有晉束晳因云高禖者人之先也羅泌路史女媧氏正姓氏職婚姻是曰神禖祀爲高禖之神隋書禮儀志稱北齊高禖祀青帝以太昊配仍月令春帝之祀也宋史禮志始益以高辛政和禮乃以簡狄姜嫄從配是鄭氏之說至宋始用爲典禮其云後王以簡狄吞卵爲嘉祥而立其祠別無證據金史禮志又祀伏羲女媧則用路史之說也自北齊祀青帝而配以人帝亦訖無定祀知鄭注之不可爲典要也簡狄吞卵語出緯書史記及劉向列女傳皆取之自不如毛氏詩傳爲得其正

耕者少舍乃脩闔扇寢廟畢備

鄭注舍猶止也因蟄蟲啟戶農事少閒而治門戶也凡廟前

曰廟後曰寢嵩燾案高氏呂覽注耕者少舍言耕者皆出在野少有在都邑者也尚書曰厥民析散布在野傳曰震雷出滯土不避墾辟在司寇闔扇門扇民所由出故治之寢以安身廟以事神似較鄭注為優七月詩四之日舉趾同我婦子饁彼南畝是仲春之月婦子亦出在野國語是時農司農正司空司徒之屬皆命其旅曰徇安得有少閒之時蓋因耕者皆出脩治門戶以嚴出入之防馬氏晞孟云脩闔扇敝其向之塞闕其戶之墐其時春氣向暖宜疏通陽氣因耕者之啟戶而出以脩闔扇而通及寢廟亦以順時令之宜也

祀不用犧牲用圭璧更皮幣

鄭注當祀者古以玉帛而已疏謂祈禱小祀嵩燾案義疏引

蔡氏邕云祈者求之祭也預祝水旱疾疫諸事左傳所謂祈以幣更也是蔡氏本作祈不用犧牲周禮太祝掌六祈鄭注類造禬禜皆有牲攻説用幣春秋莊二十五年左傳凡天災有幣無牲鄭注周禮攻如鳴鼓又引董仲舒救日食祝是之謂説也蔡氏亦云祝水旱疾疫是祈本有不用牲者襄九年左傳祈以幣更杜注不用牲則晉悼公所以節用而息民也仲春雩祭未行祈禱小祀去牲以順天地生長之氣家語齊大旱春饑孔子請祈以幣玉尤爲春祈不用牲之證疏云祈禱小祀足以補鄭注之闕而言之不詳於經義仍未能曙然

田獵罝罘羅罔畢翳餧獸之藥毋出九門

鄭注九門路門應門雉門庫門皋門城門近郊門遠郊門關

門蒿壽案鄭注周禮匠人天子十二門故於此通王居以至闕門言之白虎通云九門磔攘以畢春氣天子之城十有二門東方生氣之門不欲使死物見於生門高氏呂覽淮南竝云九門三方九門也東方王氣所在不得出尙生育也其餘九門得出故特戒之吳氏澄云南三門王之正門平日亦不得出然經但言九門安見南門東門之有異陸氏佃據南北九經東西九緯爲說則徑以九軌之涂當九門近高郵王氏據鄭注匠人九階云南面三三面各二爲例僖二十年左傳正義魯城南面三門定八年左傳公斂處父帥成人自上東門入杜注魯東城之北門是南面三門三面各二門也疑經云田獵兼及天子諸侯以下竝通庶民言之九門約舉爲文

秦漢都城有九市市皆有門史記呂不韋傳布長安市門毋出九門言不得出市門也虞書闢四門城門有四正其旁又有四隅秦漢都城別有便門淮南子道出一源九門六衢九門自是周秦間語無庸曲爲之說

乃合累牛騰馬游牝於牧犧牲駒犢舉書其數

鄭注累騰皆乘匹之名是月所合牛馬謂繫在廏者其牝欲游則就牧之牡而合之孔疏游此繫牧之牝就牡而合之其在廏牝馬須乘用者則不放之既游牝於牧之後畜皆在野所有犧牲及小馬之駒小牛之犢皆書其見在之數嵩燾案鄭孔於此添無數轉折義疏累負而上騰躍而起牛遲重故云累馬驃疾故云騰皆牡欲就牝之形釋累騰字極允乃合

累牛騰馬就牡言之游牝於牧就牝言之二語自相成此蓋牧人所掌游牝於牧所以合之也安得有在廄在牧之分犧牲駒犢謂牛馬所生息者於所生駒犢中相其毛體純者以備犧牲之用籍其數而別錄之重其選也故於此特出犧牲二字以見義舊注皆未分明

斷薄刑決小罪出輕繫

鄭注祭統曰草艾則墨謂立秋後也刑無輕於墨者今以純陽之月斷刑決罪似非嵩燾案義疏薄刑小罪如鞭作官刑扑作敎刑之類本不罹於五刑而姑繫之以待訊者卽斷決而出之疑此亦明不留獄之意盛夏緩刑而薄刑小罪亦須以時斷決其尤輕者則竟出之餘月皆然至此月又加清理

非謂薄刑小罪餘月可以收繫之此月始斷決也注引祭統之文未免以辭害意

蠶事畢后妃獻繭乃收繭稅以桑爲均貴賤長幼如一

鄭注后妃獻繭內命婦獻繭於后妃收繭稅者收於外命婦外命婦雖就公桑蠶室而蠶其夫亦當有祭服以助祭收以近郊之稅孔疏外命婦所以有稅者以其夫祭服官家所給故輸繭以供造之載師近郊十一公桑在國北近郊以桑爲均者以受桑多少爲賦之均齊桑多則賦多桑少則賦少貴謂卿大夫之妻賤謂士之妻嵩燾案祭義天子諸侯必有公桑蠶室卜三宮之夫人世婦之吉者使入蠶卒蠶奉繭以示於君遂獻繭於夫人卜世婦之吉者使卒蠶事其地之不容

多人可知蠶者世婦示於君以告繭成夫人也下云獻繭夫人則悉所治之繭獻之夫人以待繅此經云獻繭與祭義之奉繭以示於君正同一事所以告繭成也兩章文義互相備注於此以內命婦獻繭后妃爲說則經當爲倒文恐不然也天子諸侯之蠶室與耤田同內宰中春詔后帥外內命婦始蠶於北郊與天子耕耤同耤田領之甸師蠶室領之世婦女御周禮女御以歲時獻功事是也公卿大夫各有治蠶之所安能盡就棘牆外閉之蠶室與天子之世婦交錯以從事周禮閭師任嬪以女事貢布帛而孟子云五畝之宅樹之以桑是宅皆有桑以任女事載師又有宅不毛之征蓋雖不樹桑亦征其里布知繭稅通貴賤征之經云以桑爲均言有宅即

有桑三代制賦以口戶爲率桑者所以表宅也貴賤長幼並

餘夫計之疏以受桑多少爲言然則所稅獨公桑乎卿大夫

受桑之法於禮無徵而謂薾稅專取之外命婦周禮以女事

頁布帛未嘗專責卿大夫之妻也典絲典枲之屬皆有賜予

典枲云頒衣服授之賜予亦如之頒衣服者頒之內命婦也

賜予所包甚廣宮伯掌王宮士庶子凡在版者以時頒其衣

裘是王宮之宿衞亦得頒衣未聞卿大夫之祭服給之自官

者鄭注於此多未分明孔疏因之而益歧矣

命有司爲民祈祀山川百源大雩帝用盛樂乃命百縣雩祀百

辟卿士有益於民者以祈穀實

鄭注雩帝謂爲壇南郊之旁雩五精之帝配以先帝也百辟

卿士告者上公若句龍后稷之類天子雩上帝諸侯以下雩上公周冬及春秋雖旱禮有禱無雩嵩燾案周頌噫嘻序春夏祈穀於上帝也鄭箋孟春祈穀於上帝夏則龍見而雩春秋襄七年左傳郊祀后稷以祈農事是以春秋書魯郊皆祈穀之祭桓五年左傳啟蟄而郊龍見而雩郊雩禮均鄭云配以先帝卽推郊祀后稷之義言之雲漢詩自郊徂宮而云后稷不克上帝不臨則固與郊同也其言爲壇南郊旁雩五精之帝實於禮無徵小宗伯兆五帝於四郊是五帝之祀各於其郊大宗伯國有大故旅上帝及四望鄭注云上帝五帝也周禮凡祈禳禱祠皆不及五帝上帝五帝自別豈宜混而一之雲漢詩言昊天上帝者三言昊天者三言上帝者一雩帝

卽雩天也其言羣公先正者二毛傳先正百辟卿士也烝民詩式是百辟鄭箋訓百君百縣之百辟卿士謂古建國君斯土及爲其臣有功德者詩言羣公先正必非句龍后稷社稷五祀之神可知大司徒荒政十有二曰索鬼神百辟卿士蓋皆索而祭之天子祭天地諸侯祭社稷禮有明文昭二十九年左傳五行之官是謂五官列受氏姓封爲上公祀爲貴神明謂社稷五祀之神其生皆爲上公天子諸侯通祭之安得據左傳之云上公以當百辟卿士天子之百縣亦不必盡爲諸侯也周禮司巫國大旱則帥巫而舞雩女巫旱暵則舞雩春秋書大雩者二十書又雩者一左傳秋書再雩旱甚也公羊傳言雩則旱見成七年冬大雩穀梁傳冬無爲雩也鄭據

左傳龍見而雩遂謂冬及春秋無雩與周禮及三傳之文異經云大雩帝用盛樂周禮旱雩無用盛樂之文則此之大雩卽今之常雩用以祈穀不待旱也旱雩以旱行之穀梁云冬無爲雩謂農事畢也徑謂冬及春秋無雩非也

令民毋艾藍以染毋燒灰毋暴布

鄭注毋艾藍爲傷長氣也此月藍始可別毋燒灰爲傷火氣也火之滅者爲灰毋暴布不以陰功干太陽之事嵩燾案毋燒灰呂覽作毋燒炭高誘注草木未成也不欲夭物是月炎氣盛猛布暴則脆傷之張氏處云考工記湅布以欄爲灰言以欄木之灰漸釋其帛又曰晝暴諸日云毋者燒灰暴布耗傷元氣此二事亦爲染而發方氏析疑燒灰蓋燒石爲灰地

氣上蒸窯內溼强燒卽粗礦不可用此時艾藍暴布皆謂非時不能爲艮似此三說宜參用夏小正五月啟灌藍蓼齊民要術二月淺藍子畦種之五月拔栽三莖爲一科七月刈藍爲澱夏小正言啟灌卽拔栽之意而蓼藍一歲可三刈四民月令五月刈藍六月種冬藍五月非不可艾藍者艾藍以染當潰成澱亦尙須時日疑此所重在染凡染事始於季夏周禮染人春暴練夏纁元秋染夏冬獻功鄭注夏者染五色鄭司農云秋乃大染月令季夏染采謂始事也五月尙未可以染四月刈麥矣五月刈黍矣獨刈藍爲傷養氣乎鄭注藍始可別而遽刈之又非事也㡛人湅帛以欄灰溼之以蜃又淸其灰沃之盝之欄與蜃皆灰也杜子春云溼當爲湼竝謂以

灰澆之燒灰當作澆灰染與練事略同而皆暴之以日毋暴布者申足上二語之意皆於色不良也月令季夏治染而染人職夏纁元而已其色皆取深黯知此三者之非爲順陽氣也

百官靜事毋刑以定晏陰之所成

鄭注毋刑謂罪罰之事不可以聞晏安也陰稱安嵩燾案呂氏春秋淮南子竝作毋徑事毋徑當先請詳而後行也高誘注晏陰微陰也於義爲優然月令日長至日短至竝言陰陽爭夏至陽極陰生不應專言定陰而已王氏經義述聞小爾雅晏陽也晏陰猶陰陽也呂覽諭徒篇心若晏陰喜怒無處韓子外儲說雨霽日出視之晏陰之間太元踦贊凍登赤天

晏入黃泉范望注凍至寒也晏至熱也是晏與陰相對成文釋晏陰字至確說文晏天清也如湻漢書注三輔以日出清濟爲晏晏字本訓日出天清小爾雅所謂晏明陽也晏陰猶言明晦淮南繆稱訓暉日知晏陰諧知雨晏與雨對文猶言晴雨也假借爲陰陽字案晏陰周秦閒常語冬至陰極陽生言陰陽夏至陽極陰生常言陽陰借言晏陰亦足悟古人行文之法夏至陽極陰生陽造始而陰成終以陰就陽而陽主之故曰以定晏陰之所成冬至陰極陽生陽甫動而求定以陽入陰而陰受之故曰以待陰陽之所定

命四監大合百縣之秩芻以養犧牲令民無不咸出其力以共皇天上帝百神之祀

鄭注四監主山林川澤之官百縣鄉遂之屬地有山林川澤

者也秩常也百縣給國養犧牲之芻多少有常今月令四爲田嵩燾案義疏周禮甸師以薪烝役事委人供薪芻秩芻非虞衡所供鄭云今月令四爲田蓋甸郎田也薪烝供自甸師周制亶然然周禮甸師下士二人而淮南子云命四監大夫高誘注天子畿內百縣縣有四郡四監監四郡之大夫也如高注百縣四監何以云大合百縣之秩芻通典秦漢內史有廩犧令丞郎周禮牧人之職而自漢牧苑皆置監當亦沿秦制疑秦置郡領縣自戰國已然戰國策宜陽大縣名爲縣其實郡也自秦武王時已以郡統縣四監屬內史故秩芻皆徵之百縣季冬命四監收秩薪芻以供郊廟及百祀之薪燎專以共薪芻爲職必非監郡之大夫明矣此當通秦制言之與周禮所載徵有參差說文積積

禾也秩積貌引詩積之秩秩是禾之積曰秩韵會秩再生稻刈而重出故爲秩序疑秩者秷秸之類蓋禾屬芻者芻蕘草屬說文所謂草薪也皆所以飼犧牲者鄭注養犧牲之芻多少有常似於義無取

樹木方盛命虞人入山行木無有斬伐

鄭注無有斬伐爲其未堅韌也高誘注呂覽云慮傷方盛之氣也嵩燾案周禮山虞仲冬斬陽木仲夏斬陰木凡服耜斬季材凡邦工入山林掄材不禁是夏時亦得斬木陽木松柏之屬陰木杞柳之屬杞柳質柔夏時斬伐亦不蛀其餘堅韌之木必仲冬時乃能伐取之春夏斬者多蠹鄭注陽木生山南者陰木生山北者大誤鄭司農云陽木春夏生陰木秋冬生若松柏之屬則又適得其反矣凡伐木以制用山虞

爲辨物性以知斬伐之宜其非以制用則春夏皆無伐木事王制所謂草木黃落然後入山林者是也不應專於季夏示禁此當爲課種植之事季夏樹木已成山虞入山巡視以知生植之數重在行木而已無有斬伐止帶說亦以順時令之宜也

鷹乃祭鳥用始行戮

鄭注鷹祭鳥者將食之示有先也既祭之後不必盡食若人君行刑戮之而已嵩燾案獺祭魚鷹祭鳥豺祭獸皆謂獵取陳之如祭然戮則殺而食之於鷹豺言戮者鷹亦鳥類豺亦獸類鷹豺應秋氣而始鷙以類相戕如行戮也文義本自相足鄭注析分二義則鷹固知禮且廉於食矣似非經旨

命理瞻傷察創視折審斷決獄訟必端平戮有罪嚴斷刑

鄭注順秋氣政尚嚴也創之淺者曰傷蕙田案陸氏佃引蔡邕曰皮曰傷肉曰創骨曰折骨肉皆絕曰斷傷瞻之而已創然後察也折視之而已斷然後審也以傷創折斷正其罪之輕重亦所以療之徐氏師曾曰用刑而有傷創折斷所以致其義恤刑而命瞻察視審所以致其仁疑此皆主用刑言傷葢古之鞭刑若今笞創葢古之朴刑若今杖折者墨劓之屬斷者剕宮之屬擬五刑之用以決獄訟使所擬一出於端平瞻察視審祇是詳慎之意下云戮有罪則大辟之刑斷刑之最重者故曰嚴而一準以其罪仍出之以端平而已皆就所擬之刑言之所以矜恤之意即在用刑之中無已刑而復加

瞻察視審之義

天地始肅不可以贏

鄭注贏解也嵩燾案鄭意仍屬上節謂有罪不可解縱高誘注呂覽贏驕也淮南子贏盛也均就時令言之方氏慤云陽道常饒則有餘而贏陰道常乏則不足而縮意謂陰道不可使有餘而所謂有餘不足者氣也非事也其言終無歸宿玉篇贏溢也凡物盈而散之於外曰溢贏祇是發舒之意陽氣長養故主發舒陰氣閉塞故主收斂不可以贏卽斂嗇之意起居行政皆然鄭注仍主用刑言之非也

農乃登穀

鄭注黍稷之屬於是始熟孔疏於仲夏之月農乃登黍云仲

夏新黍未熟猶用舊黍蒿盦案說文禾嘉穀也粟嘉穀實也米粟實也嘉穀之實曰粟於是相沿以粟爲名而稷之名隱矣穀者通名以稷爲五穀之長故名稷曰穀月令孟夏嘗麥仲夏嘗黍仲秋嘗麻季秋嘗稻各有其時蔡邕於農乃登黍云今蟬鳴黍是也早黍熟於仲夏晚稻熟於季秋今時猶然鄭通黍稷爲穀非也

盲風至

鄭注盲風疾風也蒿盦案荀卿佹詩列星隕墜旦暮晦盲秋後日色暗閉不雨而風塵沙上揚有若晦盲故曰盲風孔疏云秦人謂疾風爲盲風恐未然案蔡邕月令章句云秦人謂蓼風爲盲風

羣鳥養羞

鄭注羞謂所食也夏小正曰丹鳥羞白鳥傳曰丹鳥者謂丹良也白鳥者謂蚊蚋也其謂之鳥者重其所養也有翼者爲鳥羞也者不盡食也嵩燾案皇疏以丹良爲螢火螢食蚊蚋八月蚊蚋爲涼風所伏不能急飛故螢得羞之經云養羞謂儲以禦冬飛螢與蚊蚋並盡於九月何云養羞也淮南時則訓作羣鳥翔高誘注羣鳥試其羽翼而高翔說文翔回飛也八月飛蟲伏而草木之實成羣鳥回翔求食與羞養之義爲近王氏章句謂如鷽雀之類羣飛者蓄聚草木之實於巢穴以備雨雪故曰養羞

具飭衣裳文繡有恆制有小大度有長短衣服有量

鄭注具飭衣裳謂祭服也祭服之制畫衣而繡裳衣服謂朝

燕及他服嵩燾案義疏具飾衣裳句提其綱下詳其目具飾者朝祭燕私之服無不飾正之也鄭分衣裳爲祭服衣服爲朝燕他服恐非說文服用也衣裳言其制衣服言其用文繡有恒如衣五章三章裳皆四章衣三章一章裳皆二章制有小大如衣四幅裳七幅度有長短如衣二尺有二寸衽二尺有五寸袪尺有二寸量者稱也喪大記袍必有表衣必有裳謂之一稱天子自后以下衣服稱數多少必有常供故此申言衣服有量上三句以制言此別以用言也

穿竇窖脩囷倉

鄭注入地隋曰竇方曰窖嵩燾案高誘注呂覽圓曰囷方曰倉與鄭注互爲訓據說文竇窢爲類竝云空也空孔古今字

凡孔皆謂之竇城垣行水處曰水竇窖地藏也考工記匠人囷窌鄭注穿地曰窌許君以地藏釋窖則入地者窖也以藏粟而閉塞其門竇葢依高岸爲之其門外敞若戶竇然疑當云淺曰竇深曰窖莊子齊物論窖者密也郭象注窖深穴也則竇窖二字淺深之別囷倉二字方圓之別鄭注匠人囷圜倉此以竇窖爲隋方之分恐失之

農事備收舉五穀之要

鄭注舉五穀之要定其租稅之簿也嵩燾案小宰聽出入以要會司會以參互考日成以月要考月成以歲會考歲成鄭注參互謂司書之要貳與職內之入職歲之出是凡出入之數總籍之謂之要舉五穀之要總計五穀多少之數籍而記

之以紀國用廩人掌九穀之數以詔穀用倉人掌粟入之藏以待邦用舍人掌米粟之出入歲終會計其政皆承冢宰之籍以知出入之經者也

大饗帝嘗犧牲告備於天子

鄭注大饗者徧祭五帝也嘗者徧嘗羣神也天子親饗帝使有司祭於羣神禮畢而告備焉嵩燾案五帝之祭詳見周禮與昊天上帝並重而小宗伯云兆五帝於四郊是五帝各以其時祀於郊所主四時之氣其實天也無合祀之禮明堂祀上帝見於孝經並無祀五帝之文周禮亦不具其事程子言季秋饗帝以父配之卽據此經大饗帝爲說陸氏佃因以此爲季秋大饗明堂史記封禪書作明堂汶上五年脩封祀太

乙五帝於明堂是爲歷代明堂之始所祀太乙而以五帝從祀其説葢出於謬忌公玉帶之流後漢永平二年祀明堂專主五帝而率以正月行事魏書禮樂志太和十六年九月大饗明堂隋唐以後季秋大饗沿自北魏葢用鄭氏之説也而鄭注實依倣漢制爲説遂竝以嘗爲嘗羣神徒謂四時之祭不當在季月故因饗帝而徧及羣神要之月令雜用周秦之典大饗帝嘗實合明堂及宗廟言之此所記猶周制之遺而正不必一一求合周禮也

合諸侯制百縣爲來歲受朔日

鄭注秦以建亥之月爲歲首孔疏史記秦文公獲黑龍自爲水瑞以十月爲歲首嵩燾案史記封禪書秦始皇旣併天下

或言黃帝得土德黃龍見夏得木德青龍止於郊殷得金德銀自山溢周得火德有赤烏之符昔秦文公出獵獲黑龍此其水德之瑞於是秦更名河曰德水以冬十月爲年首色尚黑而據秦本紀昭襄王四十二年十月宣太后薨九月穰侯出之陶四十八年十月韓獻垣雍司馬梗北定太原盡有韓上黨正月兵罷五十年十月武安君遷陰密二月攻晉軍竝敘十月於前昭襄王五十六年卒子孝文王立而云十月已亥卽位明昭襄王以十月爲歲首嗣君卽位卽以是月改元耳是秦改朔在昭襄王十九年僭稱帝時其後去帝號而正朔相沿不改始皇倂天下稱皇帝始頒正朔於天下史記沿以相說故於始皇本紀所載年月又有參差封禪書敘秦改

朔之祥始於文公孔疏遂謂文公自爲水瑞以十月爲歲首
文公當魯惠公時尚在春秋之前無遽改正朔之理

收祿秩之不當供養之不宜者

鄭注供養不宜欲所貪嗜若熊蹯之屬非常食者天氣殺而萬物咸藏可以去之也嵩燾案周禮太宰歲終令百官府正其治受其會聽其政事而詔王廢置疑此即周官廢置之典與上受朔並舉之歲終者祿秩若大夫士供養若府史胥徒之屬待養於官者宮正掌王宮之官府次舍爲之版以待稽其功緒均其稍食去其淫怠與其奇衺之民月終則會其稍食歲終則會其行事會其稍食所以供養之會其行事則供養有宜不宜歲終甄而別之淫怠者廢事奇衺者骫法即所

謂不宜者廩人所共之稍食稾人所共之宂食皆此類也鄭注恐失之

命太史釁龜筴占兆審卦吉凶是察阿黨則罪無有掩蔽

鄭注筴蓍也占兆龜之繇文也卦吉凶謂易審省錄之而不釁筮短賤於兆也阿黨謂治獄吏以恩私曲撓相爲也嵩燾案呂覽命太卜禱祠龜筴審卦兆以察吉凶於時有阿上亂法者則罪之無有掩蔽月令本出呂氏春秋自以呂氏所記爲正義疏以四字斷句曰占兆審卦吉凶是察阿黨則罪無有掩蔽陸氏佃禮記解亦以吉凶是察爲句必如此文義乃順鄭注闌入刑獄似無倫序周禮龜人上春釁龜簭人上春相簭釁者龜而已此兼龜筴爲文恐尙有脫字鄭據周禮有

釁龜無釁筮遂牽其事於卦兆謂占兆釁審卦不釁尤誤疑
占兆審卦四語爲命戒太史之辭阿黨者以私意傅會使吉
凶本義不明如穆姜筮得艮之隨而史謂其速出南蒯筮得
坤之比而以爲大吉也掩蔽謂掩護其事而蔽其吉凶之實
大卜以八命贊三兆三易之占觀國家之吉凶以詔救政阿
黨掩蔽所繫至重故於釁龜筴時申戒之

命司徒循行積聚

鄭注積聚芻禾薪蒸之屬萬熹案陳氏集說司徒作有司阮
氏校勘記云閩監本毛本岳本嘉靖本衞氏集說作命司徒
石經考文提要云宋大字本宋本九經南宋巾箱本余仁仲
本劉能剛本皆作司徒月令季春命司空循行國邑孟夏命

司徒循行縣鄙季秋命冢宰舉五穀之要六鄉所職大抵皆民事也司徒以孟夏循行勸農以孟秋循行收斂始終農事酒誥農父若保傳曰農父司徒也似積聚即指所收斂言之鄭云芻禾薪蒸恐非也

天子乃祈來年於天宗

鄭注周禮所謂蜡祭也天宗謂日月星辰嵩燾案鄭注虞書六宗謂星辰司中司命風師雨師此以日月星辰釋天宗謂天之神祇也盧植禮記注云天宗六宗之神蔡邕月令章句日爲陽宗月爲陰宗北辰爲星宗郊特牲蜡者合聚萬物而索饗鄭注周禮黨正索鬼神而祭祀謂大蜡注大宗伯以疈辜祭四方百物謂磔禳及蜡似蜡祭無及天宗之文春秋哀

十三年左傳景伯謂太宰曰魯將以十月上辛有事於上帝先王小司寇孟冬祭司民獻民數於王司民掌登萬民之數司寇及孟冬祀司民之日獻其數於王登於天府天府祭天之司民司祿而獻民數穀數則受而藏之孟冬祭天宗蓋司民司祿之類詩小序春夏祈秋冬報此祭天宗日月星辰皆報祀也孟冬祈年於禮無徵疑此爲秦氏祈年之祭與孟春祈穀並行一順天時一重歲首尚書大傳古者帝王以正月朔迎日於東郊所以爲萬物先而尊事天也亦即此義謂之來年者秦改朔不改月孟冬方主收斂歲事始畢新年之功未來也飲烝祈年及臘凡三事未宜混而一之

大割祠於公社及門閭臘先祖五祀勞農以休息之

鄭注臘謂以田獵所得禽祭勞農以休息之黨正屬民飲酒正齒位是也孔疏天宗公社門閭謂之蜡其祭皮弁素服臘先祖五祀謂之息民其祭黃衣黃冠嵩燾案說文臘冬至後三日臘祭百神風俗通臘者接也新故交接大祭以報功亦曰臘者獵也說文訓蜡爲蠅膽周官蜡氏掌除骴而籥章云國祭蜡則龡豳擊土鼓以息老物羅氏云蜡則作羅襦蓋皆臘之假借字鄭此注云以田獵所得禽祭甚允而注郊特牲析蜡與臘爲二孔疏因相承爲說據周禮及戴記之文通作蜡惟月令作臘左傳僖五年虞不臘矣亦作臘史記秦惠文君十二年初臘始皇三十一年十二月更名臘曰嘉平案周臘以孟冬鄭注周禮歲十二月大蜡之時建亥之月也始皇更臘曰嘉平仍用夏正以十二月臘其初臘蓋沿周制以季秋方

務收斂非可息民之時故也　廣雅云夏曰清祀殷曰嘉平周曰大蜡亦曰臘秦更曰嘉平蔡邕云周曰蜡秦曰臘竝誤蜡臘字見於經傳者言之已非其實鄭氏至强分爲二郊特牲明言伊耆氏始爲蜡然則臘於何始乎詩小序載芟春藉田而祈社稷也良耜秋報社稷也農事祈報主社稷臘亦如之月令大割祠於公社郊特牲蜡之祭也主先嗇而祭司嗇也文義互相備而臘祭通天子諸侯以至庶民月令記天子之事勞農以休息之其詳見於郊特牲則下及庶民之事也索鬼神而屬民飲酒主之黨正禮運所謂仲尼與於蜡賓者是也勞農息民則黃衣黃冠之祭通及農民雜記所謂子貢觀於蜡者是也舊說似皆失之詳見郊特牲

飭死事

鄭注飭軍士戰有必死之志嵩燾案月令仲春養幼少仲夏養壯佼仲秋養衰老仲冬飭死事因四時寒暑之氣推論陰陽盛衰以證人之一身由少而壯由老而死用之以行政立制葢周秦間諸儒緣飾經術立論如此飭死事者所以送死之具也檀弓君卽位而爲椑歲一漆之藏焉大夫士以下六十歲制七十時制八十月制竝於是時飭而脩之

地氣沮泄

孔疏令地氣泄漏嵩燾案沮泄二字異義毛詩傳沮洳其漸溼者言水所漬遂成滲溼冬時地氣下降外塞而內溫外燥而中濡養微陽於地中蟄蟲亦得內伏以就生氣內氣以疏

而泄則温者寒外氣亦以泄而疏則燥者亦濡上文以固而閉固者固外氣也閉者閉內氣也固之反爲沮閉之反爲泄下文命之曰暢月陽氣以固閉而得宣暢昌黎詩冬寒不嚴地恆泄陽氣發亂無全功即此義暢月者言陽氣宣暢之功成於此月也

命奄尹申宮令審門閭謹房室必重閉省婦事毋得淫

鄭注奄尹主領奄豎之官於周則爲內宰嵩燾案內宰掌書版圖之法贊后祼獻贊九嬪之禮事非領奄豎者門閭房室亦非所掌準以周官之職宮正掌王宮之戒令閽人掌宮門之禁宮人掌王六寢之脩典婦功掌婦式之灋申宮令審門閭謹房室省婦事四者分領之惟閽人爲刑人餘皆士也周

官奄人四十有九其奄上士四人則內小臣而已奄尹當爲內小臣之屬疑此命奄尹者秦法也秦風未見君子寺人之令似秦法凡見君必由寺人自襄公已然是奄人之權爲重郝氏敬云此秦作法之弊已開趙高柄政之漸斯爲得之

乃命大酋

鄭注酒熟曰酋大酋酒官之長於周爲酒人嵩燾案說文酋繹酒也從酉水半見於上禮有大酋掌酒官也周禮酒正辨三酒之物一曰事酒二曰昔酒三曰淸酒鄭注事酒今之醳酒昔酒今之酋久白酒所謂舊醳者也酋酒以久釀爲良故以名官高注呂覽大酋於周禮爲酒正酒正掌酒之政令以式法授酒材正與此合鄭偶誤爲酒人耳

可以罷官之無事去器之無用者

鄭注謂先時權所建作者也天地閉藏而萬物休可以去之

嵩燾案秦自商鞅變法務本業論有功屈末利疑此亦所變

法之一端周禮掌葛典枲稻人司稼下及冥氏庶氏之屬皆

有專司至此月收藏積聚無事之官爲多秦法當一切罷之

至冬命工師效功而工事畢諸非用器一切停造去器之無

用者謂停造也鄭注先時權所建作語似無著

塗闕廷門閭築囹圄所以助天地之閉藏也

鄭注順時氣也嵩燾案上云土事毋作毋發室屋此云塗築

亦土功也似不爲順時氣月令孟冬戒門閭仲冬審門閭易

曰先王以至日閉關商旅不行故門閭出入入冬有戒而嚴

識審焉至是乃可以施塗塈孟秋繕囹圄爲決獄訟收繫者眾防囹圄之有疏繕治焉而已至是行刑已畢囹圄於是爲空乃可以加脩築天地閉藏之時惟此二者宜與土功以門閭囹圄於此時閉藏故也

命樂師大合吹而罷

鄭注歲將終與族人大飲作樂於大寢言罷者此用禮樂於族人最盛後年若時復然也凡用樂必有禮用禮則有不用樂者王居明堂禮季冬命國爲酒以合三族君子說小人樂

嵩燾案周禮大胥春入學舍采合舞秋頒樂合聲月令孟春命樂正入學習舞仲春命樂正習舞釋菜天子親往視之又命樂正入學習樂季春大合樂天子親往視之季秋命樂正

入學習吹皆學禮也大胥所掌爲國子之習樂者言之其事總於大司樂孟夏天子飲酎用禮樂則燕禮也仲夏大雩帝用盛樂則又祭禮也皆列其事獨此言樂師大合吹而罷鄭遂以族飲當之據周禮樂師凡樂掌其序事治其樂政似樂師掌教樂者疑月令秋冬合吹卽大胥之合聲而此爲考樂之成文王世子凡釋奠者必有合也故凡合樂合吹皆於學此云大合吹而罷明不入學釋菜也月令秦制而以夏正序歲之終始季秋入學習吹至是乃大合吹蓋歲終考樂成而凡祭禮學禮之有事於樂者於是焉畢故曰罷也案周禮大胥以六樂之會正舞位比樂官展樂器鄭注爲大合樂習之疑大合樂卽所以習樂六樂之用各別大合樂兼及六樂大胥所謂六樂之會是也此之合吹卽大胥之合聲所云樂師周官之大胥也

禮記質疑卷六終

禮記質疑卷七　　思賢講舍

湘陰郭嵩燾伯琛著

曾子問

卿大夫士從攝主北面於西階南

鄭注攝主上卿代君聽國政者嵩燾案喪大記喪有無後無無主主謂主喪者無子則有攝主左傳隱元年不書即位攝也公羊傳隱三年宋繆公曰吾立乎此攝也史記亦稱周公攝行政當國此皆攝位非攝主左傳哀三年季桓子卒康子即位南氏生男康子請退康子桓子之庶子適子生而請退斯之謂攝主攝主者以待適子之生也無適子則爲喪主爲喪主則亦正乎爲君矣攝主與上卿聽國政者自別一義據

檀弓古者天子崩王世子聽於冢宰三年所謂古者殷以前之制也周公制禮已有變更顧命康王之誥詳言居喪即位朝諸侯之儀則周禮之沿至於今者也聖人言禮必曰從周而於子張之問諒闇以古之人皆然追論及殷以前明周制之有異也上卿代君聽政自周已無此禮聖人所不言也

大祝禆冕執束帛

鄭注諸侯之卿大夫所服禆冕絺冕及元冕也大祝禆冕則大夫也孔疏禆埤也天子六服大裘爲上其餘爲禆耑熹案禆冕見儀禮覲禮鄭注衣禆衣而冠冕禆之爲言埤也卽孔疏所本其注玉藻禆冕公衮侯伯鷩子男毳鄭意以大裘爲尊自衮冕以下卑於大裘據說文禆接也益也人部俾益也

土部埤增也會部髀益也詩政事一埤益我毛傳埤厚也凡從卑之字皆有自卑增高之義覲禮郊勞侯氏皮弁迎於帷門之外受舍於朝侯氏裨冕蓋自郊勞賜舍及受舍於朝皆皮弁及覲而加冕曰裨者相接而加合五等諸侯言之荀子富國篇天子朱袞而冕諸侯元袞而冕大夫裨冕正謂大夫再命而上乃加冕裨埤字通賓爲加益之稱鄭注大裘爲上其餘爲裨以卑爲訓非也

三日衆主人卿大夫士如初位北面大宰大宗大祝皆裨冕少師奉子以衰祝先子從宰宗人從入門哭者止子升自西階殯前北面祝立於殯東南隅祝聲三曰某之子某從執事敢見

鄭注三日負子日也因負子名之喪禮略也嵩燾案內則三

日負子國君世子生告於君接以太牢三月之末妻以子見於父父執子之右手咳而名之凡接子以三日名子以三月君喪在殯當急正其子之名以爲喪主故始生而告三日而名以見於殯重其爲喪主也下文已葬三月乃名於禰已葬而喪禮畢猶循三月名子之常事死如生之義也孔疏於三月乃名於禰引王肅云君未葬當稱子某故三日名之旣葬稱子不稱名故三月乃名於義近矣而經意自重主喪已葬而有攝位無攝主三月名於禰一以常禮行之可也

以名徧告及社稷宗廟山川

孔疏前不云社稷宗廟此不云五祀相互也嵩燾案內則子生三日負之射人以桑弧蓬矢六射天地四方三月始見而

名字書而藏之無告宗廟羣神之禮則此之告乃變禮也君始薨世子未成乎君不宜遽告社稷宗廟告五祀者明爲主於宮中而兼及山川則猶射人有事四方之義也旣葬三月而名則已正其爲君因以其名告社稷宗廟而竝及山川此專爲命名而告陸氏佃至謂徧告爲告同盟諸侯不知徧告同盟諸侯自有告喪告卽位之文於命名之義無取

乃命國家五官而后行

鄭注五官五大夫典事者孔疏太宰建其牧立其監設其參傅其伍是諸侯有三卿五大夫不云命卿者或從君出行或在國留守總主羣吏如三公然不專主一事且尊之嵩燾案曲禮天子之五官司徒司馬司空司士司寇意蓋以天官主

天五官主民左傳昭四年正義天子六卿諸侯幷六爲三而兼職焉故季孫爲司徒叔孫爲司馬孟孫爲司空而文七年云宋六卿和公室襄十九年云公享晉六卿於蒲圃昭十六年云鄭六卿餞宣子於郊春秋之季列國多立六卿大率因王朝六官各以職任之不繫命卿如孔子爲魯司寇則亦大夫也周禮六官有都宗人家宗人都司馬家司馬都士家士而太宰司徒無之疑諸侯命官下於天子故以五官之繫於民事者言之鄭據五官爲五大夫疏遂以不命卿爲不專主一事且尊之然則留守社稷無所命而獨命大夫殆非事矣

案王氏經義述聞引大戴禮千乘之國列其五官管子大臣篇乃令五官行事墨子節葬篇王公大人蚤朝五官六府羣書治要引申子大體篇有道者不爲五官之事而爲治主商子君臣篇地廣民衆萬物多故分五官而守之凡傳記之言

五官者通辭也然要多主侯國之制言之

自啟及葬不奠行葬不哀次反葬奠而後辭於殯遂脩葬事

鄭注不奠務於當葬者不哀次輕於在殯者殯當爲賓聲之誤也辭於賓謂告將葬啟期孔疏哀次謂大門外之右平時待賓處孝子悲哀柩車暫停今爲父喪在殯不得爲母申哀

嵩燾案上言葬先輕而後重奠先重而後輕此正申明上意既夕禮請啟期夙興遷於祖有奠請祖期有奠厥明請葬期有奠自啟及葬二日三奠公及賓有賵有賻皆奠幣賓又有奠其文蓋繁先葬者不奠爲重喪之奠曠至兩日於禮爲不宜也案既夕禮厥明陳五鼎於門外四豆四籩葬日陳大遣奠於禮爲盛疑遷祖之奠及祖奠禮不可廢所謂不奠者當據大遣奠言之

檀弓君於大夫將葬弔於宮朝亦如之哀次亦如

之鄭注哀次他日賓客所受大門外舍也據旣夕禮商祝御柩主人袒出宮踊襲鄭注哀次卽指此旣夕禮又云至於邦門公使宰夫贈元纁束疑出宮以至邦門有弔有贈主人卽位皆謂之哀次不哀次則若賵若奠若贈皆止賓可知葬先輕當一日成事爲速葬故禮從略反葬而行奠卽所謂奠先重也旣奠而辭於殯告啟期所謂葬先輕而後重當接行之鄭據旣夕禮告於賓故讀殯爲賓然自啟殯遷於祖而後請葬期辭於殯卽謂啟而遷祖明後葬者相承不踰日也此皆闕禮之大者鄭注似未分明

天子賜諸侯大夫冕弁服於太廟歸設奠服賜服於斯乎有冠醮無冠醴

鄭注酒爲醮冠禮醴重而醮輕服賜服酌用酒尊賜也不醴明不爲改冠改冠當醴之嵩燾案士冠禮有醴冠者醴賓之文下云若不醴則醮鄭注酌而無酬酢曰醮說文醮冠娶禮祭士冠記醮於客位加有成也士昏記父親醮子而命之迎醮者冠昏之通禮據士冠禮醴冠者醴賓皆言主人其云若不醴則醮不言主人蓋醮不醴賓專醮冠者而已鄭注故曰酌而無酬酢曰醮疑孤子之冠不醴賓未及冠而爲諸侯大夫是爲孤子之嗣位者天子賜之冕弁而使之冠歸設奠以告廟明已受冠於天子也於斯乎有冠醮無冠醴其禮從略

不更加冠案士冠禮用醴有始加祝辭再加祝辭三加祝辭又有醴辭其用醮者但有醮辭無加辭天子賜之冕弁則但服冕弁而已更無三加之文其因喪以行冠禮亦但加喪冠改冠謂改行吉冠三加之禮冠醮冠醴之分以此

鄭注惟云酒爲醮於義未盡則夫期功之喪因喪以行冠禮其禮亦宜從略不更加吉冠又可知也舊注似未達經旨

天子諸侯之喪斬衰者奠大夫齊衰者奠士則朋友奠不足則取於大功以下者不足則反之

鄭注天子諸侯爲君服者皆斬衰惟主人不奠大夫服斬衰者不奠辟正君也齊衰者其兄弟士服齊衰者不奠辟大夫也嵩燾案喪禮有主人有衆主人士喪禮於朝夕奠言丈夫卽位於門外言丈夫踊賅衆主人言之衆主人卽位哭踊不當與於執事喪服公士大夫之衆臣爲其君布帶繩屨傳曰公卿大夫室老士貴臣其餘皆衆臣也疏謂布帶與齊衰同繩屨與大功等經云齊衰者奠謂衆臣也喪禮饋奠大夫室

老亦不得執事天子諸侯之命卿可推而知周禮大宗伯大
喪相無贊饋奠之文大夫衆臣與貴臣異不如天子諸侯之
同服斬衰鄭注大夫辟正君士辟大夫並誤士喪禮有祝有
甸人有士有擧者有錯者有徹者皆朋友爲之小宗伯大斂
小斂帥異族而佐知同族無與於執事大功以下當主異姓
之服言之士喪禮所謂外兄弟與賓位相次者若外孫及壻
之服小功緦者可也鄭注齊衰其兄弟顯與經旨相悖戾恐
未然

天子諸侯之喪祭也不斬衰者不與祭大夫齊衰者與祭士祭
不足則取於兄弟大功以下者

鄭注祭謂虞卒哭時孔疏知與祭爲虞卒哭時非練祥者士

練祥之祭大功之服已除不得下取於兄弟大功者嵩燾案曾子此問正承上言之祭兼虞卒哭練祥數者緦之喪至虞卒哭而已除矣大功小功之喪至練祥而已除矣既除則等於無服天子諸侯大夫之喪祭皆以衆臣司其事無及同姓者士則服已除矣可以與於祭事大功以下通謂小功及緦也此云兄弟大功以下明前言大功以下之必爲異姓矣以此推之緦可以與於虞卒哭之事大功小功可以與於練祥之事惟士無臣爲然孔疏反以大功之有服者當之大失經旨

廢喪服可以與於饋奠之事乎孔子曰說衰與奠非禮也以擯相可也

鄭注廢喪服謂新除喪服執事於人之神爲其忘哀疾也故曰非禮嵩燾案曾子此問又承上小功與於祭言之古者葬必筮日而曲禮云喪事先遠日士三月而葬則緦麻三月之服容已先除曾子以爲大功以下除喪可以與於祭緦麻除喪宜可以與於饋奠而是時喪猶在殯緦麻之服亦當就喪次說衰與奠自等於無服非禮所安矣周禮大宗伯大喪相小宗伯王崩大肆以秬鬯渳及執事涖大斂小斂帥異族而佐天子之喪宗伯相而執事必取諸異姓疏遠者爲擯相不臨殯而執事臨殯蓋亦禮之徵情也曾子四問惟相識有喪服義別餘三者義例略同而禮所守各異斯所以爲辨之精而析之微也鄭注以新除喪服爲忘哀喪服至禫而畢可以

復寢矣而何餘哀之猶有未忘也既練而縞而纖以次除之亦不得云說衰知此爲緦麻除喪之在葬前者舊注似皆失之

三月而廟見稱來婦也擇日而祭於禰成婦之義也

鄭注三月廟見謂舅姑沒也孔疏士昏禮無三月廟見之事而云舅姑既沒婦入三月乃奠菜此云祭於禰者謂奠菜也廟見奠菜祭禰是一事也嵩燾案廟見二字始見於此鄭據士昏禮三月奠菜祝告稱婦之姓曰某氏來婦因就舅姑沒者言之疏又引賈逵服虔說謂大夫以上無問舅姑在否皆三月廟見後成昏似三月廟見爲通禮賈服猶能舉其說案士昏記婦入三月然後祭行卽廟見之義疏引賈服說謂大夫以上爲然非也左傳宣五年冬齊高

固及子叔姬來云反馬也杜注禮送女留其送馬三月廟見遣使反馬此云廟見必非專主舅姑沒者言之儀禮文繁而事略錯舉見義可以類推如士昏禮質明贊見婦於舅姑知祖父母在執笲棗栗腶脩以見與見舅姑同也士昏記庶婦不饋知祖父母在無特豚盥饋之儀與庶婦同也儀禮舉舅姑既沒以明著代之義言舅姑在質明而見舅姑沒三月奠菜而廟見之禮僅具之士昏記而不詳著其儀經云三月廟見正以發明三月祭行之旨注反沿儀禮以當舅姑既沒之奠菜與下祭禰意複於文亦爲贅設矣士昏記婦入三月然後祭行者時祭也特牲禮有主婦有宗婦有内賓皆與於旅酬凡廟四時有祭祭而與於饋獻之事即爲廟見曰三月者

三月而後祭行也通辭也三月祭行爲承事宗廟之始故必廟見而後成乎爲婦祭於禰脩特豚盥饋之儀於舅姑加隆焉事死猶生之義也云擇日蓋三月廟見之後踵而行之祭必筮日盥饋之禮猶祭也蓋古大夫士廟制與宮室別異而凡祭宗婦與庶婦皆有事於廟昏義上以事宗廟下以繼後世而申以著代之義所承事者舅姑也故於舅姑有盥饋之文舅姑沒而奠菜猶盥饋之義也於舅姑曰奠菜於廟曰見而已明無執笲祝告之儀也所以明嚴事宗廟而不敢瀆也廟見與祭禰不當爲一事疏謂昏禮無廟見之事不知三月而後祭行卽所以爲廟見也案下云女未廟見而死不遷於祖不祔於皇姑婦祔於祖姑未廟見則柩不遷主不祔示未成乎婦也若據舅姑旣沒爲言是所見者姑而所祔者祖姑於廟見之義無所繫經意恐不

然也

取女有吉日而女死如之何孔子曰壻齊衰而弔既葬而除之夫死亦如之

鄭注女服斬衰嵩燾案儀禮喪服妻爲夫女子在室爲父女反在父之室皆斬衰三年而傳於女子適人者爲其父母期發其義云爲父何以期也婦人不貳斬也父者子之天也夫者妻之天也婦人不貳斬者猶曰不貳天也取女有吉日則是已請期矣爲有夫婦之義焉故死而爲之齊衰請期而親迎壻當往迎則往弔可也壻未親迎女不得往就壻之室經云夫死亦如之如其齊衰既葬而除比於庶人爲國君之服可也聖人制禮達人事之變而使各致其情親迎有期

死而不忍遽背之所以爲厚也後世之不相爲服也以遠耻也世降而文而禮益薄古今人事之異不可强同也而禮要有所止而不過聖人權衡乎義之中以爲相爲齊衰焉足矣鄭注謂女服斬衰於喪服不貳斬之義容有舛焉陳氏集説至謂夫死女以斬衰往弔揆之人情不順準之禮經而固無明文非所詳也

天子諸侯將出必以幣帛皮圭告於祖禰遂奉以出載於齊車以行每舍奠焉而後就舍反必告設奠卒斂幣玉藏諸兩階之閒乃出

鄭注所告不以出卽埋之孔疏引熊氏安生云每告一廟以一幣玉若將所告遠祖幣玉行者卽載之而去若近祖幣玉

不以出者卽埋之反還之時以此載行幣玉告於遠祖事畢
埋於遠祖兩階閒近祖以下直告祭而已不陳幣玉嵩燾案
曾子問師行無遷主則何主如魯公伯禽伐淮夷始有周公
廟無遷主隱三年齊侯鄭伯盟於石門隱六年左傳鄭伯侵
陳始有桓公武公廟無遷主若如熊氏遠祖近祖之說安得
謂無遷主哉徒以鄭注所告不以出一語自生枝節耳經意
謂無遷主則或爲祖廟或爲禰廟但以幣帛皮圭告廟遂奉
以出若神之有憑依然如魯公伐淮夷告禰鄭伯侵陳告祖
彙舉祖禰以見義也王制天子諸侯將出造乎禰天子將出
征造乎禰禡於所征之地受命於祖受成於學疑所謂受命
於祖卽所載之遷主故列次禡於所征之地下其出但告禰

而已虞書歸格於藝祖鄭氏云藝祖文祖猶周之明堂馬融云藝禰也王制作歸格於祖禰則天子兼及七廟諸侯兼及五廟於文不已繁乎載遷廟主以行與造乎禰爲二事造禰者猶爲人子出必告之義也師行告廟則必於祖此云祖禰正據無遷主者言之綜覽經傳之文可以觀其會通矣

喪慈母如母禮與孔子曰非禮也古者男子外有傅內有慈母君命所使教子也何服之有

鄭注如母謂父卒三年也子游意以國君亦當然禮所云者乃大夫以下父所使妾養妾子大夫士之子爲庶母慈已者服小功父卒乃不服慈母無服據國君也嵩燾案內則擇諸母與可者使爲子師其次爲慈母其次爲保母此云內有傅

外有慈母則亦師及慈母保母之屬也本不得爲之服與喪服云慈母如母者異子游云喪慈母如母但謂比於諸母而己未嘗援儀禮之文而辨及君大夫之有異否也喪服公之庶昆弟大夫之庶子爲母妻昆弟大功傳曰先君餘尊之所厭不得過大功也喪服記公子爲其母練冠麻衣縓緣既葬除之傳曰君之所不服子亦不敢服也是君之庶子不得申其私服君卒猶爲餘尊所厭而不得盡申大夫之庶子爲母大功而君子子爲庶母慈己者小功則正慈母如母之服而父在率降一等鄭注儀禮君子子者父在也父沒則不服之矣則是父在得申其私服父卒反不得申似乖禮意喪服慈母如母傳曰慈母者何也妾之無子者妾子之無母者父命妾曰女以爲子命子曰女以爲母若是母死

喪之三年如母父命爲之子卽天子諸侯之子亦與所以喪其母者同若嗣爲天子諸侯則庶子爲父後者爲其母緦自大夫已然又不得有三年之服也下云練冠以喪慈母自魯昭公始正用公子練冠麻衣之服不在五服之中意爲之服而已與爲庶母慈己者小功自別孔疏據爲異代之法於經旨均未能分明案鄭注昭公年三十乃喪齊歸是不少又無戚容此非昭公明矣未知何公疏引家語云孝公有慈母良鄭不見家語故云然據史記懿公九年兄子伯御弑懿公代立十一年周宣王伐魯殺伯御立懿公弟稱是爲孝公孝公之立年長矣不得有慈母之服春秋襄二年齊姜薨成公四年定姒薨是時襄公年七歲慈母保母之屬或有勞而襄公私爲之服爲未嘗受命於父不得爲之母故以公子之練冠服之家語王肅誤未可爲據

接祭而已矣如牲至未殺則廢

鄭注接祭而已不迎尸也孔疏引郊特牲既灌然後迎牲迎

尸在未殺牲之前此經殺牲後云不迎尸灌畢迎牲延尸於戶外行朝踐之禮然後退而合享更迎尸入坐於奧行饋熟之禮此云不迎尸者直於堂上行朝踐禮畢則止不更迎尸而入嵩燾案經通嘗禘郊社五祀之祭言之孔疏所據則宗廟之禮也周禮大宰眡滌濯納亨贊王牲事太宗伯以禋祀祀昊天上帝以血祭祭社稷五祀以貍沈祭山林川澤一以牲將事殺牲而成祭可以交於神明而不必備禮經意蓋約言之宗廟之祭雖在羣廟亦與太廟近接太廟火未有能成祭者疏據宗廟爲言甚誤迎尸與否又不足言也

士之所以異者緦不祭所祭於死者無服則祭

孔疏士値緦小功不辨內外一切皆廢祭又引熊氏云從父

母雖無服已爲小功亦廢祭也皇氏云以從母於父無服不廢祭也經云緦不祭所祭於死者無服則祭據緦爲文不關小功皇氏横加小功非也嵩燾案大夫外喪齊衰若爲君之父母妻長子祖父母大功若爲姑姊妹女子子嫁於大夫者服重則禮亦從略士外喪若外祖父母小功爲妻之父母緦姑之子緦於父爲甥於祖爲外孫皆緦此於所祭者有服則廢從母小功若舅若舅之子若從母昆弟若壻皆緦此於父以上無服則祭鄭注本自分明孔疏乃謂小功緦不辨內外一切皆廢外喪之祭者亦以緦爲斷並文義失之矣

有君喪服於身不敢私服又何除焉

孔疏身有君喪後遭親喪不敢爲親制服況除服乎嵩燾案

喪服四制門內之治恩掩義門外之治義斷恩恩掩義者如父母之喪三年不從政義斷恩者如君既殯而有父母之喪歸居父母喪次朝夕哭奠有殷事之君所君未殯而有父母之喪歸殯反於君所朝夕哭奠有殷事則歸恩與義各權其輕重而實亦兩盡也不敢私服不敢以私服臨君喪也斬衰三升冠六升既葬受衰六升君葬受衰六升而有父母之喪歸居喪次冠仍三升虞祔之祭之君所則服所受六升之衰父母葬而有君喪則虞祔之祭當俟君殯而以君服臨之統於所尊也君喪既受服父母之喪未受歸居於家服父母之服之君所服所受服父母之喪既受服而君喪未受歸居於家亦服君之服不敢私服者言不得遂其私也疏謂不敢爲

親制服恐非經旨

君之喪服除而後殷祭禮也

鄭注君喪服除而後殷祭謂主人也支子則否孔疏殷祭謂大小祥祭也嵩燾案雜記三年之喪既顈其練祥皆行通言三年之喪則父之於君母之於父其禮並同下云君未殯反於君所有殷事則歸朔月月半薦新之奠雖君未殯猶行之知練祥之祭既虞而行事無俟君除服之理春秋閔二年吉禘於莊公僖八年禘於太廟用致夫人文二年大事於太廟躋僖公范注穀梁三年喪畢致新主於廟因是大祭謂之禘殷祭者卽春秋所謂吉禘也喪服小記父爲士子爲天子諸侯則祭以天子諸侯曾子明言大夫士有私喪則是大夫士

之父其禮祭亦視大夫士雖爲支子而固以大夫士之牲從宗子以將祀事義繫於大夫士不繫於宗子也疏引庾蔚之云今日除君服明日可小祥又明日可大祥於禮無徵而云庶子任官其家適子已行二祥庶子無復追祭誠然則適子二祥之祭亦庶人薦寢之禮耳不當有致主於廟之文固無所爲殷祭矣案古者喪禮廢祭吉禘致主於廟而後祭行故亦謂之吉祭喪服大記所謂禫而從役吉祭而復寢是也君喪大夫士皆廢祭私喪不除服爲不得行吉祭也鄭注士喪禮殷盛也朔奠薦新盛於朝夕奠曰殷奠祫禘盛於時祭曰殷祭虞卒哭練祥皆喪祭也未嘗於練祥加盛疏以殷祭當練祥既乖經義亦失殷祭之旨矣

父母之喪弗除可乎孔子曰先王制禮過時弗舉禮也非弗能勿除也患其過於制也故君子過時不祭禮也

鄭注弗除可乎以有終身之憂也孔子言制禮以爲民中過

則不成禮孔疏曾子疑適子除君服後有殷祭之事庶子除君服後無復殷祭之事便是其爲父母之服一生不有除說嵩燾案曾子此問正承上文孔疏微得其意而據鄭注支子則否之言專謂支子不行殷祭則非也閒傳期而小祥練冠縓緣又期大祥素縞麻衣中月而禫禫而纖除服卽吉有漸今一統於君之服而私服不除嫌於不見父母之喪聖人因援過時弗舉之文以證之猶若服君卒哭之服不復服父之練服君練服不復服父之纖縞也其云弗除正據練祥之服言之適子庶子非有異也曾子意謂除服有漸除君之服仍當反除父母之服此則所謂過於制者也過時不祭又引常祭爲喻非謂喪祭也喪服小記期而祭禮也期而除喪道也

祭不爲除喪也練祥之服不除練祥之祭必不可廢疏云適子仕者除君服後猶行殷祭其四時之祭過時不追旣知爲常祭又專據適子之除喪者言之徒多一幹旋而於經義反爲隘矣案以喪祭言之如當練祥而身不與攝祭可也以未與於練祥之祭過時而行之是卽過於制也

歸殯反於君所有殷事則歸朝夕否

鄭注其哀雜主於君孔疏引盧氏云若臨君殯之日歸哭父母而來殯君殯君訖乃還殯父母以此言之臣有父母之喪未殯而有君喪去君殯日雖遠祇得待君殯訖而還殯父母以君尊故也嵩燾案經云歸殯反於君所以君五日殯大夫士三日殯歸殯者殯固先於君也言殯則凡殯以前浴含襲斂諸事竝賅其中子於親喪必躬親臣之於君視殯而已不

必皆有事於襲斂文義至爲明備盧氏云臨君殯日歸哭父母而來殯君蓋喪莫重於殯君父一也値君殯則先殯君而後歸殯盧氏補義甚允疏乃謂父母之喪未殯而有君喪待君殯訖而後還殯父母則是君喪在前而先殯父母父母之喪在前而又先殯君若相對待然全失禮經之本意矣

入自闕升自西階

鄭注闕謂毀宗也殷柩出毀宗周柩入毀宗禮相變也孔疏謂毀此宗廟之牆其處空闕故謂之闕嵩燾案檀弓毀宗躐行出於大門殷道也殷尚質毀宗廟出柩以表哀檀弓亦云殷朝而殯於祖周朝而遂葬是殷殯亦於廟故有毀宗之文周殯於阼將葬而朝於祖雜記至於廟門不毀牆遂入適所

殯則以君薨於外爲日已久當殯於廟云不毀牆明與殷禮異也此經所述蓋初薨時事如方殯當自西階如方小斂仍當自阼階安得毀及宗廟之牆何休公羊注禮天子外闕兩觀諸侯內闕一觀觀當西云入自闕以適西階爲義鄭注以毀宗釋闕遂謂周柩入毀宗與殷禮相變似未免以意擬之

不綏祭

鄭注不綏祭謂今主人也孔疏尸與主人俱有綏祭今攝主則不綏也嵩燾案士虞禮祝命佐食墮祭在始迎尸時爲薦熟之始事（案明堂位有虞氏祭首夏后氏祭心殷祭肝周祭肺墮祭祭肺爲盛禮）特牲禮作挼祭少牢禮作綏祭周禮掌祧小祝並作隋（案說文肉部隋裂肉也手部挼摧也）儀禮飲射燕祭皆先祭肺肺有本末必絕末以祭鄉飲鄉射著其義曰肺皆離惟公食大夫禮云三牲之肺不離周禮太

祝九祭曰絕祭卽絕肺以祭曰繚祭肺之不離者也取裂肉爲義謂之隋祭隋本字墮蓋隋之叚借字挼與隋通用字綏又挼之叚借字此經兩言尸入三飯不侑酳不酢蓋皆禮之簡者士虞記亦云無尸不綏祭周禮小祝大祭祀贊隋贊者尸也士虞禮祝命佐食墮祭卽所謂贊隋也尸入隋祭禮之盛者主人隋祭在九飯酳尸後尸以酢於主人知經云不侑酳不酢則亦不綏祭也不綏祭明其禮略義繫於尸則此所云亦統於尸明矣注以不嘏不綏祭連文專據主人言之非禮意也

不配

鄭注祝辭不言以某妃配某氏嵩燾案上云孝子某使介子某執其常事曰常事則禮無變也士虞禮是月也吉祭猶未配明未禘也既禘而致主於廟而後云配常祭無無配者不

配謂無主婦視饎及設兩敦兩鉶及洗爵亞獻之儀爲攝主不得以主婦襄祀事也方氏析疑云攝祭而使主婦同薦徹不可也主婦在而使攝主之妻代主婦更不可也故使有司代之周禮大宗伯大祭祀王后不與則攝而薦豆籩徹等而下之可知所論至允以無主祭之宗子而廢妣氏之祭非禮所安矣

殤不祔祭何謂陽厭陰厭

鄭注祔當爲備聲之誤也嵩燾案喪服小記庶子不祭殤與無後者殤與無後者從祖祔食其祔食之禮無徵經云殤不祔祭則是卒哭及祔皆不行（案閒傳殤長中變三年之葛終殤之月算而反三年之葛殤不受服故無卒哭）所謂宗子爲殤而死專據宗子言之蓋適殤無不祔

者喪服小記爲殤後者以其服服之殤亦可以立後其云庶子弗爲後言爲宗子而無與爲後當別立宗孔疏未成人無爲人父之服不得代爲之後恐誤士虞禮用特豕雜記又云大夫之虞少牢卒哭附太牢下大夫之虞犆牲卒哭附少牢此承大夫爲言其吉祭視成喪降一等鄭注尊宗子從成人亦誤案殤有爲後者則亦當序昭穆致主於廟其祭用成人之禮故此專以庶子弗爲後言之祭法王下祭殤五諸侯三大夫二天子祔祭五世之殤諸侯祔祭三世之殤大夫祔祭二世之殤皆謂適子爲殤者故知適殤必祔所云厭祭卽祔禮也鄭注士虞記有元酒此經下云祭殤不舉無肵俎無元酒謂殤祭無尸禮從簡也雜記有父母之喪尙功衰而附兄弟之殤則斂冠附是不獨宗子之殤祔庶殤

亦皆祔也祭於宗子之家即喪服小記謂庶子不祭殤與無後之義雜記於殤稱陽童某甫鄭注陽童謂庶殤也宗子則曰陰童而於此云凡殤謂庶子之適孔疏因謂庶殤不祭皆誤曾子疑殤不祔祭聖人特示以凡殤皆祔以釋陰厭陽厭之義蓋周末祭殤之文亦多從略聖人爲發明之鄭氏據從祖祔食之言謂曾子云不祔祭爲不備祭不知祔食無專祭此云祔祭蓋卒哭祔之禮祭也陽厭陰厭以無尸名由舉肺至利成總祭之終始言之其非直祭於主之在迎尸前者可知鄭氏以執奠祝饗當陰厭以改饌西北隅當陽厭義疏引陸氏吳氏敖氏之言正之其說塙不可易經明言陰厭陽厭爲祭殤之禮未可以儗特牲少牢饋食之文矣

又案此經前云攝主不厭祭又云祭必有尸乎若厭祭亦可乎似始祭薦菹醢舉鼎設敦鉶祝饗在未迎尸前謂之厭祭祭殤曰厭爲無尸也玩下宗子爲殤而死其吉祭特牲正承曾子殤不祔祭之問言之檀弓葬日虞以吉祭易喪祭其變而之吉祭也比至於祔必於是日也接是宗子爲殤得行祔祭士虞記無尸既饗祭于苴祝闔牖戶闔牖戶者陰厭也似祔無尸乃有陰厭祭殤無尸故專陰厭之名其祔食之禮主在奧東面祔食南面面陽雜記祔於殤稱陽童某甫其祭亦曰陽厭陰厭者卒哭祔之祭陽厭則祔食也二者同文而禮自別鄭注特牲禮以陰厭陽厭爲言誤而以祭畢闔牖戶者爲陽厭則尤誤也詳玩儀禮之文特牲禮徹薦俎敦設于西

北隅几在南厞用筵少牢禮徹饋饌于室中西北隅南面如饋之設右几厞用席竝納一尊室中既徹而復設之無奠饗之文則非厭也置之西北隅隱處又非所以爲奠饗也既設遂闔牖戸以降告事畢注家以爲改饌儀禮實無其文士虞禮所謂祝反入徹設于西北隅如其設也徹者饋饌設者敦尊之屬云如其設也則爲虛席可知疑祭畢徹而敦尊几席納之室中隱處所以爲神室中之陳設以備祭饗之用者也推求經旨證之儀禮之文可以徵會而得之

止柩就道右

鄭注行相左也孔疏就道右以道東爲右也儀禮吉事交相左凶事交相右今柩行凶事以遭日食之變故從吉禮嵩燾

案禮經言左右凡方位有定者以左右分東西如主人入門右客入門左是也方位無定者不以東西辨左右如男子由右婦人由左吉事尚左凶事尚右之屬是也周禮匠人國中九經九緯皆謂之經涂必以道東爲右則經緯之涂錯出左右紛歧無所適從矣就道右者凶事尚右之義鄭云行相左意謂行者由右至是避柩當與之相左疏竟謂日食從吉禮尤恐失之

下殤土周葬於園遂輿機而往塗邇故也今墓遠則其葬也如之何孔子曰吾聞諸老聃曰昔者史佚有子而死下殤也墓遠召公謂之曰何以不棺斂於宮中史佚曰吾敢乎哉召公言於周公周公曰豈不可史佚行之下殤用棺衣棺自史佚始也

鄭注機輿尸之牀也以繩絙其中央又以繩從兩旁鉤之舉尸以就園周公言豈於禮不可不許也孔疏緇除直繩則兩旁之繩悉解尸從機中央落入墍周中衣棺自史佚始明昔非惟於宮中不棺亦不衣也嵩燾案檀弓有虞氏之瓦棺夏后氏之墍周殷人棺椁周人以殷人之棺椁葬長殤以夏后之墍周葬中殤下殤以有虞氏之瓦棺葬無服之殤經云下殤土周葬於園卽所謂墍周也用甎甃之取以待椁似不應竝棺去之說文輿車底也卽車牀輿機蓋但用車牀無輢軨輪轂之屬兩旁各施轉木可以推挽說文所謂主發謂之機也士喪禮奉尸斂於棺謂就尸牀奉尸以斂下殤葬於園輿尸就園而加斂焉與棺斂於宮中對文安得如孔氏所云置

尸繩上投之壂周中耶用棺衣棺係二事衣棺若帷荒及素錦褚之屬史佚蓋始用棺後人承之而復加飾蓋既用棺則輁軸柳衣之屬相因而起曰今之用棺衣棺又舉後人之踵事增華者而推原其所由始也孔疏析衣棺爲二謂弁不衣大誤周公召公通禮之變以順人情聖人申序老聃之言而無貶辭喪從其厚古今道殊固無甚悖於禮也舊注恐皆失之

禮與初有司與

鄭注初有司疑有司使之然也孔疏初時有司強逼遣之嵩燾案喪大記既卒哭弁經帶金革之事無辟也無因有司逼遣遂著爲令之理初有司者謂初從事軍旅奔喪而歸既卒

哭遂往竟其事言初有所司事不可避也旣因事挪爲相與沿以爲制春秋僖三十三年左傳遂墨以葬文公晉於是乎始墨言初時有故爲之後遂相承而不變也鄭注疑未安

禮記質疑卷七終

禮記質疑卷八

思賢講舍

湘陰郭嵩燾伯琛著

文王世子

成王幼不能涖阼周公相踐阼而治抗世子法於伯禽

鄭注代成王履阼階攝王位治天下嵩燾案鄭注尚書文王崩後生成王武王崩時成王年十歲服喪三年畢將踐阼周公代之攝政羣叔流言周公辟居東時成王年十三也居東三年成王年十五迎周公反則居攝之元年也居攝七年作洛誥明年成王卽政年二十二王肅云武王崩時成王年十三周公攝政七年致政成王年二十王肅據家語鄭氏用衛宏古文尚書說案干寶易注武王崩成王年七歲又別爲一說史記亦稱成王少周

公乃攝行政疑武王崩周公攝政用殷禮是時周禮未定周公遂繼武王以有天下猶之用殷禮也周公因流言而辟居東成王感風雷之變迎周公而武庚遂叛周公東征(案居東與東征二事不宜互混)東山破斧之詩繼鴟鴞而作聖人之權也七年定周禮歸政成王而後世及之制定洛誥惟周公誕保文武受命惟七年明堂位及逸周書明堂解淮南子齊俗訓並云七年致政成王如鄭說則是攝政居東凡十三年別無證據周公攝政以世子之道示成王不獨任爲君也兼任爲父聖人之心至誠篤棐行之不疑周公之聖尤莫大於此漢世儒者於文武受命周公居攝之文多所傳會不足辨也

小樂正學干大胥贊之籥師學戈籥師丞贊之

鄭注小樂正樂師也孔疏武舞大者以干配戚小者以干配

戈周禮惟有籥師此言丞或諸侯之禮或異代之禮嵩燾案

周禮大司樂掌成均之法其屬樂師有下大夫四人上士八

人疑下大司成卽周禮大司樂其大小樂正皆樂師也下大

夫爲大樂正上士爲小樂正樂師有羽舞干舞司干所謂祭

祀授舞器是也而司兵掌五兵五盾祭祀授舞者兵鄭司農

云五兵一曰戈司戈盾掌戈盾之物而頒之祭祀授舞者兵

舞師掌教兵舞帗舞所謂兵舞卽戈舞也陸氏佃云干戚一

舞下云大樂正學舞干戚是也干戈兩舞此小樂正學干籥

師學戈是也干戚大舞故敎以大學正干舞無戚象武事之

小者故敎以小學正干舞又其小者故以籥師敎之然考周

禮籥師掌教國子舞羽歙籥似不應舍所職之籥而教戈疑籥師學戈之戈爲籥字之誤干戈同爲武舞無須分教而羽籥反闕此正涉上文戈字而誤耳樂師教舞而大胥正舞位比樂官以贊之籥師吹籥籥章以詩入籥有吹豳詩吹豳雅吹豳頌之分正所以贊籥師教籥所謂籥師丞者卽周官之籥章也孔疏失之

胥鼓南

鄭注南南夷之樂也旄人教夷樂則胥以鼓節之孔疏胥大胥嵩燾案周禮大胥祭祀之用樂者以鼓徵學士小胥掌學士之徵令巡舞列正樂縣之位胥當爲小胥亦教舞所有事也鼓人鼓兵舞帗舞者凡舞皆用鼓詩以雅以南以籥不僭

南亦所以協籥陳氏祥道云南所謂象箾南籥陳氏騤云南亦雅樂名猶樂章之有九夏劉氏炫沈氏括鄭氏樵並主二南爲說要皆聲詩之入籥者葢教干舞敎籥舞小胥擊鼓聲詩以協之皆所有事也鄭注誤

春誦夏弦太師詔之瞽宗秋學禮執禮者詔之冬讀書典書者詔之禮在瞽宗書在上庠

孔疏若其未升大學之時則春誦夏弦在殷之瞽宗也嵩燾案周立四代之學大戴記保傅篇引學禮有五學之名賈誼疏所引同易太初篇曰旦入東學晝入南學夕入西學莫入北學實卽四代之學也上庠虞學北學也東膠東學亦名東序爲夏學瞽宗西學爲殷學南學卽成均也上庠典書東序

養老瞽宗以祀先賢各有專主虞學以上下爲次上庠國學下庠庶人之學夏尚左以東序爲國學殷尚右以右學爲國學周因有四學之名而統名之大學其庶人之學則虞庠之在西郊者也案上庠虞庠錯舉爲文而義自明顯注家多混言之大司樂之教國子陳其儀數備其器物而已其任教則周禮所謂有德者有道者使教焉者也執禮典書皆其任也故不序其官養老於東序有合樂之文樂陽也習之東學釋奠於瞽宗有行禮之節禮陰也習之西學周立四學其制如此孔氏別瞽宗於大學之外以詔之瞽宗在未升大學時然則太師執同律以教六詩其職下大夫也獨不與大學之教乎

凡祭與養老乞言合語之禮皆小樂正詔之於東序

鄭注合語謂鄉射鄉飲酒大射燕射之屬鄉射記曰古者於旅也語孔疏祭末及養老亦皆合語也蕙嚞案儀禮凡用樂樂正先升旅酬以下之事樂正不與經所言皆學禮也陳氏祥道引下天子視學適東序釋奠於先老遂設三老五更羣老之席位登歌清廟既歌而語以成之言父子君臣長幼之道合德音之致此祭卽釋奠合語卽合德音之致葢皆太學教國子之法鄭據鄉射記以射禮當之似誤周禮鄉大夫以鄉射之禮五物詢衆庶射禮之有合語卽所以興賢興能之意養老之乞言合語以示教亦此意也凡祭旅酬無合語之文此言釋奠養老小樂正有事於東序以明太學命官設教之義舊注未盡

大司成論說在東序

鄭注大司成司徒之屬師氏也嵩燾案師氏保氏教國子居虎門之左卽王制所謂小學在公宮南之左者是也大司樂掌成均之法以治建國之學政而合國之子弟是成均教士之法領於大司樂經云大司成卽周禮之大司樂也王氏炎據下樂正司業父師司成之文以爲司成者卽下太傅在前少傅在後入則有保出則有師以成世子之德者也竊意傅師保無專官其云父師司成以成德爲義大司樂有專官而樂師云樂成則告備樂以一闋爲一成故大司樂亦可名大司成以所主樂德樂語樂舞言之謂之大司樂以所主成均言之謂之大司成論說在東序葢卽周禮合國之子弟以治

學政之義

凡釋奠者必有合也有國故則否凡大合樂必遂養老

鄭注國無先聖先師則釋奠者當與鄰國合有國故若唐虞有夔龍伯夷周有周公魯有孔子各自奠之不合也遂養老用其明日鄉飲鄉射禮明日乃息司正是養老之象類嵩燾案周禮大胥春入學舍菜合舞秋頒樂合聲是春秋皆合樂合舞則合樂之盛者月令孟春命樂正入學習舞仲春上丁命樂正習舞釋菜天子親往視之仲丁又命樂正入學習樂季春大合樂天子親往視之孟夏命樂師習合禮樂季秋命樂正入學習吹季冬命樂師大合吹習舞合吹四時行之而不皆釋奠釋奠則必合舞大胥以六樂之會正舞位鄭注爲

大合樂習之是大合樂亦必合舞天子視學釋奠則遂養老四時官釋奠無養老之文曰大合樂謂天子視學之儀也合樂養老皆視學中事安得分日爲之鄭注並誤

凡語於郊者必取賢斂才焉或以德進或以事舉或以言揚曲藝皆誓之以待又語三而一有焉乃進其等以其序謂之郊人遠之於成均以及取爵於上尊也

鄭注曰郊人以技藝故賤之也董仲舒曰五帝名太學曰成均則虞庠是也天子飲酒於虞庠郊人亦得酌於上尊以相旅嵩燾案王制虞庠在國之西郊經云語於郊卽虞庠之學也三代養老有國老庶老之分庶老養於庶人之學卽有虞氏之下庠夏之西序殷之左學周立四代之學而以虞庠處

庶人之學者亦謂之郊學王制王太子王子羣后之太子卿大夫元士之適子皆敎之學者國之俊選則選之郊與鄉者德進事舉言揚所以選之之法也王制統於鄉而此別之於郊曲藝皆誓之是凡一技之士皆造之於學王制祝史射御醫卜及百工不與士齒然立學大旨薄技微長亦所不遺是以語於郊者兼察及曲藝而仍以三者之程式使受範焉而後以次升之於學說文誓約束也約束之使出於學之一途也謂之郊人選士俊士升自郊學與鄉大夫士之子之在學者固有等也取爵於上尊則進而與大學之士同升王氏章句引燕禮尊兩方壺於東楹之西以酌卿大夫士尊兩圜壺於門西以酌士旅食者東楹之方壺對門西之圓壺爲上尊

取爵上尊則升而爲士矣遠之於成均益達之於成均之誤王氏之說是也竊疑東序西序右學左學皆東西相向周兼立四學而置虞庠西郊則有虞氏之下庠也周學亦通以庠名遠之於郊以明親疏貴賤之有其等及升之學而取爵上尊又以示成德達才之同其歸也王者因祭祀燕饗而命官以及取爵上尊言及此時受爵也成均者國學也郊者周所立之虞庠也鄭氏誤混爲一而云天子飲酒虞庠則亦未聞鄉飲之禮之上通於天子也

始立學者既興器用幣然後釋菜不舞不授器乃退儐於東序一獻無介語可也

鄭注言乃退謂得立三代之學者釋菜於虞庠則儐賓於東

序若魯有米廩東序瞽宗也孔疏諸侯不得有東序故知有功德者得立三學如魯也東序在東虞庠在西相對嵩壽案爾雅釋宮東西牆謂之序周禮州長以禮會民射於州序黨正以禮屬民飲酒於序州黨之學亦名序疑前云始立學釋奠通天子諸侯言之此繼語郊而云始立學釋菜就鄉郊之學言之鄉郊之學鄉郊之老受養焉尙書大傳致仕之老教於州里大夫爲太師士爲少師又云少師取小學之賢者登之大學太師取大學之賢者登之天子案小學對大學爲文鄉郊之學皆小學也與閭門之小學異大司樂所謂有德有道者使教卽所養之老也釋菜與前釋奠對文退儐於東序與前必遂養老對文始立學必有使教於學者鄉郊之學其儀簡案王制習射上功習鄉上齒是鄉飲酒禮卽鄉

學養老之事而鄉飲酒義云升歌三終笙入三終間歌三終合樂三終工告樂備而不及舞故知此之不舞不授器爲鄉郊之學也退儐於東序以禮賓之東序者東廂也下文王乃命公侯伯子男及羣吏曰反養老於東序鄭注羣吏鄉遂之官各反養老云東序者通鄉遂之學言之必非大學之名東膠東序案州長射於州序黨正飲酒於序並據鄉學之東序言之鄭注肊爲之說熟玩經義當自得之

太傅在前少傅在後入則有保出則有師是以敎喻而德成也師也者敎之以事而喻諸德者也保也者愼其身以輔翼之而歸諸道者也記曰虞夏商周有師保有疑丞設四輔及三公

鄭注太傅在前少傅在後謂其在學時入則有保出則有師謂燕居出入時記所云謂天子也嵩燾案大戴記保傅篇昔

者成王幼在襁褓之中召公爲太保周公爲太傅太公爲太師比選天下端士使與太子居處出入左視右視前後皆正人及太子少長則入於小學而引學禮曰帝入太學承師問道退習而端於太傅故鄭意以太傅少傅爲主學之官然居處出入賓通言之不必在學即不得有居處出入也尚書大傳天子有四鄰前曰疑後曰丞左曰輔右曰弼而保傅篇引明堂之位天子疑則問應而不窮者謂之道常立於前是周公也輔善而相義者謂之充常立於左是太公也匡過而諫邪者謂之弼常立於右是召公也接給而善對者謂之丞常立於後是史佚也則是四輔三公爲兼職因考尙書召誥有亂爲四輔之文而周官之名存者獨有三公漢世以太尉司

徒司空爲三公而周官三公之名存者獨有太傅太子官屬有太傅少傅經云立太傅少傅殆亦秦漢間語也王莽置四輔官以疑丞輔弼爲名與三公竝建後周亦置四輔所謂官不必備惟其人者亦如周世三公之兼職因事爲之名而已後漢書班彪傳昔成王之爲孺子出則周公召公太公史佚入則泰顛閎天南宮括散宜生左右前後禮無違者周公召公太公三公也泰顛閎天之屬則四輔也記曰有師保有疑丞錯舉爲文舉師保以賅傅舉疑丞以賅輔弼下云設四輔及三公固自分析言之記禮者因周有四學之名以爲一曰而歷四學又因四學㧗爲四輔之名援成王爲之辭當時固無此也疑如儀禮疑立之疑射義不以公卿爲賓而以大夫

爲賓爲疑也鄭注疑自下上至之辭疑丞輔弼均近比於君

士相見禮正方不疑君亦謂不近比於君朱子云疑者有疑

卽問之意恐未盡

況于其身以善其君乎周公優爲之

鄭注于讀爲迂猶廣也大也孔疏他人益君則勤苦周公益

君則逸樂嵩燾案陳氏祥道云周公以臣而攝君之政成王

以君而學世子之事此所謂迂也自勝鄭注然據下文君之

於世子也親則父也尊則君也是敎世子之責惟君任之周

公抗世子之法於伯禽迂其道以曲善其君聖人之心之所

以爲仁至而義盡也武王始崩周禮未定周公攝政用殷禮

以冢宰總己以聽而成王之德固未有成而已立爲君不當

以世子之敎督責之故矗伯禽於學以使與成王居習聞正言行正道相與有成伯禽非世子也敎以世子之法而不嫌於僭故曰抗敎伯禽卽所以善成王而不涉於專故曰迂方氏慤云優爲之者言爲之有餘而不迫也

成王幼不能涖阼以爲世子則無爲也

鄭注以爲世子若爲世子時孔疏以成王爲世子時則無爲世子之處周公用世子禮敎之故云若爲世子時以實則不爲世子也嵩燾案疏意疑未分明成王幼不能涖阼而固已嗣立爲君不使脩世子之儀無以養成其德若令退居世子之列則亦無有可據之義以爲此者周公抗世子之法於伯禽以濟人事之窮正申言迂其身以善其君意

其朝於公內朝則東面北上臣有貴者以齒

孔疏皆以昭穆長幼爲序父兄雖賤而在上子弟雖貴而在下嵩燾案周禮三朝內朝治朝領於司馬外朝領於司寇太僕王眡燕朝則正位所謂內朝也司士正朝儀之位所謂治朝也宰夫亦掌治朝之治正公卿大夫羣吏之位朝士掌外朝之法小司寇掌外朝之政所謂外朝也朱子謂治朝常朝內朝外朝均非常朝司士敘朝儀之位王南鄉三公北面東上孤東面北上卿大夫西面北上王族故士虎士在路門之右南面東上太僕太右太僕從者在路門之左南面西上而朝士云左九棘孤卿大夫位焉羣士在其後右九棘公侯伯子男位焉羣吏在其後面三槐三公位焉州長衆庶在其後

是外朝爲大朝以治萬民諸侯咸在而其位略與治朝同鄭注太僕燕朝王圖宗人之嘉事魯語天子諸侯合民事於外朝合神事於內朝皆非常朝而公族之東面北上者與司士治朝王族之位同鄭注王族故士故爲士爾宿衞者疑治朝王族爲卿大夫仍各依卿大夫之位其無位者亦得爲宿衞若後世之以散秩奉朝請通謂之王族內朝則王族公族自卿大夫以下皆東面所以尊之云臣有貴者以齒謂貴者自以齒也公族之親胙土命氏當不甚遠故可以齒序其疏遠者不宜通以齒諸子掌國子之倅辨其等正其位周禮之諸子卽此庶子也貴賤親疏皆有等則位自正疏謂皆以昭穆長幼爲序周禮之云正位者恐不如是也

其登餕獻受爵則以上嗣庶子治之雖有三命不踰父兄

鄭注上嗣謂君之適長子以特牲饋食禮言之受爵謂上嗣舉奠也獻謂舉奠洗爵酌入也餕謂宗人遣舉奠盥祝命之餕也大夫之嗣無此禮避君也三命不踰惟於內朝則然孔疏庶子治之應承前言有貴者以齒之下脫簡在此嵩燾案經通言庶子正公族之事不當專及君之適長子特牲禮嗣舉奠鄭注嗣主人將爲後者嗣子亦與於奠內則所謂佐長者視具猶此義也無與於庶子之事故孔氏以爲脫簡案鄭據少牢禮無嗣子舉奠之文因謂大夫之嗣無此禮避君也竊疑少牢特牲禮異者特牲宗人告有司具少牢司馬刲羊司士擊豕雍人概鼎俎廩人概敦司宮概豆籩官備而禮繁矣特牲九飯少牢十一飯數加而文盛矣其始祭之視牲視殺及主婦視饎三獻後之加爵有長兄弟加爵衆賓長加爵及嗣舉奠少牢皆無其文其禮當一視特牲故文不備謂大夫之

嗣不舉奠然則少牢饋食將不視牲不視殺並無加爵之奠耶鄭注有司徹賓長獻於尸云不使兄弟不稱加爵大夫尊也是卽以賓舉爵於尸爲加爵而有司徹固云亦遂之於下則亦通之於兄弟以下矣不稱加爵亦文略耳鄭注以爲大夫尊者亦非也其實祭禮主人初獻主婦亞獻賓三獻長兄弟加爵眾賓長加爵而後嗣子舉奠凡在廟者皆得申其敬焉非此經義所繫據特牲禮主人遣舉奠及長兄弟盥祝命餕舉奠者嗣子也鄭注嗣子及兄弟餕其惠不過族親燕禮主人洗升於西階上獻卿卿升拜受觚而後辯獻卿主人洗升獻大夫於西階上大夫升拜受觚而後辯獻大夫主人洗升獻士於西階上士長升拜受觶而後辯獻士主人洗升獻庶子於阼階上如獻士之禮是凡燕獻升拜受爵者一人其餘辯獻不受爵登餕一事獻受爵一事祭統君與卿四人餕君起大

夫六人餕大夫起士八人餕特牲士禮二餕而命餕者嗣與長兄弟以此推之君祭而卿大夫士之餕者必所祭之祖之小宗由適子之長者以推及衆子以推及庶子所謂上嗣者適子長之嗣也案經云以上嗣亦通辭如禰廟以長兄弟祖廟長兄弟以下皆有適長餕者四人八人則次嗣亦與其閒又有卿餕大夫餕士餕及燕禮之獻卿獻大夫獻士貴貴親親義自竝行餕及獻受爵皆以是爲敘庶子掌公族之版故使治之三命不踰父兄謂先適嗣之長者不以爵與官也鄭注誤爲君之適長子孔疏因之以三命不踰父兄承有貴者以齒爲說而經義多不可通矣

族食世降一等

鄭注親者稠疏者希孔疏假令本是齊衰一年四會食若大

功則一年三會食小功則一年二會食緦麻則一年一會食

嵩燾案周禮大宗伯以飲食之禮親宗族兄弟大傳亦云合族以食而其禮不詳鄭注月令季冬與族人大飲作樂於大寢而引王居明堂禮季冬命國爲酒以合三族其儀亦終無可考據詩楚茨諸宰君婦廢徹不遲諸父兄弟備言燕私鄭注特牲禮徹庶羞設於西序下引尙書傳宗室有事族人皆侍終日大宗已侍於賓奠然後燕私此庶羞置西序下爲將以燕飲是祭畢有燕兄弟之文案朱子行葦詩傳取義於此中庸所謂燕毛以序齒也祭統有事於大廟羣昭羣穆咸在而不失其倫此之謂親疏之殺孔疏親者近疏者遠羣昭羣穆之倫宜先其親者所云世降一等蓋自太祖下至五服之族屬各以遠

近之等敍之大傳同姓從宗合族屬合諸宗子之家惟宗祭而已繫之以姓綴之以食通小宗以至大宗言之姓所生也繫之所生其下子孫皆有合食之義五服之屬各繫之所出之廟而族食繫之太祖廟故喪服傳曰大宗者收族者也案公與族燕異姓爲賓饍宰爲主人蓋通言之國語公父文伯飲南宮敬叔酒露堵父爲客敬叔孟僖子之子文伯季悼子之孫敬叔其族祖也大夫士族燕亦以異姓爲賓族食之禮與父兄齒不宜有請賓命賓之文無賓則亦無獻食之主人行葦燕父兄而曰曾孫爲主卽此義也世降一等仍於合族之中見親疏之殺孔疏以齊衰功緦之服屬言之於禮無徵於義亦稍狹矣

公若有出疆之政庶子以公族之無事者守於公宮正室守太廟諸父守貴宮貴室諸子諸孫守下宮下室

鄭注太廟太祖之廟貴宮貴室謂守路寢下宮親廟也下室

燕寢嵩燾案陳氏集說宮以廟言室以居言貴宮尊廟貴室路寢下宮下室是親廟與燕寢也吳氏澄云鄭以貴宮貴室總爲路寢下宮爲親廟下室爲燕寢則貴宮室混爲一下宮室分爲二又親廟稱下宮而但使子孫守之路寢反稱貴宮而以諸父守之是尊己而卑祖禰也貴宮羣公四親之廟若親廟外別有廟如魯仲子之宮則稱下宮也太廟貴宮下宮共爲都宮其說允矣然據周禮諸子掌國子之倅國有大事率國子而致於太子太子君行則守此公族之守於公宮皆所以致之太子者也宮正比宮中之官府次舍爲之版以待國有故則令宿宮伯掌王宮士庶子凡在版者授八次八舍之職事鄭司農云庶子衞王宮在內爲次在外爲舍是平時

宿衛王宮庶子之事而廟祧惟掌之司祧劉向別錄宗廟在路寢東禮運疏出游於觀之上謂出廟往雉門雉門有兩觀五廟七廟皆在雉門內故統之公宮案穀梁傳隱五年考仲子之宮庶子爲君爲其母築宮使公子主其祭於子祭於孫止然天子之子爲諸侯得立妣廟毛詩傳閟宮先妣姜嫄之廟周禮享先妣則亦有常祀也此當別立廟不在五廟七廟之列而固不得謂之下宮公出疆庶子之領公族者固有守衛公宮之責案成十六年左傳公出於壞隤使孟獻子守於公宮是公出而公族守公宮春秋時皆然而以適嗣守太廟以重宗祧宗廟在左當公宮之東北隅舉太廟以賅羣廟也貴宮貴室如先鄭云在內爲次下宮下室如先鄭云在外爲舍宮正所掌宮中之官府通名之下宮下室六寢之事掌之宮人無宿衛及燕寢之禮鄭注非也公族其有死罪則磬於甸人其刑罪則纖剸亦告於甸人公族

無宮刑

鄭注縣縊殺之曰磬纖讀殲殲刺也告讀爲鞫讀書用法曰鞫孔疏公族無宮刑但髡去其髮鬋鬚案周禮掌戮王之同族與有爵者殺之於甸師氏是以小司寇以八辟麗邦法首曰議親之辟一皆附之五刑無縊殺之文春秋左傳皆以自死爲縊桓十三年杜注縊自經也昭二年子產數公孫黑之罪曰不速死大刑將至乃縊亦迫使自死安得別有縣縊之刑以治公族哉案說文絞縊字互訓左傳哀二年趙簡子以絞縊爲戮下卿之罰當起於春秋之季說文摎縛殺也廣韻摎絞縛殺也正後世絞刑所原始絞以兩繩相交爲義非縣殺之亦與磬義無取毛詩傳俔天之妹俔磬也韓詩正作磬天之妹說文俔諭也諭告也磬籒文作殸耳部聲從耳殸聲樂記石聲磬磬以立辨故聲從

殺得音而辨別其事以告人亦曰磬磬於甸人告於甸人皆謂正其罪以告甸人行刑而已案王制刑人於市與衆棄之公族不忍刑之市故遠之郊甸司市職刑戮者各於其地之敘甸師職王之同姓有辠則死刑焉所職掌正同舊注似皆失之告當如字鄭司農訓小司寇讀書用法謂如今時讀鞫說文鞫窮理罪人甸人主用刑無加訊鞫事鄭謂告讀爲鞫非也案盧植禮記注磬麗繫也較鄭注爲優然據周禮甸師王之同姓有罪則死刑焉此經下文明言獄成有司讞於公致刑於甸人甸人行刑而已不主繫與訊鞫之事也爾雅釋詁殲盡也說文殲微盡也春秋傳曰齊人殲於遂公羊傳作瀸云漬也何休注瀸之言死積纖固不訓爲刺周禮司刺刺亦殺也說文纖細也細微也故殲亦訓微纖剸猶若小刑用刀鋸所割截者支體之細而已玉篇剸截也截而斷之墨劓剕宮之刑皆然公族無宮刑墨劓剕三

者固不廢也小辟纖剸對舉爲文孔疏以髡去其髮釋之尤嫌添設

爲之變如其倫之喪無服親哭之

鄭注不往弔爲位哭之而已君於臣使有司哭之嵩燾案奔喪哭父之黨於廟母妻之黨於寢師於廟門外朋友於寢門外所識於野張帷凡爲位不奠檀弓故曰小功不爲位也者是委巷之禮也凡哭無不爲位者而注云君於臣使有司哭之殆據檀弓天子哭諸侯爵弁絰紂衣或曰使有司哭之鄭於檀弓以有司哭之爲非此復引以爲證似非此經之旨經意公族致刑而公自以喪禮處之如其倫之喪謂齊衰以下親疏之等間傳居喪容貌聲音言語居處視所服爲之節公

族已致刑則義絕故無服而仍各視其倫制爲之節親哭之親親之義也公族通齊衰以下言之天子諸侯絕期則固無服而言此者以見仁與義之兼至周公之誅管蔡用此制也據喪大記君於大夫士皆臨哭左傳襄十二年凡諸侯之喪異姓臨於外同姓於宗廟諸侯相爲聞喪亦臨哭惟天子於諸侯不親臨則使有司哭之注於此增入於臣使人哭一節似屬歧出

乃命有司行事興秩節祭先師先聖焉有司卒事反命

鄭注興猶舉也秩常也節猶禮也使有司攝其事不親祭者視學觀禮耳非爲彼報也嵩燾案視學養老命有司祭先師先聖先儒多疑之據月令孟春命樂正入學習舞仲春命樂

正習舞釋菜天子親往視之又命樂正入學習樂季春大合樂天子親往視之季秋命樂正入學習吹季冬大合吹天子再視學而習舞釋菜習樂習吹皆掌之樂正葢周立四學瞽宗殷學也亦謂之西學大學正祭於瞽宗取神道尚右之義祭義祀先賢於西學是也而成均學政領於大司樂其教樂於東序養老乞言及大司成論說皆於東序瞽宗之先師先聖通殷以前祀於學者天子視學適東序是以瞽宗之祀有司行事正以養老禮繁不能竝舉卽月令命大樂正釋菜之義葉氏夢得云典禮言秩典樂言節秩節賅禮樂言之秩者儀文度數之序節者歌舞升降之節習舞釋菜備禮樂之用樂正所有事也

始之養也適東序釋奠於先老遂設三老五更羣老之席位焉

鄭注云始始立學也養老東序則是視學於上庠三老五更各一人也孔疏天子視學在虞庠之中有司釋奠旣畢天子乃從虞庠反入於國明日乃之東序而養老故云始之養也

嵩燾案王制虞庠在國之西郊卽此經所謂語於郊者而又云禮在瞽宗書在上庠葢周立四學有虞氏之學以上下爲序夏殷以東西爲序而夏尚左殷尚右各因其所尚以爲之名上庠之學卽大戴記尚書大傳所謂北學也虞庠庶人之學以養庶老當爲有虞氏之下庠孟子夏曰校殷曰序周曰庠王制耆老皆朝於庠序者鄉學也周名鄉學曰庠故於郊學以虞庠別之尚書大傳大夫致仕退老歸其鄉里大夫爲

父師士爲少師周禮大司樂亦言有道者有德者使教焉教於學者致仕之老也凡云養老亦此也其間或在學或以禮會而乞言合語皆有興賢勸學之責是以天子視學以養老爲始事合樂習射及簡不率皆因養老之禮推行之學記武王克殷食三老五更於太學祭義論弟道之達亦云食三老五更於太學經云始之養也猶言天子視學其始事一主於養老視學而適東序明所有事也孔疏據鄭注遂養老用其明日爲說失之養老之禮至周始盛而三老五更之名實沿自殷以前案樂記左射貍首右射騶虞尊右猶用殷禮而已有三老五更之名禮運三公在朝三老在學三公竝尊而有專重三老亦然大戴記召公爲太保周公爲太傅太公爲太師而周公實輔導成王故又曰周公用事也漢儒據鄉飲酒禮一賓一介因以

三老五更竝屬一人蔡氏邕言三老三人明天地人之道五更五人明五倫之理而自漢置三老五更皆各爲一人據禮運以三公三老對文則恐所云三老者亦如三公之官不必備因事爲之名也案始適東序釋奠於先老似東序別有先老之祀周禮大司樂教學者祭於瞽宗以爲樂祖而國老之養於學不能盡祭之瞽宗或於設位養老之時祀先老以明養老之禮之所由始即此始字之義

遂發詠焉退脩之以孝養也

鄭注發詠謂以樂納之退脩之謂既迎而入獻之以醴獻畢而樂闋嵩燾案仲尼燕居入門而縣興升堂而樂闋郊特牲賓入大門而奏肆夏卒爵而樂闋燕禮記以樂納賓則賓及庭奏肆夏賓拜酒主人答拜而樂闋公拜受爵而奏肆夏公卒爵主人升受爵而下而樂闋葢主人獻賓獻公皆有樂所

奏肆夏也既卒爵賓以虛爵降主人降退者獻畢而降遂發詠焉總敘入門升堂及獻情事皆以樂爲之節也鄭以退脩之爲句與下脩之以孝養複句牾竝文義亦失之矣

下管象舞大武

鄭注象周武王伐紂之樂以管播其聲又爲之舞嵩燾案明堂位升歌清廟下管象朱干玉戚冕而舞大武皮弁素積裼而舞大夏祭統升歌清廟下而管象朱干玉戚以舞大武八佾以舞大夏下管象舞大武葢兩事一爲堂下之樂一爲舞郊特牲歌者在上匏竹在下鄉飲酒禮工入升自西階歌鹿鳴四牡皇皇者華笙入堂下磬南北面立樂南陔白華華黍大射禮納工升自西階歌鹿鳴三終工降立於鼓北管新宮

三終磬鼓皆縣在堂下是以鄉射大射竝云笙入立於縣中笙管益堂下之樂以詩協之象者維清之詩以入管管象與儀禮樂南陔管新宮同義仲尼燕居下管象武夏籥序興象維清武於皇則象武二詩竝以入管而所舞者大夏籥文舞也管象或入舞或不入舞大武之舞又與於皇之奏大武以入樂者别荀子禮論韶夏濩武酌桓箾簡象上四者舞也下五者詩之入樂者也左傳襄二十九年舞象箾南籥箾籥樂也所以舞象南則歌之入樂者也杜注以爲文王之樂鄭據詩序維清奏象舞以爲武王制遂謂象武王伐紂之樂又爲之舞似失管象之義

古之君子舉大事必愼其終始而衆安得不喻焉兌命曰念終

始典於學

孔疏慮之以大是愼其始終之以仁是愼其終嵩燾案上慮之以大一節總結視學養老之事此節總結全章世子之教入則有問安視膳之儀出則齒之於學養之以成德者禮樂輔之以成教者師保以次至於國子皆有教焉天子以時視學脩養老之禮明孝弟之義始終納之於學而已大戴記保傅篇殷周之前以長久者其輔翼太子有此具也其敘太子入學之禮極爲周備此記更說得廣大略見三代以前所以重國本之意末引兌命之文爲此篇要旨歸宿處上言舉大事蓋通論之案慮之以大愛之以敬行之以禮三者不見上文脩之以孝養紀之以義終之以仁三者上文皆具其事疑此章脫簡尚多

禮記質疑卷八終

禮記質疑卷九　　思賢講舍

湘陰郭嵩燾伯琛著

禮運

昔者仲尼與於蜡賓事畢出游於觀之上

鄭注蜡者索也亦祭宗廟時孔子仕魯在助祭之中觀闕也

嵩燾案史記孔子世家定公九年孔子由中都宰爲大司寇年五十一弟子列傳言偃少孔子四十五歲時年六歲耳案家語言偃少孔子三十五歲其年亦始十六定公十四年孔子去魯適衛居十月適陳月餘反衛又月餘過曹適宋又適陳居三歲會吳侵陳反衛將西見趙簡子至於河又反衛遂適陳明年自陳遷於蔡又明年自蔡如葉哀公四年吳伐陳楚救陳孔子在陳蔡之

聞楚使人聘孔子哀公六年自楚反乎衛哀公十一年歸魯年六十八家語稱子游嘗從孔子適衛與將軍子蘭善使受學夫子當在哀公六年自楚反衛時劉向新序孔子居於闕黨論語亦云闕黨寰宇記孔子家在故魯城歸德門內闕里背洙面泗以闕名里當有所本春秋定四年左傳因商奄之民命以伯禽而封於少皞之墟元和志曲阜炎帝之墟是魯故帝都其後以封商奄周初猶爲大國舊闕或有存者因以名里其遺址高處登臨游覽亦謂之觀周禮黨正國索鬼神而祭祀飲酒於序以正齒位孔子歸魯居闕里年七十矣宜爲蜡賓因蜡祭畢而往游雜記所謂百日之蜡一日之澤聖人亦與同樂焉云觀之上者所居闕里之舊觀也鄭氏據爲

仕魯時則司寇也而曰蜡賓非名也雉門兩觀之上弟子游焉又從而發歎焉非事也且於是時得位行政何爲而有三代未逮之思哉

大人世及以爲禮

鄭注大人諸侯也孔疏父子曰世兄弟曰及諸侯亦傳位自與家也嵩燾案大人世及謂三王家天下以世相及猶孟子所云夏后殷周繼也自三代傳子之法定而唐虞禪讓之風遂不復能行聖人辨上下而定民志尤以是爲人倫之紀考禮正刑整齊天下以奉一王之大法天子既定其尊於上而諸侯及卿大夫以下亦以世相及下文諸侯有國以處其子孫大夫有采以處其子孫是謂制度制度者所以範圍天下

之人心而不過其則者也故曰大人世及以爲禮注疏竝誤以設制度以立田里以賢勇知以功爲己故謀用是作而兵由此起禹湯文武成王周公由此其選也

鄭注謀作兵起以違大道敦樸之本也敎令之稠其弊則然老子曰法令滋章盜賊多有孔疏田穀稼之所里居宅之地貴賤異品以功爲己立功起事不爲他人也嵩燾案爾雅釋言里邑也小司徒九夫爲井四井爲邑田卽井也里卽邑也井田疆界三代仍而不變而孟子云夏后氏五十而貢殷人七十而助周人百畝而徹三代步法各有不同田畝隨步變更一代有一代之田制故曰以立田里其云以賢勇知以功爲己與以設制度以立田里文法竝同勇知則賢之爲己則

以功歸之四者皆三代所以創制顯庸以立國家之基湯武征誅所謂謀也兵也謀者制治保邦之深機兵者戡亂定暴之大用禹湯文武成王周公所以用謀與兵聖人之權也時爲之也鄭注似以謀作兵起由教令致然孔疏因據爲姦詐之謀戰爭之兵大失經旨

以著其義以考其信著有過刑仁講讓示民有常如有不由此者在埶者去眾以爲殃是謂小康

鄭注埶埶位也去罪退之也殃猶禍惡也大道之人以禮爲忠信之薄言小安者失之則賊亂將作矣嵩燾案鄭氏此注微近老莊之旨后梁王氏譏之允矣經意皇古之世禮教簡而民僞不生三代以還防民之術備矣聖人急明禮教之本

使民之情僞有以自達義者以大其防而人莫敢違信者以會其成而過無能掩潛移默化遷善遠過由其道而不能變一不由此則民僞作而邪慝繁興雖天子之尊亦無所憑藉以求自立而民咸受其殃在埶者去身失道而國以傾所謂與之天下不能一朝居也衆以爲殃人失望而名以隳所謂孝子慈孫百世不能改也殃者不祥之名衆以其名爲不祥桀紂幽厲是也夫惟不能以無禮居民上於是又有聖人承之以起以安天下故以是謂小康一語結之小康者謂能定天下之亂成一時之功而已夏至大康而亂殷至雍己而衰周至穆王而微三代以來治日常少亂日常多斯則所謂小康也

達於喪祭射御冠昏朝聘

鄭注民知嚴上則此禮達於下也嵩燾案仁和邵氏禮經通論喪祭射御冠昏朝聘及後飲食冠昏喪祭射御朝聘兩御字皆當作鄉字樂記鄉射食饗所以正交接也仲尼燕居射鄉之禮所以仁鄉黨也皆射鄉二字連文昏禮和於鄉射鄉飲酒義合諸鄉射王制六禮冠昏喪祭鄉相見竝指鄉飲酒言之經解敘禮凡五曰朝覲曰聘問曰喪祭曰鄉飲酒曰昏姻射者大射鄉射鄉者鄉飲酒竝著於儀禮之篇邵氏此論極允喪祭射鄉冠昏朝聘八者儀禮備詳其文不當與六藝之射御爲類謂之達者極天地之安順人情之用備物而不過其則泛應而皆適其宜孔疏但主嚴上爲說於義未盡

我欲觀夏道是故之杞而不足徵也吾得夏時焉我欲觀殷道是故之宋而不足徵也吾得坤乾焉

鄭注徵成也無賢君不足與成也嵩燾案石梁王氏疑此倣魯論爲之而此經立論實與論語文獻無徵取義各別蓋經意言禮起自三代而肇原皇古以前夏得天統於時爲正而自黃帝考定星歷顓頊受之建正於寅其來蓋遠殷得地統於易徵之其原自伏羲畫卦歷代聖人用以觀陰陽之化察人事之宜是以古歷建正無徵而夏時以定古易僅見連山而歸藏坤乾之用益廣故曰坤乾之義夏時之等吾以是觀之玩其義辨其等而知其流傳遠也下文皆從其初皆從其朔正以推見三代聖人制禮之精意皆有其本原而以此節

引起之舊注似未達此義

蕢桴而土鼓

鄭注蕢讀爲凷聲之誤也凷塩也謂摶土爲桴也嵩燾案說文枹擊鼓杖也段氏謂當依文選注作擊鼓柄引衞宏詔定古文官書枹桴二字同體鼓椎也喪服傳寢苫枕凷說文从土凵凵屈象形蓋塊形方可爲枕爾雅釋言塊塩也郭注引外傳枕王以塩吳語涓人疇枕王以墣韋注墣塊也以塊擊土鼓兩土相摶不得名桴左傳右援枹而鼓之齊語擊枹鼓吳語提鼓秉枹桴不與塊爲類明矣爾雅蕢赤莧莧高數尺其本輕而堅可爲杖陶土而空其中爲鼓以杖築之惟莧本之堅輕者爲能發其聲亦古人用物精處

故元酒在室醴醆在戶粢醍在堂澄酒在下

鄭注周禮五齊一曰泛齊二曰醴齊三曰盎齊四曰醍齊五曰沈齊醆與盎澄與沈蓋同物也孔疏泛齊所陳當在元酒南醴酒北熊氏崔氏竝云此據禘祭不用泛齊也嵩燾案鄭注司尊彝朝踐酌醴齊饋獻酌盎齊其注醴齊縮酌盎齊涗酌云泛從醴醍沈從盎而司尊彝春夏用獻尊象尊秋冬用著尊壺尊追享朝享用大尊山尊明堂位尊用犧象山罍犧象周尊也疏引崔氏先著尊壺尊後犧尊象尊而云祫用五齊盛以著尊壺尊禘用四齊盛以犧尊象尊時祭用二齊蓋據鄭氏祫大禘小爲說許氏又言禘大祫小其說皆非也禘祫二者由宗廟之祭推行之安得祫禘隆其禮而七廟之時

祭反殺其文乎所謂禘嘗之義大矣言其義也非言其文也案祭義言禘嘗之義正據時祭言之酒正祭祀共五齊三酒以實八尊司尊彝但有六尊小司寇辨六尊之名物以待祭祀史氏浩云六尊皆設春夏用兩獻尊兩象尊秋冬用兩著尊兩壺尊追享朝享用兩大尊兩山尊故爲八尊最爲得之案酒正大祭三貳中祭二貳小祭一貳鄭司農云大祭天地中祭宗廟小祭五祀司尊彝所云兩獻尊兩象尊之屬正中祭二貳之義齊酒不貳則鬱齊也六彝無用貳者鄭注鬱人築鬱金煑之以和鬯酒鬯者釀秬爲酒而以盎齊涚之故謂之齊酒史氏八尊之訓爲能通其義

特牲禮尊於戶東元酒在西少牢禮司宮尊兩甒於房戶之間甒有元酒大夫士尊二其西元酒蓋神道尚右禮器罍尊在阼犧尊在西犧尊尊也案禮經錯舉爲文犧尊罍尊不平列君西酌犧象夫人東酌罍尊亦不當及阼階所云在阼在西卽儀禮元酒在西之意燕禮司宮尊於東楹之西兩方壺

左元酒公尊瓦大兩在東南似禮尊皆平列元酒在室泛齊當在其東冪人祭祀以疏布巾冪八尊皆所謂獻尊也特牲禮尊兩方壺於阼階東西方亦如之鄭注兩壺皆酒爲酬賓及兄弟特牲記尊兩壺於房中鄭注爲婦人旅司尊彝所謂皆有罍諸臣之所䣢也是天子當用罍其數不詳堂下之尊不在八尊之列經文但渾言之耳案疏引崔氏云凡十八尊與禮經之文全忤未免肊爲之說

以降上神與其先祖

孔疏上神謂在上精魄之神卽先祖也指其精氣謂之上神指其亡親謂之先祖皇氏熊氏等云上神謂天神也蔫藹案經意由宗廟之祭推言之周禮大宗伯掌天神人鬼地示之

禮以佐王建保邦國周頌曰懷柔百神曰敷天之下裒時之對王者禮百神以導陰陽之和順性命之理道固然也祭祀之起由孝子事親之心愼終追遠不忘其所由生因而推及於百物之無知凡有功德於民皆爲之祭以報之以上達於郊大報天以反始而後精誠之積旁皇周浹百神於斯受職焉而祖宗之感格與子孫精神相接尤顯而易見者故但以祖考之祭言之而義實通乎羣神降其上神與其先祖天神地祇賅具於是中庸言春秋脩其祖廟而由宗廟之禮以推至郊社亦此義也上者尊也不專主上下之義言之

又案經意由飲食通其義於鬼神以有祭祀由祭祀而盡其儀於饋獻以有五齊三酒豚解體解及水草多品之供而尊

卑之分昭穆之序極愛與敬之致以交於神明而合氣於漠

德盛文備而始事之質存而不敢變焉此聖人制禮之原始

因人心自然之應達之於幽明感格之地以爲之節文使有

以自致其情世降而下不知其所終極猶賴此禮之存揚詡

萬物相與維持於不敝不能如皇古之無爲而成化也因世

運升降之分而益見禮之不可廢其義微矣陳氏集說據篇

首大同小康之說疑非夫子之言殆未之深求也案王氏應麟亦病此

記分裂太甚淺以帝王爲有二道葢皆以粗淺讀之

魯之郊禘非禮也周公其衰矣

鄭注魯之郊牛口傷鼷鼠食其角又有四卜郊不從是周公

之道衰矣言子孫不能奉行興之嵩燾案義疏引蔣氏君實

據呂覽魯惠公使宰請郊廟之禮天子使史角諭止之以正注疏之失郝氏敬據魯頌周公之孫莊公之子言春秋書郊自僖公始義至詳矣然考論衡引今文尚書說周公死成王感風雷之變以天子禮葬周公說與洪範五行傳同史記周公卒曰必葬我成周以明不敢離成王成王葬周公於畢示不敢臣周公也說與尚書大傳同史記又言成王命魯郊魯有天子禮樂者以褒周公之德也漢初諸儒傳說皆如此細玩明堂位之文以禘禮祀周公於太廟牲用白牡又云大路殷輅也蓋周公攝政用殷禮殷有天下三十二世兄弟相及者十五世凡九傳而至大戊以弟繼雍己而立爲殷中宗又十年而至盤庚以弟繼陽甲而立殷道復興周公遂繼武王

以有天下猶之用殷禮也既定周禮歸政成王而後世及之制定所以祀周公以天子之禮樂周公固已攝位爲天子也其禘周公用白牡而乘木路猶之用殷禮也經言以禘禮祀周公周公而下固不敢干也案襄十年左傳魯有禘樂賓祭用之禘樂謂所僭用之禮樂亦兼用之燕享矣周公制禮作樂在成王時方策所載制度所貽魯必備有之其儀文亦習而行之春秋列國大夫相語皆言魯秉周禮正以儀文典策之備存也東遷以後王室板蕩故府無徵傳公因周禮舊文僭行祈穀之祭春秋之書郊聖人之微旨也成王命魯公祀周公而用禘禮未嘗命之郊也漢初諸儒展轉傳會其義益隱經竝郊禘言之若春秋書吉禘於莊公書禘於太廟用致夫人禘禮之失亦多矣而終引杞之郊

禹宋之郊契爲說仍但以郊言之以明魯郊非周公之法度也

祝嘏辭說藏於宗祝巫史非禮也是謂幽國

鄭注藏於宗祝巫史言君不知有也萬壽案周禮太祝掌六祝之辭其同鬼神示有六祈祈有說其通上下有六辭辭有禱祝嘏有常辭辭說因事爲之無常辭皆掌之太祝惠氏禮說守祧職既祭藏其隋疑卽嘏辭儀禮主人隋祭當受嘏時因引曾子問士虞記少牢禮作綏祭周頌云綏以多福凡受福謂之綏如惠氏說是祝嘏辭說亦在所宜藏也然嘏辭司之祝史實與守祧無與案周禮小祝贊隋據儀禮尸入祝命挼祭佐食取黍稷肺祭挼尸祝所贊者尸也主人主婦挼祭佐食授之祝不命儀禮或云隳祭或云挼祭或云綏祭凡祭先肺離而絕之以祭亦謂之絕祭鄉

飲禮賓升席取肺左執本弗繚右絕末以祭大射鄉射燕禮竝云賓升取肺坐絕祭禮以隋祭爲重藏其隋當謂承隋祭之器士虞禮妥尸尸拜遂坐從者錯篚于尸左席上其後舉幹舉胳受肺脊受爵皆實于篚疑隋祭盛黍稷肺者篚也祭畢藏之云隋者重其名也鄭司農云隋謂神前所沃灌器名近之然周禮鬱人掌裸器罍人大淵設斗注斗所以沃尸是灌器掌之鬱人沃器掌之罍人竝與守祧無涉鄭注所祭黍稷肺脊之屬則固非所能藏矣禮者徵實之書非可意擬惠氏說失之

金縢周公祝冊納於金縢之匱中二公及王以問諸史

左傳昭十七年三辰有災祝用幣史用辭其稱趙武之賢亦曰祝史陳信於鬼神無愧辭宗祝巫史所掌祈弭之事具見周官由來久遠所以達幽明之情而昭神人之感上文祝嘏莫敢易其常古聖人之嚴也春秋以降盟詛之事繁而矯誣之辭作多爲之祈禱以奸神而邀福而宗祝巫史藏其辭以誣後世正呂刑所謂泯泯棼棼罔中於信以覆詛盟者是以

謂之幽國案左傳襄十一年季武子作三軍盟諸僖閎詛諸五父之衢定元年昭公出季平子禱於煬公遂立煬宮哀五年陽虎盟季桓子於稷門之內庚寅大詛哀六年陽虎盟公及三桓於周社盟國人於亳社詛諸五父之衢哀八年陽虎欲去三桓順祀先公而祈焉祈禱盟詛之辭竝當藏之祝史亦足見魯政之失紀矣鄭以君不知有釋之恐誤

醆斝及尸君非禮也是謂僭君

鄭注醆斝先王之爵惟魯與二王後用之其餘諸侯用時王之器孔疏此謂尸未入時祝酌奠於鉶南者也故郊特牲云舉斝角若尋常獻尸則用玉爵耳嵩燾案儀禮鄉飲酒記鄉射記竝云獻用爵其他用觶而燕禮大射獻賓用觚特牲獻尸用角佐食獻尸用散大射司馬獻獲者用散特牲記篚在洗西實二爵二觚四觶一角一散鄭注引禮器貴者獻以爵

賤者獻以散尊者舉觶卑者舉角云爵一升觚二升觶三升
角四升散五升是禮尊惟此五者周官梓人爵一升觚三升
獻以爵而酬以觚（鄭駁異義觶古書作觗與觚相涉是觚當爲觶）飲器一屬之梓人
爵觚以下皆木爲之燕禮主人洗象觚升北面獻於公司正
洗角觶坐奠於中庭升東楹之東受命西階上北面命卿大
夫鄭注奠角觶中庭明其事以自表威儀多也司正射人下
大夫似公爵飾象大夫爵飾角（案士喪禮用角觶當以喪禮攝盛用大夫之觶耳）說
文斝玉爵也昭七年左傳賂以瑤甕玉櫝斝耳杜注斝耳玉
爵也明堂位夏后氏以醆殷以斝周以爵疑三代王者爵皆
玉周爵有等而玉爵遂承琖斝爲名明堂位所云以禘禮祀
周公爵用玉琖加以璧散璧角玉琖玉斝即玉爵也周禮大

宗伯享先王贊玉爵是天子爵用玉案祭統尸飲五君洗玉爵獻卿尸飲七以瑤爵獻大夫尸飲九以散爵獻士凡言君者諸侯此云尸飲九當據天子九獻之禮言之魯禘用玉爵而以醆斝爲之名耳左傳昭十七年瓘斝玉瓚杜注瓘珪也疑卽祼尸之圭瓚周禮司尊彝祼用斝彝乃其實證特牲少牢禮尸入主人拜妥尸郊特牲所云舉斝角詔妥尸亦當爲瓘斝以尸入而有祼獻之禮故也三代禮器皆以所尙爲尊無尊及前代者行葦詩舉爵奠斝謂兼用二代之器鄭箋用殷爵者尊兄弟甚誤周禮鬱人大祭祀與量人受舉斝之卒爵而飲之量人與鬱人受斝歷而皆飲之當卽燕禮士旅食者之爵鬱人量人皆下士亦兼掌旅食之爵也其不以斝爲尊可知經云醆斝卽明堂位之爵用玉琖據魯之僭禮言之鄭注

未達其義孔疏乃以特牲禮酌奠鉶南當之鉶南之奠尚未
迎尸郊特牲所謂直祭祝於主者是也與及尸君何涉既誤
以夏殷之爵為尊因謂尋常用玉爵周禮安得有是哉
冕弁兵革藏於私家非禮也是謂脅君大夫具官祭器不假聲
樂皆具非禮也是謂亂國故仕於公曰臣仕於家曰僕三年之
喪與新有昏者期不使以衰裳入朝與家僕雜居齊齒非禮也
是謂君與臣同國

鄭注臣有喪昏之事而不歸反服其衰裳以入朝或與僕相
等輩而處是謂君臣同國無尊卑也嵩燾案服問凡見人無
免絰雖朝於君無免絰惟公門有稅齊衰鄭注謂不杖齊衰
也孔疏不杖齊衰之喪至公門稅去其衰若杖齊衰及斬衰

雖入公門衰亦不稅故曰君子不奪人之喪亦不可奪喪也喪服大記大夫士既葬言公事不言家事又云大夫士既葬公政入於家既卒哭弁絰帶金革之事無辟也蓋卒哭受服出而從公周禮自是如此案曾子問夏后氏三年之喪既殯而致事殷人既葬而致事不言周人親喪致事夏殷禮也始喪盡哀無暇及外事故殯葬而致事雜記三年之喪祥而從政期之喪卒哭而從政鄭注謂庶人給繇役周制大夫士喪既葬公政已入並無致事之文鄭注曾子問云周卒哭而致事以意擬之非也

服問公於鄉大夫之喪錫衰以居出亦如之是鄉大夫喪公亦爲之制服大夫士得以衰裳入朝可知專據案檀弓士惟公門稅齊衰入公門之意疑所謂稅衰者稅出前衰及負適所稅者衰也其衰衣衰裳若並稅之將吉服而入公門乎大夫士既卒哭入朝服公政宜仍衰裳所謂君子不奪人之喪也後世君臣之禮不可以擬三代明矣

春秋僖九年會葵邱書宋子左傳宋桓公卒未葬而襄公會諸侯故曰子僖

二十五年盟於洮書衛子僖二十八年會溫書陳子定四年會召陵書陳子其閒惟衛文公葬而成公猶書子餘皆未葬也而陳惠公以二月卒三月而懷公會召陵僖三十二年晉襄公敗秦於殽文公未葬而左傳云子墨衰經以從戎故施墨是凡盟會竝不易衰也經意公臣與家僕別君臣之分嚴而固以禮相接三年之喪與昏期不使以衰裳入朝皆所謂以禮相接者案期不使與衰裳入朝二事使謂會盟侵伐出適他國入朝則常朝也大夫家臣禮殺矣固不與大夫士齒疑此數節據魯事言襄十一年季武子作三軍分公室各有其一昭五年舍中軍四分公室季氏擇二二子各一昭十一年冉求言魯之羣室衆於齊之兵車而季氏之甲七千襄二十九年享范獻子射者三耦公臣

不足取於家臣昭二十五年禘於襄公萬者二人其衆萬於

季氏兵革聲樂之在私家者加於公室又以家臣承公臣之

乏定哀之世南蒯陽虎執國政遂與大夫爲列出入公朝聖

人有隱痛焉故曰仲尼之歎蓋歎魯也幽國僭君謂君脅君

亂國則大夫也君與臣同國則陪臣也轉相效慕惟魯爲然

故天子有田以處其子孫諸侯有國以處其子孫大夫有采以

處其子孫是謂制度

鄭注言今不然也春秋昭元年秦伯之弟鍼出奔晉刺其有

千乘之國不能容其母弟嵩譏案經意承上以起下文諸侯

大夫之相爲僭脅起於相輕相褻積久遂至陵夷君臣名分

之嚴非徒以其名也各遂其私而天下之大閑立焉各致其

情而天下之大法昭焉其私足以自遂而後事以有所立而不廢情以有所止而不流天子正其制於上於是巡狩以考制度而諸侯一受成於天子恪恭以盡其職又下推及其臣問疾弔喪皆有以致其情著之禮籍而不敢褻則僭端無自開矣故曰惟禮可以已亂

是故夫政必本於天殽以降命命降於社之謂殽地降於祖廟之謂仁義降於山川之謂興作降於五祀之謂制度

鄭注降下也殽天之氣以下敎令嵩燾案經言政者禮之所自行也萬物統乎天而天命之流行因物以致其功用惟所散布而命於是顯焉坤元資生而順承天尊卑秩敘禮之原也而顯其命於社仁者親親義者尊尊親親而有昭穆之序

尊尊而有貴賤之位而顯其命於祖廟山林川谷邱陵民所取財用也因而有掦建興造而顯其命於山川地之五行所以生殖因而授時命官以制百爲之節而顯其命於五祀聖人因人心之不容已以推知天理自然之節而祭祀之禮之興法天以神其用而若或命之其於天下之事放而推之舉而措之有餘裕矣鄭意訓殽爲效而云敎令由社下由祖下由山川五祀下以降命屬之人似失經旨

處其所存禮之序也玩其所樂民之治也

鄭注存察也治所以樂其事居也孔疏天有運移寒暑地有五土生殖廟有祖禰仁義皆是人之所觀察與作器物宮室制度皆是人之所樂嵩燾案易所居而安者易之序所樂而

玩者爻之辭玩作翫說文翫習厭也存謂體驗於性功樂謂發揮於事業處者持守其視聽言動之常玩者翫習其秩敘經綸之用此明君子之行禮涵養有其本推行有其宜存之而爲天地不易之經序之所以定也玩之而爲人心自然之應治之所以順也鄭意分承上文爲說恐非

故君者所明也非明人者也君者所養也非養人者也君者所事也非事人者也故君明人則有過養人則不足事人則失位

鄭注明猶尊也嵩燾案胡氏銓云明猶視也言下之所察視陸氏佃云指人之失謂之明人故曰君明人則有過疑當合此兩義言之人君謹庠序之教何嘗不明人制田里教樹畜何嘗不養人尊師重道何嘗不事人然所明者以身示之則

非曰取人而强之使明也所養者制貢賦之法所事者任六官之職謹脩其法於上而不苛人以從善不盡人以給其求而人自歸之明人則有過者以求諸人非諸人爲心而過之積已多也下言則君以自治與此緊相呼應鄭訓明爲尊因謂下則君當爲明君陳氏集說又謂此三明字皆讀爲則恐皆失之

故用人之智去其詐用人之勇去其怒用人之仁去其貪

鄭注用知者之謀勇者之斷仁者之施足以成治矣詐者害民信怒者害民命貪者害民財三者亂之原嵩燾案方氏析疑知者知有禮則知詐之累於知而明可進於誠勇者知有禮則知怒之累乎勇而氣可配乎道仁者知有禮則知貪之

累乎仁而仁且兼乎義其說至允知勇仁性也去其詐與怒與貪禮之所以繕其性也人君以禮示之準而天下之人皆有以善其性之用以效於世故曰君者所明也所明禮而已矣鄭據用人爲說誤

君死社稷謂之義大夫死宗廟謂之變

鄭注變讀爲辯聲之誤也辯猶正也君守社稷臣衞君宗廟

嵩燾案曲禮國君去其國止之曰奈何去社稷也大夫曰奈何去宗廟也是君以守社稷爲義大夫以守其宗廟爲義而又云國君死社稷大夫死衆鄭注衆謂軍師所死君事也案春秋定四年楚囊瓦出奔鄭左傳子常之卒奔吳師大敗之子常奔鄭史皇以其乘廣死囊瓦以師敗出奔故春秋書名惡之春秋莊四年書紀侯大去其國以示譏而文八年宋司城

來奔文十四年宋子哀來奔左氏傳並云貴之也是以大夫有去國之義而不以死宗廟爲義襄二十六年衛孫林父入於戚以叛左氏發其例云臣之祿君實有之義則進否則奉身以退專祿以周旋戮也大夫以事去國君爲之立後以守宗廟之祀宗廟之祀非大夫所得私守者晏子故曰君爲社稷死則死之爲社稷亡則亡之經云大夫死宗廟則是專有其宗廟而以死守之春秋襄二十三年書晉欒盈入於曲沃定十三年書晉趙鞅入於晉陽以叛皆其私邑有宗廟之守若可死也則亦可踞以叛也聖人於臧武仲之以防求後謂之要君正以明大夫宗廟之存亡非大夫所能專也鄭注似未達春秋之義

人藏其心不可測度也美惡皆在其心不見其色也欲一以窮之舍禮何以哉

鄭注言人情之難知嵩燾案欲惡人心所同欲惡得其正則美失其正則惡惡者無禮以治之則肆而不及防美者無禮以節之則亦流而不知返存之於心不可測度而其見於事爲施於日用皆此一心之累積而成而害滋烈矣以禮窮極其心之發使其惡不敢逞美者益道之於中和以動而不過其則所謂以禮治情也案上云知勇仁以禮耩性此云欲惡以禮治情疏申鄭意謂人情難知以禮察知之疑非經旨

播五行於四時和而后月生也

鄭注此氣和乃后月生而上配日若臣功成進爵位也嵩燾

案上二語言天地之體此二語言天地陰陽之用五行麗形於地而用陽也天運其氣而四時行焉故曰播月垂象於天而體陰也陽施其明而月受焉故曰和五行播而散之以成歲月之明和而交相感合以知朔望陰陽之大用無有顯著於是者日月交會於十二辰而月之盈闕待施於日以受其明和之象也孔疏四時不和日月乖度則月不依時而生恐失之

故人者天地之心也五行之端也食味別聲被色而生者也

孔疏五行各有味人則並食之五行各有聲人則含之皆有分別五行各有色人則被之以生也五行有此三種最爲彰著而人皆稟之以生故爲五行之端嵩燾案味也聲也色也

人欲之所附以行者也而天命之精聚焉人秉五行之秀以生有口自能知味有耳自能審聲有目自能辨色聖人爲之制五味之宜辨五音之正察五色之文而天理之流行依乎人心之感應以爲之則是以味聲色三者五行萬物自然之符卽民生日用自然之序非是則天地之用窮民生日用之經亦廢人之生生於味聲色之各有其情故禮者治人情者也非能絕遠人情以爲禮者也疏意專承五行言之於義未盡

月以爲量鬼神以爲徒五行以爲質

鄭注量猶分也鬼神謂山川山川助地通氣之象也嵩燾案應氏鏞云月之行一月一周天視其朔晦以課事功如物有

量以揆其平鬼神布列於天地之間造化之用也以爲徒則開合變化常與之竝行五行變合於陰陽之內以爲質則亭毒胚胎不昧其所生似較鄭注爲確以天地爲本四語所謂觀法於天也皆虛擬之自月以爲量以下變文言之所謂徵事於人也皆實指之月行一月一周天而十二月之名以立與天爲量而民從之云以爲量者極其量以爲功而亦如其量以爲施鬼者人鬼神者天神聖人示人以孝敬而有祭享引而近之使人反其所自始故曰聖人以神道設敎而天下服矣爲徒者心神與相接動止與相臨竝行天地之間體物而不遺也五行者麗形於地而感氣於天爲天地顯著之功用萬事萬物莫能違也月以爲量因而分立十二月之政五

行以爲質下至旗服飲食一取則於五行月令及呂覽淮南之書具詳其文卽此經之旨也

月以爲量故功有藝也

鄭注藝猶才也十二月各有分猶人之才各有所長也嵩燾案王氏經義述聞藝之言臬臬極也法也準也文六年左傳陳之藝極是也胡銓曰藝極也春秋傳貢賦無藝正義引服注藝極也一曰常也杜注藝法制有藝對無藝言之昭十六年左傳大國令而共無藝杜注藝法也二十年傳布常無藝杜注藝法制也魯語貪無藝也晉語貪欲無藝韋注竝曰藝極也越語用人無藝皆謂無常法無定制有常法有定制則謂之有藝矣據此藝字葢兼三義月行一月周天三百六十

五度四分度之一又過一帀更行二十九度半餘而與日會是有極也五星有順逆遲留而月無之是有常也弦晦朔望不失常期是有法也鄭注徒以盈闕校人之才有限量於義未盡

故龍以爲畜故魚鮪不淰鳳以爲畜故鳥不獝

鄭注淰之言閃也獝狘飛走之貌孔疏淰水中驚走也嵩燾案鄭注淰之言閃以音取義非訓淰爲閃也孔以水中驚走釋之陳氏集說因謂爲羣隊驚散之貌皆非淰字本義說文澱淤滓淰爲類云濁也魚伏汙泥之中謂之淰大雅王在靈沼於牣魚躍魚多則羣遊而躍潛伏汙泥之中非惟魚失其性其生亦不繁矣樂記水煩則魚鼈不大煩則未有不濁者

莊子所謂鳥亂於上魚亂於下卽此淰字意玉篇獝狂也廣韻獝狂也狂病也集韻本作矞云獸走也木華海賦鷸如驚鳧之失侶李善注鷸疾貌郭璞江賦鼓翅翻翍玉篇翻飛貌疑疾飛字當作翻假借爲鷸亦借爲獝禽獸飛走義原相通此節獝狘失三字皆韻疑淰當作淈說文亦云濁也一曰滒泥淮南原道訓甚淖而滒高誘注滒亦淖也魚鮪游於淖不適其性可知淈字亦有亂義楚辭通釋淈其泥而揚其波淈謂撓亂之於義尤順

故先王秉蓍龜列祭祀瘞繒宣祝嘏辭說設制度故國有禮官有御事有職禮有序

鄭注皆卜筮所造置也嵩燾案蓍龜祭祀二者禮之大端聖

人重之非專言卜筮之用聖人以神道設教著龜以決人事之疑祭祀以昭人心之信薦其牲幣致其精誠而制度等差於以辨焉又為設官以司之官有御者言其綱如大宗伯治禮大司樂治樂事有職者言其目如太卜筮人大祝典祀司服之屬禮文既具綱目備舉如是而五禮之行咸得其序矣四語相承而下鄭意一以卜筮統之恐未然

山川所以儐鬼神也

孔疏儐敬也王自祭山川欲使儐禮鬼神之教達於下嵩燾案方氏慤云我為主於內而山川之鬼神在外故有賓道其說至允虞書望于山川周禮小宗伯兆山川邱陵墳衍各因其方是山川之祀皆望祀也以禮接之若賓之自遠至其制

則統於地天神地祇定於一尊惟山川自五嶽四瀆由畿內以達侯國名山大川之不以封者民物於此生殖四方於此會同隨其山川之名而皆有神司之故於山川有賓鬼神之義疏義似未曙然

故宗祝在廟三公在朝三老在學王前巫而後史卜筮瞽侑皆在左右王中心無爲也以守至正

鄭注愼居處也侑四輔嵩燾案周禮大司樂王大食三侑膳夫王日一舉以樂侑食玉藻亦云凡侑食不盡食儀禮有司徹議侑於賓以異姓筵於戶西南面爲尸席筵於西序東面爲侑席侑與尸竝尊鄭注周禮侑猶勸也賓尸立侑猶勸相飲食之義四輔見於洛誥尚書大傳以疑丞輔弼爲名謂之

四鄰大戴記居前謂之道居左謂之充居右謂之弼居後謂

之丞仍周召太公任之而加以史佚猶三公之職也不當與

巫史卜筮同在左右疑宗祝在廟以下推廣言之禮有五經

莫重於祭先王欲以禮達之天下竭誠敬以脩祀事非具文

也在廟而脩敬則宗祝將事在朝而涖政則三公論道在學

而明教則三老乞言巫以祓不祥史以詔六典考法則記言

記動外及四方之志三皇五帝之書卜筮以決疑瞽以贊樂

侑以佐食一以禮相之而動不過物言不過則自起居飲食

皆臨以鬼神之嚴王者奉其誠愨之心端拱淵默基命宥密

此禮之所以達於天下也

其降曰命其官於天也

鄭注聖人象此下之以爲教令官猶法也嵩燾案樂記禮樂明備天地官矣卽此官字義言效其職於天也天生萬物散布殽列而禮之秩敍行焉以天道言之降於人者曰命所謂天命之性也五官百骸無爽厥職一皆天命之㪷敍以人事言之降於下者曰命所謂天命有德也政教刑賞無曠厥官一皆天命之凝承太一者卽所以立天之道也

夫禮必本於天動而之地列而之事變而從時協於分藝其居人也曰養其行之以貨力辭讓飲食冠昏喪祭射御朝聘

鄭注本於太一與天之義後法地後法五祀五祀所以本事也後法四時協合也言禮合於月之分猶人之才也養當爲義下之則爲教令居人身爲義孝經說曰義由人出嵩燾案

篇中兩言本於天殽於地一言本於天地一言本於太一分而爲天地一言本於天動而之地皆以明禮之大原出於天辭旨略同而各有歸趣禮之秩敍皆具於天而地受之以成體體立然後用行於是動而合焉以顯效其能燦而爲萬事而交接往來稱其物沿而爲古今之異時而變通損益權其宜而又各視其人之分以立法制之等使人皆有以居其常以順其養存之於身是爲養德達之於事是爲行禮養則有動作威儀之節行則有貨力飲食之資內外交須本末兼備夫是之謂禮馬氏晞孟引荀子恭敬辭讓所以養安禮義文理所以養情聖人之道寓於度數之間莫非順性命之理而所以養人也庶爲近之王肅之難鄭注破養爲義允矣而牽

合五祀四時爲說於經旨尤未能曙然

義者藝之分仁之節也協於藝講於仁得之者强仁者義之本

順之體也得之者尊

鄭注藝猶才也孔疏義主斷割能服於人故得義者强仁是

恩施眾所敬仰故得仁者尊也嵩燾案左傳文六年陳之藝

極杜注藝準也猶言準的謂之極者極所至而固有界限也

如今言分際藝之分猶分際等差之辨仁之節與義之本對

文藝之分與順之體對文言禮兼仁與義行之得義以爲之

節而分嚴則其體强得仁以爲之本而情順則其用尊仁義

交相爲用以成禮禮者所以達仁義之施而立人道之準者

也承上以義起禮言旣協諸義又須濟之以仁而禮乃行仁

義字分別等差不得

安之以樂而不達於順猶食而弗肥也

鄭注功不見也孔疏不使知達至順之理亦爲未善嵩燾案上播樂以安之聖人之治功於是備矣此復言安之以樂而不達於順葢大順之理達於天下必涵濡之久積累之深以馴致之文武受命周公制禮作樂迨至成康之世致刑措者四十餘年此所謂聖人之時也故穫而食人力之所及也食而肥充積自然非人力之所及也下文極言大順之效以見禮之化成天下盡人皆受其治其積之也厚矣舊注似未曙然

大順者所以養生送死事鬼神之常也

鄭注常謂皆有禮用無匱乏也孔疏前明國家之順皆爲有條目此更總說其事嵩燾案聖人以禮治人情人情治而萬事理上言天子臨御天下統臣民而受治諸侯曰相與大夫曰相序士曰相考百姓曰相守皆主交際言之人相獎爲雍睦而大順之理達於天下矣大順者大同之徵也豈有異道哉各率其養生送死事鬼神之常而人自盡其分焉卽是之謂大順舊注總括言之經意實申敘大順之義一循乎愛敬之常而無餘事也

故事大積焉而不苑竝行而不謬細行而不失深而通茂而有閒連而不相及也動而不相害也此順之至也

鄭注言人皆明於禮無有蓄亂滯合者各得其分理順其職

也嵩燾案大積與細行對文新安王氏以萬幾日來庶事總至釋大積以威福竝用剛柔迭施釋竝行以嚬笑好惡之微釋細行最爲得之深與通對文深者劼之使入通者利之使出茂與有間對文茂者厚而積之使密有間者條而理之使疏連與動對文連者因仍而從其彙動者變動而易其常上言大順天下咸得其順此則王者之一身事事順理行之中庸所謂大德敦化小德川流自然應乎天則所以爲順之本也推極禮之大達之天下而其精微體之有天下者之一身下又言順民之實歸本於治人情息之至深操之至約疏以事大斷句云天子事竝行謂諸侯來朝細行謂大夫士出聘深謂九州之外越裳是也茂而有閒以下謂萬國貢賦庭實

意爲傳合失之太遠

禮記質疑卷九終

清末民初文獻叢刊

禮記質疑

（中册）

［清］郭嵩燾　著

朝華出版社
BLOSSOM PRESS

禮記質疑卷十

思賢講舍

湘陰郭嵩燾伯琛著

禮器

如竹箭之有筠也如松柏之有心也二者居天下之大端矣

孔疏筠是竹外青皮顧命敷重筍席鄭云筍析竹青皮也禮記曰如竹箭之有笢嵩燾案說文笢竹膚也筠笢同字玉篇笢竹表也又別出筠字廣韻筠竹皮之美質也卽據此經爲說方氏析疑筠从均得聲當爲竹節謂其長短略均也竹有節所以約束而能固禮亦君子所以自約束也似此說得之說文節竹約也有節以約之而後體直而幹堅鄭注端本也竹箭之節松柏之心皆所謂本節者秩敘之外毖心者調理

之內含下文貫四時而不改柯易葉乃所謂文也說文竹膚節亦膚之外見者釋名膚布也布在表也故筠可以賅竹膚而不得專據爲竹之青皮顧命筍席析竹爲之說文所謂筡析竹筤也筠爲竹膚統節爲名禮器自據竹節言耳

順於鬼神

鄭注鬼神所祀事有德也孔疏祀之必順不濫逆也嵩燾案禮也者合於天時設於地財順於鬼神合於人心理萬物者也凡五項天時有生春秋異品故曰合於天時地理有宜水陸異產故曰設於地財人官有能繁簡異施故曰合於人心物曲有利隆殺異用故曰理萬物分承上四項不及鬼神鄭注天時地利人官物曲言皆有異鬼神亦當有別異若大宗

伯禋祀實柴槱燎血祭貍沈疈辜肆獻饋食數者之分惟能知鬼神之情狀爲之報祀所以爲順下文天不生地不養鬼神弗饗再承天時地財二項言之而推及鬼神又云居山居澤則但申言地財而已錯綜變化益見行文之妙鄭注祀事有德僅祭法中之一義孔疏以理萬物別爲句言能上數者則萬物各得其理並於文義未洽

故必舉其定國之數以爲禮之大經禮之大倫以地廣狹禮之薄厚與年之上下

鄭注定國之數謂地物所出多少禮之大倫謂貢賦之常差孔疏經法也倫猶例也嵩燾案地物所出與地廣狹義複經云禮亦不爲貢賦言之應氏鏞云定國猶立國也方氏析疑

數葢隆殺之禮數也如公九侯伯七子男五之類其說至允周禮典命宮室車旗衣服禮儀各視其命之數左傳王命諸侯名位不同禮亦異數正此數字注鄭大司馬設儀辨位以等邦國朝聘喪祭之禮一視其等數故曰爲禮之大經經常也說文倫輩也軍發車百輛爲輩輩謂以類爲次九儀之命爲五服之次而封國廣狹不必適均職方氏凡邦國小大相維制其職各以其所能制其貢各以其所有班爵同而壤地參差又別爲之等次如左傳所謂魯賦八百乘邾賦六百乘一以地爲率故曰禮之大倫倫猶次也至於薄厚視年之上下則隆殺損益歲爲之制如掌客所謂凶荒殺禮札喪殺禮禍烖殺禮是也大經者所奉一王之大法大倫者國之常制

其有薄厚則一時豐殺之節也王氏經義述聞與卽以也史記貨殖傳智不足與權變勇不足以決斷仁不足以取予漢書楊雄傳建道德以爲師友仁義與爲朋並以與二字互文

禮時爲大順次之體次之宜次之稱次之

鄭注言聖人制禮所先後也孔疏揖讓干戈之時於禮中最大故云時爲大嵩燾案時者一代之典章互有因革不相襲也生乎今之世反古之道則與時違矣故時爲大順與宜爲近順者天理自然之秩敘宜則品章節目裁之以義而各當於心體與稱爲近體者人心自然之別異稱則度數儀文制之爲經而不過乎物案下文皆因事取證如堯授舜舜授禹湯放桀武王伐紂聖人乘天之時以有天下而一代之禮與豈遂以時爲禮哉此就行禮之實以推求制禮之原有是

五者之次不當以輕重先後論之

羔豚而祭百官皆足太牢而祭不必有餘此之謂稱也

鄭注稱牲體之大小而爲俎官指助祭者言百喻衆也孔疏助祭各有俎播及胞翟雖復羔豚之小百官一切皆得小而足得大而不餘是各稱牲體也嵩燾案特牲記尸俎祝俎阼俎主婦俎佐食俎所載體骨有常數賓及長兄弟及宗人皆有俎下及衆賓衆兄弟內賓宗婦公有司私臣有司徹尸俎四侑俎三阼俎四主婦俎一所載體骨亦有常數此豈足云稱哉說文羔羊子豚小豕毛詩傳小曰羔爾雅豬子曰豚鄭注儀禮羊豕曰少牢祭有特豕有特豚內則庶人特豚士特豕禮運燔黍捭豚雜記宗廟之器釁之以豭豚曲禮豕曰剛

鬣豚曰腯肥豕豚各別王制亦云獻羔開冰羔豚之祭葢禮之簡者經意大夫少牢士特牲羔小羊亦可充少牢豚小豕亦可充特牲百官皆足言一命之士皆能取辦所謂稱家之有無也太牢之祭則大夫以下家雖有餘亦不得用尊卑制度不可踰也所謂稱也鄭注恐失之

家不寶龜不藏圭不臺門言有稱也

鄭注古者貨貝寶龜大夫以下有貨耳易曰十朋之龜闍者謂之臺孔疏兩邊築闍爲基基上起屋曰臺門嵩燾案爾雅十龜四曰寶龜鄭注引書遺我大寶龜樂記青黑緣者天子之寶龜也春秋定八年盜竊寶玉大弓公羊傳寶者何龜青純也似龜大者爲寶龜亦謂之守龜此下及郊特牲並云龜

爲前列以充庭實之首當卽此論語臧文仲居蔡何注引包咸云蔡諸侯之守龜長尺有二寸左傳昭二十五年臧昭伯如晉臧會竊其寶龜僂句以卜是臧氏世有寶龜白虎通引禮三正記天子之龜長尺有二寸諸侯一尺大夫八寸士六寸所謂寶龜者尺以上之龜也士昏禮卜納吉士喪禮卜人奠龜雜記大夫卜宅與葬日大夫士皆有卜卽當有藏龜亦未聞大夫不藏龜貝之說所不得藏者寶龜耳鄭謂古者貨貝寶龜疏引漢書食貨志言王莽以龜貝爲寶貨二枚一朋虞氏易十朋之龜卽據爾雅十龜言之鄭引以爲龜貝非也爾雅亦云四方而高謂之臺雉門兩觀爲方臺逸周書作雉解應門庫臺臺卽觀也爾雅觀謂之闕郭注宮門雙闕三輔

黄圖周置兩觀以表宮門韻會兩觀雙植中不爲門然則臺門者因臺爲門卽雉門之兩觀也下文天子諸侯臺門與塞門反坫並國君宮室之制疏云築闍爲基基上起屋似無此制

天子之豆二十有六諸公十有六諸侯十有二上大夫八下大夫六

鄭注豆之數謂天子朔食諸侯相食及食大夫公食大夫禮曰宰夫自東房薦豆六聘禮致饔餼於上大夫堂上八豆周禮公之豆四十其東西夾各十有二侯伯之豆三十有二其東西夾各十子男之豆二十有四其東西夾各六嵩燾案周禮膳夫羞用百有二十品而醢人掌四豆之實朝事八饋食

八加豆八羞豆二是天子禮豆二十六而庶羞不在列案陸氏佃引醢人文以釋豆二十有六之數王氏經義述聞以朝事饋食宗廟之祭此天子之豆非指祭祀言之以難陸氏其實禮豆止有此數周禮籩人醢人並領於太宰非專掌祭祀之官也公食大夫禮宰夫自東房薦豆六設於醬東下大夫之正豆六是無加豆也案昭六年左傳季孫宿如晉晉侯饗之有加籩武子請徹加而後卒事杜注周禮大夫三獻三獻之禮無加籩豆公食大夫禮又云上大夫八豆此云八豆六豆正據儀禮言之聘禮堂上八豆以韭菹醓醢爲次西夾六豆亦然是周禮掌客之上公四十豆侯伯三十二豆子男二十四豆與牢禮並致之賓自堂上正豆外餘皆爲庶饈公食大夫禮士羞庶羞十六豆又云上大夫庶羞二十豆此不言者禮食豆數不及庶羞案僖二十二年楚子入饗於鄭九獻加籩豆六品杜注用上公之禮是上公九獻加豆六其庶羞不與禮豆之數聘禮記凡

致禮用其饗之加籩豆則是四十豆三十二豆二十四豆之等並不列於正豆也鄭注引周禮之文與此所陳豆數各爲一義而沿聘禮之文以侯伯子男之正豆設於堂上者同爲十二豆周禮侯伯與子男異等不宜東西夾之豆減去其半而正豆反從同也案王制天子之卿視伯天子之大夫視子男此云上大夫卿也周禮典命王之三公八命其卿六命其大夫四命及其出封皆加一等卿加一等而後得上視伯是天子之卿禮數正視子男此云上大夫八豆以貶子男鄭注恐誤

天子之席五重諸侯之席三重大夫再重

孔疏儀禮之例一種席皆稱重燕禮注重席重蒲筵是也與席稱重則此經是也嵩燾案周禮司几筵掌五席之名物大朝覲大饗射設莞筵紛純加繅席畫純加次席黼純祀先王

胙席亦如之諸侯祭祀蒲筵繢純加莞席紛純胙席莞筵紛純加繅席畫純旬役設熊席是天子席三諸侯席二而天子甸役席一陸氏佃以爲筵皆單設席則重引書敷重篾席敷重筍席行葦傳亦云設席重席也再重有筵則席亦單設無加席則筵重據公食大夫禮宰夫設筵加席大射禮司宮設賓席戶西南面有加席公食記云蒲筵常緇布純加萑席尋元帛純上大夫蒲筵加萑席其純皆如下大夫是自大夫以上皆有加席而筵視席踰倍燕禮設加席筵賓無加席主人獻卿司宮卷重席設於賓左諸公先卿獻之無加席（案大射禮獻卿獻公並同燕禮視大射公食禮爲簡故賓無加席而獻卿有加席亦與大射同儀禮云重席云加席葢通言之鄭注燕禮據鄉飲記蒲筵重席爲說恐誤）所謂加席者皆加席筵上鄉飲酒禮賓若有

遵者席於賓東公三重大夫再重鄉射禮大夫有遵者席於
尊東大夫辭加席而鄉飲鄉射記竝云蒲筵緇布純似所設
蒲席而已其三重再重當竝爲蒲席所由與公食大夫異也
大射禮燕禮竝云鄉辭重席司宮徹之公食禮賓坐卷加席
公不辭鄉飲禮鄉辭一席使一人去之鄭注辭一席自同於
大夫又云大夫辭加席委於席端主人不徹鄉射記大夫辭
加席主人對不去加席鄭注不去者大夫再重席正也就儀
禮之文求之凡加席皆徹鄉飲鄉射之重席不徹疑五重三
重再重之席通常席言之盡飾則加席公食記蒲筵常萑席
尋是加席之制小於筵而露本席於外鄭注司几筵敷陳曰
筵藉之曰席筵所以爲位而加席以飾之案司几筵甸役熊席無加席蓋甸役

武事不盡飾也陸氏謂筵單設然則天子之席甸役一重矣而謂筵與席忽單忽重以就五重三重再重之數恐禮制不如是之煩也顧命之四席皆曰敷重是卽筵也筵當重加席小於筵以在五重三重再重之外故曰加疏釋儀禮之文多未合者而引熊氏祫祭五重禘四重時祭三重司几筵職是也尤屬臆爲之說

天子崩七月而葬五重八翣諸侯五月而葬三重六翣大夫三月而葬再重四翣

鄭注天子葬五重謂抗木與茵也葬者抗木在上茵在下士喪禮曰抗木橫三縮二加抗席三加茵用疏布緇翦有幅亦縮二橫三此士禮之一重者嵩燾案既夕禮有折有抗木有抗席有茵葢外椁累木四周而上下空下有茵以藉棺上有

折以施抗席而後加抗木天子之椁抗木五重諸侯抗木三重大夫抗木再重於禮無徵而一椁之上累抗木五疑非制也檀弓天子之棺四重水兕革棺被之杝棺一梓棺二方氏析疑以爲革棺如合甲爲二重喪大記君大棺八寸屬六寸椑四寸上大夫大棺八寸屬六寸下大夫大棺六寸屬四寸五重三重再重正言棺不數椁椁上下空不得云重也翣者棺在車以飾帷窔以飾椁是此五重八翣三重六翣再重四翣即謂天子以下棺椁之制也鄭注誤

大路繁纓一就次路繁纓七就

鄭注大路繁纓一就殷祀天之車也孔疏次路殷之第三路

嵩燾案明堂位大路殷路也據魯郊禘言之鄭注下大路素

而越席云大路殷路也注郊特牲乘素車亦云素車殷路也因考左氏傳言大路者凡二義僖二十八年王賜晉文公大路之服襄十六年鄭公孫蠆卒王追賜之大路襄二十四年穆叔如周聘賜之大路定四年分魯公康叔唐叔皆以大路據周禮金路以封同姓則所分者金路也餘不詳何路是凡王所賜皆謂之大路此一義也桓二年大路越席杜注大路玉路祀天車也是祀天謂之大路此一義也巾車五路玉路以祀金路以賓象路以朝革路以即戎木路以田木路次五以封藩國而天子乘之以祀天於義舛矣就周禮之文推之玉路錫樊纓十有再就建大常十有二斿金路九就象路七就革路五就木路不言就鄭注樊纓皆以五采罽飾之木路

之飾與革路同繁纓者馬飾也就數之多寡合五采罽計之鄭注士喪禮馬纓三就云飾纓以三色蓋條絲也則此之一就當爲一色罽若絲其色蒼也案巾車木路前樊鵠纓鄭注前讀爲緇翦之翦淺黑也以淺黑飾韋爲樊鵠色飾韋爲纓據此則木路樊纓止一色郊特牲言素車者繁纓一就也越席也皆言乎車之飾也其車則仍玉路也其所建之旗則仍太常十二斿也故曰酒醴之美元酒明水之尚黼黻文繡之美疏布之尙丹漆雕幾之美素車之乘元酒明水用以陳非廢酒醴也疏布用以冪非廢文繡也則素車亦言車之飾而已非廢丹漆雕幾也郊乘木路魯禮也蓋周公攝政殷禮也成王賜周公天子禮樂而祭以白牡乘以木路亦猶行殷之禮也明堂位特著其文所以別於凡言大路者之爲玉路

也而反用此以概凡經之言大路者宜其齟齬不能通矣周用四代之車無尊殷路爲大路而用以郊天之理經云大路卽巾車所謂玉路以祀以郊天尊之曰大路次路者副車也鄭注尙書顧命大路玉路綴路玉路之副先路象路次路象路之副雜記諸侯相襚以後路先路不以襚鄭注不以己之正者後路貳車也七就於巾車爲象路貳車之飾不必各以其等就數之多寡加於大路可以隨事爲之大路一就次路當止於七就耳疏以殷之第三路釋之未詳所據

門外缶門內壺君尊瓦甒

鄭注壺大一石瓦甒五斗缶大小未聞嵩燾案左傳昭三年豆區釜鍾四升爲豆各自其四以登於釜釜十則鍾是釜受

六斗四升鍾受六斛四斗小爾雅釜二有半謂之藪藪二有半謂之缶缶二謂之鍾是釜受一斛六斗缶受四斛大於壺者四恐不足據魯語田一井出稯禾秉芻缶米韋昭注缶庾也聘禮曰十六斗曰庾據聘禮記十斗曰斛十六斗曰藪十藪曰秉四秉曰筥十筥曰稯韋昭卽以藪當缶案周禮陶人庾受二㪷鄭司農云㪷讀爲斛斛受斗斗鄭注豆實三而成㪷則㪷受斗二升藪所受數倍於庾如說文十二爲斛則庾實二石又大於藪以藪當庾恐誤爾雅盎謂之缶廣雅盎謂之盆陶人盆實二鬴鄭注量六斗四升曰鬴二鬴則石二斗八升瓦器可以盛酒而大小無定式門外之缶與藪同量當十六斗若如韋注之庾當受二石如廣雅之盆盎當受十二斗八升

至敬不壇埽地而祭

孔疏此謂祭五方之天初則燔柴於泰壇燔柴訖於壇下埽地而設正祭嵩燾案周禮小宗伯兆五帝於四郊五帝亦郊祀典瑞以祀天旅上帝凡言旅帝皆五帝也司服祀昊天上帝服大裘祀五帝亦如之是以大宗伯以禋祀祀昊天上帝不别言五帝五帝蓋亦禋祀郊特牲祭天埽地而祭固以天統之孔疏以屬之五方之天未詳所據大司樂冬日至於地上之圜丘奏之孔疏土之高者爲邱蓋取自然之邱圜者象天郊特牲兆於南郊卽因丘而爲之兆祭法燔柴於泰壇泰之言大也又因丘之兆而謂之壇爾雅非人爲謂之丘卽據圜丘言之此經所謂因吉土以饗帝於郊是也廣雅圜丘泰壇祭天也兼釋儀禮戴記其實一也周禮禋祀昊天上帝爾

雅祭天曰燔柴燔柴卽禋祀疏謂燔柴訖埽地而設正祭是禋祀之外別有正祭於禮無徵而祭天又於泰壇之外於義爲尤舛矣陳氏禮書承孔疏之誤遂謂泰壇設於圜丘南泰折設於方丘北周禮明言地上之圜丘澤中之方丘圜丘擇之地上所謂因天事天也而就其在上者曰壇方丘求之澤中所謂因地事地也而就其方曰折互文見義明白顯著此經云不壇謂以泰壇爲名而其實圜丘之因地者未嘗積土爲壇也孔疏失之甚遠

天子諸侯之尊廢禁大夫士棜禁

鄭注廢猶去也棜斯禁也謂之棜者無足有似於棜大夫用斯禁士用棜禁如今方案隋長局足高三寸嵩燾案孔疏引

玉藻大夫側尊用棜士用禁鄭注士冠禮禁承尊之器因爲酒戒注士昏禮禁所以庪甒注鄉飲酒禮鄉射禮斯禁禁切地無足者注旣夕禮棜今之轝也注特牲禮棜之制上有四周下無足注少牢禮棜無足禁者酒戒也其注玉藻云棜斯禁也無足有似於棜與此同是棜卽斯禁無足而禁有足儀禮注甚明此注又析斯禁棜禁爲二云足高三寸似別出一義特牲禮亦用棜鄭注祭尚厭飫故與大夫同然則棜禁大夫士通用之燕禮君尊瓦大兩有豐鄭注豐形似豆卑而大大射禮膳尊兩甒有豐鄭注膳尊君尊也豐以承尊聘禮記瓦大一有豐鄭注豐承尊器鄉射禮設豐鄭注豐所以承爵公食大夫禮賓於觶加於豐鄭注豐所以承觶說文鄉飲酒

有豐侯者雀騧酒戚豐侯沈湎圖形戒後是豐亦以示戒與禁同義尊與觶皆承以豐而少牢禮云司宮尊於房戶之間同棜燕禮兩瓦大大射禮兩甒不云同豐是豐各別也周禮司尊彝彝皆有舟尊皆有罍鄭注舟尊下臺若今時承槃罍神之所飲也尊罍同器而云犧尊象尊著尊壺尊大尊山尊皆有罍與上皆有舟對文說文櫑或爲罍酒尊刻木作雲雷象漢書櫑具劍晉灼注劍首刻木如花初生是櫑當爲刻木作雲雷以承尊天子諸侯之尊皆有器以承之陸氏佃云廢讀如儀禮廢敦廢爵之廢無足曰廢禮家亦名豐爲廢禁凡承尊圜大曰豐圜長曰舟刻雲雷曰櫑其制略同禁者各以大小爲之有所制以承尊豐圜大能容無所制故曰廢禁疑

斯禁棜禁當有足而卑爾雅釋言斯離也說文斯析也謂之斯禁者稍離地而已玉篇棜几屬几案也几象形上平下有足鄭注棜禁局足說文局促也足卑微離地故亦謂之斯禁鄭謂棜制上有四周下無足四周猶若四相以四相木支地不別爲之足儀禮注云無足此云局足義正相成疏家未能深究耳

天子之冕朱綠繅十有二旒諸侯九上大夫七下大夫五士三

鄭注朱綠似夏殷禮也周禮天子五采繅孔疏諸侯九上大夫七下大夫五士三言夏殷也周則旒數隨命數士爵弁無旒嵩燾案方氏慤云繅五采曰朱綠者舉其華者以賅之與雜帶君朱綠同義其說是也然據弁師諸侯繅旒九就瑉玉

三采諸侯及孤卿大夫之冕各以其等爲之鄭注三采朱白蒼也侯伯七就子男五就繅玉皆三采孤四就卿三就再命之大夫再就藻玉皆朱綠是再命之繅止於朱綠於天子之五采畢朱綠以概其餘明示之等而所尚則文也典命王之三公八命卿六命大夫四命各下侯伯子男一等王制謂天子三公視公侯卿視伯大夫視子男元士視附庸鄭注大宗伯王之上士三命中士再命下士一命其司服職云孤之服希冕卿大夫之服元冕士服皮弁通侯國言之鄭注弁師再命之大夫承孤卿爲說亦侯國之制也經云上大夫周官之六卿也下大夫亦賅中大夫疏沿司服之文而不知孤卿大夫之下通於侯國亦不善申鄭義矣

大路素而越席犧尊疏布冪樿杓

鄭注明堂位曰大路殷路也樿白理木也孔疏祭天用陶匏用犧爲尊是夏殷禮也疏布冪者謂郊天時以疏布爲巾以覆尊也嵩燾案周禮冪人祭祀以疏布巾冪八尊以畫布巾冪六彝鄭注以疏布者天地之神尚質宗廟可以文鄭意祭天無祼獻故分言之而凡尊皆疏布冪不得專云祭天明堂位於灌尊下云其勺夏后氏以龍勺殷以疏勺周以蒲勺灌尊冪用畫布勺亦加飾凡尊不加飾也與上大路各爲一義鄭引大路爲殷路孔氏遂並犧尊爲夏殷之禮明堂位犧象周尊也周尊首犧尊不應祭天去不用梓人爲飲器勺一升勺爵皆木爲之龍勺疏勺蒲勺加飾而已陸氏佃云凡木不

飾爲樿樿者其本質也故鄭訓爲白理木集韻單通作檀史記歷書旃蒙單閼徐廣曰單閼一作亶安楊倞注荀子議兵篇路亶謂上下不相覆新序作落單是樿檀字通說文檀堅靭之木本草有紫檀白檀鄭别之爲白理木或此也疏一以郊天釋之而云貴素故用白理木爲勺大誤

晏平仲祀其先人豚肩不掩豆

鄭注祀不以少牢與無田者同孔疏併豚兩肩不掩豆周人貴肩肩在俎不在豆假豆言之嵩燾案周禮旊人爲豆豆實三而成觳鄭注觳受斗二升豆實四升說文豆食肉器也特牲禮佐食舉肺脊舉幹尸受加於肵俎舉骼如初舉肩如初少牢禮上佐食舉牢幹尸受加於肵舉牢骼如初舉牢肩加

於肵而特牲禮舉幹下云尸實舉於菹豆是凡侑食舉牲體加於菹豆而後食之而歸其餘於肵俎許君所以釋豆爲食肉器也豆非所以盛牲體併豚兩肩不揜一豆亦恐未然上文羔豚而祭百官皆足羔豚可以充少牢而豚視羔爲大豚肩不揜豆羔更可知經意但喩其小而已不必竟廢牢俎之供也

祭祀不祈不麾蚤不樂葆大不善嘉事牲不及肥大薦不美多品

鄭注祭祀不爲求福自求多福福由己耳麾之爲快也祭有時不以先之爲快也不樂葆大謂器幣葆之言褒也嘉事之祭致夫人是也禮宜告見於先祖不善之而祭嵩燾案此經

前半推闡稱字之義稱者豐殺多寡之適宜也此復承上祭則受福而言祭者誠孝之本豐殺多寡之數皆末也又因以推見禮之大原制度文爲有不能盡者郊特牲祭有祈焉有報焉祈報者祭祀之大常也然祭祀之所由起豈祈報之云哉經言不祈不麾蚤不樂葆大不善嘉事祇是祈報之義太祝有祈尸有嘏或因事或以常祭聖人達鬼神之情狀以和人情非曰祭祀之本意然也說文麾旌旗所以指麾似不得爲快也麾者招麾行事其於禮率蚤者蚤莫失常其於禮數又由祈推言之葆大猶言盛大若年穀之順成國家之豐豫所以爲報也嘉事者冠昏之告見廟寢成器之釁禮又由報推言之凡此所有事皆非祭祀之義之所繫至於祭祀所由

行牲牢也籩豆之品也備物而致其誠敬者也要其爲物則亦末焉而已矣疑此經義當於文外求之

燔柴於奧夫奧者老婦之祭也盛於盆尊於瓶

鄭注奧當爲爨或作竈禮尸卒食而祭饎爨饔爨也時人以爲祭火神乃燔柴老婦先炊者也盆瓶炊器也明此祭先炊非祭火神燔柴失之嵩燾案特牲禮尸卒食而祭饎爨饔爨鄭注引舊說宗婦祭饎爨亨者祭饔爨用黍肉無籩豆俎而注月令祭先竈云祀竈之禮先席於門之奧東面設主於竈陘是爲五祀之正祭祭祀之饎爨於西堂下其亨於門外東方牲牢魚腊亦異爨尸卒食而後獻主婦方有事於籩豆故饎爨之祭以宗婦饔爨以亨人其禮簡不當燔柴周禮大宗

伯以實柴祀星辰襄九年左傳古之火正或食於心或食於咮杜注火正之官配食於火星鄭氏所謂祭火神燔柴卽據周禮爲說夏祀火正亦祀竈竈者地祇之祀也特牲禮主婦視饎爨視爨婦職則祭竈亦婦事也故曰老婦之祭先炊固不必爲婦人疑此奧爲竈之奧其祭竈也當依鄭後說作竈有擲而播也

鄭注擲之言芟也謂芟殺有所與也若祭者貴賤皆有所得不使虛也嵩燾案玉篇廣韻竝云擲投也集韻投版以堰水曰擲擲从斬說文斬截也投版堰水亦是截制之義擲而播與推而進對文如宣十六年左傳饗有薦體燕有折俎公當饗卿當燕之類擲然有制而其播於下也無徼不至似不得

有芟殺之義

三代之禮一也民共由之或素或青夏造殷因

鄭注一者俱趨誠也言所尚雖異禮則相因耳嵩燾案此經上文鄭注一謂誠也爲朱子中庸注所本經意自謂禮者顯人性之固然昭事理之極則三代無能易也至其服色之尚儀文之末王者整齊天下以示一朝之大法而精意不存焉三代之改正朔異權量別衣服皆是也因兼因革損益言之謂因其已然之迹而知所以變而通之推而行之也下二語別立一義以足上意鄭注疑未合

郊血大饗腥三獻爓一獻孰

鄭注大饗祫祭先王也嵩燾案戴記言大饗者七郊特牲一

言天子饗諸侯一言諸侯相饗月令言大饗帝仲尼燕居言兩君相見此經三言大饗一言王事則亦天子饗諸侯也其二言宗廟之祭據周禮大司樂祀天神祭地祇享先祖大宗伯言享先王者六是宗廟之祭通曰饗鄭注尙書盤庚大享烝嘗也宗廟時祭皆可云大饗司尊彝春祠夏禴用犧尊象尊秋嘗冬烝用著尊壺尊追享朝享用大尊山尊鄭注追享禘朝享祫而六尊以犧象爲上尊大尊山尊爲下禘祫二者由時祭推行之其禮不重於時祭案司服享先王袞冕享先公鷩冕鄭注先公謂后稷之後太王之前不窋至諸盩大傳追王太王亶父王季歷文王昌周公制禮當成王之六年四親廟實始於太王周禮不詳祫禘之文所云享先公郎祫祭也其服鷩冕祴於宗廟之袞冕此其明證

郊特牲有虞氏尙氣血腥爓祭用氣也鄭注司尊彝朝踐薦血腥酌醴始行祭事

禮運所謂薦其血毛腥其俎凡宗廟之祭皆然皇氏侃云郊大饗三獻竝有血腥爓孰此據設之先後言者是也郊者天也大饗者宗廟也其不專主祫祭明矣司尊彝以追享朝享爲四時之閒祀由宗廟時祭而上溯之以合祀先王先公又追其祖所自出而名之大禘大祫所以爲禮之盛也非謂以禘祫爲重而四時親廟之祭反殺其文也漢儒言禘祫之說各執一義而皆以其禮隆於時祭證之周禮而有以知其不然矣

故魯人將有事於上帝必先有事於頖宮

鄭注上帝周所郊祀之帝蒼帝靈威仰先有事於頖宮告后稷也嵩燾案鄭氏說禮以禘爲祭昊天圜丘郊爲祭感生帝

於南郊蒼帝靈威仰火德所自生也尚書中候云姬昌蒼帝子其說誕而不經王肅難鄭義於此爲最偉春秋書卜郊者四皆以夏四月書郊者三一以九月一以夏五月一以夏四月襄七年左傳孟獻子曰郊祀后稷以祈農事是以啟蟄而郊郊而後耕成十七年公羊傳郊用正月上辛是魯郊以祈穀也毛詩傳閟宮姜嫄之宮孟仲子曰是媒宮也於周爲先妣於魯但爲媒宮魯固無后稷之祀以后稷配郊尤無先郊而祀后稷之文郊特牲卜郊王立於澤親聽誓命射義亦有將祭習射於澤之禮魯之頖宮卽澤宮也此與下有事於惡池有事於配林文同而義異公羊傳大山河海能潤於百里者天子秩而祭之晉之惡池齊之配林所專祀也泰山及河

齊晉不得專祀而亦略涉其境焉因推而望祀之孔疏先告惡池小川先告從祀者配林是泰山之從祀者也皆恐未然

樂有相步

鄭注相步扶工也嵩燾案周禮眡瞭凡樂事相瞽鄭注相謂扶工其鄉飲酒禮工四人相者二人云相扶工也樂工用瞽矇故有扶之者陳氏集說因謂扶相其行步非也相拊也樂之將終以相節之步綴兆也舞之方始以步凖之義疏引樂記曰治亂以相又曰三步以見方正如禮之有擯以相道其步趨之節也

故凶事不詔朝事以樂

鄭注朝廷養賢以樂樂之也二者反本也嵩燾案祭義建設

朝事燔燎羶薌見以蕭光以報氣也此教衆反始也周禮籩人有朝事之籩醢人有朝事之豆朝事謂朝踐之禮絜意據祭祀言之無因闕入養賢郊特牲樂三闋然後出迎牲其云有虞氏尚氣殷人尚聲周人尚臭皆原天地之始兆端於沖漠有氣而後有形有聲而後有色有臭而後有味聲之以樂所以合氣於無形之始也人之初生但有哭泣耳色與臭味未發而聲先焉哭泣者生而能然者也樂者聲之動而與神合漠者也夫是之謂反本舊注恐失之

因其財物而致其義焉爾

孔疏財物猶云才性也聖人制禮因萬物之才性而致其義

嵩燾案義疏財與材同物各適用之謂材因所用之物推極

其義得物理之宜而後行之竊疑財與材同是也材者其本體也物事也用也凡有事於祭祀者與物相應而後其義顯焉天時朝夕邱陵川澤物也天地日月山川之祭所以爲道之體也財也陳氏集說云財物玉幣牲牢黍稷之類似又與下文不相應

是故天時雨澤君子達亹亹焉

鄭注君子愛物見天雨澤皆勉勉勸樂孔疏天地感祭而降雨澤君子樂之所以與天地合德嵩燾案祭義霜露既降君子履之必有悽愴之心雨露既濡君子履之必有怵惕之心卽此二語之義雨澤者天時之見端也因天時自然之運油然而沛爲雨澤君子以知春秋之時之變而亹亹焉自達其

心之誠而不容已此祭享所由興也左傳啟蟄而郊龍見而雩始殺而嘗閉蟄而烝卽此義

因名山升中於天因吉土以饗帝於郊

鄭注謂巡守至於方嶽燔柴祭天告以諸侯之成功孝經說曰封乎泰山考績燔燎禪乎梁甫刻石紀號吉土王者所卜而居之土也饗帝於郊以四時所兆祭於四郊者也嵩燾案周禮天府凡官府鄉州及都鄙之治中受而藏之鄭司農云治中謂治職簿書之要小司寇登中於天府卽其事也凡計最要會謂之中巡守燔柴於四嶽各以其方之功狀告成於天名山者四嶽也吉土者圜丘也巡守五年一至方嶽故以瑞應言之圜丘有常祀故以歲功之應言之變文言帝帝卽

天也祈穀郊天而月令言祈穀於上帝亦此義鄭氏一以饗帝屬之五帝五帝亦郊祀也而分繫之四時非大報天反始之義至其以緯書釋經遂假升中於天爲封禪之徵有宋諸子辭而闢之功尤偉矣

廟堂之上罍尊在阼犧尊在西廟堂之下縣鼓在西應鼓在東

孔疏罍尊當阼階堂上設之犧尊當西階堂上陳之大射禮大鼓及應所懸不同祭與射別也嵩燾案特牲禮尊於戶東元酒在西少牢禮司宮尊兩甒於房戶之間有元酒凡尊西東列司尊彝六尊以犧象著壺太山爲次宗廟之祭二貳故酒正冪人皆云八尊春祠夏禴用兩犧尊兩象尊則二尊西列著壺太山四尊東列秋嘗冬烝用兩著尊兩壺尊則犧象

著三尊西列壺太山三尊東列追享朝享用兩太尊兩山尊則犧象著壺四尊西列太山二尊東列君酌西尊犧象二尊常列西夫人酌東尊泰罍二尊常在東故錯舉以明之罍者明堂位所謂山罍夏后氏之尊也禮運元酒在室醴醆在戶粢醍在堂由室以達之堂而與戶相屬特牲少牢謂之戶東者是也尊位堂東不及阼階曰阼者謂與戶東相値也西者戶東之西也大射禮建鼓在阼階西應鼙在其東一建鼓在西階西南朔鼙在其北一建鼓在西階之東是懸鼓凡三面而皆在應鼓之右擊鼓者面鼓則右手與應鼓相値鄭注大射禮朔鼙朔始也奏樂先擊應鼙經云懸鼓在西應鼓在東正其例疏乃以此經在西在東爲西階阼階之分恐誤

蘧伯玉曰君子之人達故觀其器而知其工之巧觀其發而知其人之知故曰君子愼其所以與人者

鄭注觀其禮樂則知治亂也嵩燾案經意由家國天下之治亂而推極人之一身所謂禮樂不可斯須去身卽此義制禮以節事脩樂以道志事之所函而措諸德業皆禮也志之所顯而發諸聲容皆樂也君子之人達達此而已引蘧伯玉之言止此一語所謂達者達於禮樂之原則事達而行之必節志達而發之皆和故下兩引喻以明之謂觀其志與事之皆達而知君子之於禮樂深也與人謂與人相交接禮樂由交接而生君子應人接物一依於禮樂萬事萬物之施行皆一身之節度也故曰愼其所以與人爲君子之行禮者言也疏

申鄭意言有德君子自達理義陳氏集說因以觀其器觀其發皆屬之君子不知此言禮也非言君子之觀禮也熟玩經義當自得之

君親制祭夫人薦盎君親割牲夫人薦酒

孔疏侯伯子男之君朝踐君不獻故夫人薦盎薦熟時君亦不獻故夫人獻酒嵩熹案祭義君牽牲夫人奠盎君獻尸夫人薦豆祭統及迎牲君執紖宗婦執盎夫人薦涚水君執鸞刀羞嚌夫人薦豆皆錯舉爲文特牲少牢禮尸卒食酳尸主人獻主婦亞獻賓三獻大夫士饋食侑食而已酳尸而後獻天子諸侯之祭始於祼獻制祭燔肝又有獻陸氏佃謂祼獻後有從獻不與正獻之列郊特牲所謂舉斝角詔妥尸者是

也經云夫人薦盎明君獻而夫人從君以獻也君親割牲卽郊特牲之肉袒親割羞肝肺心升首乃行朝踐求神於陰陽之間禮之至嚴者也故曰凡祭愼諸此案鄭以制祭當朝事割牲當進熟饋食薦熟不得云割牲司尊彝醴齊縮酌盎齊涚酌鄭注醴齊濁以明酌泲之盎齊差淸以淸酒泲之泛從醴緹沈從盎明酌酌取事酒之上也獻用五齊而泲以三酒薦盎薦酒亦錯舉爲文孔疏以經言夫人遂謂君不獻者誤也

設祭於堂爲祊乎外

鄭注設祭之饌於堂人君禮焉祊祭明日之繹祭也謂之祊者於廟門之旁因名焉孔疏設祭於堂者謂薦腥爓之時嵩燾案特牲禮羹飪實鼎陳於門外實籩豆陳於房中盛兩敦

陳於西堂佐食舉牲鼎舉魚腊鼎升肵俎然後入設少牢禮
羹定陳鼎五主人出迎鼎陳鼎於東方當序南俎設於鼎西
肵俎在羊俎之北相從入設郊特牲所謂直祭祝於主者是
也在迎尸前其言設祭於堂與上羹定詔於堂實爲一事其
祭仍在室而不在堂鄭注人君禮焉蓋若少牢禮主人出迎
鼎所設之饌必躬親也疏以朝踐薦腥爓當之恐乖鄭意毛
詩傳祝祭於祊祊門內也鄭箋孝子不知神之所在使祝博
求之平生門內之旁待賓客之處語甚分明獨其注禮以祊
當繹祭與上設祭於堂曠遠不相及郊特牲直祭祝於主索
祭祝於祊正與此二語相發明祭統鋪筵設同几詔祝於室
而出於祊言人事之於室而出求神於門皆在未迎尸前疑

祭禮之有朝踐薦腥爓皆事主於室之事祭義建設朝事燔燎以報氣薦黍稷以報魄特牲少牢禮設兩敦黍稷祝酌皆在主前知朝踐尚無獻酬之禮也祭義羞肝肺首心薦腥之事也少牢特牲禮設兩鉶芼薦爓之事也禮運作其祝號薦其血毛腥其俎孰其殽謂朝踐醴醆以獻薦其燔炙謂饋食正分兩截言之朝踐之祝號卽少牢禮之祝辭饋食之醴醆卽禮運君與夫人之交獻朝踐交神饋食而後有尸經言爲祊乎外外者門也時方求神未延尸繹祭賓尸然後事尸於堂鄭注混而一之而禮經之文乃多不可通矣

一獻質三獻文五獻察七獻神大饗其王事與

鄭注一獻謂祭羣小祀三獻謂祭社稷五祀五獻謂祭四望

山川七獻謂祭先王嵩燾案賓祭皆有獻證之經義此所言蓋賓禮也大行人上公九獻侯伯七獻子男五獻凡諸侯之卿其禮各下其君二等諸侯相饗亦然昭元年左傳鄭伯饗趙孟具五獻之籩豆趙孟辭乃用一獻趙孟侯伯之卿其禮宜五獻五獻始有祼而文益著矣七獻始有酢而上同於神明之交矣大饗九獻則方伯諸侯朝天子天子賜之饗禮故曰王事案僖二十二年左傳楚子入饗於鄭九獻庭實旅百則諸侯之僭禮也下文特申言之知此一獻三獻五獻七獻之文通諸侯之相饗言也周禮之享先公即祫祭也中庸所謂上祀先公以天子之禮者是也鄭謂大饗祫祭先王而以七獻當享先公之禮則亦不知先公之祀何祀所謂祫者又何禮也

三牲魚腊四海九州之美味也籩豆之薦四時之和氣也內金示和也束帛加璧尊德也龜爲前列先知也金次之見情也

鄭注三牲魚腊籩豆之薦此諸侯所獻內金所貢也內之庭實先設之荆揚二州貢金三品龜陳於庭在前荆州納錫大龜金有兩義金次之言先入後設嵩燾案周禮掌客致禮有籩豆饔食太牢聘禮餼一牢鼎九前陪鼎陳牛羊豕魚腊大司樂所謂大饗不入牲其他皆如祭祀此所陳大饗鼎俎籩豆鄭謂諸侯所獻恐非金者金奏謂樂懸也仲尼燕居入門而金作示情也郊特牲以鐘次之以和居參之也鄭注以金參居庭實之閒正與此相應鐘師掌金奏饗食奏燕樂鎛師饗食鼓金奏之樂皆是也儀禮大射鐘鑮南陳南陳則金奏

皆鄉內故曰內金太卜凡旅陳龜旅卽庭實旅百之旅饗禮當陳龜龜與金參居庭實之閒所謂見情卽仲尼燕居之示情也所謂示和卽郊特牲之以和居參之也丹漆以下則郊特牲所謂旅幣無方覲禮所謂庭實惟國所有葢舉鐘懸及庭實錯雜言之樂懸言金賓出入奏夏九夏皆金奏也鄭注一以諸侯貢獻釋之誤案聘禮記凡庭實隨入主人之庭實則主人遂以出是庭實賓主皆用之私覿陳賓之庭實饗陳主人之庭實舊注於此均未分明

其出也肆夏而送之葢重禮也

鄭注肆夏當爲陔夏嵩燾案大司樂王出入奏王夏尸出入奏肆夏牲出入奏昭夏燕禮記若以樂納賓則賓及庭奏肆夏大射禮奏肆夏賓升自西階賓醉降奏陔鄭注鐘師肆夏

時邁也繁遏執競也渠思文也案韋昭注國語肆夏一名樊昭夏一名遏納夏一名渠又分樊遏爲二詩餘篇皆亡而以祴夏當儀禮之陔引杜子春云客醉而出奏陔夏即據儀禮爲說春秋左氏傳明謂三夏天子所以享元侯大司樂言奏夏者三通出入言之郊特牲賓入大門而奏肆夏不言出此云肆夏以送之不言入義正相承儀禮之奏陔或別一義仲尼燕居客出以雍徹以振羽燕射與兩君相見與天子之饗諸侯當各有所取耳

大饗之禮不足以大旅大旅具矣不足以饗帝

鄭注大旅祭五帝孔疏大旅是總祭五帝天與人道隔其禮轉難大旅具矣不如饗帝正祭之備嵩燾案周禮大宗伯國有大故則旅上帝及四望典瑞祀天旅上帝祀地旅四望於

天言上帝主天言之於地言四望賅山川言之而通名之爲旅鄭注一以上帝爲五帝又以祭五帝爲旅恐未然典瑞又云大祭祀大旅共其玉器司尊彝大喪存奠彝大旅亦如之眡瞭大喪廞樂器大旅亦如之笙師大旅則陳之鄭注陳之不涖其縣是大旅樂設不作而用玉幣與大祭祀同義疏云一獻質三獻文大饗極文之至至大旅又具文質之中饗帝則又用質文爲貴乎質爲貴乎議禮者可輕乎此論至精詩三百樂辭備矣而一獻之禮儀文度數升降進退不賅於此也祭愈大則文愈繁又或轉而用質聖人制禮以義類求之而其精微可以實體而不可以虛擬也疏云天人隔其禮轉難又云祭天禮備皆於義未盡

禮記質疑卷十終

禮記質疑卷十一

思賢講舍

湘陰郭嵩燾伯琛著

郊特牲

郊特牲

孔疏大宗伯實柴祀日月星辰鄭司農云實牛柴上也鄭康成云實牲體焉郊唯特牲供燔燎正祭二處所用熊氏皇氏等以爲分牲體二處其實一特牲也嵩燾案鄭注大宗伯禋祀實柴槱燎三祀皆積柴實牲體燔燎升煙所以報陽也疑郊以燔柴爲正祭其初迎牲惟薦血而已禮器云郊血者是也方氏析疑郊無薦獻經傳中言薦獻皆祭稷之事其言甚允周語禘郊之事則有全烝全烝薦孰有所俎惟后稷配祀

有之召誥用牲於郊牛二傳云配以后稷所謂全烝者稷牛耳節服氏郊祀送逆尸鄭引春秋傳晉祀夏郊董伯爲尸韋昭注國語董伯姒姓所謂尸者餘尸也鄭意亦據以釋郊祀之尸爲稷尸有尸然後有獻燔柴之祭無獻案鄭注小宗伯人道宗廟有祼天地大神至尊不祼然大宗伯云凡祀大神祭大祇涖玉鬯大神大祇正據天地言之尸入亦當有祼疏謂燔柴之外別有正祭未免以意擬之爾雅祭天曰燔柴郭注既祭積薪燒之較疏義爲長而亦未盡薦血燔柴卽所以祭經言郊事甚備而不一及薦獻足知事天燔柴以簡爲文惟此之致敬也案周禮牛人祭祀共其享牛與賓客饗射之膳牛軍事之犒牛喪事之奠牛竝舉爲文而於祭祀共其享牛下云求牛以授職人而芻之葢凡祭祀展牲告牷辨其毛色必先揀取之故言求牧人受而共之充人芻之惟祭祀之享牛爲然注引鄭司農云享牛前祭一日之牛求牛禱於鬼神祈求福之牛誤分享牛求牛爲二又云享獻也獻神

之牛所以祭求終也終事之牛所以繹注家相承爲說羅泌路史享牛者祀神之牛求牛者降神之牛陳氏祥道陸氏佃皆主其說因謂祀天燔柴用求牛詳味周禮牛人牧人充人之職有以辨知其誤矣

經云特牲明不備太宰召誥疏所謂天神尊用犢者是也而於此分燔燎正祭爲說案羅泌路史燔柴泰壇所以降神埽地而祭所以祀疑禮經無降神之文大司樂天神皆降地祇皆出以天高地下狀其感格之義耳燔柴瘞祀使其氣上升以交於天亦不得爲降神也反使經義不明宗廟之燔燎羶薌與祀天之燔柴固未宜竝論也案疏云初燔用祭義建設朝事燔燎羶薌見以蕭光爲說郭注爾雅云既祭燔用此經既奠然後焫蕭爲說果爾則宗廟之祭亦得稱禋祀矣

故天子牲孕弗食也祭帝弗用也

鄭注孕妊子也易曰婦孕不育嵩燾案此申言用犢之義據說文特牛父也與牡犅字爲類玉篇特牡牛也是特牲字已明著用牡不用牝之義周禮牛人凡祭祀共其享牛求牛以

授職人而芻之牧人凡祭祀共其犧牲以授充人繫之肆師大祭祀展犧牲繫於牢頒於職人充人掌繫祭祀之牲牷凡散祭祀之牲繫於國門使養之司門祭祀之牛牲繫焉是凡祭祀共牛者牛人也所授之職人牧人也肆師展牲必於牧人其頒之職人則充人也散祭祀之牛由充人授之司門而牧人又共不繫之牲祀五帝享先王則充人繫於牢芻之三月凡祭祀之牲共之職人必無用牝之理月令孟春犧牲無用牝仲春祀不用犧牲爲民間小祀言之陸氏佃於此云祭天容或乏少用牝犢甚誤史記平準書乘字牝者儐而不得聚會崔駰注但云牝馬以牝則能孕字故以其類言之經云牲孕以别於犢累牛騰馬皆孕類也犢牛子未有牝牡故以

是明之

大路繁纓一就先路三就次路五就

鄭注禮器言次路七就與此乘字之誤也孔疏大路殷祭天車也先路亦殷路殷三路其世猶質故以少飾爲先嵩燾案明堂位大路殷路也自就魯言之注家據以釋經凡記所云大路通謂之殷路周禮巾車五路玉路以祀而云祭天用木路顯與周禮違巾車木路次五天子乘之以祀天尤非所詳矣詳見禮器禮經云大路卽巾車之玉路以郊天尊之曰大路先路如太僕之左馭前驅齊右之前齊車道右之前道車次路如戎僕之倅車道僕之貳車田僕之佐車馭夫之貳車從車使車皆是也鄭注尙書顧命大路玉路綴路玉路之副先路

象路次路象路之副疑先路次路隨事爲名左傳成二年公會晉師於上鄍賜三帥先路三命之服襄二十六年鄭賜子展先路三命之服賜子產次路再命之服是大夫車馬之賜通名爲路先路次路著其等耳禮器之次路與此之先路次路略舉見例皆以發明郊天尙質之義以補巾車之職之所未備而存周禮之遺鄭注一以殷路釋之疏於此乃云殷三路以質爲尙竝經義失之矣

大饗尙腶脩而已矣

鄭注亦不饗味也嵩燾案儀禮賓祭皆先薦脯醢脯籩實醢豆實葢合薦之燕禮膳宰薦脯醢賓升筵膳宰設折俎賓坐祭脯醢聘禮禮賓賓受醴宰夫薦籩豆脯醢賓升筵祭脯醢

公食大夫禮賓升席坐取韭菹以辯擩於醢上豆之閒祭凡薦先脯醢賓祭亦先而後及胏禮有饗有食有燕儀禮不詳饗禮略於聘禮見之説文脯肉乾也鄭注士昏禮腶脩捶脯施薑桂莊二十四年公羊傳棗栗云乎腶脩云乎何休注腶脩脯也此云腶脩卽脯醢之加於籩豆者饗禮太牢陳鼎俎而皆先薦脯醢自一獻至九獻皆然大饗尙腶脩云者言大饗禮盛仍以薦脯醢爲先也鄭注承上血腥爓祭用氣爲説似非經旨

大饗君三重席而酢焉三獻之介君專席而酢焉

鄭注三獻卿大夫來聘主君饗燕之以介爲賓賓爲苟敬則徹重席而受酢孔疏鄉禮三獻其介大夫謂之三獻之介大

夫席再重今爲介降一席嵩燾案周官大行人上公九獻侯伯七獻子男五獻凡諸侯之卿其禮各下其君二等以下及大夫士皆如之此爲天子饗諸侯之儀準此以推諸侯相朝其卿大夫爲介者皆當三獻司几筵王設莞筵加繅席次席諸侯蒲筵加莞席莞筵加繅席陳氏禮書據以爲天子之席三重諸侯二重則諸侯之卿大夫當席一重然禮器天子之席五重諸侯三重卿大夫再重所謂大夫自據王朝之大夫言之侯國大夫當下於天子一等準此以推諸侯之卿大夫皆當席一重

饗禘有樂而食嘗無樂

孔疏此經所論謂夏殷禮也引祭統大嘗禘升歌清廟下管

象是秋嘗有樂王制凡養老夏后氏以饗禮殷人以食禮周人修而兼用之蓋春夏用饗禮秋冬用食禮四時皆用樂故文王世子云凡大合樂必遂養老注云春合舞秋合聲下言登歌清廟是秋時養老亦用樂嵩燾案疏所引是也而遂以此經爲夏殷禮則非陳氏禮書冕而總干施於食禮詩商頌顧予烝嘗而有鞉鼓淵淵嘒嘒管聲小雅以往烝嘗而有鐘鼓既戒鼓鐘送尸則嘗有樂矣樂師饗食諸侯序其樂事令奏鐘鼓鐘師饗食奏燕樂籥師賓客饗食鼓羽籥之舞是食有樂矣食嘗本皆有樂殷人尚聲樂闋而後迎牲商頌烝嘗用樂是其明證疏謂食嘗無樂爲殷禮尤爲失考儀禮鄉飲燕射皆有樂覲禮饗諸侯聘禮饗賓無樂公食大夫禮則食

禮之僅存者特牲饋食禮少牢饋食禮則祭禮之略具者皆不言樂而祭有祼獻有朝踐有饋食有酳尸獨以饋食爲名義亦近於秋嘗疑周禮固是如此燕禮薦脯醢有折俎有羞膳亦兼食道周官序樂言饗食不言燕射燕射亦可以通饗食爲名經文各舉一義不相爲害小雅諸詩多出自東遷以後禮文固多變矣言禮者參考之以通其變焉可也

朝覲大夫之私覿非禮也大夫執圭而使所以申信也不敢私覿所以致敬也而庭實私覿何爲乎諸侯之庭爲人臣者無外交不敢貳君也

鄭注其君親來其臣不敢私見於主國君也以君命聘則有私見嵩燾案儀禮聘禮賓及上介士介皆有私覿鄭注以臣

禮見也蓋聘禮致命以賓禮爲君致敬私覿者所以自致其敬也皆有庭實覿禮無私覿諸侯北面覲天子自執臣禮無所容其私覿也疑此當分兩截讀之朝覲者諸侯見天子諸侯相見通曰朝至連朝覲爲辭則列國諸侯尙無敢僭此名者大夫使於諸侯曰聘使於天子亦曰聘此云朝覲大夫之私覿謂諸侯朝覲天子而大夫以私禮見喪服諸侯之大夫爲天子總衰傳曰諸侯之大夫以時接見乎天子惟以時見明與庶人之齊衰三月者異也諸侯之大夫不純臣於天子故亦爲之私覿而從其君以朝覲則義繫之其君而以私覿上干天子故曰非禮至於諸侯大夫相聘之有私覿周禮也殷道尊尊常主於義周道親親常主於仁聘禮賓覿賓及上

介士介奉幣入奠以交歡覩鄰國之君猶其君也此周道之仁也大夫執圭而使蓋承上私覿而據殷禮以正周禮之失私覿者殷禮所無也庭實旅百何爲乎諸侯之庭所以明聘禮私覿之非也聖人於禮曰從周者爲其儀文度數之可近徵也其於禮之因革損益必有通變者矣檀弓云殷道也學者行之云孔子善殷云古者天子崩王世子聽政於冢宰三年云讀賵非古竝據殷禮言之蓋皆孔氏之遺意也舊注泥聘禮之文展轉求通疑非經旨

大夫强而君殺之義也由三桓始也

孔疏襄仲季孫意如雖强君不能殺據時有能殺者言之耑

壽案春秋莊公二十二年陳人殺其公子禦寇二十六年曹

殺其大夫三十二年公子牙卒閔公二年公子慶父出奔莒自莊公以前書殺者二而或非其罪魯大夫之以罪死自公子牙始牙死以鴆而春秋書卒慶父死以縊而春秋書出奔此記禮者所以爲春秋表微也

諸侯不敢祖天子大夫不敢祖諸侯而公廟之設於私家非禮也由三桓始也

鄭注魯以周公之故立文王廟三家見而僭焉嵩燾案明堂位命魯公世世祀周公以天子之禮樂季夏六月以禘禮祀周公於太廟魯公之廟文世室也武公之廟武世室也明魯用天子禮樂以祀周公太廟世室竝儗周制無爲文王立廟之文疏引襄公十二年臨於周廟杜注周廟文王廟也爲證

禮十一　　七

又引匡衡說天子之子以上德爲諸侯者得祖所自出大傳言公子之宗道自天子諸侯皆然王者絕宗而立母弟以爲兄弟之宗宗必於廟無廟則宗無所繫昭十八年鄭火徙主祏於周廟杜注周廟厲王廟也魯爲宗國鄭亦以母弟爲宗故皆得立廟然曰周廟而不曰文王廟厲王廟者明大宗之系之出自周而已不設主也不設主則不得繫之文王厲王記言魯禘甚詳而不言禘周公之所自出明周廟雖禘祭不與義不得設主故也左氏傳魯爲諸姬臨於周廟爲邢凡茅蔣胙祭臨於周公之廟而推言其例云凡諸侯之喪異姓臨於外同姓於宗廟同宗於祖廟同族於禰廟所云又別一義同姓統之太廟宗廟者太廟也同宗則太廟以下有大宗小

宗之分而皆可以序之於祖故於祖廟祖廟者王考廟也同族則五服之親繫之於考故於考廟邘凡茅蔣周公之胤左傳特著周公之廟以別之明非凡例也杜注以宗廟爲所出王之廟證之禮經無能合者似未宜以魯之周廟爲例也魯周廟禮也非僭也鄭注三桓見而僭焉恐誤

三日齊一日用之猶恐不敬二日伐鼓何居

鄭注齊者止樂而二日伐鼓則是成一日齊也嵩燾案周禮大胥凡祭祀用樂以鼓徵學士前云春合舞秋合樂先祭而習其事次云比樂官展樂器將祭而備其儀則此之徵學士當在臨祭先一日鄭引文王世子大昕鼓徵所以警眾爲證是也凡經言三日七日皆合用事之日計之大司樂大祭祀

宿縣以聲展之賈疏宿縣者於前宿預縣之於時王致齊於廟之齊宫鼓徵學士亦當於廟先祭一日當致齊之二日記禮者引孔子之言云齊者止樂而於廟伐鼓警衆使齊者之心震蕩不甯爲不宜也鄭注三日齊二日伐鼓止得齊一日似失文義王肅輯家語因謂季桓子將祭齊三日而鼓鐘之音不絶冉有問而孔子答之據少牢禮宿前宿一日宿戒尸明日筮尸遂宿尸宗人告旦明行事是大夫祭致齊一日筮尸宿尸竝同日桓子齊三日鐘鼓爲樂瀆禮甚矣而違以宗廟之敬責之也哉

繹之於庫門內祊之於東方

鄭注祊於廟門外之西室繹又於其堂神位在西也此二者

同時而大名曰繹嵩燾案說文祊門內祭先祖所旁皇也詩祝祭於祊毛傳祊門內也鄭箋孝子不知神之所在使祝博求之平生門內之旁待賓客之處皆不名爲繹祭獨注禮器爲祊乎外云卽明日之繹祭也此經明分繹與祊爲二鄭竝合而釋之陳氏禮書因論禮有正祭之祊有繹祭之祊正祭之祊於門內之西室故毛氏釋詩以祊爲門內繹祭之祊於門外之西室故鄭氏釋郊特牲以祊爲門外此禮今不可考鄭注有司徹卿大夫旣祭而儐尸天子諸侯明日祭於祊而繹爾雅閍謂之門祊之名祭義取諸此故毛傳直以門內釋之而儀禮有司徹埽堂司宮筵於戶西南面鄭注爲尸席也無祀於門之禮周頌絲衣小序繹賓尸也而云自堂徂基祊

自於門內繹祭自於堂鄭氏旣合祊繹爲一陳氏又析祊事爲二而曰一在門內一在門外證之禮經無能合者有司徹云侑出俟於廟門外主人出迎尸尸入門左升自西階西楹是卿大夫賓尸於堂不於門外與絲衣詩合天子諸侯亦當然孔疏繹祭於廟門外之西堂廟門之外正庫門之內也經云失之亦似未合疑繹祭禮本從簡周衰禮變遂於門內西塾行之是益求簡也記禮者正其失鄭注反引爲據是與經文自爲牾也祊者索祭也當在正祭未迎尸之前特牲饋食禮祝迎尸於門外尸入門左少牢饋食禮祝出迎尸廟門外尸入門左升自西階主人升自阼階神道尚右故尸次在廟門外西索祭於祊亦必自門西案說文云祝將命也特牲少牢禮祝贊主人贊尸無專祭

之事直祭祝於主亦贊主人爲之索祭祝於祊與詩祝祭于祊同文似專屬之祝者特牲少牢禮竝云祝迎尸廟門之外主人降立阼階東疑祝出迎尸先於門內索祭非是亦無由遣主人而於祊祭也經言祊祭而不著其時亦不詳其行禮之儀獨此正言東方之失或祝迎尸而主人自就門東索祭爲失求神之義也近任氏啟運肆獻祼饋食禮纂敘祝求神門內之祊於五獻正祭後時祝與主人方事尸於室何由出而求神於祊任氏所述倒亂失次多類此

又案家語衛莊公改舊制變宗廟高子臯問於孔子曰周禮繹祭於祊祊在廟門之西今衛君更之如之何孔子曰繹之於庫門內祊之於東方失之矣經文無以祊當繹祭者家語之文未詳所據蓋王肅見鄭注未暇深考因沿其誤耳

又案凡門左右皆有堂顧命左塾說文所謂門側堂也凡門內外堂四天子諸侯庫門之內左宗廟右社稷庫門爲南正

門門東曲行爲宗廟其外則廟門也亦有左右堂而無室鄭注祊之於廟門外西室繹之於其堂未詳所據疑庫門爲廟門之誤廟門之內即西塾也據有司徹禮皆於堂行之繹於西塾變從簡也無緣行繹祭庫門之內鄭氏緣此遂謂當於廟門之外以祊祭從門因合祊與繹爲一祭又引禮器爲祊乎外一語以證之展轉承譌於禮固未安也

朝市之於西方

鄭注朝市宜於市之東偏周禮市有三期大市日側而市百族爲主朝市朝時而市商賈爲主夕市夕時而市販夫販婦爲主嵩燾案此經竝言祭禮鄭據周禮司市爲言於文爲不類王氏章句朝市葢朝事之譌所見甚允然朝事正於室內

西方少牢饋食禮所謂尸升筵祝主人西面立於戶內是也當位室西南隅主婦自東房薦敦豆周衰禮廢尸入升自西階或卽於西序行朝踐之禮以趨簡便要之經旨言祭事不言市事固無疑也案周禮面朝後市朝市一夫注方各百步朝市夕市祇此一夫之地豈必朝東夕西

社祭土而主陰氣也君南鄉於北墉下答陰之義也日用甲用日之始也

鄭注北墉社內北牆國中之神莫貴於社孔疏天子諸侯社皆有稷鄭康成之說以社爲五土總神稷爲原隰之神賈逵馬融王肅之徒以社祭句龍稷祭后稷皆人鬼也非地神嵩燾案鄭意以社稷當地祇王肅則謂社與地祇各爲一祭而鄭氏注周禮牧人陰祀祭地北郊及社稷是鄭仍兩存其說

其注大司樂方丘則言地祇主崑崙而於大宗伯黃琮禮地云禮地以夏至謂神在崑崙者也注大司樂以祭地亓言地祇祭於北郊謂神州之神及社稷而於典瑞兩圭有邸以祀地云祀地謂所祀於北郊神州之神又析方澤北郊為二近秦氏五禮通考以祭地方澤與祭社尊卑廣狹大別葢仍主王肅之說以禮經之文證之社稷與方澤之名社者實二事也大司樂靁鼓靁鼗奏之圜丘靈鼓靈鼗奏之方丘路鼓路鼗奏之宗廟而鼓人云以靁鼓鼓神祀以靈鼓鼓社祭以路鼓鼓鬼享與大司樂之文正相應封人掌王之社壝凡封國設其社稷之壝專言社壝葢泰折之壝與社稷之社自別雲漢詩上下奠瘞兼言天地之祭其曰祈年孔夙謂祈穀之郊

也曰方社不莫謂祭地也又分言之經傳地祇之祭但曰社而已祭義爲羣姓立社曰太社卽此經之大社也其社壝謂之大折大司樂謂之方丘合社與稷言之主畿封之地曰后土合社與郊言之主以地配天曰地示而亦通名之曰后土尙書所謂皇天后土是也天尊惟天子得祭之地親下至州社里社通庶人祭之諸侯有其國土而禮焉故統之社稷天子盡有天下之土而禮焉故統之郊社王制言天子將出類乎上帝宜乎社禮運言祭帝於郊祀社於國案社稷於國大社於郊天郊而已社不專繫之郊言國以賅郊也中庸言郊社之禮仲尼燕居言郊社之義竝兼天地爲言漢儒南北郊之說其原卽出此經之北墉順南郊而就陽位故圜丘南嚮順北郊而荅陰義故方澤北嚮

墉者方丘之外壝也此經郊社並舉於社曰主陰氣於郊曰就陽位於社曰用甲於郊曰用辛案下文郊之祭也迎長日之至也又云郊之用辛疑冬至圜丘夏至方丘爲天地之正祭其餘有事於郊皆用辛有事於社皆用甲經文錯舉見義耳於社曰神地之道於郊曰明天道於社曰報本反始於郊曰大報本反始而又申其義曰地載萬物天垂象取財於地取法於天是以尊天而親地也禮經以社配郊其祀曰天坤地祇其地曰圜丘方丘與社稷之社爲二諸侯亦別立社大雅乃立冢土是也案逸周書作雒篇白虎通並云天子大社東方青南方赤西方白北方黑上冒以黃土將封諸侯鑿取其方土苴以白茅以爲土封春秋傳用牲於社用幣於社卽此定六年左傳亦謂之周社諸侯專言社天子則郊社對文泰誓類于上帝宜于冢土大傳柴於上帝祈於社周禮小祝有寇戎之事則保郊祀於社鄭注保祀互文郊社皆保而祀之亦足證所祀之社卽地祇之在北郊者也祭義明分二社與諸言郊社者互相發明

五禮通考直謂方丘之祭不得名社然則禮經之言不足據而又何據乎善夫横渠張子之言曰社者地示之祭澤中方丘亦社也準之禮經其説固無以易矣

家主中霤而國主社

鄭注中霤亦土神也孔疏卿大夫之家主祭土神中霤天子諸侯之國主祭土神於社嵩燾案説文霤屋水流也釋名中央曰中霤古者寝穴後室之霤當今之棟下直室之中古者霤下之處也鄭注月令中霤猶中室土主中央而神在室古者復穴是以名室爲霤疏云古者窟居開其上取明故雨霤之後人開牖象中霤之取明也土神在室疑非經旨中霤四周下垂而中隆起所以名室中爲中霤推原宫室之所由起

也白虎通中霤象土在中央但以中央取義竝不以中霤爲
土神有中霤而後有室有土而後有國故曰示本杜氏預云
在家則祀中霤在野則爲社竝謂社與中霤皆土神恐未然
唯爲社事單出里唯爲社田國人畢作唯社丘乘供粢盛
鄭注二十五家爲里單出里皆往祭社於都鄙孔疏都鄙公
卿大夫采地公卿大夫祭社其里之人皆往就祭嵩燾案大
司馬仲春以蒐田誓民圍禁火弊獻禽以祭社月令仲春之
月敎民社鄭注祭法大夫以下成羣立社曰置社云大夫下
至庶人大夫不得特立社與民族居百家以上共立一社今
時里社是也是社祭下至庶人杜注左傳二十五家爲社大
司徒各以其野之所宜木名其社與其野竝據民社言之此

承上言教民美報推論社祭之通行於天下單出里者二十五家之里社民皆得祭也民社用牲及粢盛故社田徧及國人而粢盛一取給邱乘舉邱乘以賅井邑之民謂計田以供粢盛也下文詳言蒐田祭社之禮周禮州黨族閭遠及遂縣鄙酇皆有祭祀田役作民之事大司徒大田役以旗致萬民小司徒又云惟田與追胥竭作疑四時田通及州閭以下之有祭祀者而惟社與臘得下及於庶人此經於社臘二者詳言田事亦見惟此二者之用禽多也鄭注祭法成羣立社以里社言之至允此復以社事專屬之大夫而經義全晦矣

郊之祭也迎長日之至也　郊之用辛也周之始郊日以至

鄭注三王之郊一用夏正此言迎長日者建卯而晝夜分分

而日長也又云郊天之月而日至魯禮也魯無冬至祭天之事是以建子之月郊天用辛日者凡爲人君當齊戒自新嵩燾案鄭意益用辛與日至爲一而云推魯禮以言周事又以迎長日之至爲建卯之月與下日至異訓據左傳襄七年啟蟄而郊郊而後耕月令孟春以元日祈穀於上帝鄭注元日上辛而春秋書魯郊皆以夏四月周正四月建卯之月也鄭以建卯之月晝夜分而日長本春秋爲說其云建子之月惟見明堂位孟春祀帝於郊鄭注孟春建子之月而終魯世無以是月郊者經意自分圜丘與祈穀諸祭言之圜丘祀天正祭也周正建子一歲之始故曰始郊其祈穀諸祭則皆用辛說文辛秋時萬物成而孰金剛味辛釋名辛新也物初新者

皆收成也祈穀用辛蓋取新意春秋成十七年九月辛丑郊定十五年五月辛亥郊哀元年四月辛巳郊郊時不同而皆用辛先儒謂用辛爲魯禮非也凡魯禮皆周禮也用辛者祈穀之郊也昭二十五年七月上辛大雩季辛又雩雩亦郊也王氏肅云用辛者以冬至陽氣新用事因以日至爲冬至之月亦承鄭注之誤經旨簡括而用辛及日至始郊對舉爲文亦自剖析分明鄭注强合爲一非也

王被袞以象天

鄭注袞象天謂有日月星辰之章此魯禮也嵩燾案鄭注周禮司服古天子冕服十二章至周而以日月星辰畫於旌旗而冕服九章袞龍衣也此復云有日月星辰之章而據爲魯禮蓋以司服祀昊天上帝服大裘而冕享先王袞冕而公之

服自袞冕以下如王之服經言被袞象天故鄭氏以魯公當袞冕耳而以象天之文謂備有十二章林氏之奇謂周制九章魯乃加以十二必無是理楊氏復謂公服袞冕九章天子之服十二章可知司服祀昊天上帝服大裘而冕不言三辰十二章之服尚質也賈氏周禮疏云袞冕九章無正文竝鄭以意解之則疏家亦知其非矣疑周尚文論語服周之冕正取其文之備而反去三辰十二章之飾而爲九章鄭氏此說必不足據被袞象天則祀天之袞十二章殆無疑也（詳見王制）

帝牛不吉以爲稷牛帝牛必在滌三月稷牛唯具

鄭注養牲必養二也唯具遭時又選可用也孔疏以爲稷牛爲猶用也用稷牛而爲帝牛嵩燾案鄭注渾括經義而未能

詳疏謂用稷牛爲帝牛似於經文爲忤周禮牛人凡祭祀共其享牛求牛以授職人芻之牧人共祭祀之牲牷以授充人繫之充人繫祭祀之牲牷祀五帝繫於牢芻之三月享先王亦如之是以春秋書郊皆以四月而書郊牛傷及死改卜牛皆以正月祭義君召牛納而視之擇其毛而卜之吉然後養之郊祭卜牲必先三月其之者牧人既卜以授充人郊牛告牷告備必其至者不吉以始卜者爲稷牛更卜其次是以春秋有改卜牛之文未卜以前竝無帝牛稷牛之名也安得如疏所云用稷牛以爲帝牛乎具謂體色純備充人展牲告牷鄭司農云展具也具牲若今時選牲稷牛唯具言不卜也臨時取具亦當展牲告牷非但取足而已詳味周禮之文可以

辨而知之

帝牛必在滌三月

鄭注滌牢中所搜除處也　嵩燾案周禮充人掌繫祭祀之牲牷祀五帝則繫於牢芻之三月凡散祭祀之牲繫於國門使養之是大祭祀之牲乃繫於牢牢之以滌名者謂其洒埽涓潔也集韻滌養牲室也變牢言滌以示誠潔周禮膳羞之牛犒奠之牛兵車之牛皆掌之牛人充人專主祭祀而散祭祀之牛尙令守門者養之故得以滌名牢非謂牢中又別有搜除之處也

天子大蜡八　蜡之祭也主先嗇而祭司嗇也祭百種以報嗇也

鄭注蜡祭八神先嗇一司嗇二農三郵表畷四貓虎五坊六水庸七昆蟲八先嗇若神農司嗇后稷是也農田畯也嵩燾案月令祠公社及門閭臘先祖五祀不言稷以稷統勞農之事爲此八蜡之主也以文義求之蜡之祭主先嗇謂八蜡之祭以始治嗇者爲主而所祭者司嗇之神則后稷是也案祭法厲山氏之子曰農能殖百穀祀以爲稷夏之衰也周棄繼之鄭注厲山氏炎帝也左氏傳魯語竝云烈山氏之子曰柱爲稷帝王世紀神農起於烈山子者其後也是三代之祀及稷而止無遠及神農者鄭以神農后稷合下爲八於主先嗇一語爲無徵而至下及禽獸以與神農后稷爲列於禮亦有未安疑蜡祭當奉后稷爲主以統下八者之祭八者農一也田畯之沒而有功者也郵二也表三也畷四也貓五也虎六也坊七也水庸八也八者各以類相從祭社

而及門閭祭稷而及八者其義同也橫渠張子以昆蟲爲害不當祭而數及百種百種以所陳祭言之黍稷及水陸之品之加於籩豆者皆是亦無祭及百種之理

饗農及郵表畷禽獸仁之至義之盡也

鄭注郵表畷田畯所以督約百姓於井閭之處禽獸服不氏所教擾猛獸也孔疏郵若郵亭屋宇處所表田畔畷者謂井畔相連畷於此田畔相連畷之所造郵舍田畯處焉嵩燾案如孔說此三字相連爲文馬氏晞孟以表畷禽獸爲句表者表而祭之若周禮肆師祭表貉是也畷者畷而祭之若曲禮畛於鬼神謂接祭鬼神無迎尸之事也表畷禽獸接祭而已矣然鄭注周禮祭表貉於所立表之處爲祭晉語設望表韋

昭謂望祭山川立木爲之表不應八蜡獨爲禽獸立表疑郵表畷三者爲一類禽獸二者爲一類集韻郵田閒舍也此爲田畯所止表若左氏傳列樹以表道畢命表厥宅里疑若後世之里坊說文畷兩陌閒道也此爲行田所經故竝列而祭之禽獸則疏所云卽下貓虎之屬是也

皮弁素服而祭素服以送終也葛帶榛杖喪殺也蜡之祭仁之至義之盡也

鄭注送終喪殺所謂老物也嵩燾案方氏慤云帶不以麻而以葛杖不以竹而以榛若喪也而實非喪故曰喪殺此殺字當爲降殺之義因蜡祭推類而及禽獸此所祭之物也仁至義盡也蜡祭於歲終萬物亦於是終焉故以喪服之殺行之

此所祭之服也是亦仁至義盡也兩云仁之至義之盡意味深長

黃衣黃冠而祭息田夫也野夫黃冠黃冠草服也

鄭注黃衣黃冠而祭謂旣蜡臘先祖五祀也嵩燾案鄭意析蜡與臘爲二未免强生分別疑臘祭通天子與庶人行之月令祈來年於天宗臘先祖五祀爲天子諸侯之禮此經八蜡亦臘祭之一則庶人通行之禮也說文臘冬至後三日臘祭百神鄭注月令臘謂以田獵所得禽祭也風俗通臘者接也新故交接大祭以報功亦曰臘者獵也說文訓蜡爲蠅胆周官蜡氏掌除骴是月令之臘爲本字此經及雜記之蜡爲假借字陳氏禮書附會鄭注遂謂皮弁素服爲蜡祭四方百物

黃衣黃冠爲臘先祖五祀而引月令祈來年天宗者蜡也以息老物臘先祖五祀者臘也以息民分別乖舛皮弁素服者天子以下之祭也黃衣黃冠謂庶人通行臘祭雜記子貢觀蜡一國若狂者是也案經明言黃冠草服也故野夫亦得以黃冠從祭鄭注乃以加於皮弁之上恐未然曰息田夫卽雜記所謂百日之蜡一日之澤也方氏慤云皮弁素服主祭者黃衣黃冠助祭者竝失之

大羅氏天子之掌鳥獸者也諸侯貢屬馬草笠而至尊野服也羅氏致鹿與女而詔客告也以戒諸侯曰好田好女者亡其國鄭注諸侯於蜡使使者戴草笠貢鳥獸嵩壽案月令季冬命太史次諸侯之列賦犧牲以供祀臘祭百神其用禽必多周禮羅氏蜡則作羅襦鄭司農讀襦爲繻云細密之羅也羅密

則得禽多諸侯貢禽以助蜡祭者竝以屬之羅氏草笠而至示與農民同其事羅氏因致禽荒之戒於諸侯以此縱獵不可常也禽荒色荒古所同戒致鹿與女疑假古之以禽以色亡國者爲之式陳之以詔使者使歸戒於諸侯經旨分明注意疑未盡案凡祭必田而惟社與臘通天子與庶人行之社繫之里有常所臘更無常所用禽尤廣故於社田言習軍旅之事於臘又致從禽之戒禮之所以示節也

天子樹瓜華不斂藏之種也

鄭注又詔以天子樹瓜蓏而已戒諸侯以蓄藏蘊財利也嵩燾案周禮甸師掌耕耨王藉祭祀供蕭茅供果蓏之薦甸師天官之屬天子樹瓜華樹之甸師者也月令季冬命宰歷卿大夫至於庶民土田之數賦犧牲下至天下九州之民咸獻

其力以供祀其諸水土之實取之山林川澤皆民力所殖也惟瓜華宜薦新不能斂藏故天子自樹之承上文言諸侯貢禽天子亦自出其瓜華之薦新者以與民同樂示臘祭之爲惠溥而用宏也王制祭豐年不奢凶年不儉惟臘祭視歲豐儉以惟此祭之與民同也注以戒貪爲義失之

順成之方其蜡乃通以移民也

鄭注移之言羨也孔疏蜡祭豐饒醉飽酒食使民歆羨嵩燾案廣韻羨餘也詩四方有羨毛傳云羨餘也箋謂有饒裕史記貨殖傳時有奇羨崔駰注時有餘衍也鄭意蓋謂以民力之餘衍及之疏據歆羨爲說恐非鄭意廣韻又云移延也大傳絕族無移服疏云在旁而及曰移言不延移及之因四方

之有餘而延移及於民人使之同樂正與上謹民財義相對

周氏謂云移民者斂民之所有餘而供其祭但以供祭爲言

義固未盡

既蜡而收民息已故既蜡君子不興功

鄭注收謂收斂積聚息民與蜡異則黃衣黃冠而祭爲臘必

矣嵩燾案鄭意以此云既蜡而息民與上言黃衣黃冠而祭

息田夫爲一事蓋謂先舉八蜡之祭而後臘先祖五祀臘卽

所以息民也誤會經義於語言之外遂生無數轇轕經言民

息已謂農事至此始畢民可以休息矣諸言息田夫息老物

就事言之此言民息蓋總結其義辭愈緐而意旨愈深余氏

心純云民息者民自息也不興功君子之息民也此二語實

爲蜡祭後之餘義注失之

恆豆之菹水草之和氣也其醢陸產之物也加豆陸產也其醢水物也

鄭注此謂諸侯也天子朝事之豆有昌本麋臡茆菹麕臡饋食之豆有葵菹蠃醢豚拍魚醢其餘則有雜錯嵩蒿案周禮醢人掌四豆之實多以水陸相副如鄭注所引外饋食之脾析蠯醢加豆之筍菹魚醢箈菹雁醢皆以陸產合水產之醢饋食之蜃蚳醢加豆之深蒲醓醢又以水產合陸產之醢鄭意以周禮饋食恆豆陸產而醢水產遂以此經爲諸侯之禮內則有腶脩蚳醢麋膚魚醢而所敘膳之屬二十皆豆實也鄭注特牲禮羞庶羞四豆云四豆者膮炙胾醢用內則爲訓

少牢禮亦云羞胾兩瓦豆有醢亦用瓦豆設於薦豆之北鄭注胾醢四豆爲加豆然則豆實固不盡於醢人所掌而士冠禮士虞禮又特牲少牢禮皆有葵菹蠃醢既夕禮四豆脾析蠯醢葵菹蠃醢皆恆豆也豈得謂諸侯以下之恆豆菹必水草而醢必陸產乎經文約略言之明水陸之互備而已意或恆豆與加豆水陸相間爲用此經所述別爲一義蓋記禮者之辭也鄭注失之

冠義始冠之緇布之冠也大古冠布齊則緇之其緌也孔子曰吾未之聞也冠而敝之可也

鄭注雜記大白緇布之冠不緌冠而敝之三代改制齊冠不復用也孔疏緇布之冠初加暫用罷冠則敝棄之又引皇氏

疏雜記緇布冠無緌而玉藻云緇布冠績緌諸侯之冠諸侯位尊盡飾故有緌也嵩燾案士冠禮緇布冠青組纓鄭注內則冠緌纓云緌纓之飾也儀禮喪服斬衰冠繩纓齊衰冠布纓是凡冠皆有纓纓之餘下垂以爲飾謂之緌檀弓喪冠不緌謂扱其餘也大白緇布冠不緌正以冠主質素不爲飾士冠禮緇布冠缺項青組纓屬於缺鄭注缺讀如有頍者弁之頍著頍圍髮際結項中隅爲四綴以固冠說文纓冠系也此云屬於缺謂以二組系於頍端卷結頤下緇布冠蓋有纓而無緌非但結頍固冠而已玉藻始冠緇布冠自諸侯下達下云元冠朱組纓天子之冠也緇布冠績緌諸侯之冠也正據冠禮言之天子元冠諸侯以下皆緇布冠而以纓別異之士

青組纓諸侯雜以五采爲繢纓繢緌蓋繢纓之譌元冠有緌而緇布冠無緌玉藻獨於緇布冠言緌非事也臯云諸侯盡飾故有緌恐未然

又案玉藻居冠屬武自諸侯下達有事然後緌是禮冠必緌而居冠不緌文質之異緇布冠不緌者從其質也玉藻始冠緇布冠自諸侯下達冠而敝之可也疑此敝字當作蔽廣韻蔽掩也緇布冠纓之餘則扱之不云扱而云敝者取掩蔽之不爲飾也玉藻及此兩言冠而敝之鄭注訓爲敝壞之敝於義無取考工記工人長其畏而薄其敝鄭司農云敝讀爲敝塞之敝前漢東方朔傳敝膝師古曰敝與蔽同是敝蔽二字古本通用

醮於客位加有成也

孔疏若夏殷醮用酒冠一加則一醮於客位周則用醴三加畢乃一醴於客位嵩燾案士冠禮若不醴則醮鄭注若不醴謂有舊俗可行意謂或醴或醮各從其俗而陸氏佃云適子有故而醮若無故有冠醴無冠醮均因儀禮若不醴之言望文生義又與此疏異說詳儀禮文義主人立於序端西面賓字冠者出主人送於廟門外賓就次乃醴賓以一獻之禮主人酬賓束帛儷皮而醮禮不言主人不言醴賓下云若孤子則父兄戒宿主人紒而迎賓如冠主禮正承不醮則醴之文言之鄭注父兄謂諸父諸兄然則此主人爲諸父諸兄前主人卽冠主冠者之父也疑醴禮冠者之父主之亦醴賓其禮

簡而嚴醮禮有乾肉折俎有特殺加以籩豆於禮加隆而不醴賓孤子之冠然也此云醮者通辭說文醮冠婚禮祭鄭注士冠禮酌而無酬酢曰醮是冠娶皆可云醮而孤子之醮正以不酬賓故也陸氏云醴禮簡醮禮繁醮用酒醴用醴醴在房內醮在房外醴脯醢醮折俎似謂醮隆於醴然用醴以簡而隆用酒以繁而殺古禮正如此是以醴禮三加皆有加辭三加畢有醴辭醮則三加各爲醮辭而已是醴禮簡而文而多戒辭醮禮豐而直而多頌辭父命與孤子之非出於父命各有取義故也據士冠禮若不醴則醮不言主人禮之有冠父命之也不言主人無父命可知或父遠適而行冠禮諸父諸兄主之其禮竝同鄭注士冠禮多未分明疏乃以夏殷用

醮周用醴爲說失之遠矣

委貌周道也章甫殷道也毋追夏后氏之道也

鄭注常所服以行道之冠也或謂委貌爲元冠孔疏三代俱用緇布而其形自殊周爲委貌之形殷爲章甫之形夏爲毋追之形行道謂養老燕飲燕居之服若視朝行道則皮弁也嵩燾案左氏傳昭元年冕弁端委十年晏子端委立於虎門之外杜注但訓爲禮服國語晉侯端委以入武宮董安于曰臣端委以隨宰人韋昭注端元端委委貌論語端章甫陸氏耀通云章甫元冠也端委連文是委即元冠後漢書輿服志委貌皮弁同制長七寸高四寸肰如覆杯所謂夏之毋追殷之章甫者也禮圖謂毋追有覆杯之肰釋名牟追牟冒也以

其冒髮追追然也周禮追師鄭司農亦引士冠禮記牟追爲證云追冠名周禮鍾人三入爲纁五入爲緅七入爲緇鄭注士冠禮云元則六入元黑色緇則黑之甚者元冠緇冠素冠當同制各以色爲名此當云周之委貌即元冠也元冠緇布冠同制故亦可名委貌毋追章甫其遺制也故皆以道言之注云行道泥字爲訓疏遂據事以釋之其云元衣養老據王制云元端以居皮弁以日視朝據玉藻則天子之服也士冠禮始加緇布冠而服元端緇布冠元冠通謂之委貌安得如鄭注常所服以行道之云哉

周弁殷冔夏收

鄭注齊所服而祭也孔疏其制之異未聞嵩燾案鄭注周禮

弁師弁者冠之大稱其注士冠禮爵弁制如冕黑色但無繅耳皮弁者以白鹿皮爲冠然則爵弁皮弁制同而色異惟爵弁色與冕同說文弁冕也世本黃帝作冕應劭曰周始加旒周冠通以弁爲名而加旒曰冕王制有虞氏皇而祭夏后氏收而祭殷人冔而祭周人冕而祭檀弓周人弁而葬殷人冔而葬王制所言學禮也學記皮弁釋菜冕弁字正通鄭注周禮司服弁經如爵弁而素范氏甯云爵弁一名冕有收特笄所謂夏收殷冔者也皆以爵弁近冕文王詩常服黼冔正謂冕服助祭故孔疏以周弁一條專言爵弁要之經意但分冠弁二者以見三代弁服各易其名而其實一也周弁兼士冠禮爵弁皮弁言之鄭據爲齊祭之服似泥

無大夫冠禮而有其昏禮古者五十而後爵何大夫冠禮之有諸侯之有冠禮夏之末造也天子之元子士也天下無生而貴者也繼世以立諸侯象賢也以官爵人德之殺也死而謚今也古者生無爵死無謚

鄭注以官爵人德益厚官益尊古者謂殷以前大夫以上乃謂之爵死有謚周制爵及命士雖及之猶不謚今記時死則謚之非禮也嵩燾案周禮有世祿無世官未有嗣爵爲大夫者惟諸侯繼世以立故有諸侯冠禮而無大夫冠禮其言天子之元子士也謂冠禮自天子之子皆以士禮行之推而上之天子諸侯之冠禮猶士禮也玉藻元冠朱組纓天子之冠也緇布冠繢緌諸侯之冠也天子諸侯冠禮之有異皆當起

於夏時言諸侯以上賅天子世降而文而名因之以起殷以前有命官而無命爵大宗伯九命之等典命五儀之數至周而後詳官事也爵名也此質文之差也殷以前天子諸侯皆名之堯舜禹名也殷而後有字太丁太甲以下以干相次字也至周而後有謚謚亦名也質文之差也左氏傳周人以諱事神名終則諱之謚之所以行也殷以前無有也故生無爵死無謚爵與謚皆所以爲名也蓋因冠禮而推言之注似未能分晰

又案以官爵人德之殺也與死而謚今也二語平列諸侯之卿三命大夫再命士一命周制然也以官爵人者官任其職而又以爵命之世降文勝而德已殺也因推而及謚皆爲之

名以示等也爵以明貴謚以別賢其義一也曰今也者變文言之

壻親御授綏親之也親之也者親之也敬而親之先王之所以得天下也

鄭注已親之所以使之親已嵩燾案哀公問冕而親迎親之也親之也者親之也故君子興敬爲親舍敬是遺親也此下亦云敬而親之敬與親對文躬所自致之謂敬親御授綏親之也猶言躬自致之躬親之所以致其敬也惟敬而後能致其親故此與哀公問皆以親與敬竝言之

灌用鬯臭鬱合鬯臭陰達於淵泉灌以圭璋用玉氣也既灌然後迎牲致陰氣也

鄭注灌以圭瓚酌鬯始獻神也孔疏酌鬯酒灌地以求神嵩燾案祭統君執圭瓚祼尸大宗執璋瓚亞祼鄭注周禮大宗伯祼之言灌灌以鬱鬯謂始獻尸求神時也詩文王傳祼灌鬯也周禮鬱人掌祭祀賓客之祼事典瑞祼圭有瓚以肆先王以祼賓客鄭注爵行曰祼大行人上公之禮再祼而酢侯伯一祼而酢子男一祼不酢是凡鬱鬯用瓚施之祭祀賓客通謂之祼鬱人和鬱鬯實彝而陳之明堂位謂之灌尊亦謂之鬱尊始獻酌之瓚以祼尸祭統所謂獻之屬莫重於祼是也鄭注小宰凡祭祀贊王祼將之事云祼之言灌也明不爲飲凡鬱鬯受祭之啐之奠之據特牲禮凡獻尸皆祭啐而後奠觶奠置也祭者尸祭神啐者嘗而不飲鄭以明不爲飲訓

灌之義而徐氏鉉云瓚亦圭其首爲勺飛其柄爲注水道所以灌然則祼之言灌因瓚以名之而祼遂亦通爲灌其禮則始祭之正獻也自白虎通挪爲灌地降神之說孔疏遂據以爲訓王氏詩稗疏小宰凡祭祀贊祼將之事小宗伯凡祭祀以時將瓚祼鬱人詔祼將之儀與其節是祼將之事詔其儀節者鬱人酌之於彝以授王者小宗伯王奉之而轉以授尸者小宰尸受而祭之啐之不卒爵而奠之竝無灌地降神之說禮器諸侯爲賓灌用鬱鬯灌用臭也豈諸侯賓客之前亦傾酒於地以求其降乎國語及期鬱人薦鬯犧人薦醴王祼鬯饗醴乃行韋昭注灌鬯飲醴皆所以自香潔投壺曰當飲者皆跪奉觴曰賜灌注灌猶飲也然則灌之爲訓乃飲之異

名豈必傾沃之於地乎王氏此辨至允鄭注明言獻神疏乃援灌地求神爲說朱子論語集注因之此禮遵行至今而鄭氏之義隱矣

又案周官甸師祭祀供蕭茅鄭司農云束茅立之祭前沃酒其上酒滲下去若神飲故謂之縮其說亦與白虎通相近而與此經縮酌用茅之義實顯相刺謬詳疏義灌地降神亦因經文有臭陰達於淵泉一語附會及之而經義先以祼者取鬱鬯合而水性沈下故謂之臭陰陰者凝而下聚也故曰致陰氣非必灌之地而後達於淵泉也案士虞禮苴刌茅長五寸束之實於篚祝盥升取苴降洗之升入設於几東席上東縮佐食取黍稷祭於苴取膚祭祭如初是祭用茅以藉食易言藉用白茅是也縮酒藉食均與灌鬯無涉說文鬯以秬鬯釀鬱草芬芳攸服以降神也鬱鬱人所貢芳草合釀之以降神云降神猶言來格之

義亦竝無灌地
降神之說也

故既奠然後焫蕭合羶薌

鄭注奠謂薦孰時當薦案祭義建設朝事燔燎羶薌見以蕭光以報氣也此云焫蕭正與祭義合蓋朝事也祭禮朝踐薦腥猶神道也饋事薦孰乃始事以人道求陰求陽求神也周人先求諸陰故先灌鬯而後燔燎升首以報陽祭黍稷加肺以報陰求先報後皆祭之始事也信南山詩執其鸞刀以啟其毛取其血膋箋云毛以告純血以告殺膋以升臭竝在始割牲時則此焫蕭合羶薌在朝踐而不在饋食明矣其云既奠然後焫蕭者禮器君親割牲夫人薦酒明堂位君迎牲於門夫人薦籩豆祭義君牽牲夫人薦盎祭統君執鸞刀羞嚌

夫人薦豆四者文別而義同據周禮內宰大祭祀后祼獻則贊瑤爵鄭注王既祼而出迎牲后乃從後祼禮器薦酒列之迎牲之後祭義薦盎列之牽牲之後皆謂從祼也九嬪凡祭祀贊玉齍贊后薦徹籩豆特牲少牢禮始祭主婦薦豆設敦明堂位祭統之薦豆謂奠器也此云既奠合證之其義自明鄭以爲薦熟時者誤也

詔祝於室坐尸於堂

鄭注詔祝於室坐尸於堂謂朝事時也朝事迎尸於戶西南面布主席東面取牲膟膋燎於鑪炭洗肝於鬱鬯而燔之入以詔神於室又出以墮於主主人親制其肝所謂制祭也嵩燾案說文祝祭主贊辭者少牢禮主人戶內西面祝在左主

人再拜稽首祝祝曰孝孫某用薦歲事所謂厭祭也既酳尸尸執黍命祝祝受以東北面於戶西以嘏於主人於禮爲受嘏詔神詔主人皆在室經以求神爲義則詔神也在未迎牲前特牲禮凡席陳於西堂祝筵几於室中東面室中神席也西堂几席或以坐尸疑尸入門升自西階有坐尸於堂之禮此當在尸始入時蓋凡祭主東面尸南面皆於室惟儐尸於堂有司徹所謂埽堂筵於戶西南面者尸席也又筵於西序東面侑席也是儐尸專取侑尸而尸南面侑者東面所以尊尸也安得援室中主席於奧之例而謂朝事迎尸於堂南面主亦東面乎其云入以詔神於室又出以隋於主所謂詔神者何屬而以當燔肝之制祭既無祝詔又不於堂於義無取

又所謂墮者綏祭也尸有墮祭主無所爲墮也詔祝於室坐尸於堂明爲二事經以納牲於庭升首於室相次爲文當幷在迎牲前無疑

直祭祝於主索祭祝於祊

鄭注直祭祝於主謂薦孰時也索祭祝於祊於以繹祭名也

嵩燾案特牲少牢禮竝有厭祭主人西面面主特牲禮薦兩豆舉牲鼎魚腊鼎升肵俎設兩敦兩鉶少牢禮薦四豆有羊俎豕俎魚腊俎設兩鉶此爲饋食禮故在視殺之後天子宗廟之祭先有制祭而後迎牲所云制祭正當直祭於主時蓋制祭燔肝與取膟膋燔燎實爲二事禮器云制祭在割牲前是其明證案鄭注入以詔神於室又出以隋於主主人親制其肝所謂制祭也而敘朝事延尸於戶西南面布

主席東面竊疑朝事爲直祭於主鄭注竝延尸與主於堂未詳所據制祭於主前卽特牲少牢禮之厭祭也謂之直祭明無獻侑酬酢之事而鄭以薦孰當之誤矣祊說文作鬃云門內祭先祖所旁皇也楚茨詩祝祭於祊毛傳祊門內也鄭箋使祝博求之平生門內之旁毛許說祊字但謂求神祭統鋪筵設同几爲依神也詔祝於室而出於祊此交神明之道也相連爲文皆在迎尸之前是亦祭祀求神之一義鄭氏詩箋依毛義而其注禮乃一以繹祭當之於經旨皆不可通祊與繹二者交互而其說乃日紛紜矣詳見禮器

祭齊加明水　明水涗齊貴新也凡涗新之也其謂之明水也由主人之絜著此水也

鄭注五齊加明水則三酒加元酒也嵩燾案周禮司尊彝鬱齊獻酌醴齊縮酌盎齊涚酌是五齊以三酒涚之祭齊加明水所謂元酒明水之尙蓋設而不薦禮無以明水泲齊者黍稷與肺並祭齊與明水並陳故皆可言加加者通辭也案祭義見間以俠甒加以鬱鬯朝事無用鬱鬯者鬱鬯謂灌禮也而云加亦通言之下文明水涚齊卽明酌也周禮酒正所謂清酒以泲盎齊者玩經文潔著此水之義似與司烜之明水各別

又案祭統宗婦執盎從夫人薦涚水鄭注涚盎齊也盎齊涚酌也凡尊有明水因兼云水鄭意亦疑明水不可涚盎齊故分析言之然經意但著其淸而已變涚酌爲涚水者言其淸也周氏諝云盎齊而下涚用明水從其味之薄尤爲無據

稱曾孫某謂國家也

鄭注曾孫某謂諸侯事五廟也於曾祖以上稱曾孫而已嵩燾案曲禮內事曰孝子某侯某外事曰曾孫某侯某武成告皇天后土所過名山大川曰曾孫周王發晉平公禱於河曰曾臣彪陸氏佃云此爲有國家者之稱故曰謂國家也

腥肆爓腍祭

鄭注治肉曰肆腍孰也嵩燾案周禮大司徒奉牛牲羞其肆鄭司農云肆陳骨體也小子羞羊肆羊殽鄭司農云羊肆體薦全烝也羊殽體解節折也鄭注大司徒進所肆解骨體引士喪禮曰肆鬄去蹄注小子肆讀爲鬄案鄭注士喪禮鬄解也四解之殊肩髀而已今文鬄爲剔儀禮明言四鬄鄭因羞其肆之文引爲肆鬄因遂訓肆爲鬄展轉相因似均非肆字本訓也

楚茨

詩或肆或將傳云肆陳也箋云陳其骨體於俎掌戮凡殺人者踣其尸肆之三日鄭注肆猶陳也禮器郊特牲竝云郊血大饗腥三獻爓一獻孰郊特牲亦云血腥爓祭用器也竝以腥爓爲次此云腥肆爓肆若禘郊之全烝以陳於俎亦腥類士喪禮四鬄去蹄爲鼎實特豚則薦孰也不當列腥爓之閒小胥凡縣鐘磬半爲堵全爲肆鄭司農所云肆體薦全烝者是也特牲禮請期曰羹飪鄭注飪孰也飪亦通爲稔爾雅釋言饙餾稔也說文食部飪大孰也禾部稔穀孰也穀孰曰稔羹孰曰飪義正相通腥爓飪卽禮器郊特牲之云腥爓孰也治肉當爲薦孰之義注謂肆爲治肉者非也

汁獻涗于醆酒

鄭注獻讀爲莎秬鬯煮鬱和盎齊摩莎沛之出其香汁因謂之汁獻嵩燾案周禮司尊彝鬱齊獻酌鄭謂獻當爲摩莎之莎疑獻酌與縮酌涚酌爲類云摩莎沛之可也此云汁獻涚於醆酒是以汁獻當鬱齊不得遽云摩莎方氏慤云以煮鬱金汁和之曰汁以獻之而不縮曰獻灌用鬱齊爲九獻之首祭統獻之屬莫重於灌故通謂之獻語最分明周禮鬱齊醴齊盎齊舉其名獻酌縮酌涚酌詳其用獻者和而薦之縮者縮去滓涚者所以沛之此於涚酒舉其名縮酌汁獻又著其用與周禮之文互相發明汁獻之獻似不必破讀爲莎

猶明清與醆酒於舊澤之酒也

鄭注舊澤之酒謂昔酒也天子諸侯禮廢時人不知云若今

明酌清酒與醆酒以舊澤之酒涗之矣就其所知以曉之也蓋

蕎熹案周禮酒正以法共五齊三酒所云三貳再貳一貳蓋

六尊之有副者亦即所以涗酒而涗之齊酒不貳則鬱齊也

疑明淸與醆酒一語總結上文蓋灌事用鬱齊朝事用醴齊

饋食用盎齊醴齊涗以事酒事酒明酌也盎齊涗以淸酒鬱

齊涗以醆酒醆酒盎齊也厚薄淸濁不同所涗亦異凡酒新

成則氣烈久釀則味醰此舊澤之酒約略言之不專指昔酒

言此明淸醆酒之相涗欲使厚薄淸濁之互相得而其味適

醰與舊澤之酒相當也注恐失之

禮記質疑卷十一終

禮記質疑卷十二　　思賢講舍

湘陰郭嵩燾伯琛著

內則

櫛縰笄總

鄭注縰韜髮者也總束髮者也垂後為飾孔疏總者裂練繒為之束髮之本垂餘於髻後飾訖加縰縰訖加笄笄訖加總

嵩燾案說文纚冠織也謂以緇帛韜髮段注凡繒布不須翦裁而成謂之織成冠織者為冠而設之織成也廣韻纚或作縰儀禮士昏及特牲饋食惟云纚笄士冠禮緇纚廣終幅長六尺贊者奠纚笄櫛於筵南端將冠者即筵坐贊者坐櫛設纚賓坐正纚乃冠冠者興即筵坐櫛設笄賓正纚受皮弁加

之如初受爵弁加之如受皮弁之儀似纚韜髮而以笄約之無別加總之文說文總聚束也笄總猶言以笄聚束其髮男子纚而施冠故說文謂之冠織婦人施副編次之屬童子亦纚而以錦分束其髮謂之總角玉藻童子錦束髮是也士冠禮亦謂之紒鄭注古文紒作結士喪禮主人髻髮鄭注髻髮者去笄纚而紒古文髻作括廣韻括結也案士喪禮鬠用組乃笄鄭注古文鬠皆爲括玉篇鬠同髻疑斂死者之髮曰鬠正如冠之有纚鬠取會聚其髮而已異於纚之加飾也似與括髮義別不當通爲一字檀弓云榛以爲笄長尺而總八寸喪大記括髮以麻喪服女子子在家爲父布總喪服記女子之適人者爲其父母婦爲舅姑布總布總齊衰之髽女子子在室爲父布總殺於妻爲夫妾爲君之以麻也爲去笄縰而以麻若布結束其髮

故謂之總吉冠無加總者案喪服傳總六升長六寸疏據檀弓總八寸云斬衰六寸大功與齊同八寸小功緦麻尺吉總尺二寸以意擬之大誤鄭注長六寸謂出紒後所垂爲飾也總安得有飾亦誤漢書江充傳冠襌纚顏師古注纚織絲爲之卽今方目紗是也後漢書輿服志古者有冠無幘秦爲絳袙以表貴賤其後作顏題漢興施巾連題卻覆之名之曰幘孝文崇其巾爲屋說文髮有巾曰幘幘巾正古纚遺制范氏謂古者有冠無幘非也崇其巾爲屋乃又施梁鄭注士冠禮纚今之幘梁也亦未分明男婦皆有縰笄喪服去縰而後有總此云笄總與下總角對文鄭意既加笄又束髮爲總證之禮經而固知其不然矣

衿纓

鄭注衿猶結也婦人有纓示繫屬也嵩燾案曲禮女子許嫁

纓士昏禮主人入親脫婦之纓鄭注以五采爲之其制未聞爾雅釋器婦人之禕謂之褵褵緌也郭注卽今香纓禕邪交落帶繫於體因名爲禕案校勘記引說文交部㝮邪也郭用㝮邪爲重疊字交落者交絡也帶繫連文竝用同音之字爲訓緌繫也案說文緌系冠纓垂也系纓而垂其餘謂之褵與冠緌同故曰褵緌也郭以緌爲繫尙恐失訓毛氏詩傳親結其褵褵婦人之禕也母戒女施衿結帨疏引孫炎云禕帨巾也士昏禮言結帨此言結褵則褵當是帨據諸家說是禮之纓詩之褵爾雅之禕同爲一物說文幃囊也楚詞蘇糞壤以充幃王逸注幃謂之幐幐香囊也說文巾部幃𢃼連文竝云囊也衣部禕蔽厀也然則禕幃字異鄭於此經下文衿纓皆佩容臭云容臭香物以纓佩之亦不云囊陳氏集說直云纓香囊也大誤案說文容盛也徐鉉曰屋與容皆所以盛受也

廣韻容受也容臭謂能容此香物大小隨所受以爲之制卽香囊之屬也鄭注以纓佩之意謂繫此容臭於纓而佩之集說容臭香物助爲形容之飾而以纓佩之後世香囊卽其遺制亦大失鄭義矣 士昏禮主人脫衣於房婦脫衣於室主人入脫婦纓纓必著身可知蓋織絲而交結之內附褻衣亦巾屬也說文嬰頸飾李善文選天台山注引說文嬰繞也冠之有纓謂與頸相屬許嫁名纓者亦自頸而繫之身取義正同此云衿纓明繫之燕衣之交領纓同而用以結之衿者固異說文衿交衽也衽衣襟也毛詩傳青青子衿云青領也爾雅衣皆謂之襟郭注交領襟衿同字衣之邊幅爲衿交領處衿所自始因以交領名衿織絲爲巾結之交領亦謂之纓 案士昏記母施衿結帨庶母施鞶皆謂嫁服衿卽女次絲衣纁袡之衿也施衿結帨正此所謂衿纓凡服皆然 與許嫁之纓自別衿纓綦屨與上偪屨著綦對文

竝於左右佩用外兼言衣屨之飾結纓於衿繫綦於屨又自對文下文總角衿纓皆佩容臭童子無衣紳衿纓焉而已無左右佩所佩容臭而已男女佩用互異曰皆者兼上男女言之經旨分明舊注皆未能昭晰

又案爾雅衣蔽前謂之襜婦人之禕謂之縭縭緌也郭注襜今蔽厀也方言江淮之間謂之禕或謂之袚魏宋南楚之間謂之大巾自關東西謂之蔽厀齊魯謂之袡類篇袡襜字通說文禕蔽厀也毛氏詩傳縭婦人之禕也合毛許兩家之說證之爾雅其云婦人之禕謂之縭縭緌也意謂縭有緌所以別於男子蔽厀之名襜說文韠韍也所以蔽前釋名韠所以蔽厀前也廣韻韎韐韋蔽膝鄭注士喪禮韐帶韎韐緇帶也

韐帶用革韠與襜通名蔽厀而韠用韋繫之革帶襜用巾繫之衿其長過厀亦名蔽厀毛傳引士昏記施衿結帨以證結縭之意明其爲佩巾也鄭注爾雅以香纓釋之謂卽許嫁之纓疑許嫁之纓與此所謂衿纓一物而制不同衿纓以固衿而垂爲飾與佩巾之爲蔽厀義亦相近郭以褘邪交落帶繫於體釋婦人之褘是卽以許嫁之纓當之下文男女未冠笄者總角衿纓自通男女爲言繫之衿而不必交絡與纓相近爲類而取義各別形製亦各殊也

堇荁枌楡

鄭注荁堇類也冬用堇夏用荁嵩燾案爾雅齧苦堇郭注今堇葵也葉如柳說文堇根如薺葉細如柳蒸食之甘此云堇

亦葵屬也詩七月烹葵本草六七月種爲秋葵八九月種爲冬葵正月復種爲春葵是葵四時生瀹食之滑農書亦名滑葵士虞記有滑夏用葵冬用荁葵種甚繁而皆近滑堇葵微苦種與菟葵略同堇荁葵荁見之禮經鄭但云堇類而不詳何物疑荁爲蕈案說文蘻鳧葵也廣雅蘻芇鳧葵也蘻荁蕈同出十四部許君自以蕈爲蒲叢廣雅亦云蒲穗謂之蕈則荁與蘻當爲古今字荁者卽許君所謂鳧葵也毛詩傳薄采其芇云鳧葵也鄭注周禮醢人亦云鳧葵陸璣詩疏江東謂之水葵菜之尤滑者士虞記冬用荁蕈至秋冬尤勝鄭注儀禮荁乾則滑夏秋用生葵冬春用乾荁殆未然也堇荁枌榆竝取新者爲滑此當仍如儀禮注夏用堇冬用荁而忽易之亦自相抵牾矣枌榆不詳所用邵氏爾雅正義枌皮白剝去其粗皮中更白

而滑因謂內則之言滑榆取其葉枌取其皮榆皮葉皆可爲粉而非常食農書榆錢可羹又可作糕餌四民月令榆莢可作醔䤃醔䤃者榆醬也榆性滑醬質亦取其滑自與菫荁同類也

免薨滫瀡以滑之

鄭注免新生者薨乾也秦人溲曰滫齊人滑曰瀡蒿燾案周禮庖人凡死生鱻薨之物𢿱人辨魚物爲鱻薨鄭司農云鱻生也薨乾也說文鱻新魚精魚鯖謂之鱻引申之凡物新者爲鱻免字無新意葢亦鱻音之轉而說文訓鱻爲鯖則鱻固非生物案庖人鱻薨與死生對文死生者自然之質鱻薨皆製成之於菜爲生釀之菹說文謂之酢菜薨又乾之皆所以爲滑也說文潘淅米汁也周

謂潘曰泔滫久泔也溲沃汏也滑利也玉篇瀡滑也沃汏亦淅米之義其汁曰泔凡米泔久則益淡濃則滑免薨者乾濡之異滫瀡者濃淡之異集說滫瀡滫之滑者也誤堇荁枌榆取於物之滑者免薨滫瀡取於和之以爲滑者孔疏牽合言之亦誤

父母舅姑將坐奉席請何鄉將衽長者奉席請何趾少者執牀與坐御者舉几斂席與簟縣衾篋枕斂簟而襡之

鄭注將衽謂更臥處嵩燾案說文牀安身之几坐也几踞几也踞謂凭以坐牀制同几而庳於几可坐注家竝名坐几曰牀經兼坐臥言之文義多不能明方氏慤謂侍父母舅姑行游所至憇臥他所卽申鄭更臥處之義以實言之牀臥具也

喪大記疾病廢牀鄭注人始生在地去牀庶其生氣反士喪禮設牀笫當牖案凡寢當牖喪大記寢東首於北墉牖下廢牀蓋移牀北墉下而廢當牖設牀之地以俟遷尸牖下也左傳下冰而牀焉廣雅棲謂之牀趙岐注孟子使治朕棲棲牀也荀子禮論有簟席而無牀笫是牀專爲臥具而坐榻亦通謂之牀此於將衽又分長者少者言之則知執牀以待臥也集韻執持也牀席張斂皆御者事子婦但奉之以請所安而少者執止其牀助之張設與坐與下與恆食飲同爲語詞長者少者皆有事於席既坐而御者舉几相承以進以俟其凭也斂席與簟又承上坐臥二者謂坐而起則斂其席臥而起則斂其簟也而臥具實多於坐具又當分別斂之御者二字直貫下文明執役皆御者而器物之張斂、取順其

意不踰時也鄭於此無注集說葢全失之

斂簟而襡之

鄭注襡韜也嵩燾案說文襡短衣也廣雅襡長襦也又云襡袖也玉篇襡短衣又衣袖襡長襦連腰衣也又析爲二字廣韻襡韜藏入一屋襡短衣襡長襦入三燭合諸家之說求之襡襡實一字說文襦短衣也長襦連腰衣謂之襡謂襦之長者下覆至腰猶之短衣也釋名襡屬也衣裳上下相連屬也衣裳相屬正釋連腰之義長襦連腰直幅故又通其義於袖案方言袒飾謂之直衿廣雅袒飾長襦也然則長襦直衿而左右袂皆直出故袖亦名襡假借爲韜簟之具皆用直幅爲之疑若今之簟囊侈口而收合其兩端襡之者納之襡中而收合之也案鄭注少儀弓則以左手屈韣云韣弓衣也弓衣以韋爲之爾取義

同

鄭注但釋爲韜廣韻因別出韜藏一義韣之卽所以韜之不得謂韣爲韜也

旣食恆餕

鄭注每食餕而盡之末有原也嵩燾案說文旣小食也旣嘰雙聲字口部嘰小食也玉藻進禨進羞少儀飲酒者禨者醮者變文爲禨皆謂小食小食者常食之外設食不備肴恆餕卽承上恆食佐餕爲文言小食之餘畱竢恆食畢同餕之小食專設非常食所以養老子婦不得同也子婦餕之餘御者亦得餕之豈必以盡食爲義哉

不有敬事不敢袒裼不涉不撅

鄭注不敢袒裼父黨無容撅揭衣也孔疏不因涉水不敢揭

衣嵩燾案此皆言致敬之文不當忽及父黨無容朱子經說敬事如習射之類良是案鄉射記大夫與士射袒纁襦君在大夫射肉袒然則常敬袒裼而已尤敬則肉袒而謂射而袒裼涉水而後撅無因父母舅姑之所泛叙及涉水據曲禮拾級聚足鄭注拾當爲涉逸周書嘗麥解王涉階是涉卽陟論語攝齊升堂凡陟階必揭衣說文撅从手有所把也正謂兩手提揭衣兩旁以便升階不涉不撅卽曲禮暑不褰裳意在父母舅姑前爲尤謹也案曲禮毋踐席摳衣趨隅將卽席兩手摳衣是卽席與陟階儀同父母舅姑所侍立而已故專據涉階言之

不嘯不指

鄭注嘯讀爲叱叱嫌有隱使也嵩燾案說文嘯吹聲也毛詩傳其嘯也歌云嘯蹙口而出聲聲類云出氣急曰吹緩曰嘘

吹者蹙口出氣嘯又揚其聲詩多以嘯歌連文歌蓋文之以辭而引使長蹙口出聲同按抑之則爲吟故亦曰吟嘯嘯者歌與吟聲之急出而無餘者也說文嘯與嘑啰爲類云嘑號也啰音聲啰啰然是大聲曰嘑衆聲曰啰嘯當爲吹急聲嘯與指使人驚疑故非入內所宜注意蓋訓爲以聲使人而疑嘯非所以使故讀爲叱嘯與叱音義實別不相爲訓

若飲食之雖不耆必嘗而待加之衣服雖不欲必服而待加之事人代之己雖不欲姑與之而姑使之而後復之

鄭注嘗而待待後命而去服而待待後命釋藏已弗欲難其妨已之業也而後復之遠怨懟於勞事嵩燾案鄭意恐人怨親愛已而移勞事於彼似非經旨所繫此專發明上文勿逆

勿怠之實嘗而待服而待所謂勿逆也人代其事而必身復之始終弗敢忘親所事所謂勿怠也而此二義亦正相兼衣服飲食惟身適也亦舍而從父母舅姑之命以徐俟察已之隱而無須與之敢忽焉則勿逆也而其心仍勿怠也人代之當亦父母舅姑之命弗欲者其人或弗堪任使姑與謂已已爲因而授之以竟其功姑使謂傳父母舅姑之命使承而任之而後復者既事而躬自簡料以終父母舅姑之命也委曲以求盡其心則勿怠也而其於父母舅姑之命仍勿逆也舊注似皆未明曉

子婦有勤勞之事雖甚愛之姑縱之而甯數休之

鄭注不可愛此而移苦於彼也孔疏且緩縱之甯可數數休

息不可移此勤勞於他不愛之子婦嵩燾案愛由勤勞而生廣韻愛憐也孟子百姓皆以王爲愛也臣固知王之不忍也趙岐注愛嗇也又云愛惜經意謂不忍其勤勞也鄭注似以爲偏愛誤檀弓喪事欲其縱縱爾鄭注急遽趨事貌說文縱緩也捨也緩之爲急猶亂之爲治姑縱之者謂且馳驟之策勉之使任其勞而以時量其事之難易力之優絀以數休息之使從容以有成功雖甚愛惜之而固不可令其辭勞以就逸也

父母有婢子

鄭注所通賤人之子嵩燾案說文婢女之卑者也子者陽之動萬物滋人以爲稱故男曰男子女曰女子婢子之稱猶是

也曲禮自世婦以下自稱曰婢子則婢子亦屬禮稱玩下若庶子庶孫似此婢子爲父母之御者若婢妾之子統於庶子凡曰若者別文以見義婢妾之子與庶子別文於義無取鄭謂所通賤人之子亦非所以爲文也

舅姑使冢婦毋怠不友無禮於介婦

鄭注無怠雖有勤勞不敢解倦眾婦無禮冢婦不友之善兄弟爲友娣姒猶兄弟也嵩燾案項氏安世云毋怠謂以尊自怠而凌辱眾婦令其代己也不友謂煩虐之無禮謂麾叱之怠也不友也無禮也三者皆當以毋字統之其說是也然怠不友無禮三者與下敵耦冢婦對文項氏之說於義猶未盡此謂舅姑存而以事任之子婦冢婦介婦惟所使也怠者漫

禀舅姑之命自休息而推勞於介婦不友者徑行己意不與介婦商度其宜否無禮者有所挾以驕之冢婦於介婦不敢自異介婦於冢婦亦不敢上與之同也

子弟猶歸器衣服裘衾車馬則必獻其上而後敢服用其次也

鄭注子弟若有功德以功見餽賜當以善者與宗子嵩燾案鄭氏以有功德餽賜爲言注家相承皆謂君賜詳玩經義殊不爾君有賜豈必上者次者之兼具哉子弟猶歸器通凡爲子弟者言之造置器物必歸於父兄所歸必其上者而所服用必其次者言若子弟歸器其道固應然也故事宗子之禮凡所服用必先獻其上者於宗子以自處於子弟之義君賜之衣服車馬禮數所加不得私獻之宗子矣

飯黍稷稻粱白黍黃粱稰穛

鄭注黍黃黍也熟穫曰稰生穫曰穛孔疏下言白黍則上黍是黃黍下言黃粱則上粱是白粱嵩燾案農書五穀各具五色不應獨出白黍黃粱疑別是一種農政全書薏苢葉似黍一名蜀秫本草李時珍云苗似芑黍一名芑實說文䕽一曰薏苢續博物志薏苢一名蘇珠蘇䕽雙聲字圖經薏苢實青白色形如珠而稍長此云白黍當爲薏苢李時珍又引廣雅荻粱卽蜀黍玉蜀黍苗葉俱似蜀黍而肥矮亦似薏苢苗心別出一苞如椶魚形亦名苞穀色黃是玉蜀黍爲黃粱說文稰糧也楚辭椒稰王逸注稰精米說文穛早取穀也楚辭稰麥王逸注麥中先熟者也稰與穛同音通用張衡南都賦冬

稌夏穱正謂其早熟糈稰同字穛穱同字米以精爲良而早

穫及時嘗新舉稰穛而義備矣鄭云熟穫生穫亦據遲早爲

言孔疏穛是斂縮之名明以生穫故其物縮斂意謂生取之

恐非鄭意

膳膷臐膮醢牛炙醢牛胾醢牛膾羊炙羊胾醢豕炙醢豕胾芥

薑魚膾雉兔鶉鷃

鄭注此上大夫之禮庶羞二十豆也以公食大夫禮饌校之

則膮牛炙間不得有醢醢衍字嵩燾案周禮膳夫食用六穀

膳用六牲飲用六清羞用百有二十品珍用八物醬用百有

二十罋鄭注八珍卽取湻熬湻毋炮豚炮牂擣珍漬熬肝膋

爲說凡經所述皆禮食也而周禮庶羞多至百有二十品其

見於公食大夫禮者二十則亦述其可紀者而已不必如公食大夫之備數也禮食之有膳羞各視其力之所能供而極其數以爲量未嘗分主諸侯大夫言之經言內則而推及飲食凡禮食之膳羞物有其數事有其文備舉之以爲量鄭據儀禮而證其爲豆實耳孔疏乃引玉藻諸侯朔食四簋黍稷稻粱天子加以麥苽爲六似謂上飯黍稷稻粱爲諸侯禮鄭注太宰九穀曰黍稷稻粱麻大豆小豆麥苽疾醫五穀曰麻黍稷豆職方五種曰稻黍稷麥菽錯舉爲文豈必天子之食專於六穀而已公食大夫禮設簋六謂諸侯食禮四簋亦恐未然此爲不善申注義矣

或以酏爲醴黍酏漿水醷濫

鄭注醷梅漿濫以諸和水也以周禮六飲校之則濫涼也紀莒之閒名諸爲濫嵩燾案周禮酒正辨四飲曰清漿醫酏漿人供六飲曰水漿醴涼醫酏鄭注醫內則所謂或以酏爲醴醫與醷相似文字不同記之者異耳涼今寒粥若糗飯雜水也而此注云醷梅漿集韻醫梅漿也或作醷蓋兼取鄭意爲說而鄭於此經濫云以諸和水下文桃諸梅諸疏引王肅云諸菹也周禮謂之乾藾鄭意小和曰濫兼桃諸梅諸言之又與醷梅漿也互混無別說文䣼雜味也雜和之正此注所云以諸和水然則濫與涼同卽說文雜味之䣼也水部涼薄也引申爲寒涼之涼而䣼自以薄爲名案釋名桃濫水漬而藏之其味濫濫然酢也似說文䣼以質言此經云濫以味言廣韻醷濁漿也醷以酏釀之成漿濫漬乾

蘗而和之二者自分醴薄酒正五齊皆醴也故四飲無醴漿人六飲雜醴言之醴自六飲之一兼用黍稻粱三者又各有清糟之分其餘五飲皆酏屬也或以酏爲醴則五穀之酏皆可爲醴自據醴言之與黍酏以下別其義備於漿人之六飲而此經所記最爲分明正不必別求訓

菰食雉羹麥食脯羹雞羹折稌犬羹兔羹和糝不蓼

鄭注稌稻也凡羹齊宜五味之和米屑之糝蓼則不矣嵩燾案爾雅肉謂之羹說文臛肉羹也王逸注楚辭有菜曰羹無菜曰臛是凡肉羹皆用菜芼之公食大夫禮芼牛藿羊苦豕薇皆有滑鄭注滑堇荁之屬是菜以和其味且使滑經云菰食麥食折稌皆用以和羹說文糂以米和羹也古文糂从

糝和糝卽謂菽麥及折稌稻實折之而已不爲屑也以米和

羹不復加芼說文蓼辛菜也皋蓼以見用芼者之取味謂之

不蓼者明不芼而和之

腶脩蚳醢脯羹兔醢麋腒魚醢魚膾芥醬麋腥醢醬桃諸梅諸

卵鹽

鄭注腶脩捶脯施薑桂也卵鹽大鹽也自蝸醢至此二十六

物似皆人君燕所食嵩燾案儀禮豆實先脯醢腶脩又加捶

治故析言之上文飯六以實敦牟膳二十以實豆飲酒以實

卮匜羞二以實籩羹食七以實鉶腶脩以下凡十又豆實也

桃諸以下凡三又籩實也脯與腶脩對文不當爲羹蓋涉上

文脯羹而衍籩人朝事之籩有白黑形鹽饋食之籩有桃乾

橑說文橑乾梅之屬鹽人祭祀供苦鹽散鹽賓客供散鹽形鹽膳羞供飴鹽疏云苦當爲盬盬鹽出鹽池今之顆鹽是也飴鹽鹽之恬者卽石鹽是也散爲末苦爲顆石鹽亦爲顆鹽卵鹽卽顆鹽也鄭注謂之大鹽疑卽周禮之飴鹽孔疏鹽形似鳥卵語殊無徵桃諸梅諸卵鹽籩實各别疏謂以卵鹽和之者亦誤

夏宜腒鱐膳膏臊

鄭注腒乾雉也鱐乾魚也嵩燾案說文北方謂鳥腊曰腒士相見禮冬用雉夏用腒敖氏繼公云禽乾謂之腒猶獸乾謂之腊似腒不專爲乾雉腊人掌脯腊膴胖之事說文膴無骨腊也揚雄說鳥腊也鳥腊曰腒魚腊曰鱐皆通詞說文亦云

鱐乾魚尾鱐鱐然也射鳥氏掌射鳥鄭謂鳧鴈鴇鴞中膳羞者羅氏共羽物掌畜共膳獻之鳥鄭謂雉及鶉鴽之屬鳥與魚皆有鱻薨之異獻人及掌畜共之鄭云腒乾雉而於下文冬宜鮮羽云羽鴈也似皆泥於一說

芝栭

孔疏庾蔚云無華葉而生曰芝栭盧氏云芝水芝也王肅云無華而實者名栭皆芝屬庾又云自牛脩至薑桂三十一物則芝栭應是一物賀氏云栭軟棗亦云芝木椹也以芝栭爲二物鄭注下云三十一物則數芝栭爲一物也嵩燾案本草別錄木生者爲檽地生者爲菌集韻楩或作檽木耳別名廣韻檽木耳別名篇海檽同楩檽栭音義竝同是芝之地生今蕈

菌之屬栭木生今木耳說文栭屋枅上標枅屋欂櫨也欂櫨柱上枅也楷欂櫨也徐氏繫傳謂梁上短柱柱上承屋脊者山楶藻梲藎刻此柱爲山形畫兩旁枝梧木爲水藻之文楶論語禮記俱作節包咸云節者栭也爾雅栭謂之楶郭注今櫨也魯靈光殿賦芝栭攢羅張載注芝栭山節薛綜云栭斗也今謂之斗拱斗附著於柱木耳亦附著於木故假栭爲名飾斗以芝名芝栭注家展轉相因併此芝栭爲一物誤牛脩以下或登於俎或實於鼎或加於鉶爵鴟以下或施於豆或加於籩或用以和庶羞類記之以補儀禮周禮所未載鄭注以人君燕食所加庶羞當之竝誤也

鶉羹雞羹鴽釀之蓼魴鱮烝雛燒雉薌無蓼

鄭注醲謂切雜之鴽在羹下烝之不羹也孔疏魴鱮皆烝熟之雛鳥之小者火中燒之雉在烝燒之下或燒或烝或可爲羹其用無定嵩燾案公食大夫禮鉶牛藿羊苦豕薇凡肉羹皆有菜芼之此記通謂之蓼非羹無用蓼者說文作酒曰釀廣韻醲醞酒鴽醲之謂先漬之以酒而後羹說文烝火氣上行也明但熟之而已凡羹皆和五味魴鱮烝無五味之和案說文鬻亨也煮或从火鬻或从水亨人共鼎鑊以給水火之齊是兼用水火曰亨以器載之令火氣上升無水火之齊曰烝說文燔爇也爇燒也雛燒蓋燔炙之下文爲熬屑桂與薑灑諸上而鹽之乾而食之說文熬乾煎也蓼者蘇桂之屬雉蓼謂乾煎之而合蓼以達其氣也羹蓼而煎和無蓼經義原自分明鄭注鴽烝之因以醲之二字兼承上文疏遂沿此以蓼

字兼承而謂雉亦可羹亦自亂其例矣

馬黑脊而般臂漏

鄭注漏當爲螻如蛄螻臭也嵩燾案周禮內饔鳥皫色而沙鳴貍馬黑脊而般臂螻此記貍爲鬱螻爲漏陸氏佃云凡物宜露鬱之則臭宜覆漏之則臭鬱與漏言所以臭貍與螻言其臭如之疑凡物滲漏處漬水久作朽溼氣說文殠腐也殠腐氣也朽漏卽爲腐氣不必破讀爲螻

鵠鴞胖

鄭注鵠或爲鶴嵩燾案司裘大射設其鵠鄭注鵠者取名於鳱鵠鵠小鳥難中廣雅鳱鵠鵠也鳱一作乾埤雅鴞大如班鳩綠色陸璣詩疏鴞肉美可爲羹臛又可爲炙莊子所謂見

彈而求鴞炙是也鄭意以鴽大鳥非常食釋文鴇似雁無後趾鴇雁亦類也因以鴽爲鴇說文鴇肉出尺胾踰尺而可爲胾言其肥大亦非小鳥

肉腥細者爲膾大者爲軒或曰麋鹿魚爲菹麕爲辟雞野豕爲軒兔爲宛脾

鄭注軒辟雞宛脾皆菹類也菹軒聶而不切辟雞宛脾聶而切之嵩燾案肉腥細者爲膾大者爲軒總舉其名或曰以下析言之鄭注周禮醢人凡醯醬所和細切爲齏全物若牒爲菹菹之稱菜肉通少儀牛與羊魚之腥聶而切之爲膾鄭注聶之言牒也說文牒薄切肉也即鄭注所謂藿葉切是大切曰軒和醯醬曰菹細切而和醯醬曰齏疑辟雞之雞即齏之[illegible]

段借辟與擘同廣韻分擘也謂析裂之說文宛屈草自覆也引申爲宛曲宛轉脾與臄同詩福祿臄之毛傳臄厚也爾雅釋詁臄厚也脯直曰脡腥條析之曰宛臄言或薄切或細切或條析之而實醯爲菹同也

天子之閣左達五右達五公侯伯於房中五大夫於閣三士於坫一

鄭注達夾室大夫言於閣與天子同處天子二五倍諸侯也五者三牲之肉及魚腊鬻熏案士昏禮醴於房中又云饌於房中醯醬二豆菹醢四豆黍稷四敦大射儀宰胥薦脯醢由左房公食大夫禮飲酒漿飲俟於東房又云凡宰夫之具饌於東房士虞禮主婦洗豆爵於房中特牲禮實豆籩鉶陳於

房中又云主婦自東房執一金敦黍有蓋少牢禮饌豆籩與筐於房中有司徹禮宰夫羞房中之羞自東房薦脯醢又云主婦自東房薦韭菹醢取籩於房𪎭蕡鄉飲酒記薦脯五挺出自左房鄉射記薦脯用籩五膱醢以豆出自東房是籩豆鉶皆饌於房酒漿黍稷亦在房取便飲食儀禮詳著其文據此經足證籩豆鉶敦之屬皆有閣以庋之天子籩豆之品爲多房左右皆有閣公侯以下但於房中而已庶饈燕食於此取給儀禮釋宮堂之東西牆謂之序序之外謂之夾室尚書顧命西序東嚮東序西嚮西夾南嚮東西夾室在堂左右牆外別爲室而南嚮天子閣於夾室非所便也玉篇達通也明堂位刮楹達嚮鄭注謂夾戶窗也亦取通達爲義證之禮經

無以夾室名達者蓋閣者施木爲板以庋物而空其中以一木板扞格謂之一達五達三達猶若五間三間也下文於房中五於閣三竝承達字言之天子二閣閣五達在東房左右諸侯一閣五達大夫一閣三達皆在房中士宮室卑不置閣爲坫而已士冠禮士喪禮言西坫大射禮既夕禮言東坫賈疏云堂隅有坫以土爲之或謂堂隅爲坫也士之坫當在房隅崔靈恩三禮義宗云於室中爲土坫庋食亦通謂之閣檀弓始死之奠其餘閣也與鄭注餘閣以生時庋閣上所餘脯醢於此互相發明若如此注之言夾室證之儀禮無能通者庶羞籩豆之實宜庋於閣三牲魚腊登之鼎俎者非閣所能庋也鄭注於此殆兼失之案孔疏天子尊庖廚遠故左夾室五閣右夾室五閣諸侯卑庖廚宜

稍近故於房中五闔所見尤陋經云左達五右達五疏徑以五闔釋之亦誤

湆熬　湆毋

鄭注湆沃也嵩燾案說文澆沃也湆淥也漉浚也浚抒也漉或从淥手部抒挹也是浚之訓抒謂挹諸水中考工記㡆氏湅帛以欄爲灰渥湆其帛實諸澤器淫之以蜃清其灰而盝之而揮之而沃之而盝之明日沃而盝之玩上渥湆其帛似湆屬浸漬之義鍾氏染羽湆而漬之亦此義沃但以水澆之而已說文漬漚也漚久漬也久漬則湆矣引申爲湆澆厚薄之義故沃所以爲湆而湆非沃也鄭注周禮湆沃也竝於義未盡案鄭注毋讀曰模模象也作此象湆熬取義迂曲毋牟聲近相通釋名牟追牟冒也郊特牲作毋追湆毋猶湆牟牟蓋黍稷器以湆加牟猶和羹之名鉶羹也

塗之以謹塗

鄭注謹當爲墐聲之誤也謹塗塗有穰草也嵩燾案說文墐塗也與塈塈爲類疑此兩塗字上虛下實毛詩角弓傳如塗塗附塗泥也附著也兩塗字又上實下虛此云謹塗謂涅塗也說文堇黏土從黃省從土从黃者黃土多黏也玉篇禮堇塗塗有穰草也蓋從鄭義而亦主堇塗爲說月令皆墐其戶鄭注墐爲塗閉之詩七月塞向墐戶小宛尙或墐之竝有塗閉意而謂穰草爲塗似凡經傳言墐者皆無此義經云編萑以苴之塗之以謹塗是先編草裹之而後塗不得更有穰草明矣此當從玉篇作堇塗許君謂之黏土水土合曰塗廣韻泥水和土也塗泥也玉篇涅塗也無故增加字義以爲之說

爲稻粉糔溲之以爲酏

鄭注糔溲博異語也糔讀與滫瀡之滫同嵩燾案鄭謂秦人溲曰滫變文爲糔廣韻滫糔皆息有切引說文久泔也葢用鄭說併爲一字毛詩傳釋之叟叟疏引樊光云釋之溞溞廣韻溞淅米也爾雅釋詁溞溞淅也說文溲浸渶也溞溲音義竝同而滫自爲久泔秦人音讀與溲爲一而義實別溞溲連文義無所取集韻糘濾取粉也疑糔當爲糘葢取稻粉濾而汰之而後浸漬之以爲酏浚當从說文爲浸渶既淅汰之又浸渶之也

取稻米舉糔溲之小切狼臅膏以與稻米爲酏

鄭注此酏當从餰嵩燾案周禮醢人酏食鄭司農注以酒酏

爲餠鄭引此駁之云酏餰也玉篇餈同饘說文饘糜也荀子禮論篇饘粥作餈鬻檀弓疏厚曰饘希曰粥說文酏黍酒也賈侍中說酏爲鬻清云清者粥而去米也故鄭於酏食通爲餈此經上文糗餌粉酏卽周禮糝食酏食之分說文糝以米和羹也糜糝也糝酏皆稻粉爲之乾謂曰糝糔溲之曰酏葢屑稻米和水而有醲薄上文爲酏以付豚者清和也此與狼臅膏爲酏者醲和也其糔溲則同或以酏爲醴又加釀治說文所謂黍酒也黍酏水煮之賈侍中所謂粥清也而皆爲粉溲之以水故通謂之酏鄭一以酏食爲餈餈米糜之已成者反失酏之本義矣

不敢縣於夫之楎椸

鄭注竿謂之椸楎杙也孔疏楎曰楎橫曰椸萬壽案爾雅釋

宮樴謂之杙在牆者謂之楎郭注引禮記不敢縣於夫之楎

箷說文楎六叉犂一曰犂上曲木犂轅樴弋也弋橜也丫象

折木銳衺著形从厂象物挂之也是楎本曲木犂而杙之施

於牆者其形亦微曲故假楎爲名爾雅竿謂之箷廣雅箷謂

之架說文竿竹梃也徐氏繫傳新附椸衣架也爾雅釋文箷

李巡本作篧曲禮男女不同椸枷釋文椸作杝眾經音義引

蒼頡篇云椸格也似椸與箷音同義異張揖訓箷爲枷郭注

爾雅因卽以椸爲箷葢以字音合之而固不得爲爾雅之竿

楎以弋施於牆而椸別爲縣衣之架竿之名箷亦可縣又別

爲一物注家强合之耳案爾雅蓐謂之茲竿謂之箷簀謂之第相連爲文蓐簀皆臥具疑此竿施

之寢牀縣帷帳之屬楎曲木而固橫施於牆孔疏直曰楎橫曰椸亦誤

斂枕篋簟席襡器而藏之

鄭注不敢褻也嵩燾案鄭於此但明其意而無注賈孔以下都無疏證據此經上文縣衾篋枕斂簟而襡之則此當分三句讀古人枕皆有篋簟席有襡斂字貫下二句言斂枕而納之篋斂簟席而韜之襡也上文又云凡內外雞初鳴盥漱斂枕簟枕簟之屬日必斂之將衽而後施簟夫不在別爲廚櫝藏之斂與藏異義篋與襡所以爲斂器者廚櫝之屬竝斂具納其中所以爲藏也器字必加注釋乃明

故妾雖老年未滿五十必與五日之御

鄭注五日一御諸侯制也諸侯取九女姪娣兩兩而御則三

日也次兩媵則四日也次夫人專夜則五日也天子十五日乃一御嵩燾案鄭注周禮九嬪言天子御見之法一夕九女此言諸侯一夕二女證之經義實未嘗及諸侯之禮羅氏願云天子之后每夕至王所以主內治取休沐之義五日一休一嬪與其御進又五日一休一嬪又與其御進凡四十五日而九嬪畢見一時而再見一歲而八見自諸侯大夫以下其妾媵有多少然皆用五日之制所謂五日之御是也羅氏此說禮無明文而深得禮意玩上七十同藏無間之文則夫婦其寢室而不必當夕妾御以下必五日御見未至五日之期妻雖不在亦不敢當夕通觀前後之文益見羅氏之說之精后夫人之尊而使與庶妾更進迭退各當一夕瀆禮甚矣鄭

氏此說尤爲害理

國君世子生告於君接以太牢宰掌具三日卜士負之

鄭注接讀爲捷捷勝也謂食其母使補虛強氣也嵩燾案鄭意以接以太牢下始有三日卜士負之之文故疑接在負子前然下文明言接子擇日庶人特豚士特豕大夫少牢國君世子太牢非冢子皆降一等一據其子言之不及其母又言三月之末妻以子見於父則是三月之前子未見父不得有接子之禮大戴禮保傅篇卜士負之有司端冕見之南郊白虎通使士負子於南郊以桑弧蓬矢射接子用牲牢如饗賓之禮負子不用牲牢經於三月名子云具視朔食夫入食如饗禮是所謂接以太牢者接子而名之而夫婦共饗經文錯

綜言之當參觀以求其義

卜士之妻大夫之妾使食子

鄭注食子不使君妾適妾有敵義不相褻以勞辱事也嵩燾案下文擇於諸母與可者所云慈母卽兼乳食言之魏氏校云慈也者養其子而使之長師母保母諸母皆可任之慈母乳食諸母有不能任者矣士卑使妻大夫尊使妾集諸可以食子者而卜之以大夫士之妻妾君不能就擇故決之鬼神諸母則擇之不用卜也經義葢互相備鄭注誤

男角女羈

鄭注夾囟曰角午達曰羈孔疏引儀禮注一縱一橫曰午菑髮頂上縱橫各一相交通達故曰午達縱橫各一在頂上故

曰羈羈者隻也嵩燾案說文羈馬絡頭也玉篇羈絡也廣韻馬絡也增韻繫足曰絆絡首曰羈陳氏集說引嚴氏云夾囟曰角兩髻也午達曰羈三髻也蓋虛其中頂而爲三髻相綴若馬絡頭之式鄭云午達正謂旁午交達周四圍而虛其頂疏乃以留髮頂上一縱一横爲說不詳其爲何式也

夫人門升自阼階立於阼西鄉妻抱子出自房當楣立東面

鄭注入門者入側室之門也大夫以下見子就側室見妾子於內寢避人君也嵩燾案天子諸侯路寢有堂有階夫人正寢曰內寢亦有堂有階士寢分內外其制略同士昏禮及寢門揖入升自西階當爲內寢側室在寢旁不當有堂有階接子用牲牢如饗賓之禮必於路寢行之大夫士曰適寢亦曰

適室對內寢言之亦曰外寢下云適子庶子見於外寢通諸侯大夫士皆然案鄭注外寢君燕寢也其注世子生世婦抱子升自西階云升自西階則人君見世子於路寢也見妾子就側室孔疏燕寢當在內而云外寢者對側室而爲外耳側室在旁處內故謂燕寢爲外寢變易經文字義以成其說正由以此入門爲入側室之門自生岐誤耳大夫士所以異者妻抱子出自房國君世子則世婦抱之士之適寢亦與內寢相連卽所云出自房者是也國君世子則出就路寢以見於君其餘諸禮國君以下及士皆然也國君庶子擯者以見於君所而庶子之母自見於內寢妾於君備御而已不敢私有其子也曰君所者卽外寢也而別言之者申敘庶子之母見君之禮蓋世子生君夫人竝於路寢庶子見於路寢而庶子之母見君內寢不得於路寢經文委晰言之非有兩庶子之別也上文具

視朔食謂牢禮也豈有升牢俎以就側室之禮抑不知升階而當楣立側室能有此制否也案鄭意以君世子見於路寢適子於燕寢庶子於側室大夫士竝於側室而牽合經文以從之內寢小寢燕私之地不以生子而必於側室爲其褻也而以牢禮接子於是可乎

妾將生子及月辰夫使人日一問之子生三月之末漱澣夙齊見於內寢禮之如始入室君既食徹焉使之特餕遂入御

鄭注此謂士大夫之妾也凡妾稱夫曰君嵩燾案鄭意是也而據爲士大夫之妾則猶未盡經意自以妻將生子妾將生子析分兩項節首均係通論惟人君之禮微有異者故別論之其餘君大夫士一也妻將生子一節通言始生及負子之禮國君世子生節專言國君負子嚴於大夫士凡接子擇日以下數節通言接子之禮世子生以下又專言國君接子有

冢子適庶之分亦嚴於大夫士而以凡名子一節通結之妾將生子一節通言妾子之禮公庶子生一節又專言國君庶子有有賜及衆子之分亦嚴於大夫士其負子接子之禮已詳於前者可以互見故於妾將生子一節言妾見君之禮而不及其他爲其禮同也君已食徹之而餕亦即所具之牢禮妻則共食如饗禮妾則餕也君大夫士負子接子之禮同者通論之國君異者別論之故更不言大夫士之禮而於接子擇曰首提其綱以明君大夫士庶人牲牢之等及冢庶之差案下異爲孺子室於宮中在三月名子之前是自三日負子已別爲室不於始生之側室也尤足證鄭注見於側室之誤而終論命名之義案經言大夫士之子不敢與世子同名世子者繼體乎君者也固當避之其餘雖適子弗避也鄭注其先世子生勿爲改亦恐失之君大夫士之異惟具其等於此既析

妻子妾子爲二而上言世子生見於君又兼及適子庶子亦爲其禮同也故於公庶子生言有賜及衆子命名之等而不更詳其禮經義完密簡括如此舊注似皆失之

凡父在孫見於祖祖亦名之禮如子見父無辭

鄭注父卒而有適孫則有辭與見冢子同嵩燾案此經上云姆先相曰母某敢用時日祇見孺子夫對曰欽有帥父執子之右手咳而名之妻對曰記有成所謂辭者卽此鄭注有適子者無適孫與見庶子同立義至精而增入父卒一層疑於禮有未安者辭者夫婦相爲酬答之辭自冢子以下皆殺其禮庶子則擯者以見亦不得爲之辭父卒而有適孫其生必練以前妻與子皆衰曾子問詳言君薨世子生之禮推及大

夫士祝宗人奉子以告於殯祖爲之名又奉以見尚有哭拜祖踊之文安得從容爲之辭而以有帥有成者與爲贊祝也經云禮如子見父無辭何等明截無庸別爲之說

由命士以上及大夫之子旬而見冢子未食而見必執其右手適子庶子已食而見必循其首

鄭注旬當爲均聲之誤也有時適妻同時生子子均而見者以生先後主之既見乃食亦辟人君也天子諸侯尊別世子雖同母禮則異矣未食已食急正緩庶之義也嵩燾案此與上食子者二節爲接子之餘義不當忽及冢子適庶均見之禮鄭既釋旬爲均於是又分未食已食而見爲天子諸侯之禮而謂大夫士既見乃食爲辟君自生岐誤經明言接子擇

日具牢禮何爲竝日而見及校先後一食之閒爲是亟亟乎經云旬而見謂雖在襁褓顧復有節及旬一見之其云未食而見已食而見蓋奉以適父所冢子有視膳之文自其無知時爲期而習其儀未食而見爲晨省也適子庶子稍繁多矣不敢以就見妨長者之食故竢之已食時執其右手授受之義詳焉循其首者略也士妻抱之大夫食母抱之旬而見止於大夫天子諸侯異爲孺子室於宮中擇三母保護之歲時以禮見不能有旬見之儀也

男鞶革女鞶絲

鄭注鞶小囊盛帨巾者男用韋女用繒有飾緣之則是鞶裂與嵩燾案說文鞶大帶也易曰或錫之鞶帶鄭氏易注亦云

佩鞶之帶葢鄭意以玉藻天子諸侯大夫皆素帶士練帶皆用熟絹爲之不用革革帶博二寸則鞸帶也繫於鞸之兩角士喪禮所謂袷帶也禮家遂分革帶大帶爲二云革帶以繫佩韍而後加之大帶引雜記朱絲帶申加大帶於上爲證然朱絲帶卽爲革帶於禮亦無徵左傳桓二年帶裳杜注帶革帶也鞶厲杜注鞶紳帶也亦名大帶厲大帶之垂者莊二十一年鞶鑑定六年鞶鑑杜注竝云鞶帶以鑑爲飾似大帶通名爲鞶不必用革爲之杜氏所以訓帶裳之帶爲革帶以別爲鞶厲疑孺子之帶用韋爲之而假鞶爲名鄭注小囊爲上施鞶袠之鞶婦人之佩也男女未冠笄者佩容臭無帨巾之佩仍從說文訓帶爲正

朝夕學幼儀請肄簡諒

鄭注諒信也請習簡謂所書篇數請習信謂應對之言嵩燾案上學書計卽謂六書九數不應重及篇數應對之言擬之以諒亦未瑩此據十年就傅所以教之之意言之幼儀謂少儀弟子職諸篇云朝夕者幼儀朝夕所有事爲多亦以其時習之請肄簡諒則謂摘取幼儀中簡易質實者講誦服行如朝夕問安及佐長者視具之類學書計言所服誦請肄簡諒言所循習肄者諳悉其節文請者問知其儀法也

博學不教內而不出

鄭注內而不出謂爲人謀慮也孔疏博學不教惟廣博學問不可爲師教人內而不出惟蘊蓄其德在內不得出言爲人

謀慮嵩燾案內而不出卽申上不敎意凡據所見爲是以論事之得失皆敎也荀子以善先人謂之敎正此意所識未充所歷未深固而存之無自表著馬援傳所謂良工無示人以璞者是也爲師教人及爲人謀慮經意尙未及此

織紝組紃

鄭注紃條孔疏紝爲繒帛故杜注左傳紝謂繒帛組紃俱爲條皇氏云組綬也然則薄闊爲組似繩者爲紃嵩燾案說文織作布帛之總名紝機縷也組綬屬其小者收爲冠纓紃圜采也是絲縷謂之紝杜注左傳魯賂楚以織紝百人云織紝織繒布者析言之則紝爲絲縷合言之則紝者所以理其絲縷以待織許君故謂之機絲類篇紝織也又通織紝言之組

之小者爲冠纓則組當爲絛之大者說文絛扁諸也唐韻緣編絲繩也急就篇注緣一名扁諸紃爲圜采謂以采絲辮之而其體圜與緣之爲扁諸者對文織絍爲一類組紃爲一類組紃皆結絲爲絛組者扁而大紃者圜而小又雜以采絲也

禮記質疑卷十二終

禮記質疑卷十三

思賢講舍

湘陰郭嵩燾伯琛著

玉藻

天子玉藻

鄭注雜采曰藻天子以五采藻爲旒嵩燾案周禮弁師五采繅十有二就說文繅繹繭爲絲也本繅絲字藉作繅旒之繅郊特牲作冕璪說文璪玉飾如水藻之文字當从璪藻又其假借字也以玉言曰璪以縣玉之絲言曰繅周禮典瑞繅藉五采鄭注用韋衣而畫之謂畫作藻文也字正當作藻桓三年左傳藻率杜注用韋爲之所以藉玉案聘禮始受命賈人取圭垂繅授宰宰執圭屈繅授使者使者受圭垂繅授上介上介受圭屈繅出授賈人又云擯者出請命賈人取圭垂繅授上介上介執圭屈

繅授賓賓襲執圭是繅藉二事垂繅所以爲飾也畫韋衣木亦不得名繅詳見曲禮經傳繅藻字通用惟冕璪字僅一見之郊特牲弁師天子五采繅諸侯三采采所以爲藻飾也禮器天子之冕朱綠藻似不得徑以雜采釋藻說文藻水草也質若繅絲爲之初無五采三采之文也

元端而朝日於東門之外聽朔於南門之外

鄭注端當爲冕朝日春分之時也嵩燾案樂記魏文侯端冕而聽古樂元端加冕亦可以端言之不必讀端爲冕據典端王搢大圭執鎮圭繅藉五采五就以朝日則是朝日盛禮元端元冕皆非朝日之服證之經傳朝日之禮蓋有四大戴記春朝朝日秋暮夕月所謂秩祀也大宗伯以實柴祀日月典瑞圭璧以祀日月皆是也覲禮爲宮方三百步四門壇十有

二尋深四尺加方明其上天子拜日東門之外反祀方明則覲禮也典瑞王搢大圭執鎮圭以朝日案韋昭注國語大采朝日少采夕月引典瑞之文云朝日以五采則夕月三采然周禮但言朝日不及夕月必非常祀國語大采少采言辨朝暮之色而已掌次朝日張大次小次大戴記帥諸侯朝日於東郊皆是也魯語天子大采朝日日中考政少采夕月日入監九御周語於是乎有朝日夕月以教民事君則日所有事也韋昭注竝以春分祀日秋分祀月釋之失其旨矣尚書大傳古者帝王以正月朝迎日於東郊所以爲萬物先而尊事天也其迎日之辭曰維某年月上日迎日東郊疑此爲朔旦迎日之禮舉正月以例其餘莊十八年穀梁傳天子朝日諸侯朝朔朝日以迎日朝朔以頒一月之政王者尊事日典瑞特著朝日之儀

似不得槪以春分朝日與秋分夕月對舉言之晉書禮志載漢儀每月旦太史上其月曆牽牛酒至社下以祭日又載魏文帝詔漢氏不拜日於東郊旦夕常於殿下東西拜日月煩褻非祀天神之道是漢朔旦祭日每旦夕亦有拜日月之儀而郊祀志不載僅附見於晉書其禮儀當有所本古禮殘缺宜參考互證以存其略如此朝日聽朔相連爲文亦與下覲朝及日食朔食爲類必非春分朝日之正祭皮弁以視朝朝日聽朔用元冕可知合觀諸經傳之文當有以會其通矣

諸侯元端以祭裨冕以朝

鄭注端亦當爲冕諸侯祭宗廟之服惟魯與天子同嵩燾案禮器天子龍衮諸侯黼大夫黻鄭注周禮司服衮九章山龍

華蟲火宗彝皆畫以爲繪案書日月星辰山龍華蟲作會宗彝藻火粉米黼黻絺繡鄭升火宗彝於衣而云皆畫以爲繪未知何據藻粉米黼黻皆希以爲繡其衣五章裳四章驚七章始華蟲其衣三章裳四章毳五章始宗彝其衣三章裳二章希三章刺粉米無畫其衣一章裳二章元者衣無文裳刺黻而已是自衮冕而下裳皆有黼惟元冕有黻無黼諸侯祭得兼五冕五冕始於衮終於元冕天子之祭據其上者言之諸侯之祭據其下者言之所以明等也及朝則各以其爵命加冕服禆之言加也詳見曾子問蓋天子所事者天也諸侯不得祀天地所事者天子也故皆加冕服以臨之案荀子大略篇天子山冕諸侯元冕大夫禆冕楊倞注山冕謂畫山於衣而服冕卽衮冕也凡冕皆元諸侯元冕兼五冕言之大夫禆冕謂始加冕此云元冕以祭禆冕以朝正擧元冕以賅五冕朝則加服上冕耳魯侯國而周公自以

三公出封宜加袞周語宣王欲得國子之能道訓諸侯者命魯孝公於夷宮是魯世爲諸侯之長明堂位之言袞冕魯之僭禮也而亦有所本安得遂謂魯與天子同哉

凡有血氣之類弗身踐也

鄭注踐當爲翦翦猶殺也嵩燾案此承君子遠庖廚之義推廣言之說文踐履也廣雅踐䠞也釋名踐殘也書序成王東伐淮夷遂踐奄鄭亦云踐讀爲翦翦滅也釋文踐藉也廣韻亦云蹋踐文王世子不翦其類鄭注周禮甸師作不踐其類蓋翦絕之意踐翦音近相通謂蹈藉而殘毀之鄭注於此訓殺非也

至於八月不雨君不舉

鄭注此謂建子之月不雨盡建未月也春秋之義周之春夏無雨未能成灾至其秋秀實之時而無雨則雩嵩爇案穀梁傳定元年秋九月大雩云雩月雩之正也其時窮人力盡然後雩雩之正也鄭氏此注蓋用穀梁說春秋書大雩或秋八月或秋九月或秋或冬僅昭二十五年一書秋七月左氏傳於桓五年秋大雩發其例云書不時也又云龍見而雩過則書周之九月當今七月猶可以雩然自正月不雨至於八月則灾之尤甚者月令季夏之月土潤溽暑大雨時行於周爲八月不雨苗必傷不舉者以示警也年不順成而灾乃見若不雨之期至於八月則旱勢已甚不應至此時始不舉也

卜人定龜史定墨君定體

鄭注定龜謂靈射之屬所當用者定墨視兆坼也定體視兆所得也嵩燾案周禮占人凡卜筮君占體大夫占色史占墨卜人占坼此所記當與周禮互證卜人定龜卽卜師辨龜之上下左右陰陽以授命龜者而詔相之揚火以作龜致其墨灼龜者卜師之事辨龜而占其坼卽謂之定龜太史大祭祀與執事卜日鄭注執事太卜之屬與之者當視墨占墨太史之事亦謂之定墨體卽太卜所謂經兆之體皆百二十其頌皆千二百太史陳之而君審而定之謂之定體周禮所謂占者著其用此所謂定者會其成

君羔幦虎犆大夫齊車鹿幦豹犆朝車士齊車鹿幦豹犆

鄭注幦覆笭也犆讀如直道而行之直直謂緣也嵩燾案周

禮巾車乘車五乘木車蒲蔽犬⿰衤冥素車棼蔽犬⿰衤冥藻車藻蔽鹿淺⿰衤冥駹車雚蔽然⿰衤冥漆車藩蔽豻⿰衤冥廣韻⿰衤冥同幦車覆軨也儀禮既夕記主人乘惡車白狗幦蒲蔽鄭注幦覆笭也古文幦爲幎說文幎幔也鄭注周禮幎人以巾覆物曰幎曲禮素簚鄭注簚覆笭也孔疏釋爲車覆闌毛詩韓奕傳淺幭淺虎皮淺毛幭覆式也說文幭蓋幭也幭之言幎也此經與儀禮之幦周禮之⿰衤冥若幎詩之幭曲禮之簚音義竝同說文軨車轖閒橫木也司馬相如說軨從轜轖車箱交錯也爾雅車革前謂之鞎後謂之茀竹前謂之禦後謂之蔽毛詩載驅傳簟茀簟方文席車之蔽曰茀碩人傳茀蔽也韓奕箋簟茀漆簟以爲車蔽今之藩也喪車蒲藋之屬爲蔽吉車竝用方文

席曰簟茀巾車幭與蔽二事凡車箱左右曰輢輢上横木曰較輢內之軨曰軹前曰軾軾下之軨曰轛軨者軾較下縱横木析言之則軹轛也釋文於此經鄭注覆笭也云笭又作玲於曲禮展軨言舊云車闌也軨取昤曨爲義疑幦惟以覆軾軾下曰軨軾上有覆而垂其下曰覆軨鄭云覆笭毛云覆軾其義一也說文笭篚連文竝云車笭也笭下云一曰籯也籯笭也籠一曰笭也是笭竹器在車中者曰車笭釋名苓横在車前織竹作之集韻笭箵車笭也舟車器通曰笭周禮繕人凡乘車充其籠箙籠卽笭也集韻又云笭篂車中筳也玉篇篂筳也廣雅亦作笭篂中置物曰笭其上薦物曰篂別爲車中器是車箱横木曰軨車中器曰笭鄭云覆笭或云覆苓皆

假借字廣雅承鄭義云覆笭謂之幦治說文者徑以笭當車

箱而巾車之云蔽與幎者混合爲一矣恐非鄭義也義疏又

云朝車降於齊車一等大夫朝車士齊車與大夫齊車同鹿

幦豹𧜟可疑引芮城定本大夫齊車豹幦豹𧜟其朝車與士

齊車鹿幦豹𧜟虎幦卽韓奕傳之淺幭爲諸侯朝車士齊車

與大夫朝車同則大夫齊車當與諸侯朝車同大夫齊車豹

𧜟宜亦爲虎𧜟幦以覆軾其下垂曰𧜟周禮輿廣六尺六寸

六分其廣以一爲之軫圍三分軫圍去一以爲軾圍則軾圍

七寸三分寸之一覆軾之幦必下垂於軨故亦曰覆軨其下

覆之幦卽此經所謂𧜟也鄭注𧜟緣也亦恐失之

浴用二巾上絺下綌出杅履蒯席連用湯履蒲席衣布晞身乃

屨

鄭注蒯席澀便於洗足也連猶同也嵩燾案鄭意似謂洗足蒯席之上則上上絺下綌同在杅中用之而此洗足又別一事於文義稍隔在杅之浴無分於上下去其垢汙之甚者而已出杅而後用湯濯上體以絺巾拭之又用湯濯下體以綌巾拭之經不云濯足足亦下體之一也曰連用湯者但加浣洒之功以湯沃之初履蒯席以防水滲而湯則仍沃之杅中也如鄭注則下衣布晞身爲無著矣

天子搢珽方正於天下也諸侯荼前詘後直讓於天子也大夫前詘後詘無所不讓也

鄭注此亦笏也珽之言挺然無所屈也或謂之大圭長三尺

杼上終葵首荼讀爲舒遲之舒詘謂圜殺其首大夫又殺其下而圜嵩燾案說文珽大圭長三尺杼上終葵首廣雅瑹珽笏也逸周書王會解天子搢珽唐叔荀叔周公太公以下搢笏據周禮典瑞諸圭皆言執惟大圭言搢搢者笏也桓二年左傳𣂏珽也杜注珽玉笏也荀子大略篇天子御珽諸侯御荼大夫服笏鄭注典瑞搢謂插之紳帶之閒御與服皆此義說文曶一曰佩也象形崔駰史記集解引鄭注尚書曶者笏也臣見君所秉書思對命者也君亦有之天子大圭卽笏而自名珽鄭許之說確不可易周氏諝云諸侯荼者荼茅秀刻文其上爲飾笏飾以荼猶璧飾以蒲鄭訓舒遲似稍迂曲珽者其體直陸氏佃云諸侯前詘躬其上也大夫前後詘上下

躬也笏體方中博三寸上下微殺而博二寸五分皆有棱角惟天子大圭終葵首稍殺其兩肩諸侯大夫皆方詘直竝以笏體言之不得爲圜殺也

侍坐則必退席不退則必引而去君之黨

鄭注黨鄉之細者謂旁側也辟君之親黨嵩燾案陳氏集說分鄭注爲二義經義述聞古人多訓所爲黨鄭君以黨爲旁側已得之矣又以爲君之親黨非也凡黨有二義文十三年公羊傳往黨衞侯會公於沓反黨鄭伯會公於斐何休注黨所也哀五年左傳何黨之乎杜預注黨所也釋名黨長也一聚之所尊長也因相沿謂所曰黨鄉射禮乏參侯道居侯黨之一西五步孔疏黨旁也書無偏無黨黨謂相偏比故又通

其義於旁近去君之黨謂君所坐處卻而遠之退者向後引而去者引而向下也

若有嘗羞者則俟君之食然後食飯飲而俟

鄭注不嘗羞膳宰存也嵩燾案周禮膳夫授祭品嘗食王乃食爲常食言之臣侍君食則臣品嘗品嘗所以導尊者也前云先飯辯嘗羞因賜食而代膳夫導食此云若有嘗羞者明賜食非一人則一人先嘗而其餘者俟君食乃食也陸氏佃云侍食者衆其嘗食常卑者一人先於經義爲近得之

君未覆手不敢飧君既食又飯飧飯飧者三飯也

鄭注覆手以循咡己食也飧勸食也飯飧者三飯臣勸君食如是可也孔疏覆手者謂食飽必覆手以循口邊恐有殽粒

汙著之也飧謂用飲澆飯於器中嵩燾案公食大夫禮賓三飯以涪醬宰夫執觶漿飲以進卒食會飯三飲三飲蓋九飯疏謂用飲澆飯蓋卽此義然漿飲以漱不以澆飯尢與注勸食也無涉陸氏佃云飧卒食也一日三食以是爲卒一食三飯以是爲卒故曰飯飧者三飯也案雜記疏既食更飧而強飯趙岐孟子注朝食曰饔夕曰飧引申之凡後食皆曰飧疑此卽上俟君食然後食意飧當爲餐爾雅釋言粲餐也釋文作飧引字林云水澆飯也本又作餐說文餐呑也字或從湌飯餐二字連文言食之速方氏慤云覆手謂釋已梜方其用已梜而食則致爪掌焉及釋而不用則覆手而已食當用手食畢則覆手言須俟君食畢乃食凡三飯皆然注云飧勸食疏云飧用飲澆飯於器中似皆意爲之說

案此章通言侍食於君之禮而云勸君食於禮無取

君既徹執飯與醬乃出授從者

鄭注食於尊者之前當親徹也孔疏此食合已之所得故授從者又云此經食不客若君與己禮食則但親徹之不敢授己之從者也嵩燾案公食大夫禮宰夫授醯醬公設之太羹湆實於鐙宰執鐙授公公設之醬西宰夫授飯粱公設之湆西卒食賓取粱與醬以降西面坐奠於階西大夫相食卒食徹於西序端鄭注亦親徹是禮食飯醬湆親設賓亦親徹食於公及敵者皆然經言賜食而君客之則亦與禮食同疏云食不客强生分別與經文適相牾燕禮請徹俎賓取俎以出大射禮賓北面取俎以出授從者於門外此臣於君之禮大

射以俎授從者知燕禮亦同鄉飲禮請徹俎賓取俎還授司正鄉射禮賓取俎還授司正司正以俎出授從者此敵禮鄉射司正以俎授從者知鄉飲亦同惟公食大夫禮重於燕則有司卷三牲之俎歸於賓館徹粱與醬奠之階西不以出明以禮進退不敢私君惠也燕禮大射禮賓北面坐取其薦脯以降以賜鍾人於門內霤鍾人司金奏以樂出入燕射獻工獻笙皆有脯醢不及鍾人賓得以君惠之餘均及之證之儀禮之文俎也薦脯也飯與醬也賓皆得徹之取之曲禮卒食徹飯齊以授相者與此所記正同以授相者若鄉飲鄉射之授司正皆轉以授之從者飯醬主人親設記禮者特舉以明之鄭注公食大夫禮不以出者非所當得疏因謂非君臣則

徹以授主人相者亦以非已所得也此食合已之所得故授從者望文生義而於禮經大旨固未能曙然

凡侑食不盡食食於人不飽

鄭注謙也孔疏侑食不盡食明勸食於尊者之法食於人不飽通包食於尊者及禮敵之人嵩燾案爾雅釋詁酬酢侑報也謂相報勸特牲禮尸三飯告飽祝侑尸又三飯告飽祝侑之如初尸又三飯告飽祝侑之如初少牢禮尸告飽祝侑曰皇尸未實侑尸不飯告飽主人拜侑公食大夫禮賓三飯公受宰夫束帛以侑賓卒食會飯三飲是凡賓祭皆用侑侑者禮食也鄭注公食大夫禮三飯而止君子食不求飽禮食止於三其侑之亦三飯而止經言不盡食者通辭公食大夫禮

賓三飯以醬湇會飯三飲不以醬湇鄭注不復用正饌則是侑食以禮相接尤不盡食也此與食於人不飽通爲一節侑食者又食之以禮相接者也孔疏分析未允

元冠朱組纓天子之冠也緇布冠繢緌諸侯之冠也

鄭注皆始冠之冠也諸侯冠有緌尊者飾也嵩燾案冠義始冠緇布之冠其緌也孔子曰吾未之聞也冠而敝之可也此經云自諸侯下達冠而敝之是自諸侯至士緇布冠制竝同雜記太白冠緇布之冠皆不緌二者古冠之遺古冠不緌周人以太白冠爲喪冠以緇布冠爲始冠之冠亦皆不緌敝者蔽也謂扱其纓之餘揜蔽之不爲飾也案下云居冠屬武有事然後緌屬武者結纓而納之武下纓之兩端竝與武相屬屬武所以著其形冠而敝之所以詳其義也詳見郊特牲士冠禮緇

布冠青組纓諸侯用繢是冠同而纓異所以明等而天子自服元冠元冠則有緌矣緇布冠不緌古冠制固如此諸侯與士同也毛詩齊風傳冠緌服之尊者凡冠皆緌惟緇布冠存古制之遺施之始冠者明其非尊也緇布冠不緌記禮者屢言之此云繢緌蓋繢纓之譌鄭以爲尊者飾非也

垂緌五寸惰游之士也元冠縞武不齒之服也

鄭注惰游罷民也亦縞冠素紕凶服之象也垂長緌明非既祥不齒所放不帥教者嵩燾案周禮司圜掌收教罷民弗使冠飾而加明刑焉鄭注弗使冠飾著黑幪尙書大傳唐虞象刑大刑赭衣不純中刑雜屨下刑墨幪楊倞注荀子墨黥慅嬰云當爲墨幪澡纓澡或讀草引愼子以草纓當劓罷民受

役圜土其出猶三年不齒安得爲士冠加緌賈誼政事疏聞譴訶白冠氂纓造請室請罪爲大臣言之豈能概之罷民周禮明言弗使冠飾必非以施之有罪明矣案蔡邕獨斷云幘古之卑賤不冠者之所服釋名幘賤者所著曰兌髮言裁裹髮也禮經不詳庶人之冠服何有於罷民哉蓋元冠士以上之常服案鄭注承上既祥之冠云此亦縞冠素紕恐誤緌者所以爲飾垂緌五寸則蕩而不知檢經云惰游之士謂望而知爲游士之惰者所以媿厲之不齒猶王制百工執役不與士齒之類同爲元冠而以縞武別之明非士服也凡庶人之在官者元冠常服當竝同此元冠元端天子以下及士之通服其不得與於士者爲之縞武以別異之亦以明章服之等也

元冠紫緌自魯桓公始也

鄭注蓋僭宋王者之後服也綏當用繢嵩燾案祭義天子冕而朱紘諸侯冕而靑紘紘施於冕纓施於冠其義一也似未宜引上緇布冠繢緌爲證何晏論語注引孔安國云紫閒色之好者鄉黨章紅紫不以爲褻服又引王肅云褻尙不衣正服無所施邪昺疏亦以爲閒色禮服無用紫者故曰自魯桓公始鄭以爲僭宋王者之後未知何據案下朝服以縞自季康子始鄭注亦云僭宋王者之後蓋據王制殷人縞衣而養老鄭於彼云縞衣白布深衣鄭風箋亦云麻衣深衣於周爲常服朝服以十五升布爲之康子易之以纖縞非但易其色而已鄭竝據王者之後言之恐未然也韓非子外儲說齊桓公好服紫一國盡服紫當是時也五素不敵一紫以好紫而施之冠纓凡服尤以冠爲重記禮者特著其失此魯桓公當爲齊桓公之誤

深衣三袪縫齊倍要衽當旁

鄭注縫紩也紩下齊倍要中齊丈四尺四寸衽裳幅所交裂也凡衽者或殺而下或殺而上是以小要取名焉衽屬衣則垂而放之屬裳則縫之以合前後上下相變嵩燾案玉藻深衣詳古深衣之制合衣裳爲一案後漢輿服志稱秦郊祀服以袀元禮服合衣裳爲一自秦始又云深衣制有袍說文袍襺也以絮曰襺以緼曰袍蓋亦中衣之屬自漢已爲禮服矣猶析分上下而縫合之蓋古衣裳異等上元下纁以別尊卑深衣連合上下以從簡便而特別異其幅存古制之遺故記禮者嚴志之衣三袪通前後四幅得七尺二寸深衣無衣裳之分上下四幅縫合以周於身故謂之深衣其云深衣三袪必不專主要縫言之喪服記衽二尺有五寸衣二尺有二寸鄭注衽所以

掩裳際也皋裳際以明裳之長短案方言襛謂之衽郭注衣襟也或曰裳際蓋卽以裳際名衽鄭注所以掩裳際謂其外幅交相掩也近江氏冕服考邵氏爾雅正義竝云衽屬於衣下垂以掩裳際於衣兩旁別爲衽恐亦非鄭意也　深衣上下幅適均自領以達於要自要以達於齊長短之數同齊縫與要縫相倍三袪明其幅之廣縫齊倍要明上下之幅相準而成衣也鄭注喪服凡裳前三幅後四幅祭服朝服辟積無數是裳用布七幅而有辟積又以韋帶收合於要深衣無辟積乃用六幅邪裁而使下齊之廣倍於要則此丈四尺四寸之齊何以適手足之宜爲行坐之節乎說文衿衣裣也裣交衽也爾雅釋器衣眥謂之襟郭注交領也毛詩鄭風傳青衿青領也裣衿襟三字同釋名襟禁也交於前所以禁禦風寒也凡衣交合處曰襟方言衿謂之交衣

交處始於領故亦謂之交領而由衽以通之衣裳之邊際皆曰衽爾雅衣裗謂之視郭注衣褸也廣雅褸謂之衽方言褸謂之袩郭注卽衣衽也又云袡謂之袩廣雅袡衣衽也皆謂衣際所以揜裳鄭注衽屬衣則垂而放之是也喪服記衽二尺有五寸釋名衽襜也在旁襜襜然鄭注屬裳者是也案曲禮請衽何趾席下曰衽臥席有上下故通名臥席曰衽檀弓棺束縮二橫三衽每束一喪服大記三衽三束二衽二束鄭注竝云小要蓋棺束於其端以小要合之亦取其交合處爲衽由交衽之義引申之鄭於此竝引小要爲說非也

衽當旁通言深衣之交衽古衣裳之制皆用正幅曲禮天子視不上於袷不下於帶由袷而下及帶用正幅爲衿深衣衣裳交屬爲曲裾旁引至脅而下當裳際故曰衽當旁蓋鉤其邊以屬裳而通合之衽當旁與深衣續衽鉤邊義相備縫齊倍要

與深衣要縫半下義相備凡衣以稱身而已冕服有常制而裳自爲辟積以收合於身短長肥瘠各適其宜深衣一視其人之身以爲量上下通用四幅布爲之案深衣制十有二幅蓋竝衣前後縫合處言之其衿之收合於內者不與十二幅之列上下正幅各四而已竝兩袂爲六詳見深衣衣三袪取肘以準之身縫齊倍要取身之中以準合其上下幅有常而稱量以爲之節各以其身準之經義分明注家意爲之說而古制乃不復可辨矣

長中繼揜尺

鄭注其爲長衣中衣則繼袂揜一尺若今褎矣深衣則緣而已嵩燾案鄭氏深衣目錄深衣連衣裳而純之以采素純曰長衣有表則謂之中衣據儀禮聘禮遭喪將命於大夫主人

長衣練冠以受雜記大夫卜宅與葬日有司麻衣如筮則史練冠長衣鄭注麻衣白布深衣是喪服有衰裳有深衣深衣用白布爲之謂之麻衣檀弓主人深衣練冠卽雜記之長衣練冠也深衣云具父母大父母衣純以績具父母衣純以青孤子衣純以素不以純有青素而易名鄭注長衣竝云深衣之純以素者其實深衣長衣隨事爲名初無別異也郊特牲繡黼丹朱中衣疏謂冕及爵弁服之中衣毛詩唐風傳素衣朱襮素衣朱繡竝引諸侯繡黼丹朱中衣爲訓說文衷裏褻衣也案左傳宣九年皆衷其衵服杜注衵服近身衣說文引此以釋衷字之義似衷卽爲中衣衷其衵服謂卽以衵服爲中衣也凡服皆有中衣因而緣之以爲飾案中衣褻衣而加飾者當裼則爲裼衣裼衣外見繡黼丹朱因裼以爲文也故特著之詳見曲禮長衣與中衣相繼而揜中衣

一尺與下以帛裹布相連爲文鄭注冕服絲衣中衣用素皮弁朝服元端麻衣中衣用布準此而言深衣之中衣亦布也案冕服無純而中衣有純鄭注郊特牲所謂以綃黼爲領丹朱爲緣是也深衣有純而無裼中衣不外施無俟加飾故深衣之中衣無緣長衣中衣準人身以度其長短而中衣常減長衣一尺以爲節鄭注專以袂言之則文義不能明案孔疏長中制同而所施異其深衣疏云長衣中衣及深衣制度同方氏慤亦云長衣中衣與深衣制同惟繼袂揜覆一尺所以異於深衣析長衣與深衣爲二又合中衣爲三未達禮經之旨徒生轇轕而已

纊爲繭緼爲袍禪爲絅帛爲褶

鄭注纊謂今之新緜也緼謂今纊及舊絮也孔疏時以好者爲緜惡者爲絮嵩燾案說文絮敝緜也纊絮也緼紼也紼亂枲也古無緜絮凡絮皆絲也絲成縷者經緯之爲帛其不受

纅無縷可析爲絮許云𦄵緜正謂絲不成縷聯緜輭熟可用爲縕麻成縷者爲布縕者亂枲亦用爲縕說文以絮曰纊以縕曰袍語極分明鄭以新緜舊絮釋之似用漢時緜絮爲說恐誤說文襌不重也袷衣無絮也喪大記君褶衣褶衾鄭注褶袷也士喪禮襚者以褶則必有裳鄭注複與襌同有裳說文有襲無褶襲褶古今字玉篇襲重衣也絅詩作褧鄭風箋褧襌也蓋用襌縠爲之玉篇褧衣無裏也案詩衣錦褧衣中庸引作衣錦尚絅是絅以爲錦衣之表此繭袍絅褶四者竝爲中衣絅但爲襌衣之名中衣與衣之在表者皆可名絅也繭袍絅褶四者舉其名纊縕襌帛四者所以著其用也纊以絲縕以枲皆謂絮衣其襌衣袷衣之分兼絲枲言之疑襌當與袷對文鄭氏釋褶爲袷爲複者是也上文袷二寸以袷爲交領字

說文衿交衽也字從衿唐韻裌同祫集韻亦云裌衽也蓋沿戴記以祫為交衿而合而一之經云帛為褶當作祫為褶褶不專主帛言也

唯君有黼裘以誓省大裘非古也

鄭注僭天子也黼裘以羔與狐白雜為黼文省當為獮獮秋田也國君有黼裘誓獮田之禮時大夫又有大裘也嵩燾案陸氏佃云黼其裘領也士昏禮被纇黼蓋纇黼於纇上緣以黼黼裘於裘上緣以黼據鄭注士昏禮纇禪也引詩素衣朱襮爾雅云黼領謂之襮天子諸侯后夫人狄衣卿大夫之妻刺黼以為領士妻始嫁假盛服施禪黼於領上此云黼裘當亦加黼於領以為飾耳鄭云以羔與狐白雜為黼文疑無此

制周禮司服祀昊天上帝服大裘而冕鄭司農云大裘羔裘
此爲冬至圜丘之祀祀天尙質遂以大裘當十二章之服經
云非古據殷以前言之若如鄭注諸侯大夫皆有大裘僭天
子當云非禮不當云非古裘者褻服非所以章敬陳氏祥道
云誓謂前期十日太宰帥執事卜日遂戒省謂前祭一日太
宰及執事視滌濯郊特牲卜之日王立於澤親聽誓命則王
於誓省皆與陳氏之說是也誓省嚴其事而簡其文故可以
黼裘涖之其羔裘仍當用元齊宿之義也非是無可以裘涖
事者大裘非古明周禮之以質而失者也鄭注似皆以意擬
之

君衣狐白裘錦衣以裼之

鄭注詩云衣錦絅衣裳錦絅裳然則錦衣復有上衣明矣天子狐白之上衣皮弁服與嵩燾案毛詩秦風傳錦衣狐裘朝廷之服箋云受命服於天子據詩以錦衣狐裘與黻衣繡裳對文明爲諸侯之冕服經亦云錦衣狐裘諸侯之服也皮弁服下逮於士不與錦衣狐裘爲類可知鄭據尚書以衣作繪裳絺繡冕服無用錦衣者案說文繢畫也繪會五采繡也繡五采備也是繪會五采其功尤多於繡不必衣用畫而裳用繡也鄭注司服引尚書會作繪竝易其字因謂錦衣復有上衣錦蓋繒帛之有織文者上加繪繡不害其爲冕服案黼黻竝施之裳而秦風云黻衣繡裳毛傳引周禮黑與青謂之黻五采備謂之繡但就衣之色言之不能據文求義也繒有文曰錦雜記亦謂之素錦意取畫飾而已凡冕服皆有中衣所以用爲襲裼而飾其內其於裘也曰襲裘曰裼裘以裘爲飾不當復有中衣錦衣狐裘通冕

服燕服言之惟君爲能盡飾經云士不衣織士不衣狐白其不專施之皮弁服明矣

君子狐青裘豹褎元綃衣以裼之麛裘青豻褎絞衣以裼之羔裘豹褎緇衣以裼之狐裘黃衣以裼之

鄭注君子大夫士也絞蒼黃之色黃衣大蜡時臘先祖之服

嵩燾案疏引皇氏云元衣卽元端又引熊氏六冕皆有裘此云元謂六冕及爵弁也天子諸侯皆然而云大夫士者君用純狐青大夫士雜以豹褎又引劉氏云六冕皆黑羔裘論語注緇衣羔裘祭於君之服是祭服用羔裘似熊氏以元衣當冕服劉氏以羔裘當冕服其餘不詳論語緇衣羔裘素衣麑裘黃衣狐裘與此記同其素衣麑裘鄭注引作麛裘聘禮注

亦同云皮弁素衣其裘同則此綅衣不當作蒼黃色綅衣當爲縞衣楚辭安能以皎皎之白史記作皓皓集韻皓通作皜漢書司馬相如傳皜然白首皜皎字音近相通說文所謂鮮色也元衣元端上通元冕綅衣卽論語之素衣邢昺疏所謂素衣皮弁服緇衣朝服是也郊特牲野夫黃冠黃衣黃冠庶人之服（詳見郊特牲）鄭注於此爲不倫近淩氏廷堪禮經釋例云黃衣狐裘韋弁服也陳氏禮書以爲卽爵弁服士冠禮陳冠服爵弁服皮弁服元端士喪禮陳襲衣爵弁服皮弁服褖衣周禮司服凡兵事韋弁服眡朝則皮弁服凡甸冠弁服韋弁服卽爵弁服冠弁服卽朝服惟儀禮既有爵弁服又有韋弁服鄭注爵弁服緇衣韋弁服韎布衣司服注又以爲韎韋衣

其衣不同名亦隨之而異猶之緇衣素裳爲朝服緇衣元裳爲元端其實一物也金氏榜禮箋韋弁服之裘經記無可考見鄭注韋弁以韎韋爲弁韎者赤黃之閒色二說皆本詩羔羊正義兵事既用韎韋服則當用黃衣狐裘及貍裘襄四年傳臧之狐裘敗我於狐駘定九年晳幘而衣貍製是也鄭注聘禮亦云韎韋之弁兵服也明裘與衣同色大夫士冠弁服之裘亦取其色之相近者耳

又案下文裘之裼也見美也服之襲也充美也析裘與服言之而於服言襲於裘言裼又云犬羊之裘不裼疑凡禮服皆有中衣開左右袪使中衣外見曰裼裘有裼有襲是裘卽中衣也何爲別言之反覆乎經文而知所謂錦衣以裼之綃衣

以裼之絞衣以裼之緇衣以裼之黄衣以裼之義繫乎裘而
襯使外見猶衣之有襮也古者衣裘外向著衣其裏而縫合
之其色必與裘相稱禮服之有元端素端不必與裘準也裼
在内而裘外見曰表裘常服皆然經云裘之裼也常服也弔
則襲裘之上加弔服也君在則裼裘之上又加朝服而開左
右袵以爲裼也兩裼字義别言君在知由朝服以上至弁冕
服皆然也故又云表裘不入公門襲裘不入公門入公門者
必朝服也錦衣以下皆非禮服禮服有裼有襲亦不得專言
裼之檀弓鹿裘衡長袪袪裼之爲既練之服據周禮巾車王
之喪車五乘木車犬複鄭注始喪所乘素車犬複鄭注卒哭
所乘藻車鹿淺複鄭注既練所乘以此推之既練鹿裘始喪

當爲犬裘犬羊之裘不裼而鹿裘惟袪裼之是袪有襮而其餘無襮所以爲練服者凡言裼之皆用以表裘者禮文簡括通求其義而情事顯然益見經文立言之妙案禮以裼爲文以襲爲敬不裼則襲矣經云犬羊之裘不裼將一於敬而不爲文乎此義之不可通者故知於裘言裼當別一義無疑也

大夫以魚須文竹士竹本象可也

鄭注文猶飾也大夫士飾竹以爲笏不敢與君並用純物孔疏引庾氏云以鮫魚須飾竹以成文又引盧氏云以魚須及文竹爲笏釋文引崔氏云用文竹及魚班也隱義云以魚須飾文竹之邊須音班嵩燾案釋文及疏凡三說魚須飾竹未詳其制說文鮫海魚也皮可飾刀荀子議兵篇楚人鮫革犀兕以爲甲釋文讀須爲班謂鮫魚皮也今名之鯊魚皮有班

文而堅凝非可以釋笏案笏者書思對命用以當鉛槧鮫魚皮可飾器物而非丹鉛之所能施也司馬相如子虛賦靡魚須之橈旃張揖注以魚須爲旃柄左思吳都賦旃魚須李善注以魚須爲柄尙書大傳東海魚須鄭注今以爲簪是鄭君時魚須猶可爲器物爾雅釋獸須屬獸曰釁魚曰須郭注鼓顋須息邢昺疏鼓動兩頰若須道其氣息者似魚頭骨通爲須盧氏植崔氏靈恩竝云魚須文竹二事似爲得之文竹竹有班文者竹笏飾象爲本大夫士同也本象兼承大夫文竹士竹二者言之案上文云將適公所史進象笏竹笏以象爲本亦名之象笏孔疏引熊氏云大夫不得有象笏有象字者誤恐失之大夫笏兼用文竹以魚須非常有之物竝舉以備用耳

笏畢用也因飾焉

鄭注畢盡也嵩燾案爾雅簡謂之畢郭注今簡札也說文簡牒也片部牒札也釋名札櫛也編之如櫛齒相比聘禮記百名以上書於策不及百名書於方既夕禮書賵於方書遣於策鄭注竝云方板也策簡也策說文作冊象其札一長一短中有二編之形然則方者槧板王充論衡言斷木爲槧者是也策者編簡蔡邕獨斷言其制長者二尺短者半之是也說文編次簡也次簡爲策則簡者隨其多少而記之王制故謂之簡記簡札牒畢同義禮經多謂之畢學記呻其佔畢鄭注謂所視簡說文畢田网也攴部斁盡也畢之訓盡非古義笏畢用也謂書思對命用以代簡因加之以文飾正承上受命君前書於笏言之

笏度二尺有六寸其中博三寸其殺六分而去一

鄭注殺杼也天子杼上終葵首諸侯不終葵首大夫士又杼其下首嵩熹案王氏炎云中博三寸中博不殺則是上下皆殺也其殺六分去一則是上下皆二寸有半也其下六分去一則便於搢插其上六分去一則便於操執而搢之王氏之說是也王搢大圭惟用以朝日天子所尊事者日也諸侯覲天子天子以客禮待之無書思對命之事所執命圭而已經但以大夫朝於君言笏之用則此所云笏式者亦大夫也案上文云天子搢珽諸侯荼皆別爲之名不名笏也如鄭說則天子搢珽諸侯前詘後直竝與大夫同於前文爲牾矣前云詘直此云殺自別一義

而素帶終辟大夫素帶辟垂士練帶率下辟

鄭注辟讀如裨冕之裨裨謂以繒采飾其側嵩燾案上文縞冠素紕鄭注紕讀如埤益之埤埤裨同音凡鄭訓爲讀如某字多卽聲以通其義說文裨接益也徐鉉曰若衣之接益也辟爲采繒以飾帶接而益之於帶兩邊故通其義於裨疑字當作紕爾雅釋言紕飾也廣雅紕純緣也玉篇紕冠緣邊飾也廣韻飾緣邊也紕本爲冠緣之名帶之緣邊與冠同義廣韻云飾緣邊正鄭注所謂繒采飾其側也雜記紕以爵韋純以素鄭注在旁曰紕在下曰純旣夕記縓綼緆緇純鄭注飾裳在幅曰綼在下曰緆飾衣曰純在幅卽在旁意綼葢紕之或體辟則其假借字也士冠禮素積鄭注訓爲辟蹙毛詩鄘風傳紕所以織組也然則組織而蹙起之以成文乃所以爲

辟也

居士錦帶

鄭注居士道藝處士也嵩燾案陳氏祥道引鄉飲酒禮就先生而謀賓介鄭注賓介處士也鄉射禮以告於鄉先生君子鄭注君子有大德行不仕者誠然則以錦帶自飾爲文亦異乎處士之風矣據王制士有選士俊士造士進士之分疑始在鄉校稱弟子自選士而上皆居士也司馬論進士之賢者而授以官而後有上士中士下士之名居士者士之未仕者也弟子以純潔爲義居士則其文著焉三代盛時不當有處士之名也

子游曰參分帶下紳居二焉紳韠結三齊

鄭注三分帶下而三尺則帶高於中也孔疏人長八尺大帶之下四尺五寸分爲三分紳居二分焉紳長三尺也嵩燾案喪服衽二尺有五寸鄭注所以掩裳際也與有司紳齊則是士紳三尺當下齊於裳人之一身短長各異而韠與紳皆準以三尺取足以及屨子游豈能概天下之人以八尺之軀哉此承上有司二尺有五寸言韠與紳皆不以常制各度其身體爲之上至帶下至屨三分其長短而餘一分以便事引子游之言約計有司二尺五寸取義當如是也

凡帶有率無箴功

鄭注凡帶有司之帶也亦綼之如士帶矣無箴功則不禆之

凡帶不禆下士也嵩燾案經言凡者皆發凡起例之詞所以

申發上義不宜另文爲說云凡帶者天子以下及士皆然也桓二年左傳藻率張衡東京賦作藻繂杜預注以韋爲之所以藉玉疑率即說文帥服虔曰禮有率巾巾禪必繚緝其兩旁故凡繚而緝之通謂之率天子素帶朱裏諸侯大夫裏不朱士練帶圍繚而紩合之不別爲裏曰有率者士帶也而一收其縫於內使箴功不外見大夫以上之有裏者亦皆紩而納之若今之隱箴曰無箴功自天子朱裏以及士練帶之用率皆然也大夫大帶四寸而士二寸再繚之亦四寸繚而合之所以爲率也而內縫不見箴縷竝同通上下文求之可以得其義矣

韠君朱大夫素士爵韋

鄭注此元端服之韠也嵩燾案說文韠韍也所以蔽前者以韋一命緼韍再命赤韍市部市韠也上古衣蔽前而已市以象之天子朱市諸侯赤市大夫蔥衡从巾象連帶之形篆文市从韍韐士無市有韐制如榼缺四角爵弁服其色韎韐或从韐是韠韍同義韍芾同字而韎韐別爲一物毛詩瞻彼洛矣傳韐所以代韠也鄭注士冠禮韐之制似韠而於此云元端之韠於下文韞韍赤韍云元冕爵弁服之韠而以緼韍當韎韐據士冠禮爵弁服韎韐皮弁服素韠元端爵韠而詩言赤芾金舄赤芾在股皆據諸侯言之朱芾斯皇室家君王兼言天子諸侯曹風三百赤芾毛傳引此經云大夫以上赤芾是爵韋元端服素韠皮弁服朱韠通五冕言之諸侯之韠上

極於朱大夫之韠下及於素韍亦約略言之與下一命緼韍

再命赤韍實各爲一義

圜殺直天子直公侯前後方大夫前方後挫角士前後正

鄭注士賤與君同不嫌也正直方之閒語也天子之士直諸侯之士方嵩燾案吳氏澄申鄭義言韠制極詳而於士云下端左右角亦裁方上至五寸而止止處廣二尺亦就止處斜裁至上端廣一尺盡處如大夫但不剡圜二角蓋後直而前方故曰前後正亦祇申鄭義士賤與君同不嫌鄭以天子直諸侯方故天子之士同於天子諸侯之士同於諸侯因謂正者方直之閒恐禮制不當如是說文士無芾有韐制如榼缺四角毛詩傳所謂韐以代韠是也士服爵弁韎韐其制與韍

稍異經言韠制圜殺直三者天子直諸侯上下方五寸而中削幅減天子之直一尺故曰殺案鄭注殺四角使之方則是上方縮而下方贏不得云殺也大夫亦上下方而上端挫其角爲圜式故曰圜案吳氏澄云下端裁方與諸侯同上端不裁方但剡其兩角而已則是大夫前方後直下殺而上不殺反尊於諸侯也三者通謂之韍士韠用韐別爲一物許君謂其制如榼缺四角木部云榼酒器也椑圜榼也是榼圜者爲椑而榼缺四角爲八方大夫挫角謂之圜士韠缺角謂之正者正與圜對文也案下文一命縕韍再命赤韍竝據大夫言之僖三十三年左傳以三命命先且居將中軍以再命命先茅之縣賞胥臣以一命命郤缺爲卿諸侯之大夫始加命數謂之一命縕韍赤韍皆冕服之韠也鄭注以韎韐當縕韍亦恐誤當仍如韠上廣一尺下廣二尺兩邊皆用正幅不斜裁而削其上下成八角之式故許君以爲制如榼正者上下皆正幅也不得兼方

與直言之

王后禕衣夫人揄狄

鄭注禕讀如翬揄讀如搖翬搖皆翟雉名也刻繒而畫之著於衣以爲飾嵩燾案鄭司農內司服注禕衣畫衣也揄狄闕狄畫羽飾毛詩鄘風傳翟揄狄闕狄羽飾衣也說文褕翟羽飾衣衣部禕下云周禮王后之服禕衣謂畫袍是毛許竝謂褕狄闕狄爲羽飾衣先鄭以爲畫羽飾與毛許異而許以禕衣爲畫衣又與先鄭同據爾雅八雉云秩秩海雉翟山雉而以鷂雉列首又云伊洛而南素質五采皆備成章曰翬江淮而南青質五采皆備成章曰鷂兼及四方雉名則所以廣異名也昭十七年左傳五雉杜預注南方曰翟雉伊洛而南曰

翬雉說本賈逵而爾雅云南方曰翯周禮染人秋染夏鄭注染五色謂之夏禹貢曰羽畎夏翟疑南方翟卽夏翟案鄭注云羽畎夏翟是其總名其類有六曰翬曰鷂曰翯曰鶅曰鵗曰鷷似此六者以所生地異名其實一物也雉備五色曰翟故后夫人之服謂之翟服褕狄闕狄又翟服之異名者巾車掌王后之五路曰重翟曰厭翟曰翟車皆以翟羽爲飾而或重羽或厭次其羽車有重翟厭翟衣有褕翟闕翟取義正同褘衣褕狄不當復屬之翬搖二雉明矣考工記畫繢之事雜五色青與赤謂之文赤與白謂之章白與黑謂之黼黑與青謂之黻五采備謂之繡亦兼取刺繡爲義以色加之謂之畫鄭司農云褘衣畫衣鄭注刻繒而畫之著於衣是又別爲雉形綴之衣崔氏靈恩因謂后三翟數皆十二三公而下

夫人雉數如命數鄭注司服鷩冕云鷩畫以雉謂華蟲也華蟲十二章服之一后夫人以爲上服取其五采備也毛詩鄘風傳象服以象骨及羽爲衣服之飾箋云象服卽翟衣象鳥羽而畫之先儒取訓各別古制益無可推尋而經明言褘衣王后之服當加於翟服之上先鄭及許君皆不以畫翟釋之鄭注破讀爲翬而注司服云褘衣元褕狄青闕狄赤翬素質亦與褘衣之元者異色也兩義亦相牾矣

君命屈狄

鄭注君女君也屈周禮作闕謂刻繒爲翟不畫也禮天子諸侯命其臣后夫人亦命其妻以衣服嵩燾案周禮內司服辨內外命婦之服鞠衣展衣緣衣素沙而雜記云夫人之不命

於天子自魯昭公始也似命婦之服上至鞠衣翟服以上亦須天子命之君命屈狄言五服之君受命於天子其夫人乃服翟也下云再命一命則卿大夫以下各從其夫之爵內司服所謂命婦之服是也案弁師五冕明著其等內司服王后六服惟言內外命婦之服三等而已故記禮者補著之其內命婦之服以時命之天子典婦功及秋獻功內宰佐后受獻功者比其大小與其麤良而賞罰之卽祭義世婦卒蠶獻繭之事主蠶事者世婦也獻繭校功而命之服其事領於內宰命之者亦君也鄭據爲后夫人之命恐非

凡君召以三節

鄭注周禮曰鎮圭以徵守其餘未聞孔疏節者以玉爲之嵩

燾案典瑞珍圭以徵守牙璋以起軍旅穀圭以和難琬圭以

結好琖圭以除慝使者溢事執之以徵信鄭注引此以釋掌節之邦節然掌節固云守邦國者用玉節守都鄙者用角節案鄭注守邦國守都鄙云有命亦有節以輔之典瑞之珍圭杜子春讀如鎮圭蓋卽公桓圭侯信圭伯躬圭之屬言以所執之圭徵所分守之國也杜子春訓爲徵召守國諸侯恐未然而使節用金又有符節璽節旌節之名節固不盡以玉也道路用旌節則凡行道路皆以旌孟子庶人以旃士以旂大夫以旌皆所謂旌節也經云在官在外據國君自召其臣言之當以孟子之說爲正

士於尊者先拜進面答之拜則走

鄭注士往見卿大夫卿大夫出迎答拜亦辟也嵩燾案聘禮迎賓於大門之外賓入門左公再拜賓辟公食大夫禮迎賓於大門內賓入門左公再拜賓辟再拜稽首無於尊者先拜

之文其士相見鄉飲鄉射皆迎於門外再拜賓答再拜而士相見禮云士見於大夫於其入也一拜其辱是以燕禮大射禮皆不及迎賓似尊者於卑幼無拜迎之文案惟公食大夫執賓主之禮與燕射禮異據聘禮賓覿入奠幣再拜稽首公再拜賓三退反還負序案聘禮介請覿禮同而於士介云奠幣再拜稽首公答再拜士介皆辟是公再拜皆爲答拜是先拜進面爲入見之禮非主人出迎之禮拜而進面正卑幼接見尊者之義主人迎賓再拜亦無由先進而與之面也

右徵角左宮羽

鄭注徵角在右民也事也可以勞宮羽在左君也物也宜逸

嵩燾案鄭以左右分尊卑勞逸求之經文似無此義吳氏澄云林鍾爲徵陰聲之首徵三變生角角閒二律與徵近故以

徵配角黃鍾爲宮陽聲之首宮三變生羽羽閒二律與宮近故以羽配宮疑左者陽右者陰玉聲動於左則聲發於陽而陰應之玉聲動於右則聲發於陰而陽應之林鍾陰聲而角聲中姑洗又陽律也黃鍾陽聲而羽聲中南呂又陰律也言陰陽之聲相和而已宮羽之數合一百二十七徵角之數合一百一十八兩璜相對上承兩琚輕重厚薄等而均之亦必與陰陽之聲相應古人制物一以度數爲之準其取義當有然者

君在不佩玉左結佩右設佩居則設佩朝則結佩齊則綪結佩而爵韠

鄭注謂世子也所處而君在焉則去德佩而設事佩結其左

者若於事有未能也結者結其緌不使鳴焉朝於君亦結左

嵩燾案經言君不言世子之於君疏引君子無故玉不去身謂臣朝君備儀盡飾當佩玉又引賀氏云事佩不鳴今云結緌使不鳴則猶在佩玉也據詩衛風佩玉之儺鄭風佩玉瓊琚佩玉將將秦風瓊瑰玉佩似男女常服皆佩玉鄭風亦謂之雜佩采芑有瑲蔥珩爲方叔南征言之是在軍亦佩玉篤公劉何以舟之惟玉及瑤爲遷豳言之是行役亦佩玉而雅詩備言天子諸侯燕饗之禮以及采菽之來朝韓奕之入覲極陳車服之盛獨不一及佩玉似在君所不佩玉乃通禮下文凡帶必有佩玉惟喪否又云君子無故玉不去身鄭注並以喪釋之非也朝祭有事於敬則亦不佩玉也左結佩右設

佩皆謂事佩君在結左以便事案燕禮大射禮賓升降自西階其獻卿獻大夫獻工獻士及旅竝於西階是在君所就西階其左近君故結左佩設佩如內則之左右佩用言其多也居則設之朝則結之結之者所以待事而不敢爲飾也前析言之後總言之互相備齊又詘而結之案鄭注士喪士虞禮綪讀爲緕屈也說文綪赤繒也緕紆未縈繩也紆者詘也小爾雅詘而戾之曰綪禮經皆假綪爲緕齊不親事故也結佩與君在不佩玉各爲一義注云結其綬使不鳴佩玉繫重亦非綬所能結也

孔子佩象環五寸而綦組綬

鄭注謙不比德亦不事也象有文理者也環取可循而無窮

嵩燾案經解行步則聞環佩之聲說文環璧也肉好若一謂之環璜半璧也玉佩左右璜分之則爲半璧合之則爲環所

謂環佩之聲卽璜也聶崇義禮圖佩玉上有珩長五寸下有
雙璜徑二寸陸氏佃云環佩上玉卽以珩之五寸當五寸之
環而珩所以繫組其制長五寸而博一寸不得爲環式疑此
環卽合兩璜言之璜徑二寸則長當四寸孔子佩象環五寸
則徑二寸五分列國大夫視天子之士孔子當仍士服佩瓀
珉說文珉后之美者廣韻珉亦作瑉燕義君子貴玉而賤瑉
集韻瓀珉也孔子不佩瓀珉而佩象環意蓋不取后之似玉
者故殺其制也然其組綬用綦固加於士是所殺者環其珩
琚衡牙仍當用玉蓋佩玉以璜爲用殺其用卽亦可以隆其
體經云無故玉不去身不宜專取象環而廢玉段注說文天
子白玉公侯山元大夫水蒼士瓀珉皆主珩言之又與陸氏

環佩上玉之言合然珩琚璜衡牙同一玉舉珩則琚璜及衡牙可知故專以玉色言之惟孔子所佩言象環知惟兩璜似環者用象餘均用玉也

食棗桃李弗致於核

鄭注弗致於核恭也孔疏謂懷核弗置於地也嵩燾案曲禮食果於君前其有核者懷其核此云食棗桃李並不言於君前自與曲禮異義而以不置於地釋弗致於核之義亦稍迂曲陳氏集說因謂致者委棄之疑此與下瓜食中棄所操同義所操謂上下環也食中則近環處皆不食弗致於核則近核處亦不食也致者至也謂留有餘不盡食也此亦君子隨事自安於雅不使近鄙之意

君賜稽首據掌致諸地

鄭注致首於地據掌以左手覆按右手也嵩燾案如鄭說凡稽首皆然不必君賜上言君賜車馬乘以拜賜衣服服以拜賜則此所謂君賜者蓋面賜之君賜必拜方手受君賜不能成拜則先據掌而致所賜於地然後拜稽首句法倒裝古者坐皆席地食飲亦於地不如後世以地爲褻也據掌致諸地所以爲稽首之節當自爲一句

凡賜君子與小人不同日

鄭注愼於尊卑嵩燾案賜君子與小人若月令賞公卿大夫於朝行慶施惠下及兆民謂之慶賜由命士以上頒於朝者曰賜徧及於宮府以逹於國曰與月令慶賜遂行無有不當

不同日者亦以重其事也

膳於君有葷桃茢於大夫去茢於士去葷

鄭注膳美食也葷桃茢辟凶邪也嵩燾案陳氏祥道云膳於君大夫士者致福之膳也非致福之膳則無事於桃茢少儀爲己祭而致膳於君子曰膳正此膳字所本說文膳具食也祭祀已具之食爲鬼神所饗之餘故用桃茢祓除不祥恐君之以祭餘爲嫌也葷者和之以助其氣使陰氣不得干故與桃茢爲類若尋常熟食和以五辛亦不必於士去葷也

君與尸行接武大夫繼武士中武徐趨皆用是疾趨則欲發而手足無移圈豚行不舉足齊如流席上亦然端行頤霤如矢弁行剡剡起屨執龜玉舉前曳踵蹜蹜如也

鄭注徐趨皆用是謂君大夫士之徐行皆如與尸行之節也疾趨謂疾行圈豚行徐趨也端行弁行疾趨也執龜玉者徐趨之事嵩燾案義疏武以足迹言行兼身容言就足而觀其迹有接武繼武中武三者之異就身而視其容有圈豚行端行弁行三者之異分疏最晰曲禮堂上接武堂下布武布武卽繼武也曲禮以地言此以人言所謂君行一臣行二也案君尊尸亦尊故尸之行視君鄭意似謂君與尸行爲君從尸以行亦屬誤會徐趨亦以是爲節惟舉步加速耳疾趨則開發其步不用是爲節矣釋名徐行曰步疾行曰趨疾趨曰走說文走趨字互訓徐趨疾趨通名趨也行者步趨之總名圈豚行謂徐步之容也端行徐趨之容弁行疾趨之容也弁說文作辨段氏說文注左傳郲莊公弁急

而好絜弁蓋辯之叚借字端行弁行皆趨也執龜玉又徐步之加愼者案剡剡起屨卽下疾趨欲發之意不舉足及舉前曳踵均兼接武繼武中武三者不舉足徐步安閒而已舉前曳踵蓋又加愼曲禮行不舉足車輪曳踵車輪卽舉前之義曳踵而舉其前猶之不舉足也曲禮堂上不趨執玉不趨經云席上亦然席上之節視堂上爲更從容鄭注一以趨釋之失其旨矣

戎容暨暨

鄭注暨暨果毅貌嵩燾案說文暨日頗見也爾雅暨不及也公羊傳會及暨皆與也暨猶暨暨也暨不得已也公羊之言暨暨猶幾幾之意皆引申爲之辭其本訓則說文所謂日頗見也軍容宜盛而不露暨暨者望之甚盛而又隆然內含不盈溢於外也軍容與喪容正相反對案廣雅仡仡暨暨武也亦本鄭注武與果毅自

是戎容之發見處經云暨暨卻更有含蓄非徒以示武而已

立容辨卑無讇頭頸必中山立時行

鄭注辨讀爲貶自貶卑謂磬折也孔疏謂在軍中立之形容嵩燾案義疏引賈誼經立拱立肅立卑立之分以釋辨字之義至允馬融易傳剝牀以辨辨足上也蓋謂上下分別處爾雅釋器革中絕謂之辨革中辨謂之韏孫炎云辨半分也立容辨謂股以下直腰以上詘半分之而直詘之形判然各別也卑無近讇微詘而已若賈生所謂微磬曰拱立拱者常立之容也磬折則已卑惟君前有磬折故曰立容德說文悳者外得於人內得於己也不亢則得於人不卑則得於己吳氏澄云立容以下五句於戎容無所當宜別爲一節以文義求

之當在節首行容惕惕下山立時行正兼立與行二者言之

大夫私事使私人擯則稱名公士擯則曰寡大夫寡君之老

鄭注私事使謂以君命私行非聘也嵩燾案劉氏敞云此若趙襄子使楚隆弔吳夫差之類然楚隆之辭稱寡君之老無卹與此經所言不合惟哀公二十三年左傳宋景曹卒季康子使冉有弔稱肥乃專稱名而經言大夫私事使其擯者或私人或公士非謂大夫使人聘也其例見於昭公元年左傳楚公子圍聘於鄭娶於公孫段氏伯州犂之辭稱寡大夫圍又稱寡君老伯州犂楚太宰公士也亦稱名其私人擯則專稱名以寡大夫寡君非大夫之臣所得言也案楚隆稱寡君之老無卹以大夫家臣稱其君曰寡君亦僭禮也劉氏所引似未達經義

古者大夫交不出境以私事使

而以私人爲擯蓋亦春秋之變例也

禮記質疑卷十三終

禮記質疑卷十四　　思賢講舍

湘陰郭嵩燾伯琛著

明堂位

昔者周公朝諸侯於明堂之位

鄭注周公攝王位以明堂之禮儀朝諸侯不於宗廟辟王也

嵩燾案逸周書作雒解作大邑成周乃位五宮太廟宗宮考宮路寢明堂其明堂解周公攝政六年會方國諸侯於宗周大朝明堂之位周頌清廟序周公既成雒邑朝諸侯乃率以祀文王我將序祀文王於明堂也周公營東都朝會諸侯因建明堂洛誥云王在新邑烝祭歲王賓殺禋咸格是爲成王始政會諸侯東都而周公刱爲之制故曰周公朝諸侯明堂

之位爲其位皆周公所刪定也其云天子則成王也案竹書紀年成王七年如東都諸侯來朝正此所謂朝諸侯於明堂也自漢以來明堂之說聚訟尤紛鄭氏以爲明堂太廟路寢異實同制蔡邕以爲明堂太廟辟雝同實異名鄭所據周禮匠人蔡氏所據大戴禮盛德篇皆各得其彷彿而未盡也覲禮諸侯覲於天子爲宮方三百步四門壇十有二尋深四尺加方明於其上上介奉其君之旂置於宮公侯伯子男就其旂而立周禮司儀將合諸侯則令爲壇三成宮旁一門卽太宰所謂大朝覲會同是也疑古皆同此制案莊公十三年公羊傳會齊侯盟於柯莊公升壇定公十年穀梁傳會齊侯於頰谷兩君就壇是春秋諸侯盟會皆爲壇周公營洛邑朝會諸侯始正其名曰明堂而宗祀文王於此明堂位一篇正詳此制此東都朝會諸侯之明堂也

案大宗伯時見曰會殷見曰同時見者五載巡狩以時會於方岳趙岐注孟子泰山下明堂東巡狩朝諸侯之處四岳皆當有之殷見者會諸侯東都四方畢至孝經云宗祀文王於明堂四海之內各以其職來祭則東都之明堂也此必周公之挪制也考工記夏后氏世室殷人重屋周人明堂明指王宮言之故其前曰左祖右社前朝後市其後曰內有九室九嬪居之外有九室九卿朝焉所謂明堂者天子之路寢也文二年左傳周志有之勇則害上不登於明堂杜注明堂祖廟也言周志則自周相承以太廟爲明堂樂記祀乎明堂而民知孝祭義祀乎明堂以教諸侯之孝此又宗廟之明堂也先儒必合而一之其說乃始支離而不可通考工記東西九筵南北七筵五室凡室二筵凡堂後曰室室左右曰東西房房前曰東西序序左右曰東西夾室分言之曰室曰房合言之曰五

室房室之廣視堂而室有四隅戶東牖西其戶牖之間謂之依其廣視堂之中房與夾室之廣半之案聘禮受玉於中堂與東楹之間兩楹之間視室之廣周禮所謂二筵者言其脩也非言其廣也以其前敞通謂之明堂其朝會諸侯之明堂卽覲禮所謂為宮方三百步四門案虞書詢于四岳闢四門咨十有二牧正指朝會諸侯言之蓋古制如此四傳擯案明堂位三階諸侯朝位自階而達之門其環立於四門之外者蓋荒服之國慮存其位而已逸周書王會解所敘蕃國內臺西面東面外臺西嚮東嚮北嚮則亦皆就朝位也天子亦以其時拜日東門外禮日南門外禮月與四瀆北門外禮山川邱陵西門外家語孔子觀乎明堂覩四門墉蓋堂中而門四達周公始定其制曰明堂東遷以後無復朝會諸侯之盛天子卽其地以視朔於是有明堂月令之書其云靑陽明堂太室總章元堂蓋周秦諸子掇

爲之名呂覽淮南子言以出四時之令因謂之月令而淮南子云東宮御女南宮御女中宮御女西宮御女北宮御女又因鄭注周禮小寢五之文傅會及之然其言朝於青陽明堂太室總章元堂案高誘注云天子朝日與所居宮二事自較月令爲明晰大戴禮因有九室十二堂之說案白虎通云九室十二座蔡邕明堂月令說云九室十二宮似白虎通十二座爲得其實李謐明堂論始牽合考工記之五室通左右夾房爲九其實明堂南嚮其中太室宗祀文王月令之言左个右个謂左右隅耳安得有九室之制如大戴記所云乎案顧命云夾兩階戺又云東垂西垂傳謂東西堂之階上又云側階傳謂北下階上疏據以爲堂比階是古宮室有東堂西堂北堂其前皆有階階之廉曰戺亦謂之堂廉堂廉左右隅曰个月令各依其方行四時之令蓋東周以後覜朔之禮也周秦諸儒博采異聞證成其說其後漢武帝時公玉帶上

黃帝時明堂圖大率依倣大戴記之文後世儒者能辨公玉帶之誕而於大戴記之泛引異聞無能一加辨證固不如鄭注之依考工記爲說猶爲得其正矣案覲禮諸侯受舍於朝天子設斧依於戶牖之間此舉太僕所掌之燕朝言之其治朝掌之司士外朝掌之朝士則當於門屏之間爾雅戶牖之間謂之扆門屏之間謂之宁曲禮天子當依而立諸侯北面見天子曰覲天子當宁而立諸公東面諸侯西面曰朝凡諸侯覲天子於朝而饗諸侯於廟覲禮曰享事畢侯氏肉袒於廟門之東謂饗禮也自諸侯常朝皆然惟朝會諸侯於明堂周禮謂之大朝覲其禮獨隆宗祀文王亦於是焉先儒謂朝皆於廟者亦非也

九采之國應門之外北面東上

鄭注九采九州之牧典貢賦者也二伯帥諸侯而入牧居外而糾察之也嵩燾案禹貢五服周官九服其制略同禹貢甸服卽周官之王畿孔安國云爲天子服治田說文甸天子五

百里地是也周官之甸服在侯服之外則毛詩傳所謂甸治也言天子治化所及也宜竝統於侯服采者供其事男者任其力禹貢所謂百里采二百里男邦是也於夏亦侯服衞者備其不虞國語所謂侯衞賓服是也於夏爲綏服三者皆周之賓服也其蠻服夷服鎭服三者禹貢之要服周官大行人亦謂之要服又其外蕃服則禹貢之荒服此所謂四塞是也九采之國當國語之賓服列侯服之次而尊於要服宜居九夷之上案鄭注朝禮不於此周公權用之周禮朝士司士所掌皆常朝之儀明堂朝會見於司儀所掌太宰所謂大朝覲會同是也未可據常朝之兼孤卿與侯伯者言之逸周書作雒解太廟明堂均有應門庫臺是明堂之制旁四門異於太廟路寢其前應門庫門則同孔疏云明堂無重門殆誤明堂正朝所謂門東門西

卽應門也所謂南門之外卽庫臺也諸儒不知明堂之制而一以太廟當之因謂南門爲廟門應門反在南門之外至以九采爲九牧爲居外糾察而經旨乃多不可通矣

命魯公世世祀周公以天子之禮樂

鄭注同之於周尊之也嵩燾案世及之禮至周始定殷以前兄弟相及苟長且賢則民望歸之武王崩而周公總己以聽殷禮也是時周禮未定周公遂踐阼以君臨天下亦猶行殷之禮也傳曰周公成文武之德蓋武王在位三年未遑禮樂周公踵而成之而後禮樂備王道洽所以七年而始歸政者周公身任聖人之德爲萬世定禮樂之準有所不得辭也而周世之基亦定於此至於七年歸政天下曉然於周公之用

心而其經營周室之大勳亦昭然竝揭於天下成王賜周公以天子之禮樂惟歲時祭饗周公爲然非魯之君所得僭也明堂位一篇多出魯儒之附會然其言固亦有本周公之得踐阼爲天子殷禮也成王以天子禮樂祀周公而乘以木路牲以白牡亦猶行殷之禮也辭雖誇而意有專繫魯之僭郊僭禘非成王之過也於命魯公世世祀周公以天子禮樂一語見其義之嚴矣

牲用白牡

鄭注白牡殷牲孔疏尊敬周公不可用己代之牲故用白牡

嵩燾案春秋文十三年公羊傳魯祭周公何以爲牲周公用白牡魯公用騂犅毛詩魯頌傳白牡周公牲也騂犅魯公牲

也何休公羊注周公死有王禮謙不敢與文武同也較疏義爲優然既以天子之禮樂祀周公又屈使用殷牲成王命之謙乎抑魯自謙乎周公之攝政殷禮也其可以踐阼有天下亦殷禮也既定周禮而後君臣父子之道益嚴竝總己之制亦廢成王之不敢臣周公蓋謂周公攝政之時周禮猶未定也周公自以周禮退就臣位成王自以殷禮尊周公魯頌之文公羊毛氏之說其所從來亦遠矣案陳氏祥道云推周公之勳勞而上之以同於王而牲用白牡亦以辨君臣之分方氏慤云止用時王之禮者諸侯之事通用先王之禮者天子之事陳氏之說本於何休方氏之說原於孔疏均之於義無當也郊特牲云祭以白牡乘大路諸侯之僭禮也明指魯言之蓋自僖公以後僭行郊祀通用大路白牡而無能辨知其由來也

太廟天子明堂

孔疏言周公太廟制似天子明堂嵩燾案周禮掌舍掌王會同之舍爲壇壝宮棘門明堂朝諸侯宗祀文王即掌舍壇壝宮之遺制蓋有堂無寢旁四門與太廟之制遠異周自東遷以後惟視朔明堂是以有明堂月令之書文十六年穀梁傳天子告朔於諸侯諸侯受於禰廟故范甯注文六年猶朝于廟亦云禰廟何休注公羊傳則以爲太祖廟疑天子頒朔諸侯受之當於祖廟何休說爲優經謂魯君視朔太廟以頒政令與天子明堂出四時之令同也僖九年左傳盟於葵邱王使宰孔賜齊侯胙曰天子有事於文武於時爲九月疑爲季秋大饗明堂之禮武王始王周而宗祀文王魯公封魯而宗

祀周公其義一也

反坫出尊崇坫康圭

鄭注反坫反爵之坫也出尊當尊南也惟兩君爲好既獻反爵於其上禮君尊於兩楹之閒崇高也康讀爲亢龍之亢又爲高坫亢所受圭奠於上焉嵩燾案士冠禮爵弁皮弁緇布冠各一匴執以待於西坫南鄭注坫在堂角士喪禮饌於西坫南既夕記設棜於東堂下南順齊於坫大射禮卒管太師少師上工皆東坫之東南坐是堂東西皆有坫而大射禮云小射正取公決拾於東坫上設拾以笥退奠於坫上卒射小射正以笥受決拾退奠於坫上坫惟射置決拾其上餘無考賈公彥疏云坫有二一引此反坫康圭別爲一坫陳氏禮書遂

析反爵之坫奠玉之坫庋食之坫及堂隅之坫爲四據儀禮鄉飲酒鄉射大射燕禮竝云設洗篚於阼階東南篚在洗西特牲記篚在洗西實二爵二觚四觶一角一散凡取爵若觚若觶皆於篚既獻以虛爵降亦奠於篚而燕禮大射禮俱有膳篚云篚在洗西膳篚在其北鄉飲鄉射記亦云獻工與笙取爵於上篚既獻奠於下篚是篚亦分賓主上下而無反爵於坫之事案黃氏日鈔亦疑鄭注以坫之反爲爵之反異於經文因謂反坫與塞門一類竝指宮室之制言之所見甚允聘禮賓襲執圭致命公側襲受玉於東堂與東楹之間賓出公側授宰玉覲禮侯氏入門右坐奠圭取圭升致命王授之玉而覲禮記云奠圭於繅上鄭注謂釋於地亦無奠圭於坫之事爾雅垝謂之坫說文坫屏也屏蔽也垝毀垣也毀

缺也疑堂東西牆謂之序其旁謂之夾室夾室前謂之東西堂序端爲小牆以別內外鄉射禮主人之弓矢在東序東大射儀君之弓矢適東堂其小射正取決拾拂弓小臣正贊袒皆退俟於東堂必非連序爲牆以閒之可知說文謂之屏爾雅謂之垝是所謂坫者正序端缺其牆之半以示屏蔽者也逸周書作雒解乃位五宮咸有四阿反坫孔晁注反坫外向室也蓋若顧命之東西垂亦有坫向外故謂之反坫出尊者堂廉四出而階九尺所謂上廉遠地則堂尊是也郭注爾雅坫墆也墆垤音近相通垤者土之高也崇坫當卽作雒解之堤唐孔晁注唐中庭道堤謂爲高之也與反坫之坫異義圭同閨儒行蓽門圭窬襄十年左傳作閨竇爾雅宮中門謂之

闈其小者謂之闈考工記闈門容小扃三个鄭注廟中之門謂之闈宣六年公羊傳有人荷畚自閨而出者宮廟內門或名闈或名閨據爾雅小者閨則此所云康圭卽考工記之闈門容三扃者耳經明言天子之廟飾於出尊康圭之義無取洗篚本當尊南亦不以反坫之出尊者爲加隆也案此經山節藻梲至崇坫康圭疏屏與逸周書作雒解四阿反坫至應門庫臺元閫竝以二字爲一事反坫出尊亦與上刮楹達鄉文義相近不當於此兩坫字專言其用其所云反爵奠圭之坫求之經傳所載亦實無顯證也

鸞車有虞氏之路也鉤車夏后氏之路也大路殷路也乘路周路也

鄭注鸞有鸞和也鉤有曲輿者也大路木路也乘路玉路也

嵩燾案鄭注周禮大馭鸞在衡和在軾大戴禮保傅篇亦云

在衡爲鸞在軾爲和毛詩小雅蓼蕭傳在軾曰和在鑣曰鸞說文鑾人君乘車四馬鑣八鑾衡在轅前以駕馬是鸞馬飾詩云和鸞云鉤膺鏤錫皆以馬飾言車鄭注巾車鉤樊纓云婁頷之鉤金路無錫有鉤而於此云鉤車有曲輿者蓋謂軾深兩旁曲抱以達於輢周禮輿人參分車廣去一以爲隧參分其隧一在前二在後以揉其式鄭注兵車之隧四尺四寸其式深尺四寸三分寸之二曰揉其式車前曲向後謂之式深以便左右顧廣韻揉屈木同煣說文煣屈申木也軾兩旁曲出故名鉤車釋名鉤車鉤股曲直有正卽此義謂自夏時而車制始定也鸞車鉤車皆緣其刱制之始殷周之路並同此制鄭云有曲輿但渾言之疏未能引證其義巾車玉路以

祀金路以封同姓象路以封異姓魯郊禘乘木路用殷禮其乘路當依同姓之金路左傳僖二十八年賜晉侯大路之服戎路之服定四年分魯公康叔唐叔皆以大路杜注竝云大路金路於分魯公下云錫同姓諸侯車也天子用玉路以祀魯公之乘路必無僭用玉路之禮

灌尊夏后氏以雞夷殷以斝周以黃目

孔疏殷以斝者鄭司農云畫爲禾稼嵩纛案上文爵殷以斝鄭注斝畫禾稼也其注周禮引鄭司農云斝讀爲稼據說文斝玉爵从口从斗冂象形毛詩行葦傳斝爵也玉篇亦云斝爵也疑斝本爵而彝象其形故名斝彝周禮六彝雞彝鳥彝虎彝蜼彝皆刻畫鳥獸之形黃彝斝彝無刻畫鄭訓黃目以

黃金爲目蓋黃彝以目飾其身斝彝以目飾其口許君故謂之彖形殷尙質爵與彝同制而無飾鄭司農以斝稼音近因謂畫禾稼而讀斝爲稼恐未然

崇鼎貫鼎大璜封父龜天子之器也越棘大弓天子之戎器也

鄭注文王伐崇古者伐國遷其重器以封同姓孔疏貫與崇連文故知崇貫皆國名嵩燾案崇貫皆見春秋杜注左傳僖二年盟於貫云宋地梁國蒙縣西北有貫城據漢梁國爲言今歸德之睢陽縣也括地志貫城今爲蒙澤城在濟陰縣南宋時濟陰縣隸曹州即今曹縣晉初承漢制蒙澤故城猶隸梁國其後巳入濟陰郡今曹縣南十里蒙澤故城即古貫國杜注宣九年趙穿侵崇云秦之與國注定四年封父云古諸

侯是崇至周仍建國而貫封父爲宋鄭二國地昭十五年左傳諸侯封受明器於王室定四年左傳昭之以分物崇鼎貫鼎若昭十五年之魯壺杜注魯所獻壺尊蓋殷藏器武王遷殷器於周封建兄弟有功德者則賜之分器定八年盜竊寶玉大弓杜注左傳寶玉夏后氏之璜大弓封父氏之繁弱穀梁傳亦云大弓武王之戎弓也數者皆魯所受分器故曰天子之器

有虞氏之兩敦夏后氏之四璉殷之六瑚周之八簋

鄭注皆黍稷器制之異同未聞嵩燾案說文槤胡槤也从木哀十一年左傳胡簋之事胡槤字皆不從玉包咸論語注瑚璉黍稷器鄭云夏曰瑚殷曰璉杜注左傳亦云夏曰胡周曰

簋似胡槤制略同左氏傳之胡簋卽周禮之簠簋考工記旊人爲簋簋周器故詳其制鄭注周禮舍人方曰簠圓曰簋說文簠黍稷圜器簋黍稷方器聘禮明云竹簋方自當爲方器說文連員連也員連或許君時通語正以員取義是敦瑚三者皆圜惟簋方則周搠制耳

周以房俎

鄭注房謂足下跗也上下兩間有似於堂房魯頌曰籩豆大房孔疏俎頭各有兩足足下各別爲跗足間橫者似堂之壁橫下二跗似堂之東西頭各有房嵩燾案毛詩魯頌傳大房半體之俎鄭箋其制足間有橫下有跗似堂後有房然鄭意上下兩間則所謂足間橫者通俎四足言之室之間曰房俎

下亦有閒故曰房俎魯頌徑以大房名俎足知周俎之爲上下兩閒也案毛傳半體之俎卽周語所謂房烝也特牲少牢禮有俎有肵俎俎者房烝肵俎亦名折俎周語謂之殽烝韋昭注國語云房大俎也豚解體解乃加於俎非謂半體之外又有全體之俎也疏謂俎頭各有兩足足閒橫橫下二跗則與夏后氏之嶡之橫距者無異亦不得名之爲大房矣似於鄭義未合

有虞氏之綏夏后氏之綢練殷之崇牙周之璧翣

鄭注此旌旗及翣皆喪葬之飾周禮大喪葬巾車執蓋從車持旌御僕持翣旌從遣車翣夾路左右前後天子八翣皆戴璧垂羽諸侯六翣皆戴圭大夫四翣士二翣皆戴綏嵩燾案鄭意似以翣別爲一物禮器言天子八翣諸侯六翣大夫四翣以飾葬喪大記言君六翣戴圭大夫四翣士二翣戴綏以

飾棺此經竝無其文而與前龔虡之言崇牙璧翣同又與前言旂者合爲一例前言璧翣明屬之龔虡此言璧翣明屬之綏其非喪禮廣三尺高二尺四寸方兩角之翣可知爾雅注旄首曰旌郭注載旄於竿頭若今之幢亦有旄釋名綏有虞氏之旌也注旄竿首其形纍纍然也疑此與上夏后氏之綏制同而義各有取蓋初以旄牛尾注之竿首司常之全羽爲旞析羽爲旌皆然而後乃垂爲旒如郭注所云是也前言旂據縿幅言之此言綏據旌竿言之有虞氏注羽爲飾夏始以練約其杠殷又橫木杠端而刻畫之爲重牙以縣縿詳見檀弓周因樹翣其上小爾雅大扇謂之翣疑此翣但爲張扇式其云璧翣者形圓如璧樹翣竿首而後注羽爲飾案喪大記無天子八翣戴璧之

文其云戴圭者稍鋭其上如圭非謂以圭飾翣也璧翣僅見於此亦不云戴璧喪車所建之翣尤無飾玉之理四代相承其文彌盛而旌旗所以示遠等威之辨章采之飾莫著於此故詳述之不宜謂翣別為一事也

是故魯王禮也天下傳之久矣

鄭注傳傳世也此蓋盛周公之德耳嵩燾案周公制禮典章儀物度數之詳必備存於魯藏之故府而太師世掌之東遷以後王綱不振魯人乃私竊襲用其禮樂以成乎僭齊仲孫湫所謂猶秉周禮晉韓宣子所謂周禮盡在魯矣正以周室禮樂之器貽魯人猶世守之惟其儀文度數之備存於魯也魯王禮也正謂周禮而遂侈言魯得用天子之禮樂則亦儒者張魯之過也

禮記質疑卷十四終

禮記質疑卷十五　　思賢講舍

湘陰郭嵩燾伯琛著

喪服小記

爲母括髮以麻免而以布

鄭注母服輕至免可以布代麻也爲母又哭而免嵩燾案奔喪禮奔母之喪於又哭不括髮喪大記母之喪卽位而免士喪禮旣小斂主人降自西階卽位踊襲絰於序東復位乃奠所謂卽位者小斂括髮奉尸移於堂當奠而卽位襲絰母喪於是時易括髮以免鄭云又哭則奔喪之禮入門哭明日又哭又明日三哭記所謂爲母異於父者壹括髮其餘免以終事是也疏當據喪大記之文以正之而引士喪禮卽位以當

又哭之節恐誤案士喪禮卒斂主人馮尸踊髺髮袒奉尸移於堂踊降自西階卽位踊是卒斂至卽位凡三踊不僅爲又哭也古冠皆有笄纚以約髮親始死去冠而笄纚小斂去笄纚而括髮三日成服而後冠則以布約束其髮案喪服女子子在室爲父布總傳曰總六升女子之總與男子之冠同斬衰齊衰之免當亦與冠同免冠而約髮之布外見因謂之免下文虞卒哭則免遠葬者比反哭者及郊而後免君弔主人必免皆玉藻所謂當事免也去冠曰免因遂以約髮者代冠通曰免案鄭注士冠禮免之制未聞舊說以爲如冠狀廣一寸疑免所以代笄纚卽喪服所謂布總髽與免皆以布總其髮也問喪云冠至尊也不居肉袒之體故爲之免以代之辭之文也非謂去冠而始加免以代之也用此知大傳四世祖免竝無緦麻之服但爲之免冠以哀之而已其免當仍笄纚之舊必不製爲廣寸之布以代冠而施之無服之親也免而以布小斂卽位爲母成服以後爲父及齊衰以下之親皆然經文簡括言之耳

男子冠而婦人笄男子免而婦人髽其義爲男子則免爲婦人則髽

孔疏皇氏之說髽有麻有布有露紒今考校正有二髽一是斬衰麻髽一是齊衰布髽皆名露紒嵩燾案鄭注士喪禮婦人髽於室云去纚而紒如今婦人露紒其象也其注奔喪髽即位云去纚大紒曰髽杜預注襄四年左傳髽麻髮合結也疏引鄭衆以爲枲麻與髮相半結之馬融以爲屈布爲巾高四寸著於顙上杜以鄭衆爲長故用其說以義類求之結麻即露紒也喪大記小斂髽帶麻於房中麻者帶經而髽兼斬衰及齊衰以下言之斬衰去纚以麻結髮更無冒覆之者故露紒布髽斂髮而結之不露紒也亦名之布總喪服女子子

在室爲父布總箭笄髽衰三年布總卽髽也鄭注於此云斬衰括髮以麻則髽亦用麻自項而前交於額上卻繞紒如著幓頭倂麻髽爲說甚誤喪服之云成服者五服之制三日始成括髮以麻自在成服前麻髽結髮而已安得繞紒爲幓頭式儀禮所謂髽衰蓋不爲髻而以布總之男子以免代纚婦人亦以髽代纚既免乃始加冠去冠而爲免既髽乃始加笄去笄而亦名爲髽檀弓論髽而云榛以爲笄髽者通辭也冠有六升七升纚纓布纓之分笄有箭笄櫛笄之分而皆以布約其髮曰免者因免冠而著其義曰髽者因總髮而象其形經云爲男子則免爲婦人則髽正謂其制同而所以取義各別也疏意似未盡

爲父母長子稽顙大夫弔之雖緦必稽顙

鄭注爲父母長子稽顙重服先稽顙而後拜也其餘期以下先拜而後稽顙大夫弔士雖是緦服之親亦必先稽顙而後拜嵩燾案士喪禮凡稽顙皆稱拜稽顙檀弓固曰拜稽顙哀戚之至隱也稽顙隱之甚也此蓋周禮然也晉獻公之喪公子重耳稽顙而不拜穆公稱其仁而以爲不成拜經云稽顙舉其重者凡稽顙必先拜也檀弓之云拜而後稽顙稽顙而後拜聖人準校古今之異以達人子之情未宜據以釋周禮也士喪禮衆主人卽位而拜賓惟主人既夕記尸在室有君命衆主人不出鄭注云不二主曾子問季桓子之喪衞君請弔公拜哭康子拜稽顙於位有司弗辨也君命衆主人不出

異國君弔公爲主主人亦不拜賓安有緦服而稽顙之禮經云大夫弔蓋謂士有緦服而大夫弔於其家爲士而弔則亦爲大夫之弔者稽顙也經文簡括而義自完備疏恐失之

親親以三爲五以五爲九上殺下殺旁殺而親畢矣

鄭注已上親父下親子三也以父親祖以子親孫五也以祖親高祖以孫親元孫九也殺謂親益疏者服之則輕嵩燾案鄭意層遞推之是謂有上殺下殺而無旁殺由祖而親高曾由孫而親曾元又以一推二孔疏亦云應以五爲七而言九者曾祖曾孫爲情已遠略其相親之旨引庾氏云高曾二祖曾元二孫服之所同而於經文以三爲五以五爲九之義終不能明何書釋文上至高祖下至元孫凡九族馬鄭說同鄭

注周禮小宗伯及仲尼燕居疏云三族父子孫也子孫皆繫於父言之故於士昏禮三族云父之昆弟己之昆弟子之昆弟凡類而聚之曰族族統於三而成於九九者之等以五服維繫之服止於五上殺下殺旁殺一以五爲節由己而上推至於高祖五世由己而下推至於元孫五世由己而旁推至於三從晜弟五世父也己之身也子也服之統宗也而上溯之下推之旁衍之以制爲服之經皆斷之以五故曰以三爲五合之則九世謂之九族故曰以五爲九鄭注分晰未允

王者禘其祖之所自出以其祖配之而立四廟

鄭注始祖感天神靈而生祭天則以祖配之嵩燾案鄭注祭法以祭昊天於圜邱曰禘祭上帝於南郊曰郊祭五帝五神

於明堂曰祖宗其注大傳云王者之先祖皆感太微五帝之精以生孝經曰郊祀后稷以配天配靈威仰也其注周禮大司樂云天神主北辰地元主崑崙人鬼主后稷三禘大祭也此祭天圜丘以嚳配之鄭意圜丘祭天南郊祭感生帝而以圜丘之祭爲禘又併禘郊三者混合爲一其義皆主於祀天祭法疏禘文在郊前故知是圜丘爾雅釋天禘大祭大祭總得稱禘引河圖握矩記云姜嫄履大人迹生后稷又中候云姬昌蒼帝子以證感生帝之說實爲鄭義所本然爾雅釋天先舉四時之祭以次及祭天祭地祭山祭川兼及師祭馬祭而後言禘言繹所謂禘大祭實主宗廟言之祭法言禘郊祖宗則四代所以宗事其先既配其祖於郊又推其祖所自出

而祭之爲禘魯語言禘郊祖宗報五者國之典祀似祖宗有廟禘郊報三者皆無廟周人宗祀文王於明堂而以后稷兼郊與祖周之創制也而世室之祭不遷則猶祖宗之義也詳見祭法漢書韋元成毀廟議云祭義王者禘其祖之所自出以其祖配之而立四廟言始受命而王祭天以其祖配而不爲立廟親盡也立四親廟親親也極合此經之義而以祭天爲言周秦之交禮經潰失褻天誣祖漢儒因相承爲說董仲舒亦曰天者祖之所從出也其云立四廟自據始有天下言之祖者四廟之始祀虞夏之祖顓頊有未及四世者其時祖宗之名未立而推原四廟之祖所從出而爲之祭殷周以後沿之而奉契禹稷爲始祖祭禮之相襲而文乃漸備也亦時爲之

也其四廟之制則自三代以前所沿而不變者也韋氏元成爲得其義而據祭天爲辭鄭注因之遂以禘當圜邱之祭王肅之難鄭義於此爲尤允　國朝諸儒猶援國語言禘郊者與烝嘗宗廟對文以申鄭義不知烝嘗有廟禘郊無廟而楚語之言天子禘郊諸侯宗廟則正以禘郊賅宗廟之義明禘郊之禮惟天子行之諸侯不得同也固不能據此以證禘郊之均爲祭天矣

庶子王亦如之

鄭注世子有廢疾不可立而庶子立則祭天立廟亦如世子之立也春秋時衛侯元有兄縶嵩燾案繼祖之宗祭祖繼禰之宗祭禰庶子不得與於祭而惟天子絕宗庶子繼世而王

則適者之子孫不得祭其祖而庶子之爲王者主之天子之廟祭所以異於大夫士也曰亦如之者如其所立之四廟而不得有增加也殷之太戊盤庚皆以弟繼立而大戊自禰雍己不得禰小甲盤庚自禰陽甲不得禰祖丁王者以統相繼不繫以宗適子庶子之禮位同而廟之所以序昭穆者亦同止於四而不能以私親入焉明天子之以統相承也注義疑未盡案宋濮王議明興獻王議兩朝議禮諸臣紛如聚訟而無能援引此經之文以正其失者由禮意之有未明也

庶子不祭祖者明其宗也

鄭注言不祭祖者主謂宗子庶子俱爲適士得立祖禰廟者也嵩燾案下文庶子不祭禰者明其宗也鄭云宗子庶子俱爲下士得立禰廟似皆未免望文生義曲禮云禮不下庶人

禮經所述自爲士大夫以上言之而言宗則通法也不能限以士大夫三代宗法所以繫其宗繫之廟祭而已禮經之文垂示大法盡人可以循其文而通其義旣葬而虞而祔固必有主主祭者必宗子推之庶人之薦寢亦猶是也爲長子斬衰與殤與無後者之祭雖在庶人亦猶是也曰明其宗所以示禮之大閑也而宗法因之而立注以宗子庶子俱爲適士明不得祭祖之義然則宗子爲下士庶子爲適士獨可以祭祖乎經義原自廣大專主一義言之卽所不能通者多矣案陳氏集說適子爲適士祭祖及禰庶子雖適士祇得立禰廟不得立祖廟則是庶子之適士以二廟爲一廟又與適子各立禰廟承鄭注申言之而不達禮經之旨亦與鄭注爲牾矣

庶子不祭殤與無後者殤與無後者從祖祔食庶子不祭禰者

明其宗也

鄭注不祭殤者父之庶也不祭無後者祖之庶也無後者昆弟諸父也宗子之諸父無後者爲墠祭之嵩燾案經義明分庶子不祭祖庶子不祭禰二者言之爲巳之昆弟從祖祔食者也祭祖之宗子主之巳之子姓從禰祔食者也祭禰之宗子主之殤者未成人無後則成人而未有子者也上文庶子不爲長子斬斬者成人之服也而以無後專屬昆弟諸父似未盡又掤爲宗子諸父無後者爲墠祭之之說據祭法適士二廟一壇明言顯考無廟有禱焉爲壇祭之顯考者曾祖也無常祭不知所謂爲墠祭之者特祭乎抑壇祭曾祖而使祔食乎考之禮爲無徵施之事亦爲不順祭法之言壇墠者僅

見之金縢所謂禱祭者也似不宜下及士其不曰壇而曰墠以壇封土墠埽地爲從簡也曾祖之正祭不能舉而推及諸父之無後者恐亦無是禮也

從服者所從亡則已

孔疏從有四一是妾爲女君之黨二是子從母服於母之君母三是妾子爲君母之黨四是臣從君而服君之黨其一所從雖亡猶服如女君雖沒妾猶服女君之黨其餘三從所從亡則已嵩燾案義疏服君之黨如君之父母小君本應服不可謂之徒從其說至允喪服爲君之母妻期爲舊君之母妻齊衰三月非獨從君服爲之而已此當據儀禮爲說所從亡則已有三妻爲夫之君期傳曰從服也凡從服降一等其夫三年故妻期夫亡則不服

此從夫而服也妾子爲君母之父母從母小功爲君母之昆弟緦傳曰從服也君母在不敢不從服君母不在則不服此從君母而服也案此經下云爲君母後者君母卒則不爲君母之黨服是妾子君母撫之以爲子君母卒亦不服其黨所以別微也爲母之君母母卒則不服此從母而服也從君母者義繫乎君母從母者義繫乎母君母者嫡母也母之君母母之嫡母也

世子不降妻之父母其爲妻也與大夫之適子同

鄭注世子不降妻之父母爲妻故親之也嵩燾案喪服爲妻之父母緦大夫絕緦大夫之子於兄弟降一等爲從父昆弟庶孫小功是自大夫之子已不應爲妻父母制服而服問云有從有服而無服公子爲其妻之父母鄭注凡公子厭於君降其私親女君之子不降所謂女君之子卽此經之世子也

故喪服大夫之適子爲妻不杖期大夫之庶子爲妻大功傳曰大夫之庶子從乎大夫而降也父之所不降子亦不敢降也大夫不降其適婦是以適子得申其婦之服世子於妻與大夫適子同以適妻亦有傳重之義旣申其妻之服則妻之父母亦不降也此於喪服無徵記禮者表出之鄭云爲妻故親之也於義似未盡

故期而祭禮也期而除喪道也祭不爲除喪也

鄭注謂練祭也期天道一變哀惻之情益衰衰則宜除不相爲也嵩燾案雜記親喪外除兄弟之喪內除外除者服除而哀戚之情無已也期而祭明九月以下之無祭也天子七月而葬諸侯五月大夫三月因有虞祔之祭而除服者無祭是

以期而練再期而祥踰期而禫感天時之變存親而致其哀思以爲之節練而男子除首絰女子除要絰祥而除衰杖禫而除祥冠情有所極則哀有所止除喪者亦因是爲之程焉祭與除喪義一也而情固殊經言祭不爲除喪所以引人子之心於無窮天時人事之既變而悽愴怵惕之心之尤不容以已也期通一期再期言之案此期猶言期程謂祭與除喪皆有期日也祭通練祥禫言之除喪通除首絰要帶衰杖卽吉言之禮也者節文之應感而起由外而致其內者也道也者喪服之積漸而除裁過與不及而納之中者也似未宜據一期字專主練祭言之

三年而後葬者必再祭其祭之間不同時而除喪

鄭注再祭練祥也間不同時者當異月也而除喪已祥則除不禫嵩燾案此經下云久而不葬者惟主喪者不除孔叢子引子思之言三年之喪未葬服不變除何有焉是未葬練祥之服不變而經明言期而祭禮也期而除喪道也祭與除喪明係兩事祭以哀死者練與祥則以生者之哀稍殺而服隨以變也恐無三年不葬竝練祥之祭亦廢不行之理此云再祭與下大功主人之喪必爲之再祭文同而事例各別主喪之再祭據練祥言之此云再祭則初虞再虞之祭也葬有遠近既葬而行虞祭無遠近之分故曰報葬者報虞三年而葬必再虞其云不同時而除喪正謂未葬服不變既葬可以除矣而初虞再虞皆用柔日是間日也既虞而行禫祭爲不急

於除喪故曰不同時案士虞記始虞曰哀薦祫事再虞曰哀薦虞事三虞卒哭曰哀薦成事三年葬者無卒哭之祭故曰再祭說文禫除喪祭也言除喪則必有禫祭矣注云不禫均恐未然

大功者主人之喪有三年者則必為之再祭朋友虞祔而已

鄭注大功為之再祭小功緦麻為之練祭可也孔疏皇氏云死者有三年之親大功主者為之練祥若死者有期親大功主者為之練若死者但有大功大功主者至期小功緦麻至祔故雜記云凡主兄弟之喪雖疏亦虞之謂無三年及期者也嵩燾案注於大功主人之喪外兼及小功緦麻疏又引皇氏兼及死者有期親有大功之親由練祥而期而祔各以是為差甚非經義所繫蓋無三年之親即為無後者從祖祔食

練祥之祭無變除之文闕焉可也有三年者則爲有後其子幼不能主練祥之祭凡服屬親者得主之大功者服屬之猶親者也主喪以是爲限降而至於小功則疏矣其義等諸朋友主喪者大功自盡其親親之誼以終喪爲之節主喪者朋友本非親屬而於死者有相維繫之情以畢喪事爲之節皆仁之至義之盡也而一準乎人之情爲之小功緦之主喪練祥可也虞祔可也不能緣情以爲之節也其云三年者爲之後者之服也有爲之後喪服當有變除練祥之祭變除之禮之所繫也無大功以下之親而朋友主之至虞祔而喪事畢朋友之義盡矣練祥之祭之行於廟朋友所不能與無爲之主則亦聽之而已大功以下之主練祥之祭所以安存者之

心也朋友自盡其心而固不敢越也疏乃推及死者之有期親與有大功之親固無當於經旨也

近臣君服斯服矣其餘從而服不從而稅

鄭注謂君出朝覲不時反而不知喪者近臣閽寺之屬其餘羣介行人宰史也嵩燾案喪服傳曰公卿大夫室老士貴臣其餘皆眾臣也眾臣杖不以即位近臣君服斯服矣鄭注亦云近臣閽寺之屬竊疑近臣在君左右若太宰所屬之內宰宮正宗伯所屬之內史司服等職皆當爲近臣服問云君之母非夫人則羣臣無服惟近臣及僕驂乘從服僕驂乘司馬所屬以出入近比於君則亦從爲之服以此知云近臣者宮府侍御之有職司者也閽人掌守宮門寺人掌內人及女宮

之戒令鄭注內人女御女宮刑女之在宮中者葢皆奄豎刑
餘不足備近臣之列也

虞杖不入於室祔杖不升於堂

鄭注哀益殺敬彌多也孔疏此論哀殺去杖之節嵩燾案此
絰下文練筮日筮尸視濯有司告具而后去杖有司告事畢
而后杖拜送賓鄭注臨事去杖敬也虞祔事異去杖之節亦
異虞於寢有饗神酳獻之事不以杖入室爲行禮故祔於祖
廟祭及所祔之祖不以杖升堂爲不敢戚其祖故士虞禮主
人卽位於堂倚杖入鄭注倚杖西序是也士虞記三虞卒哭
乃餞主人卽位於門東明日祔祝辭曰適爾皇祖某甫以隮
祔爾孫某甫鄭注欲其祔合兩告之堂者祖廟之堂也不敢

以杖升非以室與堂爲哀殺之節也鄭注士虞禮云練杖不入於門練祭於主亦有酳獻之事其杖惟不以入室而已注意以哀殺爲去杖之遠近恐非也

除喪者先重者易服者易輕者

鄭注易服謂大喪既虞卒哭而遭小喪也其易喪服男子易乎帶婦人易乎首嵩燾案間傳斬衰三升既虞卒哭受以成布六升冠七升齊衰四升受以成布七升冠八升去麻服葛葛帶三重此易服者易輕者之義也期而小祥練冠縓緣要絰不除男子除乎首婦人除乎帶此除喪者先重者之義也蓋男子所重者首絰婦人所重者要絰有除無變卒哭不受以輕服既練而遂除之是之謂除喪者先重者男子要絰爲

輕婦人首經爲輕男子既卒哭而易葛帶帶卽要經也既練而要經不除是之謂易服者易輕者下云易服者何爲易輕者也斬衰之喪既虞卒哭遭齊衰之喪輕者包重者特既練遭大功之喪麻葛重言易服所以易輕者以輕者可以重而重者特服也如斬衰卒哭易葛帶與齊衰之麻同遇齊衰之喪則又以麻經加葛之上故曰輕者包包者加其上也既練受服與大功同遭大功之喪牡麻經三月受以小功衰卽葛是斬衰之葛帶初加大功之牡麻旋又加大功受服之葛故曰麻葛重喪服升數輕重皆有定可以一見而知其斬衰兼有齊衰及大功之喪也有重喪而後有輕喪視所受服之輕重適均兼服之先有輕喪而後有重喪則以重者易其輕者

間傳固曰麻同則兼服之服重者則易輕者也除喪先重者易服易輕者二語爲之綱其卒哭以後更遭喪麻葛同者兼服之重者特服之則又間傳之推廣其義以釋服輕者可以易之故注牽合爲說並間傳所記辭義皆失之矣

復與書銘自天子達於士其辭一也

鄭注所謂殷禮也殷質不重名復則臣得名君嵩燾案曲禮天子曰天子復諸侯曰某甫復鄭注士喪禮臯某復云死者之名喪大記凡復男子稱名婦人稱字通辭也不以上施之天子諸侯經云復與書銘自天子達於士並不云天子名釋名銘名也述其功美使可稱名也周禮大師大喪廞作匱謚鄭司農云陳其生時行迹爲作謚小祝置銘士喪禮云爲銘

各以其物曰某氏某之柩銘以表柩而大師之作諡者亦曰匱諡則卽以諡書之銘以表柩也劉熙所謂述其功美可稱名者是也周禮夏采大喪以冕服復於大祖以乘車建綏復於四郊祭僕又復於小廟與士之中屋招以衣者異矣而曰天子復曰臯某復其辭同也司常大喪共銘旌王建大常諸侯建旂孤卿建旜大夫士建物所以爲銘者異矣而曰天子之柩曰某氏某之柩其辭同也辭同而稱名固不同似未宜假辭爲名而據爲殷制也

斬衰之葛與齊衰之麻同齊衰之葛與大功之麻同麻葛皆兼服之

鄭注男子則絰上服之葛帶下服之麻婦人則絰下服之麻

同自帶其故帶也兼服之文主於男子嵩燾案麻葛兼服之文詳見閒傳記者略節取之喪服傳曰齊衰大功冠其受也斬衰卒哭而受齊衰故卒哭之葛絰與齊衰之麻同旣練而受大功故旣練之葛絰與大功之麻同凡新喪皆服麻前喪已易葛絰而復有新喪則麻葛兼服兼服者必麻葛之同者也斬衰卒哭而有齊衰之喪旣練而有大功之喪齊衰卒哭而有大功之喪皆麻葛兼服閒傳舉此爲例知斬衰卒哭而有大功之喪麻葛不同者卽不兼服也故曰服重者則易輕者男子首絰有除無變除則服新喪者之服不除不兼服也婦人要絰有除無變除則服新喪者之服不除不兼服也凡兼服者麻葛重鄭謂兼服之文主於男子非經義所存也

士祔於大夫則易牲

孔疏雜記云士不祔於大夫謂先祖兄弟有爲士者當祔於士不得祔於大夫也嵩燾案說文祔後死者合食於先祖經所謂卒哭而祔是也殤與無後從祖祔食則因祭而祔從爲之名檀弓衞人之祔離之魯人之祔合之又通其名於葬雜記士不祔於大夫祔於大夫之昆弟無昆弟則從其昭穆所謂祔者祔葬也周禮冢人掌公墓之地以昭穆爲左右即此義案戴記言祔者或言祔廟或言祔葬各有取義槪以祔廟釋之遂成抵牾此經云士祔於大夫則祔廟之禮也與雜記之云士不祔於大夫自別雜記又云上大夫之虞少牢卒哭祔大牢下大夫之虞犆牲卒哭祔少牢是祔廟禮隆而各有其等士祔於大夫謂祖爲大夫而孫

以士祔之當仍大夫之牲不以士牲疏引雜記爲說宗廟昭穆之次豈能以大夫士爲斷謂當祔祖兄弟之廟尤恐失之

繼父不同居也者必嘗同居皆無主後同財而祭其祖禰爲同居有主後者爲異居

鄭注見同財則期同居異財故同居今異居及繼父有子亦爲異居則三月嵩燾案喪服齊衰不杖期章繼父同居者傳曰夫死妻稺子幼子無大功之親與之適人所適者亦無大功之親以其貨財爲之築宮廟歲時使之祀焉則繼父之道也同居則服齊衰期異居則服齊衰三月必嘗同居然後爲異居未嘗同居則不爲異居儀禮於繼父之義詳矣於異居之說但以昔同今異爲辭而未詳其義此云有主後者爲異

居所以補儀禮之所未詳也葢凡爲繼父者必毋嫁子無所依後夫爲之婚娶以有室家使之修其祖父之祭而後謂之繼父繼父無後又無大功之親而爲之主其喪則爲同居期繼父有主後不爲之主其喪而但以恩服之則爲異居齊衰三月同居言皆無主後兼子言之異居言有主後者專指繼父言之此經與儀禮喪服傳正互相發明爲之婚娶築宮廟則異居矣案儀禮爲之築宮廟使自祭其祖禰此云同財而祭其祖禰爲同居則繼父之祖禰也繼父無主後子又未有宮廟而從繼父以祭此之謂同財異居者明不爲之主後也鄭注一以同財爲義又創爲同居異財之説似失經旨

祔葬者不筮宅士大夫不得祔於諸侯祔於諸祖父之爲士大夫者其妻祔於諸祖姑妾祔於妾祖姑亡則中一以上而祔祔

必以其昭穆諸侯不得祔於天子天子諸侯大夫可以祔於士

鄭注士大夫謂公子公孫爲士大夫者不得祔於諸侯卑別也既卒哭各就其先君爲祖者兄弟之廟而祔之中猶間也

孔疏若夫祖無妾則又間曾祖而祔高祖之妾嵩燾案此經前云別子爲祖鄭注諸侯之庶子別爲祖謂之別子者公子不得禰先君天子諸侯絕宗公子公孫之爲大夫士者皆謂之別子不祔於祖而祔於其祖兄弟之廟情不相屬義不相統宗法紊而廟制之從祖合食者亦濫矣春秋隱五年穀梁傳禮庶子爲君爲其母築宮使公子主其祭於子祭於孫止妾主無祔廟者天子諸侯達之大夫士皆然也案鄭注大司樂以享先妣云姜嫄也后稷不得祖帝嚳而爲姜嫄立廟其後周有天下推原后稷之生而有先妣之祀魯頌之云閟宮者是也而

謂妾閒曾祖而祔高祖之廟循昭穆之文而亂尊卑之次尤爲悖禮周禮冢人掌公墓之地公墓者王族之統於王公族之統於諸侯者也而云辨其兆域爲之圖先王之葬居中以昭穆爲左右凡諸侯居左右以前卿大夫居後各以其族所云前後當與王墓別爲一行而依昭穆之次自分前後天子諸侯各自爲兆域卿大夫與士亦各爲兆域公子公孫爲大夫者祔於大夫爲士者祔於士其祖爲士而子孫爲大夫則從祖而祔不能舍其祖而別祔其族之爲大夫者推而至於始爲天子諸侯者其祔亦同也案大傳追王太王亶父王季歷文王昌自周有追王之禮武王祔於王季成王祔於文王其昭穆之廟皆王也亦無天子祔於士廟之事推而至於墓大夫掌邦墓之地凡國民之族葬者其祔亦同也妾祔別爲兆域亦

以昭穆爲次案據此經公墓分昭穆各爲一行以諸侯大夫士爲先後之次而妾自爲一行無妾祖姑卽中間一兆以明之妾當祔妾祖姑無妾祖姑則中空一兆爲虛位以間別之不能使孫妾越祖姑而上二世以祔於妾高祖姑也案此經下云妾無妾祖姑者易牲而祔於女君乃爲祔廟之禮與此義別經明言祔葬者不筮宅以發其例鄭注一以祔廟爲辭證之禮經而固不能通矣

宗子母在爲妻禫

鄭注宗子之妻尊也孔疏賀瑒云父在適子爲妻不杖不杖則不禫父沒母存爲妻杖宗子尙然其餘適子母在爲妻禫賀循云宗子爲妻禫其餘適庶母在爲妻竝不得禫也賀循又云婦人尊微不奪正服厭其餘服宗子妻尊母所不厭嵩燾案疏意以父在適子爲妻不杖爲厭正服母在不禫爲厭

餘服以實求之父在適子爲妻不杖期父主喪故也非厭服也故父在庶子爲妻杖母在不禫不敢爲妻申其哀爲尊厭也於母且然於父可知故庶子在父之室爲其母不禫宗子之妻所以禫者父沒則宗子之妻代母爲主婦得申其哀也凡爲適長子卽宗子也其不云適子者明惟宗子之妻爲主婦者然也疏引賀氏三說於經義均未分明

爲慈母後者爲庶母可也爲庶祖母可也

鄭注此皆子也傳重而已不先命之與適妻使爲母子也緣爲慈母後之義父妾之無子者亦可命已庶子爲後嵩燾案喪服慈母如母傳曰妾之無子者妾子之無母者父命妾曰女以爲子命子曰女以爲母若是則生養之終其身死則喪

之三年如母貴父之命也此經又通其義於庶祖母所謂後者爲之制服而主其喪也喪服士爲庶母緦大夫以上無服而君子子爲庶母慈己者小功云慈己則是不命爲母子者無父命而有慈己之恩亦爲之制服庶祖母慈己者不見於喪服而通謂之爲慈母後其制服亦當與慈母同先王制禮精義以濟人道之窮有如此者子無母者恃慈母以生庶母無子者恃所慈之子以養有父命則三年無父命而有慈己之恩則小功五月其庶母或有子或無子其制服皆同然但云爲慈己者服不得云爲後也後者制服而爲之主其喪庶母與庶祖母之爲慈母同也鄭注以傳重爲言疏因謂庶母庶祖母已經有子而子死爲立後若無子不得立後竝引賀

殤云服於慈母三年猶爲己母不異異於大宗之降本也非獨傳重與爲後者無所取義竝儀禮慈母之文亦失其旨矣

爲殤後者以其服服之

鄭注言爲後者據承之也殤無爲人父之道以本親之服服之嵩燾案曾子問宗子爲殤而死庶子弗爲後也鄭注族人以其倫代之明不序昭穆立之廟疏引以釋此經又云既不以父服服殤而來後其宗事之如子又云爲殤者父作子應服以兄弟之服而云以本親之服服者當在未後之前不復追服似與注義亦不相屬案殤者之父立後不得云爲殤後殤服齊衰以下皆降爲父後者之兄弟顧獨不降於義無取疏知其未安也因以本親爲爲父後者之本服若從父昆弟從祖昆弟之屬謂在未爲後前證之經義尤覺迂迴不可通鄭意謂承殤者之宗而不爲之制服疑曾子問

庶子弗爲後此云爲殤後義各有取蓋周末之變禮也襄九年左傳國君十五而生子是國君生子僅及中殤之年上云丈夫冠而不爲殤婦人笄而不爲殤曲禮二十曰冠三十曰壯有室冠而不爲殤則有未及二十而冠者冠有爲人父之道而其年猶殤也長殤中殤之服大功下殤小功自齊衰以下仍各以殤服服之而爲之後者不降蓋在殤而冠則亦可以立後冠而不爲殤爲之後者自不能以殤服降也與上義正相承不宜援曾子問之文以證殤者之必不可爲立後也

齊衰三月與大功同者繩屨

鄭注雖尊卑異於恩有可同也孔疏齊衰爲尊大功爲卑而三月爲恩輕九月恩稍重制之在尊卑深淺之間嵩燾案儀

禮喪服斬衰菅屨齊衰疏屨齊衰不杖期麻屨齊衰三月以下無文記禮者補著之齊衰三月者義重而恩殺義重故隆其服恩殺故減其月衰裳絰杖皆齊而屨獨異屨輕從降也麻屨繩屨降之等也繩者麻之成縷者也齊衰三月與大功同繩屨明屨者服之餘可以漸殺而輕也準此以推小功緦皆繩屨而有疏細案鄭注喪服云舊說小功以下吉屨無絇據士冠禮元端黑屨素積白屨爵弁纁屨是冠屨皆有等吉屨不以飾喪明矣周禮屨人有命屨功屨散屨之分鄭注散屨去飾其注儀禮繐屨云喪屨也縷不灰治曰繐小功緦之屨當爲繐屨不當徑以吉屨疏沿鄭意以齊衰大功較其尊卑深淺恐非經旨

練筮日筮尸視濯皆要絰杖繩屨有司告具而后去杖筮日筮尸有司告事畢而后杖拜送賓

孔疏既告三事辦具將欲臨事故孝子去杖筮日與尸二事皆有賓來占事畢孝子更執杖以拜送賓不言視濯者視濯輕而無賓嵩熹案特牲饋食禮宿賓鄭注賓在有司中其筮日筮尸有筮人及宰及宗人及有司羣執事既筮宗人告事畢而不拜賓其視濯宗人升自西階告濯具賓出主人出宗人視牲雍正作豕告事畢賓出主人拜送凡有司之屬若筮人宰宗人雍正皆賓也此經與儀禮之文互相備前言要經杖繩屨詳其服後言拜送賓著其儀筮日筮尸視濯三者同也去杖事畢而後杖則筮日筮尸二者之異蓋視濯者視有司之滌溉而已不親爲之故不去杖案士虞禮主人即位於門西宗人告有司具遂請拜賓入門哭即位於堂主人倚杖入是臨祭去杖告具拜賓皆不去杖涖尸告神而後有事於

筵故有去杖反杖之節其拜送賓則同禮文錯綜言之以見義孔疏並儀禮覿濯拜賓之文亦不一省究宜其於經旨無所發明也

庶子在父之室則爲其母不禫

鄭注妾子父在厭也孔疏此謂不命之士父子同宮者若異宮則禫之嵩燾案此經前云爲父母妻長子禫喪服父在爲母齊衰期爲妻亦期子統於父期而除喪父主之士妾有子而爲之緦而其子自期雜記期之喪十一月而練十三月而祥十五月而禫父在爲母皆然庶子在父室不敢爲其母禫所以避尊也喪服傳昆季之義無分然而有分者避子之私也故有東宮有西宮有南宮有北宮以此推之命士以上之

異宮必在授室之月陸氏佃云在父之室謂未娶者較疏義

爲長雜記主妾之喪自祔至於練祥皆使其子主之其殯祭

不於正室不於正室則不在父之室也疏分命士與不命之

士言之似未允

庶子不以杖即位父不主庶子之喪則孫以杖即位可也

鄭注祖不厭孫孫得伸也嵩燾案雜記爲長子杖則其子不

以杖即位以杖即位爲主喪𡋯弔言之鄭注喪服適子父在

則爲妻不杖以父爲之主也服問曰君所主適婦父在庶子

爲妻以杖即位是衰喪爲主則杖不爲主於妻不杖於父母

則不以杖即位子爲父無不杖者喪大祭子皆杖不以即位

明庶子之不爲喪主也杖同而以杖即位異非有所厭也不

主喪也其不得爲喪主者不杖如祖父母世父母叔父母爲人後者爲其父母皆不杖期爲祖父母承重則杖矣經明言庶子不以杖卽位父不主庶子之喪則孫以杖卽位所異在以杖卽位與不以卽位而已而云祖不厭孫非經旨也

諸侯弔必皮弁錫衰

孔疏此有二種一弔異國臣若自弔己臣則素弁環絰錫衰也鄭云國君於其臣弁絰他國之臣環弁一自弔己臣未當事皮弁錫衰當事乃弁絰嵩燾案周禮司服職凡弔事弁絰服王爲三公六卿錫衰爲諸侯緦衰爲大夫疑衰其首服皆弁絰弁師職王之弁絰弁而加環絰司服著其儀弁師詳其制弁而加環絰卽此經之皮弁加環絰耳鄭注周禮弁絰云

其弁如爵弁而素於禮無可徵者案檀弓天子之哭諸侯也爵弁絰紂衣鄭注士冠禮皮弁白鹿皮爲冠爵弁色赤而微黑如爵頭然是皮弁本近素而天子於諸侯爵弁絰明但加絰而已不易冠也戴德言君弔臣素弁加絰諸侯相弔皮弁加絰同國大夫素冠加絰同國士朝服加絰意爲分斷疑所謂素弁素冠與皮弁朝服皆當爲常服無天子大夫有弔冠諸侯士常冠之理弔服加絰亦不應謂之喪冠也

養有疾者不喪服遂以主其喪非養者入主人之喪則不易己之喪服

鄭注遂以主其喪其爲主之服如素無喪服嵩燾案養疾而遂爲之主喪謂大功以上之親無後者其云喪服必輕於所養之親無居重喪而變服以侍人疾之理或侍伯叔父母之

疾則所服與己之爲重服者同疾者亦自有服侍疾者雖喪服可也經意渾括言之其爲之主亦小歛而免成服而杖非養而入主人之喪亦同惟養疾者去舊有之喪服而服新服非養者不去舊有之喪服而易新服舊服與新服均則兼服之然爲之主則新喪之重於舊喪可知服重者亦不爲輕者主其喪也鄭云爲主之服如素無喪服似於義未愜

妾無妾祖姑者易牲而祔於女君可也

鄭注女君適祖姑也嵩燾案此與上妾祔於妾祖姑文同而義各別祔葬與祔於廟以昭穆爲次同也春秋隱三年君氏卒左傳云聲子也不赴於諸侯不反哭於寢不祔於姑故不曰薨不稱夫人似凡妾不祔廟隱二年夫人子氏薨五年考

仲子之宮是又祔而不配杜預注諸侯無二嫡惠公元妃孟子配故仲子別立宮其書薨則固祔於廟矣案定十五年姒氏卒左傳亦云不稱夫人不祔哀十二年孟子卒則昭公之夫人也禮當祔廟亦不稱夫人而文四年夫人風氏薨爲僖公之母宣八年夫人嬴氏薨爲宣公之母昭十一年夫人歸氏薨爲昭公之母均非適而以君母稱夫人宜別立宮其祔禮並同穀梁傳庶子爲君爲其母築宮其卒也當祔於妾祖姑之宮或以適嗣無妾祖姑之宮則祔於女君祔於妾祖姑別廟也禮之正也祔於女君則禰廟也禮之權也仲子薨逾三年而爲之立宮卒哭祔廟可知何休注公羊傳妾母卑雖爲夫人猶別廟而祭之疑此當爲諸侯之禮喪服妾爲女君鄭注適妻也凡言適皆謂之女君鄭於此以適祖姑釋之恐誤

主人未除喪有兄弟自他國至則主人不免而爲主

鄭注親質不崇敬也孔疏君來弔雖非時亦爲之免若五屬之親主人不爲之免嫌親始至亦應崇敬爲免如君故明之

嵩燾案奔喪禮奔喪者非主人則主人爲之拜賓送賓奔喪者免麻於序東與主人哭成踊於又哭三哭皆免袒奔喪者不及殯先之墓齊衰以下免麻於東方與主人哭成踊襲有賓則主人拜賓送賓遂冠歸於又哭三哭猶免袒成踊若除喪而后歸則之墓哭成踊東括髮袒絰拜賓送賓又哭遂除主人之待之也無變於服與之哭不踊齊衰以下所以異者免麻凡喪禮冢子主喪爲主人餘爲衆主人有司執事及凡弔問者皆賓也奔喪禮分別主人與非主人而統於齊衰以下其實適子庶子不主喪者皆不得爲主人拜賓送賓一以

冢子爲主曾子問所謂喪不二主是也經云兄弟自他國至蓋主人之兄弟同服斬衰者奔喪禮言與主人哭成踊襲既踊而襲則主人亦免袒可知除喪而歸主人括髮袒絰遂除衆主人不變服衆主人兼主人之兄弟言之兄弟不變服則主人亦不變服可知經云未除喪蓋練祥以後將禫而未除所服餘服而已不待免也兄弟括髮袒而服祥服主人不免而爲之拜賓一如奔喪之禮而殺其文奔喪禮言既葬言除喪此經云未除喪正所以補奔喪禮之闕爲練祥以後異於始葬及除服時也鄭云親質不崇敬疏遂援君弔雖不當免時亦免爲證似失經旨

陳器之道多陳之而省納之可也省陳之而盡納之可也

鄭注多陳之謂賓客之就器也以多爲榮省陳之謂主人之明器也以節爲禮嵩燾案既夕禮陳器有二遷柩於祖薦車陳明器於乘車之西乃祖賓賵若賻若贈奠幣如初就器則坐奠於陳鄭注陳者明器之陳是賓就器皆陳於明器之次就者成也賓助葬者必以成器此陳之廟門內者也既遣奠行器茵苞器序從車從至於壙陳器於道東西此陳之壙前者也士喪禮襲有明衣裳有祭服有陳衣陳衣者庶襚也不盡用葬有苞筲甕甒有用器有燕樂器有役器有燕器而無祭器鄭注士禮略大夫以上兼用所謂祭器卽就器也甕甒之屬適於用者卽祭器檀弓固曰祭器人器也明器以餙葬就祭則賓之助葬者不必盡用鄭注是也然陳之廟門內將

命奠幣無不陳者陳之壙而遂窆則所陳器當盡納之壙中疑多陳之謂陳之廟門內者省陳之謂陳之壙前者玩兩可也字之義當言行器至壙或盡以從或擇而從之皆惟所便既夕禮藏器於旁加見藏苞筲於旁加折是明器皆藏之槨中喪大記棺槨之間君容柷大夫容壺士容甒所藏器亦當有數陳器納器各視所宜而已非喪紀之所存也

與諸侯爲兄弟者服斬

鄭注謂卿大夫以下言諸侯者明雖在異國猶來爲三年嵩燾案喪服傳始封之君不臣諸父昆弟封君之子不臣諸父而臣昆弟封君之孫盡臣諸父昆弟蓋始封國其諸父昆弟不必從之國無相臣之禮故諸父昆弟之相臣屬斷自封君

之子始經不言與君爲兄弟而言與諸侯爲兄弟蓋謂始封之君也始封之君其昆弟從之國君猶爲之服期以示不相臣之義而兄弟之從之國者不敢不以臣道自處既從之國則固以君道臨我也故當爲之服斬陸氏佃云始封之君兄弟猶服斬所臣兄弟可知鄭注雖在異國來爲三年疑諸侯之兄弟何爲而在異國既仕於異國不相爲臣應從父兄之服若能來歸則固臣也卿大夫以下爲君服斬又何待言哉鄭注恐誤

其妻爲大夫而卒而后其夫不爲大夫而祔於其妻則不易牲妻卒而后夫爲大夫而祔於其妻則以大夫牲

鄭注不易牲以士牲也此謂始來仕無廟者無廟者不祔宗

子去國乃以廟從孔疏此謂始來仕無廟者若其有廟當祔於其祖不得祔於其妻宗子去國以廟從則祔於祖矣嵩燾案祔於其妻謂祔其妻於祖姑猶言致祔於其妻也禮無以夫祔妻之文妻雖先死亦祔於夫王制齊衰大功之喪三月不從政大夫三月而葬虞祔以前不應從政無因而有不爲大夫與爲大夫之異經意但明喪祭從厚之義舉此以見例耳言大夫之妻死斂殯皆以大夫案中庸父爲大夫子爲士葬以大夫祭以士父爲士子爲大夫葬以士祭以大夫惟夫婦禮均故但據妻言之及葬而祔其夫已不爲大夫仍以大夫之禮成之不易牲者不易大夫之牲也士之妻死斂殯皆以士及葬而祔其夫已爲大夫則用大夫之牲蓋死及祔其禮相承爲日無幾喪祭有從厚無從薄舉爲大夫與不

爲大夫之在此三月中者皆得用大夫之禮也若爲日已遠而追從其厚則亦僭而已矣此當微會經意而得之鄭注誤

女子子在室爲父母其主喪者不杖則子一人杖

鄭注在室亦童子也則子一人杖謂長女許嫁及二十而笄笄爲成人成人正杖也嵩燾案儀禮喪服傳曰童子何以不杖不能病也婦人何以不杖亦不能病也蓋據妾爲女君婦爲舅姑不杖期爲說而爲父爲長子妻爲夫皆斬衰苴絰杖絞帶女女子在室爲父布總箭笄髽衰三年獨變文言之是女子在室爲父亦不杖也喪服傳言杖之義三爵也擔主也輔病也而主喪者必杖婦人不主喪而杖惟妻爲夫而已餘皆不杖女女子在室爲父母無主喪者齊衰以下爲之主則

長者一人杖杖者爲之內主也經援儀禮婦人不杖之義而明女女子在室亦有杖者以發明其例猶喪服傳之言擔主也

緦小功虞卒哭則免

鄭注言則免者則既殯先啟之間雖有事不免嵩燾案士喪禮小斂主人髻髮袒衆主人免於房既夕禮公賵衆主人袒凡袒必免衆主人下賅及小功緦喪禮小斂大斂殯皆袒踊其朝夕奠有踊無袒是自殯以後雖主人無免者而此經前云君弔雖不當免時主人必免親者皆免五服之屬在喪次通謂之親者君弔亦皆免也兄弟除喪而服葬服虞卒哭猶免小功緦在殯當免時無不免之理鄭注於此推廣言之恐

非禮意

除殤之喪者其祭也必元除成喪者其祭也朝服縞冠

鄭注殤無變文不縟冠元端黃裳而祭不朝服未純吉也於成人爲釋禫之服縞冠未純吉祭服也既祥祭乃縞素麻衣

嵩燾案士冠禮元端元裳黃裳雜裳可也特牲饋食記其服皆朝服元冠惟尸祝佐食元端元裳黃裳雜裳可也鄭注並云上士元裳中士黃裳下士雜裳然儀禮通言之似惟朝服素裳元端之裳兼此數者自天子下達於士同也就經義求之言必元者元端而已元端之裳惟所用亦不必皆元也此與下朝服縞冠對文所異者冠耳雜記祥主人之除也於夕爲期朝服鄭注既祭元端而居是元端亦士燕服除殤喪不

朝服禮簡也其服則吉服也案鄭注雜記引釋禫之禮云元衣黃裳黃裳者未純吉也元衣黃裳即元端而云未純吉未詳所據除成喪朝服而仍縞冠縞冠者祥冠也案經言除喪有通言之者凡變服皆曰除如云除喪者先重者除是也有專言之者則禫祭也論語所謂去喪無所不佩也喪之祭猶縞冠不敢遽即吉也戴悳變除禮禫元衣黃裳乃服禫服朝服綅冠踰月吉祭元端朝服既祭元端而居然則朝服縞冠爲祥之變除服朝服綅冠即禫而纖之纖禫之變除服也鄭謂黑經白緯曰綅由縞而漸即吉爲禫服經云除殤喪除成喪下統卑幼言之縞冠而除除喪矣無變除也除殤喪吉服而文不縟除成喪不敢純吉而文縟所以示別如此

禮記質疑卷十五終

禮記質疑卷十六

思賢講舍

湘陰郭嵩燾伯琛著

大傳

大夫士有大事省於其君干祫及其高祖

鄭注大事寇戎之事也省善也善於其君謂免於大難也干猶空也空祫謂無廟祫祭之於壇墠孔疏此言支庶爲大夫士者耳若適爲大夫亦有太祖故王制云大夫三廟一昭一穆與太祖之廟而三若有善於君得祫亦祫於太祖廟中徧祫太祖以下嵩燾案大夫士宗廟有常制無因有功而賜祫祭之文襄公十二年左傳祭以特羊殷以少牢杜注四時祀以一羊三年盛祭以羊豕似卽以祫當殷祭大夫廟祭宜有

祫案說文祫大合祭先祖親疏遠近也周禮曰五歲一禘三歲一祫疑大夫士無太祖廟不得有三歲之祫而禘祫禮數亦與時祭同無加牲雜記上大夫之虞少牢卒哭祔太牢下大夫之虞特牲卒哭祔少牢虞祔禮均而用牲各別則時祭亦或有加盛者左傳言祭言殷祇渾言之不必卽爲三年之祫鄭據祭法大夫三廟二壇因謂祫祭之於壇墠尤乖禮意祫有大祫有常祫王制天子犆礿祫禘祫嘗祫烝諸侯礿犆禘一犆一祫嘗祫烝祫是四時祭一犆而已餘皆祫禮器周旅酬六尸卽據時祫言之大夫士廟制不及高祖而得祀高祖於祖禰之廟通謂之祫干者自下干上之詞經云干祫言上溯而祭之異於天子諸侯之卽太祖廟以合祭羣祖也其云大夫士有大事省於其君兼士言之以明天子諸侯君道也大夫士皆臣道也有大事必省告於君而不敢自爲制非若天子諸侯之得以自盡其

孝享也惟然而廟止於三高祖之親不得立廟以逾其制祫祭止於高祖高祖以上無服之親不得合食於太祖以隆其報分有所統制有所限不敢專也經義本極明曉舊注皆失之

又案祭法言廟制曰考曰王考曰皇考曰顯考曰祖考大夫三廟則顯考以上無廟而禱之於壇是以大夫士廟祭無上及高祖之文程子言自天子至於庶人五服未嘗異皆至高祖服既如是祭祀亦須如是七廟五廟止是祭及高祖大夫士或三廟二廟一廟或祭寢亦不害祭及高祖詳味此經之文而知程子精義之學其事固具於是也大夫三廟止於曾祖士一廟祭禰而已而經於高祖之祭通大夫士言之各視

所立之廟上推之以及高祖故曰干祫案王制大夫亦有太祖而繼世為大夫則奉太祖以祫祭高祖始為大夫則奉高祖以祫祭所立之廟其義正互相備孔疏於此自為有見春秋文公二年大事於太廟公羊傳云大事者何大祫也凡祭皆謂之有事士喪禮卜日卜人奠龜鄭注引周禮卜師為證是士卜日皆請命有司襄公三十年左傳豐卷將祭請田焉弗許大夫家廟請命於君乃行田少儀亦有祭而致膳於君之文所謂有大事省於其君荅大夫士有事於宗廟亦告於君也舊注謂有功而見省錄於君固為失之經明言大夫士皆得祫及高祖之義鄭注一失其解遂使大夫士廟祭數百年而未有定程子之言垂法萬世而禮經實已詳及之通觀王制祭法之文而求其義未有能易此者也

五曰存愛

鄭注存察也察有仁愛也孔疏察於民下側陋之中而有仁愛之心亦賞異之嵩燾案說文存恤問也愛者民所愛慕如封比干之墓式商容之閭皆是推至凡有功德於民堯後封祝舜後封陳夏後封杞竝統於存愛之中論語舉逸民即此舉賢使能之事論語興滅國繼絕世即此存愛之事姚氏舜牧云先世功德遺愛在民興滅繼絕所以存之最合經旨所先者五而民不與言聖人治天下無非為民而固不於民求之先此五者未嘗有與於民事而民因之以贍足矣蓋非獨使人觀感振興親親尊賢存其遺愛乃所以立人道之極也疏云王者所急行民不得干與恐失之

其夫屬乎父道者妻皆母道也其夫屬乎子道者妻皆婦道也謂弟之妻婦者是嫂亦可謂之母乎

鄭注謂之婦與嫂者以其在己之列以名遠之耳復謂嫂爲母則令昭穆不明昆弟之妻夫之昆弟不相爲服不成其親也嵩燾案鄭義至精而釋經文徵近鑿陳氏集說云弟妻不可謂之爲婦猶兄妻不可謂之爲母言皆不可也變易鄭注益成乖忤爾雅女子謂兄之妻爲嫂弟之妻爲婦長婦謂稚婦爲娣婦娣婦謂長婦爲姒婦喪服娣姒婦小功是兄弟之妻相謂通曰婦而男子無稱以嫂叔不通問不相爲服故亦竝無稱名以示別喪服傳曰夫之昆弟何以無服也其夫屬乎父道者妻皆母道也其夫屬乎子道者妻皆婦道也夫之

祖父母世父母叔父母屬乎父道者也從而爲之名父母道均也姪亦大功傳曰謂吾姑者吾謂之姪此屬乎子道者也從而爲之名子婦道均也傳曰世父叔父何以期也與尊者一體也世母叔母何以亦期也以名服也是故世父叔父猶父也昆弟之子猶子也而男子相謂曰昆弟之妻婦人相謂曰夫之昆弟不能爲之名曰昆弟之妻猶妻也弟妻曰婦從弟爲之名也而不能以婦道屬之兄猶之兄之妻不能以母道屬之弟也兩無所繫則昆弟之妻有相別也無相親也故不得爲之服所謂主名治會際是也經引喪服傳文而無何以無服一語鄭注補出之於禮文極有關會而獨於謂弟之妻婦是嫂亦可謂之母二語但求之文辭之末而不能會其

義集說因之而益歧矣

服術有六一曰親親二曰尊尊三曰名四曰出入五曰長幼六曰從服

鄭注親親父母爲首尊尊君爲首名世母叔母之屬也出入女子之嫁者反在室者長幼成人及殤也嵩燾案經義主五服之親言之喪服斬衰章爲父傳曰父至尊也妻爲夫傳曰夫至尊也妾爲君傳曰君至尊也齊衰不杖期章爲祖父母傳曰至尊也世父叔父期傳曰與尊者一體也尊尊之推也齊衰杖期章父在爲母傳曰至尊在不敢申其私尊也齊衰三月章爲曾祖父母傳曰不敢以兄弟之服服至尊也又尊尊之變也齊衰期章爲妻傳曰妻至親也而大夫爲世父母

叔父母子昆弟昆弟之子爲士者大功傳曰尊不同也尊同則得服其親服大夫爲姑姊妹女女子嫁於大夫者君爲姑姊妹女女子嫁於國君者大功傳曰尊同也尊同則得服其親服又親親之變也齊衰不杖期章世母叔母傳曰何以亦期也以名服也士爲庶母乳母緦傳曰以名服也從母昆弟緦傳曰以名服也從母小功傳曰以名加也齊衰期章父卒繼母嫁從爲之服傳曰何以期也貴終也又名之變也大功章姑姊妹女子子適人者傳曰何以大功也出也夫之姑姊妹娣姒婦小功傳曰相與居室中則生小功之親焉姑姊妹之小功出焉而爲小功也娣姒婦之小功入焉而爲小功也而姑姊妹女子子適人無主者期傳曰何以期也爲其無祭

主也又出入之變也女子子適人者爲父母期反在父之室爲父三年亦出入之變也長幼之相爲服者報也齊衰不杖期章昆弟之子傳曰何以期也旁尊也不足以加尊焉故報之也夫之昆弟之子期傳曰何以期也報之也小功章從祖祖父母從祖父母報爲甥緦傳曰報之也爲壻緦傳曰報之也爲姑之子緦傳曰報之也以長幼爲之名服之所以有報也其從服之見於喪服者尤詳故凡服制有三治上治下治旁治是也準而行之有四義由上治而準之曰尊尊由下治而準之曰親親由旁治而準之曰長長曰男女有別是也推而衍之有六術由尊尊而衍之曰名由親親而衍之曰出入由長幼而衍之曰從服是也殤服之起於大功服之降也不

足盡長幼之義鄭注於此似未允

自仁率親等而上之至于祖名曰輕自義率祖順而下之至于禰名曰重

鄭注用恩則父母重而祖輕用義則祖重而父母輕恩重者爲之三年義重者爲之齊衰嵩燾案鄭以祖禰分輕重於義爲舛等而上之至于祖祖者通辭也自仁率親由父而上推之至于祖而齊衰期至於曾祖至於高祖而齊衰三月高祖以上無服遠則仁有不及也故曰輕自義率祖祖者太祖也順而下之有大宗有小宗繼太祖之大宗百世不遷繼高祖以下之小宗五世而遷宗者宗其所自出之祖也義繫於祖則祖爲重仁以服制言義以宗法言故自此以下皆據宗法

言之

君有合族之道族人不得以其戚戚君位也

鄭注君恩可以下施族人不得以父兄子弟之親自戚於君位謂齒列也嵩燾案人君絶宗故君之別子自爲祖自諸父昆弟皆臣也君爲之絶服而服君者皆斬衰是以穀梁傳云諸侯之尊兄弟不得以屬通然周禮大宗伯以飲食之禮親宗族兄弟文王世子族食世降一等合族而綴之以食親疏之等亦於是辨焉而君於其宗族自序親疏宗族之親者疏者一以臣道將之不敢各以其親與君爲齒列鄭注訓位爲齒列極允疏但以上親君位釋之又云兄弟親屬多篡代之嫌令遠自卑退以後世猜嫌之術釋經尤爲乖舛

有小宗而無大宗者有大宗而無小宗者有無宗亦莫之宗者公子是也公子有宗道公子之公爲其士大夫之庶者宗其士大夫之適者公子之宗道也

鄭注公子不得宗君君命適昆弟爲之宗所宗者適則如大宗死爲之齊衰九月爲其妻齊衰三月無適而宗庶則如小宗死爲之大功九月其母妻無服公子惟己而已則無所宗亦莫之宗嵩燾案天子諸侯之宗法僅見孟子滕文公言宗國魯先君詩大雅食之飮之君之宗之其時公劉居豳爲之君又爲之立宗是公子之宗道自周以前有之而春秋傳不一詳隱七年公羊傳齊侯使其弟年來聘其稱弟何母弟稱弟宣十七年左傳公弟叔肹卒公母弟也凡稱弟皆母弟杜

預注庶弟不得稱公弟故春秋母弟書弟庶昆弟書公子所尊適也經固曰爲其士大夫之庶者宗其士大夫之適者以母弟統庶昆弟而爲之宗此公子之宗道也案桓二年左傳大夫有貳宗杜預注適子爲小宗次者爲貳宗而宣二年傳云晉成公宦卿之適子爲之田以爲公族又宦其餘子亦爲餘子其庶子爲公行疑所謂貳宗者餘子得別爲氏成公以晉無公族廣置餘子公行爲公族之輔耳莊公二十三年傳云晉桓莊之族偪獻公患之杜預注桓叔莊伯之子孫獻公武公子於桓叔爲曾祖於莊伯爲祖而桓莊已自立爲族是卽以公子之宗道統族者揆之經義竝無適兄弟爲大宗庶昆弟爲小宗之文凡爲宗者適也周道親親傳子以適則君爲大宗而君不與族人爲宗於是別立一宗以聯屬其族之人庶昆弟以下皆以宗屬焉而上統於父不得爲禰則其昆弟亦各自爲宗而不與公子之宗序昭穆但以大宗收族之法繫之而已故曰有

大宗而無小宗其繼世之君各立其母弟爲宗以聯屬其昆弟而不得統族之人至於親盡則昆弟亦各自爲宗而所立之宗不能爲之統故曰有小宗而無大宗案左傳襄十二年魯爲諸姬之喪臨於周廟杜注周廟文王廟昭十八年鄭火使祝史徙主祏於周廟杜注周廟厲王廟魯於諸姬爲宗國以周公武王母弟武王有天下而以宗屬焉故得立文王廟統同姓之國而爲之宗是謂大宗鄭桓公宣王母弟宣王封之鄭而以宗屬焉故得立厲王廟統庶兄弟而爲之宗是謂小宗凡宗必繫之廟魯鄭之有周廟此其證也其皆庶昆季而無母弟則君不能以所統之宗屬之而使之各自爲宗如晉成公之立餘子公行別爲枝繫而已同爲庶子而無所宗亦不能以宗統其昆弟故曰有無宗亦莫之宗魯之三桓鄭之七穆無爲之宗者非如鄭注所云公子惟己而已所宗者適爲大宗無適而宗庶爲小宗既於義無取而又何以云有小

宗而無大宗有大宗而無小宗藍田呂氏東萊呂氏雖極意申論之亦止言適子爲大宗庶子爲小宗其大小宗之何以爲名則固不能詳也喪服大夫之庶子爲適昆弟期經云爲士大夫之庶者宗士大夫之適者所服皆同也丈夫婦人爲宗子宗子之母妻齊衰三月公子繼世爲大宗小宗所服皆同也公之庶昆弟大夫之庶子爲母妻昆弟大功降也君絕期而庶子降大夫降庶子而庶子昆弟亦從而降不得立以爲宗明矣鄭於此刱爲齊衰九月之文似尤無據

絕族無移服親者屬也

鄭注族昆弟之子不相爲服有親者服各以其屬親疏嵩燾案喪服齊衰期章出妻之子爲母期則爲外祖父母無服傳

曰絕族無施服尊者屬鄭注在旁而及曰施親者屬母子至
親無絕道橫渠謂施移字通用此引喪服傳文發明公子宗
道之義絕宗卽爲絕族不與族人論親疏所謂絕族也經意
謂人君絕宗則服無所施故爲公子立宗道使以親相屬親
爲弟而可以統宗庶子不相爲統則不能立宗經故曰爲其
士大夫之庶宗其士大夫之適者儀禮云親者屬出母絕族
而母子之親自相屬此云親者屬人君絕宗而母弟之親可
使相屬案天子諸侯絕宗其昆弟皆以別子爲祖自爲宗而
合族之昭穆遠近無所統故自始立國時立宗以統
之所宗庶昆弟也而不得合食於太祖則不能以其宗序昭
穆下及嗣君之昆弟又各爲宗焉是以其制視大宗而不得
有小宗其後繼世爲君者各立一宗其制視小宗而所立之
宗與其庶昆弟皆別子也其子孫自奉別子爲祖各自爲宗
而不繫之所立之宗是以不得有大宗此天子諸侯之宗法
所以自通其變而推而衍之卽爲大夫士之宗所自出枝分

派別而不失其倫焉先王之制爲宗法仁至義盡有如此者舊注全未分明小宗各屬其所親大宗合族而親固存此爲總結上文舊注似皆失之

自仁率親等而上之至于祖自義率祖順而下之至于禰是故人道親親也

孔疏前文已具此重說之者前文論服之輕重此論親親之道嵩燾案疏所云非也此言宗法之立歸本仁義重言之以致其詠歎也由親親之仁上推之以不敢忘其祖由尊祖之義下施之以皆知重其禰天倫之序人心自然之應王者因之制爲宗法導之於仁義之歸以知反本之意宗法行而人紀於是乎立焉要其歸親親而已矣等而親之之謂仁順而宜之之謂義五服之施具於四宗而爲之大宗以統之此宗

法所以維持世教人心於不僘也

禮記質疑卷十六終

思賢講舍

湘陰郭嵩燾伯琛著

少儀

聞始見君子者辭曰某固願聞名於將命者不得階主

鄭注階上進者言賓之辭不得指斥主人嵩燾案鄭意不得階主記者引申禮文之辭據士相見禮曰某也願見無由達某子以命命某見鄭注某子所因緣之姓名是凡相見必先有人通其意以爲之階因謂之階主案表記事君不下達不尚辭非其人弗自不下達者不以意自通不尚辭者不以言干進其所由以進者抑必得其人焉君臣朋友道一也階主卽表記所云自固者原始之辭言旣不得階主則名無由自通今乃以其名聞於將命者所以自敘其求見之情也案鄭注重則云固孔疏若初辭則不云固惟云

某願聞名於將命者似於經文別生枝節亦與始見君子之辭相背戾矣陸氏佃云不得階主亦辭也無可疑者鄭以不得指斥主人釋之誤邵氏因云階猶階梯之階主猶觀近臣以其所為主之主言恐不得將命者道達為之階主是又以階主屬之將命者方為將命者通辭而云不得又非事也

罕見曰聞名亟見曰朝夕

鄭注罕希也希相見雖於敵者猶為尊主之辭如於君子也

嵩燾案鄭意承上敵者曰某固願見為文以經義求之聞名字與上聞名緊相承尊者辭也其云朝夕猶朝夕侍教於君子亦尊者辭也始見之辭曲折罕見非始見也而為日已多仍以其名自通曰聞名曰朝夕皆禮辭也案鄭注亟數也於君子則曰某願朝

夕聞名於將命者於敵者則曰某願朝夕見於將命者是以罕見專屬之敵者以亟見兼屬之君子已非經旨又以朝夕加於聞名之上禮辭安有是哉疏引或云始來禮隆故尊卑宜異重來禮殺故宜同聞名字又通君子與敵者言之而以罕見爲重見不達經旨而意爲之辭宜其扞格不能通矣

記禮者述見君子之辭又有罕見亟見之分經旨至爲完密敵者之亟見朋友居游之常於辭宜略矣舊注皆失之

受立授立不坐性之直者則有之矣

鄭注謂受授於尊者而尊者短則跪不敢以長臨之嵩燾案此與曲禮授立不跪授坐不立同文蓋通言之無與尊者受授之義鄭云尊者短則跪短長度也不當訓直經云性之直亦安見據尊者言之朱子經義性之直猶所謂直情而徑行授受禮之常坐立亦人之常禮謹於其常而直情徑行可爲

禮乎曲禮立則磬折垂佩玉藻立容辨卑鄭注自貶卑謂磬
折也是凡立其身皆俯玉藻亦云立容德鄭注如有予也是
凡有所予授其身亦俯毛詩傳籧篨不能俯者性之直者猶
言生質不能爲俯卽所謂籧篨是也周禮大司徒辨五地之
物生鄭注杜子春讀生爲性釋文性亦訓生孝經說曰性者
生之質也性生字通性之直猶言生之直立而授受其身宜
俯直躬不能爲俯則跪以明謙曰有之者禮之所不禁也非
是雖尊者有所授受亦不跪爲自貶已甚又重勞人之咎己
也

排闔說屨於戸內者一人而已有尊長在則否

鄭注說屨於戸內者一人雖衆敵猶有所尊也在在內也尊

長在則後來之人皆說屨戶外嵩燾案曲禮戶外有二屨爲一賓一主言之自餘說屨無明文鄉飲酒鄉射禮主人請徹俎主人降賓降說屨升坐燕禮大射禮司正請徹俎賓出卿大夫皆降說屨升坐凡禮食皆降說屨升坐而後無算爵行惟君不降不與臣爲賓主也案儀禮不詳公說屨之文而云司正升受命皆命君曰無不醉及無算爵行執膳爵者酌以進公執散爵者酌以之公命所賜是無算爵但以命賓及卿大夫而公不與其間惟一酌公又副之以散爵以待公賜公不說屨與爲賓主可知鄉射疏引此經爲賓長一人說屨堂上之證不知此經說屨戶內正是不與人爲賓主孔疏誤會經意遂成乖舛此經所謂堂上無跣燕則有之燕以說屨盡歡賓及卿大夫皆然並無尊卑之分鄭以說屨戶內爲尊謂尊長在後來之人說屨戶外則是爲尊長者侈然說屨戶內疑非禮所安假而後來之人尊長有加焉又將何以

處之曲禮侍坐於君子君子欠伸撰杖屨此經亦云侍坐於君子君子欠伸旋屨侍坐於君子卑幼之辭也撰屨旋屨近在席端說屨戸內可知經云一人謂燕居不與人爲禮賓至出迎仍說屨戸外下言尊長於已逾等燕見不將命不將命則不出迎故於卑幼一循燕居之常席旁之屨可撰可旋其云排闔說屨戸內一人而已獨居無與爲禮自便焉可也曲禮入戸奉扃排闔則不待奉扃脫屨戸內則亦不待辭讓一人而已謂無賓主之相接也案曲禮侍坐於長者屨不上於堂是於同等脫屨戸外於尊長脫屨堂下而曲禮於入戸後云無踐屨無踖席摳衣趨隅必愼唯諾蓋亦侍坐尊長之禮也以踐屨爲戒則尊長之屨固在席旁皆尊長不將命不出迎之證經文錯舉以見義注家各以其說亂之而經旨晦矣尊長父兄之稱有父兄在則終身執子弟之禮居處坐立不敢自專曲禮爲

人子者居不中奧坐不中席行不中道立不中門説屨戸內惟取自便以示尊也有尊長在則否卽不在父兄之側猶子弟也無敢自便者鄭注於此失其義孔疏援之以釋鄉射之文而經旨愈紛矣詳見曲禮

問道藝曰子習於某乎子善於某乎

鄭注道三德三行也藝六藝也孔疏道難故稱習藝易故稱善嵩燾案道藝與品味對文就所嗜所習之淺者言之鄭注周禮鄉大夫考其德行察其道藝而興賢者能者云賢者有德行能者有道藝注大司樂有道者有德者使教焉云道多才藝者德能躬行者竝以道繫之藝所云道藝猶術藝也說文道所行道也味以品言藝以道言蓋謂所嗜之味所習之

藝不一端鄭訓道爲三德三行師氏三德曰至德曰敏德曰孝德三行曰孝行曰友行曰順行先王立教不越乎此而問人以習於至德乎習於孝行乎此必不然矣意惟術藝之長可以問人以所習而課人以所能習謂始有事於道藝者善則習之已成者鄭析道藝爲二與周禮注異疏因以習於某善於某分難易言之似屬意爲之說案王氏經義述聞韋昭吳語注道術也杜注左傳定五年道猶法術周官保氏養國子以道乃教之六藝太平御覽引馬融注曰道六藝也嫺於道藝之謂習工於道藝之謂善皆指一事言孔疏强生分別非也其說確不可易

不疑在躬不度民械不願於大家不訾重器

鄭注不服行所不知使身疑械兵器也不計度民家之器物使已亦有訾思也嵩燾案此皆言持身涉世之義不疑兼人

己言之事有疑而率意爲之在已已不能自喻是重人之疑也在躬者當使昭然可以其信故曰不疑輔氏廣曰械猶機械此不逆詐之意於義允矣而於文未愜說文械器之總名經言民械則是日用常具之器也不度謂不經營校量願當爲顗望之意言有所期望也重器若古彝器爲人寶重陳氏集說訾鄙毀之思與鄙毀皆於義無取商子訾粟爲稅訾猶量也揣量其器之眞贋與其貴賤亦疑於自眩下三語皆不願外之意

侍射則約矢侍投則擁矢勝則洗而以請客亦如之不角不擢馬

鄭注約矢不敢與之拾取也擁矢不敢釋於地也勝則洗爵

請行觴不敢直飲之客亦如之客射若投壺不勝主人亦洗而請之嵩燾案鄉射大射賓主人皆受監於司射司正故有請賓請主人之辭其比耦拾矢釋算告算立馬命弦命酌皆司射主之經云侍射侍投自當在有司弟子之列而亦可以備耦凡射比耦有司授弓遂授矢三耦皆執弓搢三挾一个卒射設楅司射乃比衆耦拾取矢上射卻手自弓下取一个下射覆手自弓上取一个既拾取乘矢皆左還北面搢三挾一个是始射授矢卒射拾取矢拾取矢射者之事非侍射者之事士與大夫爲耦則以大夫之耦爲上大夫於士亦尊長也其執矢有卻手覆手之分而拾取矢竝同其拾取矢亦如受矢之搢三挾一个以爲節疏云一時竝取四矢爲始受矢

乎爲射畢拾取矢乎儀禮之文具在無有此也案注不敢與之拾取卒射後之事疏云上耦前取一矢下耦又進取一如是更進卑者侍射不敢更拾進取但一時竝取四矢似謂始受矢時儀禮既無明文亦與注意不相應投壺禮主人奉矢其文視射禮稍殺無有司監射故主人奉矢侍尊長投壺則亦奉矢疑約矢卽射禮之授矢擁矢卽投壺禮之奉矢射矢長手束之故曰約投壺矢短抱持之故曰擁所以著其執矢之容也竝在始事授矢時注以爲視算之節似於約矢擁矢無所取義疏云投壺賓主各四矢委於身前坐一一取之卑者侍投不敢釋置於地手竝抱持之投壺禮亦無其文案鄉射禮釋獲者執中一人執算從之釋獲者坐設中受算射中則釋一算於地注云不釋於地卒射視算之事疏云抱持之亦未詳其所指勝則洗而以請客亦如之因尊長而推及於客正儀禮所謂賓及公卿大夫不勝

則不降不執弓執爵者取觶降洗升實之授於席前卒觶授執爵者反就席鄉射投壺執爵者弟子大射執爵者僕人師侍射侍投則自執爵不角不擢馬在客亦如之下蓋惟卑幼之侍射侍投爲然射禮投壺禮命酌立馬大夫與士爲耦皆然無尊卑之異故知此爲侍尊者燕射其禮又從簡也

不窺密不旁狎

鄭注不窺密嫌伺人之私也不旁狎妄相服習終或爭訟也

嵩燾案爾雅釋詁狎習也曲禮賢者狎而敬之鄭注狎近也習也相習久則狎故鄭於此訓旁爲妄朱子經義旁泛及也與人爲狎且不可何庸泛及哉下文不道舊故嫌有所援引不戲色嫌有所輕褻卽是不相狎之意又與此複疑此不旁

狎與不窺密爲一類旁讀如莊子旁日月之旁謂依近也密者人所隱祕窺之則嫌於發人之陰私狎者人相爲親昵以身近之則嫌於間人之情好二者於人皆有所不適故戒之

毋循枉

鄭注謂前日之不正不可復循行以自非也嵩燾案鄭意以枉屬之身陳氏集說因以貳過爲戒疑枉與過有辨說文枉衺曲也枉直之分君子所必不容苟豈復能循而行之經云毋循枉謂前事之不軌於正不當據爲成法而循用之如檀弓所記士之有誄自此始也魯婦人之髽而弔也自敗於臺鮐始也郊特牲所記由齊桓公始也由趙文子始也由三桓始也皆是循枉意

工依於法游於說

鄭注考工記曰薄厚之所震動清濁之所由出弇侈之所由興有說嵩燾案考工記有說字僅一見此而百工之職皆爲之說如凡察車之道欲其樸屬而微至凡斬轂之道必矩其陰陽凡材大與小無並凡揉輈欲其孫而無弧深凡甲鍛不摯則不堅已敝則橈凡相笴欲其生而摶凡兵無過三其身過三其身弗能用也凡句兵欲無彈刺兵欲無蜎凡溝必因水勢防必因地勢凡析幹射遠者用埶射深者用直凡相角春䌹者厚秋䌹者薄凡相筋欲小簡而長大結而澤凡爲弓方其峻而高其柎長其畏而薄其敝凡爲弓各因其君之躬志慮血氣其言凡者皆說也士依於道游於藝養其源而後

可以暢其流由內以及外也工依於法游於說循其迹而後可以通其義由粗以致精也成上成下各有所先而藝者道之枝流可以旁通說者法之程度不能泛及故學者多通而工惟守一也

問國君之子長幼長則曰能從社稷之事矣幼則曰能御未能御

鄭注御謂御事孔疏御治也事謂尋常細小事小於社稷之事嵩燾案說文御使馬也引申之爲御使人因而凡有聽役於人亦謂之御廣韻御侍也進也曲禮御食於君射義御於君所葢卽服事左右之意凡問寢視膳皆是左傳僖三年太子奉冢祀社稷之粢盛以朝夕視君膳者也從社稷之事謂

奉粢盛以助祭祀曲禮問國君之年曰能從宗廟社稷之事則主祭也能從社稷之事朝夕視膳自其餘事內則佐長者視具幼者之能御謂能視具而已鄭注御謂御事但渾言之疏遂以尋常小事爲說恐非經旨

婦人吉事雖有君事肅拜爲尸坐則不手拜肅拜爲喪主則不手拜

鄭注肅拜拜低頭也手拜手至地也婦人以肅拜爲正凶事乃手拜耳爲喪主則不手拜爲夫與長子當稽顙也其餘亦手拜而已雖或爲唯或曰爲喪主則不手拜肅拜也孔疏婦人吉禮不手拜但肅拜吉事及君賜悉然嵩燾案士昏禮若舅姑旣沒婦入三月乃奠菜婦拜扱地鄭注扱地手至地也

婦人扱地猶男子稽首是婦人與宗廟奠獻之禮皆拜扱地饋食禮尸入主人拜妥尸尸答拜遂坐其後酳尸及尸酢主人主人拜尸皆答拜凡拜皆以首加諸手故亦謂之拜手案說文頓下首也皆下首也稽首與頓首同訓列子天瑞篇一氣不頓盡一形不頓虧蓋急遽之意頓與稽相對爲文而皆謂之拜手云下首所以異於空首也孔疏手拜猶周禮空首手拜與拜手不同手拜但以手扱地正九拜之空首鄭注周禮空首拜頭至手誤饋食禮主婦拜獻尸尸拜受主婦北面拜送疑此拜當亦以手扱地卽所謂手拜也婦人之拜三曰肅拜曰手拜曰稽顙吉事雖君賜肅拜惟宗廟之事有手拜而爲尸答拜則亦肅拜而已既夕禮卒祖拜賓主婦亦拜賓士虞記賓出主人拜送稽顙主婦亦拜賓鄭注不言出不言送拜之於闈門之内所謂拜賓卽稽顙也鄭引或說甚誤婦人與丈夫

爲禮吉拜則肅拜凶拜則稽顙鄭注周禮吉拜凶拜之文甚誤詳見檀弓吉事雖君賜亦無手拜之文其言爲尸坐明宗廟有手拜而爲尸酬酢亦祇肅拜也案喪禮惟主人主婦拜賓其專爲已弔則拜而婦人無明文鄭注爲夫與長子稽顙其餘手拜義或然也注云雖或爲唯數語似屬多出

取俎進俎不坐

鄭注以其有足亦柄尺之類嵩燾案管子弟子職柄尺不跪注豆有柄長尺則立而進之此爲弟子御食之節據少牢饋食禮主婦執韭菹醓醢坐奠於筵前贊者執葵菹蠃醢以授主婦主婦不興遂受陪設於東佐食執羊俎豕俎司士執魚腊膚俎序升自西階入設俎主婦執金敦黍有蓋坐設於羊俎之南贊者執敦稷授主婦主婦興受坐設於魚俎南又興

受贊者敦黍坐設於稷南又興受贊者敦稷坐設於黍南此未迎尸以前直祭於主之事也主人羞肵俎升自阼階上佐食取羊鉶坐設於韭菹之南下佐食又取一豕鉶以從上佐食受坐設於羊鉶之南此尸入正祭之事也凡豆籩敦鉶之屬皆坐設惟俎先陳之阼階西佐食執以入設於豆東其後主人羞肵俎賓長執俎佐食設俎皆不坐以俎質長大坐設爲不便也注引弟子職於禮未合

乘貳車則式佐車則否貳車者諸侯七乘上大夫五乘下大夫三乘

鄭注朝祀之副曰貳戎獵之副曰佐七乘五乘三乘蓋殷制也周禮貳車公九乘侯伯七乘子男五乘及卿大夫各如其

命之數嵩燾案曲禮兵車不式佐車戎車之副故不式其餘皆式然考周禮道右有從車道僕有貳車田僕有佐車馭夫掌馭貳車從車使車鄭注貳車象路之副從車戎路田路之副車僕所掌之五萃皆戎車也大馭齊右不言貳車似貳車遠行用之朝祭之車無貳也月令命僕及七騶咸駕左傳成十八年程鄭爲戎馬御六騶屬焉使訓羣騶知禮七騶咸駕當爲貳車而左傳六騶屬之戎馬周禮之萃車亦惟戎路爲詳經云貳車者當兼上貳車佐車言之周禮不詳貳車佐車之數大宰周禮多以公侯伯子男命數爲言戴記多以諸侯大夫命數爲言王制天子三公視公侯天子之卿視伯天子大夫視子男命數各有等差而舉其中則上下可知鄭注以

爲殷制恐誤

芴書脩包苴弓茵席枕几穎杖琴瑟戈有刃者櫝筴籥其執之皆尙左手

鄭注穎警枕也筴蓍也籥如笛三孔皆十六物也左手執上上陽也右手執下下陰也孔疏以戈有刃者櫝爲句意謂注釋穎爲警枕而總名之十六物故知櫝屬之戈也嵩燾案此經下云刃卻刃授穎鄭注穎環也穎前後異訓據曲禮進戈者前其鐏後其刃進矛戟者前其鐓鄭注銳底曰鐏平底曰鐓說文穎禾末也禾末銳故凡銳底謂之穎以金爲之曰鐏疑穎杖一事謂杖末銳者上言枕几不應更出警枕警枕之名穎亦別無證據穎爲杖末刃末之有鐏者亦名穎無庸異

訓鄭釋此爲十六事疏因以櫝屬之戈有刃者疑櫝連下筴籥爲一事說文葉籥也籥書僮竹笘也潁川人名小兒所書寫爲笘筴卽簡策之策筴以紀文籥以載事而皆有櫝緘之上十二事舉其名下二事兼著其用也案凡執器以右手爲便芴書之屬方圓大小脩短不同而皆有首尾尙左手就授者言之授者左則受者右此明以器授人之義尙左所以便受者也似不得有上陽下陰之義

數噍毋爲口容

鄭注口容弄口嵩燾案燕侍食於君子謂因燕而侍食燕者禮食侍食則猶御食長者之節也數噍毋爲口容申明上小飯而亟之意小飯故數噍亟故不能爲口容玉藻口容止荀子榮辱篇呥呥而噍集韻呥呥自安貌是雖噍亦不得爲朵

頤所以爲口容也數噍則翕張不能爲容故曰亟案趙岐孟子注於尊者前賜食大飯長歠不敬之大然又不得舒徐以後尊者故有小飯而亟數噍者卽小飯而亟之容也　注反以弄口爲口容恐誤

客爵居左其飲居右介爵酢爵僎爵皆居右

鄭注客爵謂主所酬賓之爵也以優賓耳孔疏鄉飲酒禮主人酬賓賓受奠觶於薦東是客爵居左也旅酬之時一人舉觶於賓賓奠於薦西至旅酬賓取薦西之觶以酢主人是其飲居右也介爵酢爵僎爵皆居右者此旣不被優故爵皆居右亦爲飲之鄉飲酒於此爵皆不明置爵之所故記者明之嵩燾案鄉飲鄉射記竝云凡奠者於左將舉於右鄭注於左者不飲不欲其妨於右便也凡主人獻賓酬賓皆奠爵於薦

西而獻爵皆卒爵惟酬爵賓取而坐奠於薦東不卒爵故此客爵爲酬爵惟賓有酬爵介及衆賓無酬爵一人舉觶而行旅酬均惠衆賓禮之末也似不宜據旅酬之文以釋飲爵居右之義自介爵以下皆居右明皆飲爵也鄭注鄉飲酒酬酒不舉君子不盡人之歡不竭人之忠酬酒所以優賓賓奠之薦東明不飲也其餘飲者均奠之薦西居左居右無示優意而云不被優故竝居右然則獻爵居右爲非所以優賓耶案主人獻賓酬賓皆奠之薦西其酬爵賓取而奠之薦東以示不飲非主人意也謂介爵以下奠之薦西者爲不被優似失經旨

鄉飲酒禮主人釋服乃息司正司正僎也鄉飲鄉射記竝云獻用爵其他用觶鄭注爵尊不褻用之然則獻爵固尊於酬爵酬賓酢主人皆觶其息司正無獻爵則亦觶也爵觶之

分居左居右之別儀禮之文具詳此經兼及僎爵則儀禮所未備記禮者爲補明之疏乃謂鄉飲酒於此介爵酢爵僎爵皆不明置爵之所於經義亦太疏矣

鄭注古文禮僎作遵遵謂鄉人爲卿大夫來觀禮者嵩燾案鄉飲酒義坐賓於西北而坐介於西南以輔賓主人坐於東南而坐僎於東北以輔主人儀禮不詳僎席說文僎具也亦不及禮之右僎介足證輔主人之僎周秦閒儒者剏爲之名鄉飲鄉射竝云主人一相迎於門外記禮者之云僎卽儀禮所謂一相也儀禮詳賓席介席衆賓席賓有遵者之席而賓與介酢主人不及相者鄭意禮飲僎介竝重儀禮獨不及僎遂以賓有遵者當之其注鄉射禮云今文遵爲僎以遵僎字

爲古今文之異儀禮明言賓若有遵者遵尊同字謂賓之尊者也鄉射記申其義云若有諸公則如賓禮大夫如介禮無諸公則大夫如賓禮賓有遵者賓黨也鄉飲禮曰諸公大夫一人舉觶乃入鄭注不干主人正禮也其設席於賓東公三重大夫再重其禮又加於賓不得爲輔主人之僎明矣儀禮於賓有獻有酢有酬於介有獻有酢而相者無與於獻酢之事一人舉觶而工入合樂乃作相爲司正而旅酬之禮興二人揚觶而無算爵興是正禮主人主之舉觶後之餘禮相者監之立爲司正重其任也乃所以輔主人也其云一相則主人之贊者有一人舉觶有二人舉觶而以一相迎賓謂之僎儀禮不詳其席與位以作相爲司正於禮加繁無常位其初

從賓入與主人陪位視介之於賓其位東北可知大射禮大射正擯擯者請賓公曰命某爲賓擯者命賓樂作擯者請立司正公許擯者遂爲司正燕射之有擯猶鄉飲之有僎也擯者爲司正知鄉飲之作相爲司正卽屬之僎鄉飲酒義謂之僎儀禮謂之相其義一也鄭謂遵僎古今字未敢據以釋經也詳見鄉飲酒義

贊幣自左詔辭自右

鄭注謂爲君受幣爲君出命也立者尊右嵩燾案贊幣詔辭皆釋聘禮之文因左右字連類及之聘禮公受幣士受皮者自後右客公側授宰幣皮如入右首而東此聘享之禮所以贊受幣者公受幣而側授之宰宰在公左士受皮自後而西

居客左鄭注從東方來士亦在公左聘禮公用束帛擯者進相幣賓受幣當東楹此所以贊授賓幣者賓當東楹受幣是亦在公左凡幣出入皆自東聘禮於介私覿發其例云宰自公左受幣明凡受幣皆然也聘禮賓致命公左還北鄉擯者進公當楣再拜鄭注進阼階西釋辭於賓此詔始聘之辭阼階西則在公右也聘禮公升授几於席端進西鄉擯者告賓進訝受几於筵前東面俟公用束帛擯者進相幣鄭注進相幣贊以辭此詔聘享設几用幣之辭亦在公右禮云左右多據東西爲言自左東也自右西也贊幣者宰也士也詔辭者擯也宰主幣常在公左擯主辭近賓常在公右鄭注似未分明

酌尸之僕如君之僕其在車則左執轡右受爵祭左右軌范乃飲

孔疏將欲祭軷酌酒與尸之僕令爲軷祭如酌酒與君之僕也嵩燾案周禮大馭掌馭玉路以祀犯軷馭下祝遂驅之及祭酌僕僕左執轡右祭兩軹祭軌乃飲疑犯軷酌僕二事馭下祝卽是祭軷及祭酌僕謂祭之餘分酌之羣僕祭統煇胞翟閽皆以其餘畀之大馭羣僕之長因酌以均惠焉酌尸之僕如君之僕酌之者大馭也當主在廟言之尸始就車入廟太馭無因往酌其僕祭軷在車始行時旣祭遂驅經云乃飲不云乃驅知非軷祭明矣大射禮司馬師受虛爵洗獻隸僕人及巾車獲者是旅酬得以徧及在廟馭僕之屬亦同受酬

其在車則不從入廟而致之於車者軷軏之祭推君惠以逮及車之所以行與犯軷異義疏通軷祭言之則經意多不能明

尊者以酌者之左爲上尊

鄭注尊者設尊者也酌者向尊其左則上尊也孔疏人君陳尊在東楹之西於南北列之設尊之人在尊西鄉東以右爲上則尊以南爲上也酌人在尊東西面以左爲上亦上南也故云以酌者之左爲上尊嵩燾案鄉飲酒禮尊兩壺於房戶間元酒在西鄉射禮尊於賓席之東左元酒鄭注設尊者北面西曰左似設尊者皆面尊經專以酌者明其義酌者北面則元酒在酌者之左而所酌之酒在右上尊者元酒也元酒

設而不飲故左之酌酒爲次尊在右以便酌也經明言酌者之左疏據燕禮以設尊者酌者異鄉爲訓經義反不能明朱子經義云燕禮設尊者西面而左元酒南上公卽位於阼階上酌者不得背公自當東面以酌而上尊乃在其右矣此經所云以爲爲鄉飲鄉射而言則可以爲爲燕禮而言則正與之反惟儀禮賈疏以爲據君面以左爲尊者得之朱子此說足證孔疏之誤據燕禮司宮尊於東楹之西兩方壺左元酒南上公尊瓦大兩在尊南燕禮筵賓於戶西南鄉公席於阼階上西鄉賓尊爲一行公尊爲一行皆南北陳東鄉玉藻所謂惟君面尊是也而宰夫爲主人獻賓獻公及賓酢主人及主人酬賓皆酌膳鄭注君物曰膳酌膳者卽瓦大之在尊南

者也凡尊面君酌者亦東鄉面君賓尊元酒在君尊之北亦酌者之在也其後媵爵於公舉旅升自西階進酌散交於楹北降阼階下環尊一周而交於楹北則此酌散者賓尊也酌者又還而西鄉元酒上尊仍在左義繫於酌者所酌之尊在右惟其便也經通禮尊言之朱子乃别燕禮於鄉飲鄉射之外而於燕禮設尊之文竟遺公尊瓦大在尊南一語亦未爲融貫也

飲酒者禨者醮者有折俎不坐未步爵不嘗羞

鄭注已沐飲曰禨酌始冠曰醮孔疏飲酒者下文禨者醮者是也總以飲酒目之有折俎爲尊禨醮小事爲卑故不得坐也嵩燾案鄉飲鄉射大射及燕禮竝云薦脯醢賓升筵乃設

折俎賓坐左執爵右祭脯醢興取肺坐絕祭嚌之興加於俎士冠禮若不醴則醮三醮有乾肉折俎嚌之經云飲酒者禨者醮者凡三事飲酒禮飲也鄉飲鄉射之屬是也禨當爲嘰說文嘰小食也言非禮飲而私相酌也酌而無酬酢曰醮冠昏皆有醮鄭注已沐飲曰禨酌始冠曰醮似未盡據儀禮之文凡設折俎皆興取肺坐絕祭嚌之又興加於俎此經不坐與未步爵不嘗羞連文蓋所謂不坐者卽不嘗羞也鄉飲酒鄉射禮主人請徹俎賓取俎還授司正主人取俎還授弟子介取俎還授弟子脫屨升坐乃羞大射燕禮司馬正請徹俎公以賓及卿大夫皆坐乃安羞庶羞坐而羞庶羞必在徹俎之後始設折俎坐祭肺嚌之而已不羞故亦不坐蓋禮有立

飲無立食不坐明不敢食也禮食及尋常小食有折俎者皆

然疏似未達經旨

其有折俎者取祭反之不坐燔亦如之尸則坐

鄭注亦爲尺柄之類鄉射曰賓奠爵於薦西興取肺坐絕祭左手嚌之興加於俎坐挩手尸尊也少牢饋食禮曰尸左執爵右取肺肝擩於俎鹽振祭嚌之加於菹豆嵩燾案此與上取俎進俎不坐同義儀禮凡薦脯醢設折俎賓坐執爵祭脯醢興取肺坐祭嚌之興加於俎脯醢在席前可以坐取俎高距席差遠取肺及反於俎皆不坐特牲禮佐食取肺授尸尸祭之少牢禮下佐食取牢一切肺於俎以授上佐食上佐食以授尸尸祭於豆間尸祭則取肺反俎皆佐食爲之尸不取

不以反於俎也特牲禮兄弟長以燔從尸受振祭嚌之反之羞燔者受加於肵兄弟長授之羞燔者反之尸亦不取不以反於俎準此推之禮食取肺與燔皆興惟尸坐孔疏鄉射禮云興少牢禮不云興故知尸則坐引申鄭義尚欠明曉

執燭不讓不辭不歌

鄭注以燭繼晝禮殺嵩燾案燕禮大射禮宵則庶子執燭於阼階上司宮執燭於西階上甸人執大燭於庭閽人爲大燭於門外執燭有司之事不得有辭讓燭出而賓遂取薦脯以降辭讓之事畢故鄭據禮殺爲言然燕禮大射禮燭出賓降而奏陔大射禮亦云公入驁賓降而樂未闋不得云不歌此因飲酒執燭而通言執燭之常儀賓主進退宜有辭讓惟執

燭者手有所持目有所注辭讓非所便也不歌别是一事嘯歌居處之常方執燭時專壹於所事引聲而歌或至兩失其節言凡爲賓執燭及居室時皆不得别致其敬而旁引其情也案此亦申足上文爲獻主執燭抱燋客辭然後以授人之意執燭以明敬而終以授人蓋執燭則不復能爲禮賓主之節當各有所適也

禮記質疑卷十七終

禮記質疑卷十八　　　　思賢講舍

湘陰郭嵩燾伯琛著

學記

發慮憲求善良足以謏聞不足以動衆

鄭注憲法也言發計慮當儗度於法式也謏之言小也動衆謂師役之事嵩燾案說文無謏字廣韻二十九筱四十五厚兩收之其蘇后切云謏忕誘辭其先鳥切云誘爲善也又小也漢書忕於邪說如淳曰見誘忕也今俗猶云相謏忕似廣韻訓謏爲忕誘本義如此其云又小也專據鄭氏此注爲言而尋求訓小之義不可得謏忕猶若傳聞相煽誘說文手部搜衆意也一曰求也疑謏與搜同訓玉篇搜數也聚也求也

勁疾也廣韻搜索也求也聚也葢言聲聞足以求而致之慮知慮憲法度謂盡之已者善良謂資之人者二者足以立政政立而聞望歸矣此主於興事立功者能成一己之名而不能啟發衆人之善賢者就而下之賢之在遠者曲而體之此主於尊賢勸善者能啟發人之善而不能成就人之德程子云變化人才易作新人才難動衆者變化之意化民者作新之意注謂動衆師役之事非也以謏聞爲小聞後世相沿凡小說謂之謏說疑發慮憲求善良治國之要務未宜小視之

古之教者家有塾黨有庠術有序國有學

鄭注術當爲遂聲之誤也周禮五百家爲黨萬二千五百家爲遂黨屬於鄉遂在遠郊之外孔疏於遂中立序教黨學所

升者嵩燾案周禮州閭族黨皆有讀法之文而州長以禮會射於序黨正屬飲於序儀禮鄉飲酒於庠似鄉黨之學庠序互稱而遂人專言治野之事縣正鄙師酇長里宰之屬主頒田治稽及作民役而已遂大夫三歲大比屬其地治者無一言及於學然則郊地屬之六鄉專詳讀法野地屬之六遂專詳治田而小司徒會卒伍又有伍兩卒旅師軍之名任地事又有井邑邱甸縣都之名皆以六爲節載師任地又有廛園近郊遠郊甸稍縣都之名郊甸縣都參差互出疑皆爲設官分職而異其名教宜鄉故以鄉州統之治田宜野故以遂縣統之遂縣之就學者皆竝聚於鄉文王世子所謂郊人卽鄉學也遂之有序於禮無徵盛氏集說謂術當爲州義亦近之

管子度地篇百家爲里十里爲術十術爲州以周禮之法準之二千五百家爲州萬二千五百家爲鄉管子云術蓋千家與州相埒管子云州蓋萬家與鄉相埒東周以後國自爲制記禮者隨所見以爲名耳周禮鄉大夫三年大比興賢者能者而州長大考州里贊鄉大夫廢興文王世子凡語於郊取賢斂才而進其等進其等者升之國學也皆統其事於鄉無由黨庠升之州序之文遂人掌邦之野鄭注引鄭司農云遂在王畿百里外王制令鄉簡不率教者移之郊不變移之遂蓋遠屛之疏援鄭義謂黨學升之遂未免意爲之說

九年知類通達强立而不反謂之大成

鄭注知類知事義之比也强立臨事不惑也不反不違失師

道也嵩燾案注意多未分明知類以知言强立以守言二者交相濟知貴兼通故可以類求之而因此以悟彼守貴專一故無所屈撓於人積之久則亦日益而不見其止不反者進之基也知通而行介可與入德矣曰大成者鄉學之既成可進而升之大學也尙書大傳七年入學十有五年而入大學小學之敎成於九年鄭注以三年當周禮三歲大比之期則以下五年七年九年皆無著矣

蛾子時術之

鄭注蛾蚍蜉也蚍蜉之子微蟲耳時術蚍蜉之所爲其功乃復成大垤孔疏時時術學銜土之事嵩燾案毛詩傳垤蟻冢也據孟子泰山之於邱垤蟻封不得與泰山爲類廣韻垤土

之高也蚳蜉起土成封土脈墳起故亦謂之垤初無大垤小垤之分亦未見有蟻子術學術土事說文術邑中道也道所行道也此云術者蟻所行之道也道導字通蟻行常有一蟻爲之前引後者相踵循一徑而行無散亂旁出者時術之謂時開通一徑以導之如上所云中年考校是也鄭注疑未曙然

又案學記一篇責成教者之意居多周世既衰學校之制寖廢而師儒任其責其後莊列申韓之徒各以所業相傳授而雜學以興記禮者推明立學之本原以知教學之相爲取益必使學出於一而專其責於師儒蓋自三代盛時莫不皆然周禮太宰繫邦國之民曰師以賢得民師者司徒之屬典樂

之官各以職事教導國子下及閭黨鄉州之長皆司教化之責賢者能其事也曰儒以道得民有道有行而名爲儒各主教化於其鄉道者備其學也孔疏引書傳大夫退老教於其鄉大夫爲父師士爲少師白虎通里中之老有道德者爲里右師其次爲左師大夫致仕及里中之老皆任教者也蛾子時術之任教者之責所以明學之有本也

未卜禘不視學游其志也時觀而弗語存其心也

鄭注禘大祭也天子諸侯既祭乃視學考校以游暇學者之志意時觀而弗語使之憤悱然後啟發也孔疏此視學謂考試學者經業或君親往或使有司爲之非天子大禮視學若大禮仲春入學舍菜合舞仲秋頒樂合聲天子則視學焉季

春大合樂天子亦率三公九卿視學與此別也視學既在夏祭後則天子諸侯視學亦應在春秋時祭之後嵩燾案周禮大司樂掌成均之法以教國子曰樂德曰樂語曰樂舞大祭祀宿縣以聲展之而大胥掌祭祀之用樂者以鼓徵學士月令言視學者二仲春命樂正習舞釋菜季春大合樂而孟春言入學習舞鄭注爲將釋菜孟夏言習合禮樂鄭注爲將飲酎季秋言入學習吹鄭注爲將饗帝是凡祭必有事於樂而先視學文王世子釋奠養老遂發詠焉既歌而語以成之鄭注引鄉射記古者於旅也語是釋奠養老大合樂爲視學正文養老乞言而後有語其祭祀習樂視學無語國子之習舞習吹者於此一合樂焉皆掌其教於成均而月令於仲夏命

樂師修鞀鞞鼓均琴瑟管簫執干戚戈羽調竽笙篪簧飭鐘磬柷敔陽氣已極而樂備故禘祭之用樂爲尤盛郊特牲饗禘有樂食嘗無樂言卜禘者舉其盛也三代立教必主於樂所以暢宣學者之志意而養之以和平游其志者優游漸漬使之自化也以時觀焉而非養老乞言故不合語文王世子所謂言父子君臣長幼之道合德音之致禮之大者也勿數語之而使自會而後其存於心者其旨彌永未卜禘不視學者卜禘而合樂而後比國子而習之以觀其儀容進退之節使服馴於大司樂之教二節實屬一事通觀禮經之文而求其義孔疏之陋有不足辨矣

凡學官先事士先志

鄭注官居官者也士學士也孔疏學爲官則先事學爲士則先志嵩燾案周禮大司徒大司樂及師氏保氏之屬皆官也官任教者也而祭菜鼓篋卜禘視學詳於事而略於教事者所以立教之程也其於學者先示之以敬孫與和不課其功而急責其志卽使知入學爲服官之基亦惟以小雅之三君臣上下相與爲和者獎進之能敬而和則志定矣凡司教之職者謂之官凡服學之事者謂之士鄭注分晰甚明孔疏以學爲官學爲士分言之亦不善申鄭意矣

大學之教也時教必有正業退息必有居學

鄭注有居有常居也孔疏大學之教也時謂教學之道當以時習之退息必有居者謂學者疲倦而暫休息必有常居之

處爲與其友閒居得相咨決不可雜濫嵩燾案疏申鄭義以大學之教也時句教必有正業句退息必有居句朱子經義時教如春夏禮樂秋冬詩書之類居學如易之言居業蓋常習所學如下文操縵博依興業息游之類其說確不可易文王世子凡學世子及學士必時春誦夏弦太師詔之秋學禮執禮者詔之冬讀書典書者詔之所謂時教也弦誦也書禮也皆業之正者也退息者退而服習所聞如子夏習詩子游習禮商瞿習易教者多方誘進之學者各因其性所近專致其功所謂居學也下文操縵博依雜服言所居之學若樂若詩若禮繁文縟旨層累漸漬以求之教者錯舉以引其端學者專精以竟其緒非可泛雜交通以期其成者也朱子之言

盍猶未盡

不學操縵不能安弦不學博依不能安詩不學雜服不能安禮不興其藝不能樂學故君子之於學也藏焉修焉息焉游焉

鄭注操縵雜弄博依廣譬喩也依或爲衣雜服冕服皮弁之屬雜或爲雅興之言喜也歆也藝謂詩書禮樂射御藏謂懷抱之修習也息謂作勞休止之息游謂閒暇無事之游嵩燾案周禮磬師掌教縵樂燕樂之鐘磬祭祀奏縵樂鐘師掌鼙鼓縵樂鄭注縵雜聲之和樂者也凡樂有金奏有工歌有笙樂有管象始之以金聲終之以玉振而周禮縵樂兼鐘磬鼙鼓鄭注謂之雜聲是也君子無故不去琴瑟亦必廣習衆聲辨知其淸濁高下抑揚之節而後始終條理以明疏申鄭意

云將學琴瑟不先學調弦雜弄則手指不便於義徧矣博依者依於風賦比興則鳥獸草木之名興觀羣怨之旨非博通之無以暢其義雜服者習於升降上下周旋揖讓則典章度數之繁因革損益之宜非雜求之無以盡其微依猶聲依永之依服猶乃言惟服之服興其藝即承上樂詩禮三者弦誦干戈羽籥振發而興起之使之涵濡其德性而暢宣其志意乃所以爲立教之旨也樂也詩也禮也教之大成也而各有所習之業優游焉以俟其通通則居之安矣藏焉修焉息焉游焉即所居之學也藏者窮其義修者習其文息者安其趣游者暢其流從容漸漬觸類逢源則凡所居之學皆足以資其涵泳自求而自趣之皆退息之事也鄭意未能融貫朱子

以操縵博依興藝息游乎列言之故亦未盡

呻其佔畢多其訊言

鄭注呻吟也佔視也簡謂之畢訊猶問也言今之師自不曉經之義但吟誦其所視簡之文多其難問也呻或爲慕訊或爲誶嵩燾案王氏經義述聞佔讀爲笘說文潁川人名小兒所書寫爲笘又曰籥書僮竹笘也廣雅笘箛也亦謂之簡故以佔畢連文其說是也博雅笘籙觚也集韻笘音帖簡也李善注文賦觚木之方者古人用之以書猶今之簡也史游急就章曰急就奇觚觚木簡也是笘觚一物佔畢正謂簡牘如鄭注佔視也謂呻其所視之簡於辭爲不文爾雅釋言訊言也玉篇訊辭也訊蓋整理其言之意呻其佔畢記誦之學多

其訊言解章之學朱子所謂其功倍於小學而無用者也佔畢者循章守句行之必不篤矣訊言者道聽塗說入之必不深矣若以問難爲言則亦學中要義未可輕視

及於數進而不顧其安使人不由其誠教人不盡其材

鄭注言及於數發言出說不首其義動云有所法象而已不顧其安謂務其所誦多不惟其未曉不由其誠謂使學者誦之而爲之說不用其誠不盡其材謂師有所隱也嵩燾案注意迂曲吳氏澄以及於數進而不顧其安爲句於經義最爲明曉不顧其安不由其誠不盡其材是三項事人之才質各有所安不顧其安所謂躐等也數進則督之益急其性情所習各有其誠不由其誠謂不察其質性所近意嚮所趨而雜

亂以施之其志業所成各有以自盡其材不盡其材謂聽其作輟不能誘進之使底於成不顧其安就過一層說不由其誠就中等說不盡其材就不及一層說教學之相資盡於此三者鄭注疑未分明

當其可之謂時

鄭注未發情慾未生謂年十五時可謂年二十成人時嵩燾案內則十年學書記十三舞勺成童舞象二十學禮皆所謂時也論語不憤不啟不悱不發卽是當其可意因其憤而啟之則易通因其悱而發之則易悟故曰有如時雨化之者經義澈上澈下餘味曲包朱子云適當可告之時不必以年爲斷玩下時過然後學義則及時成學此意亦不可少鄭注專

以二十成人時當之則誤矣

獨學而無友則孤陋而寡聞燕朋逆其師燕辟廢其學

鄭注燕猶褻也燕朋褻其朋友燕辟褻師之譬喻嵩燾案程子云朋友講習尤莫如相觀而善之益多此節承上爲文而析四爲六就相觀而善義反推之益有是三者其一獨學無友其二燕朋其三燕辟皆屬朋友言之朋者比黨之意謂與同學者辟者便辟之意謂並不與同學者燕謂燕處相親狎也比黨爲非則必逆其師矣便辟相習則必廢其學矣逆其師必流於自暴廢其學必終於自棄皆較孤陋之害爲尤甚

強而弗抑

鄭注抑猶推也孔疏微勸學者使神識堅強隨才而與之不

甚推抑其義而教之嵩燾案强當讀如勉强而行之强孟子曰彊爲善曰彊恕亦卽是自强之意人之才質或過或不及裁其太過輔其不及皆須勉强掖持之然須是有揚詡鼓舞之機使之自厲以進於强說文抑按也抑之使不得揚則氣鬱而志亦餒矣策勉其進而不至遏抑其機則將有動於不自知而勸於其所不能已者故曰强而弗抑則易

大學之禮雖詔於天子無北面

鄭注武王踐阼召師尙父而問焉王下堂南面而立師尙父曰先王之道不北面王行西折而南東面而立師尙父西面道書之言疏引皇氏云王在賓位師尙父在主位此王庭之位若尋常師弟則師東面弟子西位嵩燾案鄭引大戴記武

王踐阼之文以明無北面之義北面臣道也爲師則弗臣賓道也以賓禮處之師當東面士喪禮君至入門右升自阼階及斂君降西鄉主人升自西階由足西面馮尸不當君所君適臣則君爲主臣不敢當主人之位武王東面而受丹書謂若親就尙父而問之武王反爲賓而尙父爲主則直忘君臣之分而用賓主之禮所以爲敬之至也皇氏疏據爲王庭之位失之遠矣

待其從容然後盡其聲

鄭注從讀如富父舂戈之舂舂容謂重撞擊也始者一聲而巳學者旣開其端意進而復問乃極說之如撞鐘之成聲矣

嵩燾案八音皆一鳴卽止惟金之爲音餘韻悠長久而不盡

待其從容言小鳴大鳴皆有餘韻使人徐而待之既久而後盡其聲其言之旨味之而彌長猶若鐘之聲引之而不竭也

注以重撞釋之恐失經旨

記問之學不足以爲人師

鄭注記問謂豫誦雜難雜說至講時爲學者論之嵩燾案記卽上呻其佔畢問卽上多其訊言簡策具在但能記之而已無師可也有告語之繁而無啟發之益貿然而問之則亦道聽塗說而已有師而猶之無師也故曰不足以爲人師

大德不官大道不器大信不約大時不齊

鄭注大德不官謂君也大道不器謂聖人之道不如器拘於一物大信不約謂若胥命於蒲無盟約大時不齊謂或時以

生或時以死嵩燾案三代立學不外詩書六藝及其成也皆有以通夫性命之原道德之旨而不可以藝名者官者滯於形迹案官卽上文學無當於五官五官弗得不治耳目口鼻心思之用惟學爲能治之而及其學之成視聽貌言自然合乎天則而固不倚一官之用以名德也器者麗於名物約者證於語言齊者存於比儗皆受其成型而限之以方隅者也道之本無一成之式積久以會其通而詩書六藝皆與道相成如木有本而枝葉之生自然有以暢其機而效其用上節有志於學益少成習慣之意據學之始言之此節有志於本益融會貫通之機據學之成言之

三王之祭川也皆先河而後海或源也或委也此之謂務本

鄭注源泉所出也委流所聚也始出一勺卒成不測嵩燾案

此承上有志於本而申言之學至於洞澈本原則泛應曲當不言而萬物自順君子之成德斯爲至矣然當其始親師講藝不能遽責以窮本達化之學而要一以仁義道德爲本本立乎其先而所講者詩書六藝皆以培護其本而已此補全篇未詳之旨義深辭遠在學者體玩而自得之

禮記質疑卷十八終

禮記質疑卷十九

思賢講舍

湘陰郭嵩燾伯琛著

樂記

聲相應故生變變成方謂之音

鄭注樂之器彈其宮則眾宮應然不足樂是以變之使雜也春秋傳曰若琴瑟之專一誰能聽之方猶文章也孔疏聲既變轉和合次序成就文章謂之音音今之歌曲也嵩燾案聲相應故生變者五音所由起也應謂宮商相應損益以爲清濁而變生焉變窮於五而宮商角徵羽之名以立變成方謂之音八音所由仿也方者五音之變假物以諧其聲輕重高下皆有常節如國語所謂琴瑟尚宮鐘尚羽石尚角大不踰

宮細不過羽而十二律呂各統五聲以依於物而成音所謂變成方也方極於八而金石絲竹匏土革木之制以備比和八音以律調之詩以協律歌以依聲而節奏于是乎成則下文所謂比音而樂之也舊注都未分明

故禮以道其志樂以和其聲政以一其行刑以防其姦禮樂刑政其極一也所以同民心而出治道也

鄭注極至也同民心而出治道此其所謂至也嵩燾案極猶以爲民極之極生人之大用性與情而已二者同物情者性之發也愛敬之理根于性而發之爲情既發於情則性亦隨以流而不反先王節情以理性禮樂刑政因人之燥溼剛柔損益節宣以爲之制其道一也皆以整齊民心宣布治理而

立爲準極道民以從之者也自十三舞勺以後盡人使習于禮樂以繕其性而引其情於正故曰愼所以感之亦防其情之流焉而已

桑間濮上之音亡國之音也

鄭注濮水之上地有桑間者亡國之音於此之水出也昔殷紂使師延作靡靡之音已而自沈於濮水後師涓過焉夜聞而寫之爲晉平公鼓之是之謂也桑間在濮陽南嵩燾案義疏引路史桀作東音操北里大合樂桑林是桑間桀樂濮上紂樂其爲亡國之音坦然明白最爲得其實鄭合桑間於濮上而說詩者又據衞采唐一詩以實桑間竝謂此音流傳於晉衞如鄭注濮上桑間爲此音所自出於周皆爲衞地而云

師延沈於濮水師涓因之爲濮上之音是謂亡國之音竝出
於衛而衛於春秋爲最後亡又何說也
樂者通倫理者也
鄭注倫猶類也理分也孔疏陰陽萬物各有倫類分理嵩燾
案鄭意似謂樂中之條理疏又通之陰陽萬物方氏慤云倫
人倫理物理樂得其倫則君臣上下之倫亦得其序故曰通
虞書八音克諧無相奪倫神人以和亦是此義此倫字卽下
論倫無患之倫合和君民之義節理事物之宜皆於樂乎通
之若謂樂中自然之節奏但可云循而習之而不可云通也
是故審聲以知音審音以知樂審樂以知政
孔疏音由聲生先審識其聲而後可以知音樂由音生先審

識其音而後可以知樂政由樂生先審識其樂而後可以知政萬壽案虞書予欲聞六律五聲八音周禮大師文之以五聲播之以八音是五聲謂之聲八音謂之音審聲以知音言審夫宮商角徵羽之清濁高下而後八音之律可協虛言之爲聲麗之於物爲音上文禽獸知聲如引聲以呼之而知喜厲聲以叱之而知怒是亦五聲清濁高下之分也衆庶知音鏗者爲鐘磬者爲石哀者爲絲濫者爲竹讙者爲鼓入耳而知八音之辨也聲與音相須而樂成樂與德相資而一代之政亦無能越於此審而知之初無先後相生之序舊注於聲音二字皆渾言之故於經旨多未能昭晰

知樂則幾於禮矣

鄭注幾近也聽樂而知政之得失則能正君臣民事物之理也嵩燾案仲尼燕居不能樂於禮素是樂所以行禮而致其文入門而縣升登堂而樂闋客出以雍徹以振羽樂者所以爲禮之節也故禮樂交相爲用知樂則禮之習也素矣幾於禮者明禮樂之功相濟也經義廣大當熟玩深思而微會之鄭注似稍泥

壹倡而三歎

鄭注倡發歌句也三歎三人從歎之耳孔疏初發聲壹倡惟有三人歎之言歎者少也嵩燾案儀禮鄉飲酒鄉射燕禮竝云工四人獻工一人拜受爵鄭注一人工之長也大射禮小臣納工工六人鄭注六人大師少師各一人上工四人周禮

大師大射率瞽而歌射節是凡登歌以四人爲節工之長一人發聲三人引而和之歌與瑟相調而不雜以衆樂惟其清也遺音兼瑟與歌言之疏云歎者少誤熊氏安生乃謂樂有五聲但有三人歎之餘兩聲未歎眞成囈語

人生而靜天之性也感於物而動性之欲也

鄭注言性不見物則無欲孔疏感外物而心遂動是性之所貪欲也嵩燾案性情同物而引性以之情者欲也性動欲生而本然之性一嬗而卽於欲於是食色之性承之以爲用告子曰食色性也食色之爲性亦出於同然而必與物爲緣感物而動於不容已是性也而不得據以爲性經曰性之欲言性甫動而未遽流爲情其動而有其萌是亦欲也而固未離

乎性疏云性之所貪欲經說到物欲上去誤故夫食色之出於同然者亦性也未嘗詭於正也而因物而動但可名爲性之欲而不名爲性知其爲性之欲而爲告子之說者亦可憬然悟矣

物至知知然後好惡形焉

鄭注知知每物來則又有知也言見物多則欲益衆形猶見也嵩燾案由外而感於心爲物由心而接於外爲知物方至而吾心之知之應乎物者爲能辨知其可欲與其不可欲而好惡生焉故夫蕩性者情也函情以與之俱蕩而因爲之效其用者知也上知字卽知誘於外之知下知字兼有辨知意上知字實下知字虛鄭意以知知主物至之多言之恐誤又案物至知知皆眞知也知其爲善而好之而凡所好皆善

也知其爲惡而惡之而凡所惡皆不善也固無害於知也然好惡既因物而流則知亦遂隨情而蕩知蕩於情但以效情之用而與物相比物感知而蔽之知卽感情而引之於是情之戕性者遂假知以濟其用故夫知非不善也物至之知蕩於情而迷失其知之用也記禮者因遂一蔽其罪於知孟子曰氣體之充也氣之用之最微而靈者爲知以知效性則知者性之藏也以知效情則知者亦情之引也君子所以急養知而不欲使之蕩於情也

則是物至而人化物也

孔疏所好所惡無有法節物善則人善物惡則人惡是人化物也嵩燾案化卽程子變化氣質之化化者變之甚也逐物

而流隨物而遷久之遂與物化而好惡隨以轉移物至之知亦迷惑而喪其守於是心知氣體一淪於物莫能自主故曰化物物者何人欲而已矣疏於此兼善惡言之大誤

樂勝則流禮勝則離

孔疏勝猶過也樂過和同而無禮則流漫無復尊卑之敬禮過殊隔而無樂則親屬離析無復骨肉之愛嵩燾案此承上同異親敬言之同則親而或至於流異則敬而或至於離是以禮樂交相爲用禮勝樂勝猶言敬勝愛勝禮樂固必無偏勝之理也眞氏德秀云此禮樂且是就性情上說葢謂行禮樂而至於相勝則亦慢矣故以性情言之細玩經旨言人所以相接愛敬而已矣而愛敬有偏勝則患生聖人一以禮樂

行之以防其偏勝此言勝者謂親敬之相勝蒙上禮樂以爲之辭耳

禮義立則貴賤等矣樂文同則上下和矣好惡著則賢不肖別矣刑禁暴爵舉賢則政均矣仁以愛之義以正之如此則民治行矣

孔疏此經凡五事也嵩燾案禮樂者敬與和之顯也其體則仁義也樂屬陽仁者陽之施也故主於愛而爲賞禮屬陰義者陰之別也故主於惡而爲刑好惡刑賞仁義之用也其原皆出于禮樂涵之於心爲好惡措之於政爲刑賞而無禮樂以爲之經緯則賢不肖之實不顯而政亦必不能均故禮樂者仁與義之散而著焉者也好惡刑賞以禮樂推之於民則

民皆向化而治行矣孔疏析分五事陳氏集說至謂仁義爲禮樂之輔於經旨似未能融會

樂由中出故靜禮自外作故文

鄭注樂由中出和在心也禮自外作敬在貌也文猶動也嵩燾案由中出者宣導其和之意自外作者興起其敬之意樂文之盛也而聲依永律和聲默會潛通以與節奏相應行其易良之心而無容強也故曰靜禮質之幹也而興拜之等酬酢之儀多爲之節以詔之使之從容揖讓而不敢懈也故曰文但謂和在心敬在貌則禮者專飾其外之貌荀子之所謂僞也於義似未盡案王氏經義述聞古字靜與情通大戴禮文王官人篇飾貌者不情逸周書官人篇情作靜逸周書情忠而寬大戴禮情作靜大戴禮又曰誠靜者有可信之色即表記所謂情可信也表記又曰文而靜鄭

注靜或爲情下云知禮樂之情者能作識禮樂之文者能述又曰情深而文明皆以情文相對爲義鄭注文猶動也意葢以動對靜其實樂由中出禮自外作正當以情對文言之

明則有禮樂幽則有鬼神

鄭注禮樂敎人者也鬼神助天地成化者也易曰知鬼神之情狀五帝德說黃帝德曰死而民畏其神百年春秋傳曰若敖氏之鬼然則聖人之精氣爲神賢知之精氣爲鬼孔疏聖人旣能使禮樂與天地同節和又於顯明之地尊崇禮樂以敎人幽冥之處尊敬鬼神以成物嵩燾案鬼神者天地之成化禮樂者聖人之成能鬼神體物不遺禮樂功化之盛萬物受裁成焉陰陽之撰神化之迹禮樂爲昭矣中庸言鬼神之德以著誠之功用禮樂之散布流行聖人積誠之功用所以

揚詡萬物者也幽者功化之運行隨事而不能越明者制度之昭著盡人而不敢違鄭意求鬼神以實之疏因謂聖人崇禮樂於明而別鬼神於幽於經義似未能融洽案下文樂者敦和率神而從天禮者別宜居鬼而從地竝以陰陽言鬼神朱子所謂氣至而伸者爲神反而歸者爲鬼樂統同神之至而伸者也禮別異鬼之反而歸者也注以先聖先賢釋鬼神大誤

綴兆舒疾

鄭注綴酇舞者之位也兆其外營域也嵩燾案鄭注奔喪位有酇列之處集韻酇聚也是鄭訓綴爲聚取相連綴之義而訓兆爲位外之營則非說文兆分也𠧞灼龜坼也兆者分析之義馬融注論語佾列也周禮大胥以六樂之會正舞位以序出入舞者序舞者謂之綴八佾各自爲列謂之兆董氏春

秋繁露法商而王舞佾圓法夏而王舞佾方法質而王舞佾橢法文而王舞佾衡佾者兆也圓之方之橢之衡之所謂綴也下文行其綴兆要其節奏正謂舞列相連綴而又秩然有別也屈伸俯仰舞者之容綴兆舒疾舞者之節案下總干山立舒也發揚蹈厲疾也武亂皆坐又舒也凡舞節始終皆舒故初言備戒之已久後言遲而又久而其中之逮事皆疾故謂之象成舞以行數人數相綴爲義故舞列謂之綴方氏慤云綴表也所以表行列也行綴既成而爲兆綴兆猶舞列之有分合也鄭訓綴爲位而及位外之營域是屈伸俯仰疾舒皆虛獨綴兆實指其位於辭爲不文矣

過制則亂過作則暴

鄭注過猶誤也暴失文武之意孔疏謂文樂武樂雜亂嵩燾

案此經下文始奏以文復亂以武鄭注文謂鼓武謂金而周禮磬師掌教縵樂之鐘磬凡祭祀奏縵樂鐘師掌鼙鼓縵樂是縵樂金鼓雜眂瞭賓射奏其鐘鼓鼙愷獻亦如之鎛師軍大獻則鼓其愷樂是軍中樂亦金鼓雜樂有文聲武聲而不名文樂武樂樂師教舞始有羽舞干舞文武之分大司樂舞雲門大卷大咸大夏大濩大武七代之樂皆能調和其聲以應舞節詩小序武奏大武也酌告成大武也維清奏象舞也鄭箋象舞武王制焉大武周公作樂所爲舞也是大武成於周公之世武王總干而立而奏象舞大武之樂所由仿也作樂象功亦必無文樂武樂雜亂之理葢亂者序之反暴者和之反聖人備中和之德而因天地自然之和序發之於禮樂

萬物皆受裁成焉非能以人爲之妄參之者也過者德未至

而妄作者也

論倫無患樂之情也

鄭注倫猶類也患害也孔疏在心則倫類無害故爲樂情嵩燾案情也質也本之所以立也官也制也用之所以行也此言樂之原也論卽下使其文足論而不息倫卽下樂行而倫清及樂者通倫理者也之義論謂討論制度之詳倫謂節理事物之宜無患者聲容節奏與性情相爲訢合非作而致其情也大司樂言樂語論也言樂德倫也大師以六律爲之音論也以六德爲之本倫也施之於論而不相陵越察之於倫而不相侵奪故以是爲樂之情鄭注倫類也不誤疏以論說

等倫無相毁害爲言是謂所論者倫耳語似未愜案集說引劉氏說論者雅頌之辭倫者律呂之音則下文所謂施於金石發於聲音者卽此論倫也亦不足爲樂之情矣

卑高以陳貴賤位矣動靜有常小大殊矣

鄭注動靜陰陽用事小大萬物也大者常存小者隨陽出入

嵩燾案卑高以體言體有定者也故曰貴賤位動靜以氣言氣無定而有定者也故曰小大殊陰陽動靜之互爲其根而萬物資始資生以各正性命受形於陰陽之氣終古不失其節小大之所以殊殊於陰陽動靜之有常也鄭注陰陽用事語至精確疏以風雷動散有常言之失其旨矣

化不時則不生男女無辨則亂升天地之情也

鄭注樂失則害物禮失則亂人孔疏樂以法天化得其時則

物生不時則物不生天之情也禮以法地男女有別則治與無別則亂升地之情也嵩燾案此推原天地之情明生物之始自有其和與別者以爲之程凡物之牝牡雌雄皆男女也無辨則萬物之倫理亂天地亦無所施其成物之功陰陽之氣升主生而降主殺天地訢合陰陽相得斯其氣升而羣生皆遂其性男女無辨則化不醇卽陰陽之氣亦爲之雜亂以不得自升亂升者亂其生初之序也此因禮樂以上溯天地之情而明所謂和與別者生化自然無相瀆也並兼人物言之春溫秋肅時也男女婚姻亦必以時鄭以禮樂分繫之人物疏又以人物分繫之天地恐無當經旨

著不息者天也著不動者地也一動一靜者天地之閒也故聖

人曰禮樂云

鄭注閒謂百物也言禮樂之法天地也樂靜而禮動其竝用事則亦天地之閒耳嵩燾案天爲氣化之始故著不息地主成物之功故著不動聖人作樂以應天制禮以配地而天地之功用動靜變合互爲其根禮樂之施行動靜修爲亦交致其用經言天地之閒猶云天地際也天地陰陽之會絪緼充塞無有端倪而氣化之行皆此一動一靜之機相爲保合聖人制禮作樂以消息天地之大用而使人各正其性命動靜之幾一息不可離卽禮樂之化一物不能廢動靜無二用禮樂無二揆是以天地陰陽之運不能判然而各有其藏禮樂動靜之幾亦豈能截然而各施其化曰禮樂云者明禮樂之

原之出於一也上二句言天地之所以分下三句言禮樂之所以效天地之合鄭注樂靜禮動則於樂之應天禮之配地適得其反其言間者百物也意謂禮樂竝用事則百物以昌詞旨迂曲似尙未盡此經立言之妙

故其治民勞者其舞行綴遠其治民逸者其舞行綴短

鄭注民勞則德薄酇相去遠舞人少也民逸則德盛酇相去近舞人多也嵩燾案隱五年左傳天子用八諸侯用六大夫四士二是天子舞以八人爲列自八以下降殺以兩人數多少皆有常制昭公二十二年禘於襄公萬者二人德薄矣而未必季氏之用八佾反爲德之盛也葢舞節繁則行綴遠舞節簡則行綴短繁者備儀舞人常勞簡者不備儀舞人常逸

此言治民卽大胥之正舞位小胥之巡舞列所治者舞人之節而假治民爲之辭耳觀其行綴之遠近而知其舞節之繁簡則知德盛者備中和之極其繁簡必均行綴之有遠近皆非舞節之盛者也舞以象功昭德如大武之舞先鼓以警戒三步以見方再始以著往復亂以飭歸因舞節之繁簡想像其功德之盛有如見其心者季札之觀舞蓋亦求之繁簡之節而已民勞民逸無關優劣輔氏廣云治民勞謂勞於治民治民逸謂逸於治民行綴遠則氣紓行綴短則氣促上勤則下紓上逸則下促鄭以勞逸屬之民輔氏又以勞逸屬之治民者未達經義而以意儗之均之無當也

大章章之也咸池備矣

鄭注咸池黃帝所作樂名也堯增修而用之髙熹案鄭注周禮大司樂雲門大卷黃帝樂大咸咸池堯樂也呂氏春秋黃帝令伶倫作爲律取竹嶰谿之谷斷而吹之以爲黃鍾之宮制十二筩以別十二律律呂葢原於黃帝之世故樂肇始黃帝周禮大司樂六變而降天神舞雲門八變而出地示舞咸池九變而禮人鬼舞大磬天神尙質雲門樂之始其制猶質故止於六變至咸池而八變至韶而極於九變相繼增盛下云韶繼也繼咸池而爲九成也此與周禮敎樂舞次序正同疑大章卽周禮之大卷黃帝垂衣裳而治作樂象功大章大卷其義均也案王制三公一命卷鄭司農周禮注衮卷龍衣也毛詩傳衮衣卷龍衣也荀子富國篇天子袾裷諸侯元裷說文衮天子卷龍繡於裳九章之服謂之衮卷龍爲之故亦曰卷鄭注於此與周禮異

訓故爲失之案疏引熊氏云樂緯黃帝曰咸池帝嚳曰六英顓頊曰五莖堯作大章莊子天下篇黃帝有咸池堯有大章呂覽古樂篇亦云然淮南氾論訓亦云堯大章蓋周秦閒諸儒相傳如此經明以大章咸池爲後先之次自應以鄭注周禮爲允

天地之道寒暑不時則疾風雨不節則饑教者民之寒暑也教不時則傷世事者民之風雨也事不節則無功然則先王之爲樂也以法治也

鄭注教謂樂也以法治以樂爲治之法燾案此言聖人法天行之度以有政教樂者政教之資也以法治言其因時合節與政治之法天者同也教有常故曰寒暑事無定故曰風雨刑賞者寒暑之施也賞以春夏刑以秋冬期不爽其時而已董勸者風雨之用也戒之用休董之用威期不踰其節而

已王者以政教整齊天下而樂之用行焉故其展而陳之有其時其比而合之有其節曰以法治則知政教之不統於樂明矣鄭訓教爲樂張氏守節因謂樂以氣曰教禮以形曰事傅會以成其說非經旨也

狄成滌濫之音作

鄭注狄滌往來疾皃孔疏狄成滌濫謂樂之曲折疾速而成疾速而止嵩燾案王氏經義述聞引呂氏春秋音初篇流辟誂越慆濫之音出云成者戉之譌戉與越通狄讀爲誂誂越即狄戉也誂亦作咷漢書韓延壽傳嗷咷楚歌服虔曰咷音滌濯之滌正與狄同音方言曰佻疾也廣雅越疾也佻與誂同聲越與戉同聲皆謂樂聲往來之疾也疏云疾速而成陳

氏集說因謂成者樂之一終王氏章句乃以濫爲尾聲展轉相沿强經以成其說疑狄成滌濫四字平列狄成往來疾滌濫則一往而不反惟疾越故至流濫無歸也鄭注狄滌同訓亦恐失之

慢易以犯節流湎以忘本廣則容姦狹則思欲

鄭注廣謂聲緩也狹謂聲急也孔疏朋淫於家是慢易以犯節淫酗肆虐是流湎以忘本嵩壽案哀樂廣狹對文慢易流湎亦當是對文慢易聲急流湎聲緩慢易者颯然而起戛然而止所以爲急犯節謂陵越而失其節也流湎則靡靡之音一往而不知反故曰緩鄭以緩急釋廣狹非也廣狹如典同之微聲韽回聲衍侈聲筰弇聲鬱侈聲回聲皆謂之廣微聲

弇聲皆謂之狹漫衍而宏筰則容姦矣杜子春云韽讀爲闇不明之闇鄭注弇則聲勃鬱不出也闇昧而鬱結則思欲矣如鄭注緩者聲紓容姦可也聲急而促安能道欲乎疏以朋淫酗虐釋慢易流湎竝文義亦失之

感條暢之氣

鄭注感動也動人條暢之善氣使失其所嵩燾案王氏經義述聞引史記樂書及說苑脩文篇作感滌蕩之氣呂氏春秋音初篇流辟誂越慆濫之音出則慆蕩之風邪慢之心感矣慆濫即滌濫也慆蕩即滌蕩也滌蕩條暢聲相近故字相通王氏之說是也樂記言聲音之道皆由於感感於善而善感於惡而惡未有感善而使失其所者上云犯節忘本容姦思

欲正言其放蕩而無檢約故曰感滌蕩之氣注意迂回陳氏集說感或作惑則意為之辭別無證據

是故清明象天廣大象地終始象四時周旋象風雨五色成文而不亂八風從律而不姦百度得數而有常

鄭注清明謂人聲也廣大謂鐘鼓也周旋謂舞者五色五行也八風從律應節至也百度百刻也言日月晝夜不失正也

嵩燾案清明廣大統言樂體而鄭以一聲概之八風百度專論樂律而鄭以八方之風晝夜百刻之度泛雜言之清明者律呂相宜如大司樂奏黃鍾歌大呂奏大簇歌應鍾之類其聲純一以清也廣大者衆音俱備如虞書戛擊鳴球搏拊琴瑟以詠其聲洋溢以盈也終始者合止有節如論語之翕如

以象春純如以象夏皦如以象秋繹如以象冬也案下文始奏以文復亂以武治亂以相迅疾以雅亦終始自然之節奏也周旋者循環無端如禮器五聲六律十二管還相爲宮也案大司樂圜鍾爲宮函鍾爲宮黃鍾爲宮而角徵羽依類以相生即十二管還相爲宮之義五色成文者義疏云角音木色青徵音火色赤宮音土色黃商音金色白羽音水色黑八風從律者陳氏暘云坎音革其風廣莫艮音匏其風融震音竹其風明庶巽音木其風清明兌音金其風閶闔乾音石其風不周坤音土其風涼離音絲其風景案經義述聞八音謂之八風左傳襄公二十九年五音和八風平謂八音平也昭二十年一氣二體三類四物五聲六律七音八風九歌以相成也昭二十五年爲九歌八風七音六律以奉五聲八風與七音九歌相次則是八音矣八風從律而不姦猶虞書之八音克諧無相奪倫也百度得數者馬氏晞孟云樂之始有柷柷方二尺四寸三八之數深一尺八寸二

九之數九勝八陽勝陰樂所以作樂之終有敔敔有齟齬二十七三九之數長尺十之數十勝九陰勝陽樂所以成度者所以準律各有數以合之樂師之序樂事大胥之典樂器典同之辨樂聲皆不越此案經義述聞左傳襄公二十九年節有度百度者樂之節奏也八音之奏有節其節皆有常度數者度之多寡也其大者如升歌三終笙入三終閒歌三終合樂三終及武始而北出再成而滅商三成而南四成而南國是疆五成而分周公左召公右六成復綴以崇天子之屬其小者如三步以見方夾振之而駟伐壹倡而三歎之屬多寡得宜故曰得數一成不變故曰有常五色者五聲之序八風者八音之和百度者以六律六同辨陰陽之聲而播之器者也注意未能分明

君子樂得其道小人樂得其欲

鄭注道謂仁義也欲謂邪辟也嵩燾案君子小人以位言之

君子樂得其道卽所謂樂者通倫理者也小人樂得其欲則天下甯而萬物各得其所合天下而皆得所欲此樂之所以爲樂也以道制欲則樂行而民鄕方矣忘道者仲由之瑟原壤之歌縱情以出之而成乎滌蕩之音反情以和其志君子以道制欲之功也廣樂以成其敎君子以道制欲之化也

樂者心之動也聲者樂之象也文采節奏聲之飾也君子動其本樂其象然後治其飾

鄭注文采樂之威儀也孔疏聲無曲折則質素故以文采節奏飾之治其飾則亦聲之飾也嵩燾案治其飾謂飾舞以昭樂之盛文采舞之容節奏舞之節文德武功必由舞以宣之再始復亂之義六變八變九變之節一成再成三成四成五

成六成之容惟舞爲能曲盡其形容聲者樂之象如韶夏濩武皆播之聲以象功然後文之以干戚羽毛以和其聲而盡其飾舞樂之所以相須也史記樂書此章本爲樂象象者舞也故此下專明樂舞之節注意恐失之

君子以好善小人以聽過

孔疏君子謂在位尊者小人謂士庶之等嵩燾案此君子小人以德言之情見義立則中和之道著而文武之用殊君子由之以見聖人之情故好善小人由之而綴兆有位進退有節俯仰疾徐有容一有不齊以正焉則失倫矣故曰小人以聽過

禮樂偩天地之情達神明之德降興上下之神而凝是精粗之

體領父子君臣之節

鄭注偩猶依象也凝成也精粗萬物大小也領猶治理也孔疏禮出於地尊卑有序是偩依地之情樂出於天遠近和合是偩依天之情又能正其萬物大小之形體理治君臣父子之限節嵩燾案邵氏囦云偩載也天地之情隱於造化禮樂則偩之而出神明之德行於幽冥禮樂則達之而顯玩下大人舉禮樂天地將爲昭焉正謂天地之情賁於禮樂以顯其功用也似不得爲依象之義精者愛敬之實粗者節文度數之詳禮樂之情通於天地故以之交於神明而不爽其情禮樂之體凝於性命故以之行於君臣父子而不踰其節偩者載而顯之於事物凝者固而存之於心注以精粗屬物大小

疏又以天地之情分屬之禮樂皆恐失之

是故德成而上藝成而下行成而先事成而後是故先王有上有下有先有後然得可以有制於天下也

鄭注德三德也行三行也藝才技也孔疏德成而上者人君及主人之屬以道德成就故在上藝成而下者樂師商祝之等藝術成就而在下人有多少品類先王因其先後故尊卑得分然後可以制禮作樂爲法以班天下嵩燾案禮樂之節數與事而已習其數乃能通其情知其事乃能達其義故夫本末一致也德成者不能廢藝行成者不能遺事而先王之制禮樂固不待執其藝陳其事躬習俯仰屈伸之文而一曲之士得皆與於禮樂之末爲藝與事之備其文者其原皆通

於德而及其行之則固有專資於藝以致其精者曰有制於天下所以明禮樂之行非一手一足之烈而儀文之等節奏之繁資於工祝以效其用而揚詡其德乃以成乎禮樂之盛也疏意似失之泥

弦匏笙簧會守拊鼓始奏以文復亂以武治亂以相訊疾以雅

鄭注相卽拊也亦以節樂拊者以韋爲表實之以糠糠一名相因以名焉今齊人或謂糠爲相嵩燾案周禮大師帥瞽登歌令奏擊拊下管播樂器令奏鼓朄小師登歌擊拊下管擊應鼓鄭司農云拊者擊石朄小鼓也讀爲道引之引小鼓爲大鼓先引故曰朄說文朄擊小鼓引樂聲也據虞書搏拊琴瑟以詠而儀禮凡工歌先授瑟是樂始登歌以琴瑟和之而

先之搏拊者所以引樂聲也疑拊亦鼓類鄭司農云擊石非也說文不云鞞小鼓而云擊小鼓似擊拊鼓㯻皆假搏擊爲鼓之名大射儀有建鼓應鼙朔鼙簜鼗之別而無㯻鼓知許君之云擊小鼓爲得其實也周禮笙師舂牘應雅鄭司農云牘以竹大五六寸長七尺其端有兩空髹畫以兩手築地應長六尺五寸其中有椎雅狀如漆筩而弇口大二圍長五尺六寸以羊韋鞔之有兩紐疏畫鄭注牘應雅敎其舂者謂以築地笙師築之則三器在庭可知案鄭司農小師注柷如漆筩中有椎小師笙師所掌皆在升歌時周禮亦謂之弦歌疑笙師之雅即小師之柷用以節弦者笙師所掌在笙入之後牘應雅皆以節樂與拊搏之引樂聲者自別考工記鞾人爲臯陶鄭司農云臯陶鼓木也疑應雅二者考工記所謂臯陶

鼓木也牘郎大射儀之簜所謂鼓竹也竹木皆可爲鼓以節樂而相之以糠實韋用以築地當與牘應雅爲類曲禮春不相凡春以聲助之而爲之節曰相此所謂相葢春以節樂也拊用擊而相用春鄭合爲一恐誤

及優侏儒獶雜子女

鄭注獶獮猴也言舞者如獮猴戲也亂男女之尊卑獶或爲優孔疏俳優侏儒之人狀如獮猴男女無別嵩燾案侏儒子女二事侏儒爲俳優以悅人耳子女相獶雜以眩人目獶猶亂也疏混合言之恐誤齊人歸女樂鄭人賂晉以女樂二八所謂獶雜子女也俳優子女之與皆在春秋之世

克順克俾

鄭注慈和徧服曰順俾當爲比聲之誤也擇善從之曰比嵩燾案鄭所引昭公二十八年左傳文杜注比方善事使相從也爾雅釋詁俾從也字異而義同順謂德普於人而人服之俾謂善備於身而人從之克順克俾則化民成俗之道著矣比俾同訓不必改字

石聲磬

鄭注磬當爲罄字之誤也嵩燾案說文磬古文從巠作硜史記樂書石聲硜硜以立別硜古文磬字論語鄙哉硜硜乎正謂磬聲磬聲一發卽止樂有編磬以協陰陽之律大小之聲戛然可以立辨故聲亦從磬而以耳辨之磬自有辨義說文罄亦從磬得聲謂其一發卽罄也正不必改磬爲罄

聲淫及商

鄭注時人或説其義爲貪商也嵩燾案周禮大司樂有宮角徵羽而無商鄭注五音宮所生濁者爲角清者爲徵羽無商者祭尚柔商堅剛也朱子謂無商調非無商聲淫者聲之過亢而流爲商調也國語王以夷則之上宮畢陳以黃鍾之下宮布戎以無射之上宮布憲施舍史記武王伐紂吹律聽聲而音尚宮皆取寬大之義商者西方金音義主殺伐武樂以遲久詠歎爲心發揚蹈厲而會朝清明於商音無取故知爲有司之失傳也

敢問遲之遲而又久何也

鄭注遲之遲謂久立於綴孔疏引賀氏云備戒已久是遲久

立於綴是遲而又久嵩燾案備戒之久據樂之始言卽下始而北出是也遲之又久據樂之成言下文再成以及六成復綴皆是也通取久道化成之義遲之者從容以象其成遲而又久總干而久立於綴以竢樂之餘聲盡而始收也鄭以遲之遲爲句疏遂兼上備戒之久言之似於經義未順

夾振之而駟伐盛威於中國也分夾而進事蚤濟也久立於綴以待諸侯之至也

鄭注夾振之王與大將夾舞者振鐸爲節也駟當爲四聲之誤也每奏四伐一擊一刺爲一伐牧誓曰今日之事不過四伐五伐分猶部曲也舞者各有部曲之列又夾振之者象用兵務於蚤成也久立於綴象武王伐紂待諸侯也嵩燾案六

成復綴以崇天子敘舞事已盡案鄭以天子夾振之爲句云王與大將夾舞者似謂武王與太公夾舞者參錯而立是不知舞以象成直謂天子亦與於六成之行列而云天子夾振之於文義亦爲忤矣此復申敘上文未盡之義夾振之而駟伐即再成滅商之容所謂發揚蹈厲太公之志也方氏慤云八佾相夾則合而爲四伐謂以戈伐地也語最分明夾振之所以一其心至於三成分夾而進以示整暇耀軍容而已故曰事蚤濟也五成分左右二列則舞位無所施其回旋故皆坐以象天下之大定所謂武亂皆坐周召之治也久立於綴則總干山立武王之事矣其始之備戒立於綴以待之其終還立於綴故曰復綴云待諸侯之至者大傳云設奠於牧室遂率天下諸侯執豆籩遂奔走即謂此也下武詩受天之祜四方來賀文王詩上帝

旣命侯于周服久立於綴以待諸侯之從周不欲以武彊致之故曰復綴以崇天子鄭以伐紂待諸侯爲辭則當在備戒已久之時不宜列之章末且牧野誓師諸侯不期而會者八百國又何云待也

名之曰建櫜

鄭注建讀爲鍵字之誤也兵甲之衣曰櫜鍵櫜言閉藏兵甲也嵩燾案上文車甲衅而藏之府庫則注意爲複王氏述聞建當爲鞬方言所以藏弓謂之鞬說文鞬所以戢弓矢也釋名鞬建也弓矢並建立於其中也左傳僖二十三年右屬櫜鞬杜注櫜以受箭鞬以受弓馬融廣成頌正作鞬櫜王氏之說是也後漢書馬融傳注又云鞬以藏箭櫜以藏弓疑鞬櫜

之爲名不必專藏弓矢說文韇車上大囊也廣韻韃馬上藏弓矢器韃以革爲之竝藏弓矢案毛詩傳櫜韜也時邁曰載櫜弓矢是弓矢竝言櫜左傳左執鞭弭右屬櫜鞬杜注弭弓反末無緣者小雅詩疏弭者弓弰之名弓亦執之則下云櫜鞬亦總言弓矢之房而已杜以櫜爲矢箙似亦別無顯證韃櫜連文則櫜亦以革爲大櫜干戈弓矢皆可包而藏之後人緣此名弓房爲韃右屬之腰正未可據以釋此文也疏云鍵是管籥閉藏之名鍵所以持門戶府庫之藏皆有鍵閉固不能施之櫜櫜矣

散軍而郊射左射貍首右射騶虞

鄭注郊射爲射宮於郊也左東學也右西學也孔疏東學在東郊周立虞庠之學於西郊故知諸侯習射於東學嵩燾案周禮射人王射樂以騶虞諸侯射樂以貍首鄭以東學爲大

學不應諸侯之射在大學天子之射反在小學鄉射記君國中射則皮樹中於郊則閭中於竟則虎中鄭注國中謂燕射於郊謂大射於竟謂與鄰國君射似鄉射於學天子諸侯射不必於學射義疏大射於廟賓射於朝燕射於寢鄉射記所謂惟君有射於國中凡此皆國中也散軍郊射蓋及郊而射以與諸侯明禮讓之義王制述三代之學夏曰東序西序殷曰右學左學周曰東膠虞庠周立四代之學而惟虞庠在郊謂鄉學也王制特明著之夏殷以東西相勝並無在郊之文疏云東學在東郊甚誤（詳見王制）殷道尚右武王始有天下猶循用殷禮故天子居右諸侯居左謂比耦之次也儀禮鄉射大射並云上射在左先升三等下射從之中等上射升堂少左

卒射上射降三等下射少右從之中等蓋周禮以左爲尙故上射居左經云左射貍首右射騶虞猶殷制也大射儀司射西面誓曰公射大侯大夫射參士射干卑者與尊者爲耦不異侯此以貍首騶虞爲節蓋天子諸侯相與爲耦凡射皆先比三耦惟天子居右諸侯以次皆居左也注云東學西學疏遂以東郊西郊釋之是天子諸侯分郊而射證之經義恐不然矣

致樂以治心致禮以治躬

鄭注致猶深審也嵩燾案致樂致禮與中庸致中和之致同說文致送詣也由此而致之彼也中和者具於心者也推而被之民物曰致禮樂者生於心而具於事者也引而納之於

心與身亦曰致習其儀文度數以節理其性情所謂學以致其道也治心者涵濡其德性故曰樂也者動於內者也治躬者檢束其儀容故曰禮也者動於外者也行乎禮樂而致之身與心非但深審之而已

禮減而進以進爲文樂盈而反以反爲文

鄭注禮主其減人所倦也樂主其盈人所歡也進謂自勉強也反謂自抑止也嵩燾案禮主於撙節退讓故曰減樂主於流動充滿故曰盈減盈者禮樂之體也減而以進爲文盈而以反爲文文者用也一獻三獻以至九獻禮所由名也由獻而有酢而有酬有酳而有旅酬而有無算爵相承以致其敬故以進爲文酢也酳也酬也所以爲報也得其報則樂禮之

所以爲順也順人情者也入門奏肆夏出而奏陔樂所由成也而升歌三終間歌三終合樂三終皆各自爲節終而復始故以反爲文得其反則安樂之所以爲和也和人心者也禮有序而終始相成故曰進樂有節而合止各別故曰反疑此據行禮樂之節言之非虛言其理而已注意似無着

聲音動靜性術之變盡於此矣

鄭注性術言此出於性也盡於此不可過嵩燾案聲音動靜交於外而性術應於內變者謂性術隨之以發動也言樂之原由人心之樂而宣導之以爲之節而聲音動靜之成乎變與性術函而相守以不可離而性功成焉故曰樂觀其深矣篇首云凡音之起由人心生也又云凡音生人心者也此兼

前兩義言之

節奏

鄭注闋作進止所應也孔疏作則奏之止則節之嵩燾案爾雅和樂謂之節奏者衆音並作節者中間一聲以調其中聲如拊鼓相雜皆是節也曲直繁瘠廉肉六者於聲之高下清濁辨之節奏則調和六者之音使之剛柔相濟疾舒適均以成乎和平之聽也下文節奏合以成文似未宜專以止作言之

審一以定和比物以飾節

鄭注審一審其人聲也比物謂雜金革土匏之屬也嵩燾案昭元年左傳樂有五節遲速本末以相及而推本於中聲以

降一者中聲也國語古之神瞽考中聲而量之以制以中聲定其準而陰陽之聲之依乎律呂者應節相生自然成文大司樂所謂圜鍾爲宮函鍾爲宮黃鍾爲宮皆中聲之所從出也因而分樂以序之以成乎六樂之變而各得其中聲焉故曰審一以定和物者事也郊廟射鄉食饗之事皆有事於樂而儀禮之樂南陔白華華黍笙由庚崇邱由儀管新宮奏肆夏奏陔奏驁各依於事以比樂官展樂器而爲之節奏燕禮記賓及庭奏肆夏賓拜主人答拜而樂闋公拜受爵奏肆夏卒爵主人升受爵而樂闋皆因事之節以盡其飾故曰比物以飾節鄭以審一屬之人聲以比物屬之八音似於義未盡

故樂者天地之命中和之紀人情之所不能免也

孔疏樂師合天地之命協中和之紀感動天人是人情不能自免也嵩燾案樂以理人之性情是卽天地之命所凝也而使其心知百體莫不順則焉則中和之具人心者必資樂以紀之樂之理曰流行天地之間先王用之以宣導人心之和和而不使失其節故樂者所以範圍乎人情者也上文樂者樂也人情之所不能免也據樂之用言之情之動於自然而不容已者也故曰不能免此云人情之所不能免也據樂之理言之所以節理人情而依於性者也非是則其情流溢而不知所節故亦曰不能免

肆直而慈愛者宜歌商溫良而能斷者宜歌齊

鄭注商宋詩也嵩燾案昭公二十九年左傳吳季札來聘請

觀於周樂頌也大雅也小雅也風也皆周樂也案杜注左傳頌有殷魯故曰盛德之所同是魯頌商頌皆統於周樂周禮大司樂舞雲門大卷大咸大韶大夏大濩其時雲門咸池辭皆不傳卽韶夏濩樂舞之節具存而工歌聲詩在周已無考孔子删詩但得商頌五篇而已五帝三王之樂當因韶夏之節各爲之辭以寫之故曰遺聲商齊二者與風雅頌竝列當時必有其辭下文明乎商之音者臨事而屢斷明乎齊之音者見利而讓五帝以揖讓得天下而其歌歸於能斷三王以征誅得天下而其歌歸於見利而讓葢又後人竊知聖人之情爲之辭以曲傳其心而歌者各因其性情所近長言詠歎之其終慈愛又要於能斷能斷者又要於能讓則亦以見聖人之德無所偏倚而歌者又自有

以啟發其性情也

故歌者上如抗下如隊曲如折止如槀木倨中矩句中鉤纍纍乎端如貫珠

鄭注言歌聲之著動人心之審如有此事孔疏此論感動人心形狀如此諸事嵩燾案鄭意歌聲之著動人心之審謂聞歌者審其歌聲之曲折疏以感動人心形狀言之似乖注意經云上下曲止一聲之節也抑揚轉頓各適其宜而已倨中矩句中鉤纍纍如貫珠全章之調也矩者聲重而止鉤者聲輕而嚮而其音與節圜轉相屬猶夷蕩漾引而愈長葢六者之辭異而播之歌者音調固無異也三代之樂皆始升歌故曰歌者在上匏竹在下貴人聲也樂記以師乙之言歌終爲

歌之發於人聲者樂之原也而歌必倚瑟君子無故不去琴瑟是以弦歌者樂之紀君子之治樂尤莫先乎此也

禮記質疑卷十九終

禮記質疑卷二十

思賢講舍

湘陰郭嵩燾伯琛著

雜記上

諸侯行而死於館則其復如於其國如於道則升其乘車之左轂以其綏復

鄭注館主國所致舍如於其國主國館賓與使有之得升屋招用褒衣也道道上廬宿也升車左轂象升屋東榮綏當爲緌讀如蕤賓之蕤緌爲旌旗之旄去其旒而用之異於生也

嵩燾案鄭注非也周禮遺人十里有廬三十里有路室五十里有候館環人掌送迎賓客舍則授館聘禮入竟展布幕及郊又展及館展幣至於近郊張旜君使卿用束帛勞賓禮辭

迎於舍門之外勞者奉幣入受於舍門內夫人使下大夫勞遂以賓入至於館卿致館是自境及郊未授館有布幕其食宿皆有館所謂舍門卽館也不獨於其國爲然此經下云公館復私館不復公館者公宮及公所爲也私館者大夫士之家也據此則所謂館卽環人所授之館所謂如於其國卽卿所致之館也在館在國皆公館也故其復同於道謂不及授館而死於道左傳莊公四年楚武王伐隨卒於樠木之下杜注樠木木名足爲死於道之明證死於道則自在車中因升其所乘車之左轂而復案喪大記其在野升其乘車之左轂而復云在野則非有廬舍可知疏云不於道路廬宿之舍復者廬宿供待衆賓非死者所得專亦顯與經旨相背戾矣綏者升車之綏行於道朝夕升車下車必執綏遂以所常執者復之周禮夏采

大喪以乘車建綏復於四郊亦是此義建綏者詔死者之魂執之使登車也鄭竝作緌誤司常王建大常諸侯建旂節服氏維王之大常六人諸侯四人廣雅天子旌高九仞諸侯七仞故須四人六人維持之卽令去旒而用旌旗之旄亦無由執此九仞七仞之竿以升車之左轂也爾雅緇廣充幅長尋曰旐繼旐曰旆注旄首曰旌卽司常所謂全羽爲旞析羽爲旌緌者旞與旌所注之旄也亦不應舍旌旗之本名而名之爲緌證之經義恐未然也

其輤有裧緇布裳帷素錦以爲屋

鄭注輤載柩將殯之車飾也輤取名於櫬與蒨讀如蒨旆之蒨櫬棺也蒨染赤色者也將葬載柩之車飾曰柳裧謂鼈甲

緣邊緇布裳帷圍棺者也裳帷用緇則輤用赤矣輤象宮室屋其中小帳襯覆棺者若未大斂載尸而歸車飾亦如之嵩燾案廣韻輤載柩車蓋輤字僅一見於此以文義求之廣韻之言是也喪大記君龍帷黼荒大夫畫帷畫荒士布帷布荒鄭注在旁曰帷在上曰荒皆所以衣柳也柩車以帷荒爲飾不施蓋士昏禮婦車有裧既夕記主婦之車疏布裧鄭注裧車裳帷於蓋弓垂之裧者婦人之車飾鄭注儀禮皆訓裳帷此不云者以與下裳帷字複裧與裳帷竝在車旁而分上下行道之喪車有裧以下覆裳帷使重閟也說文⿰車曼衣車蓋衣車者輜軿衣車也⿰車曼蓋借幔爲名下文大夫以布爲輤疑輤與⿰車曼同義車蓋衣也喪車有飾加黼幔其上曰荒合雜采結

其頂曰齊施蓋而衣之曰輤行道之車宜有蓋正與輴輤加幔者同飾也鄭因下文適所殯遂據以爲殯而謂殯車名輤喪車名柳柳者車名輤非車名也殆未免强生附會喪大記素錦褚加僞荒鄭注大夫以上有褚以襯覆棺乃加帷荒於其上屋者棺衣大夫以上用之喪大記君殯用輴大夫殯用幬葬用素錦褚皆以覆棺而於幬不詳何物此云素錦以爲屋接下適殯所卽仍此素錦屋爲幬無疑矣幬褚一物因葬而加飾耳

至於廟門不毀牆遂入適所殯

鄭注適所殯謂兩楹之間凡棺自外來者正棺於兩楹之間以其死不於室而自外來留之於中不敢遠也嵩燾案春秋

定公元年昭公之喪至自乾侯公羊穀梁竝引沈子曰正棺乎兩楹之閒然後卽位也既夕禮遷於祖正柩於兩楹閒昭公薨於三十一年十二月明年六月喪還已逾葬期矣又逾月而卽葬故不成乎殯沈子所謂正棺乎兩楹之閒然後卽位葢謂昭公之喪入於祖廟正其爲君然後定公得行卽位之禮也曾子問君出疆而薨其殯服入自闕升自西階如小斂入自門升自阼階檀弓小斂於阼殯於客位升自阼階者小斂之位升自西階者殯位也安得有正棺兩楹之文鄭據春秋傳以爲死不於室而自外來留之於中不忍離恐非禮意

至於家而說輤載以輲車入自門至於阼階下而說車舉自阼

階升適所殯

鄭注言載以輴車入自門明車不易也輴讀爲輇或作槫周禮又有蜃車天子以載柩蜃輇聲相近不易者不易以輴也廟中有載柩以輴之義嵩燾案鄭注非也曾子問君出疆而薨其殯服入自闕升自西階如小斂入自門升自阼階此舉大夫之禮據小斂言之葢古者會盟朝聘不越四鄰壤地相接死於道必歸而即殯曾子問君出疆以椑從是以君有殯與小斂之分而大夫無之舉自阼階猶小斂之位也說文轜喪車輴即轜之異文天子諸侯之輴士之輁軸通謂之輴車說文有輻曰輪無輻曰輇又云輇蕃車下庳輪也輴車亦卑輪而自與輇異義玉篇廣韻並云輴與輇同葢以卑輪强合

之大夫行以輴車至家而後載以輲車死於道不得以喪車從曰載者至是始改載也諸侯言說輤大夫言說車以未卽殯故說車與諸侯之載柛者異經義原自分明注家未能詳耳

大夫次於公館以終喪士練而歸士次於公館大夫居廬士居堊室

鄭注公館公宮之舍也練而歸之士謂邑宰也練而猶處公館朝廷之士也唯大夫三年無歸大夫居廬士居堊室謂未斂時士亦謂邑宰朝廷之士亦居廬嵩燾案周禮宮正大喪則授廬舍辨其親疏貴賤之居鄭注廬倚廬也舍堊室也親者貴者居倚廬疏者賤者居堊室喪大記君爲廬宮之大夫

士禮之既葬塗廬大夫士皆宮之既葬居堊室既祥黝堊是所謂廬又有塗不塗宮不宮之分所謂堊室又有黝堊之分而喪大記於既斂居堊室不及大夫士又云大夫竢練士卒哭而歸則此云大夫居廬當止於練士居堊室當止於卒哭大夫練而歸矣而猶次於公館以終喪士卒哭而歸矣而猶次於公館以及練公館者從政之所大夫士皆有常次喪大記所謂既葬大夫士言公事不言家事是也喪大記之言歸據居倚廬堊室言之此之言歸據次於公館言之喪大記斷其義此申其情也士居堊室至卒哭而止其歸也必及練云士次於公館者明卒哭以後之事也鄭析士爲二無當經旨

大夫爲其父母兄弟之未爲大夫者之喪服如士服士爲其父

母兄弟之爲大夫者之喪服如士服

鄭注春秋傳曰齊晏桓子卒晏嬰麤衰斬苴絰帶杖菅屨食粥居倚廬寢苫枕草麤衰斬者其縷在齊斬之間謂縷三升半而三升不緝也斬衰以三升爲正微細焉而屬於麤也其爲母五升縷而四升爲兄弟六升縷而五升乎惟大夫已上乃能備儀盡飾士已下則以臣服君之斬衰爲其父以臣從君而服之齊衰爲其母與其兄弟亦以勉人爲高行也嵩燾案喪服傳大夫士爲其父母兄弟之喪服大率貴者隆而賤者殺如昆弟期大夫爲昆弟爲士者大功大夫爲從父昆弟爲大夫者大功爲爲士者小功士爲庶母緦大夫無服此父母兄弟當指諸父母兄弟言之士爲爲大夫者士服其詳見

於喪服禮之經也大夫爲未爲大夫者士服不見於喪服則禮之通也於服雖屈而可以情自申也案左傳襄公十七年晏嬰對其家老曰惟卿爲大夫古者喪禮皆有等差喪服傳曰杖者何爵也是始制杖以爵爲之天子諸侯大夫士之宮室異則倚閭寢枕之屬亦異顧命延入翼室殷以前諒闇之制至周已不能詳所同者服而所異者制服之禮也卿爲大夫命於天子者也凡禮言上大夫下大夫皆以命數爲差左傳僖公十二年天子之二守國高在受命天子爲世臣斯其禮異列國之大夫固有不得概論者矣此與喪服傳之文義各有取記禮者明喪服之可以從厚耳喪服傳衰服升數無大夫士之別於斬衰言斬衰裳於齊衰言疏衰裳齊鄭注疏猶麤也明齊衰之爲麤與大功以下之布衰異也其云斬衰裳重詞也非謂斬衰之不可名爲麤也鄭注援麤衰斬之文遂謂其布縷在齊斬之閒似無左證閒傳斬衰三升齊衰四升五升六升大功七升八升九升小功十升十一升十二升

緦麻十五升鄭注以爲正服降服義服三者之別父母兄弟服有降殺而固不可以義服例之鄭注又推及士已下斬衰齊衰皆從義服之等而謂惟大夫備儀盡飾疏因以服重爲伸服輕爲屈士服從屈顯與經文相背戾喪大記言君之喪大夫士之喪杖與食粥各有時日而衰服無別鄭氏此注未免以意擬之

大夫之適子服大夫之服大夫之庶子爲大夫則爲其父母服大夫服其位與未爲大夫者齒

鄭注仕至大夫賢著而德成適子得服其服亦尊其適象賢雖庶子得服其服尚德也使齒於士不可以宗適嵩纛案喪服傳大夫之適子爲其妻期大夫爲舊君齊衰三月大夫在

外其妻長子爲舊國君亦齊衰三月大夫之庶子爲母妻昆弟大功爲適昆弟期大夫之子爲世父母叔父母子昆弟昆弟之子爲大夫者期大夫爲世父母叔父母子昆弟昆弟之子爲士者大功爲從父昆弟爲大夫者大功爲士者小功詳玩喪服之文有發例者有錯舉見義者大率大夫自期以下皆降而服止於從父昆弟爲大夫之子者亦從大夫之服而適子得比於大夫庶子不得比於大夫如大夫庶子爲母大功而爲父後爲其母緦傳曰大夫之庶子從乎大夫而降也鄭注從乎大夫而降則於父卒如國人是以大夫卒庶子爲母三年準此而推大夫庶子爲大夫得服其母如國人傳曰大夫爲世父母叔父母子昆弟昆弟之子爲士者何以大功

也尊不同也尊同則得服其親服大夫之子爲大夫爲其父母服大夫服爲得申其母之私親也兼父母言之辭之通也此補儀禮之文所不具亦以發明大夫喪服之等也其位與未爲大夫者齒尊適也其服從大夫之服其位猶之庶子也雖爲大夫不敢主喪也竝承上喪服言之鄭以尙德宗適爲說恐非經旨

大夫卜宅與葬日有司麻衣布衰布帶因喪屨緇布冠不蕤占者皮弁如筮則史練冠長衣以筮占者朝服

鄭注有司卜人也麻衣白布深衣而著衰焉及布帶緇布冠此服非純吉亦非純凶占者尊於有司卜求吉其服彌吉筮者筮宅也謂下大夫若士也筮史筮人也長衣深衣之純以

素也深衣練冠純凶服也嵩燾案士喪禮卜日族長涖卜及宗人吉服立於門西占者三人在其南卜人及執燋者在塾西筮宅命筮者在主人之右筮者南面受命卦者在左卜人周禮之卜師筮者周禮之簭人占者卦者周禮之占人執燋者周禮之菙氏也涖卜命筮則有司也士無家臣以族長宗人涖之吉服者示與神接也大夫之有司若史皆家臣也麻衣長衣亦吉服也而加衰家臣與主人同服不敢純吉也士喪禮筮宅卜日主人皆免絰涖卜以緇布冠涖筮以練冠竝冠易之下主人也練冠固異於始喪矣鄭云純凶非也此明大夫之禮所由與士喪禮異也士喪禮筮宅卜日大夫得兼用卜其用筮亦惟所便不必此筮卽爲士之筮宅也

大夫之喪大宗人相小宗人命龜卜人作龜

鄭注相相主人禮也命龜告以所問事也嵩燾案周禮家宗人掌家祭祀之禮有上士有中士大夫家臣得備官大宗人小宗人皆家臣也士喪禮卜日族長涖卜宗人命龜相卽涖卜也於士爲族長於大夫爲大宗人葢家宗人之爲上士者也疏引皇氏侃云大小宗人竝是其君之職肆師云凡卿大夫之喪相其禮據肆師職凡祭祀卜日詔相其禮大卜凡喪事命龜是王禮涖卜者肆師命龜者大卜無宗伯涖卜命龜之文禮器家不藏龜卜人以職贄卿大夫之喪爲之卜可也大小宗伯爲之涖卜則非事也

內子以鞠衣褒衣素沙

鄭注內子卿之適妻也褒衣者始爲命婦見加賜之衣也嵩燾案周禮內司服辨內外命婦之服鞠衣展衣緣衣素沙鄭注內命婦九嬪鞠衣世婦展衣女御緣衣外命婦其夫孤鞠衣其夫卿大夫展衣其夫士緣衣似此內子並世婦及孤卿之妻言之典命公之孤四命卿三命司服孤之服希冕卿大夫之服元冕其有加賜則謂之褒衣下云先路褒衣不以襚以其爲加服不敢褻用之注云不以已之正者施於人恐非左傳成二年公會晉師於上鄍賜三師先路三命之服襄二十六年鄭賜子展先路三命之服賜子產次路再命之服皆加賜於禮曰褒衣也其妻亦視其所加之服通謂之褒衣玉藻君命屈狄命婦之服止於鞠衣君有命而後上及闕狄褒

衣卽君所命之屈狄鞠衣本服褒衣加服鄭以始爲命婦之賜衣當之誤矣

大夫附於士士不附於大夫附於大夫之昆弟無昆弟則從其昭穆雖王父母在亦然婦附於其夫之所附之妃無妃則亦從其昭穆之妃妾附於妾祖姑無妾祖姑則亦從其昭穆之妾男子附於王父則配女子附於王母則不配公子附於公子

鄭注附讀皆爲祔從其昭穆中一以上祖又祖而已配謂竝祭王母不配則不祭王父也女子謂未嫁者嫁未三月而死猶歸葬於女氏之黨附於公子不敢戚君嵩燾案此章與喪服小記文多同皆爲祔葬言之周禮冢人掌公墓之地先王之葬居中以昭穆爲左右凡諸侯居左右以前卿大夫居後

各以其族以爵等爲邱封之度墓大夫令國民族葬正其位掌其度數與此記之文正合鄭注位謂昭穆度數爵等之大小所謂昭穆之位卽左右之次大夫昆弟之次同也所謂爵等之數卽前後之序也大夫士之序固異也從其昭穆謂無王父昆弟之爲士者則因昭穆之次而自爲一域王父在亦視其爵等爲前後之序家人所謂辨其兆域是也鄭謂從其昭穆爲中一以上以從高祖假而高祖亦爲大夫又將何從其於小記中一以上之文亦自未能曙然詳見喪服小記古者祔葬夫婦同兆而妾異兆鄭氏詩箋死則同穴云穴冢壙中也檀弓衛人之祔也離之魯人之祔也合之正據夫婦言夫所祔之妃謂夫在而從王母昭穆之次也無妃亦謂王母爲大夫

之妃不得以士祔與下無妾祖姑異義有無妾祖姑者固不能無王母也孔疏謂無祖姑亦閒一以上祔於高祖之妃無則祔於高祖之祖妃從昭穆之班而亂世系之等聖人制禮安有是哉經明言祔葬之禮與周禮冢人互相發明注以祔廟言之則無一可通者惟男子附於王父則配女子附於王母則不配又似爲祔廟之禮據鄭注女子謂未嫁者未嫁及反歸稱女子殤及無後稱男子玉篇廣韻竝云配合也妃偶之配自作妃殤與無後及女子之反歸者皆從其昭穆以祔於王父王母之次而男子之殤與無後可以合爲一兆女子必異兆以示別也晉范汪祠典凡夫婦者同席兄弟同席謂未婚也同席卽祭統之同几祔墓與祔廟同故未婚兄弟之

殤得同兆公子者諸侯之子不能上從王父昭穆之次而自以昭穆次於王父昆弟之爲公子者合族以明愛而仍序爵以示之等威周禮族葬之法備具於此注失其義而聚訟至今禮經之文遂晦塞不可通矣

有父母之喪尙功衰而附兄弟之殤則練冠附於殤稱陽童某甫不名神也

鄭注此兄弟之殤謂大功親以下之殤也小功親以下之殤輕不易服冠陽童謂庶殤也宗子則曰陰童嵩燾案喪服傳昆弟之長殤中殤大功布衰裳牡麻絰無受下殤小功布衰裳澡麻帶絰五月上文有三年之練冠以大功之麻易之殤服無受不應至祔而復易葛鄭因謂大功以下之殤據喪服

下殤小功五月亦無以練冠祔之理此明殤服以父母之喪厭也士喪卒哭受服至於祔而大功之衰皆已卽葛矣殤服無受而有父母之功衰則亦卒哭而還服父母之服爲功衰同而除經而服練冠不欲使殤服上掩父母之重喪也鄭氏不達其義而釋以小功經意正承上大功之麻以明殤服與父母之喪竝於服無受而於經亦在所宜除也稱陽童某甫不忍殤之也陽者明也生氣也檀弓望反諸幽之義也玉篇陽傷也亦不忍其殤也爾雅釋詁陽予也郭注引魯詩陽如之何今詩作傷如之何陽傷字通據爾雅陽予也猶魏風所謂予季也爲兄弟之祔殤者言也王氏章句疑陽卽殤字之誤義皆可通曾子問殤不祔祭孔子之云厭卽祔祭也從而

爲之名曰陽厭陰厭宗子主奧謂之陰厭祭於宗子之家當西北隅屋漏向明謂之陽厭陰厭陽厭非所以爲名也而以名殤又但取以名庶子不及宗子舛矣

主妾之喪則自祔至於練祥皆使其子主之

鄭注祔自爲之者以其祭於祖廟嵩燾案喪服小記婦之喪虞卒哭其夫若子主之祔則舅主之鄭注祔於祖廟尊者主焉故於此以主妾之喪則自祔爲句據小記妾祔於妾祖姑則其祭亦於妾祖姑禮無主妾喪之文經文自祔至於練祥皆使其子主之卽主妾喪之義也與小記之文正相備鄭讀未允案喪服傳父在爲母期大夫之庶子爲母大功庶子爲父後者爲其母緦是父在爲母止於期而妾子且有不得遂其服者而練祥之祭行之不廢制有所絀而情可使自伸此皆禮經所未詳記禮者爲補著之

凡主兄弟之喪雖疏亦虞之

鄭注以喪事虞祔乃畢孔疏小記云大功者主人之喪有三年者則必爲之再祭鄭注小功緦麻爲之練祭可也今此疏者亦虞謂無服者朋友相爲亦虞祔也嵩燾案注義甚明小記云主喪統終喪言之此云主喪專就治喪事言之大功以下至於無服皆可以爲之主小記言大功再祭下即接云朋友虞祔而已則是大功者通大功以下之親言之鄭注強生分別於義未允詳見喪服小記疏又專屬之無服以求合鄭注失之

逾遠

稽顙者其贈也拜

鄭注獨母在於賻拜得稽顙父在賻拜則不得稽顙嵩燾案

鄭注非也經明言爲妻父母在不杖不稽顙母在不稽顙如鄭注則此言爲贅矣既夕禮公賵公贈有拜稽顙賓賵若奠若賻若贈惟拜而已凡父母之喪皆然及窆贈用制幣元纁束拜稽顙敖氏繼公云此贈謂主人以幣贈死者朋友贈於家主人贈於壙其言拜稽顙主人所以致贈也於父母拜稽顙於妻拜是父母沒爲妻拜稽顙主人但以施之弔者其贈妻爲妻拜不爲稽顙夫道然也疏云他人以物來賵己爲拜得稽顙竝文義失之

喪冠條屬以別吉凶三年之練冠亦條屬右縫小功以下左縪

冠繅纓

鄭注條屬者通屈一條繩若布爲武垂下爲纓屬之冠象太

古吉冠則纓武異材右縫者右辟而縫之小功以下左辟象吉輕也嵩燾案儀禮喪服冠繩纓條屬右縫冠六升外畢鍛而勿灰鄭注外畢者冠前後屈而出縫於武也是據冠武交縫處外見謂之外畢其言極明顯而於此云通屈一條繩爲武垂下爲纓喪服明言冠繩纓外畢鍛而勿灰鍛而勿灰者功衰也斬衰冠六升齊衰冠七升斬衰受冠七升齊衰受冠八升八升者功衰也六升之冠已用功衰鍛而勿灰之布纓自以繩冠自以布安得屈一條繩爲武旣夕記冠六升外縪纓條屬厭條屬者纓也冠縫外縪皆六升衰爲之又安得屈繩爲武而垂下爲纓喪服大記弔者襲裘加武帶絰鄭注武吉冠之武也喪服之絰無武加武帶絰猶言弁絰謂加絰於

武耳屈繩爲武而加苴絰是重絰也證之禮經無此制亦與喪大記注喪冠無武之文相背戾矣周禮弁師朱紘鄭注紘一條屬兩端於武蓋冠弁武左右有紐貫之以笄用組爲紘自𦣝屈而上左右屬之武以笄約之垂其餘而懸瑱焉曰紞冠無笄用兩組爲纓左右屬之武而下結於𦣝亦垂其餘曰緌士冠禮緇布冠缺項青組纓屬於缺皮弁爵弁笄說文項頭後也領項也缺項者當項處左右缺之以繫纓儀禮之屬於缺即此之縫也鄭注弁師之紐云小鼻在武上缺亦當爲小鼻冕弁之紘屬於笄左右皆垂冠纓屬於武而下垂喪冠之纓從右縫之而屬之左納於畢不垂曰條屬者以一條繩結之別於常冠之纓也既夕記纓條屬厭鄭注厭伏也以纓

之餘納於冠旁當畢處故曰厭左陽也右陰也喪冠右縫小功以下左縫服殺而冠纓之縫改而從陽也疏云吉冠縫鄉左凶冠縫鄉右禮經之文具在未聞以左右縫分吉凶者緦冠繰纓明喪服齊衰以下布纓小功緦無文記禮者獨詳緦冠之繰纓知小功澡麻帶絰猶布纓也繩纓布纓繰纓皆條屬鄭注於此獨不主武纓相屬之說是亦自相牴牾也

諸侯相襚以後路與冕服先路與襃衣不以襚

鄭注不以己之正者施於人以彼不以爲正也嵩燾案玉篇襃揚美也廣韻襃進揚美也皆謂襃而大之故凡加賜之服曰襃衣左傳僖公二十八年策命晉侯爲侯伯賜之大路之服杜注大路金路周禮巾車金路繁纓九就金路之服卽袞

服之九章者也晉侯爵應服鷩冕而賜之衮服所謂褒衣也冕服通五冕言之公侯以下各有所服之正服褒衣則賜服之加於正服者案周爵五等惟宋以殷後稱公車服猶循殷制自餘諸侯以所加之命數得賜加服故皆有褒衣不以襚不以君之賜服加之人也鄭氏未達褒衣之義反以爲己之正者誤也

載粻有子曰非禮也喪奠脯醢而已

鄭注遣奠本無黍稷孔疏既夕藏筲謂遣奠之外別有黍稷麥也遣奠用牲體是脯醢之義蒿燾案士喪禮惟月朔殷奠有黍稷自始死奠用豆籩俎陳鼎皆有脯醢無黍稷哀死者之不復食也既夕禮陳明器苞二筲三黍稷麥甕三醯醢甒三酒醴苞者牢具筲即所謂載粻也曰載粻則非以施之遣

奠可知疑此與檀弓讀賵曾子曰非古也同義皆以所聞於聖人之言正周禮之失也疏意似涉迂曲

委武元縞而後蕤

鄭注委武冠卷也秦人曰委齊人曰武嵩燾案國語晉侯端委以入武宮韋昭注端元端委委貌穀梁傳僖三年桓公委端搢笏范甯注委委貌之冠端元端之服凡左氏傳言端委者皆據委爲元冠言之鄭注士冠禮元冠委貌也郊特牲委貌周道也鄭注或謂委貌爲元冠經言委武謂委貌之加武者元冠縞冠皆常服元冠亦施之禮服故經傳詳言元冠之用不及縞冠玉藻縞冠元武子姓之冠縞冠素紕既祥之冠子姓若公族之子弟左傳閔公二年衞文公大帛之冠墨子

兼愛篇練帛之冠入以見於君蓋皆縞冠縞冠者大白冠之遺元冠者緇布冠之遺委武元縞言委貌之施武者有元冠有縞冠元縞施武知大白緇布冠無武也鄭注竝釋委爲武於辭爲不文

士弁而親迎然則士弁而祭於己可也

鄭注親迎攝盛服爾非常也孔疏親迎配偶一時故許其攝盛服祭祀須依班序著弁於禮不可也嵩燾案少牢饋食禮主人朝服特牲饋食禮主人元端少牢大夫禮特牲士禮其祭元端而已無加弁者弁而祭於公冠而祭於己不敢以己之私上同於公也記禮者準親迎以推之祭所以通禮之宜也親迎之攝盛猶未爲士也而服士之弁服弁而祭則士之

正服也冠祭以明禮之等加弁焉以達己之情記禮者固謂君子嚴事宗廟盛服臨之可也未宜據禮以折之

甕甒筲衡實見間而後折入

鄭注實見間藏於見外椁內也折承席也嵩燾案既夕禮藏器於旁加見藏苞筲於旁加折似見與折皆以約制所藏明器鄭注既夕禮見棺飾也檀弓曰周人牆置翣賈公彥疏因以帷荒爲見陸德明音義亦承其誤云見棺衣也陸氏所謂棺衣卽上文之素錦屋喪服大記之素錦褚也以衣棺而覆之不能外加之明器之上據既夕禮明器有用器有燕樂器有役器有燕器爲物甚繁而苞筲甕甒四者別陳之以實食飲皆有木桁與所藏之明器不相爲類因爲之間以別異之

云見者以約制諸明器使不外見惟此見也云折者甕筲之屬加鉦又不能適匀曲折相約制也喪服大記棺椁之閒君容柷大夫容壺士容甒蓋皆虛其中以實明器用器役器在內加見以閒之食器在外加折以約之與旣夕禮足相發明

朝夕哭不帷無柩者不帷

鄭注朝夕哭不帷緣孝子心欲見殯肂也無柩謂旣葬也孔疏士喪禮君使人弔徹帷嵩燾案士喪禮始死帷堂君使人弔及襚徹帷小斂帷堂卒斂徹帷明日大斂帷堂卒斂徹帷皆在殯前喪大記士殯見衽塗上帷之疑帷有二義未斂之前施帷於堂因事設也卒事則徹之旣斂之後施帷於殯爲殯設也臨事則褰之經云朝夕哭不帷殯所之帷也鄭注欲

見殯肂最得經旨疏據君使人弔徹帷言之非也既葬而虞而卒哭祔弔者皆於廟不待言不帷奔喪禮云喪不得奔乃爲位括髮袒成踊卽位拜賓亦當有朝夕哭而柩所不在不施帷也故曰無柩者不帷鄭云既葬亦恐失之

君若載而后弔之則主人東面而拜門右北面而踊出待反而后奠

鄭注出待不必君留也君反之使奠嵩燾案士喪禮君視斂入門升自阼階主人哭拜稽顙成踊出君命反行事乃斂主人降出君反主人君坐撫當心主人哭拜稽顙成踊出君反之主人奉尸斂於棺乃蓋主人降出君反之入門左視塗卒塗主人出君命之反奠卒奠君出既夕記君視斂若不待奠

加蓋而出是君視斂凡五節斂一馮尸二斂棺加蓋三視塗四視奠五主人五出待君君五反主人卒事乃出不視奠則加蓋出所謂反奠者仍大斂之奠也既夕禮旣祖請葬期公賵厥明陳器乃奠經云載而后君弔當在祖奠之後若君親賵者所謂反而后奠仍大遣之奠也旣奠御柩遂行君無因反之使奠喪大記大夫士若君不戒而往不具殷奠君退必奠是君弔宜具殷奠不具則竢君退而奠以榮君之來經云弔不云賵是亦不戒而至也亦皆無君命反奠之文出待者拜送君反而后奠者反而行遣奠也鄭注恐失之

公七踊大夫五踊婦人居閒士三踊婦人皆居閒

鄭注始死及小斂大斂而踊君大夫士一也君五日而殯大

夫三日而殯士二日而殯士小斂之朝不踊君大夫大斂之朝乃不踊婦人居閒者主人踊婦人踊賓乃踊孔疏諸侯五日而殯合死日六日始死一踊明日襲一踊又明日朝踊又明日朝踊日晚小斂又一踊又明日朝踊至明日之朝不踊當大斂乃踊凡七大夫三日殯合死者四日始死一踊明日襲一踊又明日小斂再踊又明日大斂一踊凡五士二日殯合死日三日始死一踊明日小斂一踊又明日大斂一踊凡三嵩燾案曲禮生與來日死與往日王制天子七日而殯諸侯五日而殯大夫士三日而殯皆通往日言之詳見曲禮鄭據喪大記士二日而殯遂謂天子諸侯大夫竝數來日甚誤以事類求之天子七日殯諸侯五日殯日必有事白虎通義云天

子諸侯三日小斂大夫士二日小斂天子備禮故曰尤紓七日者始死復一日含襲一日小斂一日儐於堂又一日大斂一日斂於棺又一日殯一日諸侯五日者始死復一日含襲一日小斂一日大斂一日殯一日奔喪禮至於家括髮袒卽位成踊於又哭括髮袒成踊於三哭括髮袒成踊實爲士三踊之節據士喪禮惟大斂小斂踊而小斂之節三馮尸踊奉尸儐於堂踊及奠丈夫婦人相閒踊大斂之節五升自阼階丈夫婦人相閒踊遷尸踊馮尸踊奉尸斂於棺踊及奠又相閒踊案喪大記鋪絞紟踊鋪衾踊鋪衣踊遷尸踊斂衣踊斂衾踊斂絞紟踊是當斂而踊者七士喪禮亦但舉其略而已其閒君弔哭拜成踊不在禮踊之數似所云七踊五踊三踊通據曰一踊言之奔喪禮奔喪者不及殯先之墓哭歸入

門哭又哭三哭三日成服五哭是成服之日再哭凡哭必踊奔喪禮所謂哭天子九諸侯七大夫五士三哭之數與踊之數相當或曰一踊當斂又踊亦未可知注謂諸侯大夫竝於小斂日再踊似屬無據士喪禮大小斂奠丈夫踊婦人踊奔喪禮謂之拾踊經云婦人居間又踊中之一節也檀弓辟踊哀之至也婦人居間無與於賓士喪禮朋友親襚哭踊三主人不踊安得如鄭注所云主人踊婦人踊賓乃踊也案喪大記弔者襲裘加武帶絰與主人拾踊自據弔禮言之非七踊五踊三踊居間之節喪禮有主人踊有主人主婦同踊如馮尸主人西面踊主婦東面踊而男女踊不同時故曰居間居間者所以爲哭踊之節也

公襲卷衣一元端一朝服一素積一纁裳一爵弁二元冕一褎

衣一

孔疏公襲上服在内嵩燾案禮經袞衣通作卷衣上公九章之服也周爵五等惟宋以殷後稱公其封國止於侯是以袞衣爲賜服亦謂之褒衣士喪禮襲三稱爵弁衣皮弁衣褖衣鄭注黑衣裳赤緣謂之褖所以表袍者喪大記曰衣必有裳袍必有表内司服緣衣鄭注引喪大記曰士妻以褖衣字或作税男子之褖衣黑則是亦黑也鄭意褖衣表袍蓋深衣之屬襲之内者不襌士用以代元端公襲有元端則始襲必用褖衣即玉藻所謂中衣也案士喪禮商祝襲祭服褖衣次自元端以上皆祭服也褖衣不謂之祭服自當爲中衣之在内者士喪禮亦謂之散衣凡禮服必有中衣襲之用衣猶以生道事之無無中衣而但襲禮服之理疑此卷衣當從士喪禮作褖衣卷衣上服豈能襲之元端

之下又與褻衣重出爲祿衣之譌無疑

小斂環絰公大夫士一也

鄭注環絰者一股所謂纏絰也士素委貌大夫以上素爵弁而加此絰焉散帶嵩燾案士喪禮小斂主人髺髮袒奉尸侇於堂卽位踊襲絰於序東閒傳親始死雞斯徒跣則已去冠矣小斂括髮竝笄纚之約髮者去之所謂襲絰者加絰於首於斬衰則苴絰於齊衰則牡麻絰環者言其式也其時方括髮安得有素委貌素爵弁之制經言公大夫士一也注復析言大夫士之冠制尤非事矣喪服斬衰苴絰絞帶爲旣殯以後成服言之小斂皆散帶士喪禮苴絰大鬲下本在左散帶垂牡麻絰右本在上亦散帶垂首絰帶絰竝同而帶必散垂

至成服而絞之鄭注因釋環絰而及散帶孔疏乃以一股纏繞爲環兩股相交爲絞釋之尤舛環者首絰散絞皆要絰散與絞對文不以一股兩股與環對文也斬衰齊衰之絰帶並以一股環之絰云小斂環絰則首絰也周禮司服凡弔事弁絰服鄭司農云弁而加環絰弁絰亦環絰而麻葛衰布異用鄭注必以委貌爵弁加絰釋之是亦弁絰服之屬也親喪飾冠爲文恐非禮意

公視大斂公升商祝鋪席乃斂

鄭注喪大記大夫之喪將大斂既鋪絞紟衾乃鋪席則君至爲之改始新之也嵩燾案士喪禮君若有賜焉則視斂既布衣君至是君於大夫視斂於士則有賜而後視斂士布衣君

至大夫既鋪絞紟衾君至似君視斂必在布衣之後喪大記言君至升堂即位於席端遷尸卒斂商祝鋪席者所以爲遷尸之節也喪大記斂鋪絞紟衾於君至之前此斂鋪席於公升之後喪大記舉其時此詳其用也初無商祝改鋪席之文注意恐失之

魯人之贈也三元二纁廣尺長終幅

鄭注言失之也士喪禮曰贈用制幣元纁束帛嵩燾案鄭注既夕禮丈八尺曰制二制合之束十制五合即所謂束五兩也三元二纁則元者六制纁者四制士昏禮元纁束帛鄭注束帛十端也周禮曰入幣純帛無過五兩五兩十端總名之一束喪禮有賵有賻有贈賵與賻所以助主人行禮贈則以

施之死者魯人葢主於儉削二尺二寸之幅而廣一尺以納之窆中其長終幅猶之制幣也其用三元二纁猶之納幣一束也聖人意有取焉以言贈惟其禮而已不惟其物也記者無貶辭鄭云失之恐非經旨

主孤西面相者受命曰孤某使某請事

鄭注主孤西面立於阼階下也不言擯者喪無接賓也嵩燾案聘禮賓入竟君使士請事至於近郊君使下大夫請行至於朝賓入於次擯者出請事公迎賓於大門內此不言迎而云弔者入主人升堂是亦迎於門內也案上云弔者即位於門西東面主孤西面正相承爲文似不宜在阼階下士喪禮君使人弔主人迎於寢門外公賵主人迎於廟門外其賓弔朋友襚賵無出迎之文喪禮略也既

迎賓無於阼階下者案燕禮大射禮宰夫爲主人公降立於阼階東南公食大夫禮不立主人則亦迎於門內也既夕禮公賵擯者出請入告賓賵若奠若贈擯者請入告出告須賻則主人出門左西面賓東面將命一皆擯者主之周禮大宗伯朝覲會同爲上相鄭注出接賓曰擯入詔禮曰相擯相一也不應於此異訓士喪禮始死帷堂赴於君下卽接云有賓則拜之周禮吉凶皆有事於賓而云喪無接賓非也

含者坐委于殯東南有葦席既葬蒲席降出反位宰夫朝服卽喪屨升自西階西面坐取璧降自西階以東

鄭注春秋有既葬歸含賵襚無譏焉皆受之於殯宮孔疏宰謂上卿也言夫衍字此遭喪已久嗣子親受禮宰著朝服若

始遭喪則主人不親受使大夫受於殯宮嵩燾案經明言有葦席既葬蒲席列國之致含襚容有不能及殯者以席別異之公食大夫記司宮具几與蒲筵知蒲筵者常席也其受當於廟檀弓主人深衣練冠待於廟是也此云委於殯東南是倘及殯也鄭據爲既葬失之案鄭注春秋既葬歸含賵襚無譏據左傳文九年秦人來歸僖公成風之襚禮也諸侯相弔賀也雖不當事苟有禮焉書也成風以文公四年十一月薨至是始歸襚左傳以爲禮鄭注引以釋此經於事爲不類疏又據隱元年天王使宰咺來歸惠公仲子之賵爲言則春秋固已譏也宰咺言來得周事也穀梁傳並無其文未知孔疏何據疏乃謂此遭喪久故親受禮始喪主人不親受使大夫受於殯宮尤爲悖禮士喪禮有賓則拜之襚者將命於室主人拜於位安有不親受之禮其云受於殯宮則喪固在殯也下云將命鄉殯正據既殯言之不知孔疏所云

始喪果屬何時左傳昭十年晉平公卒既葬諸侯之大夫欲因見新君叔向辭曰孤斬焉在衰絰之中其以嘉服見則喪禮未畢其以喪服見是重受弔也意謂衰絰可以受弔而不可以禮見孔疏之云親受禮蓋以致含致襚皆禮見也其於禮文失考亦已甚矣既夕禮賵奠幣於棧左服宰由主人之北舉幣以東聘坐委之宰由主人之坐舉之反位周禮小宰喪荒受其含襚幣玉之事宰夫凡邦之弔事掌其幣器財用含襚賵三者正宰夫所有事也或云宰夫或云宰通小宰與宰夫言之士無家臣而於舉幣者亦名曰宰疏以宰爲上卿未詳所據

陳乘黃大路於中庭北輈執圭將命客使自下由路西子拜稽

顙坐委於殯東南隅

鄭注自率也下謂馬也馬在路之下覲禮曰路下四亞之客給使者入設乘黃於大路之西嵩燾案覲禮路先設西上路下四亞之鄭注路下四謂乘馬也亞之次車而東士喪禮賓奉幣由馬西當前輅奠幣於棧左服由馬西而當前輅則是馬在車西矣與覲禮異自下由路西謂設乘黃大路者先入居前客使者由下出路西以升上云執圭將命下云坐委於殯東南隅緊相呼應坐委者即此所執之圭也鄭謂客使爲客之從者牽馬設於路西則與上文語複而訓下爲馬於辭亦爲不文凡禮陳幣及車馬其升降左右多就所陳明之士喪禮賓奉幣由馬西當前輅與此執圭將命自下自路西正

同一例而以客使二字繫之自下由路西句上蓋謂所陳者馬所用以將命者圭以引起客使委圭之文聯合無間自鄭氏已不能達其文義矣熟玩經義當自得之

臨者入門右介者皆從之立於其左東上

孔疏前四禮客皆在門西此臨在門東者前是奉君命而行此是私禮若聘禮私覿故在門東嵩燾案下篇云諸侯使人弔其次含禭賵臨皆同日而畢事弔以慰生者而有賻以致其儀含禭以贈死者而有臨以將其意書曰享多儀儀不及物曰不享是以儀爲輕而將命以致哀者爲重弔與臨皆使者賵者上介含者禭者必皆次介弔有迎臨有送含禭賵相繼行事故禮以始終爲節臨者入門右主人禮辭三乃立於

門西終以賓禮自處孔疏之云私禮者誤也鄭注謂其不迎而送喪無接賓之禮迎也送也皆以接賓也注意亦恐失之

其國有君喪不敢受弔

鄭注辟其痛傷己之親如君孔疏國有君喪而臣又有親喪不敢受他國賓來弔也嵩燾案曾子問有君喪服於身不敢私服私服且不敢服況受弔乎蓋國有君喪其臣皆服斬衰無相弔之義云不敢受者禮辭也鄭意似稍迂曲疏因斬衰不相爲弔遂以他國賓爲言喪服庶人爲國君齊衰三月鄭注庶人或有在官者容君未葬而有私喪庶人之服除矣不必弔者之盡爲大夫士也不敢受弔義繫於有喪者無庸曲爲之辭也

禮記質疑卷二十終

清末民初文獻叢刊

禮記質疑

（下册）

［清］郭嵩燾　著

朝華出版社
BLOSSOM PRESS

禮記質疑卷二十一　　思賢講舍

湘陰郭嵩燾伯琛著

雜記下

如三年之喪則既穎其練祥皆行

鄭注此主謂先有父母之服今又喪長子者其先有長子之服今又喪父母其禮亦然然則言未沒喪者已練祥矣嵩燾案鄭意以上言父之喪未沒喪而母死其除父之喪也服其除服爲父與母言之故以此爲長子與父母言之又以此言既穎而行練祥爲父母亦當然疑上言除服者母死在練祥之後詳玩經義殊不爾喪服小記期而祭禮也期而除喪道也故凡除喪必有祭未有練祥之祭不可行而除喪反可行

者此蓋申明上二節之義上言母死而除父喪服其除服當父母之喪而除諸父昆弟之喪亦服其除服父母之喪所自主者也諸父昆弟皆期喪也期之喪練祥必與於祭故竝服其除喪之服案經言諸父謂世父叔父竝不及從祖諸父言昆弟竝不及從父昆弟鄭注諸父昆弟通期大功言之似非經旨　其云三年之喪既潁而行練祥爲自主祭言之父母之喪及妻長子皆三年也案左傳昭公十五年王一歲而有三年之喪二焉謂穆后及王太子壽也妻喪亦通謂之三年　古者練祥之祭筮日通一月之期行之大夫士三月葬其不得行練祥之祭獨中月耳卒哭受服而行練祥言後一月而已諸父昆弟之喪當除而有重喪未葬則亦不除也諸父昆弟得自行其練祥之祭故既潁而行練祥惟三年之喪爲然上言母死而除父喪是也諸父昆弟自有主

喪者練祥之祭不易期則亦既穎而與除喪之祭也經義微至鄭分三節讀之而扞格多矣

有殯聞外喪哭之他室入奠卒奠出改服即位如始即位之禮鄭注哭之爲位後日之哭朝入奠於其殯既乃更即位就他室如始哭時嵩燾案上篇凡異居始聞兄弟之喪惟以哭對可也其始麻散帶絰與此所記同旨異居聞喪必哭此因有殯而哭之他室也異居必奔喪即位兄弟之喪次檀弓有殯聞遠兄弟之喪雖緦必往是也此無喪次而仍就他室爲位改服者易絞帶而散帶絰如始即位之禮仍就他室始哭之位也奔喪禮聞喪不得奔喪哭盡哀問故又哭盡哀乃爲位括髮袒成踊始哭與爲位自屬兩事在殯而有朝夕奠則既

哭而後奠奠而後改服即位不以新喪閒重喪之奠也辭之通也經無明日入奠之文據奔喪哭遂爲位成踊亦未嘗竢之明日注意恐失之

大夫士將與祭於公既視濯而父母死則猶是與祭也次於異宮

鄭注次於異宮不可以吉與凶同處也嵩燾案曾子問諸侯祭俎豆既陳聞天子崩后之喪而廢大夫祭聞天子崩君薨后夫人之喪皆廢視濯非臨祭之比臨祭告喪而廢祭視濯前期一日而告父母之喪特不與祭耳檀弓衞柳莊寢疾公曰若疾革雖當祭必告當祭而大夫之喪可以告大夫士父母之喪視濯而不以告祭義曰教民相愛上下用情此得爲

用情乎祭義又言致齊於內散齊於外是自散齊已居外寢致齊則於廟之齊宮大夫士與祭者居外寢久矣儀禮由命士以上父子皆異宮謂內寢之別其外寢一而已經云異宮將於誰氏之宮如鄭注是有意避父母之凶事以趨吉也秦法尊君卑臣使人悖禮以忘親案下期之喪未葬弔於鄉人亦據秦俗言之秦人輕骨肉之恩而重鄉里之義故有期喪未葬而弔於鄉人之禮記禮者亦雜採而錄之疑周禮無此或秦制然耳案下文卿大夫將爲尸於公受宿矣而有齊衰內喪出舍乎公宮以待事禮也據特牲禮前期三日筮尸乃宿尸少牢禮前宿一日戒尸明日筮尸遂宿尸祝告日來日丁亥用薦歲事敢宿士宿尸大夫戒尸皆三日是以大夫當祭前一日宿尸祝爲之告異於凡與祭者矣而必舍於公宮以待事則私哀不得以閒之抑所言者齊衰以下之喪也父母之喪雖爲尸猶當改卜況凡與祭者乎用此知父母死而與祭之必非周制也

父母之喪將祭而昆弟死既殯而祭如同宮則雖臣妾葬而后

祭祭主人之升降散等執事者亦散等雖虞祔亦然

鄭注言若同宮則是昆弟異宮也古者昆弟異居同財有東宮有西宮有南宮有北宮孔疏吉祭則涉級聚足喪祭則栗階助執事者亦歷階主人至昆弟虞祔而行父母二祥祭執事者亦栗階嵩燾案鄭引儀禮異宮猶同居也東宮西宮南宮北宮謂內寢之别耳喪服緦麻傳曰有死於宮中者爲之三月不舉祭宮中通內寢之異宮者言之經云同宮豈必昆弟臣妾之相聚一寢室哉用此知上文父未沒喪母死而除父喪孔疏補族母葬一層爲確不可易雖虞祔亦然申足上意别爲一義虞祔亦祭也檀弓葬日虞比至於祔必於是日也接然或既葬而有昆弟之喪雖虞祔之祭有所不能行則

亦異居以待殯爲期同居以待葬爲期爲虞祔吉祭於文爲繁異居而斂殯必有事焉同居而有新殯則亦不能將事雖虞祔之祭之繫於既葬者於勢亦有不得行也喪服小記父母之喪偕先葬者不虞祔待後事與此同義疏意恐失之

親喪外除兄弟之喪內除

鄭注親喪日月已竟而哀未忘兄弟之喪日月未竟而哀已殺嵩燾案父母之喪其哀無窮而制爲再期之服通之以三年所以爲人子示之節以明服之極於三年而哀亦以是而漸殺也故曰外除兄弟之喪別之以期功緦則因其親疏之殺而制爲之服以報之使各當於其心哀戚之節而已故曰內除外除者卒哭練祥之受服以漸而卽於輕而哀亦以是

爲之節也內除者親疏隆殺以期九月七月三月爲之等而齊衰功緦之制卽以是立之程也注意似未曙然

視君之母與君之妻比之兄弟發諸顏色者亦不飲食也

鄭注言小君服輕亦內除也嵩燾案喪服昆弟期爲君之母妻期期喪同也檀弓居君母與妻之喪居處飲食衎爾從君而爲之服哀不屬焉其服與兄弟同而情固殊矣閒傳齊衰之喪疏食水飲不食菜果又云齊衰貌若枲爲君之母妻發於容貌飲食者不可以期喪概也然服期而飲酒食肉外見於顏色於服亦有未稱故亦不飲食之所謂顏色稱其情戚容稱其服是也亦不飲食上承比之兄弟中含無數轉折鄭意承兄弟之喪內除爲言非也

祥主人之除也於夕爲期朝服祥因其故服

鄭注始卽吉正祭服也喪服小記曰除成喪者其祭也朝服縞冠祭猶縞冠未純吉也旣祭乃服大祥素縞麻衣嵩燾案特牲少牢禮前期一日皆有爲期請期之文而特牲元端少牢朝服自筮尸皆然喪服小記大祥吉服筮尸吉服朝服也筮以吉服卒筮仍練服爲期以夕及旦而祥祭行是祥祭朝服賓自先夕爲期故至是遂除練服閒傳大祥素縞麻衣鄭注麻衣十五升布深衣亦同朝服十五升朝服祭服深衣燕服麻衣卽深衣異者深衣采緣麻衣布緣耳大祥除衰服麻衣升數與朝服同蓋祥祭除服先夕爲期已然故曰因其故服

既祥雖不當縞者必縞然後反服

鄭注謂有以喪事贈賵來者雖不及時猶變服服祥祭之服以受之反服反素縞麻衣也嵩燾案祥祭之服卽朝服也朝服非受弔之服麻衣而加朝服亦不得爲變服檀弓祥而縞縞者祥服也喪服小記朝服縞冠據祭服言之閒傳素縞麻衣據燕服言之其爲縞同也不得更言反服疑此與喪服小記爲兄弟既除喪及其葬也反服其服同義上云服其除喪之服卽此所謂縞也兄弟期喪至練已除而練祥之祭皆與曰必縞以明其得與於喪祭也葬逾時而兄弟之除喪者猶喪服祥而兄弟之與祭者猶縞皆以從厚也不當縞者昆弟昆弟之子皆期喪至親而不得有既祥之服者也

當袒大夫至雖當踊絕踊而拜之反改成踊乃襲於士旣事成踊襲而后拜之不改成踊

鄭注事謂大小斂之屬嵩燾案士喪禮當斂有大夫則告主人奉尸斂於棺踊如初乃蓋主人降拜大夫之後至者乃塗踊無算卒塗主人復位踊襲正與此記同文有大夫則告者告以方斂不能禮賓蓋奉尸斂於棺者主人之事塗則有司之事也卒塗而後斂事畢凡大小斂皆袒旣事踊乃襲此以踊襲爲拜大夫及士之儀士喪禮所謂親肂視塗者是也士喪禮小斂主人髻髮袒奉尸侇於堂拜賓大夫特拜士旅之卽位踊襲是拜賓在踊襲之前此云當踊云改成踊據大夫士之後至者言之適當踊時至也士喪禮獨於大斂言大夫

之後至者於禮有視斂之文必視塗乃成禮小斂則當斂不入不踐主人之特拜也疑此當專屬大斂之事爲允

非爲人喪問與賜與三年之喪以其喪拜非三年之喪以吉拜

鄭注此上滅脫未聞其首云何稽顙而後拜曰喪拜拜而後稽顙曰吉拜嵩燾案朋友相遺曰問君及尊長曰賜言所問所賜各以其私致之非喪故也非喪故則不得稽顙詳玩此節經義竝無脫誤鄭以問賜之常通三年以下之喪皆爲之稽顙尤非事實奔喪禮聞遠兄弟之喪既除喪而后聞喪拜賓尚左手鄭注尚左手吉拜也檀弓孔子與門人立拱而尙右二三子亦皆尙右孔子曰我則有姊之喪故也二三子皆尙左然則喪拜當尙右吉拜當尙左三年之喪喪拜雖非爲

喪故而一以喪禮自處也非三年之喪吉拜非爲喪故而固不敢以喪禮處人也鄭於喪拜吉拜之義言之不詳詳見檀弓故於此竝失經旨

鄉人五十者從反哭四十者待盈坎

鄭注非鄉人則長少皆反優遠也嵩燾案既夕禮實土三主人拜鄉人周禮族師以時屬民辨其可任者以相葬埋實土者葬埋之事鄉人之任力役者爲之五十不從力役故先反疑此當引周禮以明鄉人助葬實土之事疏但據非鄉人皆從歸以優饒遠者爲義亦失之疏矣

曾申問於曾子曰哭父母有常聲乎曰中路嬰兒失其母焉何常聲之有

鄭注所謂哭不偯嵩燾案喪服傳居倚廬哭晝夜無時及練居外寢哭無時喪禮袒有時踊有節而於哭云哀至則哭無常聲胡氏銓引檀弓孔子不取弁人孺子泣而此取嬰兒哭謂檀弓在襲斂此爲始死時言之者非也孺子泣謂行臥哭無威儀此以嬰兒爲喻狀其聲之無常而已閒傳大功之哭三曲而偯鄭注偯聲餘從容也孺子不能爲偯與此之無常聲者自別

王父母兄弟世父叔父姑姊妹子與父同諱

鄭注王父母以下之親諱是謂士也天子諸侯諱羣祖子與父同諱則子可盡曾祖之親孔疏王父母謂父之王父母於己爲曾祖父母正服小功兄弟謂父之兄弟於己爲伯叔正

服期父亦爲之期世父叔父是父之世父叔父於己是從祖正服小功姑謂父之姑於己爲從祖姑在家正服小功出嫁緦麻姊妹謂父姊妹在家正服期出嫁大功九月小功不合諱以父爲之諱子亦同父諱之嵩燾案曲禮大功小功不諱是諱止於期而父所諱子亦諱之推而至逮事王父母亦然鄭於逮事王父母之文未能詳審（詳見曲禮）遂謂士諱及祖庶人惟及父母疏又推此親以期斷而謂曾祖父母正服小功其他所逮父之親或輕或重參差錯亂於義無取此通子與父同諱言之王父母兄弟猶言王父兄弟連父母爲文急詞也於父爲世父叔父推而至父之王父兄弟從祖爲之諱是亦與父同也父所諱者子不敢不諱也姑姊妹在室期出嫁大

功從其重而諱之親也父所諱之姑子亦不敢不諱也其於服則緦也經言王父母兄弟世父叔父姑姊妹皆據父之親言之與父同諱者父卒而不爲之諱凡此皆大功以下之親也世父叔父之有諱則期也於父亦期所不必言也傳曰周人以諱事神諱之所由起也葢亦仁之至義之盡也合觀曲禮大功小功不諱之文而義自通矣注意恐失之

與從祖昆弟同名則諱

鄭注從祖昆弟於服輕不爲諱與母妻之親同名重則諱之

嵩燾案鄭意承上母之諱宮中諱妻之諱不舉諸其側謂此從祖昆弟與母妻之親同名則諱然則爲母妻之親諱乎爲從祖昆弟諱乎是兩無所名也喪服從祖昆弟小功外祖父

母小功妻之父母緦是以母妻之親爲母妻諱而已從祖昆弟無諱於父爲從父昆弟之子亦不得有諱王氏章句同名當作同居傳寫之誤此葢遙承王父兄弟言之王父兄弟於己爲從祖喪服從祖父母小功於父則爲世父叔父期從父爲之諱禮之正也父卒則亦不諱矣而與從祖昆弟同居則諱以本與父同諱又推從祖昆弟之義守之而不渝焉君子於所諱之親而仁孝之意油然自生於其心所以爲聖人制禮之精意也注意疑不可通

大功之末可以冠子可以嫁子父小功之末可以冠子可以嫁子可以取婦已雖小功既卒哭可以冠取妻

鄭注父大功卒哭而可以冠子嫁子小功卒哭而可以取婦

已大功卒哭而可以冠子小功卒哭而可以取妻必偕祭乃行也嵩燾案陳氏集說末服之將除也大功卒哭尚有六月不可言末小功言卒哭逾月而除喪大功言末亦當在七月後逾月除喪之時注云卒哭者失之義疏父小功謂已服輕而父小功如爲族曾祖父母緦而父小功也己小功謂父服輕而己小功如爲從父兄弟之子外祖父母小功而父皆緦從母小功而父無服也喪服從其重者父服重以父之服論己服重以己之服論疏云互相通者失之王氏經義述聞父小功之末當爲父大功之末因下文兩言小功而誤也據喪服己大功則父當期如昆弟之子期從父昆弟大功是也己與父同服大功如姑姊妹女子子適人者大功是也父大功

則已小功如從父昆弟大功從祖昆弟小功是也父小功則已緦如從祖昆弟小功族昆弟緦是也父之服視已爲重於已言大功於父言小功是期與緦麻之親無別也已大功則父當期父小功已當緦子統於父服之輕重一也則期與緦麻無別父大功之末正承上大功之末言之王氏之說確不可易小功言卒哭大功言末義正相當王氏謂大功之末在弟九月小功之末在弟五月大功九月除喪小功五月除喪冠取之禮何待言哉經明以小功卒哭爲言其義正可推見

凡弁經其衰侈袂

鄭注袂之小者二尺二寸大者半而益之則侈袂三尺三寸

孔疏大夫以上侈其袂若士則不侈故稱元端嵩燾案喪服

袂屬幅衣二尺有二寸袪尺二寸疑古冕弁之服皆如此袂視衣長二尺二寸以爲節與衣相爲連屬故曰屬幅屬幅而侈其下漸斂而收合於袂深衣所謂袂圜以應規鄭注云胡下是也惟衰爲有削幅元端之用正服者與冕弁服同此謂錫衰緦衰疑衰之施於弔服者一如元端弁冕之制所以異於正衰也鄭注周禮司服謂元端士服衣袂二尺二寸袪尺二寸大夫以上侈之半而益一其袂三尺三寸袪尺八寸案深衣之胡下亦侈袂也所謂行舉手以爲容盡飾之道也玉藻袪尺二寸古制葢如此鄭謂三分益一以爲侈竝侈及袪於禮無徵恐屬意爲之說則是元端與冕弁服異制大夫以上之元端將與士同乎抑別爲大夫之侈袂乎證之經義恐不然也

父有服宮中子不與於樂

鄭注謂出行見之不得觀也孔疏此謂命士以下與父同宮者若異宮則得與於樂蔿𧯷案疏意與注忤而皆非經義所繫父有服未除而子已除如父爲從母小功爲姑子舅子緦而子無服者以父方爲之服不敢舉樂宮中父之餘哀未忘子亦不得自遂也出外而聞樂則有不必避者矣宮中不與於樂亦卽居室不御琴瑟之義疏以同宮異宮爲言亦非也

夫若無族矣則前後家東西家無有則里尹主之或曰主之而附於夫之黨

孔疏或人之說云妻黨主之而祔祭之時夫之黨主之蔿𧯷案喪服小記男主必使同姓女主必使異姓推而至於前後家東西家推而至於里尹以明婦人外成妻黨無主喪之禮

也喪服小記又言朋友虞祔凡主喪必爲之祔夫無族則祔
有不得行此云祔於夫之黨苟同族者皆可祔也蓋主喪必
其情意相屬可以爲之主前後家東西家出入相近習者里
尹則其長也其遠族不相哀卹不爲之主而可以爲之祔非
有故而出反歸在室者妻黨不得與其喪引或人之言所以
推論夫黨之可以遠及而妻黨之必不得爲喪主也

泄柳之母死相者由左泄柳死其徒由右相由右相泄柳之徒
爲之也

鄭注亦記失禮所由始也相相主人之禮嵩燾案少儀贊幣
自左詔辭自右詔辭者相也禮宜由右既夕禮擯者出請入
告出告須以賓入喪禮之有相將命出入贊賓而已注云相

主人之禮恐誤此當與檀弓有若之喪悼公弔焉子游擯由左之文參看由左東也由右西也喪禮主人升降由阼階惟君臨臣喪臣不敢當主位升自西階相者出傳主人之命當由左悼公臨有若之喪子游由左明有若未嘗臣魯得備賓主之禮泄柳之於魯猶之有若也或穆公弔其母喪泄柳亦爲賓主之禮泄柳死其徒乃貶而就臣位於是援凶禮尙右之文凡相者皆由右以出致主人之命葢記泄柳之賢與其徒之盛而閔魯之俗尙所由以變由泄柳之徒之不能尊其師說也舊注全未分明

天子飯九貝諸侯七大夫五士三

鄭注此葢夏時禮也周禮飯含用玉嵩燾案士喪禮貝三實

於笲祝受米奠於貝北扱米實於右三實一貝中左亦如之檀弓飯用米貝荀子禮論飯以生稻含以槁骨楊倞注槁骨貝也正謂士禮天子諸侯喪禮無徵而典瑞云大喪共飯玉含玉是天子含飯皆以玉大戴記天子飯以珠含以玉諸侯大夫士飯以珠含以玉疑屑玉以飯曰珠米亦曰珠鄭注典瑞飯玉碎玉是也其云含玉柱左右齻及在口中士喪禮實貝柱右齻左齻玉篇齻牙也說文牙象上下相錯之形葢左右輔車柱之以便實貝天子自含玉若用貝則九貝竝飯玉將無所容經文隨舉見義通以貝言之注據以爲殷禮非也

君子有三患未之聞患弗得聞也既聞之患弗得學也既學之患弗能行也

孔疏人須多聞多識若未聞知古事恆憂患不得聞嵩燾案疏意當屬學說聞者所以爲學之基也左傳襄公三十一年君子務知大者遠者小人務知小者近者大者遠者聞而得之於心故君子急先聞道弗得弗能有辨患弗聞求得師友以質之患弗學求考古今以通之學而試之以行則自視乎才力之廣狹與其存養之淺深取足以達之於物使人信而從之故曰患弗能得者得之於外能者能之自已

既得之而又失之君子恥之地有餘而民不足君子恥之衆寡均而倍焉君子恥之

鄭注衆寡均謂俱有役事人數等也倍焉彼功倍已也嵩燾案君子之五恥皆所以內自毖其心未宜以興事立名言之

既得又失云者若論語知及之仁不能守之雖得之必失之躬行實踐之謂得色取行違之謂失地有餘而民不足保民之無方也眾寡均而倍焉取民之無節也二者據政之及人言之地必有所受而民視德之足以聚之故不以地不足爲恥而以民不足爲恥財賦以制用而民者賦斂之所從出也倍征則民無所措手足故不以貧爲恥而以眾寡均而倍焉爲恥疏云他人功績倍多於已是將教人爲忮也恐非經旨

孟獻子曰正月日至可以有事於上帝七月日至可以有事於祖七月而禘獻子爲之也

鄭注魯以周公之故得以正月日至之後郊天亦以始祖后稷配之獻子欲尊其祖以郊天之月對月禘之非也嵩燾案

明堂位孟春祀帝於郊季夏六月以禘禮祀周公於大廟是郊以冬至禘以季夏周禮正如此以春秋推之閔公二年始書禘以五月則建辰之月也僖公八年乃以七月禘僖公三十一年始書郊以四月則建卯之月也其後成公十年襄公七年十有一年哀公元年竝以四月卜郊惟宣三年成七年定十五年以郊牛傷角改卜牛宣三年遂不郊成七年不郊猶三望定十五年郊竝以五月而成十七年至以九月郊無正月用郊之文葢春秋紀異而已常事則不書也昭五年傳云啟蟄而郊杜注啟蟄夏正建寅之月襄七年傳孟獻子曰郊祀后稷以祈農事也是故啟蟄而郊郊而後耕吳氏澄謂魯郊用建寅之月明堂位當通夏正言之禮運明言魯之郊

禘非禮經以七月而禘成於孟獻子之傅會非但謂禘以七月爲非禮也注意似未盡七月之禘春秋固有明文於時尚未有孟孫氏葢季友仲遂臧孫辰之徒爲之記禮者誤爲孟獻子耳

外宗爲君夫人猶內宗也

鄭注外宗謂姑姊妹之女舅之女及從母皆是也內宗五屬之女也嵩燾案內宗外宗有兩義周禮內宗凡內女之有爵者外宗凡外女之有爵者據內外命婦言之服問君爲天子三年夫人如外宗之爲君是也此云內宗外宗自據同姓之親及諸姑姊妹言之鄭注兼及從母舅之女疏引諸侯不外取舅之女及從母不得在國中亘然凡喪服有二義親親也

尊尊也從其尊而論則大夫之妻爲君服期爲夫人齊衰三月從其親而論則女子子適人者爲其父母期疑內外宗均兼有尊尊親親之義當視女子子適人者爲父母服期玩經義外宗爲君夫人猶內宗也則內宗爲君自與外宗有別禮經皆不具其文近南豐吳氏喪服會通說以內外命婦爲言似爲得之內命婦則所謂妾爲君斬衰三年爲女君期是也同姓之女及諸姑姊妹之女皆統於爲君不杖期之例不得更分輕重是以同姓及諸姑姊妹有服制者通謂之外宗與大夫妻齊衰三月之服自別似仍從周禮內宗外宗之義於經旨爲順

內亂不與焉外患弗辟也

鄭注同僚將爲亂己力不能討不與而已嵩燾案春秋莊二十七年公羊傳君子辟内難而不辟外難襄二十五年左氏傳君爲社稷死則死之爲社稷亡則亡之若爲己死而爲己亡非其私暱誰敢任之卽此經所本春秋之世有亡君無亡國内亂不與君之私也辟而去之可也不與言不與同死注意似謂不與其事恐非宣二年趙盾弒其君董狐據以爲亡不越竟反不討賊遂以弒君之罪被之必不能以坐視不與爲義之正也

贊大行曰圭公九寸侯伯七寸子男五寸博三寸厚半寸剡上左右各寸半玉也藻三采六等

鄭注贊大行書說大行人之禮者名也藻薦玉者也子男執

璧作此贊者失之嵩燾案王氏章句贊蓋瓚字之誤祼玉也
以圭爲柄記者引大行人記圭之文以明圭瓚之等據周禮
玉人祼圭尺有二寸有瓚天子瓚圭與鎭圭同公侯以下自
當各視其命數於禮瓚圭用藻無明文而玉人云大璋中璋
九寸邊璋四寸射四寸厚寸黃金勺青金外朱中鼻寸衡四
寸有繅則所謂璋瓚也璋瓚有繅圭瓚亦當有繅鄭注典瑞
云射剡也注玉人云射琰出者也瓚圭瓚璋柄皆剡起從剡
處左右斜殺而下各得寸半圭之長短以命數爲之等而皆
博三寸與玉人之言璋瓚者同玉也二字兼瓚言之明璋瓚
黃金勺圭瓚玉勺詩所謂瑟彼玉瓚是也圭之爲玉更不必
言藻三采六等言公侯以下之制聘禮記朝天子繅三采朱

白蒼問諸侯朱綠皆元纁繫長尺絇組鄭注采成文曰絇繅藉二物絇組繅也以繫玉元纁薦也以薦玉繅有五采三采二采一采之別而薦之爲元纁者同禮經多據繅言之注云藻薦玉者也恐誤詳見曲禮下　此皆聘禮記之文故屬之大行葢卽圭之等以明瓚之用圭其義均也熟玩經義當自得之

雍人拭羊宗人視之宰夫北面于碑南東上

鄭注宰夫攝主故居上嵩燾案儀禮凡言東上西上皆通言之如鄉飲衆賓皆入門左北上鄉射三耦俟於堂西南面東上之類無專舉一人而以東上西上爲之序者大戴禮釁廟篇祝宗人宰夫雍人皆元服宗人曰請命以釁某廟乃行入廟門碑南北面東上與此上云其禮祝宗人宰夫雍人皆爵

弁純衣敘次正同如鄭注雍人宗人皆有事而東上之文專
屬宰夫而不及祝與上文爲有參差周禮肆師掌序其祭祀
及其祈珥肆師隸於宗伯此云宗人卽肆師也與宰夫大祝
皆下大夫祝宗人實與釁廟之事公食大夫禮宰夫爲主人
大戴禮釁廟宗人請命此經下云宗人告事畢反命似宗人
主之無宰夫攝主之文阮氏校勘記宗人祝之宋本后經本
岳本嘉靖本作宗人視之后經考文提要云宋大字本宋本
九經南宋巾箱本余仁仲本九經誤字竝作視通典引亦云
雍人拭羊宗人視之而鄭氏無注孔疏亦不一及之疑此述
大戴禮之文而序次碑南東上之位爲宗人祝宰夫之次之
字當爲衍文雍人拭羊舉羊掌釁廟之事宗人祝宰夫涖其

禮拭羊者濯滌之蓋外饔之職其屬吏胥爲之而饔人視之大戴禮敘雍人拭羊在入廟之前宗人亦無從涖視也

其衈皆於屋下

鄭注其衈謂將刲割牲以釁先滅耳旁毛薦之耳聽聲者告神欲其聽之周禮有刉衈嵩燾案周禮肆師羊人曰祈珥犬人曰幾珥士師曰刉珥鄭注竝讀祈爲刉珥爲衈而注小子職珥於社稷祈於五祀云用毛牲曰刉羽牲曰衈司約云若有訟者則珥而辟藏鄭注辟藏者開府視約書珥讀曰衈謂殺雞取血釁其戶是珥與釁通小子職又云釁邦器及軍器羊人亦分祈珥釁積爲二事鄭注釁國寶潰軍器似凡廟社曰刉衈案說文血部衅以血有所刉涂祭也是衅本字刉又衅祭中之一義也器物曰釁月令

釁龜筴孟子釁鐘皆據釁言之穀梁十九年傳叩其鼻以衈社范甯注衈者釁也公羊作叩其鼻以血社蓋釁爲血祭之總名周禮大祝隋釁鄭注謂薦血也說文釁血祭也而因以取牲血塗器謂之釁釁廟曰釁聲轉曰衈鄭注周禮以用牲毛者曰刏羽者曰衈與羊人祈珥共羊牲肆師刏衈奉犬牲已不免參差此復爲先滅耳旁毛薦之之說蓋援祭義牛毛尙耳以意擬合之禮運薦其血毛血以告幽毛以告全郊特牲所謂貴純也不當從衈字取義

割雞門當門夾室中室

孔疏門夾室皆用雞如上用羊升屋割之也未刲羊雞之時先滅耳旁毛以薦神廟則在廟之屋下門與夾室則在門夾

室之屋下故云其衈皆於屋下衈訖然後升屋而釁門與夾室亦當門屋上及室上之中嵩燾案釁廟之禮升屋刲羊取血涂屋而下注於簷阿說文所謂以血有所刏涂祭也經於升屋刲羊乃降下卽接云門夾室皆用雞先門而後夾室其衈皆於屋下蓋門者神所由出入室者神所依故加釁焉凡釁皆特殺大戴禮云門以雞雍人割雞屋下當門郟室割雞於室中經言其衈皆於屋下正謂門與夾室亦見釁門者不涂門釁夾室者不涂室壁也故此復申言之門當門門之屋下夾室中室中室之屋下大戴禮之文極明顯孔疏所云竝文義失之

女雖未許嫁年二十而笄禮之婦人執其禮燕則鬈首

鄭注言婦人執其禮明非許嫁之笄既笄之後去之鬈首猶若女有髻紒也孔疏二十而笄婦人禮之未許嫁無主婦女賓不備儀也既笄後尋常燕居則去其笄而鬈首嵩燾案內則十有五年而笄二十而嫁不云許嫁而笄似冠有成人之道笄有成婦之道十五而笄乃許嫁也曲禮女子許嫁纓纓者明有繫屬不繫乎笄與否也士昏記女子許嫁笄而醴之與曲禮之文相同亦謂女子十五而可以笄其未笄者已納采而必爲之笄以竢嫁期此云二十而笄謂有他故踰期至於二十而猶拂髦總角則非事也故二十必笄女子笄而醴之亦視男子之冠有內賓有主婦當婦人主其事而此專言之者或已孤無伯叔及兄嫂則宗婦主之而凡內外親之婦

人皆可執其禮也婦人實賅主婦女賓言之內則男女未冠笄者櫛縰似縚髮之纚未笄已用之笄則復加總所謂櫛縰笄總是也合言之則通名纚士昏禮女次立於房中姆纚笄是又加纚於次也以縚曰纚編髮曰次其用蓋同也鬈髮之制婦人女子竝用之詩鄘風鬒髮如雲不屑髢也小雅鬈髮如蠆卽此義鬈髮當仍以笄固髮女子燕居皆然亦不爲二十未許嫁示之別鄭注明非許嫁之笄是笄爲有二義似非經旨孔疏至謂婦人禮之無主婦女賓不備儀尤屬肊爲之說

禮記質疑卷二十一終

禮記質疑卷二十二

思賢講舍

湘陰郭嵩燾伯琛著

喪大記

寢東首於北牖下廢牀徹褻衣加新衣體一人男女改服屬纊以俟絕氣

鄭注寢東首於北牖下謂君來視之時也廢去也人始生在地去牀庶其生氣反徹褻衣則所加者新朝服矣男女改服爲賓客來問病亦朝服也纊今之新緜易動搖置口鼻之上以爲候嵩燾案既夕記寢東首於北墉下無廢牀之文此云廢牀所以申明東首北墉之旨注遂以爲寢於地者非也玉藻君子居恆當戶寢恆東首東首則寢必當牖疾病左右持

體東首當牖不便持體故移寢牀北墉下下云始死遷尸於牀爲將含襲易牀遷尸於牀謂之正尸鄭注正尸者遷尸牖下南首也旣夕記設牀第當牖遷尸卽牀而奠其設牀在屬纊前始死遷尸子坐於東方夫人坐於西方卽爲哭尸於室之位此云廢牀者謂廢平時設寢牀之地而退置之北墉下以憑設含牀襲牀當南牖爲始死遷尸之地也爾雅釋詁廢舍也郭注舍放置舍此而置之彼曰東首則牀不易鄉曰北墉下則稍遠墉使可容左右持體所遷者牀也於病者無所轉側安得爲廢牀而寢之地哉屬纊狀死者彌留僅存之一息屬者綴繫之意纊者緜微之意屬纊以俟絕氣男女姑痛而不敢哭惶遽而不敢囂屛息伺視而不敢暫離其側盡於

此一語中可謂體會微至注以置縣口鼻爲訓是氣已微又從而揜之亦忍於其親矣於經文立言之妙似稍失之其云寢東首爲君來視男女改服爲賓客來問義疏辨之已詳疾病時情事亦安得有此也

君夫人卒於路寢大夫世婦卒於適寢內子未命則死於下室遷尸於寢士之妻皆死於寢

鄭注死者必皆於正處寢室通耳其尊者所不燕焉君謂之路寢大夫謂之適寢士或謂之適室此變命婦言世婦者明尊卑同也世婦以君下寢之上爲適寢內子卿之妻也下室其燕處也嵩燾案既夕記有疾疾者齊春秋莊公三十二年穀梁傳寢疾居正寢以齊終也士大夫寢皆有內外外寢者

治事之所齊則居之玉藻將適君所宿齊戒居外寢是也天子諸侯謂之路寢春秋惟莊公宣公成公書薨於路寢僖公三十三年薨於小寢文公十八年薨於臺下襄公三十一年薨於楚宮定公十五年薨於高寢穀梁竝謂之非正然自始疾居此疾病不能復遷春秋謹書之以著正終之義是以凡有疾必居正寢經云內子未命死於下室遷尸於寢未命而不敢當正寢死亦還焉以此推之天子諸侯死於別室皆還尸路寢卽所以爲正終也注云死者必皆於正處尊者所不燕焉意謂路寢適寢尊不燕處惟死則就之似於經旨不合案司馬氏書儀疾病遷居正寢其始疾不能齊宿居外寢及疾革而其子之侍疾者遷焉頗疑其乖禮意而鄭氏此注實有以導之路寢齊疾皆居安得有尊者不燕之文也玉藻惟世婦命於奠繭其他則皆

從男子內外命婦之爵同是以大夫妻亦稱世婦世婦九嬪女御以下亦稱內子案周禮通謂之內人鄭注內宰寺人典婦功竝云內人謂女御亦恐泥卿大夫之妻各視其夫之爵其妻無所受命天子諸侯之世婦視大夫女御視士皆異寢未命不得專寢故居下室下室寢旁室也死則各就其寢而殯之內子未命而從世婦女御之等與君夫人之路寢自別鄭注以君下寢之上爲適寢世婦固不得有適寢所云下寢之上未知何屬於禮無徵蓋不知內子之爲內命婦而强據世婦死於適寢之文以意擬合之然則春秋列國之卿未命者多矣其妻之爲內子者將皆居下室以死而不得於正寢耶此禮所必不然矣

婦人復不以袡

鄭注袡嫁時上服非事鬼神之衣也嵩燾案士昏禮純衣纁袡鄭注袡亦緣也以纁緣其衣類篇袡衣下襈也釋名襈撰也青絳爲之緣也蓋六冕服無緣而深衣有緣王后之六服亦無緣則純衣纁袡女子之燕服也據士昏禮女次純衣纁袡立於房中南面姆纚笄宵衣在其右鄭注宵讀爲詩素衣朱綃之綃魯詩以綃爲綺屬後云纚笄宵衣質明見於舅姑則所謂嫁服者宵衣也純衣纁袡女在室所服與嫁服無涉鄭注嫁時上服誤凡男女復皆以正服不以燕服婦人復不以袡則士之復不以深衣亦可知矣

始卒主人啼兄弟哭婦人哭踊

孔疏主人哀痛嗚咽不能哭故啼也有聲曰哭嵩燾案說文

嗁號也號痛聲也哭哀聲也近段氏說文注云痛在內哀形於外此嗁號與哭之別也疑痛聲哀聲聲自有辨疏意似謂哭有聲而啼無聲段氏因之有內外之分啼固非專痛在內卽哭亦發於其心之哀而非但形外而已說文丂部云氣欲舒出上礙於一是號之爲義張口出聲而氣不得舒是以氣蹙而聲急哭者長聲以發其哀嗁者累哱以申其痛聲重氣竭不能引而長所謂啼者哭聲之尤劇者也疏云嗚咽是反輕於哭矣

卿大夫父兄子姓立於東方有司庶士哭於堂下北面

孔疏士喪禮言衆主人在其後又云親者在室謂大功以上在室內東方諸侯以上位尊不宜卿大夫父兄子姓俱在室

內卿大夫等或當在戶外之東方遙繼主人之後士喪禮小功以下衆兄弟堂下北面經云有司庶士在堂下則諸父兄子姓等雖小功以下皆在堂上西面也嵩燾案此卿大夫父兄子姓立於東方卽喪禮所謂衆主人在其後也列國卿大夫多繫公族而位近君此爲始死哭臨之禮卿大夫無不入哭者士喪禮獨於婦人下云親者在室明衆主人有爲卿大夫者雖疏亦在室也旣殯主人就喪次而後父兄子姓及卿大夫各有常位此之入哭非常位也士喪禮衆婦人戶外北面北面者所以向尸疏謂卿大夫等當在戶外之東方又謂小功以下皆在堂上西面徒據儀禮親者在室之文疑卿大夫不宜在室遂竝子姓列之戶外又統小功以下之親列之

堂上與眾婦人相錯而又背尸以就戶外之東方亦可謂不達於禮矣

君之喪未小斂爲寄公國賓出大夫之喪未小斂爲君命出士之喪於大夫不當斂則出

孔疏士之喪大夫來弔不當小斂之時尙爲大夫出若當斂而至則擯者以主人有事告主人無事則爲大夫出但云斂不云襲者未襲之前惟爲君命出其餘則不出嵩燾案士喪禮小斂以後始有拜賓送賓之文蓋未小斂尸在室主人主婦俠尸不當與賓爲禮故始死赴君主人西階南命赴者有賓則拜之君弔及襚主人拜送升降自西階遂拜賓大夫則特拜之以君命出乃得拜賓自小斂以前皆然經云士之喪

於大夫不當斂則出亦據小斂以後言之所謂斂者大斂也士喪禮有大夫則告既斂主人降拜大夫之後至者蓋自小斂後拜賓大夫至皆特拜當大斂而大夫至則先以事告卒斂而後降拜也喪禮有弔有襚親者襚在室案士喪禮有親者襚庶兄弟襚朋友襚三節庶兄弟大功以下之親屬朋友所常與往反者皆親者之屬也其餘襚者皆在小斂後為始死主人在室俠尸無接賓之禮小斂出在堂而後接賓凡經所云皆以證明儀禮之義孔疏謂不當斂則出為既襲後言之大失經旨

凡主人之出也徒跣扱衽拊心降自西階君拜寄公國賓於位大夫於君命迎於寢門外使者升堂致命主人拜於下士於大夫親弔則與之哭不逆於門外

鄭注寄公位在門西國賓位在門東皆北面小斂之後寄公東面國賓門西北面士於大夫親弔與之哭既拜之卽位西階東面哭大夫特來則北面嵩燾案問喪親始死徒跣扱上衽交手哭知此主人之出正承上未小斂言之士喪禮君使人弔主人迎於寢門外弔者入升自西階東面主人進中庭弔者致命主人哭拜稽顙大夫於君命與士同經云降自西階承上主人之出爲文君於寄公國賓大夫於君命皆降迎案士喪禮始死主人升降自西階既殯自阼階故凡主人之出皆然惟大夫於君命迎於寢門外故下申言之君拜寄公國賓於位卽賓位也凡弔皆升自西階東面主人西面拜士喪禮朝夕哭主人卽位於門外西面兄弟在其南賓繼之門東北面西上門西北面東上西方

東面北上入門主人堂下直東序西面兄弟皆卽位如外位卿大夫在主人之南諸公門東少進他國之異爵者門西少進鄭注似以朝夕奠門外之位當未小斂前以朝夕奠門內之位當小斂後似亦以意擬之士於大夫親弔與之哭不逆於門外亦據小斂後拜賓拜大夫爲言士喪禮朋友襚親以進主人拜委衣哭大夫於士弔及襚得入就室主人與之哭不逆亦不出也士喪禮既小斂亦云朋友襚西階東北面哭弔東面所以爲主人襚北面所以爲尸注謂大夫特來則北面於義無取博考禮經之文而求其義當自得之

夫人爲寄公夫人出命婦爲夫人之命出士妻不當斂則爲命婦出

鄭注寄公夫人命婦位在堂上北面小斂之後尸西東面嵩燾案士喪禮衆婦人戶外北面衆兄弟堂下北面謂大功以下之服屬也經云夫人命婦出亦據未小斂言之士妻云不當斂亦據小斂後言之周禮世婦掌弔臨於卿大夫之喪是卽夫人之命也故亦爲之出拜士喪禮婦人卽位於堂婦人之出及堂而止卽位阼階上西面馮尸及棺則主人西面主婦東面此在小斂前弔者自階升堂東面亦當西面拜寄公夫人夫人之命皆尊者而使就外命婦堂上北面之位恐失經旨小斂以後婦人阼階上西面賓至則拜之亦不得爲寄公夫人夫人之命出也案下文夫人亦拜寄公夫人於堂上爲小斂後拜賓之文故不言出

主人袒說髦括髮以麻

鄭注士既殯說髦此云小斂蓋諸侯禮也嵩燾案既夕記小斂既馮尸主人髻髮袒絞帶既殯主人說髦三日絞垂據內則櫛縰笄總拂髦冠緌纓似髦加於笄縰之上冠又加於髦上始死雞斯去冠小斂髻髮竝笄縰去之無因尚存拂額之髦以爲飾士喪禮小斂髻髮袒襲絰於序東散帶垂成服而後絞帶既夕記所謂三日絞垂是也而先敘絞帶於髻髮袒之下然則所謂絞帶說髦者錯舉爲文下云冠六升外縪纓條屬厭以明說髦而加喪冠非謂既殯而始說髦也自當以此文爲正鄭以士既殯說髦遂據此爲諸侯禮恐未然

君堂上二燭下二燭大夫堂上一燭下二燭士堂上一燭下一燭

鄭注燭所以照饌也滅燎而設燭孔疏有喪中庭終夜設燎至曉滅燎而日光未明故須燭以照祭饌也嵩燾案鄭意據既夕禮請葬期宵爲燎於門內之右厥明滅燎執燭爲言而既夕禮自據遣奠言之經云代哭在小斂時雜記士喪與天子同者終夜燎而凡奠及遷柩於祖皆用燭用燭所以將事也與爲燎滅燎兩不相及士喪禮大斂燭俟於饌東卒塗乃奠燭反降朝夕奠燭先入豆籩俎醴既錯乃奠滅燭既夕禮請啟期二燭俟於殯門外燭入拂柩遷於祖重先奠從燭從柩從燭從正柩兩楹間置重奠設如初質明滅燭有司請葬期厥明滅燎執燭乃奠行器車從主人之史請讀賵執算從柩車燭在右讀書釋算滅燭讀遣滅燭出是凡將事皆用燭

而既夕記於遷柩於祖明其事云燭先入者升堂東楹之南西面後入者西階東北面在下士喪堂上一燭下一燭自小斂至將葬行柩皆然遣奠之云滅燎執燭紀其時也謂甫明而遣奠之祭行也鄭注據以爲例恐失之

賓出徹帷

鄭注此君與大夫之禮也士卒斂卽徹帷嵩燾案士喪禮始死帷堂君使人弔徹帷君使人襚徹帷卒斂徹帷奉尸侇於堂謂小斂也厥明帷堂卒斂徹帷奉尸斂於棺謂大斂也始死而浴而含而襲明日斂帷堂治襲斂之事又明日大斂帷堂治斂事君弔及襚徹帷弔與襚皆有事於堂施帷非宜也鄭注徹帷㡌之事畢則下之大小斂之徹帷當竟徹之既斂

無事於帷也喪禮賓皆與斂斂事畢乃拜賓云賓出者通辭也卒斂徹帷而賓亦以時出也鄭據以爲君大夫之禮恐失之

哭尸於堂上主人在東方由外來者在西方諸婦南鄉

鄭注由外來謂奔喪者也無奔喪者婦人猶東面孔疏新奔喪從外來者則居尸西方欲異於在家也未小斂而至者則在東方嵩燾案奔喪禮至於家入門左升自西階殯東西面哭案升自西階殯在西也奔喪始見殯亦不敢遽當阼也婦人奔喪亦殯東西面哭奔喪自外來無就西方之義疑由外來謂外姻之有服者若外孫及甥及壻得哭尸於堂上婦人爲之避位而立於尸北此儀禮之文所不具記禮者補明之注意恐未然

子㓜則以襃抱之人爲之拜爲後者不在則有爵者辭無爵者人爲之拜在竟內則俟之在竟外則殯葬可也

鄭注爲後者有爵攝主爲之辭於賓耳不敢當尊者禮也孔疏爲後者不在謂不在家之主有官爵其攝主無官爵則辭謝於賓云已無爵不敢拜賓若不在之主無官爵其攝主之人爲主拜賓也嵩燾案喪服小記士不攝大夫大夫之有爵者不在無爵者卽不得爲攝主何待辭於賓經兩言人爲之拜人者通辭也非攝主其一有後而可以爲喪主矣而㓜不能拜賓其一爲喪主者適不在殯葬之事猶可俟之不能俟則爲之殯葬從父兄弟以下權爲之主可也不遽攝其喪事也權爲之主則不敢受弔有爵者辭之尊也無爵者不足辭

也饋奠之事亦有待於賓焉從父兄弟以下皆可爲之拜也

故曰人爲之拜也

大夫於君所則輯杖於大夫所則杖

鄭注大夫於君所輯杖謂與之倶卽寢門外位也孔疏大夫與世子皆在門外位大夫則輯杖敬嗣君也大夫與大夫倶在門外是兩大夫相對同爲君杖不相降嵩燾案喪服傳杖者何爵也無爵而杖者何擔主也非主而杖者何輔病也衰喪之杖盡於此三者大夫世婦以爵杖子大夫寢門之外杖夫人世婦在次杖病也君命及卜及有事於尸去杖不敢言病也惟爲喪主以杖卽位下文子皆杖不以卽位辟喪主也大夫於君所輯杖不敢同於君也君所大夫所均謂喪次若

卽位則去杖寢門之外位亦不得爲君所大夫所也旣卽位君大夫皆在杖乎緝杖乎恐亦兩無所施矣注意疑未安

君設大盤造冰焉大夫設夷盤造冰焉

鄭注漢禮大盤廣八尺長丈二深三尺赤中夷盤小焉周禮天子夷盤士喪禮君賜冰亦用夷盤然則其制宜同之嵩燾案周禮冰人大喪共夷盤冰鄭注亦引漢禮器制度爲訓然則夷盤卽大盤也鄭注亦云夷之言尸也尸之盤曰夷盤牀曰夷牀衾曰夷衾移尸曰夷於堂皆依尸爲言凡陳冰以寒尸者通謂之夷盤大夫士之盤若衾若牀當亦有異而制不盡詳惟天子之盤加大耳注意疑未昭晰

小臣楔齒用角柶綴足用燕几

孔疏柶以角爲之長六寸兩頭屈曲嵩燾案說文禮有柶柶匕也從木據許意常用器曰匕禮器曰柶其以角爲之者曰角柶士冠禮觶角柶是也柶底圓而旁流徑視人口有柄可持故用以楔齒角柶燕几皆常用之器含襲畢埋柶於坎必非專制以柱尸齒者疏意恐未然

君沐粱大夫沐稷士沐粱

鄭注士喪禮沐稻此云士沐粱蓋天子之士也以差率而上之天子沐黍與嵩燾案荀子禮論倘元尊而用酒醴先黍稷而飯稻粱似黍稷爲尊而玉藻云沐稷而靧粱靧加於沐則粱固加於稷說文禾嘉穀也粱禾米也說文自以米名粱與稻粱之粱義別禾者稷之主名也哀十二年左傳粱則無矣

麤則有之粱與麤對文謂米之精者士以下稻粱惟所用兩粱字自別言之

陶人出重鬲

孔疏重鬲謂縣重之罌是瓦瓶受三升嵩燾案士喪禮爲垼於西牆下新盆槃瓶廢敦重鬲皆濯造於西階下祝淅米於堂管人受潘煮於垼用重鬲外御受沐入乃沐櫛挋用巾浴用巾挋用浴衣重鬲者一用沐一用浴周禮陶人鬲實五觳以供沐浴之潘宜用鬲疑士喪禮之文爲得其實無用潘沐而用汲卽入浴之理士喪禮既襲置重祝鬻餘飯用二鬲於西牆下因煮潘之鬲而用之二鬲卽重鬲也方浴時尙未有重之名鄭注士喪禮重鬲鬲將縣於重者誤疏因鄭說又誤

鬲爲甁士喪禮明舉盆槃甁敦及重鬲爲言鬲用以煮潘甁
用以汲安得併而爲一於此殆又失之

朝一溢米莫一溢米食之無算

鄭注二十兩曰溢於粟米之法一溢爲米一升二十四分升之一嵩燾案孔叢子雜訓兩手曰掬一手曰溢溢與搤通史記封禪書莫不搤捥裴松之注滿手曰搤是也說文溢器滿也器滿曰溢手滿亦曰溢王氏肅此注云滿手曰溢食之無算者朝夕哭無時力憊則歠之不以時食也朝莫者盡一日之詞也鄭注假溢爲鎰親死歠粥猶待稱量之以及二十兩之鎰何爲者乎

大夫之喪主人室老子姓皆食粥眾士疏食水飲妻妾疏食水

飲士亦如之

鄭注室老其貴臣也衆士所謂衆臣士亦如之如其子食粥

嵩燾案鄭注非也室老家宰衆士若周禮之家宗人家司馬

上士家士中士皆繫爵於王朝者所謂貴臣也士亦如之則

衆臣也喪服爲君斬衰鄭注天子諸侯及卿大夫有地者皆

曰君又曰公士大夫之衆臣爲其君布帶繩屨傳曰公卿大

夫室老士貴臣其餘皆衆臣也喪服傳之士卽此之衆士降

於室老一等而與衆臣之布帶繩屨者自別故析言之鄭謂

如其子食粥則文義不能明上文君之喪衆士食粥士疏食

水飲亦與此同衆士若宮正上士宮伯中士饔人下士掌次

掌舍下士大府上士內府外府中士司書職內職歲上士皆

左右近臣故其衰與大夫同士則庶司之爲士者同服斬衰
而親疏輕重異宜通觀禮經之文而求其義當自得之

九月之喪食飲猶期之喪也食肉飲酒不與人樂之

鄭注食肉飲酒亦謂既葬嵩燾案上文期之喪三月既葬食
肉飲酒鄭意以此重言食肉飲酒專繫之九月之喪故亦以
既葬爲言其實九月之喪食飲猶期之喪也文義已盡食肉
飲食不與人樂之二語總結言凡食肉飲酒自致口腹之養
而已與人爲樂而忘其喪不可也樂謂燕飲及射

君以簟席大夫以蒲席士以葦席

鄭注簟細葦席也孔疏士卑不嫌得與君同用簟士喪禮記
云設牀當牖下莞上簟士喪禮云布席戶內下莞上簟嵩燾

案說文簟竹席也顧命謂之篾席其小者謂之筍席雜記有葦席既葬蒲席葦席自覼蒲席爲疏鄭以簟當細葦席恐非釋名簟覃也布之覃覃然平正也方言宋魏之閒謂之笙自關而西謂之簟或謂之笲似席通名簟斯干詩箋竹葦曰簟士喪禮之下莞上簟葢通言之與此簟席葦席之分自各一義疏因鄭注謂士與君同席尤恐失之

絞一幅爲三不辟紟五幅無紞

鄭注小斂之絞廣終幅析其末以爲堅之強也大斂之絞一幅三析用之以爲堅之急也紞以組爲之綴之領側若今被識矣生時襌被有識死者去之異於生也孔疏絞以一幅之布分爲三段小斂絞全幅析裂其末爲三大斂之絞既小不

復擘裂其末嵩燾案士喪禮絞橫三縮一廣終幅析其末鄭注引喪大記曰絞一幅爲三而於此異訓恐非經義小斂之絞縮一橫三大斂之絞縮三橫五皆所以固斂衾者其廣終幅不能結故三析其末所以結者其末也辟猶玉藻終辟下辟之辟聯其幅而辟積之不辟則三幅五幅之絞自爲結與下棺蓋之三衽三束二衽二束同義猶所云三帀五帀也小斂有衾無紟大斂兼有紟士喪禮緇衾赬裏無紞此云紟五幅無紞義正相備杜註左傳紞冠之垂者韋昭注國語紞所以懸瑱當耳葢衾兩旁當耳處織組以約之亦名紞小斂承以衾而外加絞先縮而後橫自肩以上內削爲橫者一繫紞則或與絞相戾大斂承以紟亦不施紞案襲用冒有綴旁以約之小斂之衾大斂

之紟獨無紞者爲外施絞衾紟但斂合之而已鄭以生時用紞死去之爲義於禮衾被之屬似亦竝無用紞之文也此經所記正以發明士喪禮之義也衾紟皆所以承斂衣而收合之絞三幅五幅不辟紟五幅辟合士喪禮之文觀之而經旨自明注意恐未然

小斂君大夫士皆用複衣複衾大斂君大夫士祭服無算君褶衣褶衾大夫士猶小斂也

鄭注褶袷也君衣尚多去其著也嵩燾案士喪禮幎目用緇方尺二寸經裏著鄭注著充之以絮也似謂爲袷衣無絮據下文袍必有表不禪衣必有裳謂之一稱士喪禮明衣不在算紟不在算竝以禪衣禪被不成稱是凡斂衣衾必袷而衣與裳通爲一稱禪袷皆用之士喪禮襚者以褶則必有裳鄭

注複與襌同有裳乃成稱說文複重衣也褶襲通玉篇重衣也複與褶衣均爲重衣而褶自爲袷複衣則表裏上下相重者均謂之複陳氏集說沿鄭注謂複衣複衾衣衾之有緜纊者恐未然

君之喪大胥是斂衆胥佐之大夫之喪大胥侍之衆胥是斂士之喪胥爲侍士是斂

鄭注胥樂官不掌喪事胥當爲祝字之誤也大祝之職大喪贊斂喪祝卿大夫之喪掌斂士喪禮商祝主斂嵩燾案士喪禮小斂商祝布絞衾散衣祭服大斂商祝布絞紟衾衣似士斂商祝掌之士舉遷尸而已周禮小宗伯王崩大斂小斂帥異族而佐職喪掌諸侯之喪及卿大夫士凡有爵者之喪大

祝大喪贊斂喪祝凡卿大夫之喪掌事而斂飾棺焉是周禮祝涖斂而小宗伯又有涖大斂小斂之文自諸侯以下喪事又掌之職喪經云大胥衆胥似不專言大祝喪祝之屬吳氏澄云周官大祝以下有胥四人所謂大胥者大祝之胥也喪祝之下有胥四人所謂衆胥者衆祝之胥也鄭注周禮胥徒民給徭役者君大夫斂事不宜一任之胥胥謂在官之主喪事者如職喪喪祝之屬是也職喪喪祝皆上士其屬有中士四人下士八人故謂之衆胥下文君大斂商祝鋪絞紟衾衣士舉遷尸於斂上商祝卽喪祝也士喪之有商祝蓋習斂事者假爲之名不必喪祝之爲上士者胥所以待事也正無庸易字爲祝

士與其執事則斂斂焉則爲之壹不食

鄭注斂者必使所與執事者不欲妄人褻之孔疏士與其執事謂平生曾與亡者共執事今與喪所助斂生經有恩死又爲之斂爲之廢壹食嵩燾案孔疏沿注意謂士喪禮士舉遷尸爲士之朋友來助斂考之禮經而知其不然也士喪禮所記執事者曰甸人曰管人曰祝曰外御曰商祝曰宰曰夏祝曰筮者曰卦者曰卜人曰史各有專執之事其執事而無主名曰復者曰徹衣者曰擯者曰錯者曰徹者曰杝者曰執豆者曰命筮者曰有司獨於大小斂曰士盥曰士舉遷尸而亦謂之舉者其後亦曰士盥舉鼎曰士受馬以出鄭注此士謂胥徒之長同爲士安在一爲朋友一爲胥徒之長乎說文士

事也數始於一終於十盡乎事之終始謂之士則士者外御有司之屬君之佐斂者小宗伯所帥之異族即宮伯所掌士庶子之在版者也安得所其執事之朋友爲之舉尸佐斂案周禮射人大喪與僕人舉尸斂與遷尸似屬兩事亦不得以士舉遷尸爲治斂事通言士凡在喪與執事皆可爲之斂釋文與音預亘是王氏經義述聞以爲讀如字者誤也

自小斂以往用夷衾質殺之裁猶冒也

孔疏幠用斂衾是大斂之衾自小斂以前覆尸至小斂時君錦衾大夫縞衾士緇衾用之小斂斂訖別制夷衾以覆之其小斂以前所用大斂之衾者小斂以後停而不用至將大斂及陳衣又更制一衾主用大斂也所謂大斂二衾者其夷衾

至大斂時所用無文總入大斂衣內並斂之嵩燾案士喪禮
幠用斂衾鄭注大斂所並用之衾蓋以斂衾無文大斂衾二
亦無文而小斂云君錦衾大夫縞衾士緇衾若獨別異之者
因以斂衾屬之大斂據此經之文證以士喪禮而知其不然
也喪禮小斂承以衾悉十九稱之衣收合之用衾一大斂承
以紟又悉三十稱之衣收合之而於其中用衾二一覆一薦
大斂之紟五幅小斂之衾亦必五幅而夷衾惟取覆尸故惟
小斂之衾得專斂之名士喪禮始死幠用斂衾既襲設冒櫜
之幠用衾仍前斂衾也小斂設夷衾商祝布絞衾乃取斂衾
承尸卒斂侇於堂幠用夷衾及大斂商祝布絞紟衾二則所
用以覆尸者必夷衾也經云自小斂以往用夷衾足與士喪

禮相發明士喪冒緇質䞓殺鄭注上元下纁象天地也而此云夷衾質殺猶冒也則覆尸之夷衾亦上緇下䞓以此推之士喪緇衾䞓裏之必爲斂衾無疑矣斂衾以斂夷衾以覆尸故特表而出之自鄭注失其義相沿至今無有能辨知之者無怪孔疏惝怳猜測竟不知夷衾之將以何用也

君於臣撫之父母於子執之子於父母馮之婦於舅姑奉之舅姑於婦撫之妻於夫拘之夫於妻於昆弟執之

鄭注馮之類必當心孔疏君尊於臣以手撫案尸心身不服膺也父母於子執之當心上衣也子於父母馮之服膺心上也婦於舅姑尊故奉當心上衣也舅姑於婦亦手案尸心妻於夫拘之徵引心上衣輕於馮重於執也夫於妻於昆弟亦

執心上衣也嵩燾案士喪禮君坐撫當心以手撫之宜當尸心尊臨卑之義也奉者從旁承其袂執則探其手執之拘又加以力持馮者以身倚尸而哭撫之奉之執之拘之馮之以爲輕重之節鄭以馮之類必當心當心者不及心以下而奉之執之拘之以相持爲義葢卽袳袪執手之意馮則傾身以馮之疏竝以心上衣爲説然則五者之事一而已於文亦爲不類也

君爲廬宮之大夫士襢之既葬柱楣塗廬不於顯者君大夫士皆宮之

鄭注宮謂圍障之也襢袒也嵩燾案喪服傳居倚廬既虞翦屏柱楣爾雅楣謂之梁書高宗諒陰古作梁闇謂以一梁倚

寢門外壁支之無楹柱故亦曰倚廬既虞加柱承檐曰柱楣案鄭注喪服傳柱楣所謂諒闇恐未盡云剪屏者蔽草爲屏至是剪而塗之是士喪倚廬有屏不宜大夫袒露周禮小胥王宮縣鄭注官縣四面縣倚廬惟君四面皆障大夫士倚牆者不障禫者內禫也案周禮稻人喪紀共其葦事澤虞喪紀共其蒲葦之事而掌舍幕人掌次無共喪紀之文倚廬之障蓋亦蒲葦之屬疏云君廬外以帷幛之如宮墻亦恐未然下云君大夫皆宮之柱楣支檐四面壘土爲墻不復禫後矣兩云宮之義自明顯

禫而從御吉祭而復寢

鄭注從御御婦人也嵩燾案疏引杜預以爲從御謂從政御職事鄭意以練而君謀國政大夫士謀家事故此不當以政事言之禫而從御公私行役一復其常也蔡邕獨斷云凡衣

服加於身飲食適於口妃妾接於寢皆曰御從御者盡乎事
役之辭也復寢而後居處悉復其常未及吉祭居處猶不敢
復常也而凡人事無不可服从矣未復寢則猶在堊室中而
云御婦人非也

公之喪大夫俟練士卒哭而歸

鄭注此公公士大夫有地者也其大夫士歸者謂素在君所
食都邑之臣嵩燾案經言大夫士皆渾言之有貴戚之大夫
有衆大夫有左右近習之士有庶士左右近習之士其禮視
大夫上文大夫衆士食粥士疏食水飲是也周禮宮正大喪
授廬舍辨其親疏貴賤之居親疏貴賤等差各別疑此與雜
記各據一端言之

大夫士父母之喪既練而歸朔月忌日則歸哭於宗室

鄭注歸謂歸其宮也孔疏大夫士謂庶子爲大夫士適子則終喪在殯宮蒿燾案此爲兄弟異居者言之上文凡非適子未葬於隱者爲廬是既葬當各就其家爲廬不於適子之室終喪此云大夫士則庶子中之貴者又異於衆庶子必及練而後歸就其家爲堊室鄭云命士以上父子異宮謂同居而異宮者疏故謂適子終喪在殯宮誠然必爲適子而後有三年之喪庶子既練而復寢禮意恐必不然

君退主人送於門外拜稽顙

鄭注迎不拜拜送者拜迎則爲君之荅已蒿燾案曲禮凡非弔喪非見國君無不荅拜者是弔喪無荅拜之禮士喪禮大

夫士弔者皆不迎惟君命出迎不拜蓋凡拜迎者賓主人之禮也喪事不敢以禮接人賓未致辭則亦不知其爲弔否也既成禮而出固已受其弔矣其拜送也猶行賓主之禮也雖其於君也亦然故不拜迎而拜送注意恐失之

其君後主人而拜

鄭注將拜賓使主人陪其後而君前拜不俱拜者主人無二也嵩燾案曲禮大夫於其臣雖賤必荅拜之大夫之臣視大夫猶君也而大夫不敢以君禮自處是以君弔卽位阼階大夫卽位堂下當阼階而立而不敢升階辟國君也君爲大夫拜賓大夫亦爲其臣拜賓爲之主而猶使主人拜亦以辟國君也拜賓者主人也大夫不敢專主也而猶爲之拜於其臣

則君道也有受弔之義焉案禮凡受弔必拜喪服小記大夫弔雖緦必稽顙是也此大夫君之變禮可以義起者也注意似於文未順

君殯用輴欑至于上畢塗屋大夫殯以幬欑至于西序塗不暨于棺士殯見衽塗上帷之

鄭注天子居棺以龍輴欑木題湊象椁上四注如屋以覆之諸侯輴不畫龍欑不題湊象椁其他亦如之大夫之殯廢輴置棺西牆欑其三面塗之不及棺者言欑中狹小裁取容棺嵩燾案檀弓天子之殯也菆塗龍輴以椁加斧於椁上畢塗屋與此節文義正相承注意分析甚明而情事有未盡合者說文欑積竹杖一曰叢木與菆塗同義葢取以護棺而加塗其上欑至於上謂四面環而向上欑至於西序謂缺其西一

面負序三面周而訖於序四面象棺收合其上則四阿垂而象屋三面不能爲椁而横徑西序必平其上亦不能爲屋塗不暨於棺謂其西負序不塗所塗者不周棺也士喪禮掘肂見衽士蓋下棺於地塗及棺蓋而止此以繁簡之節高下之差明殯視塗之等鄭謂諸侯不象椁大夫欑狹小裁取容棺皆非經旨

又案士喪禮掘肂棺入升棺用軸遷於祖用軸兩言用軸一在始升棺時一在將葬遷祖廟時文義正相承其後柩行惟言祖還車還車者卽還朝祖之車以嚮外也是以商柷飾柩設披直云飾柩而已更不言及柩車蓋古者天子棺四重諸侯三重大夫再重士一重其質重尸入而使卽安不宜數震

動之故自未斂時升棺用輴以達於葬用輴者殯車也加飾焉曰葬車自君大夫士皆然詩毛傳龍盾之合云畫龍其盾合而載之盾者車蔽鄭注儀禮諸侯以上有四周謂之輴卽車欄楯也檀弓天子龍輴椁幬諸侯輴而設幬椁幬者四周如椁冒輴上諸侯覆輴而不周大夫廢輴惟設幬幬者所以禦塗而此云大夫殯用幬明無車輴之覆其旁惟恃幬爲蔽而已殯用幬葬用素錦褚其義一也下文君葬用輴大夫葬用輴士葬用國車鄭注大夫廢輴此言輴當爲輇聲之誤輇或作團是以文誤爲國然則士之用輇卽輁軸也殯車葬車但加飾不易車禮經之文甚明注謂大夫之殯廢輴置棺西牆下竟似大夫無殯車者非也

熬君四種八筐大夫三種六筐士二種四筐加魚腊焉

鄭注將塗設於棺旁所以惑蚍蜉使不至棺也嵩燾案檀弓明器鬼器也祭器人器也士喪禮飾柩陳明器苞二筲三甕三甒二所謂人器也鬼器以寓思親之意故凡用器皆虛設之人器以達其哀親之情故凡食器皆實陳之爲不忍死者之不食而爲之備物以奉之所以爲孝子無已之情也其葬而加隆者殯在堂猶有朝夕之奠存焉至葬而遂已也鄭注儀禮亦云熬所以惑蚍蜉誠然而置熬柩旁適足以引蚍蜉而已古今事異要可以情勢揣測之注意恐未然

齊五采五貝

鄭注齊象車蓋蕤縫合雜采爲之形如瓜分然綴貝絡其上

及旁孔疏齊五采五貝者鼈甲上當中形圓如車蓋高三尺徑二尺餘縫合五采繒行列相次如瓜內之子以穰爲分限又連貝爲五行交絡齊上也嵩燾案注以齊爲車蓋蕤綴貝絡其上是謂五采五貝專飾荒也孔注論語攝齊云衣下曰齊鄭注曲禮去齊尺云裳下緝也似凡下緝曰齊帷荒相連又有紐結之不得云齊經云素錦褚加帷荒齊五采五貝蓋謂帷荒之下竝以五采絲貫五貝垂下爲飾周禮弁師五采玉十有二璂玉三采文義竝與此同其以貝不以玉者喪禮惟含用玉飾器不以玉也帷荒皆布繫貝以垂於四旁之下亦所以重之使不輕颺耳

士戴前纁後緇二披用纁

孔疏戴當棺束通兩邊爲四戴二披用纁通兩旁則亦四披也嵩壽案大夫士喪制有等而棺皆二衽二束束左右有戴以繫結於車故同爲四戴而稍屈其披以明等蓋披所以引棺大夫之棺再重士棺一重輕重原自不同君大夫士戴披同色士戴前纁後緇而二披用緇則知前有披而後無披也戴以維棺披以引棺二者異用不必適均疏意似屬添設

凡封用綍去碑負引君封以衡大夫士以咸

鄭注凡柩車及壙屬紼於柩之緘又樹碑於壙之前後以紼繞碑間之鹿盧挽棺而下衡平也君以木橫貫緘耳居旁持而平之嵩壽案鄭注檀弓豐碑形如石碑於椁前後四角樹之穿中間爲鹿盧下棺以繞紼天子六紼四碑前後各重鹿

廬諸侯下於天子斲之形如大楹四植謂之桓據說文桓亭郵表也徐氏繫傳表雙立爲桓鄭云四植徐云雙立立植義同桓楹象楹則二植也貫木其上用紼轉鹿盧以引棺持引面向外力注於引謂之負引去碑者遠碑以辨急舒之節也釋名棺束曰緘棺束上施緘耳在車以繫戴下棺以貫紼君則別以組貫之左右束而上繫木橫於棺上曰以衡者拘之使平也君四紼則前後二衡大夫士二紼通上下二束而連貫之故曰以緘束紐在棺旁則紼之結於束者亦當在棺旁四碑二碑皆左右對立凡窆必由壙道引棺懸而下天子闕地通路曰隧其不能樹碑壙之前後明矣又云君封以木橫貫緘耳居旁持平誠然則直貫之而已亦不得云衡也

君裹椁虞筐大夫不裹椁士不虞筐

鄭注裹椁之物虞筐之文未聞嵩燾案上文君裹棺用朱綠大夫裹棺用元綠此裹椁當與裹棺同義謂椁內之飾筐與匡同檀弓蠶則績而蟹有匡蟹之外甲曰匡竹筐之盛物者亦取匡爲義詩毛傳方曰筐員曰筥故於椁方以筐言之虞筐謂椁外之飾也虞者營治之言惟君之椁內外皆治檀弓柏椁以端郎虞筐之意

禮記質疑卷二十二終

禮記質疑卷二十三 思賢講舍

湘陰郭嵩燾伯琛著

祭法

有虞氏禘黃帝而郊嚳祖顓頊而宗堯夏后氏亦禘黃帝而郊鯀祖顓頊而宗禹殷人禘嚳而郊冥祖契而宗湯周人禘嚳而郊稷祖文王而宗武王

鄭注此禘謂祭昊天於圜丘也祭上帝於南郊曰郊祭五帝五神於明堂曰祖宗有虞氏以上尙德禘郊祖宗配用有德者而已自夏以下稍用其姓氏先後之次郊祭一帝而明堂祭五帝小德配寡大德配衆亦禮之殺也嵩燾案漢書韋元成傳祭義曰王者禘其祖自出言始受命而王祭天以其祖

配史記封禪書論郊祀亦引論語或問禘之說是西漢諸儒以禘合郊爲祀天虞書受終於文祖馬融注文祖天也鄭注文祖謂五府之大名猶周之明堂故於此竝禘郊祖宗四者皆統於祭天蓋三代王者嚴事天而禮之黷自東周始史記稱周東徙雒秦襄公列爲諸侯作西畤祀白帝其後文公作鄜畤郊祭白帝焉至宣公作密畤渭南祭青帝靈公作吳陽上畤祭黃帝作下畤祭炎帝獻公又作畦畤櫟陽祀白帝而雍四時上帝爲尊案四時謂鄜時密時上時下時蓋即五帝之遺而秦制三年一郊常以十月郊見通爟火合祀之漢三年高祖立北畤祀黑帝爲雍五畤其後武帝立泰一祠壇親郊曰泰時而五帝爲佐令奉高作明堂汶上祠泰一五帝於明堂如郊禮而史言萇宏以方事周靈王明鬼

神事周人言方怪者自萇宏秦時雍旁有美陽武時雍東有好時或言黃帝時常用事是東周以來郊無常祀由萇宏以方怪亂之而秦之祀天爲九疇矣漢書稱武帝元鼎五年冬至立泰畤甘泉親郊見太初元年十一月甲子朔冬至祀上帝於明堂而自元封五年太初四年祀高祖於明堂以配上帝更祀孝景皇帝於明堂至成帝建始二年始用匡衡議郊祀長安南郊罷雍五畤案漢書郊祀志祠太一五帝於明堂合高帝祠坐對之服虔曰漢是時未以高帝配天故言對其後元始三年王莽奏言文帝起渭陽五帝廟祭太一以太祖高皇帝配武帝立太一祠甘泉亦以高祖配似當時竝無配祀之文至王莽以日冬至使有司奉祠南郊高祖配武帝時獨有明堂配帝之祀王莽之言太一者卽明堂也太一祠始於武帝據此文帝時已開其端後漢建武二年制郊兆於雒陽城南采元始中郊祭故事以高祖配明帝永平二年祀五帝

於明堂光武帝配章帝元和二年東巡至泰山宗祀五帝於汶上明堂光武帝配又告祠高祖太宗世宗中宗世祖顯宗於明堂歷數百年而後祀天及上帝之禮始稍準古定制而亦時有出入焉鄭氏注禮多依東漢制度以求上合古義光武喜讖緯之學一依緯書命祀於是有五帝之名青帝曰靈威仰赤帝曰赤熛怒黃帝曰含樞紐白帝曰白招拒黑帝曰汁光紀鄭注周禮屢引之亦漢制然也其注大司樂天神地示人鬼三者皆禘大祭鄭志答趙商亦言禘者祭名天人共云蓋自周秦以來祭天典禮領於祠官者紛紜繁變而未有定國語多連禘郊爲文亦云禘郊不過繭栗王制固曰祭天地之牛角繭栗鄭氏以禘爲祭天之名固亦有本案經傳言郊多舉配

祀言之尚書大傳舜入唐郊丹朱爲尸郊者嚳也左傳晉祀夏郊董伯爲尸郊者鯀也周語禘郊之事則有全烝王公立飫則有房烝祭天燔燎而已升俎者稷牲也國語連禘郊爲言正謂帝嚳及稷追崇之禮未宜據國語之文遂併禘郊爲祀天也而以圜丘之祀屬之禘謂主北斗別爲南郊祭感生帝之說證之禮經實無其文蓋沿周秦祀天之黷禮而失之者也

又案喪服小記大傳兩言王者禘其祖之所自出以其祖配之竝述宗廟之制史記紀五帝世繫一依大戴記帝繫之文其流傳蓋遠此經言禘法與帝繫之文正合卽諸經之言禘其祖之所自出亦足互相證明堯與舜同祖黃帝而堯之先元囂降居江水舜之先昌意降居若水推原所出而禘黃帝不得稱祖而祖嚳以爲有天下之始史記舜受終於文祖固

曰文祖者堯太祖也案馬鄭以文祖爲天其原亦出周秦諸儒史公於此辨明之所見自出漢世諸儒之上舜承堯有天下不能遂廢堯祀於是推嚳以配天而自以世繫祖顓頊而奉堯爲宗明天下之統之有由受也尚書又曰受命于神宗神宗者堯也禹有天下而宗舜猶舜之宗堯也啓以後之宗禹則三代家天下者之法也其稱祖則必先祖之始受命者穀梁傳曰始封必爲祖舜禹之祖顓頊殷祖契周祖稷其義一也而后稷以始祖配郊周人於此制義尤精自夏殷襲虞制郊其所親非推本所出以配天之義程子曰萬物本乎天人本乎祖本所自出以祖配天未宜援親與功以示尊也文武二世室之祖宗與太祖同不祧又與夏殷之稱祖義別傳曰周公郊祀后稷以配天宗祀文王於明

堂以配上帝案周禮大宗伯以禋祀祀昊天上帝而掌次云大旅上帝朝日祀五帝司服云祀昊天上帝則服大裘而冕祀五帝亦如之是上帝與五帝別典瑞以祀天旅上帝是天與上帝別大司樂冬至圜丘降天神天也月令季秋饗帝上帝也小宗伯兆五帝於四郊則五帝之祀也鄭注典瑞上帝五帝所郊注大宗伯引鄭司農云昊天天也上帝元天也竝天與上帝五帝爲一恐誤宗祀文王爲周公言也周之鄉制也東周以後因東都明堂之舊竝祀文武左傳所謂天子有事於文武是也記禮者彙次以爲之說四者之祭歷代各有取義不必強而同之鄭注喪服小記始祖感天神靈而生注大傳王者之先祖皆感大微五帝之精以生遂以郊祀之天爲感生帝生民之詩曰履帝武敏因是有姜嫄履拇之說商頌曰天命元鳥因是有簡狄吞卵之說詩人之言明天命之有自來也殷周之祖之所自出嚳也豈曰感生自天哉自萇宏明

鬼神以誘惑末世之人心流傳詿謬遂至於此漢儒傳經者樂據之以爲說而感生帝之名以立王肅辨之允矣今但據經以明其義於諸儒聚訟之言略而不論黷天誣經實周秦閒儒者爲之也

又案覲禮爲宮方三百步四門壇十有二尋加方明於其上天子拜日東門外反祀方明禮日南門外禮月與四瀆北門外禮山川邱陵西門外祭天燔柴蓋古巡狩朝覲諸侯祭天而及四方虞書所謂柴望秩於山川是也周禮司儀將合諸侯則令爲壇三成宮旁一門是凡朝覲臨事爲宮司儀掌之周公營東都建明堂爲朝會諸侯之常所而宗祀文王以配上帝卽虞書巡狩柴望之禮而配以文王以明周有天下之

始傳曰嚴父莫大於配天武王有天下推原所自出而尊稷以配天而文王無配天之祀周公建明堂而奉之以配上帝此周公之刱制也詳見明堂位 方明以統四方方各以其色四方之諸侯各就其方之旂以立證以禮經之文竝無明堂祀五帝之說秦漢之世五帝各爲畤武帝始立泰畤祠泰一而以五帝爲佐其後立明堂汶上以高祖配蓋其時雍五畤卽郊祀高祖惟配明堂不配郊亦因郊祀五帝各爲畤而通祀之配位無所施也武帝立泰畤而雍五畤竝存乃因泰畤之制以立明堂去古旣遠展轉以求合於禮亦變而必通之勢也東漢始以高祖配郊以光武配明堂其制爲稍近古而明堂合祀五帝則亦漢制然耳注言小德配寡大德配衆蓋謂周

人以稷配郊稷始封周謂之小德以文王配明堂文王始有天下因謂之大德援漢制以定明堂之合祀五帝而以文王之祀明堂爲大德配衆反謂稷之配郊爲小德於禮亦爲悟矣

燔柴於泰壇祭天也瘞埋於泰折祭地也

鄭注壇之言坦也坦明貌折照晢也必爲照明之名尊神也

孔疏禮器云至敬不壇此云燔柴於泰壇者謂燔柴在壇設饌在地蒿爇案注意通折爲晢據玉藻折旋中矩方曰矩折者四折而方也正與大司樂圜邱方邱之義合禮器因天事天因地事地因名山升中於天因吉土以饗帝於郊吉土者地自然生爾雅所謂非人爲之邱是也其云至敬不壇埽地

而祭不壇謂因邱爲之異於諸祠之壇場也六變之樂雲門之舞奏之圜邱八變之樂咸池之舞奏之方邱其地廣大可知鄭謂封土爲祭處封猶周禮之封域制其四疆而圜方之史記封禪書薦五時時加一牛以燎祠后土爲五壇壇一黃犢太牢具已祠盡瘞其泰一祠壇殺一貍牛已祠皆燎之西漢去古未遠燔瘞二者之禮當有所本燔柴卽所以祭天瘞埋卽所以祭地禮器疏云燔柴壇上燔柴訖埽地壇下而設正祭卽此之云設饌在地也是則燔柴瘞埋之外別有祭泰壇泰折之外別有祭之地也經意恐未然詳見禮器

埋少牢於泰昭祭時也相近於坎壇祭寒暑也王宮祭日也夜明祭月也幽宗祭星也雩宗祭水旱也

鄭注時四時也亦謂陰陽之神也埋之者陰陽出入於地中也凡此以下皆祭用少牢相近當爲禳祈聲之誤也寒暑不時則或禳之或祈之寒於坎暑於壇宗皆爲禜字之誤也孔疏周禮大宗伯不見祭四時寒暑水旱周禮歳時常祀此經所載祈禱之禮也嵩燾案王肅尚書注引此以釋六宗於義爲近然六宗唐虞之制戴記所述周制也亦頗雜以秦制六宗自爲日月星辰而以鳥火虚昴四中星分主四時唐虞治歴命日六宗歴三代而日星行度復有推移遂廢中星之祭此不得爲六宗明矣周禮四時有迎氣之祭小宗伯所謂兆五帝於四郊是也無瘞埋之禮史記封禪書雍四時四仲之月祠黃犢羔各四皆生瘞埋無俎豆意或秦制如此相近於

坎壇孔叢子作祖迎於坎壇案此王肅所本臧氏琳云孔安國書傳孔子家語孔叢子三書並出肅手據周禮籥章中春晝逆暑中秋夜迎寒逆暑當送寒迎寒當送暑寒暑有迎送無禳祈祭義祭日於壇祭月於坎大戴記春朝朝日秋暮夕月韋昭注國語春分朝日秋分夕月鄭注玉藻亦云朝日春分之時似逆暑於朝日爲近迎寒於夕月爲近祭義亦云祭日於東祭月於西中春逆暑亦當在東中秋迎寒亦當在西故曰相近於坎壇坎壇者日月之兆也逆暑迎寒擊土鼓吹豳樂通民俗爲之不別爲壇舉坎壇以見逆暑迎寒東西之分也月令仲春大雩帝鄭注吁嗟求雨之祭也桓五年左傳龍見而雩說文故以爲夏祭樂於赤帝與太祝六祈之因事設者自別疏意專主祈禱之禮非也

說文禜設緜蕝爲營以禳風雨雪霜水旱癘疫於日月星辰山川雩禜同爲水旱之祭而雩者常祭禜者祈禳之祭鄭讀宗爲禜是雩禜相重爲文而如左傳所云水旱癘疫禜祭山川雪霜風雨之不時禜祭日月星辰則是四者皆爲禜祭經義恐不然也

其萬物死皆曰折人死曰鬼此五代之所不變也七代之所更立者禘郊祖宗其餘不變也

鄭注五代謂黃帝堯舜禹湯周之禮樂所存法也七代通數顓頊及嚳也少昊氏修黃帝之法後王無所取焉孔疏黃帝以下七代所變易而立者禘郊及宗祖也除此外其餘社稷山川五祀之等不改變也嵩燾案聖人言禮專及三代爲近

而可徵也明堂位凡四代之服器官兼有虞氏言之唐虞道一也故唐虞可合四代爲三黃帝堯舜不能舍周而合二代爲五疏於此與注亦有異同而鄭於七代兼數顓頊及嚳而云少昊氏修黃帝之法後王無所取則顓頊亦修黃帝之法者何以竝及之自帝嚳以前典章制度皆無可徵此云五代七代必非通言黃帝顓頊帝嚳歷代之制明矣人死曰鬼不能等諸萬物之自化因而有五代之祭案人死曰鬼下卽接云五代之所不變此意當徵會王者立七廟而禘郊祖宗之禮行焉虞夏殷周各有取義不能無所變更故曰更立喪服小記王者禘其祖之所自出而立四廟四廟者考廟王考廟皇考廟顯考廟合之祖考廟則五代也鬼有所歸是以體魄亡而精氣自還之天地孝

子慈孫用其悽愴怵惕之情合漠以通之反本復始而祭以行本其所親而有昭穆之序推原其所自始而有祖此五代之廟制皇古以來沿而不變者也王者又通其變而立二祧於是有七廟之制虞夏之禘黄帝殷周之禘嚳本其祖之自出不以時代論也虞之郊嚳於堯爲禰夏之郊鯀於禹爲禰殷之郊冥於湯九世周郊稷於武王十五世周之太祖也虞夏祖顓頊於舜七世於禹三世殷祖契於湯十四世殷之太祖也而始受命有天下皆稱宗夏之傳十七殷之傳三十周之傳三十有七四者之祭既立遂成爲一代之制曰更立者始立七廟從而爲之制而禘郊祖宗有在七廟之中者有在七廟之外者其四世昭穆之序與所推原以爲太祖者則亦

無能有所變也其餘云者卽上五代之所不變也疏云社稷

山川五祀之等不改變則下明言厲山氏之子曰農夏之衰

而周棄繼之是社稷之祀有改變矣山川之祀尤各不同此

節文義用以引起下文合下節讀之其義自顯

曰考廟曰王考廟曰皇考廟曰顯考廟曰祖考廟皆月祭之遠

廟爲祧有二祧享嘗乃止

鄭注祖始也孔疏祖考廟者始祖也遠廟謂文武廟也文武

廟在應遷之列特爲功德而留故謂爲祧嵩燾案王氏經義

述聞祭法之祖考廟與王制大祖之廟不同王制太祖之廟

謂始祖廟之不祧者也祭法祖考廟謂顯考之父之廟親盡

則祧者也其曰遠廟爲祧則祖考廟乃廟之不遠者其爲顯

考之父之廟無疑二祧者一爲祖考之考一爲祖考之王考鄭注以祖考爲始祖孔疏以二祧爲文武之廟去祧爲壇爲高祖之父去壇爲墠爲高祖之祖皆與記文次序不合議禮之家各記所聞故祭法與王制不同王氏之說是也然七廟之中無太祖廟周制不應爾據經文王立七廟諸侯立五廟大夫立三廟爲始爲天子諸侯大夫者言也王制所言天子七廟三昭三穆與太祖之廟而七典祀之常也此經所言建置之制也賈公彥守祧疏當周公制禮時文武在四親廟之內不得爲祧而已立其廟至後文武應遷而不遷乃爲祧也足與此經相發明經意通論廟制固不爲周言之而賈氏徑以文武世室當二祧於古七廟之制尤有不能合者王者功

德爲盛高祖親盡不敢遽廢其祭也別爲祧廟以處之而昭穆二祧各以新入者主其祭而以次納主於寢故通四親廟爲三昭三穆文武之爲世室百世不祧者也安得反以祧名哉始立七廟之二祧固遠於祖而自考以上皆非有功德受命爲天子諸侯者其終也由祧而爲壇爲墠則皆廢其祭焉而奉始有天下者爲太祖而後二祧之主之藏於寢者乃得合食於太祖而不復遠之爲鬼案始立二祧在祖廟之前祖廟親而祧廟遠故一祧而止而以次遷之壇墠既正太祖之名則二祧降而從三昭三穆之列而凡太祖以下之子孫皆祧祖廟尊而二祧之主可以從祖合食故凡祧主皆藏於寢而以新入者從昭穆之班以主二祧之祭此七廟之制之確不可易者也經云去祧爲壇蓋去祧而奉其主於壇再傳而除壇爲墠則竝主瘞之非如周世先王先公傳國久遠因而有祫禘之禮自不窟

以下之祭皆得合食太祖而不能廢也鄭注天子諸侯爲壇墠所禱謂後遷在祧者既事則反其主於祧鬼亦在祧顧遠之於無事祫乃祭爾信爾則固歲有事焉何得云有禱而後祭之且如成康在西周之世已淪爲鬼矣王者崇德報功以事其先亦豈若是之簡哉王制祭法之文實互相備注家自不達其義耳案禮無月祭之文月令仲春獻羔開冰季春薦鮪孟夏嘗麥仲夏嘗黍羞含桃孟秋嘗穀仲秋嘗麻季秋嘗稻季冬嘗魚士喪禮所謂薦新也月皆有事焉而不及遠廟知薦新之祭之卽爲月祭也

壇墠有禱焉祭之無禱乃止

鄭注魯煬公伯禽之子也至昭公定公久已爲鬼季氏禱之而立其宮則鬼主在祧明矣惟天子諸侯有主禘祫大夫有祖考者亦鬼其百世不禘祫無主耳嵩燾案周禮大宗伯禱

祠肆儀爲位凡天地之大烖類宗廟社稷爲位而都宗人掌都祭祀之禮家宗人掌家祭祀之禮國有大故皆令禱祠是自天子諸侯大夫士宗廟皆有禱祠而可以上及其遠祖說文壇祭壇場也墠野土也鄭注封土曰壇除地曰墠壇場於郊墠於野遠祖之禱祀以次及於野外鬼所依也遠之爲鬼則精氣不足以相接竝禱祀不及之矣此禱祭與周禮宗廟之禱祀事同而義各別以此之爲壇墠者其主已不在廟也鄭云鬼主在祧甚誤又因大夫顯考祖考竝爲壇遂謂之無主蓋用馬融說特牲饋食禮注祝在左當爲主人釋辭於主也其注士虞禮云特牲少牢當有主象而無可乎是大夫以下無主之說鄭意亦不謂然徒以大夫顯考皆無廟又不得

有祧意其無主耳疏云鬼者禱祠亦不得及惟禘祫乃出未達經義而以意儗合之其惝怳宜矣祭法通言其義注家一沿周制爲說自生轇轕

諸侯立五廟

鄭注諸侯無祧藏於祖考之廟中聘禮曰不腆先君之祧是謂始祖廟也嵩燾案王制諸侯五廟二昭二穆與太祖之廟而五如伯禽封魯不能上祖文王惟奉周公爲考廟至五世厲公而後周公爲太祖至六世獻公伯禽以始君魯不能祧乃立爲世室明堂位所謂魯公之廟文世室也自考公以下祧主皆藏魯公廟康叔封衞不能上祖文王奉康叔爲考廟至五世靖伯而後康叔爲太祖考伯以下祧主皆藏康叔廟此其例也祭法諸侯立五廟如太公封齊得立五廟親盡則

祧而祧主無祖廟可入則遷之墰至五世哀公而後太公爲太祖丁公以下祧主皆藏太公廟此其例也案廟制歷三代而始詳太公封齊未必遽有四代之祭記禮者推原三代禮制爲後世示之程其意固是如此亦不必强三代之制以求合也凡廟四而已而天子立七廟由四親廟上逮祖考廟及二祧諸侯亦立祖考廟蓋先爲之制而後始受命者得以正其名天子二祧其始五世親盡則祧而猶專爲之廟不敢遽廢四廟以上之祭以明功德之盛也故祧遠於祖既正太祖之名則二祧亦備三昭三穆之數而凡入祧之主皆得有祭焉故祧統於祖諸侯不立祧始自祖考以上無祧而徑爲壇天子立二祧始自祖考以上由祧而之壇祖考以下乃各從其昭穆之祧以待合食於祖廟周禮掌祧掌守先王先公之廟祧五廟

二祧爲天子七廟之常制其必別爲一廟而非文武之世室明矣鄭注諸侯無祧藏於祖考之廟中蓋從其後言之非諸侯始立五廟之義也案五廟二祧說本韋元成劉歆謂天子本七廟加二祧爲九廟竝以二祧當文武二世室鄭注周禮遷主所藏曰祧先公之遷主藏於后稷之廟先王之遷主藏於文武之廟文武世室百世不祧反因遷主所藏而謂之祧非所以爲名矣文武之祭上同太祖親毀三宗且有辨不當在七廟常制之列知文武世室之不得爲祧而後二祧之義乃可得而詳也

王爲羣姓立社曰大社王自爲立社曰王社諸侯爲百姓立社曰國社諸侯自爲立社曰侯社大夫以下成羣立社曰置社

孔疏大社在庫門内之右故小宗伯云右社稷王社在耤田故詩頌云春耤田而祈社稷是也諸侯國社亦在公宫之右侯社在耤田嵩燾案周禮大司馬以蒐田獻禽祭社鄭注祭

社者土方施生也封人掌王之社壝爲畿封而樹之肆師凡師甸用牲於社大祝大師宜於社及軍歸獻於社大會同宜於社大師有寇戎之事保郊祀於社大司馬亦云若師有功獻於社郊特牲社者所以神地之道也大宗伯以黃琮禮地大司樂方邱出地示即此社而已大宗伯王大封先告后土肆師建邦國告后土亦此社而已夏書弗用命戮于社召誥乃社於新邑王制天子將出類乎上帝宜乎社諸侯將出宜乎社禮運祭天於郊祀社於國左傳莊二十五年日有食之鼓用牲於社大水鼓用牲於社於門昭十八年鄭爲火故大爲社定四年君以軍行祓社釁鼓詩小雅以社以方毛傳社后土也方迎四方氣於郊也大雅乃立冢土毛傳冢土大社

也是凡建國必立之社自三代皆然史記稱禹興而修社祀湯伐桀遷夏社不可社一而已禹曰夏社商曰亳社周公營洛曰洛社先代之社則屋之郊特牲所謂喪國之社屋之是也義疏社有與郊對舉者禋祀之禮也有與稷並稱者血祭之禮也天神之祀有配故稷配郊地示之祀無配故別立之社稷而祭以人鬼案句龍主社后稷主稷自三代皆然孔疏農及棄以配稷神共工氏之子孫爲后土之官祀之以配社神似謂社稷之祭亦有配證之禮經殆不然也社稷之祀與地示之主社者固兩不相蒙也大司徒設其社稷之壝而樹之田主各以其野之所宜木遂以名其社與其野蓋地主養下至士庶人皆得祭之自周初聽民立社而爲之名郊特牲所謂教民美報是也天子諸侯自立社疑出周秦之季廣立社主之名遂

有此制月令天子乃祈來年于天宗祠於公社云公社者正此所謂羣姓之社也杜氏預云在野爲社太社卽上文之泰折大司樂澤中之方邱當卽所立泰折處天子諸侯自立社與大夫以下之成羣立社則或在國中或於他所如史記封禪書立后土祠汾陰天子親禱祠葢猶秦制也天子諸侯既自立社於是以太社爲公社矣疏以社稷當公社而云王社侯社在耤田耤田以供天地宗廟之祭不得爲自立社載芟詩序春耕耤而祈社稷良耜秋報社稷也兼社稷言之又不止立社而已證之禮經無一合者殆不可爲訓也

王爲羣姓立七祀曰司命曰中霤曰國門曰國行曰泰厲曰戶曰竈王自爲立七祀

鄭注司命與厲其時不著今時民家或春秋祠司命行神山神門戶竈在旁是必春祠司命秋祠厲也或者合而祠之山卽厲也民惡言厲巫祝以厲山爲之謬乎嵩燾案七祀之制他經傳無之而中霤門行戶竈之爲五祀詳見月令周禮大宗伯儀禮士喪禮皆備其文王制大夫祭五祀正以五者日用出入之常大夫士皆得祀之陳氏禮書言鄭氏釋大宗伯之五祀用左傳家語以爲五官之神釋王制則用祭法據曾子問天子崩未殯五祀之祭不行自啓至於反哭五祀之祭不行是五祀之祭在喪不廢禮運五祀所以本事也日用出入之所有事報之必勤也此於五祀加司命及厲爲七祀鄭注司命主督察三命疏引援神契命有三科有受命以保慶

有遭命以譴暴有隨命以督行春秋元命苞云司命主災咎與大宗伯司命之爲標祀者自別司命與厲關係民生禍福而司命主生厲主死故與五祀之切近日用並爲一類亦由周秦之季喜禱祀祈禳以有此制周禮小子掌珥於社稷祈於五祀鄭注珥讀爲衈祈讀爲刉刉衈者釁禮之事謂始成其宮兆時也五祀別有宮兆而宮中亦自有四時之祀曾子問言五祀之祭不行則宮中之祭也經云王自爲七祀諸侯自爲五祀主宮中之祭言之大夫適士使聘行役宜在外故祀門祀行庶士庶人不出門祀戶祀竈而已舊注皆未分明王下祭殤五適子適孫適曾孫適元孫適來孫諸侯下祭三大夫下祭二適士及庶人祭子而止

鄭注祭適殤於廟之奥謂之陰厭王子公子祭其適殤於其黨之家大夫以下庶子祭其適殤於宗子之家皆當室之白謂之陽厭嵩燾案鄭此注非經義經言適子適孫下及適來孫所以明天子諸侯之統傳重有遠近故祭有隆殺正其爲適而使從祖祔食明庶子之不得干也如禰爲昭適子死可以祔諸禰廟適孫死不能上祔諸祖廟之穆則適子藏其主以待祔推而至適曾孫適元孫適來孫皆然凡爲適者統之所繫也天子之德爲能及遠故下及五世庶子庶孫之殤不得入廟天子諸侯絶宗不入廟則亦不祭也大夫不絶宗則固可以祔其庶子鄭謂王子公子祭其適殤於其黨之廟大夫以下庶子祭其適殤於宗子之家不知所謂黨者何屬所

謂宗子又何屬也適子者庶子所宗故謂之宗子庶子之宗子卽適子也而爲大夫之庶子則三廟之祭統於大夫安所得宗子之家而祭之大夫庶子之適殤亦當在大夫下祭二之列喪服小記庶子不祭殤與無後者爲大夫以下言之也天子諸侯之庶子則雖其適殤不得祔廟亦當從適士庶子之列而自祔於所立之廟更無黨之可祔而爲大夫者得自立廟又更無宗子之家之可祭也如庶子爲大夫得自立廟而適子爲庶人則固不能以庶人主大夫宗子之祭注意似屬旁及於經旨無涉

黃帝正名百物以明民共財

鄭注明民謂使之衣服有章也孔疏明民謂垂衣裳使貴賤分明得其所也共財謂山澤不障敎民取百物以自贍也嵩燾案呂刑禹平水土主名山川蓋梁岐衡漳之屬皆禹爲之

名正名百物上自日月星辰下至蟲鳥草木皆命之以名使人知牛之可服馬之可乘草木蟲鳥之可以紀候乃能備物致用立成器以爲天下利故曰明民共財其制衣裳以辨貴賤之等生子而賜之姓以知族姓之別皆所謂正名百物也注以明民專繫之衣服有章則上下二句文義各不相屬

禮記質疑卷二十三終

禮記質疑卷二十四

思賢講舍

湘陰郭嵩燾伯琛著

祭義

是故君子合諸天道春禘秋嘗

鄭注春禘夏殷禮也周以禘爲殷祭更名春祭曰祠嵩燾案周禮祠禴嘗烝四者之祭名見於爾雅公羊傳義著於毛詩傳王制乃云春祭曰礿夏祭曰禘凡戴記舉祭之名但言禘嘗無及禴祠者郊特牲春禘秋嘗正與此同仲尼燕居言嘗禘之禮中庸言嘗禘之義凡云禘者皆謂時祭春夏陽盛以饗禮行之秋冬陰盛以食禮行之禘之禮盛於礿嘗之禮備於烝兼禘嘗爲言而云春秋者略辭也祭統之言備矣其曰

礿禘陽義也嘗烝陰義也禘者陽之盛也嘗者陰之盛也凡禮經之言禘嘗者其義畢具於此鄭云周以禘爲殷祭更名春祭曰祠義或有然然禘本夏祭名禘祫禘嘗二者之義不妨互存鄭注王制云夏殷祭名注祭統云謂夏殷時禮注郊特牲云此禘當爲禴字之誤竝失之泥

又案戴記言禘言祫有二義喪服小記大傳禘其祖之所自出大禘也餘皆時祭干祫及其高祖大祫也餘亦時祭曾子問祫祭於祖祝迎四廟之主卽王制所謂祫禘祫嘗祫烝也說文引周禮曰五歲一禘三歲一祫而公羊傳云五年而再殷祭於是有三歲一禘之說許慎五經異義古春秋左氏說日祭月祀時享歲祫終禘於是有一歲一祫而禘惟一祭之

說以春秋之義揆之閔公二年吉禘於莊公范注穀梁傳云三年喪畢致新主於廟因是大祭謂之禘杜注左傳云大祭以審昭穆是以終喪合食太祖遷主入祧春秋謂之禘五經異義所謂終禘也僖八年禘於太廟用致夫人左傳謂致哀姜穀梁傳謂致成風竝同此義文二年大事於太廟躋僖公公羊穀梁竝以爲大祫而云毀廟之主陳於太祖未毀廟之主皆升合祭於太祖公羊傳於此竝云五年而再殷祭是謂大祫也其實致僖公之主於廟當亦爲終禘之祭曾子問天子崩諸侯薨祝奉羣廟之主藏於太祖廟卒哭成事而後反於廟反於廟以待祔也王制喪三年不祭終喪遷主入祧而審昭穆之序是以謂之大事春秋之書禘自當別爲一義其

後宣公八年有事於太廟昭公十五年有事於武宮左傳亦云禘於武宮則時祭也明堂位所謂武公之廟武世室也昭公二十五年左傳順祀先公而祈焉辛卯禘於襄公亦時祭也鄭氏魯禮禘祫志竝以爲殷祭而引明堂位魯王禮也謂可以準況周禮恐非春秋之旨案明堂位季夏六月以禘禮祀周公於太廟魯或仍夏禘之名舉行盛禮而因以爲終喪遷主之祭春秋書吉禘於莊公明終喪而始行吉祭因奉莊公之主於廟也魯雖僭禘而自爲諸侯之禮其云太廟猶周公之廟也未嘗禘其所出而祀文王則亦時祭之事也詩小序雝禘太祖也長發大禘也鄭箋太祖謂文王元鳥祀高宗也鄭箋祀當爲祫禘者禘其祖所出何以云禘文王祫者合食太祖殷周禮同也何以云祫高宗禘自有時禘大禘之分春秋之書禘諸侯禮也與大禘別先儒之說多未分明

祭之日入室僾然必有見乎其位周旋出戶肅然必有聞乎其容聲出戶而聽愾然必有聞乎其歎息之聲

鄭注無尸者闔戶若食間則有出戶而聽之孔疏士虞禮無孫行爲尸則祝闔戶牖如正祭尸一食九飯之頃嵩燾案士虞記無尸則禮及薦饌皆如初主人哭出復位祝闔戶牖男女拾踊三如食間祝升止哭聲三啟戶主人入蓋以當尸入初獻亞獻之節於時主人哭拾踊安得出戶而聽虞祭喪禮引以釋此故非宜也特牲禮祝筵几於室中東面主人及祝升祝先入主人從西面於戶內少牢禮司宮筵於奧祝設几於筵上主人升自阼階祝先入南面主人從戶內西面此所謂入室也時主位西主人西面面主如見所祭者之在其位

也故曰有見乎其位特牲禮主人降佐食舉牲鼎舉魚腊鼎佐食升肵俎主人升入復位俎入設於豆東此所謂周旋出戶也周旋謂升鼎及俎及設敦鉶啟會之事至是而有酌奠贊饗之儀故曰有聞其容聲特牲少牢禮主人降立於阼階東於時祝出迎尸主人出立阼階西面屏息而若有所聽酌奠之事於是畢矣故曰有聞其歎息之聲三者皆在迎尸前郊特牲所謂直祭祝於主也尸入而有獻有酢有酬有醋以饋食禮行之不能專致其思矣鄭引士虞記之文豈謂有尸者遂無出戶而聽之事恐不然也

惟聖人爲能饗帝孝子爲能饗親饗者鄉也鄉之然後能饗焉

是故孝子臨尸而不怍

鄭注能饗帝能饗親謂祭之能使之饗也中心鄉之乃能使其祭見饗也色不和曰怍嵩燾案馬融論語注怍慙也孟子仰不愧於天俯不怍於人凡有愧歉於心之謂怍聖人之能饗帝孝子之能饗親非徒致敬於所饗而已所以顧諟天之明命而敬守其親之遺體息息與相依焉常若天之鑒臨其上與親之詔示其前所謂鄉者常目在之心專志壹而無敢違越也尸之與親一氣相感而於吾尤習動靜語默稍有不合臨祭對之而必多慙沮孝子臨尸不怍所以爲鄉親之本也義疏謂此節緊承上終身弗辱辱者防其身之或玷不怍者信其心之無枉也思弗辱則能不怍矣注意恐未盡

君牽牲夫人奠盎君獻尸夫人薦豆卿大夫相君命婦相夫人

鄭注奠盎設盎齊之奠也此時君牽牲將薦毛血君獻尸而夫人薦豆謂繹日也儐尸主人獻尸主婦自東房奠韭菹醢蒿𧆛案禮器君親牽牲大夫贊幣以從君親制祭夫人薦盎君親割牲夫人薦酒明堂位君肉袒迎牲於門夫人薦豆籩與此文互有繁減而皆約畧言之禮運元酒在室醴醆在戶粢醍在堂澄酒在下鄭注醆同盎澄同沈周禮之五齊同設於宗廟而獻用盎齊司尊彝鬱齊獻酌醴齊縮酌盎齊涚酌郊特牲申其義云縮酌用茅明酌也醆酒涚於淸汁獻涚於醆酒是祼鬯亦涚以盎齊鄭注司尊彝朝踐酌醴后於是薦朝事之豆籩后酌亞獻內宗薦加豆籩后於是薦饋食之豆籩而郊特牲云旣灌然後迎牲夫人不得有奠盎之事祭統

君執糾鄉大夫序從士執芻宗婦執盎從夫人薦涚水君執鸞刀羞嚌夫人薦豆與此所記略同而義較明顯盖君出迎牲宗婦注盎齊於尊而夫人薦涚以待朝事之奠也凡祭獻主婦先陳設君獻尸夫人薦豆朝踐饋食及酳尸皆然周禮醢人有朝食之豆饋食之豆加豆羞豆籩人亦然鄭氏司尊彝注極詳而於此據特牲少牢禮主婦薦豆在迎尸前因引有司徹禮爲言而謂之儐尸則亦不知饋食士大夫之禮無祼無朝踐故亦無迎牲之文未可據以釋此經也案庾蔚之禮記略解此奠盎在迎牲之時於事太早奠盎爲洗牲禮無奠盎洗牲之文庾氏亦未達主婦陳設之義耳

如見親之所愛如欲色然

鄭注如欲色然以時人於色厚假以喻之嵩燾案疏引王肅

云欲色如欲見父母之顏色則亦疑注比父母於女色於文有未安者上文思其所樂思其所嗜所愛卽所嗜也如見其色之甘而食之卽所謂鄉之然後能饗也王肅云欲見父母之顏色於義反隔陳氏集說想像親生平所愛之物如見親有欲之之色也較王說爲勝

反饋樂成薦其薦俎序其禮樂備其百官君子致其濟濟漆漆夫何慌惚之有乎

鄭注天子諸侯之祭或從血腥始至反饋是進孰也孔疏皇氏云初祭尸入於室後出其堂尸更反入而設饋故云反饋樂成謂設饌進孰合樂成畢君子謂助祭之人於此特致其濟濟漆漆賓客之事嵩燾案特牲禮賓三獻有薦俎尸卒爵

酢酌獻祝及佐食洗爵酌致主人主婦更爵酢主人於是有獻賓酬賓之禮有司徹禮賓三獻主人酌獻賓西階上司士設俎於豆北獻兄弟私人阼階上獻內賓於房中並有薦脀尸作三獻之爵司士執俎以升於是有旅酬之禮似所謂反饋者饋食之禮終而後獻祝獻佐食獻賓皆有薦俎薦其薦俎兼尸俎祝俎阼俎主婦俎佐食俎賓俎言之所以序禮樂而備百官以昭饋獻之盛也案下重言薦其薦俎序其禮樂備其百官自據饋時言之與此事同而義各別鄉飲酒禮獻賓獻介及眾賓畢然後樂作而行旅酬鄉射禮獻賓及眾賓畢然後樂作而立司正比耦大射禮獻賓獻卿獻大夫畢然後樂作而羞庶羞獻士而行無算爵曰樂成者卽樂正之告正歌備也在禮無設饌進孰合樂之

文賓祭之禮同也經意謂饋食禮畢獻賓獻兄弟而行旅酬乃致其濟濟漆漆之容濟濟漆漆者充周流動威儀衆盛非慌惚以交神明之義疏以君子專屬助祭者亦非也

其立之也敬以詘其進之也敬以愉其薦之也敬以欲退而立如將受命已徹而退敬齊之色不絕於面

鄭注詘充詘形容喜貌也進之謂進血腥也薦之謂進熟也欲婉順貌孔疏其立之也言孝子尸前而立也嵩燾案立者祭前特牲禮主人服如初立於門外少牢禮主人朝服即位廟門外將祭即位阼階東此所謂立之也詘者卑屈下文容貌必溫身必詘與此同義鄭訓充詘非也案鄭注儒行隕獲困迫失志之貌充詘歡喜失節之貌隕獲充詘皆兼兩義鄭以歡喜失節釋之極允此訓充詘形容喜貌亦與儒行注不合進者始

入時特牲禮主人及祝升祝先入主人從西面於戶內少牢禮主人盥升自阼階祝先入主人從戶內西面此所謂進之也薦者進孰時特牲禮主婦薦兩豆俎入設於豆東設兩敦黍稷於俎南兩鉶芼設於豆南祝洗酌奠佐食啟會少牢禮薦四豆四敦佐食上利執羊俎下利執豕俎司士三人執魚腊膚俎祝酌奠佐食啟會蓋二以重設於敦南此所謂薦之也欲者欲其歆饗之退而立謂迎尸時特牲少牢禮祝迎尸於門外主人降立於阼階東於時事尸之禮方始故曰如親受命已徹而退謂尸出而餕事畢特牲禮祝告利成降出主人降佐食徹阼俎堂下俎畢出少牢禮餕者三人興出上餕止主人受爵坐奠爵上餕興出主人送乃退敬齊之色不絕

於面謂祭畢然也注意疑未合

是故至孝近乎王至弟近乎霸至孝近乎王雖天子必有父至弟近乎霸雖諸侯必有兄

鄭注天子有所父事諸侯有所兄事謂若三老五更也天子衰諸侯興故曰霸孔疏雖天子之尊必有事之如父者謂養三老也雖諸侯之貴必有事之如兄者謂養五更也嵩燾案此節文義推原人心自然之愛敬以爲治天下之本由一家達之天下其理莫能外也上言先王所以治天下者五郎橫渠西銘之旨所從出項氏安世云事親爲仁敬長爲義王者以仁覆天下故至孝近之君之道主乎仁也霸者以義尊王故至弟近之臣之道主乎敬也孟子云親親仁也敬長義也

仁之實事親是也義之實從兄是也皆以孝弟盡仁義之用舉王霸爲言者明孝弟之用也項氏此訓略爲近之下文明言立愛自親始立敬自長始愛親以敎民睦而民貴有親敬長以敎民順而民貴用命有親者王者之事也故曰至孝近乎王用命者霸者之事也故曰至弟近乎霸鄭引三老五更明父事兄事之義已非經旨疏因以爲父事三老兄事五更而謂天子尊故父事屬之諸侯卑故兄事屬之失之逾遠矣

祭之日君牽牲穆答君卿大夫序從

鄭注穆子姓也孔疏姓生也子孫是昭穆所生言穆者文不備子姓對君共牽牲卿大夫贊幣士奉芻依次從君嵩燾案特牲禮嗣舉奠鄭注嗣主人將爲後者其舉奠在獻賓獻兄

弟之後當與兄弟弟子爲旅酬無及牽牲對君之文王氏章句穆謂尸也據主祭者而言孝子爲昭孫爲尸則穆也君牽牲入自廟門尸在堂南面臨之據郊特牲旣灌然後迎牲其時尸先入而待割牲制祭經言荅君與郊特牲言坐尸於堂同爲一事葢牽牲在庭而尸在堂正兩相向故曰荅君周禮大宗伯帥執事省牲鑊詔相王之大禮小宗伯毛六牲辨其名物大祭祀省牲肆師大祭祀展犧牲大祝凡大肆隋釁逆牲鄭注隋釁謂薦血也少牢禮司馬刲羊司士擊豕鄭注小宗伯引鄭司農云司徒主牛司馬主馬及羊司空主豕凡大宗伯之屬皆卿小宗伯中大夫肆師大祝下大夫皆有事於牽牲者故曰序從疏據禮大夫贊幣從君爲言亦非也

卿大夫袒而毛牛尚耳

鄭注以耳毛爲上也孔疏卿大夫袒取毛牛薦之耳主聽故以耳毛欲使神聽之嵩燾案郊特牲毛血告幽全之物也貴純也禮運薦其血毛血以告幽毛以告全此云尚耳耳毛純則餘必純矣薦以耳毛亦取其柔鄭注雜記衈謂割牲以釁先滅耳旁毛薦之耳聽聲者告神欲其聽之疏於此據以爲說望文生義恐非經旨

夏后氏祭其闇殷人祭其陽周人祭日以朝及闇

鄭注闇昏時也陽讀爲曰雨曰暘之暘謂日中時也朝日出時也夏后氏大事以昏殷人大事以日中周人大事以日出亦謂此郊祭也以朝及闇謂終日有事嵩燾案檀弓明言斂

用昏斂用日中斂用日出未可據爲郊祭之證少牢禮請祭期曰旦明行事尙書正月朔旦受命于神宗召誥一篇言丁未王朝步自周戊申太保朝至于洛乙卯周公朝至于洛甲子周公乃朝用書似古人行事皆以朝劉氏敞云周人祭以朝及闇周尙赤先日欲出之初猶逮及闇則可行祭事矣似爲近之闇者未明陽者日已出以朝及闇猶言明晦之間所謂昧爽是也朝則已曙及闇則日猶未出周之郊豈必窮日之力哉尙書大傳夏以平旦爲朔殷以雞鳴爲朔周以夜半爲朔朔以三正爲候也檀弓夏后氏尙黑殷人尙白周人尙赤赤者日初出郊祭之時以所尙之色爲候也案崔靈恩三禮義宗陽氣始施萬物動於黃泉之下微而未著其色赤故以三微爲義以朝及闇一日之陽微動也

天下之禮致反始也致鬼神也致和用也致義也致讓也

鄭注因祭之義泛說禮也致之言至也至於反始謂報天之屬也至於鬼神謂祭宗廟之屬也至於和用謂治民之事以足用也嵩燾案此五者承祭義言之以總結上文反始者萬物本乎天人本乎祖德小者推一身之從出反之祖以報之德大者又推萬物之從生而反之天以報之故曰厚本鬼神者見聞之所不能及性情嗜欲之所不可知而合氣於漠積誠以求通焉故曰尊上和用者備物致用序其禮樂備其百官使人孝弟之情愛敬之實油然自生於其心故曰以立民極致者推究其極之意致反始以達其心之誠主在己者言致鬼神以昭天地祖宗之德主所祭者言致和用以見物產

之豐主在物者言三者體也致義著其肅而獻饗之各有其節致讓著其和而酬酢之交致其情二者用也故曰合此五者以治天下之禮語意正當微會

氣也者神之盛也魄也者鬼之盛也合鬼與神教之至也

鄭注氣謂噓吸出入者也耳目之聰明爲魄合鬼與神而祭之聖人之敎致之也嵩燾案說文魂陽氣也魄陰神也謂之陰神者形體中之性識白虎通魄者迫迫然著於人也關尹子因意有魄因魄有精朱子云魄主藏受是也鄭以耳目之聰明爲魄其實聰明卽魂所以效其聰明之用者魄也左氏傳人生始化曰魄既生魄陽曰魂魄具而後魂有以效其用是以魂有聚散而魄無聚散氣散魂游魄斯泯焉故曰魂升

魄降升者無而仍有降者有而固無也氣魄離而後鬼神之名立聖人制爲祭祀之禮以迎氣而返之於魄致魄而通之於氣卽其平日居處笑語嗜欲而以誠合之故曰合鬼與神敎之至也敎卽厚本尊上以立民極之意謂聖人設敎致鬼神合而祭之恐未盡

其氣發揚於上爲昭明焄蒿悽愴此百物之精也神之著也

鄭注焄謂香臭也蒿謂氣蒸出貌也蒿或謂蔗先言衆生又言百物明其與人同也不如人貴耳孔疏百物之氣或香或臭烝而上出其氣蒿然人聞之其情有悽有愴人與百物共同但人情識爲多人氣發揚於上爲昭明是人神之顯著故特謂之神也蒿燾案萬物各受天之氣以生其死也氣散而

返於無而人於其間陟降恍惚若猶有氣之存焉不與物同其澌滅是之謂神神者氣之至精而不散者也故曰百物之精百物之精與上衆生對文兼人物言之曲禮羽鳥曰降四足曰漬鳥之上飛者其死亦必麗於土葢氣屬天而形屬地氣盡則形必反歸於地故曰鬼者歸也此之謂鬼專主人言謂人所以爲鬼與物之歸於土同也而其氣之發揚於上獨有其至精者耿耿然相爲照臨焉是以謂之百物之精昭明焄蒿悽愴三者皆以狀其氣之盛昭明者氣之洋溢然也焄蒿者氣之緼絪然也悽愴者氣之肅穆然也昭明如或見之焄蒿如或聞之悽愴如或感之鄭於此兼人物言誤疏謂焄蒿悽愴百物所同昭明人所獨亦於經旨未合

明命鬼神以爲黔首則

鄭注明命猶尊名也尊極於鬼神不可復加也孔疏聖人因人與物死之精靈遂制造爲尊極之稱尊而名之爲鬼神亦兼山川五祀百物之屬故禮運列於鬼神注云謂祖廟山川五祀樂記幽則有鬼神注云助天地成物者嵩燾案此論鬼神之義專主宗廟之祭言之所以敎民反始也明命鬼神者示人之死必不與衆生百物同其泯滅而鬼與神之合效其精爽存乎人子之心之感而通之而仁孝之心自動於不容已天地百神之祀以是推而行之而皆準矣疏兼人物言以通之山川五祀似非經旨

二端既立報以二禮建設朝事燔燎羶薌見以蕭光以報氣也

此教眾反始也薦黍稷羞肝肺首心見間以俠甒加以鬱鬯以報魄也

鄭注二禮謂朝事與薦黍稷也朝事謂薦血腥時也薦黍稷所謂饋食也嵩燾案周禮司尊彝有祼獻有朝踐有饋獻而儀禮特牲少牢惟詳饋食之禮其初酌奠致祝辭鄭注謂之厭祭郊特牲云直祭祝於主者是也皆先薦豆舉鼎升俎設敦黍稷鉶芼其禮甚備惟祝酌奠無獻受之儀而已郊特牲以灌用鬯臭爲臭陰蕭合黍稷爲臭陽而云既奠然後焫蕭故以爲殷人先求諸陽周人先求諸陰復申其義曰祭黍稷加肺報陰也取膟膋燔燎升首報陽也似薦黍稷在焫蕭之前案疏援既奠焫蕭之文遂據爲饋食之焫蕭而云一祭再焫蕭甚誤鄭注郊特牲既奠亦云

饋孰時則是饋食後乃焫蕭與此經所注正相歧左特牲少牢禮竝於初獻之始取黍稷肺授尸薦黍稷者事尸之始事也司尊彝凡四時之間祀其朝踐用兩大尊大尊正此所謂俠甒而連鬱鬯爲文其必非饋獻之禮明矣經明言建設朝事報氣報魄二者皆所設朝踐之事也鄭注籩人其其籩薦羞之實云未飲未食曰薦朝踐之薦黍稷猶求神之義也饋食以後以人道事之無所爲報氣報魄矣天子諸侯之祭禮不詳周禮敘朝踐於祼獻之後故言禮者通朝踐爲事尸之文其賓薦血腥燔燎制祭致臭以通之於神不當用以事尸而禮經錯舉爲文無從推見其義要之此經以建設朝事賅下二義固未宜以饋食爲言也案郊特牲燔燎升首此云薦黍稷羞肝肺首心特牲饋食

禮凡獻皆取肺取肝授尸禮經錯
舉爲文正未宜執一義以槪之

古者天子諸侯必有養獸之官及歲時齋戒沐浴而躬朝之犧牷祭牲必於是取之敬之至也君召牛納而視之擇其毛而卜之吉然後養之君皮弁素積朔月月半君巡牲所以致力孝之至也

鄭注歲時齋戒沐浴而躬朝之謂將祭祀卜牲君朔月月半巡視之君召牛納而視之更本擇牲意孔疏歲時謂朔月月半君巡牲者卽前言歲時朝之也嵩燾案周禮牛人掌養國之公牛凡祭祀共其牛以授職人芻之牧人掌牧六牲共祭祀之牲牷凡祭祀共其犧牷以授充人繫之充人掌繫祭祀之牲牷祀五帝則繫於牢芻之三月享先王亦如之是牧人掌

養祭祀之牲歲時躬朝謂祭前三月擇牲於牧人而卜之躬
朝卽所謂納牛而視之也吉然後養之又養之充人者也朔
月月半之巡牲又就充人而省之於牢如春秋鼷鼠食郊牛
角及以傷而改卜牛巡牲者懼其有傷也躬朝以擇牲旣卜
而又數巡視之自屬兩事注意似未分明
夫人曰此所以爲君服與遂副褘而受之因少牢以禮之古之
獻繭者其率用此與
鄭注副褘王后之服而云夫人容二王之後其率用此與問
者之辭嵩燾案內司服掌王后之六服四曰鞠衣鄭注黃桑
服也月令三月薦鞠衣于先帝告桑事似后親桑服鞠衣玉
藻世婦命於奠繭獻繭而內命婦因以受命焉其禮宜加隆

曰副禕者極言服之盛也經原通天子諸侯爲言案祭統君衮冕立於阼夫人副禕立於房中亦兼天子諸侯爲文以明服之盛而已周禮后亦多兼夫人爲稱王后獻繭不詳於禮經鄭注內司服禕衣揄狄闕狄三者皆祭服恐亦未必遽以享先王之禕衣臨之繭成而掌之典絲凡內宮人之服及王賜予皆取資於是初獻繭時不能別之爲君服也夫人副禕而受之爲君服之在其中也故鄭重而言之其禮之用享非重繭也重其爲祭祀之服也葢自古爲然記者所以發明禮意之辭謂重其事必備其儀也

孝有三大孝尊親其次弗辱其下能養

孔疏大孝尊親聖人爲天子者也尊親嚴父配天也其次弗辱謂賢人爲諸侯及卿大夫士其下能養謂庶人也嵩燾案

尊親者繼志述事使其德與名被於天下而推以爲父母之功而人尊之語其極則聖人也弗辱者出言舉足不敢忘父母所謂不虧其體不辱其先者也能養竭其力以事父母者也尊親弗辱不待言養能養者盡此而已此言孝道之廣視所以自成其身者以爲之程故曰仁者仁此者也義者宜此者也豈能以貴賤爲之等哉

博施備物可謂不匱矣

孔疏博施則德教加於百姓形於四海備物謂四海之內各以其職來助祭嵩燾案備物即孟子萬物皆備於我之意博施者推一己之仁於天下備物者涵天下之物於一心仁者孝之施也能孝於親必能仁於物苟一物之不慊於其心則

仁之體有虧而孝亦有所不能充爲其心之仁愛猶有歉也故曰孝者仁之本也仁能備物斯之謂不匱矣疏意失之

父母既沒必求仁者之粟以祀之此之謂禮終

鄭注必求仁者之粟喻貧困猶不取惡人物以事亡親也嵩燾案孟子惟士無田則亦不祭士有祿而後祭然苟非其道則薦而不祭亦自盡其誠焉而已危邦不入亂邦不居懼辱親也必求仁者之粟卽孟子又惡不由其道之意窮究物之由來而有不適於其心焉則不可以爲養雖沒而假於物以饗之不敢或違也如是之謂禮鄭注云云意是而語非也

忿言不反於身

鄭注忿怒之言當由其直直則人服不敢以忿言來也嵩燾

案鄭氏剛嚴嫉惡故有是言於經義非也忿言之加於人未有不反報之者是以君子之無忿言非徒以恕人也所以內自毖焉而恐乖戾之氣之或留於吾身也至反而有忿言之及其身其必由吾之德不足以容之而所辱多矣故夫顏子之犯有弗校焉孟子之横逆有可以自反焉忿言之反於身則亦自取之而已是以君子懼之也

有虞氏貴德而尚齒夏后氏貴爵而尚齒殷人貴富而尚齒周人貴親而尚齒

鄭注貴謂燕賜有加於諸臣也舜時多仁聖有德後德則在小官嵩燾案鄭意以貴爵貴富與貴德不相爲類故竟謂虞氏貴德不以爵論不知貴德卽貴爵也九官十二牧之命皆

所以貴德也夏殷貴功爵與富功之積也殷道尊賢若伊尹伊陟臣扈巫賢甘盤傅說膠鬲之屬皆非同姓至於周之興子姓之國存者徽箕以外無聞焉周道親親而夏殷之制始一變武王克殷封同姓之國四十有八異姓之國十有六所貴者親也猶之貴爵也沿至於今不廢周道之仁也疏分四代優劣殆尤失之

天子設四學

鄭注四學謂周四郊之虞庠也嵩燾案周立四代之學詳見文王世子其云禮在瞽宗書在上庠上庠亦四學之一與虞庠之爲郊學者同以庠爲名而學自別猶虞氏上庠下庠之分也大司樂凡有德者有道者使教焉死則以爲樂祖祭於

瞽宗瞽宗殷學也於周爲西學學禮於西學習樂於東序禮陰而樂陽也故西學以祀先賢而東序以養老學禮因是有東學西學南學北學之名鄭注文王世子引董仲舒曰五帝名大學曰成均則虞庠近是也注王制西序虞庠小學也西序在西郊周立小學於西郊又以小學在公宮南大學在郊之文與虞庠小學參差而據以爲殷制其注祀先賢西學亦云周小學也遂使禮經之言學者一無可通此又因四學而爲四郊虞庠之論益見其惑矣詳見王制及文王世子

八十九十者東行西行者弗敢過西行東行者弗敢過欲言政者君就之可也

鄭注弗敢過者謂道經之則見之嵩燾案下文欲言政者君

就之則不言政固不就見弗敢過謂讓之於途不敢疾行先之雖東西異道天子自致其尊崇之禮徐行以俟老者先焉敬之至也疏云至八十九十閭里之旁不敢過越而去於文似屬添設

壹命齒於鄉里再命齒於族三命不齒族有七十者弗敢先

鄭注此謂鄉射飲酒時也齒者謂以年次立若坐也三命列國之卿也不復齒席之於賓東不敢先族之七十者謂既一人舉觶乃入也雖非族亦然承齒乎族故言族耳嵩燾案鄉飲酒禮就先生謀賓介鄭注先生鄉中致仕者賓介處士似鄉飲酒合鄉之士大夫以觀禮而賓介皆不及爵故鄉飲酒記云樂作大夫不入既旅士不入是鄉飲賓介惟賢不及大

夫士似此所記與射飲之禮無涉黨正以禮屬民而飲酒於序以正齒位一命齒於鄉里再命齒於父族三命不齒則通鄉人大夫士而飲之兼正其齒與位正此類也齒與位並尊黨正以時正之示民不敢踰其平時與鄉族爲齒亦猶是也七十上壽禮有優焉族有七十者弗敢先於正齒位之中仍致其敬老之意所以廣孝也鄉飲禮賓若有遵者一人舉觶乃入則凡鄉人之與飲者皆弗敢先焉又不獨以施之族有七十者而已

宿者皆出其立卑靜以正如將弗見然

鄭注宿者皆出謂賓助祭者嵩燾案特牲禮宗人告事畢賓出主人送於門外再拜無反立之文疑尸將出主人出立於

戶外西南佐食徹尸俎旣餕祝徹胙俎其立卑靜以正當據此時言之凡祭循尸循賓祝與佐食皆賓也經云循者皆出兼謂尸及祝佐食之屬

禮記質疑卷二十四終

禮記質疑卷二十五　思賢講舍

湘陰郭嵩燾伯琛著

祭統

忠臣以事其君孝子以事其親其本一也上則順於鬼神外則順於君長內則以孝於親如此之謂備唯賢者能備能備然後能祭

鄭注其本一者言忠孝俱由順出也嵩燾案此推言無所不順之謂備由其誠敬積之於平日忠孝之實幽明之理惟順以相感召順者誠敬之至也順於鬼神所以仰不愧天順於君長所以俯不怍人推仁孝之心以事君以質之鬼神終身在誠敬之中而無敢失墜故曰百順未能慊然於平日而取

給臨祭一日之順未有能順者也注意似以祭祀之順通諸
事君事親恐非經旨

致其誠信與其忠敬奉之以物道之以禮安之以樂參之以時
明薦之而已矣不求其爲此孝子之心也

鄭注爲謂福祐爲己之報嵩燾案少牢禮嘏曰主人受祭之
福禮運祝以孝告嘏以慈告蓋通鬼神之意於人人以致報
鬼神鬼神亦以致報於人樂記所謂禮必有報是也孝子之
祭其親而以求福非也不求其爲如檀弓云惟祭祀之禮主
人自盡焉耳豈知神之所饗亦以主人有齊敬之心也郊特
牲云主人自致其敬盡其嘉而無與讓也謂自盡其誠孝之
心而不必求其所以然正申明上文心怵而奉之以禮意誠

信忠敬心怵之實也物者鼎俎籩豆之數禮者三獻九獻之文樂者宮縣軒縣之等時者春礿秋嘗之宜皆所謂奉之以禮也心怵而奉之以禮祭義備矣其所以然之故孝子不求知也不必承上受福爲言

孝者畜也順於道不逆於倫是之謂畜

鄭注畜謂順於德教孔疏孝子順於德教不逆倫理可以畜養其親蒿燾案說文畜田畜也蓄積也云田畜者謂力田之蓄積也說文引淮南子玄田曰畜徐鍇云畜養起於微也是畜字本訓但爲蓄積之義通於畜養又假借爲好字孟子畜君者好君也說苑民善之則畜也不善則讎也莊子外篇畜畜然仁又通爲容畜之義鄭注周禮庖人始養之曰畜郎徐

注說文所本而義實各别孝之爲畜正謂蓄積之久始終保之畜固不訓養也疏云畜養其親恐誤

昆蟲之異草木之實陰陽之物備矣

鄭注昆蟲謂温生寒死之蟲也內則可食之物有蜩范蠭

案昆蟲草木屬之陰陽者昆蟲化生草木之實生植以時注以温生寒死釋陰陽之義至精而專以屬之昆蟲舉蜩范爲言又似稍泥周禮醢人有蠃醢有蠯醢蚳醢皆物之化生者鄭注陸產之醢云蚳蝝之屬其實陸產當爲兔麋以供籩豆之實不入牢俎故曰小昆蟲之異正鄭注所云蚳蝝之屬也

案周禮鼈人祭祀共蠯蠃蚳以授醢人注蚳蛾子爾雅蝝蝮蜪注蝗子未有翅者竝引國語蟲舍蚳蝝爲說是正見陰陽生化之機不必專舉蜩范以時生滅者言之內則蜩范不登祭品似未宜泛及

王后蠶於北郊以供純服

鄭注純服亦冕服也互言之爾純以見繒色冕以著祭服嵩燾案玉藻純組綬注云純當爲緇古文緇或作糸旁才周禮媒氏純帛注云純實緇字也古緇以才爲聲論語今也純注云純讀爲緇是鄭意純紂字通據周禮考工記五入爲緅七入爲緇注云元在緅緇之閒其六入者與元緇二者色異緇衣元端朝服也元冕祭服也鄭注周禮司服元者衣無文裳刺黻而已凡冕服皆元衣纁裳士冠禮爵弁服纁裳純衣鄭注純衣絲衣也餘衣皆用布惟冕與爵弁服用絲司服天子六冕皆用以祭此云純服通天子六冕言之云冕服通諸侯五冕言之說文純絲也周頌絲衣傳云祭服也天子六冕絲

服同故統言衣諸侯五冕章數各别故析言冕王后共蠶正備絲服之用冕服元衣與緇衣别鄭謂純以見緇色者非也

君致齊於外夫人致齊於內

孔疏外謂君之路寢內謂夫人正寢嵩燾案祭義致齊於內散齊於外外謂路寢燕朝之地內謂廟中內者隱而外者顯也此云君致齊於外夫人致齊於內內謂宮寢外謂廟中內者入而外者出也疏意似與祭義忤

及迎牲君執紖卿大夫從士執芻宗婦執盎從夫人薦涗水君執鸞刀羞嚌夫人薦豆

鄭注涗盎齊也盎齊涗酌凡尊有明水因兼云水爾嚌嚌肺祭肺之屬也孔疏嚌有二時一是朝踐之時取肝以膋貫之

入室燎於鑪炭出薦之主前二謂饋孰之時君以鸞刀割制所羞嚌肺橫切之使不絕亦奠於俎尸竝嚌之嵩燾案禮器君制祭夫人薦盎祭義君牽牲夫人奠盎與此凡三言夫人薦盎一次之制祭後兩次之迎牲後割牲制祭竝在朝踐前夫人不應有薦盎之事特牲禮主人及祝升祝先入主人從西面於戶內主婦盥於房中薦兩豆少牢禮主人戶內西面主婦薦自東房四豆凡祭主婦先設豆此經敘薦涚水於薦豆之前郊特牲云醆酒涚於清鄭注醆酒盎齊也夫人薦涚水即司尊彝所謂盎齊涚酌醆涚清酒於盎齊以待奠竝始祭陳設然耳及迎牲三字總攝此二節特牲禮舉肺脊舉幹取肝羞燔尸竝嚌之少牢禮舉牢幹舉牢肩取肝尸竝嚌之

經云羞嚌謂割牲時分別以授尸不專爲舉肺言也疏兼肝肺爲說而引燔肝制祭之文以謂嚌有二時燔肝制祭祭義所謂燔燎羶薌閒以蕭光以報氣也安得以羞嚌言之疏於此失之尤遠

舞莫重於武宿夜

鄭注武宿夜武曲名也孔疏皇氏曰師說書傳云武王伐紂至於商郊停止宿夜士卒皆歡樂以待旦因名焉熊氏曰宿夜卽大武之樂也嵩燾按獻始於祼樂始於升歌則武宿夜者亦舞之始也樂記備戒之已久故有再始著往之文酌之詩曰於鑠王師遵養時晦追敘伐商之始遲留審愼故凡舞以樂奏一終爲一成而舞之始既備戒而又遲之久謂之武

宿夜者樂奏之宿畱停緩以引其聲者也詩小序維清奏象舞也武奏大武也舞有文武之節六成九變之容樂記云詩言其志歌詠其聲舞動其容是以文采節奏爲聲之飾舞者所以飾樂也疑周頌酌桓賚般皆以飾舞而爲之節不能僅以維清一詩概象舞之變大武一詩盡武舞終始之容也皇氏據尙書大傳停止宿夜之文以證武宿夜之爲曲名恐屬傅會

是故尸謖君與卿四人餕君起大夫六人餕臣餕君之餘也大夫起士八人餕賤餕貴之餘也士起各執其具以出陳於堂下百官進徹之下餕上之餘也

鄭注進當爲餕聲之誤也百官謂有事於君祭者也嵩燾案

特牲禮兩餕曰上餕曰次餕少牢禮四人餕曰上餕曰次餕鄭注古文餕皆作餕士餕者舉奠及長兄弟大夫餕者上佐食下佐食賓長二人凡祭獻賓酬賓以至旅酬無算爵皆神惠也賓者有司特牲禮曰宗人曰祝曰佐食少牢禮又有司馬司士雍人廩人司宮宰夫之屬特牲禮有尸俎祝俎阼俎主婦俎佐食俎賓及長兄弟俎有司徹禮敍十二俎正俎三侑俎二阼俎三主婦俎一魚俎三其餘賓俎次賓俎司馬俎不具其數而酬酢之禮既行神惠固已徧矣餕有酌有酳亦酢主人佐食賓長兄弟既與獻酬之禮餕復及之者亦取有司中之習禮者爲之君餕徧及在廟由四人至六人八人堂下之俎則羣有司皆得餕焉與儀禮命餕之文異其禮不見

於他經儀禮專詳大夫士饋食之儀天子諸侯之禮猶可推類見之

鋪筵設同几爲依神也詔祝於室而出於祊此交神明之道也

鄭注詔祝告事於尸也出於祊謂索祭也孔疏詔祝謂灌鬯饋孰酳尸之等祝告事於尸祊謂明日繹祭蒿熏案郊特牲直祭祝於主索祭祝於祊特牲少牢禮竝敘主人西面戶內祝在左鄭注祝釋辭於主此爲事主之禮郊特牲之云直祭即鄭注所謂厭祭也經云鋪筵設同几鄭注以其妃配亦不特几其注司几筵云於廟同几亦明爲主筵所以謂之交神明直祭與索祭相連爲文皆在迎尸前尸入而神有所憑一以人道事之非事鬼神之道矣注以詔祝爲告事於尸大誤

疏因連灌鬯饋食酳尸皆告事而以祊當明日之繹祭儀禮不詳告事之節繹祭賓尸尤不得爲索祭儀禮之文具在猶可一證鄭注之誤言禮者正當參互考求無徒拘守一說以誣經也詳見郊特牲

所使爲尸者於祭者子行也父北面而事之

鄭注朝事延尸於戶外是以有北面事尸之禮嵩燾案少牢禮司宮筵於奥室中之筵當西南隅主東面尸南面主人戶內西面嚮主也郊特牲云坐尸於堂用牲於庭祼獻畢迎牲祝延尸升祭義所謂君牽牲穆答君是也主人於是有北面事尸之文尸還入室乃行朝踐注謂朝踐延尸戶外者非也

尸飲五君洗玉爵獻卿尸飲七以瑤爵獻大夫尸飲九以散爵

獻士及羣有司皆以齒

鄭注尸飲五謂酳尸五獻也大夫士祭三獻而獻賓孔疏凡祭二祼用鬱鬯尸祭奠而不飲朝踐二獻饋食二獻及食畢主人酳尸故云尸飲五主婦酳尸賓長獻尸是尸飲七也時正九獻禮畢但初二祼不飲故云尸飲五長賓長兄弟更爲加爵尸又飲二是竝前尸飲九也侯伯七獻朝踐饋食各一獻食訖酳尸但尸飲三子男五獻食訖酳尸尸飲一大夫士祭三獻而獻賓明與諸侯獻賓不同有司徹下大夫不賓尸與士同亦三獻而獻賓其上大夫別行賓尸之禮與此異嵩燾案儀禮酳尸畢乃獻祝及佐食是未酳尸以前不得獻卿及大夫疏以祼尸不飲飲尸除祼尸二獻極允而云饋食二

獻酳尸以釋注酳尸五獻之文與儀禮不合特牲禮尸入祭酒啐酒乃食尸三飯告飽祝侑又三飯告飽祝侑如初又三飯主人升酌酳尸少牢禮尸升筵食舉三飯尸又食又食又食又食告飽祝侑尸又食主人拜侑尸又三飯主人酌酒酳尸士祭九飯大夫祭十一飯卒飯酳尸皆在主人一獻之中主婦酳尸儀禮無文疑朝踐饋食賓皆有獻故酳尸爲飲五案九獻皆正獻酳尸不與九獻之數經云尸飲不云獻尸注謂酳尸五獻亦誤儀禮三獻皆有獻祝獻佐食之文士大夫之祭有司以祝爲尊經云獻卿盖大宗伯之屬大祭祀涖玉鬯奉玉盉有事於饋獻者少牢特牲之酳尸獻祝即其例也儀禮三獻作止爵於是有兄弟之加爵有眾賓長之加爵有嗣子之舉奠有佐食洗散之獻皆加獻

也似九獻之禮卿大夫士竝當有正獻特牲禮宿賓曰某薦歲事吾子將涖之鄭注言將臨之知賓在有司中有司徹敘獻尸之儀云賓長設羊俎雍人授次賓疏七舉俎司馬挹湆注於疏匕以授尸次賓羞羊燔敘獻侑之儀云司馬執羊俎以升次賓羞羊燔敘主人受尸酢之儀云長賓設羊俎次賓羞匕湆司馬羞羊肉湆次賓羞燔敘主婦亞獻尸之儀云次賓羞豕匕湆次賓羞豕燔長賓次賓與司馬司士同有事於祭主婦獻尸及受酢獨有次賓而已長賓不與焉其獻侑獨有司士此當爲卿大夫士贊獻之等士祭以一人爲賓其餘爲衆賓大夫祭以一人爲長賓一人爲次賓其餘爲衆賓一皆有司之與於祭者與此之獻卿獻大夫獻士正同一例注

家不詳其義而祭之有賓遂無有知其故者注云大夫士祭三獻而獻賓不知饋食禮酳尸而獻祝獻佐食亦獻賓之事也案有司徹禮不賓尸三獻畢獻賓獻兄長之禮竝同賓尸則與正祭相閒爲之其儀繁而實一也疏以爲上大夫下大夫之分竝謂禮與此異似謂鄭注大夫士專據下大夫言之強生分別無當經旨

又案禮器宗廟之祭貴者獻以爵賤者獻以散以此經之文準之君之獻卿大夫士卽用卿大夫士之獻尸者君與卿同餕故獻卿之爵可以用君獻尸之爵特牲禮賓三獻爵止主人獻賓似凡獻卿及大夫士亦當視其所以獻尸者爲之節特牲禮主人獻賓賓受爵主人獻衆賓洗觶酬賓此當爲獻卿大夫之節利洗散獻於尸酢及祝此當爲獻士之節

又案王氏述聞此言尊卑之等非言長幼之序不得云皆以

齒蓋涉下文凡羣有司皆以齒而誤衍疏謂齒同列則長者在先則序爵又序齒與下明尊卑之等文義相剌謬據燕禮大射禮獻士而及祝史小臣師既爲士舉旅遂獻庶子如獻士之儀獻左右正與内小臣如獻庶子之儀是羣有司亦自有等左傳隱公十一年不敢與諸任齒杜注齒列也孔疏人以年齒相次列以爵位相次羣有司各視其所職司之高下以爲列齒者列也與下文凡羣有司皆以齒文同而義自別

故祭之日一獻君降立於阼階之南南鄉所命北面史由君右執策命之再拜稽首受書以歸而舍奠於其廟

鄭注一獻一酳尸也嵩燾案義疏引洛誥烝祭歲惟告周公其後是因時祭而命之但洛誥告後始云王入太室祼此記

則一獻後乃降立而命之其次少别以文義授之王命作册逸祝册惟告周公其後謂告之文武廟也祝者告神之辭也旣告而後迎尸入太室祼迎尸以後之事也王命周公後作册逸誥誥周公也於篇後言之祭事畢矣曰王賓周公於時亦有事於廟王命周公因烝祭而告之於廟重其事也周禮內史命諸侯及孤卿大夫則策命之內史無職於祭祀因祭祀而策命內史自以其職掌之此經下云於禘發爵賜服於嘗出田邑發秋政發爵發政相並爲文自當行之祭後不能於九獻之中行之大宗伯賜諸侯則儐小宗伯賜卿大夫則儐儐者賓禮也祭之日一獻謂因祭策命爲行一獻之禮凡祭獻卿獻大夫獻士所受命者亦當與於獻至是一獻爲加

禮也饋食酳尸祭事方殷安得遽降而策命所命者皆有事於祭安得遽受而歸凡受命必於廟歸又自釋奠於廟祭義所謂祿爵慶賞成諸宗廟是也一獻而策命爵祿非所以重祭事也凡祭酳尸一而已尤不宜以當一獻注謂一獻爲一酳尸恐未然也

凡賜爵昭爲一穆爲一昭與昭齒穆與穆齒

鄭注君賜之爵謂若酬之孔疏引賈公彦云公賜爵謂祭末旅酬無算爵時嵩燾案周禮司士及賜爵呼昭穆而進之帥其屬而割牲羞俎豆特牲禮主人獻賓薦脯醢設折俎獻衆賓薦俎設於其位徧主人洗爵獻長兄弟如賓儀洗獻兄弟如衆賓儀長兄弟及衆兄弟即昭穆之次也司士呼昭穆而

進之割牲羞俎豆正當是時有司徹禮主人酌獻兄弟於阼階上徧受爵其薦脅設於其位受爵薦脅故謂之賜爵其後賓及衆賓長兄弟及衆兄弟交相酬曰旅酬賓子弟兄弟子弟又各舉觶於其長曰無筭爵鄉飲酒禮所謂一人舉觶而行旅酬二人舉觶而行無筭爵是也其禮主人不與安得云賜爵也鄭注謂若酬之擬議之辭疏遂以當旅酬者誤也

煇者甲吏之賤者也

鄭注煇周禮作韗謂韗磔皮革之官也嵩燾案韗人爲皋陶蓋治鼓者所主皮革猶樂吏之屬而不得爲甲吏說文煇光也周禮眡祲掌十煇之法鄭司農云日光炁也凡雲日炁有光者謂之煇張弨唐韻正煇從火其用爲熏燎之屬則煇者

司火之吏也司爟掌行火凡祭祀則祭爟司爟屬大司馬甲士之屬也燕禮大射禮甸人執大燭於庭執燭之甸人亦甲士也竝當在燁者之列鄭注誤

興舊嗜欲作率慶士

鄭注率循也慶善也士之言事也言文叔興起先祖之舊德以循其善嵩燾案洪氏讀書叢錄舊當爲觀字之訛說文觀古文作𥉁與舊字形相近其言甚允觀者循省之意循省其心志之所注振發興起以是表率在廷之卿士相與趨事赴功慶卿字通尙書太傅相和而歌卿雲鄭注卿當爲慶古今樂錄慶雲之瑞因以作歌戰國策樂乘以五萬遇慶秦於代史記作卿秦卿慶一聲之轉慶士即卿士也此孔悝所譔其

父孔文子之鼎銘銘辭分兩截纘祖服者美成叔之繼莊叔纘考服者勉孔悝之繼孔文子之業也一銘而表揚其祖考三世之賢又竝己名傳焉爲銘辭之最盛者於文叔無興起舊德之意洪氏之説爲允

升歌清廟下而管象朱干玉戚以舞大武八佾以舞大夏

鄭注管象吹管而舞武象之樂也嵩燾案鄉飲酒禮燕禮歌鹿鳴四牡皇皇者華笙入堂下樂南陔白華華黍大射禮歌鹿鳴管新宫樂有升歌有間歌有合樂升歌下管序樂之始事義疏云升歌與下管對大武與大夏對象有但吹以管者此下管象是也有舞以籥者左傳象箾南籥是也象舞以羽籥是文舞武舞以干戚是武舞鄭合象武爲一誤其言至允

據大司樂六樂有三節曰奏曰歌曰舞而大胥云以六樂之會正舞位是凡舞必合歌與奏以爲之節蔡邕月令章句云樂聲曰歌樂容曰舞二者竝舉詩小序維清奏象舞也管象卽維清之什文舞武舞竝用之而下管自與升歌相應郊特牲固曰歌者在上匏竹在下合舞則竝歌與奏展而序之仲尼燕居入門縣興升堂樂闋下管象舞夏籥序興相連爲文非謂象武之舞專與下管相應也

禮記質疑卷二十五終

禮記質疑卷二十六　　思賢講舍

湘陰郭嵩燾伯琛著

經解

孔子曰入其國其教可知也其爲人也溫柔敦厚詩教也疏通知遠書教也廣博易良樂教也絜靜精微易教也恭儉莊敬禮教也屬辭比事春秋教也

孔疏入國而教可知者言人君以六經之道各隨其民教之

嵩燾案疏意以下六經之教竝爲孔子之言非也六經皆聖人手定春秋則聖人筆削之書也記禮者廣明六經之教而引孔子入其國其教可知之言以證人之成德必原本教化而六經之教之感人其旨趣亦各有所極也自其爲人也以

下皆記者之辭聖人之意自謂入國而覘其人民風俗之貞淫以知其教之得失六經之旨涵濡於人身與教之涵濡於一國者同也舊注竝以此節爲聖人之言劉氏彝至謂古者編年之史皆曰春秋仲尼未作已列爲經失之遠矣

故詩之失愚書之失誣樂之失奢易之失賊禮之失煩春秋之失亂

鄭注易精微愛惡相攻遠近相取則不能容人近於傷害春秋習戰爭之事近亂嵩燾案六經無失學者習而傳焉而失其本旨所以爲失也記禮者殆有見於周秦閒言六經者各守其師說展轉相傳源遠而流益岐如詩之有齊魯韓易之有費孟春秋之有公穀左各分門徑易之失爲焦贛京房及

凡爻辰卦氣之說以小術害道是之謂賊莊子云春秋經世聖人存而不論三傳受經孔子之徒皆各發明義例指爲有所刺譏褒貶而公羊氏至賢蔡仲之行權大衞輒之拒父是春秋方數傳已有因之獘亂者記禮者有憂之鄭據以爲經之失非也

行步則有環佩之聲

鄭注環佩佩環佩玉也環取其無窮止玉則比德焉孔子佩象環五寸人君之環其制未聞嵩燾案毛詩鄭風傳雜佩珩璜琚瑀衝牙之類大戴記保傅篇下車以佩玉爲度上有雙衡下有雙璜衝牙玭珠以納其閒琚瑀以雜之玉藻佩玉有衝牙衝牙者謂其與左右璜衝觸而有聲是佩玉之聲璜爲

之也說文璜半璧也又云璧肉好若一謂之環兩璜相向皆虛其內以受衡牙正如環然凡云環佩者皆主璜言之取其合而有聲者以爲名也注據佩環爲言陸氏佃云環佩上玉佩上玉卽珩以繫佩者不宜有聲恐誤

除去天地之害謂之義

孔疏天地之害謂凡水旱疾疫之屬及凡惡事害人者是也

嵩燾案水旱疾疫有祈禳而無除去之義義者所以濟仁之窮也若禹之驅龍蛇周公之兼夷狄驅猛獸及周禮之掌戮禁暴以除人害蜡氏雍氏以除事害冥氏穴氏以除猛獸之害翨氏硩蔟氏庭氏以除鳥害庶氏翦氏以除蠱害赤犮氏蟈氏壺涿氏以除蟲黽之害柞氏薙氏以除草木之害皆是

也

夫禮禁亂之所由生猶坊止水之所自來也故以舊坊爲無所用而壞之者必有水敗以舊禮爲無所用而去之者必有亂患

孔疏禮本坊亂若謂舊禮無用而壞去之必有亂患嵩燾案水所自來而爲之防防其源也至於泛濫有不勝其防矣舊防舊時相沿之防舊禮舊時相沿之禮乍而觀之其勢若遠其文若煩而聖人之精意存焉或苦其煩而相與日趨於苟簡故禮之廢非能一朝而廢之也其所由來漸也舊時相沿之禮一有變而遷焉久而遂盡失其故昏姻喪祭未嘗一日廢於天下而禮之失其舊者多矣先王不易之禮所謂大經大法垂諸天地之間者亦未能有決然去之者也

禮記質疑卷二十六終

禮記質疑卷二十七

思賢講舍

湘陰郭嵩燾伯琛著

哀公問

然後以其所能教百姓不廢其會節有成事然後治其雕鏤文章黼黻以嗣其順之

鄭注上事行於民有成功乃後續治以文飾以爲尊卑之差孔疏會猶期也期節謂天地君臣男女之期節嵩燾案戴記之言然後皆自爲發端語無連上爲文者此節言然後凡三而以有成事三字屬之第二段以其順之三字屬之第三段似戴記無此文法王氏章句以節有成事爲一句以嗣其順之爲一句於文義較長不廢其會會猶計也如太宰之受其

會鄉大夫之會政州長之會民縣正之會事言旣以身教而不廢致民讀法之典事事示之以成法節有成事如鄉師之令作秩敘黨正之以歲時涖校比遂大夫之戒其功事里宰之行其秩敘一依成事爲之準節者所以制爲之極也疏訓期節誤會民而授以成法而質立矣於是制爲衣服器用之等以文之人情之用之必飾以文也亦天地自然之序也聖人因其勢而利導之而必使厚植其質以立之榦所以爲順也爲其質之可以爲嗣也旣軌於順然後因喪祭之節以達其追遠之忱而致其報本之義蓋推原禮之所從起所以納民軌物之中者其本厚也注謂治文飾以爲尊卑之差誤

固民是盡午其衆以伐有道

鄭注固猶故也午其衆逆其族類也孔疏守道者被害是伐有道也嵩燾案陳氏集說固如固獲之固言取之力也固民是盡承上好實無厭言之謂殫民財也與上與民同利正反午其衆以伐有道承上淫德不倦言之謂窮民力也與上以嗣其順之正反下又求得當欲文總結此兩義言貪其所得而不計民生之盈虛恣其所欲爲而不顧人情之順逆也

內以治宗廟之禮足以配天地之神明出以治直言之禮足以立上下之敬物恥足以振之國恥足以興之

鄭注直猶正也直言謂出政教也嵩燾案婦人無外事此言昏禮而及政教於義無取詳玩此節文義言夫婦之配合配其德而已而家國之興衰繫焉故昏禮爲重治宗廟之禮士

昏禮所謂受諸禰廟三月而後祭行是也始事而立於阼立於東房正內外之治以配陰陽治直言之禮士昏禮所謂辭無不腆無辱是也昏辭曰敢以禮告鄭注賓不稱幣不善主人不謝來辱是之謂直言之禮物恥國恥則同憂樂申警戒邶風詩所謂何有何無黽勉求之卽其義也左傳哀公二十四年立公子荆之母爲夫人國人始惡之二十七年公患三桓之侈欲以越去之遂遜於越孔子自衛反魯在哀公之十一年殆有見乎其微矣

三者百姓之象也身以及身子以及子妃以及妃君行此三者則愾乎天下矣大王之道也

鄭注太王居豳爲狄所滅乃曰土地所以養人也君子不以

其所養害所養乃去之岐是言百姓之身猶吾身也百姓之
妻子猶吾妻子也嵩燾案經引大王之道以證所以敬妻子
之義鄭據大王爲說非也身與妻與子三者百姓所同王道
卽基於是各治其身家而天下治矣及者敬之推也大雅爰
及姜女聿來胥宇敬其妻子以及人而從者如歸市大王之
道正如此此義益本之孟子

君子言不過辭動不過則百姓不命而敬恭

鄭注民者化君者也嵩燾案此言敬身之實身之用言動而
已君子所貴乎道者三曰動容貌曰正顏色曰出辭氣曾子
省身之功畢具於此言動者本諸身以與天下相接莫之能
外者也舍言動無以爲敬身之資身敬則百姓莫敢不敬矣

化民之義祇帶說

不過乎物

鄭注物事也孔疏成身之道但萬事得中不有過誤蒿𦾔案物者何言動而已矣身之所以成非能求加於言動之外也言與動取具於一身而各求其節事事求止乎其節五官百體不窮於用而祇以自效於其身故曰惟聖人然後能踐形取具於言動而無餘矣

貴其不已如日月東西相從而不已也是天道也不閉其久是天道也無爲而物成是天道也已成而明是天道也

鄭注日月相從君臣相朝會也不閉其久通其政教不可以倦無爲而成使民不可以煩也已成而明昭察有功蒿𦾔案

經以一如字貫下四項原兼人道所以法天言之然一歸重
君身不及臣民易曰君子以自彊不息不息所以能久一有
閉塞其用已窮不閉所謂久則徵也此不息之功也無爲者
誠也誠則成己成物仁知竝立所謂誠則明也此立誠之體
也誠以爲體不息以爲用斯所以爲天道乎
仁人不過乎物孝子不過乎物是故仁人之事親也如事天事
天如事親是故孝子成身
鄭注事親事天孝敬同也嵩燾案全章以敬愛二字相綰合
禮始於謹夫婦愛敬由是行焉而因推本於敬身以成親法
天而要歸於成身成親之謂孝法天之謂仁仁孝之實愛敬
而已矣極愛敬之心因物以宗之則而所以事天事親者取

具於身而終亦無能溢乎其量故曰存其心養其性所以事天也此成身之義也

禮記質疑卷二十七

禮記質疑卷二十八　　思賢講舍

湘陰郭嵩燾伯琛著

仲尼燕居

給奪慈仁

鄭注巧言足恭之人似慈仁特言是者感子貢也子貢辨近於給嵩燾案何晏論語集解引孔氏云口給口辭捷給此云給知非以辭辨取給於口也而恭之與口給亦不相爲類葢敬恭勇三者德也其不中禮據所行之麗於事者言之敬以心言恭以容言勇以氣言敬與勇内涵之心而容發之於外周旋進退亦近於禮云給者取給儀容之末也禮之有節所以達其情而制其義者也取給於儀容而愛敬之生於其心

亦微矣野與逆之失易見爲其率性然也給則外似優於禮而一出之以矯飾如是而悱惻纏綿行於交接之頃者忽不自知其銷靡以盡也故曰給奪慈仁

敢問禮也者領惡而全好者與

鄭注領猶治也好善也嵩燾案此惡非邪慝也行道而有過與不及則亦惡矣過與不及由其行道而見之者也領之使出於中則惟禮之準乎天理人情之至者爲之節文馴習自然以全其性所謂領者懸禮以爲表率之意樂記領父子君臣之節亦是此義

明乎郊社之義嘗禘之禮治國其如指諸掌而已乎

鄭注郊社嘗禘尊卑之事有治國之象焉嵩燾案此就上文

五項中專提郊社嘗禘二者言之蓋報本反始之義仁孝愛敬之施幽明禮樂之教可於此二者盡其義人心之愛敬因事而生聖人制爲禮以達之故凡禮之行皆本於仁郊社嘗禘反諸人所自生以明報本之意而仁溥諸天下焉治國者使之反本歸厚以驚於仁而已故此二者可以盡其義注於此二節文義多未盡

吾語女禮猶有九焉大饗有四焉苟知此矣雖在畎畝之中事之聖人已

鄭注四者謂金再作升歌清廟下管象也縣興金作也金再作者獻主君又作也振羽及雍金作示情也嵩燾案義疏據鄭注大饗有四而疏引盧氏植說王氏肅說竝謂大饗有九

而言盧鄭全異王前四事與鄭同後五事與鄭異爲不達鄭意至爲精確經明言大饗有四而以所謂九者併入大饗中又於經文所敘十二事各以意爲增損其失經義遠矣鄭於此析金作爲二事而於縣輿外添入竝獻主君之金作又在本經外於四者之義終未分明義疏云大饗有四前言食饗以仁賓客觀之因可知仁而示情示德示事又有其三合前知仁爲四自較注義爲明曉細玩經旨所謂示情示德示事即據前用樂爲言而所謂知仁者合言之又於此分言之爲示情示德示事要其實則一金作而已不足以盡大饗之義也吳氏澄云大饗之禮其節有四初迎賓一也次獻賓二也次樂賓三也次送賓四也於其閒分升堂一節爲獻賓而合

升歌下管爲樂實又與經言示情示德示事之意悟以文義求之示情也示德也示事也君子由之以知仁饗禮之始事也客出以雍徹以振羽行步之節鸞和之音備物也君子由之以觀禮饗禮之終事也凡分二段順敘後云示情示德示事申明前一段中實具此三義文法至爲完密以禮樂相示而精義自存乎其中經云知此者聖人惟知禮中之義焉耳又案經言猶有九焉大饗有四焉鄭注不詳九者之爲何事至吳氏澄始據上文郊社嘗禘饋奠射鄉食饗以爲是五者卽諸禮之中總其凡而言大饗之四就一禮之中分其目而言竊疑上文通言食饗已賅大饗言之復於大饗中約舉四端以與五者相配爲九未免輕重失倫周禮或言食饗或言

大饗大抵朝會饗諸侯之文所述皆王禮也其他饗禮不具見春秋傳舉其禮甚繁約言之實有四焉一天子饗諸侯一諸侯相饗案莊二十一年鄭伯饗王於闕西辟樂備是爲諸侯饗天子之禮昭元年秦后子饗晉侯定十三年衛公叔文子饗靈公是爲大夫饗諸侯之禮據郊特牲天子無客禮莫敢爲主焉天子諸侯君道也饗禮備賓主之義而上及天子諸侯春秋之變禮也一天子諸侯饗其臣及異國之爲聘使者一諸侯饗王臣案天子饗諸侯大夫如僖十二年王以上卿之禮饗管仲宣十六年晉侯使士會平王室定王饗之諸侯饗王臣如僖三十年周公閱來聘饗有昌歜白黑形鹽凡備禮爲饗不備禮爲燕是以天子諸侯用饗禮者皆可名大饗諸侯之自饗其臣不當云大饗然如襄二十六年鄭伯饗子展賜之先路三命之服先八邑賜子產次路再命之服先六邑因饗而賜命與邑皆大饗也承上食饗以仁賓客言饗禮中又有所謂大饗者四焉以極論其禮之盛而舉兩君

相見所以備禮樂之用者以見義上達天子下及卿大夫其事同其儀文度數之各異者固可以類推也上言食饗如公食大夫禮及養老之禮之兼燕食饗者一以賓禮處之其義廣矣而大饗之有是四者實各不相蒙列國邦交之義歲時朝聘用此蓋尤繁焉至於春秋而僭替繁減有失其紀者矣此亦聖人精義之學也

不能詩於禮繆不能樂於禮素薄於德於禮虛

鄭注王制曰樂正崇四術立四教順先王詩書禮樂以造士春秋教以禮樂冬夏教以詩書王太子王子羣后之太子卿大夫元士之適子國之俊選皆造焉則知古之人皆知諸侯之禮樂嵩燾案鄭意以此節上承大饗之禮故羣合言之先

王治天下禮而已矣而成均教國子之灋掌之大司樂玉藻行以采齊趨以肆夏進退升降一以樂文之樂者禮之所由行也自唐虞典樂始於詩詩以歌永之而有聲聲以律和之而有倫太司樂教六詩而以六律爲之音以六德爲之本鄭引王制教士之法是也君子之成德亦必有其質焉有其文焉而後動容周旋爲能中乎禮詩言志者也昧於貞淫正變之旨而不能詩故曰繆樂彰德者也闕於文采節奏之飾而不能樂故曰素

萬物服體

鄭注服體體服也謂萬物之符長皆來爲瑞應也嵩燾案鄭意據虞書鳳凰來儀百獸率舞爲禮樂之應疑萬物服體祗

是萬物皆得其所意通人物言之服體如衣服之附體親而安之順而從之施之而有序被之而有章也尚書山川鬼神及鳥獸魚鼈咸若亦是萬物服體意

禮記質疑卷二十八

禮記質疑卷二十九

思賢講舍

湘陰郭嵩燾伯琛著

孔子閒居

四方有敗必先知之

孔疏觀微知著豫知禍害嵩燾案此卽論語父母惟其疾之憂意先知之所謂思患而預防之者也應氏鏞云父母之心惻怛懇至四方萬里微有禍敗必先知之葢愛其民者切慮其事者周故不善之幾微萌芽稍觸於吾身則已先知焉最得其旨五至三無內蘊之心不言而周於民物而有以察乎其微孟子文王視民如傷自是窺見本原語知此則四方所以致敗之由亦思過半矣

志之所至詩亦至焉詩之所至禮亦至焉禮之所至樂亦至焉樂之所至哀亦至焉哀樂相生

鄭注凡言至者至於民也志謂恩意也言君恩意至於民則其詩亦至也詩謂好惡之情也嵩燾案志者仁義之所從生盡己之事也由是正好惡以理人之性情而詩至由是詳節文以端人之趨向而禮至二者由己及人之事也由是易俗移風太和洋溢睹萬物之遂生而樂至由是憂盛危明至誠惻怛惟懼一夫之不獲而哀至二者治人反己之事也哀樂相生以是哀卽以是樂視己之於人訢合無閒纏綿固結窮極幽微而自不容已故曰至

凡民有喪匍匐救之無服之喪也

鄭注言君於民有喪有以賙恤之則民傚之嵩燾案三無者君子之心之所以內自盡無責民效之意言禮言樂而及無服之喪禮樂之原皆寓於政教之中而行之必以至誠惻怛極天下四海之衆疾病夭札皆其裁成輔相之宜之有未至文王視民如傷誠傷之也故治民以能用哀爲本無服之喪由其仁心流動充滿自然以生其哀者也

無服之喪以畜萬邦

鄭注畜孝也使萬邦之民盡爲孝也嵩燾案鄭據祭統孝者畜也以求合喪字之義說文田部畜田畜也猶言力田之蓄積也草部蓄積也畜本訓蓄積易容民畜衆周禮稻人以瀦畜水又通爲容畜之義周禮庖人六畜六獸鄭注始養曰畜

坊記以畜寡人又通爲畜養之義孟子匹夫匹婦有不與被堯舜之澤者若已推而納之溝中無服之喪一念存於心以懷保萬邦無難矣注意似涉迂曲

無聲之樂氣志既起無體之禮施及四海無服之喪施于孫子

鄭注起猶行也嵩燾案起如孟子百世之下聞者莫不興起之起首言其蘊之深（氣志不違）次言其發之盛（氣志既得）次言其感孚之遠（氣志既從）次言其光輝（日聞四方）終言其興起天下後世兩施字與前施及四國之施語同而義微別玉篇施張也廣韻施設也此施及四國之義詩毛傳施于中谷施移也鄭箋施于孫子施延也此施字之義

者欲將至有開必先天降時雨山川出雲

鄭注者欲將至謂其王天下之期將至也神有以開之必先爲之生賢知之輔佐嵩嶽案經三引詩首湯言其德之盛次文武言其化之神次三代太王言其名之遠崧高詩以證文武之德不顯亦臨無斁亦保若息息與天通而默受其佑助未宜援生甫及申之辭專據賢佐爲言者欲將至有開必先言王者神明其德以前民用凡利病之原察及隱微因機而利導之如天地之生物皆有以遂其性而使之無不達者也有清明之德然後生民之者欲皆能化而裁之神而明之以自任其先覺先知之責所以開者欲之先淸明如神之志氣爲之也

禮記質疑卷二十九終

禮記質疑卷三十

思賢講舍

湘陰郭嵩燾伯琛著

坊記

坊民之所不足者也

鄭注民所不足謂仁義之道也失道則放僻邪侈嵩燾案周禮稻人以豬畜水以坊止水故坊者坊其過而已凡行而過則德必有不足暴者不足於仁貪者不足於義其所不足乃其行之所以流而爲過者也注意正當徵會

命以坊欲

鄭注命謂教令嵩燾案陸氏佃云命以坊欲孟子所謂有命焉君子不謂性也馬氏晞孟云命所以知分而安之應氏鏞

云命出於天各有分限以是防之則覬覦者塞羡慕者止而欲不得肆矣皆以知命之命言之與鄭異義疑禮以防君子之失刑以禁小人之非命者又引之於微使知分定自天而欲自有所止乃所以濟禮刑之窮也禮刑二者均在敎令之中知此命字不當復爲敎令也

貴不慊於上

鄭注慊恨不滿之貌也慊或爲嫌嵩燾案說文心部慊疑也女部嫌不平於心也一曰疑也是嫌疑字正當作慊鄭注大學此之謂自謙云謙讀慊慊之言猒也段氏申其義云凡云之言者皆就字之本音本義而轉之猒非慊之本義也猒與嫌疑義相反而文相通此云恨不滿又因嫌疑展轉釋之雜

記君子上不僭上下不逼下貴有等以下干上則疑於僭上以上侵下則疑於逼下制爲之節循分而自安焉則無所嫌矣必使無恨不滿之意是又益其驕也此當從鄭後說

故制國不過千乘都城不過百雉家富不過百乘

鄭注古者方十里其中六十四井出兵車一乘此兵賦之法也孔疏兵賦之法家出一人萬二千五百家爲鄉是一鄉出一軍鄉爲正遂爲副遂之出軍與鄉同公邑出車亦與鄉同其公卿大夫采地旣爲井田殊於鄉遂則出車亦異於鄉遂

鄭注小司徒井十爲通士一人徒二人通十爲成革車一乘十成爲終十終爲同革車百乘士千人徒二千人此公卿大夫采地出車之制也魯頌公車千乘謂大總計地出車也公

徒三萬謂鄉遂兵數左傳惟卿備百邑地方百里也鄭注小司徒百里之國凡四都五十里之國凡四縣二十五里之縣凡四甸釆地食者皆四之一嵩燾案疏意葢本鄭氏小司徒注因考大司徒掌土地之圖與人民之數各有職司是以載師任土閭師任民兩不相蒙小司徒之五人爲伍五伍爲兩四兩爲卒兩卒爲旅五旅爲師五師爲軍此任人之法也九夫爲井四井爲邑四邑爲丘四丘爲甸四甸爲縣四縣爲都此任地之法也而大司徒之五家爲比五比爲閭四閭爲族五族爲黨五黨爲州五州爲鄉遂人之五家爲鄰五鄰爲里四里爲酇五酇爲鄙五鄙爲縣五縣爲遂又兼土與民而經理之而大司馬賦民之政一依司徒任民之數以爲率於是

又爲之均土以任民其法上地家三人中地二家五人下地家二人又爲之因民以均土其法不易之地百晦一易之地二百晦再易之地三百晦未聞兵賦家出一人之說也司馬法曰井曰成曰通曰終曰同周禮曰井曰邑曰邱曰甸曰縣曰都各自爲說鄭注甸之言乘也甸凡六十四井而出一乘與司馬法之成出車一乘井數各殊由司馬法推之千乘之地方三百五十一里有奇加以山川溝洫之地及田萊之分與周禮制地之法參互比合略可以推見其大凡鄭注比而同之而爲旁加一里之說周禮初無明文遂據以爲采邑出車之法而以一鄉夫家之數與軍數相準據以爲鄉遂之法其注小司徒及匠人兩言采地制井田異於鄉遂然則千乘

之賦固在鄉遂之外乎井田兵賦各有取義其立法未始不相準鄭注周禮强生分别非也家富不過百乘上承制國不過千乘即孟子千取百之意舉其極言之如鄭注小司徒食采邑者四之一又以四之一田税入於王於此經不相符合襄二十七年左傳惟卿備百邑杜注此一乘之邑非四井之邑四井之邑方二里一乘之邑方八里衞卿采邑安得有此王制量地以制邑度地以居民莊二十八年左傳邑曰築都曰城邑若今時聚落大司馬野以邑名是也山陵川谷及井田九家之宅下及餘夫凡民居所聚通謂之邑論語故有千室之邑十室之邑備百邑者合大小都會以言其數之多也尤不當據此爲地方百里之證注云十里六十四井出兵車

一乘干乘百乘皆可準此推之語極明顯疏援皇氏疏爲說祇益其迷而已

春秋不稱楚越之王喪

鄭注楚越之君僭號稱王不稱其喪謂不書葬也春秋傳曰吳楚之君不書葬辟其僭號也嵩燾案春秋於魯書公薨於外諸侯書卒而各書其爵與名惟葬書公吳楚之君但書吳子某卒楚子某卒無書葬者以諸侯之葬稱公公者亦僭號也吳楚僭號稱王故春秋黜之昭五年楚子會越人伐吳越始見於經其後定十四年於越敗吳於檇李哀十三年於越入吳凡見於經者三而已越子允常之卒不書不赴也疑此楚越字當爲吳楚之譌

君不與同姓同車與異姓同車不同服

鄭注同姓者謂先王先公子孫有繼及之道也其非此則無嫌也僕右恆朝服君則各以時事惟在軍同服孔疏曲禮云乘路馬必朝服玉藻云君之右虎裘厥左狼裘左傳云均服振振取虢之旂是在軍同服嵩燾案注意以不同服爲僕右之別而同姓不同車無文疑若太僕司右大馭戎右齊右之官屬爲君御及驂乘者不以同姓爲之爲其侍御於君若僕隸故不以任之同姓夫子推廣其義所以遠嫌也左氏載爲右及御者多由於卜而皆不及同姓於禮或應然同車同服與君無別虎裘狼裘之分亦所以遠嫌也案杜注左傳均服戎事上下同服從鄭義也周禮司服凡軍事韋弁服注引春秋傳晉郤至衣韎韋之跗注今時五伯緹衣古兵服之遺也而旅賁氏職云軍

旅則介而趨戎僕職云掌馭戎車及倅車之政正其服是軍旅有韋弁有介戎僕又爲之正其服其必非上下同服明矣左傳以明軍服之齊整李善注文選引說文作袀服振振服虔曰袀服黑服也竝謂士卒之衣不得爲上下同服

貴人而賤祿則民興讓尚技而賤車則民興藝

鄭注人君貴尙賢者能者而不吝於頒祿賜車服則讓道興賢者能者人所服也嵩燾案祿加於賢者車受於能者祿與車非賤也人君惟貴其人之賢且能者視其祿與車惟賢能之是畀而不敢以祿與車自驕則所謂賤者人君貴賢與能之心然也人知人君之心所貴賢與能也則亦不敢濫視其祿與車而苟求得之故曰興讓而皆相率勉爲賢者能者求得一藝之長而後有以自立故曰興藝於是而祿與車之所及天下皆知貴焉則人君貴賢與能之效也祿不必加於賢

車不必及於能苟得祿與車而相與貴之賢且能者有引以爲恥而已有國家者至使人恥受其祿與車而引而避之賤亦至矣賤祿而民興讓賤車而民興藝非知道之君子烏能辨之

上酌民言則下天上施

鄭注酌猶取也取衆民之心以爲政教則得民心恩澤所加民愛之如天矣言其尊也嵩燾案洪氏讀書叢錄天當爲先緇衣惟尹躬天見於西邑夏鄭注天當爲先玉篇兂兂竝古文天字與先形相近言上酌民言則下先施於上下文信讓以涖百姓則民之報禮重卽所謂下先上施也下之所施於上者賦也役也其待理於上者言也不平於心而有歌謠不

平於人而有訟獄不平於上而有詛祝曰酌者乃所以行而宜之者也行而宜之民順乎上供賦而無悋於財任役而無悋於力故曰先施不酌民言則好惡之公動而與民牾故曰犯不先上施則計校之私動而與上爭故曰亂

故君子有君不謀仕唯卜之日稱二君

鄭注君子有君謂君之子父在者也不謀仕疑爲政也卜之日謂君有故而爲之卜二當爲貳惟卜之時辭得曰君之貳某爾晉惠公獲於秦命其大夫歸擇立君曰其卜貳圉也嵩燾案君子有筮仕之義伊尹五就湯五就桀伯夷太公避紂而歸西伯少儀曰事君者量而後入故可越國以求仕孔子之於魯衞陳蔡孟子之於齊粱未嘗有君臣之義就而謀仕

焉可也卜之日謂始筮仕時既正君臣之義而復謀仕他國乃所謂貳也此以示民不貳爲義鄭注非也

以此坊民陽侯猶殺繆侯而竊其夫人故大饗廢夫人之禮

鄭注陽侯繆侯同姓也以貪夫人之色致殺君而立其國未聞嵩燾案此即左氏傳楚子滅息而取息嬀之類注意恐誤淮南汎論篇陽侯殺蓼侯而竊其夫人高誘注蓼侯皋陶之後偃姓之國在今廬江鄭樵通志氏族略云今壽州霍邱即其地據漢書地理志南陽郡湖陽故蓼國左傳桓十一年杜注蓼國今棘陽縣東南湖陽城是也今唐縣南八十里有湖陽故城即古蓼國地秦置湖陽縣晉初省入棘陽縣隸義陽郡鄭樵沿高誘之誤以今霍邱當之別無證據漢書地理志

城陽國陽都應劭曰秦人遷陽故陽國是彙纂今沂水縣有陽都城卽陽國也姓氏書謂召康公之後爲陽伯注云同姓似與經旨不合

諸侯不下漁色

鄭注不下漁色謂不內取於國中也嵩燾案公羊傳諸侯娶一國則二國往媵之以姪娣從毛詩韓奕傳諸侯一娶九女二國媵之何休公羊傳注適夫人下有嫡姪娣左右媵下有左右媵姪娣是諸侯一娶而夫人九嬪之屬咸備世婦女御周禮不言數不備位也不下漁色言不復更求女色非以諸侯不內娶爲義也案娣之名見易歸妹爻辭媵之名見儀禮而諸侯一娶九女之文見公羊及毛詩傳漢儒皆據以爲說白虎通云天子諸侯一娶九女地有九州承天之施娶九女亦以成君施也必一娶防淫佚也春秋載

其事頗詳如隱元年伯姬歸于紀七年叔姬歸于紀杜注左傳叔姬伯姬之娣於隱公之母聲子亦以爲孟子之姪娣諸侯始娶同姓之國以姪娣媵春秋成九年書伯姬歸于紀晉人來媵而於前一年書衞人來媵次年書齊人來媵左氏傳著其義云凡諸侯嫁女同姓媵之異姓則否而於伯姬三國媵之齊又異姓襄二十三年晉將嫁女於吳齊侯使析歸父媵之似春秋時異姓皆備媵娣之選而所用以充媵娣者傳記皆不詳疑古者嚴嫡庶之分諸侯遣嫁其女以姪娣媵皆庶子子也同等者娣兄弟之子以下異等者姪同姓之從媵者皆然據儀禮士昏禮女從者注謂姪娣其注媵布席于奧云媵送也謂女從者證之經傳似媵爲送致娣姪之稱而凡娣姪亦假媵爲名何休公羊注所謂左媵右媵及左右媵姪娣蓋沿三夫人九嬪之稱而意爲之辭耳要之諸侯一娶而婦御之數備焉正防其有他色也

禮記質疑卷三十終

禮記質疑卷三十一　　　思賢講舍

湘陰郭嵩燾伯琛著

中庸

率性之謂道

鄭注率循也循性行之是謂道孔疏言依循性之所感而行不令違越嵩燾案爾雅釋詁率循也詩北山及緜傳竝云率循也據說文率捕鳥畢辵部𨓈先道也行部衛將衛也巾部帥佩巾也四字義別而經傳𨓈皆爲率衛皆爲帥率帥二字常假借通用鄭注周禮樂師及聘禮竝云故書帥爲率聘禮注亦云帥道也謂道己道路所當由率性之率正具此義即辵部所云𨓈先道也孟子曰志氣之帥也氣體之充也率性

之率直是挈提此性以循乎物之則兼志與氣言之注謂循而行之所循者性也疏以爲依循性之所感而謂感仁行仁感義行義是性一物所感而行者又是一物非注本義率性者聖人盡性之功也道性而使之行仁義禮知根於心施於四體儘有工夫在章句因之謂人物各循其性之自然自然者性也循其自然則將一切無所爲而亘知之說行矣

致中和

鄭注致行之至也嵩燾案說文致送詣也由此達彼之謂致用其中和之德達之天地民物裁成輔相咸受則焉是之謂致堯舜之從欲以治四方風動正自有事功在治厤授時釐工熙績所以位天奠山濬川任土作貢所以位地平章百姓

表正萬邦暨鳥獸魚鼈咸若所以育萬物推致中和之德於天下而範圍天地曲成萬物乃以見聖人之功用故知致中和者實功也聖人之道極於中和至矣更無所謂行之至也

驅而納諸罟擭陷阱之中而莫之知辟也

孔疏罟網也擭謂柞㮳也陷阱謂坑也穿地爲坑豎鋒刃於中以陷獸也嵩燾案說文网部罟网也罛魚罟也羅以絲罟鳥也罝兔罟也爾雅鳥罟謂之羅兔罟謂之罝麋罟謂之罞彘罟謂之羉郭注罞冒其頭也知凡网之小者爲罟手部擭搫擭不正也一曰握也握搤持也取獸之具用木交拒張於獸所往來之徑使獸入足於中左右抵牾不能自脫如搤持之罟結繩冒之以施於獸之小者擭用竹木交午持其足以

施於獸之大者西京賦杪木末擭獑猢木末亦可施擭以拘猱玃之屬阜部陷高下也玉篇陷墜入地也沒也自高下墜謂之陷疏訓陷爲坑爾雅釋詁阬虛也郭注阬壍也土部壍阬也一曰大也井部阱陷也阱或從穴作穽古文阱從水作汬陷大而淺以陷獸之大者阱小而深可以見水以陷獸之小者四者各別周禮雍氏春令爲阱擭冥氏設弧張爲阱擭鄭注擭柞槨也堅地井淺則設柞鄂於其中魯語鳥獸成設穽鄂韋注鄂柞格所以誤獸一名䠨以繯獸足書費誓杜乃擭斂乃穽穽擭二字分言之則穽者爲阬擭者設機合言之則爲深坑而設機其中設機以治獸之猛者阬非深大不能設機冥氏所謂爲阱擭以攻猛獸是也鄭注周禮堅地阱淺

設機其中似屬意爲之說疏於此云穿地爲深坑豎鋒刃其中以陷獸疑擭以拘禁獸足無施鋒刃之文殆尤誤也

衽金革

鄭注衽席也孔疏衽臥席也金革謂軍戎器械也以甲鎧爲席寢宿其中嵩燾案說文衽衣裣也褸衽也裣交衽也爾雅交背謂之襟郭注襟交領方言褸謂之衽衿謂之交喪服記衽二尺有五寸鄭注衽所以掩裳際也衣旁及下通名衽其交領名裣玉藻衽當旁又通交領爲衽案說文裣爾雅方言衿竝一字之變爾雅衿謂之袸佩衿謂之褑又別爲小帶席有上下亦名衽席曲禮請衽何趾弟子職作請疋何趾疋足也謂之衽席者臥席下有表識故叚衽爲名倪氏思云衽衣衿也金鐵也革皮也聯鐵以爲鎧甲被

之身若衣衿然衽金革謂衣際皆飾以金草正鎧甲之施於身者也與臥席無涉

素隱行怪

鄭注素讀爲攻城攻其所傃之傃傃猶鄉也言方鄉避害隱身而行佹譎嵩燾案毛詩桑柔傳如彼遡風遡鄉也鄭箋使人唈然如鄉疾風卽下大風有隧意言風之從來當之而靡遡傃音近鄭訓傃爲鄉者是也而以素隱爲避害隱身似涉迂曲說文𨸏部隱蔽也艸部蔽茀小兒小者所以爲隱也凡深閉固拒以隱爲義者皆道之小者也傾心鄉之則亦隨之而靡矣說文䋿素屬毛詩采菽傳紼繂也鄭注喪大記繂或作率字竝當爲索系部繩索也朩部索艸有莖葉可作繩索

索或爲綷亦作綷朱子章句云案漢書當作索易繫辭探賾索隱索隱以求深也索隱而行怪必有詭於道者矣似較注意爲長

君子之道費而隱

鄭注言可隱之節也費猶佹也道不費則仕嵩燾案說文弗撟也費從弗有矯拂之意鄭因以佹戾釋之說文危部䧁嶇也䧁嶇不安意也謂道與時相戾拂尋求此章文義注意似無歸宿說文費散財用也玉篇費用也財散則施之於外故與隱對文橫渠張子云夫婦可以與知與能故曰費聖人有所不知不能是隱也神聖之詣自在尋常日用之閒生民相與共由之而終極於神化天地亦不足盡其量朱子章句云

費用之廣也隱體之微也語自精確不可易而通以下八章言之則亦非也

故君子以人治人改而止

鄭注言人有罪過君子以人道治之其人改則止不責人以所不能蒿䕩案以人治人與上人之爲道而遠人緊相呼應人各以其身與心應天下萬事萬物之變而身心之則卽存乎日用飲食而無待外求以吾身心之則自治其身心使出入從違之不盡遵乎道者悉改而依其自然之則存之於心爲忠恕應之於人爲父子君臣兄弟朋友施之於事爲言行皆其目也止者修道之方至此已盡推而至於聖人無以逾焉故曰惟聖人而後可以踐形踐形者還其所以爲人之量

也詩曰天生烝民有物有則以人治人之謂也注意恐未合
期之喪達乎大夫三年之喪達乎天子父母之喪無貴賤一也
鄭注期之喪達乎大夫謂旁親所降在大功者其正統之期
天子諸侯猶不降也三年之喪明子事父以孝不用其尊卑
變嵩燾案注謂正統之期天子諸侯不降疏引熊氏云天子
爲正統之喪嫡婦期嫡孫之妻小功此於喪服無明文齊衰
不杖期章曰大夫之嫡子爲妻傳曰父之所不降子亦不敢
降也言大夫知天子諸侯於適婦不爲服鄭意葢據爲妻齊
衰杖期言之昭公十五年左傳王一歲而有三年之喪二焉
謂穆后及太子壽也天子爲后亦統於三年之喪疏以此經
不云父母而云三年謂包嫡子非也天子以旁枝繼統皆從

爲天子之例三年三年之喪達乎天子后也適子也所繼之統之爲天子者也是以天子絕期而期喪之統於三年者天子不能絕也故曰達父母之喪自天子下及庶人倚廬饘粥苴杖之制哭踊之節不敢有異焉故曰無貴賤一也三年之喪父母之喪分明兩義注併言之而云正統之期不降恐非經旨

序事所以辨賢也

鄭注事謂薦羞也以辨賢者以其事別所能也若司徒奉牛宗伯共雞牲矣嵩燾案周禮六官皆有事於祭卽大祝肆師各有職掌不待臨時序事射義有澤宮選士之文所選者士耳如內外饔人割亨陳鼎俎並有中士四人下士八人司士

帥其屬割牲羞俎豆其屬有中士六人下士十有二人員數旣繁不盡與祭而以射選之所以序事者序此而已試之於射以觀其才程之於事以觀其習故曰辨賢章句事謂宗祝有司之職事凡有事於祭者皆有司也注以司徒宗伯六官本[illegible]當之恐誤

仁者人也

鄭注人也讀如相人偶之人以人意相存問之言嵩燾案鄭注儀禮大射儀聘禮公食大夫禮竝引相人偶之言說文仁親也從二人鄭意以人與人相偶而愛生焉曰相人偶者相親之辭也淮南繆稱訓魯以偶人葬而孔子歎焉高誘注偶人相人也歎其象人而用之疑偶人相人當時因有相人偶

之言鄭注檀弓趙岐注孟子竝云俑偶人也古但云俑或因其兩兩相比而謂之人偶匪風詩箋誰能者言人偶能割亨誰將者亦言人偶能輔周道治民者也所云人偶又通爲人類之意鄭意惟取人與人相比而人之名以立因叚當時相人偶之辭以明之經云人也謂人道之所以行也告子固曰仁內也必以人與人相與親愛爲辭是愛仁矣案阮氏揅經室集釋仁卽本鄭義古訓原祇如此

故君子不可以不修身思修身不可以不事親思事親不可以不知人思知人不可以不知天

鄭注言修身乃知孝知孝乃知人知人乃知賢不肖知賢不肖乃知天命所府佑嵩燾案聖人發端便言其人存則其政

舉其人亡則其政息說得人字鄭重故曰爲政在人政之所以行人而已矣有文武之人而政行欲行文武之政非徒以其政也以身取則而已矣經云不可以不修身修身以道之謂也不可以不事親修道以仁之謂也審端於仁而歸本於親親從天性自然之愛體貼仁字實際是乃人道之所以立也知人者知人道之當然者也仁者天性自然之愛親親者天倫自然之仁是乃天命之所以行也知天者知天道之本然者也語意緊相承接舊注於此多未分明

旣廩稱事

鄭注旣讀爲餼餼廩稍食也槀人職曰乘其事考其弓弩以上下其食嵩燾案說文氣饋客之芻米氣或爲槩聘禮歸餼

饔五牢鄭注牲殺曰饔生曰餼說文饔孰食也毛詩祈父傳有母之尸饔疑儀禮言饔餼兼致生孰牲牢米禾生者皆曰餼也桓公十年左傳齊人餼諸侯是餼者專爲饋食賓客之餘稟人稍食鄭注祿稟也又專言九穀似既不當爲餼餼又不當爲稍食也說文既小食也既稟二事稟如稟人所須稍食既如外饔所供師役獻賜脯肉之事稟者常也既者小食若今之犒勞其暫也

凡爲天下國家有九經所以行之者一也

鄭注一謂當豫也嵩燾案哀公問政章所言皆學也此節始說到政上究其實一皆達道之所以行也修身本也天下國家之九經統乎君也親親父子兄弟之推也大臣羣臣庶民

百工君臣之推也尊賢也遠人也諸侯也朋友之推也行政之方不越乎此而所以行之則知也仁也勇也皆此三者之運量以行焉而不悖施焉而不窮者也三者有弗至焉必有疑滯而不達阻遏而不行者矣所以行之者一也覆說前文言總此知仁勇三達德之推暨於天下而不能稍闕者也凡事豫則立另文起義仍歸重到學上所以爲行政之本也注意誤

其次致曲曲能有誠

鄭注致至也曲猶小小之事也嵩燾案說文凷象器曲受物之形器以曲受物叚借爲委曲字凡事委曲以有成知之必悉人之必深致曲者推極深微之辭也聖人發端已見全體

其次須是曲折以盡其變層層推勘入細致曲工夫與孟子之言四端有別四端者偶爾發動之幾孟子言四端卽因其發動處引之使之自悟致曲工夫自是全體已見得親切而如聖人動容周旋自然中禮容有所未能於是專心致志曲折而求通所以言曲能有誠致曲二字內已自具有眞實無妄之全體湯武反之顏淵克己復禮爲仁皆是致曲意龜山直以學問思辨篤行五者爲致曲惟不能逕造直達是以謂之致曲也程子云曲偏曲之謂朱子章句曲一偏也竝承鄭注而誤

國有道其言足以興國無道其默足以容

鄭注興謂起在位也孔疏其言足以興成其國興謂發謀出

慮嵩燾案此節言凝道之君子所以崇禮之實功聖人得位則凝道於天下不得位則凝道於一身崇禮者行乎上下有道無道之交無非至誠之不息以時措之宜也中庸大旨推極神聖之化而集其成於仲尼章內兩君子卽隱據仲尼言之上文居上不驕爲下不倍以位言居上不驕者聖人之得位者也有道無道專承爲下不倍句興卽聞風興起之意所謂百世以俟聖人而不惑也陳氏亮云興如綏之斯來動之斯和默如磨而不磷涅而不緇要見得聖人全體大用畢具於此非以因時隱見爲義也

王天下有三重焉其寡過矣乎

鄭注三重三王之禮嵩燾案上章明言夏殷之禮無徵自不

得更據三王爲三重朱子章句據呂氏說三重議禮制度考文然制度考文亦是議禮中事故章後但言作禮樂於此又列爲三重非也姚氏景星中庸集說啟蒙云徵以時言一重也尊以位言二重也善以德言三重也最爲精核上章言作禮樂專主德位二者此章又補出時字時者治定功成興建禮樂以垂法萬世故曰無徵不信舜恭已以治而後九部之樂成周公致太平而後六官之書備其云徵也時也上焉者無其時下焉者無其位故君子以下極言聖人之德之備而後可以得位乘時損益古今制禮以建中和之極德至矣而時與位皆弗至則亦自明其道以俟百世以後之聖人動而爲道行而爲法言而爲則惟其德之備焉而已此上三章極

言聖人之功用以引起仲尼爲中庸立之準舊注皆未能體會

小德川流大德敦化

鄭注小德川流浸潤萌芽喻諸侯大德敦化厚生萬物喻天子也嵩燾案鄭注於此章專以春秋贊聖人之德强生附合而遂以小德喻諸侯大德喻天子並文義失之朱子章句精矣抑其所謂並育並行不害不悖者分而紀之合而理之紛紜繁變時行物生皆道之散見者所謂小德之川流也其所以然之理主宰綱維以行乎至誠不息之機則大德之敦化也章句以不害不悖屬之小德以並育並行屬之大德則亦未知並育並行皆其條理之燦著者也小德者顯而麗之事

大德者默而運之神成性存存道義之門是之謂敦化

苟不固聰明聖知達天德者其孰能知之

鄭注言惟聖人乃能知聖人也嵩燾案中庸盡人合天之詣一本於性功推極於達天德自有以窮性之原而立誠之體其感動也神而動作語言自然成化無往非成已成物之功其存主也微而過化存神莫知所由自有其不貳不測之用曰孰能知之至誠盡性至命之學顯諸仁而藏諸用內外合一本末兼賅誠不可以形迹求也惟能知之是以能行之故曰中庸不可能也知此道者之誠難其人也鄭意別求一知聖人者似非經旨

禮記質疑卷三十一終

禮記質疑卷三十二

思賢講舍

湘陰郭嵩燾伯琛著

表記

歸乎君子隱而顯不矜而莊不厲而威不言而信

鄭注此孔子行應聘諸侯莫能用已心厭倦之辭也嵩燾案注意歸乎猶論語之歸與歸與而與下數語全不相應馬氏睎孟云隱而顯德隱於中而輝光發於外不矜不厲不言所謂隱也莊厲信所謂顯也歸乎君子歎美之辭莊子天下篇巋然而有餘郭象注巋然獨立自足之意釋文巋或爲魏天下篇亦云不師知慮不知前後魏然而已矣郭象注任性獨立說文魏高也高則獨立無所並爾雅釋山小而衆巋郭璞

注小山叢聚歸猶衆往歸之莊子云歸然有餘當爲含蓄包容之意經文隱而顯三字總揭矜者儀容之發厲者政刑之施言者敎令之設與中庸動言行同旨動而敬言而信行而說則人歸之矣歸乎君子言君子之蘊蓄閎深不可量也郭象以獨立自足釋之殆誤

裼襲之不相因也欲民之毋相瀆也

鄭注不相因以其或以裼爲敬或以襲爲敬禮盛者以襲爲敬執玉龜之屬是也禮不盛者以裼爲敬受饔是也嵩燾案二者同時異用文盛則裼敬盛則襲不相因者如聘禮上介不襲執玉授賓賓襲執圭公襲受玉側授宰玉裼賓裼奉束帛加璧享一聘禮也執圭襲而享裼是聘享不相因也賓襲

而介不襲是賓介不相因也公襲既受玉而裼是受玉與接賓不相因也瀆者亂也言敬與文各致不相紊亂

篤以不揜

鄭注揜猶困迫也嵩燾案鄭據易困剛揜也爲義然易之云剛揜自訓揜蔽二之一陽五四之二陽俱陷於陰中爲所揜蔽而困矣困之取義如此而揜固不訓爲困說文揜取也揜取謂若爲人所脅持禍者危其身恥者愧其心則揜者蓋謂拂亂其行也篤厚持重誰得而揜取之哉揜意略近困迫而義未盡

君子不以一日使其躬儳焉如不終日

鄭注儳焉可輕賤之貌如不終日言人而無禮死無日也嵩

燾案義疏左傳鼓儳曲禮儳言皆急疾參錯之意其言至允說文儳儳互不齊也周語夷翟輕儳韋昭注進退上下無列也後漢書何進傳从儳道歸營李賢注引廣雅儳疾也廣韻儳惡也惡亦疾意此从上文安肆日偷句翻出言安肆之久一加檢束遂至疾遽不可終日莊敬日强有事於敬自寬裕而有餘安肆日偷有事於敬便至參錯而無序若一向安肆亦無不可終日者仲尼燕居手足無所措耳目無所加進退揖讓無所制卽此所謂儳焉如不終日也鄭注望文生義無當經旨

報者天下之利也

鄭注報謂禮也禮尚往來嵩燾案報字之義甚廣國家之有

刑賞人世之有取與及凡君民上下所以相接者皆報也以下廣明報字之義而先之以仁義報本於仁而裁之以義報者仁義之大用也行焉而宜從焉而順則天下之利矣

則寬身之仁也

鄭注仁亦當作民聲之誤嵩燾案說文仁从二人仁人字通王氏述聞繫辭何以守位曰人王肅本作仁論語井有仁焉漢韓勑造孔廟禮器碑四方士仁聞君風耀仁竝與人通人亦民也不必改爲民凡言人民亦微有分別通言之曰人下言之曰民寬身之仁正當作人

是故君子議道自己而置法以民

鄭注自己自盡己所能行孔疏君子議道先自己而始己所

能行乃施於人故云置法以民嵩燾案道者仁之顯也君子務於仁而已以身任道造次顛沛必如是焉議道者明道之當然也至於制法必以民情通之而使之知所勸懲以日遷善遠罪而自不容已下文利仁强仁葢相與循習於法之中制情以反之性君子所以通愚賤之志而不敢以己之無爲爲之者强責之人也是以制法以裁成天下而刑賞董戒之義由是行焉故曰報者天下之利也疏意恐未盡

與仁同過然後其仁可知也

鄭注過者人所避也在過之中非其本情者或有悔者焉嵩燾案注意祇說得一邊馬氏睎孟申其義云過者人所避惟仁者受之而不辭至於利仁强仁者不能無悔也故同過然

後知仁語極明顯然經言與仁同功與仁同過兩仁字尙當體會論語觀過知仁所謂過者卽從仁中推勘而出甯武子之愚不可及愚卽仁也小宛之詩之怨怨卽仁也非仁無以成其過非過無以顯其仁故曰與仁同過馬氏謂與仁如司城子罕之分謗知武子之與郤獻子同罪亦不得爲無悔也經意正恐不如此

仁者右也道者左也仁者人也道者義也厚於仁者薄於義親而不尊厚於義者薄於仁尊而不親道有至義有考至道以王義道以霸考道以爲無失

鄭注左也右也言相須而成也道有至義有考當言道有至有義有考脫一有字耳有至謂兼仁義者有義則無仁矣考

考成也能取仁義之一成之以不失於人非性也嵩燾案此章道字義字忽分忽合當深究其立言之旨仁者右也道者左也凡人右手爲利於用然須是左手輔成之謂所行一依於仁行之卻有條理故下文直以道者義也顯揭之案說文道所行路也所行之路自分經緯故道可通爲義義有裁制卽是道中之條理道者廣言之義者實體之左右相須道之至也下云道有至卽指此仁義之有厚薄則偏勝也仁者中心之發義者因事之宜孟子以不忍人之心行不忍人之政仁也王者之政必本於仁仁至而義亦易盡專以義制而仁或有不至矣故末節直以道義字分承道兼仁義義者其偏勝也義有體事之宜而實踐之者有考求古人之事宜而因襲之者所以行之又有別也

記禮者殆有見於三代以後政教之施其勢必趨於義而義之行又有內體與外襲之分聖王之以仁道覆冒天下後世容有弗逮焉其言可深長思也注意於此似未曙然或乃謂義道以霸非孔子之言則亦不知此固記者之辭自非孔氏之徒亦無能有以知其深也

又案注以下文分言至道義道考道因疑道有至義有考以二語引起下三項爲有脫字反復求之知經義之深微未易議也天生民而立之君實兼尊親之義皇古以前等威未辨親而不尊者也諸侯相王名法之說繁興其道乃尊而不親三代王者仁育天下義正萬民仁與義交相濟而其道一依於仁刑賞喜怒皆仁之發而義自行於其中夫是之謂至道

其曰道者義也何也葢義無他裁制而已道者所以裁制萬物者也道無不包而因義以制其用仁行而義周焉專以義斷而仁隱矣王者視天下如一家視中國如一人使之各遂其生而後其心安焉霸者刼持天下爲之而所持固義也其興滅國繼絕世奉一王之大法以正諸侯則猶王者之迹也春秋之終霸者不復作聖人修春秋以持其敝所修明以昭示天下猶一王之大法也當春秋時列國諸侯各自爲公春秋侯之伯之下逮子男各仍其爵吳楚僭王則削之其見諸會盟侵伐之迹一繩之以法而得失自見孟子固曰春秋天子之事也而斷其義曰其事則齊桓晉文誠傷桓文之不作而王迹以終泯也故曰西周滅而王道終戰國興而霸道絕

其不能爲王者之事德爲之也展轉以趨於霸而亦竝不能爲霸者之事則時爲之也考道者義道之外見者也循乎義道以求合苟得其迹亦足用以整齊天下盍義道猶可襲取至道以王有不能襲取者矣故曰義有考爲所能考者義而己秦漢以來賢君令辟正德厚生以安天下皆所謂考道無失者也民非三代之民時非春秋之世仁義之用兩窮聖人於春秋之季猶有望焉過是無望也戴記所錄多出東周以後儒者其義未盡純也而所見遠出秦漢諸儒之上孔門傳授之遺言其流傳固遠也

仁有數義有長短小大

鄭注數與長短小大互言之耳嵩燾案長短言所及之遠近

小大言所被之廣狹數者總言之全章仁義有對舉者有專言者此節愛人之仁與資仁與數世之仁終身之仁專言仁之所及長短小大義者制事之宜正未可以所及之數言之疑此義字卽承上數字說下言行仁有分際而其義之及於人者因有長短小大謂仁中所行之事宜也自此以下專論仁道之廣記禮者之微旨當熟玩深思而自得之

取數多者仁也夫勉於仁者不亦難乎

鄭注取數多者言計天下之道仁居其多嵩燾案仁之爲器重其爲道遠舉仁之全體言之取數多者仁也舉仁之見端言之如修己治人喜怒刑賞各有所施而其道多取之仁勉於仁者謂盡乎仁之實責無旁貸功無止期無能少得而卽

止故曰難

是故君子以義度人則難爲人以人望人則賢者可知已矣

鄭注言以先王成法擬度人則難中也當以時人相比方耳

孔疏難爲人言難中乎古法也賢者可知言能合乎今世事

則是賢人也蒿盦案以人望人猶中庸之以人治人與上難

爲人人字緊相呼應勉人以各自盡也承上文言仁之難爲

如此要各隨其人心力所自致若充其義以繩人則仁者人

也求盡乎人之實固已難矣因其人之所能盡而以望之人

不失乎仁則亦不失爲賢也注意似與上文不相應

鄉道而行中道而廢

鄭注廢喻力極罷頓不能復行則止也蒿盦案廢與癈通説

文癈固病也言力不足者中道而病然且自忘其老而孳孳以求之所以爲好仁之實也章旨言仁之量大隨人所自勉豈能一以安仁之誼望之天下哉兩引詩明求仁之實功以身任之又心注之念茲在茲無所於讓故曰爲仁由己力不足而心誠好之其自勉於仁則亦安之矣注意未合

是故君子衰絰則有哀色端冕則有敬色甲胄則有不可辱之色

鄭注言色稱其服也嵩燾案此節專承衣服以移之句黃帝堯舜垂衣裳而天下治章服有等而貴賤之各循其分吉凶有辨而哀樂之各達其情先王所以盡人而爲之制因所處之地以興起其情莫著於衣服故特申言之鄭讀移如水汜

移之移云猶廣大也誤

是故君子恭儉以求役仁信讓以求役禮

鄭注役之言爲也嵩燾案玉篇役使役也役者從事於人之謂君臣以義合而仁以居之禮以行之恭儉近仁急行恭儉之實以從事於仁信讓近禮急行信讓之實以從事於禮進退從違一聽命於仁禮以行乎上下之交所以爲事君之盛也案至道以王仁義兼盡者也而以仁爲之本異乎霸者之爲義道也然至道誠不易言矣而强仁以爲治自三代至今未之能易也是以反覆明仁之用而終以恭儉役仁爲言役仁者效此爲用而不移所以立仁之基也

是故君子不自大其事不自尙其功以求處情過行弗率以求處厚彰人之善而美人之功以求下賢

鄭注率循也行過不復循行猶不貳過嵩燾案鄭注非也處

情者防名之過處厚者防行之過卽中庸庸言之信庸行之謹慥慥篤實之意過行者故爲矜奇立異以邀聲譽是其心已非厚也於人則彰而美之名雖過無嫌也但知其善與其爲功於人而已行雖過無嫌也下賢者自下而尙賢下文后稷自謂便人謂便習於稼穡而已而其功之被於天下不敢自居焉曰非一手一足者下賢之實也

其民之敝利而巧文而不慙賊而蔽

鄭注其民以本數交接以言辭尊卑多獄訟蒿藁案夏之民愚殷之民暴周之民僞文勝者其流必趨於利利則機械生而巧作矣以其文賊害仁義則悖亂興而蔽深矣周之衰賄賂行而僭弑相仍皆此文而不慙階之厲也夏之民愚於湯

誓見之殷之民暴於微子見之

又案夏周非不尙尊也而意主於親殷非不尙親也而意主於尊一代之制一成而不可易而民心相習以成乎風俗及俗之敝流極不返於是聖人應天革命刱制顯庸而民俗又爲之一新然所以範圍百姓而神其鼓舞者要歸於尊親而已秦承周敝一示民以尊二千餘年循其道而代益加甚而後君民之勢曠遠不相屬但得其所謂尊者而親之義亡矣五方風氣既無聖人之德敎以濟其窮而諸豪傑之起勃然以興漸然以滅雖甚暴厲而民俗之浸淫漸漬未深也是以吳越尙誇詐秦晉務强實猶承春秋戰國之遺而夏殷末流習俗之敝亦不復可得於後世至今日一沿周季之敝於文

以僞相承而益之以狙詐二千餘年無能改易此三代聖王之以民俗爲急而務馴而化之所以爲德之至也

夏道未瀆辭不求備不大望於民民未厭其親殷人未瀆禮而求備於民周人强民未瀆神而賞爵刑罰窮矣

鄭注未瀆辭者謂時王不尙辭民不褻爲也不求備不大望言其政簡貢稅輕也强民言承殷難變之敝也賞爵刑罰窮矣言其繁文備設嵩燾案此言三代政敎之施未嘗及貢稅亦不及民俗之趨尙世降而文踵事增繁多爲刑賞之制日從事於民不復能返始而趨於簡夏道未瀆辭至殷而辭瀆矣盤庚三篇委曲丁甯夏無有也殷人未瀆禮至周而禮瀆矣儀禮十七篇揖讓升降殷未遑也强民者推極民生日用

制爲禮而强使習之勸懲之意隆刑賞之施備矣其曰未瀆神殷人率民事神至周又一變也政教代益加繁而所望於民者亦代益加甚九命之數五刑三千之屬莫備於周曰窮者窮極天下之情狀而爲之制也

殷周之道不勝其敝

鄭注勝猶任也殷周極文民無恥而巧利後世之政難復也孔疏敝敗也嵩燾案此與寡怨於民對舉於敗壞義無取敝如周禮弓人筋欲敝之之敝賈公彦疏筋之推打嚼齧欲得勞敝左傳襄九年以敝楚人杜預注敝罷也言虞夏之政簡而民易從殷周之政煩而民日罷於文法之中而若不能勝也

事君先資其言拜自獻其身以成其信是故君有責於其臣臣有死於其言

鄭注資謀也言臣事君必先謀定其言乃後親進爲君言也嵩燾案鄭讀資爲咨非也虞書敷奏以言明試以功古者命官各言其所事度可行而後以身任之故曰以成其信所試之功不越其所敷奏之言也先資其言謂先以言爲之資也君有責於其言卽所謂明試以功也因其所言而受祿而以功試之其有方命而曠官者亦鮮矣

事君大言入則望大利小言入則望小利

鄭注入謂君受之利祿賞也入或爲人嵩燾案馬氏晞孟云大言入則望其大有利於國小言入則望其小有利於國望

猶庶幾也呂氏大臨云利及天下澤及萬事大利也進一介之善治一官之事小利也諫行言聽利斯從之矣二說最盡大言小言皆必有可成之事有可居之功然後其言足以爲自獻之資利者卽虞書明試以功之義也注因下不以小言受大祿不以大言受小祿乃據祿賞言之周氏諝云大利於民則受大祿而不以爲有餘小利於民則受小祿而不以爲不足文義自相管攝大祿小祿一言入而希幸其一得是買山主父偃可云小利張璁桂萼可云大利矣以之獎姦而導欲豈禮意哉

事君不下達不尙辭非其人弗自

鄭注不下達不以私事自道於君也不尙辭不多出浮華之

言也弗自不身與相親也嵩燾案不下達言所處卑下當由大臣舉而進之不自下以求通下達者求榮冒進之意非其人弗自又補足此義言所舉非其人猶當避而去之引詩正直是與正申明二句之義不尙辭謂先資之言以實不以文也

事君遠而諫則讇也近而不諫則尸利也

鄭注與君疏遠强欲諫爭則是讇佞之人望欲自達也尸謂不知人事無辭讓也嵩燾案說文諛讇也讇諛也玉篇讇佞也疑諫君不當謂之讇義疏讇讕字之譌漢書文三王傳王陽病詆讕谷永傳誣讕滿天謂遠而諫則犯詆君之過其言至允據說文讕怟讕也玉篇誣言也春秋繁露是非之情不

可以相諷也廣韻諷逸言也逸言猶謾言也此言遠臣本無諫君之責又去君遠所陳之過容有未詳則亦謾言而已采蘋詩誰其尸之毛傳尸主也說文尸陳也象臥之形尸利謂一主於利而臥以承之無所事事漢書鮑宣傳以拱默尸祿爲智尸利猶尸祿也鄭注於此均失之泥

邇臣守和宰正百官大臣慮四方

鄭注邇近也和謂調和君事者也嵩燾案呂氏大臨云邇臣謂左右常伯常任準人綴衣虎賁之類葉氏適云邇臣三公四輔疑邇臣守和主調和君德當爲公孤之屬應氏鏞云先君德而後朝廷先朝廷而後天下最得經旨鄭注周禮天子立冢宰統御眾官三者各有專責尚書大傳保傅篇周公爲

太保召公爲太傅太公爲太師定公四年左傳周公爲太宰康叔爲司寇聃季爲司空隱公五年公羊傳自陝而東周公主之自陝而西召公主之是此三者周公兼任其職經意言自君身以及百官以及天下皆大臣之責其統歸有是三者疏以二伯州牧言大臣而於邇臣惟云親近之臣殆猶未之詳考矣

事君難進而易退則位有序易進而難退則亂也

鄭注亂謂賢否不別嵩燾案下文事君可貴可賤可富可貧可生可殺而不可使爲亂事君處其位而不履其事則亂也凡三言亂字皆紊亂官常之意鄭注爲亂謂廢事君之禮經云使爲亂則使之者固君也易進必有其干榮冒進之心難

退必有其要君固位之術而官常之瀆亂者多矣位有序者官位有等各以序進正與亂字對文一升降之違其節而行次已亂至於官常亂而政術治行將皆出於亂而不可復紀也下文不可使爲亂言榮辱禍福一聽之君而行已自有本末使爲瀆亂官常之事雖君命有所不能强所以守官卽其所以行已也官有常守職有常司處位而不履其事則是蔑視官常也蔑視官常則亂矣初言進退之禮次言從違之節又次言敬怠之功以明人臣之義所處一有不當皆足以亂官常而輕朝廷經意至爲聳切

故君使其臣得志則愼慮而從之否則孰慮而從之終事而退臣之厚也

鄭注使其臣謂使之聘問師役之屬慎慮而從之者此已志也謹慎思慮從命而行欲其必有成雖非已志孰慮而從之又計於已利害也終事而退非已志者事成則去也嵩燾案注意微失經旨得志者得君之心如孟子諫行言聽之意既得君心則臣之志可以一申而仍須將之以慎若君授以事而不見信則又加之以孰計恐媒孽者眾而嫌疑之見易生也終事而退正惟處其位而事無可避事畢奉身而退以全君臣之義而明始終以禮進退之心所以爲臣之厚也得志與否其權在君非可以已志爲之程也

故君命順則臣有順命君命逆則臣有逆命

鄭注臣受順則行順受逆則行逆如其所受於君則爲君不

易矣嵩燾案此猶孟子莫非命也順受其正之義士受命於君窮通得喪一聽之君惟君可以造命故自天子以下其命皆操自君案經言惟天子受命於天是自諸侯以下天子皆得司其予奪之權其云士受命於君士者盡乎人之辭也上言君命謂君所制貴賤死生之命下命字天命所賦臣得之於君以爲命也逆命猶言所受橫逆亦命也引詩言人之無良我以爲君莊子所謂君臣之義無所逃於天地之間知其無如奈何而安之若命卽此之云逆命也程子云亂臣賊子祇見君父有不是處人之所從受命者天也引君而亢之天則凡其命之順逆受之而皆安矣孟子曰命也有性焉惟其安也注意似謂君命順以順報之君命逆以逆報之大失經旨

情欲信辭欲巧

鄭注巧謂順而說也嵩燾案陳氏集說巧當作考猶曲禮則古昔稱先王之謂玩經義情欲信辭欲巧對舉爲文巧者信之反也廣韻巧好也能也善也孟子能與人規矩不能使人巧又云智譬則巧也凡技之精能者謂之巧辭者言之著於篇章者也易脩辭立其誠立其誠者情欲信也脩辭辭欲巧也言君子不尙辭求信其情而已至於脩辭則欲其善鄭氏兩無正詩箋云巧猶善也左傳言之無文行而不遠正此義注云順而說則論語所謂巧言也於經旨似未合

是故不犯日月不違卜筮卜筮不相襲也

鄭注日月謂冬夏至及四時也襲因也大事則卜小事則筮

所不違者日與牲尸也孔疏大事謂征伐出師及巡守小事若周禮筮人有九筮嵩燾案戴記言卜筮之用專據祭祀言之大事小事內事外事皆祭也日者剛柔之分月者孟仲之異犯亦違也曲禮大饗不問卜鄭注祀五帝於明堂太宰祀五帝率執事卜日藍田呂氏因據大司樂冬至夏至言之郊特牲所謂周之始郊日以至是也而郊特牲卽承以卜郊之文是冬至郊亦卜春秋僖公三十一年卜郊左傳譏其非禮云禮不卜常祀而卜其牲日常祀之卜牲卜日皆卜也注云大事卜小事筮而大卜大祭祀命龜小事涖卜鄭注小事涖卜代宗伯以大祭祀宗伯涖卜也是小事亦用卜筮人凡國之大事先筮而後卜而此與曲禮兩言卜筮不相襲各依事

言之特牲少牢禮竝有筮日筮尸之文知祭祀用卜用筮以事大小爲之程大夫士之祭亦小事也月有常日有剛柔而旬之遠近一依於卜筮經文錯綜言之未宜拘守一説

后稷之祀易富也其辭恭其欲儉其祿及子孫詩曰后稷兆祀庶無罪悔以迄于今

鄭注富之言備也以傳世之祿恭儉者之祭易備也孔疏言后稷生存之時於四郊之兆域祭祀於天事皆合禮庶無罪過悔恨遂至於今文武而王天下嵩燾案凡經引詩斷章取義以釋經旨而已惟此一章承上無害乎鬼神無怨乎百姓取證生民之什又推闡詩人立言之意以贊美之詩序生民尊祖也文武之功起於后稷故推以配天曰兆祀者推言子

孫受祿之由原其所始以迄於今其祿之被於子孫遠矣庶無罪悔若尙不敢幾幸其能然其辭之恭也求無罪悔而已不敢遽邀福於天其欲之儉也富與福通惟恭以儉以是祈天永命而受福無疆故曰后稷之祀易富也疏意失之太遠

天子無筮諸侯有守筮

鄭注天子無筮謂征伐出師若巡守天子至尊大事皆用十也守筮守國之筮國有事則用之嵩燾案禮天子諸侯有守龜藏之龜室龜人掌之謂之守龜者明征伐巡狩不以行然據周禮龜人秋取龜春攻龜筮人上春相筮鄭注龜歲易疑所謂守龜者別爲一物如大誥所云遺我大寶龜金縢所云卽命于元龜自在龜人所掌六龜之外諸侯有守筮當亦如

此項氏安世云筮櫝不出國是以有守筮據此則天子無筮當謂無守筮蓋筮人所掌歲易之諸侯守筮則不易也天子有守龜無筮諸侯有守筮則不得有守龜可知諸侯之有守龜禮之失也天子守龜故筮可以出境諸侯守筮故筮不出疏以無筮爲無徒筮似尚未達經旨

禮記質疑卷三十二終

禮記質疑卷三十三　思賢講舍

湘陰郭嵩燾伯琛著

緇衣

則民言不危行而行不危言矣

鄭注危高也言不高於行行不高於言則言行相應也嵩燾案危猶偽戾之偽淮南齊俗訓爭爲偽辨久積而不決鄭注考工記簹與瓜不相偽偽行偽言謂言行相乖戾也王氏述聞危讀爲詭詭者違也反也呂氏春秋淫辭篇言行相詭不祥莫大焉謂言行相違也淮南主術篇拂道理之數詭自然之性漢書董仲舒傳有所詭於天之理高誘顏籀注竝曰詭違也古字詭與危通漢書天文志司詭星出正西史記天官

書詭作危曹大家注幽通賦曰詭反也李斯傳今高有邪佚之名危反之行危反卽詭反賈子傳職篇天子燕業反其學左右之習詭其師淮南齊俗篇禮樂相詭服制相反詭亦反也引證極詳詭恑字通正謂言行相違戾與危高義無取

臣儀行不重辭不援其所不及不煩其所不知則君不勞矣

鄭注儀當爲義言臣義事君則行也援引也引君所不及謂必使其君所行如堯舜也不煩以其所不知謂必使其知慮如聖人也凡告諭人當隨其才以誘之嵩燾案此承上文下難知則君長勞爲說所以難知者煩辭詭行使人君不能辨知而多煩考察之力君之所以示人好惡而已臣之所以答君言行而已言行二者一以所行爲之式不尙言也而行必

考其所成其所不及不援引附會以自多也言必徵其所信其所不知不煩瀆游衍以自誣也不勞謂無煩考察之力下難知而君長勞易知則不勞矣臣儀行就臣身言之不引不及以爲及不强不知以爲知則行皆可爲法而君自信之無責難於君意

大臣不親百姓不甯則忠敬不足而富貴已過也大臣不治而邇臣比矣

鄭注忠敬不足謂臣不忠於君君不敬其臣孔疏引沈氏云大臣離貳不與上相親政令煩苛百姓不甯是臣不忠於君君不敬於邦所致由君與臣富貴已過極也大臣不肯爲君治職事由邇臣與上相親比也嵩燾案君所與圖政者大臣

也大臣不相親信則人皆得撓其權而政令不一民無適從
不甯者望不屬而趨向無所取準也不治謂大臣不安其位
不安其位則所治之事亦必不能適宜而左右近習之臣皆
得以罔上行私相比而爲惡此卽中庸敬大臣則不眩之旨
忠敬不足而富貴已過謂待之不以忠敬而旣任之以政勢
位固隆必積而爲猜疑此百姓之所以不甯也疏意尤無當

經旨

夫民閉於人而有鄙心

鄭注民難卒諭蒚藃案閉於人卽禮運人藏其心不可測度
之意鄙心者私心也人各挾其私心而深閉固拒不欲人窺
見之閉於人者揜閉於人前也是以謂之民隱人君勤求民

隱而敬以臨之不敢縱己以拂民之欲亦不敢枉道以徇人之私也

心以體全亦以體傷君以民存亦以民亡

孔疏此論君民相須嵩燾案石林葉氏引漢詔君者心也民猶肢體肢體傷則心憯怛正用此經意然以文義求之體從心者也而心非體亦無以致其用民從君者也而君非民亦無以施其功視聽言動體之用也其必依於禮則心也體從心而順之而心之德以全視聽言動之有妄亦心之道之以從妄也而體有虧卽心之曠缺多矣故爲心之利病者體也而操利病之權以授之體者仍心之爲之也或全或傷體不任功過也則知所謂傷者心先累焉而體乃從而累之也外

至之患之以累吾體者皆心之累而無待外防也君之於民
亦若是而已矣
多聞質而守之多志質而親之精知略而行之
鄭注質猶少也多志謂博交汎愛人也嵩燾案多識可以擇取正不必以少爲貴藍田呂氏云質正也不敢信己質衆人之所同然後用之曲禮疑事無質鄭注質成也少儀無身質言語皆謂證成其言多志卽多識周禮小史掌邦國之志鄭司農云志猶記也保章氏以志日月星辰之變動鄭注志古文識識記也檀弓公西赤爲志焉公明儀爲志焉鄭注志謂章識志識字通多聞多識仍須徵之事物正之師友擇善而從之守者服膺弗失親者切己體察略而行之謂得其要略

也博雅略治也要也淮南本經訓其言略而循理高誘注略
約要也義疏多聞多識者學之博質而守之親之擇之精略
而行之所謂守之約也注意恐誤

私惠不歸德君子不自留焉

鄭注私惠謂不以公禮相慶賀時以小物相問遺也言其物
不可以爲德君子不以身留此人嵩燾案注意未分明陳氏
集說言人有私惠於我而不合於德義之公君子決不留之
於己義疏引子思不受鼎肉孟子不爲貨取爲證史記秦本
紀臣誠私利祿爵且留謂爲利祿羈留如陳氏說則直不受
惠耳然禮朋友有通財之義孟子固曰周之亦可受也是私
惠亦君子所弗絕經言君子不自留爲施惠者言也孟子分

人以財謂之惠教人以善謂之忠私惠謂以私意相周不歸德者不因私惠所及而以德歸之是以君子有所施不自存留於心而引之以爲德也受人之私惠而不以爲德則曲禮之云務施報者爲忤矣恐非禮意也

苟有衣必見其敝

鄭注敝敗衣也衣或在內新時不見嵩燾案釋文引庾蔚之注敝隱蔽也敝蔽字通周禮弓人長其畏而薄其敝鄭注敝讀爲蔽塞之蔽疏謂人所握持手蔽之處漢書東方朔傳主自執宰敝膝顏師古注敝讀爲蔽白虎通衣者隱也類篇衣象覆二人之形故衣取蔽形而已車之有軾人所憑也有車則必乘而憑之有衣則必服之服之而體固必有敝矣明衣

所以章身也此與郊特牲玉藻冠而敝之之敝皆通爲蔽

故君子寡言而行以成其信

鄭注寡讀爲顧聲之誤也嵩燾案鄭據中庸言顧行行顧言而其實言行交相爲成不容相飾言之飾常失之過行之飾常失之不及美惡在行而所以張而大之飾而小之者皆言爲之也故欲言行之不相飾惟寡其言而專致其力於行則信乎於已矣信者言行相成而無所飾之謂也注讀寡爲顧意味反淺

爵無及惡德民立而正事純而祭祀是爲不敬事煩則亂事神則難

鄭注純猶皆也言君祭祀賜諸臣爵毋與惡德之人民將立

以爲正言放傚之疾事皆如是而以祭祀是不敬鬼神也純或爲煩嵩燾案經引古文尙書兌命之文而變易其字句凡傳記引經斷章取義有用其辭而意或忤者有會其意而文不必相準者此以惡德當無恆所云民立而正事者約兌命惟臣欽若惟民從乂惟厥攸居政事惟醇爲之辭言民所以有立賴上之正其事而已古文尙書作黷於祭祀此云純而祭祀證之經傳多以緣爲純如尙書顧命之黼純綴純畫純元粉純周禮司几筵之黼純粉純畫純繢純儀禮既夕之緇純深衣之純以繢純以青純以素皆訓爲緣此假純爲緣飾之若謂緣飾其文以施之祭祀廣雅黷狎也狎者不敬而緣飾之以爲名所以成乎狎也兌命言禮煩則亂事神則難戒

高宗之黷祀此引其語以事煩當無恆以事神當卜筮當據所引經文以求通其義未容以意儗之

禮記質疑卷三十三終

禮記質疑卷三十四　　思賢講舍

湘陰郭嵩燾伯琛著

奔喪

若未得行則成服而后行

鄭注未得行謂以君命有爲者也成喪服得行則行孔疏奉君命而使使事未了不可以私喪廢公事故成服以俟君命有人代己則可行也嵩燾案下文聞喪不得奔喪哭盡哀問故又哭盡哀乃爲位括髮袒成踊於又哭於三哭括髮袒成踊三日成服拜賓送賓如初聞喪不得奔喪待詳其儀則此之成服而後行以別於上文問故又哭盡哀遂行謂不能遽行耳問喪親始死雞斯徒跣扱上衽奔喪見星而行見星而

舍不及成服一依親始死之儀惟其遽也若聞喪不卽行則由括髮袒而襲絰由散帶垂而絞帶而成服服衰有餘力行之而猶常服扱衽非所安也故曰成服而後行明非聞喪卽行而但竢之成服而已則行猶遽也注謂以君命有爲恐誤聘禮有私喪則哭於館衰而居不饗食歸使衆介先衰而從之使衆介先爲反命也而必竢之終事而後歸並無成服待命之文疏申鄭意殆又失之

括髮袒降堂東卽位西鄉哭成踊襲絰于序東絞帶反位

鄭注括髮袒者去飾也未成服者素委貌深衣已成服者固自喪服矣已殯者位在下不於又哭乃絰者發喪已逾日節於是可也不散帶者不見尸柩嵩燾案問喪親始死雞斯徒

跣笄纚去冠徒跣去屨始喪之儀也括髮則並笄纚去之成

服而後冠此始聞親喪當亦笄纚見喪則括髮視小斂時注

意已成服喪服未成服素委貌深衣深衣常服扱衽而已素

委貌之制於禮無徵問喪三日而后斂者以俟其生也三日

而不生亦不生矣家室之計衣服之具亦可以成矣是故三

日成服喪冠衰裳於是乎成也安得有素委貌爲親始死之

冠哉案鄭注問喪親始死去冠二日乃去笄纚括髮爲最得其實餘多據素委貌言之亦自相牴牾矣士喪

禮苴經下本在左散帶垂牡麻經右本在上亦散帶垂雜記

凡異居聞兄弟之喪其始麻散帶經似散帶垂亦始喪之服

既夕記既馮尸主人袒髻髮絞帶既殯主人說髦三日絞垂

案喪服傳絞帶繩帶也是散帶爲麻之未成繩者故其本可辨苴經下本垂之牡麻經上本垂其末括髮則絞其帶不垂

成服而後絞垂奔喪見殯視小斂括髮而後襲絰絞帶小斂之節也又哭三哭而成服則又哭當視大斂其始聞喪已哭盡哀不能以始見賓之括髮當始喪之節明矣注意於此恐均失之案奔喪禮聞親喪遂行故此之云襲絰絞帶者用小斂之儀而亦賅成服言之其云殯東西面坐是成服即於殯所也於此不當分未成服已成服爲言注意亦恐未允

免麻于序東

鄭注於此言麻者明所奔喪雖有輕者不至喪所無改服也嵩燾案喪服傳齊衰以下牡麻絰小功以下澡麻帶絰此云麻通五服言之雜記凡異居聞兄弟之喪其始麻散帶絰未服麻而奔喪及主人之未成絰也疏者與主人皆成之親者終其麻帶絰之日數成絰則絞帶終其麻帶絰之日數謂散

帶垂至絞垂凡三日也奔兄弟之喪與父母有間矣故有不散帶者雜記之云服麻卽散帶也上文明言若未得行則成服而后行是雖父母之喪未能卽奔亦當爲位成服齊衰以下可知成服亦散帶而後絞此云免麻爲未成服者言也奔喪見殯視小斂襲絰免麻小斂之節也注謂不至喪所無改服則下文聞喪未得奔喪固有襲絰絞帶之文何爲無改服也

於又哭括髮成踊於三哭猶括髮成踊三日成服於五哭相者告事畢

鄭注又哭三哭不袒哀戚已久殺之也告事畢者五哭而不復哭也成服之朝爲四哭此謂既期乃後歸至者也其未期

猶朝夕哭不止於五哭孔疏三日成服謂來奔喪後三日通奔日爲四日初至象始死爲一哭明日象小斂爲二哭又明日象大斂爲三哭又明日成服之日爲四哭成服明日爲五哭皆數朝哭不數夕哭嵩燾案注意非也奔喪始至哭括髮袒視小斂爲始聞喪而哭雖斯徒跣無待象始死之節也明日又哭明日三哭成服專爲奔喪者言之旣殯而有朝夕哭奔喪者亦卽位哭不待言也至不及殯則已逾卒哭之期矣三日成服如在殯之儀而始至初哭又哭必兼朝夕葢已徹朝夕哭奔喪者猶於此致其哀焉故通爲五哭其以三日成服爲節則同也下文聞喪不得奔喪亦通三日成服爲五哭爲成服之前二日竝有朝夕哭也案鄭注於此云言五哭者以迫公事五日哀殺亦調

以此似皆未達經旨下文明有三日五哭之文是顯與經相背戾也禮文簡括在善讀者之自通之凡括髮必袒不言袒者文略下文齊衰以下不及殯又哭三哭皆免袒成踊又云除喪而后歸則之墓括髮袒絰輕若齊衰以下遠若除喪猶袒喪禮括髮爲重而袒爲輕括髮無不袒者鄭注乃云爲父於又哭括髮而不袒此齊衰又哭三哭皆言袒衍字也於此殆失之誣矣

凡爲位非親喪齊衰以下皆即位哭盡哀而東免絰即位袒成踊襲拜賓反位哭成踊送賓反位相者告就次三日五哭卒

鄭注父母之喪則不爲位其哭之不離始聞喪之處齊衰已下更爲位而哭皆可行乃行三日五哭者始聞喪訖夕爲位乃出就次一哭也與明日又明日之朝夕而五哭不五朝哭

而數朝夕備五哭而止亦爲急奔喪嵩燾案注意非也上文聞喪不得奔喪乃爲位括髮袒成踊襲絰絞帶卽位此云齊衰已下非親喪以别於爲母之齊衰也三日五哭自親喪至齊衰已下皆然成服之朝一哭猶之三哭也通始至哭又哭朝夕爲五鄭注誤以三日五哭卒爲急奔喪不知此正承上聞喪不得奔喪而通言齊衰已下之儀無爲父母不待急奔喪齊衰已下反急奔喪之理三日五哭成服云五哭卒者齊衰已下至成服而事畢下文成服拜賓正申足此意言卽位成服之後更無拜賓之事也注謂亦明日成服則是三日五哭之後始成服拜賓與前云成服之朝爲四哭者亦自爲抵牾矣

若所爲位家遠則成服而往

鄭注所當奔者外喪也外喪緦而道遠成服乃往容待齎也

嵩燾案上節凡爲位非親喪齊衰已下皆卽位承上聞喪不得奔喪乃爲位爲文而云相者告就次三日五哭卒衆主人兄弟皆出門哭止似謂兄弟在他邦聞喪不得奔喪則親且長者一人爲主衆兄弟皆就其家哭所爲位者兄弟之親且長者也衆兄弟相去遠則自成服而仍往哭諸其家禮之以親親爲義也斯亦仁之至也疑此經無奔外喪之文篇首奔父兄之喪已云若不得行則成服而后行齊衰已下之喪又更不必言也

哭父之黨於廟母妻之黨於寢師於廟門外朋友於寢門外所

識於野張帷

孔疏檀弓師吾哭諸寢與此異熊氏云檀弓殷禮此周法也此哭父黨於廟而檀弓云有殯聞遠兄弟之喪哭於側室亦異代禮也此母黨在寢逸奔喪禮母黨在廟者皇氏云母在則哭於寢母亡則哭於廟熊氏云哭於廟者是親母黨哭於寢者是慈母繼母之黨沈氏云事由父者哭之廟事由已者哭之寢此師於廟門外是父之友與爲師同嵩燾案此與檀弓之文各據一端言之凡爲廟者宗所繫也母妻之黨不繫於宗故於寢學記師無當於五服五服弗得不親於廟門之外尊師以況親必於外者不以師之戚戚其祖也凡私親之以義合者皆當哭於寢師友道一也哭師於寢亦正也檀弓

有殯而哭遠兄弟於側室無側室哭於門内之右是父之黨亦哭於寢云側室者以避殯也檀弓又云妻之昆弟爲父後者哭之適室父在哭於妻之室非爲父後者哭諸異室同一哭寢而所哭之室又各不同禮之所以準乎情與義之宜也疏引檀弓與此異文而據以爲異代之禮似失經旨

大夫哭諸侯不敢拜賓諸臣在他國爲位而哭不敢拜賓與諸侯爲兄弟亦爲位而哭凡爲位者壹袒

鄭注大夫哭諸侯哭其舊君不敢拜賓避爲主也與諸侯爲兄弟族親婚姻在異國者嵩燾案喪服大記君之喪子大夫寢門之外杖大夫於君所則輯杖子大夫之哭君並同大夫於君所輯杖則以避君也服同而不以杖亢君爲不敢主君

之喪也凡非主喪不拜賓賓謂他國之君若大夫來弔者其出使他國亦然爲位成服而不拜賓避君也兩言不敢拜賓相承爲文注謂大夫哭諸侯爲哭舊君恐誤與諸侯爲兄弟通謂他國之君襄公十二年左傳凡諸侯之喪同姓於宗廟同宗於祖廟同族於禰廟臨於廟必爲位以哭云爲位者諸侯相與臨喪之禮也注謂族親婚姻在異國者亦誤

所識者弔先哭于家而後之墓皆爲之成踊從主人北面而踊

鄭注北面自外來便也主人墓左西面嵩燾案士喪禮君使人弔主人迎於寢門外見賓不哭先入門右北面弔者致命主人哭拜稽顙成踊先入北面爲成踊也其後云即位踊復位踊皆北面凡踊在宮則鄉殯在墓則鄉墓經明言從主人

而踊則是主人至墓北面先踊而弔者乃與之拾踊注謂主人墓左西面西面者主人拜賓之儀非至墓成踊之儀也

凡喪父在父爲主父沒兄弟同居各主其喪親同長者主之不同親者主之

鄭注各爲其妻子之喪爲主也父母沒親同如昆弟之喪宗子主之不同從父昆弟之喪嵩燾案喪服小記父不主庶子之喪庶子爲妻以杖即位可也是父所主者適子之喪庶子則否經文約略言之而據喪服父在爲母期父卒爲母三年是子之服一統於父大夫之庶子爲其母大功庶子爲父後者爲其母緦父所不主者子亦不敢主也父卒而後得申其私經言父爲主猶喪服傳曰父之所不降子亦不敢降也君

之所不服子亦不敢服也所謂子統於父也父沒兄弟同居各主其喪則各爲其母若妻子皆得遂其私恩也親同不同二者並謂昆弟以下無喪主者昆弟之有子者各主其喪無子則昆弟之長者主之注云宗子謂嫡子也據儀禮喪服傳昆弟期無嫡昆弟庶昆弟之別於宗子之義無取經明言長者親者亦各祇其長與親爲之主而已

無服而爲位者唯嫂叔及婦人降而無服者麻

鄭注婦人降而無服族姑姊妹嫁者也逸奔喪禮曰凡爲其男子服其婦人降而無服者麻嵩燾案喪服傳出妻之子爲父後者則爲出母無服嫂叔本無服者也爲父後者之於出母降而無服者也逸喪禮凡爲其男子服其婦人降而無服

者麻則正嬸叔之服也族姑姊妹嫁者遞降而至於無服則其情固疏矣兄弟之無服者不相爲位而族姑姊妹嫁者獨推及無服之親恐非禮意也

禮記質疑卷三十四終

禮記質疑卷三十五

思賢講舍

湘陰郭嵩燾伯琛著

問喪

親始死雞斯

鄭注雞斯當爲笄纚聲之誤也親始死去冠二日乃去笄纚括髮也今時治始喪者邪巾貊頭笄纚之存象也嵩燾案內則櫛縰笄總所以理髮而約之漢時謂之幘說文髮有巾曰幘方言覆結謂之幘巾急就篇注幘者韜髮之巾後漢輿服志古者有冠無幘秦加武將首飾爲絳袙其後稍作顏題漢興續其顏卻㨶之施巾連題卻覆之今喪幘是其制也似幘因帞爲名漸崇其屋加耳其制略與冠同而別以巾覆髮急

就篇注巾者一幅之巾所以裹髮是也注云邪巾貊頭葢卽所謂喪幘後漢西南夷傳哀牢夷有貊獸廣志貊色蒼白貊頭猶言帕首謂之貊者其色蒼白此因冠有幘而爲喪幘葢漢制如此與笄纚之約髮者全別注以邪巾貊頭爲笄纚之存象非也

婦人不宜袒故發胸擊心爵踊

鄭注爵踊足不絕地嵩燾案爵踊猶言雀躍說文踊跳也跳躍也躍迅也僖公二十八年左傳距躍三百曲踊三百杜注距躍超越也曲踊踊也六書故大爲躍小爲踊躍去其所踊不離其所似踊躍皆絕地踊猶今之頓足哭謂之爵踊者雀行雙足踊惟其身輕而踊數不如男子之頓地有聲也注謂

足不絕地恐誤
亡矣喪矣不可復見已矣故哭泣辟踊盡哀而止矣心悵焉愴
焉惚焉愾焉心絕志悲而已矣
孔疏以其不可復見故反哭之時哭泣辟踊盡哀而休止也
嵩燾案此段文義痛絕不可復見言竝親之柩所以藏形者
亦不復見也哭踊之節盡哀而止言其外著之容愴愾悲絕
不能自勝言其內蘊之心容之哀有盡而心無窮也
冠至尊也不居肉袒之體也故爲之免以代之也
鄭注肉袒則著免免狀如冠而廣一寸嵩燾案古冠皆有笄
纚以約髮親始死去冠而笄纚小斂去笄纚而括髮三日成
服而後冠因以布約束其髮用之以代笄纚免冠而約髮之

布外見因謂之免免者免冠也惟斬衰齊衰有免以代笄纚故假免爲之名喪服女子子在室爲父布總三年傳曰總六升斬衰之冠六升齊衰之冠七升布總六升視斬衰之冠則免之爲斬衰齊衰者亦當各視其冠玉藻當事免謂免冠也其非去冠而加免明矣免以代笄纚云免狀如冠者非也詳見

喪服小記

然則秃者不免傴者不袒跛者不踊

鄭注將踊先袒將袒先免此三疾俱不踊不袒不免顧其所以否者各爲一爾嵩燾案免以代冠秃者冠矣何爲不免也蓋免所以約髮秃者無髮則免無所施當遂去冠而袒踊故謂之不備禮若以其不能免竝踊袒去之是廢禮矣此各據

一端言之注意非也

免者以何為也曰不冠者之所服也禮曰童子不緦唯當室緦緦者其免也當室則免而杖矣

鄭注不冠者猶未冠也緦者其免也言免乃有緦服也嵩燾案不冠者之所服猶言去冠以免將事也童子不冠總角而已無待以免約髮當室而有緦服則喪冠備矣有喪冠必施免雜記以喪冠者雖三年之喪可也童子為喪主於時可以冠故曰當室當室而服及緦一以成人之禮行之其免宜也注意似未分明

禮記質疑卷三十五終

禮記質疑卷三十六

思賢講舍

湘陰郭嵩燾伯琛著

服問

有從無服而有服公子之妻爲公子之外兄弟

鄭注謂爲公子之外祖父母從母緦麻嵩燾案此於喪服無明文據喪服緦麻章姑之子鄭注外兄弟也舅之子鄭注內兄弟也傳曰夫之所爲兄弟服妻降一等外兄弟緦麻妻爲夫之外兄弟無服不應公子之妻反爲之制服喪服爲夫之昆弟之婦人子適人者大功夫之姑姊妹娰娣婦小功爲夫之昆弟無服而夫之姑姊妹小功夫之昆弟之女子子既嫁猶大功同爲從服而恩有所及則服爲之加重以此推之夫

爲姑之子緦妻爲姑之女子子亦當服緦所謂外兄弟者姑之女子子也喪服君爲姑姊妹女子子嫁於國君者公之昆弟爲姑姊妹女子子嫁於大夫者皆服大功傳曰尊同則得服其親服公子爲姑之子尊不同者則無服而妻自服緦注以外祖父母從母當外兄弟非所以爲名矣

三年之喪既練矣有期之喪既葬矣則帶其故葛帶絰期之絰服其功衰

鄭注帶其故葛帶者三年既練期既葬差相似也絰期之葛絰三年既練首絰除矣爲父既練衰七升母既葬衰八升凡齊衰既葬或八升或九升服其功衰服麤衰也孔疏麤者謂七升父之衰也嵩燾案間傳除服者先重者易服者易輕者

卒哭受服去麻帶易葛帶而首絰不易期而小祥除首絰而要絰不除閒傳據爲父斬衰爲母疏衰言之而期喪無明文喪服父卒則爲母三年父在爲母期此云三年之喪既練期喪既葬練葬同時其卒已及九月得爲母申三年之服期喪之不爲母明矣喪服婦人有葛絰男子無葛絰而自期以下並不詳除絰之文大功章三月受以小功衰卽葛九月小功章卽葛五月而殤服大功牡麻絰無受小功澡麻帶絰五月準此以推期喪既葬不當除絰故仍三年之葛帶而服期之麻絰注云葛絰誤其功衰則前後喪並同雜記有父母之喪尙功衰又云三年之喪雖功衰不以弔正謂既練而服功衰受以大功七升齊衰既葬亦受以大功七升喪服記於斬衰

云衰三升其冠六升以其冠爲受受冠七升於齊衰云衰四升其冠七升以其冠爲受受冠八升三年之喪既練再受服齊衰既葬一受服所受竝同服其功衰蓋兼言之注通八升九升爲言疏專繫之父衰七升竝誤

有大功之喪亦如之

鄭注亦反服其故葛帶絰期之絰差之宜也孔疏大功既葬者首絰四寸有餘若要服練之葛帶首服大功既葬之葛絰既麤細相似不得爲五分去一爲帶之差故首絰同期之絰五寸有餘進與期之既葬同也嵩燾案喪服齊衰之絰斬衰之帶也去五分一以爲帶大功之絰齊衰之帶也去五分一以爲帶大功正服之衰八升與齊衰受服同所受皆功衰也

經云有期之喪既葬有大功之喪兩有字緊承三年之喪既練爲文葢此三者同爲功衰而首絰與所受之葛帶固有不同是以期喪既葬受葛猶之練服也而練服爲重既練除首絰齊衰既葬首絰不除故服期之絰大功之喪牡麻絰而大功之麻與三年既練之葛同亦猶之練服也而練服爲重其首絰則已除矣故亦服大功之絰閒傳既練遭大功之喪麻葛重齊衰之喪既虞卒哭遭大功之喪麻葛兼服之爲此三者麻葛同既練受葛而喪固重齊衰既葬亦受葛而屈於練服但服練服之葛而已閒傳所謂輕者包是也齊衰之絰大功之絰竝以加之練冠閒傳所謂重者特是也微有異者大功始喪麻葛重而反服其故葛帶亦與期喪既葬同也注於

此云絰期之絰似誤合期之喪既葬與此爲一事疏遂以大功既葬首服葛絰爲言且謂進與期之喪既葬同大功既葬受小功之服不與此爲類安得與期之既葬同鄭意大功與衰喪竝疏乃引大功以進於齊衰亦全失鄭意矣

麻之有本者變三年之葛

孔疏大功以上爲帶者麻之根本竝留之合糾爲帶嵩燾案下文小功不易喪之練冠如免則絰其緦小功之絰是所謂三年之葛主首絰言之言除練冠加大功之絰而假三年之葛爲之辭耳雜記三年之練冠則以大功之麻易之正是此義上文明言三年之喪既練有期之喪既葬帶其故葛帶絰期之絰有大功之喪亦如之閒傳輕者包重者特所謂重者

首經也所謂輕者要經也斬衰之葛與齊衰大功之麻皆兼服之無變葛之文所變者易練冠而首經而已疏以大功麻帶爲言與上下文義皆自相抵牾矣

殤長中變三年之葛終殤之月算而反三年之葛是非重麻爲其無卒哭之稅下殤則否

鄭注謂大功之親爲殤在緦小功者也可以變三年之葛正親親也男子爲大功之殤中從上服小功婦人爲之中從下服緦麻嵩燾案喪服云其長殤皆九月其中殤七月葢皆齊衰之服降而大功者下殤小功五月經明言殤長中變三年之喪正謂大功之殤服殤服大功牡麻經無受既葬而麻帶經終其殤服之月數三年之葛亦據既練言之故曰變未及

練而三年之經不除不得云變也其要經仍麻葛重所謂輕者包也經意大功三月卽葛而殤服無受不卽葛長殤則終九月中殤則終七月下殤則否正謂小功不變葛也鄭以大功之親爲殤在緦小功者言之則文義全不能明喪服傳大功之殤中從上小功之殤中從下爲殤服小功不及中殤言也注謂男子爲大功之殤服小功婦人爲服緦麻凡爲殤服降一等無婦人降大功而緦之理似皆未免經外求義也

君爲天子三年夫人如外宗之爲君也

鄭注外宗君外親之婦也嵩燾案周禮內宗凡內女之有爵者外宗凡外女之有爵者鄭注同姓之女謂之內宗諸姑姊妹之女謂之外宗而內宰云佐后使治內外命婦鄭注內命

婦九嬪世婦女御外命婦卿大夫之妻喪大記內命婦姑姊妹子姓立於西方外命婦率外宗哭於堂上北面鄭注外宗姑姊妹之女疑姑姊妹之女不當從外命婦堂上外宗當謂大夫士妻之未受命者而凡卿大夫妻之爲命婦皆可統之於外宗喪服爲夫之君期傳曰何以期也從服也雜記外宗爲君夫人猶內宗也內宗外宗之於君夫人視卿大夫之妻當有異故特著之此之外宗之爲君正喪服爲夫之君期者是也不當專主外親之婦言之

君之母非夫人則羣臣無服唯近臣及僕驂乘從服唯君所服服也

鄭注禮庶子爲後爲其母緦言唯君所服伸君也孔疏近臣

謂閽寺之屬貴臣不服此諸臣賤者隨君之服也喪服庶子爲父後者爲其母緦若不爲後則爲母無服嵩燾案春秋之義君母卒稱夫人葬稱小君隱公二年夫人子氏薨公羊傳以爲隱公之母左傳以爲桓公之母而於惠公皆不爲夫人文公四年夫人風氏薨僖公之母成風也宣公八年夫人熊氏薨宣公之母頃熊也襄公四年夫人姒氏薨襄公之母定姒也案公羊傳作定弋　昭公十二年夫人歸氏薨昭公之母齊歸也宣公十五年姒氏薨穀梁傳妾辭也哀公之母也案穀梁傳作定弋公羊傳定姒何以書葬未逾年之君也有子則廟廟則書葬左傳不稱夫人不赴且不祔葬定姒不稱小君不成喪也是年五月定公薨七月定姒薨哀公未即位不得尊其母爲夫

人春秋書姒氏薨書葬定姒是赴且成喪矣此當以公羊傳義爲正隱五年考仲子之宮穀梁傳曰考者成之也成之爲夫人也禮庶子爲君爲其母築宮旣成之爲夫人必不以庶子爲父後爲其母緦之例論矣喪服慈母如母齊衰三年君子子爲庶母慈己者小功慈母者父命以爲母者也君子子則適也鄭注喪服君卒庶子爲母大功大夫卒爲母三年庶子爲父後爲其母緦厭於父也疏云不爲父後爲其母無服未詳所據喪服記公子爲其母練冠麻衣旣葬除之則固重於緦矣鄭云唯君所服伸君也準諸公羊子以母貴母以子貴之例是庶子爲君稱其母夫人自得爲其母服疏引庶子爲父後爲其母緦以釋鄭氏伸君之義大誤近臣卽貴臣朝

夕在君側者周禮大僕下大夫戎右中大夫齊右下大夫道右上士鄭云右者驂乘不得謂之賤臣僕驂乘亦近君固知近臣之卽爲貴臣也疏竝失之

凡見人無免絰雖朝於君無免絰唯公門有稅齊衰

鄭注齊衰謂不杖齊衰也孔疏已有不杖齊衰則稅去齊衰絰猶不去也若杖齊衰雖入公門衰亦不稅也以差次約之大功非但稅衰亦免去其絰也嵩燾案喪服爲祖父母世父母叔父母昆弟妾爲女君婦爲舅姑皆不杖而服固重經云無免絰專爲父母之喪言之齊衰以下衰稍殺矣稅衰者脫去前衰後負板及左右之辟領非能易其衰裳爲吉服也喪大記大夫士既葬公政入於家既卒哭弁絰帶金革之事無

辟也三年之喪既葬而服公政而經帶不易齊衰以下之喪則時有之是以入公門有稅衰之文不能概之父母之喪也

經義無杖不杖之分注於此未免添設

禮記質疑卷三十六終

禮記質疑卷三十七

思賢講舍

湘陰郭嵩燾伯琛著

間傳

斬衰唯而不對齊衰對而不言大功言而不議小功緦麻議而不及樂

鄭注議謂陳說非時事也嵩燾案此下第五節言旣虞卒哭則此容貌聲音語言飲食四者皆據始喪言之喪服四制百官備百物具不言而事行者扶而起言而后事行者杖而起所謂言議喪次之言議也似不宜遽陳說非時事言者言其事也議則論其事之所以然樂則又更暢言之唯對言議樂五者祇據一事言其處斷之有詳略也

去麻服葛葛帶三重

鄭注葛帶三重謂男子也五分去一而四糾之嵩燾案喪服苴絰大搹去五分一以爲帶鄭注盈手曰搹中人之搹圍九寸五分去一得七寸二分卒哭變葛帶亦五分去一得五寸七分有奇士喪禮苴絰大搹要絰小焉散帶垂牡麻絰亦散帶垂既夕記小斂既馮尸主人袒髻髮絞帶喪服傳絞帶者繩帶也絞謂糾合之葛帶成幅亦準五寸七分有奇之葛裁爲三幅合縫之爲帶曰葛帶三重葛之成幅者也與絞帶自別鄭以四糾釋之恐誤

除服者先重者易服者易輕者

鄭注易服謂爲後喪所變也嵩燾案經方言卒哭以後受服

之節尚未及後喪變服事下云易服者何爲易輕者也始推言變服之等差除服者除重者釋上男子除乎首婦人除乎帶之文既練除經之節也易服者易輕者釋上去麻服葛葛帶三重之文卒哭受服易葛帶之節也（婦人則易首經）易服所以易輕者以重者不可兼而輕者可兼故爲之制使人見所易之葛知其斬衰之已及卒哭及練而又有新喪加之麻亦可辨知其爲齊衰大功之喪也聖人定爲喪服之制原是如此而此之云易服則尚未及後喪變服之節也

斬衰之喪既虞卒哭遭齊衰之喪輕者包重者特既練遭大功之喪麻葛重齊衰之喪既虞卒哭遭大功之喪麻葛兼服之

鄭注既虞卒哭謂齊衰可易斬衰之節也輕者可施於卑服

齊衰之麻以包斬衰之葛謂男子帶婦人絰也重者宜主於尊謂男子之絰婦人之帶特其葛不變之也旣練已下言大功可易斬服之節也斬衰已練男子除絰而帶獨存婦人除帶而絰獨存謂之單單獨也遭大功之喪男子有麻絰婦人有麻帶又皆易其輕者以麻謂之重麻旣虞卒哭男子帶其故葛帶絰期之葛絰婦人絰其故葛絰帶期之葛帶謂之重葛齊衰之喪以下言大功可易齊衰期服之節也兼猶兩也不言包特而言兩者包特著其義兼者明有絰有帶耳不言重者三年之喪旣練或無絰或無帶言重者以明今皆有期已下固皆有矣兩者有麻有葛耳葛者亦特其重麻者亦包其輕也孔疏兼服之者男子大功麻帶易齊衰之葛帶其首

猶服齊衰葛絰是首有葛要有麻故云麻葛兼服之據男子
也婦人則首服大功之麻絰要服齊衰之麻帶上下俱麻不
得云麻葛兼服之也嵩燾案斬衰卒哭受服與齊衰同既練
受服與大功同齊衰卒哭受服亦與大功同而男子之帶婦
人之絰有易葛之文喪服或重或兼服則凡兼有齊衰大功
之喪者皆可辨而知之男人重首絰婦人重要絰斬衰之喪
重於齊衰齊衰之喪重於大功輕者不能以抗重者故曰重
者特男子輕者帶絰婦人輕者首絰既皆已易葛矣而後喪
之麻可以加於葛於此兼服之故曰輕者包其或言包或言
重者何也斬衰三升受以成布六升而齊衰四升與所受服
不相準則齊衰之帶可以包葛玉篇包裹也卒哭葛帶加布

帶其上若包裹之也既練受以成布七升而大功七升麻葛正相準曰重者成布之數適相當也男子既練首絰除矣婦人既練要絰除矣則各絰大功之絰亦所謂重者特也檀弓婦人不葛帶服重者有除無變男子之絰婦人之帶皆無變注意析麻葛爲二通舉葛絰葛帶言之又云兼服之者明有絰有帶三年之喪既練或無絰或無帶期已下固皆有矣兩者有麻有葛似謂斬衰首絰不易葛齊衰已下易葛疏據檀弓婦人不葛帶謂婦人獨不易葛多生轇轕無當經旨

斬衰之葛與齊衰之麻同齊衰之葛與大功之麻同大功之葛與小功之麻同小功之葛與緦之麻同麻同則兼服之

鄭注謂大功有變三年既練之服小功已下則於上皆無易

焉此言大功之葛與小功之麻同小功之葛與緦之麻同主
爲大功之殤長中言之嵩燾案鄭據服問緦之麻不變小功
之葛小功之麻不變大功之葛與此文忤故假殤服爲言雜
記有三年之練冠以大功之麻易之服問麻之有本者變三
年之葛所謂變者易冠而經約略爲之辭耳服問小功不易
喪之練冠如免則經其緦小功之絰爲小功緦輕不得加於
練服當事而免又嫌於無服故仍加小功之絰其要絰之麻
葛同者自可以兼服之兼服與上輕者包及麻葛重異文包
也重也謂服之重者麻葛竝施大功以下服輕矣前喪之葛
後喪之麻相去無幾服問旣練遇麻斷本者於免絰之旣免
去絰施之當事而已不以變前服也絰故曰兼服之服重者

則易輕者也大功重於小功則易小功之麻小功重於緦則易緦之麻而或大功將除而有小功之服小功將除而有緦之服則小功緦重而大功小功之帥葛者又輕此與服問之義正兩相成注意恐失之

禮記質疑卷三十七終

禮記質疑卷三十八

思賢講舍

湘陰郭嵩燾伯琛著

三年問

三年之喪二十五月而畢哀痛未盡思慕未忘然而服以是斷之者豈不送死有已復生有節也哉

鄭注復生除喪反生者之事也嵩燾案復生者復生人之常理居處飲食衣服以漸而復常所謂節也據喪服小記再期之喪三年也期之喪二年也凡年以見歲爲期儀禮士虞記期而小祥再期而大祥中月而禫是月也吉祭猶未配玩儀禮之文祥禫同月旣禫而可以吉祭矣而不得遽遷廟遷廟而後有配少牢禮用薦歲事於皇祖伯某以某妃配未遷廟

則祔食祖廟不言配也喪大記禫而從御吉祭而後寢吉祭者吉禘也禘而遷廟始正禰廟之名案士虞記吉祭猶未配蓋通言之當禫之月不遷廟也不遷廟則亦不遠行吉祭經文略標其義在讀者之善通之而已喪至禫而畢而寢處之節至吉祭而始復固不限以二十五月也而三年之喪二十五月而畢則禮之不易者也雜記期之喪十一月而練十三月而祥十五月而禫父在爲母期伸其餘月以盡其哀與士虞記之中月而禫又別一義

將由夫患邪淫之人與則彼朝死而夕忘之然而從之則是曾鳥獸之不若也夫焉能相與羣居而不亂乎

鄭注言惡人薄於恩其相與聚處必失禮也嵩燾案注意訓患爲惡則將由夫三字語氣與下不相類荀子禮論作愚陋

邪淫之人王氏述聞愚字與古文患字作患者相似故愚誤爲患又脫陋字荀子禮論篇然而從之作然而縱之縱讀爲故縱之縱下文然而遂之言遂君子之心此言縱小人之心縱之則爲禽獸矣羣居不亂言鳥獸自爲羣不相紊亂人而禽獸生理自亂禽獸亦不與羣人焉能與同羣哉極言以絕之

然則何以至期也曰至親以期斷

鄭注何以有降至於期也謂爲人後者父在爲母也嵩燾案至親以期斷若喪服爲祖父母爲世父母叔父母爲妻爲昆弟爲衆子爲昆弟之子皆至親也加隆則再期而爲父母三年殺則爲大功九月小功五月緦麻三月喪服小記九月七

月之喪三時也五月之喪二時也三月之喪一時也期則四時備矣隆殺之節以是爲之準故曰至親以期斷孔疏以注未盡經意而云至親以期斷明一時可除之節故禮期而練男子除絰婦人除帶專就除喪言之亦未盡

焉使倍之故再期也

鄭注焉猶然嵩燾案孔疏言子既加隆於父母故然使倍之似於辭義爲不順王氏經傳釋詞焉猶於是也乃也則也徵引甚備據淮南時則訓天子焉使乘舟高誘注焉猶於也其注呂覽云焉猶於此僖公十五年左傳晉於是乎作爰田晉於是乎作州兵晉語云晉焉作轅田焉作州兵亦云晉逐羣公子乃止奚齊焉始爲令晉無公族焉墨子魯問篇公輸子

自魯南游楚焉始作舟戰之器親士篇分議者延延而支苟者洛洛焉足以長生保國凡云焉皆通作於是緩言之曰於是急言之曰焉焉使倍猶言於是使倍期也焉使弗及猶言於是使弗及期也訓焉爲然於義未合

上取象於天下取法於地中取則於人

孔疏三年一閏是三年取象於一閏天地一期物終是一期取象於一周九月象陽數又象三時而物成也五月象五行三月象天地一時而氣變此五服之節皆以法天地也子生三年免於父母之懷故服三年人之一歲情意改變故服一期九月五月三月亦逐人情而減殺是中取則於人嵩燾案三者竝承上至親以期斷言天地人往復之幾以期爲之節

也天有溫涼寒暑地有生長收藏人有舒慘啟閉歲之一周天行地運履端更始而人事之應以動者亦皆以復其常此喪服之所以因時爲隆降也疏於此析言之恐未合經意

禮記質疑卷三十八終

禮記質疑卷三十九

思賢講舍

湘陰郭嵩燾伯琛著

深衣

鄭注深衣連衣裳而純之以采者素純曰長衣有表則謂之中衣孔疏長衣以素純若以布純則曰麻衣嵩燾案喪服記麻衣縓緣鄭注麻衣小功布深衣其雜記注云麻衣白布深衣鄶風詩箋云麻衣深衣麻者布也深者所以爲衣之式也吉服自朝服以上及喪服之衰皆有裳無緣惟深衣有緣麻衣縓緣蓋喪服之深衣與吉服異緣者其間深衣之緣又各視其父母以爲純繢純青純素之別如下文所記具父母大父母及孤子之衣純是也深衣長衣隨事爲名玉藻長中繼

揜尺所謂長者卽深衣也郊特牲繡黼丹朱中衣唐風詩傳引以釋素衣朱襮之義是中衣亦有緣冕弁服之中衣上覆以裳深衣無裳其揜中衣以尺爲節故亦名長衣鄭注雜記長衣深衣之純以素也證之禮經實無其文雜記之云麻衣布衰則猶衰服也其云練冠長衣則猶練服也同爲深衣而衰服各別未宜執一以論之

續衽鉤邊要縫半下

鄭注續猶屬也衽在裳旁者也屬連之不殊裳前後也鉤邊若今曲裾也續或爲裕三分要中減一以益下下宜寬也要或爲優孔疏衽謂深衣之裳以下闊上狹謂之衽要縫謂要中之縫下畔一丈四尺四寸要縫半之七尺二寸凡布廣二

尺二寸以四寸爲縫一尺八寸三分之爲六寸減六寸以益
下上二幅一尺二寸下二幅二尺四寸嵩燾案續衽鉤邊與
玉藻衽當旁之文兩相備要縫半下與玉藻縫齊倍要之文
互相成凡冕弁服衣及裳皆正幅而裳之前後幅不相屬故
衣兩旁皆有衽以下揜裳際鄭注玉藻衽屬衣垂而放之益
別爲一幅垂於衣之左右喪服記衽二尺有五寸鄭注衽以
揜裳際者是也說文衽衣裣也裣交衽也衣裣謂之衽則此
深衣之衽也於冕服謂之襘昭十一年左傳衣有襘杜注襘
領會言領相交會處也亦曰襘玉藻及此經之袷深衣之交
領也曲禮之袷兼言冕服袷襘字通冕服正幅襘下及帶說
文襘帶所結也謂帶所結處通名爲襘其左右兩衽自垂於

衣旁深衣無兩旁揜裳際之衽而前衽斜交以收合於右遂通衽爲衽說文所謂交衽者是也續衽謂與裳相屬正以衽者下揜裳際因據其以左揜右而名之衽廣韵鉤曲也鉤邊謂衽斜交而曲下與冕服之正幅者異玉藻所謂衽當旁蓋冕服由交領直下深衣曲下而收合於右當旁者當衣右之一旁也案鄭注鉤邊若今曲裾蓋漢制衣衽相交處以一幅布屬於後曰後裾又謂之向前曰曲裾若今之小衽曲裾者曲抱向前鉤邊者斜交向右似不當爲一類鉤邊肖其形當旁著其用故曰兩相備續衽則衣裳相連短長之度以要爲準由要而上達之領下屬之齊適得其半要縫半下據要言縫齊倍要據下齊言蓋雖上下相屬而猶存衣裳之遺每幅中裁而縫合之要縫得衣之半下齊之視要與要之視領相倍也故曰互相成

舊注似皆失之

又案鄭注喪服祭服朝服辟積無算顏師古漢書相如傳注辟積猶今之帬褶凡裳前三幅後四幅幅二尺二寸以孔疏四寸爲縫準之前除交縫一尺二寸得五尺四寸後除交縫一尺六寸得七尺二寸合計之得一丈二尺六寸故須辟積之使與身相稱深衣無辟積而斜裁六幅之布削上而益下齊下乃至廣一丈四尺四寸何以適體而便趨走乎詳玩注意要縫半下三分要中減一以益下蓋謂衣前後四幅得八尺八寸除交縫一尺六寸得七尺二寸三分之減其一分得四尺八寸以其一分益下齊得九尺六寸所謂縫齊倍要也深衣所以異於冕弁服者惟其便也無衣裳之分故於上幅

削下下幅削上使足以固要而寬其下以為容然九尺六寸之齊下垂於地固非所以取便也疏乃以下闊一丈四尺四寸為說朱子深衣圖考因之而古制乃益茫然矣

袂之長短反詘之及肘

鄭注袂屬幅於衣詘而至肘當臂中為節臂骨上下各尺二寸則袂肘以前尺二寸嵩燾案臂上下各尺二寸與衣幅廣二尺二寸者不相當反詘之義終不能明葢人身由背脊至肘者長於由肘至手袂縫別為一幅與衣之正幅相屬而縫合其左右各二寸（案袂緣屬之幅孔疏據純袂緣純邊廣各寸半之文遂謂袂幅二尺三寸半者誤）其長葢三尺六寸以中人身臂計之長短不必適均而袂幅各視其肘以為節反屈之及肘併衣之正幅與袂幅通計以

所詘處及肘爲袂之長短也由肘而上達於背下及於指以當袂之適中處則下揜手有餘一以人身爲準而不强制其長短以爲一成之式所以取便也疏謂衣幅二尺二寸身脊至肩尺一寸至臂又尺一寸是衣幅得覆及臂今又屬袂於衣故反詘其袂得及於肘誠然則袂幅與正幅有定制不當以反詘及肘定袂之長短矣鄭注嘗臂中爲節語自分明疏恐失之

制十有二幅以應十有二月

鄭注裳六幅幅分之以爲上下之殺孔疏每幅交解爲二是十二幅也嵩燾案裳六幅而析爲十二於禮無徵凡裳通前後七幅而有辟積深衣無裳之可名聯合上下爲一故無辟

積而以六幅上殺之以益下又析六幅爲十二幅而仍以裳名之似失深衣之義下文明言完且弗費析六幅爲十二裁合參差幾同褸裰則非完也縫紝之功倍於冕服則非弗費也經云制十二幅自通衣言之而獨據其下之象裳者掰爲十二幅之制顛倒割裂勉强求合證之禮經無其文考之先王之典章亦無其義十二幅者衣前後各四幅上二幅通前後聯屬之左右袂爲二幅亦通前後相屬而自分陰陽凡前六幅象陽後六幅象陰陰陽十二律以應十有二月通深衣前後求之而陰陽十二月之義備焉曰制者明深衣上下通用正幅而稍縫之前後可見者凡十有二幅也自鄭注失其義而司馬文正公及朱子各仿其制爲之當時見爲詭異實

亦非古制也

袂圜以應規曲袷如矩以應方負繩及踝以應直下齊如權衡以應平

鄭注袷交領也古者方領如今小兒衣領嵩燾案說文袷衣無絮廣韵袷複衣一曰曲領也杜注左傳襘領之會也領之會處曰交領禮經多假袷為襘會與合皆取相交義說文襋衣領袵衣裣裣交袵袵相交曰裣在領曰袷鄭注曲禮袷交領也注玉藻袷曲領也惟深衣有曲領玉藻之袷二寸正據深衣言之由領向右曲下曰曲領斜殺而屬之要曰鉤邊其曲處直折而下曲袷如矩專就折處為言適當胸旁故曰抱方似不得為方領也下齊如權衡以應平前後四幅適平裳

之有辟積不能平也而裁爲一丈四尺四寸之齊其廣倍要幅旁曳而委於地何以云平用此知疏義之必不然也

純袂緣純邊廣各寸半

鄭注廣各寸半則表裏其三寸矣惟袷廣二寸嵩燾案玉藻袷二寸袪尺二寸緣廣寸半鄭注郊特牲繡黼丹朱以爲中衣領緣而唐風詩箋云繡黼以爲領丹朱以爲緣毛傳素衣朱襮領也亦云朱繡似朱爲領而加繡黼說文襮黼領也袷者交領袷二寸領亦二寸繡黼所以爲領緣也注云袷廣二寸專據領緣言之恐誤冕服無緣而有裼襲裼則中衣外見故中衣有緣深衣無裼襲之分自領以下皆有緣所以爲飾也證之禮經亦無表裏皆緣之文檀弓鹿裘衡長袪袪裼之

裼則反出其袪而裏外見深衣之袂胡下而收合其袪尺二寸是不能反出也尤不應緣其裏經云袂緣邊三者皆純注緣裼也既夕禮縓綼裼緇純注飾裳在幅曰綼在下曰裼飾衣曰純深衣通衣裳爲一邊卽所謂在幅緣卽所謂在下純廣各寸半與玉藻袷二寸袪尺二寸緣廣寸半同文注於此以表裏各寸半爲言似未免以意擬之

禮記質疑卷三十九終

禮記質疑卷四十

思賢講舍

湘陰郭嵩燾伯琛著

投壺

主人奉矢司射奉中使人執壺

鄭注司射奉中投壺射之類也其奉之西階上北面嵩燾案鄉射記射自楹間序則物當棟堂則物當楣似射皆南面而鄉射禮言設楅中庭南設中楅西當西序南東面則是中設於西階下東面以射者西面故也投壺禮同於射而布武則射廣而投壺狹故可設中階上鄭注奉之西階上北面專為奉以升階言之然下有授矢設中之文而不言壺所置處疑壺正當階北面鄉射禮司射兼挾乘矢升自西階北面司射

賓黨也宜自西階主人自升阼階以授矢於賓投壺之親授矢與射禮異鄭注據射禮爲說非也

賓再拜受主人般還曰辟主人阼階上拜送賓般還曰辟

孔疏主人見賓拜般還曲折還謂賓曰今辟而不敢受於是賓主人皆來兩楹之間南面主人授矢於賓復歸東階下北面拜送矢賓亦歸西階上般還而告主人曰今辟而不敢受

嵩燾案曰辟者記禮者之辭言所以般還爲辟其拜也疏據曰字爲賓主人之辭大射禮賓及庭公降一等揖賓賓辟君有命徹幕賓及諸公卿大夫皆降西階下再拜稽首公答拜大夫皆辟聘禮賓入門左公再拜客辟受几於筵前公壹拜送賓以几辟公食大夫禮賓入門左公再拜賓辟辟者所以

為禮也安得於此復有禮辭熊氏安生云日辟者是贊者來辭告主人及賓投壺禮備賓及主人自相授受尤不得有贊者之辭失之愈遠矣

順投爲入比投不釋

鄭注比投不拾也孔疏比頻也賓主投壺要更遞而投不得以既入喜悅而已頻投嵩燾案鄉射禮取弓矢拾鄭注拾更也下云三耦拾取矢言更取矢也又云既拾取乘矢言更取四矢也又云司射作拾取矢言司射復命之更取矢也大射禮遂命三耦各與其耦拾取矢上射橫弓卻手自弓下取壹个下射橫弓覆手自弓上取一个既拾取矢捆之兼挾乘矢是取矢亦各與其耦更取之儀禮云上射既發挾弓矢而后

下射射拾發以將乘矢拾發者上射既發挾弓矢而立而后下射射凡四發皆然士喪禮男女更踊謂之拾踊曲禮左右足更升謂之拾級下文拾投注亦云拾更也廣韻比竝也韓詩外傳高比所以廣德也下比所以挾行也言上下相比竝比投謂賓主竝投兩矢竝發則中者與不中者不辨爲誰何之矢故不爲之釋算注云比投不拾也語極明曉疏乃以頻投釋之亦稍失注意矣

正爵既行請爲勝者立馬一馬從二馬三馬既立請慶多馬

鄭注馬勝算也孔疏立馬謂取算以爲馬表勝數也每一勝輙立一馬禮以三而成但勝偶未必得三得二卽徹取劣偶之一以足勝偶之二爲三故云一馬從二馬嵩燾案下文賓

黨於右主黨於左射者比三耦以三爲節投壺亦以三爲節而通以賓黨主黨分左右每投四矢取其鈞也是以奇則曰奇鈞則曰左右鈞四矢而有奇數則勝負見矣一投而釋一算四投畢而立一馬釋算以行罰爵立馬以行慶爵明分二事三馬既立謂三耦具投而一行慶爵勝者在前負者在後曰一馬從二馬一勝則立一馬二不勝則此一勝之馬退居二馬之後不用以爲勝算所謂請慶多馬馬多者乃得行慶爵也舉二馬而三馬可知矣鄭併馬與算爲一疏遂言取算以爲馬徹取劣偶之一以足勝偶之二爲三而云禮以三而成似失經旨

命弦者曰請奏貍首間若一大師曰諾

鄭注閒若一者投壺當以爲志取節焉孔疏謂前後樂節中閒疏數如一嵩燾案鄉射記歌騶虞若采蘋皆五終而鄉射禮命太師奏騶虞閒若一奏騶虞以射大射禮命大師奏貍首閒若一奏貍首以射下竝云三耦卒射大夫衆賓繼射是所謂歌五終三耦及衆耦相閒皆取應樂節也似儀禮鄉飲燕射皆有樂無以樂節疏數詔大師之文騶虞貍首采蘋采蘩皆所以爲射節每歌必五終而大射禮云奏貍首是專以貍首爲節也因以詔之大師言每耦閒射一以貍首爲節似不得爲歌詩疏數之節也

卒投司射執算曰左右卒投請數二算爲純一純以取一算爲奇遂以奇算告曰某賢於某若干純

鄭注司射數其所釋左右算如數射算一純以取實於左手十純則縮而委之每委異之有餘則橫於純下一算爲奇奇則縮諸純下兼斂左算實於左手一純以委十則異之其他如右獲嵩燾案鄭所引射禮之文此經下云正爵既行請立馬是每投畢一行罰爵而后立一馬與射禮稍異每耦八算賓主各得四算二算爲純一算爲奇如四投四入得四算曰二純二不入得三算曰二純一奇二不入得二算曰一純三不入得一算曰一奇勝者二算則司射告曰某賢於某一純勝者一算則告曰某賢於某一奇勝者三算則告曰某賢於某一純一奇各據一耦言之案疏云若有奇數則曰奇假令九數則曰九奇大誤數畢而行罰爵因爲勝者立一馬射禮先比三耦以次及衆耦卒

射而後視算故鄉射記曰箭籌八十葢每射極之十耦左右各得二十純至十純則縮而委之而横其餘純於下委其總數而比次其餘數以較勝負也卒射而飲不勝者而勝者之慶爵不行射之所以終於讓也投壺兼行慶罰因有立馬之文未宜據射禮釋之

正爵既行請立馬馬各直其算一馬從二馬以慶

鄭注馬各直其算言當其所釋算時也三立馬者投壺如射亦三而止也三者一黨不得三勝其一勝者併其馬於再勝者以慶之嵩燾案馬各直其算謂賓及主人左右視算爲勝者立馬當所釋之算前以表識之也各者分左右言之注謂當釋算時據經文正爵既行請立馬知當在衆耦卒射之後

非釋算時也一勝而立一馬三馬既立請慶多馬馬多爲勝馬少爲負一馬從二馬負者亦從而慶之而不敢有爭心二馬自勝一馬不待併負者之一馬以自益勝者一負而不爲屈負者一勝而亦不相蒙何爲撿而有之以求多乎注云其一勝者併其馬於再勝者以慶之非經義也

算多少視其坐

鄭注算用當視坐投壺者衆寡爲數也嵩燾案鄉射記箭籌八十畢成數而言鄭注略以十耦爲正貴全數也而要以人數之多寡爲置算之數射禮算亦名籌別於矢也投壺籌算異物而籌亦名矢比於射也

毋憮毋敖

鄭注憮敖慢也嵩燾案此戒侍立執事者偝立踰言皆以事言不應以敖慢爲戒偝立踰言亦卽是慢爾雅釋詁憮大也郭注引詩亂如此憮又云憮厖有也郭注引詩遂憮大東今詩作遂荒大東荒亦大也說文憮覆也亦不當爲慢疑憮當爲譕廣韻譕誘詞也案方氏析疑憮當作嘑音同而譌葢投壺中者喧嘑以助勢憮嘑竝荒烏切義亦可通敖當爲嗷荀子彊國篇百姓讙敖楊倞注喧也讙嗷正作讙敖皆戒其多言之意無憮者本無言而誘之使言無敖者揚其聲言之近於囂也毋踰言越位而與人言投壺習禮冠士使者童子竝當在弟子之列左右執事惟戒其囂故身容一而言容三於此不得有敖慢之戒

鼓半魯鼓半辟鼓取半以下爲投壺禮盡用之爲射禮

孔疏每一圜點則一擊鼙每一方點則一擊鼓頻有圜點則頻擊鼙頻有方點則頻擊鼓嵩燾案大射禮建鼓在阼階西應鼙在其東一建鼓在西階南朔鼙在其北一建鼓在西階東鄭注鼙小鼓先擊小後擊大朔始也應鼙應朔鼙也是先擊者西鼙也其連擊者西鼙始而應鼓應之其收聲亦必以應鼙鼓亦東西相應此當通大射禮求之案儀禮鄉射大射竝言司射北面命曰不鼓不釋注云不與鼓節相應不釋算鼓卽樂節也鄭於大射禮云凡射之鼓節投壺其存者也卽此魯鼓薛鼓之辨投壺之鼓

半射節

禮記質疑卷四十終

禮記質疑卷四十一

思賢講舍

湘陰郭嵩燾伯琛著

儒行

衣逢掖之衣

鄭注逢猶大也大掖之衣大袂禪衣也孔疏大夫以上侈袂朝祭之服不禪庶人禪今孔子禪與庶人同袂大與庶人異嵩燾案王氏肅謂逢掖之衣卽深衣其說確不可易疏云大夫侈袂鄭注周禮司服之文據雜記凡弁經其衰侈袂鄭注弁經弔服袂小者二尺二寸大者半而益之則侈袂三尺三寸因是据爲大夫之侈袂似於禮無徵喪服記衣二尺有二寸袂尺二寸鄭注衣二尺二寸所謂袂中也通言衣制竝無

大夫士之分士喪禮襚者以褶則必有裳喪大記小斂君大夫士皆用複衣複衾大斂君褶衣褶衾又云衣必有裳袍必有表不禪蓋惟斂衣爲然朝祭之服無明文玉藻纊爲繭縕爲袍禪爲絅帛爲褶深衣之制有是四者亦不必庶人皆禪而餘否也逢掖卽深衣之袂圜應規鄭注所謂胡下是也逢縫字通逢其當掖處則袂侈雜記之云侈袂亦猶是也似不當專以大袂禪衣爲訓

儒有衣冠中動作愼其大讓如慢小讓如僞大則如威小則如愧其難進而易退也粥粥若無能也

鄭注如慢如僞言之不愊悃也如威如愧如有所畏孔疏已讓此大物辭貌寬緩如傲慢然讓小物如似詐僞亦謂寬緩

不急切行大事時形貌似有畏懼行小事時如有慙愧嵩燾案難進易退如孟子之言進以禮退以義則此之云動作兼出處辭受言之大讓小讓大則小則對待爲文說文則等畫物也謂定其等差爲界畫玉篇則法也凡制度品式皆曰則此云如威如愧正據品式言之大讓辭而不受意若慢之小讓辭而后受若僞飾然此言辭受之節也大則品式尊嚴無敢褻視者故如威小則小心抑畏若有所怍而不敢承故如愧此言出處之節也鄭注兼釋之疏遂分大物小物大事小事爲言非也

儒有居處齊難

鄭注齊難齊莊可畏難也嵩燾案注意迂回張子云難者恭

愼也語較明直王氏述聞難讀爲戁說文戁敬也徐鍇傳曰今詩作熯小雅楚茨篇我孔熯矣毛傳熯敬也爾雅同熯戁難聲相近故字相通其實難字亦自具戒愼意商書其難其愼論語爲之難皆言勉强自檢飭莊敬而勉强自持所謂齊難也下文言必信行必中正兩必字亦卽董子勉强學問勉强行道之義

道塗不爭險易之利冬夏不爭陰陽之和

鄭注行不爭道止不選處所以遠鬭訟嵩燾案注意非也經言備豫有如此者祇是隨遇而安意此身綽然有以自處所歷之地不足以累之所謂備豫也不爭言不與天地陰陽爭一身之休咎地有險易地之常也山行乘樏泥行乘橇順其

常而已天有寒暑天之常也冬日衣裘夏日衣葛順其常而已推極人事之萬變一以常應之險夷豐悴無與於心而何爭焉二語深雋猶周秦諸子之寓言也疏據以爲與人爭恐失之

其近人有如此者

孔疏其親近於人如此嵩燾案君子之近人非求與人近也近人承上易祿言伊尹之樂道是難得也子思之摽使是難畜也難得者出處之大節難畜者辭受之大閑君子於此可謂遠人矣而先勞後祿實與人以可近所寶所祈與其所謂富者一求之己而無所資於人己與人兩無歉故近人

流言不極

鄭注不極不問所從出也嵩燾案淮南精神訓賤之而弗憎貴之而弗喜隨其天資而安之不極高誘注極急也謂急求之意流言不極者流言加於其身不急求其故也所從出在人不急求其故則所以致流言者亦不一置念祇是强忍之意呂氏大臨言儒行之文有矜大勝人之氣少雍容深厚之風此所謂特立尤近於戰國游俠之爲非儒者之言也

雖有暴政不更其所

孔疏雖有暴政不改其志操迴然自成立也嵩燾案所如詩之獻于公所謂所處之地也言有忠信之德禮義之行而將之以仁義無所處而不宜不更其所卽素患難行乎患難意但能邦無道免於刑戮於暴政何歉焉諸葛公曰此中足士

大夫遨遊何必故鄉所以自立在己而已雖有暴政不足以攖其心疏云不改其志操者非也

雖危起居竟信其志猶將不忘百姓之病也

鄭注起居猶舉事動作孔疏比黨之民共危之而行事舉動終能伸己之志謀不變易也嵩燾案經言身可危志不可奪舉事動作屬之身者疏謂行事能伸己之志謀恐非鄭意伊川當崇甯時追取出身以來文字其所在著書令監司伺察朱子當慶元時有僞學之禁而其後卒爲百世楷則可謂能伸其志者志立於不可奪而事不必其集謀不期於成積久而其志業終顯著於天下此節如程子朱子足以當之

禮之以和爲貴忠信之美優游之法慕賢而容衆毀方而瓦合

鄭注忠信之美美忠信者也優游之法法和柔者也毀方而瓦合去己之大圭角下與衆人小合也孔疏見人忠信則美之見人和柔則法之嵩燾案忠信之美優游之法是行己大段工夫慕賢容衆毀方瓦合是接人大段工夫忠信蘊之心者優游從容有餘之意是發之外者法謂一身之法度慕賢容衆所以待人主存心言毀方瓦合所以處人主臨事言瓦之體方而用員其圭角四出者非瓦之所以爲用也以其員爲用而受衆瓦與之比合以成覆屋之功其相比合至密且周矣而各自相體不相膠結故曰瓦合毀者除也言瓦本方而用以覆屋以上承棟而下極於霤無有罅漏之存則惟其用之員而其方者自在而固不以爲用故曰毀方舊注似皆

失之

儒有澡身而浴德陳言而伏靜而正之上弗知也麤而翹之又不急爲也

鄭注麤猶疏也微也君不知已有善言正行則觀色緣事而微翹發其意使知之又必舒而脫脫焉已爲之疾則君納之速君納之速怪妬所由生也嵩燾案注意極害道孟子所謂穿窬之類也漢世儒者於此尚少析義之功澡身浴德君子以洗心退藏於密而尤悔不生孟子固曰歸潔其身而已矣此言儒者之仕自飭其躬而不相獎以言陳言而伏謂自隱藏其事君也於其事之未形靜而正之昭德塞違納之軌物之中而使不自知於其事之已著略而舉之談言微中不迫

爲之程而使之自悟守約而施博言近而指遠斯惟有德者能之

不臨深而爲高不加少而爲多世治不輕世亂不沮

鄭注不臨深而爲高臨衆不以已位尊自振貴也不加少而爲多謀事不以已小勝自矜大也世治不輕不以賢者竝進不自重愛也世亂不沮不以道衰廢壞已志也嵩燾案鄭注非也儒者之言行惟務其實不臨深而爲高不加少而爲多謂不援引傅會以成其說世治君相皆賢其志可以行焉而一出之詳審無喜事立功之心世亂其志不行而確然有以內信於心而不自疑沮此皆儒者守道之義

博學以知服

鄭注不用己之知勝於先世賢知之所言也孔疏謂知服畏先代賢人嵩燾案說文服用也廣韻服用也行也習也國風寤寐思服鄭箋服事也大雅昭哉嗣服毛傳服事也言博學以知所當行之事博學則聞見廣義理明其於身之所服習必有以知其方矣似不爲畏服之義

雖分國如錙銖

鄭注八兩曰錙嵩燾案說文錙六銖也風俗通六銖爲錘倍錘則錙倍錙則兩韻會八銖曰錙錙銖二字相連言輕微也楊倞注荀子八兩曰錙高誘注淮南子六兩曰錙玉篇亦云八兩爲錙皆沿鄭說似當以從說文爲正

儒有不隕穫於貧賤不充詘於富貴

鄭注隕穫困迫失志之貌充詘歡喜失節之貌充或爲統嵩燾案隕者穫之反充者詘之反二字異義猶得失損益之分富貴貧賤皆外至者也於已無與忽而貧賤焉而吾自若也忽而富貴焉而吾自若也無加損於其心以此見富貴之驕人與貧賤者之驕人皆失也隕穫充詘皆言憂喜失常意當分兩義釋之案凡處貧賤戚焉而已凡處富貴驕焉而已惟富貴貧賤之交眩於心與其驟至於此變易其常度而不自知隕穫充詘忽喜忽懼由其心之熒惑無主也

禮記質疑卷四十一終

禮記質疑卷四十二

思賢講舍

湘陰郭嵩燾伯琛著

大學

大學之道

孔疏鄭目錄云大學者以其記博學可以爲政也嵩燾案大學二字始見大戴禮保傅篇尚書大傳十有三年入小學二十入大學白虎通八歲入小學十五入大學戴記亦多言大學之義易傳太初篇大學天子之所自學也古之教者必於學自天子諸侯及大夫元士之子皆有入學之儀而王制言天子曰辟雍祭義又言天子設四學陸氏佃云南成均北上庠東東序西瞽宗辟雍最居中總名曰大學學記言大學之

教具其事也案學記言學樂學詩學禮以王制禮在瞽宗書在上庠之文推之詩禮三者皆當異學言大學之法詳其義也而由入學以至小成大成推及於化民成俗乃謂之大學之道道者所以行也推大學之精義於明明德親民二者以發明聖人立學之原人才之所以成風俗之所以厚一本之於學於篇首揭之曰大學之道明乎始終條理之畢具於是也鄭注博學可以爲政亦淺之乎論學矣

在止於至善

孔疏言大學之道在於此三事嵩燾案聖人之學成己成物而已而功莫大於成物天之生此民也使先知覺後知使先覺覺後覺一物之未遂其生一人之未復其性聖人有弗安焉誠者非自成己而已也所以成物也大學之道兼成己成

物二者而成物之功用一皆所以自明其明德而無待外求故曰成己仁也成物知也性之德也常疑朱子言三綱領所謂止至善者虛爲之名而無其實孔疏於此直據爲三事意當謂大學之道以明德親民爲綱而此二者又必止於至善三言在者聖人立學之旨歸不越是也庶爲得之

致知在格物

鄭注知謂知善惡吉凶之所終始也格來也物猶事也其知於善深則來善物其知於惡深則來惡物言事緣人所好來也嵩燾案鄭意似以致知爲前一層事物隨感而來乃所以爲知之至說文格木長也段氏注云引申之長必有所至故釋詁曰格至也尚書格于上下格于藝祖格于皇天格于上

帝是也此接於彼曰至彼接於此曰來尚書格爾衆庶格爾衆是也說文至部云不上去而至下來也至與來同訓故鄭注於此云格來也來至均有止意故廢閣亦謂之格格者限也物有所限而遂止也大學明言物有本末事有終始物與事自別意心身家國天下物也誠正修齊治平事也意心身家國天下之爲物其義皆有所極其行之也皆有其程格者窮極其所以然推類至義之盡而仍不踰其則朱子章句精矣而訓物爲事猶循鄭注終有未協

其所厚者薄而其所薄者厚未之有也

孔疏其所薄者厚謂己旣與彼輕薄欲望所薄之處以厚重報己未有此事也厚之與薄皆以身爲本也嵩燾案經旨並

無報施之義厚薄字又從本末字上推進一層本所重也故曰厚末所輕也故曰薄其本既厚而後推而放之合內外之道以措之宜而其末之宜薄者亦同歸於厚所厚者身也所薄者一身之推也其云薄云厚則功用之所暨而效之所由成也祇是申足上意無推及報施之說疏恐失之

湯之盤銘曰

孔疏湯沐浴之盤刻銘爲戒嵩燾案說文槃承槃也內則進盥少者奉槃長者奉水特牲禮尸盥匜水實於槃中蓋凡盥以匜沃水以槃承之故曰承槃承槃盥器曰必用之說文沐濯髮也浴灑身也濯髮灑身不必日日爲之內則五日燂湯請浴三日具沐三日五日則其功亦有間矣似與銘辭之言

日新者無當知此必爲盥槃非沐浴之盤也

人之其所親愛而辟焉之其所賤惡而辟焉之其所畏敬而辟焉之其所哀矜而辟焉之其所敖惰而辟焉

鄭注之適也言適彼而以心度之曰吾何以親愛此人非以其有德美與吾何以敖惰此人非以其志行薄與反以喻己則身修與否可自知也嵩燾案鄭意觀人以喻諸己孔疏又推言衆人亦親愛賤惡畏敬哀矜敖惰於我疑此爲修身齊家之事向內一層工夫已自檢點入細至此而喜怒哀樂之發與家人相爲交接而偏私稍介乎儀容驕逸或形於動靜必有窺乎其微而知其身之動未適於道者多也大學自正心而後皆就情之發用處言之情者人與人所以相接之機

也由一身而推之天下好惡盡之矣一家之近隨處感發有不能盡之於好惡者是以體之愈密而察之愈微親愛賤惡畏敬哀矜敖惰皆其所以施之人者也而以一身謹其機鄭注借人喻己於修身齊家之義相去恐遠

好人之所惡惡人之所好

孔疏人謂君子君子所惡者凶惡之事今乃愛好凶惡是好人之所惡也君子所好仁義善道今乃惡此仁義善道是惡人之所好也嵩燾案好惡卽承上能愛人能惡人言之明用人之道一準諸天下之公義凡公好公惡之顯見於天下者君子不敢私焉所謂爵人於朝與衆共之刑人於市與衆棄之惟其公也人者極乎天下之詞也孟子國人皆曰賢國人

皆曰可殺然後察之是也疏失之泥

是故君子有大道必忠信以得之驕泰以失之

孔疏大道謂所由行孝悌仁義之大道也嵩燾案此章發端言絜矩之道絜之以好惡而已好惡極之天下惟用人理財二者足以盡之此大道字與上絜矩之道緊相呼應其中三言得失微分三段結束道得衆則得國失衆則失國結上好惡之義好惡者通詞也得失之機繫於君心之好惡此所以爲絜矩之道也道善則得之不善則失之結上理財之義此云忠信以得之驕泰以失之結上用人之義而忠信驕泰字又實爲全章之總結言此絜矩之道非徒絜之以好惡也必有忠信之實以行之忠信者道之所以行也疏云孝悌仁義

由行忠信以得之別出孝悌仁義字若與此章大旨全不相涉而其所謂忠信者又若別爲一事朱子云發己自盡爲忠循物無違謂信二語何等精透漢儒之言義理安從望見其肩項哉

未有府庫財非其財者也

鄭注其爲誠然如己府庫之財爲己有也孔疏又爲人君作譬譬如人君有府庫之財必還爲所用也嵩燾案鄭意以府庫財與上仁義並舉爲不類故假譬以明之而經意歸重用人理財二者惟仁義而後能有其財也集注上好仁以愛其下則下好義以忠其上所以事必有成而府庫之財無悖出之患也三語相承而下至爲明晰案鄭注君行仁道則其臣必義下字統臣民而言鄭

專以屬之說文庫兵器所藏帑金帛所藏府文書所藏曲禮臣亦誤

在府言府在庫言庫鄭注府謂寶藏貨財之處庫謂車馬兵甲之處又曲禮六府同曰府而水土器貨所司不同月令五庫同曰庫而金鐵皮革所貯亦不同周禮大府玉府內府外府皆理財之官而掌庫無聞是分言之則府庫異用專言之則府庫通爲貨賄出入之司也

畜馬乘

鄭注謂以士初試爲大夫也孔疏大夫以上乃得乘四馬嵩燾案說文駟一乘也周禮校人注鄭司農云四匹曰乘爲疏所本疑此云馬乘以車乘言之左傳哀公十七年渾良夫乘衷甸兩牡孔疏衷中也駟馬爲上乘兩馬爲中乘許昚毛萇

皆云天子之大夫得駕四諸侯大夫惟駕二無四哀公二十

七年陳成子設乘車兩馬杜注乘車兩馬大夫服史記孔子

世家魯君與之一乘車兩馬知此馬乘當爲車馬疏云乘四

馬者非也

又案左傳襄二十五年惟卿備百邑杜注此一乘之邑非四

井之邑孔疏引司馬法成方十里出革車一乘此一乘之邑

方十里也坊記疏引司馬法四邑爲邱出馬一匹四邱爲甸

出長轂一乘而云據司馬法之文車甲馬牛皆計地令民自

出鄭注小司徒甸之言乘也甸方八里旁加一里則方十里

爲一成又引司馬法畝百爲夫夫三爲屋屋三爲井井十爲

通三十家馬一匹通十爲成百井三百家革車一乘易訟卦

其邑人三百戶正義引鄭注小國下大夫之制論語駢邑三百鄭注云此齊下大夫之制以此準之則下大夫采地一成者得有馬乘坊記家富不過百乘百乘當得采地百里采地之至大者鄭注以畜馬乘爲初試爲大夫百乘之家爲有采地似與古制不合

伐冰之家

鄭注伐冰之家卿大夫以上喪祭用冰嵩燾案士喪禮賜冰用夷槃可也是士喪亦得賜冰左傳昭四年朝之祿位賓食喪祭於是乎用之食肉之祿冰皆與焉杜注食肉之祿謂在朝廷治其職事就官食者孔疏大夫以上食乃有肉是用冰亦不專主喪祭伐冰之家似謂大夫以上得自藏冰而伐之

中豐所謂命夫命婦至於老疾皆用冰一國之大用冰者多矣或不必盡頒之君也

彼爲善之

鄭注彼君也君初欲以仁義善其政而使小人治其國家之事患難猥至雖云有善不能救之嵩燾案鄭意上下兩善字皆據君身言之疑此所云善者卽上好人之所惡惡人之所好二語切實歸宿處所謂亡國之君自賢其臣是也彼誠信小人之爲善而後使爲國家其好惡固有蔽焉而因不勝其私念之動而從而善之菑害旣至而猶不悟利之所趨天下貿貿焉莫能言其故雖有善者周旋其閒何救於危亡哉朱子論語集注彼哉者外之之詞彼其所謂善者誠不善也而

於此疑上下有闕文亦恐誤

禮記質疑卷四十二終

禮記質疑卷四十三

思賢講舍

湘陰郭嵩燾伯琛著

冠義

醮於客位

鄭注適子冠於阼若不醴則醮用酒孔疏周禮適子以醴禮之庶子以酒醮之周時或有舊俗雖適子亦用酒醮之則因而行嵩燾案說文醮冠娶禮祭鄭注士冠禮酌而無酬酢曰醮疑醮者冠娶之通名致敬用醴則曰醴醴亦無酬酢也士昏禮舅姑醴婦而記云庶婦則使人醮之亦醴與醮同義段注說文疑古本作醮冠娶禮也一曰祭也引宋玉高唐賦醮諸神禮太一爲醮祀之始見醮有以尊臨卑之義故以施之

諸神其實古者薦必有祭士冠禮祭脯醢祭醴祭酒亦可名禮祭故知醮者冠娶之通禮也詳味儀禮不醴則醮之文似醴禮隆而物簡醮禮約而物豐醴側尊一甒醮兩甒醴用觶醮用爵醴薦脯醢醮則再醮兩豆兩籩三醮有乾肉折俎醴無牲醮加特豚有鼎有俎醴有祝辭有醴辭醮則始加卽薦脯醢但有醮辭就事求之醴有主人有饗賓之文而醮無之似儀禮之云醴者醮禮之加隆者也惟適子之冠以之玩下孤子庶子二義皆當用醮經不明著其例者父不在而諸父諸兄主之皆醮也故不言主人案下云冠者母不在使人受脯知此之無主人亦謂父不在者也儀禮析言之而備載醴與醮之辭知用醴之尤爲盛禮也周尚文而又以物簡儀繁爲加隆要之冠禮之名醮所從

來固遠也用醴用酒各有宜也

見於母母拜之

孔疏冠子以酒脯奠廟訖子持所奠酒脯以見於母母拜其酒脯重从尊者處來故拜之非拜子也嵩燾案呂氏大臨云所薦脯醢爲醴子設非奠廟也婦人有從子之義當其冠也申斯須之敬以明從子之義未害乎母之尊也義疏引士冠禮注婦人於丈夫雖其子猶俠拜昏禮壻見婦之父母主婦一拜壻答再拜主婦又拜注云必先一拜者婦人於丈夫必俠拜蓋禮無不答燕禮君之於臣昏禮舅姑之於婦饋食禮尸之於主人主婦嗣子舉奠無不答拜者何獨致疑於此其說至允下文見於鄉大夫鄉先生必用士相見禮再拜送贄

凡云見已包拜字在內見於母見於兄弟皆拜也母與兄弟拜之者答拜也凡儀禮言兄弟皆兼伯叔而言與言舅弟不同伯叔舅弟皆答拜也婦人之拜肅拜而已少儀婦人吉事雖有君賜肅拜鄭司農周禮注肅拜但俯下首若今揖也凡經云拜者皆通言之如拜迎拜送盇有拜有揖而皆謂之拜其坐皆膝著席離席而立曰立不離席曰起起而俯首曰拜大祝所謂空首是也士冠禮北面見于母母拜受子拜送母又拜拜受受其脯也皆肅拜若今揖孔疏執唐禮以求合於古故爲失之

元冠元端

鄭注服元冠元端異於朝也嵩燾案士冠禮筮于廟門主人

朝服元端緇帶素韠而敘皮弁服素積緇帶素韠元端服緇帶爵韠鄭注玉藻朝服元冠元端素裳是朝服元冠元端惟素裳異耳士冠禮主人及賓及擯者皆元端元端蓋士之通服其禮服則有爵弁始冠者之服從士之未仕者不能服弁惟元端常服而已士冠禮乃易服服元冠元端鄭注易服不朝服者非朝事也恐誤冠禮三加而服爵弁先以禮服榮之乃易士之常服以成人見謂甫成人其時本未列於朝士抑不知所謂朝服者果何服也

所以自卑而尊先祖也

孔疏諸侯冠於太祖之廟故左傳云以先君之祧處之聘禮不腆先君之祧鄭注以爲始祖之廟是天子當冠於始祖廟

嵩燾案鄭注士冠禮廟謂禰廟先祖於廟言之葢通稱也古人行禮皆於廟凡賓客之事於太廟太廟者正室也非賓客之事於禰廟聘禮公食大夫禮皆於廟而聘禮命使者朝服釋幣於禰反釋幣於門至於禰薦脯醢明非食饗皆於禰王制天子諸侯將出造乎禰郊特牲卜郊受命于祖廟作龜于禰宮昭元年左傳楚公子圍言告于莊共之廟而來是凡卜於禰諸侯之子昏禮亦告於禰皆其例也據此冠禮正當於禰廟行之祧廟亦通辭也

禮記質疑卷四十三終

禮記質疑卷四十四　　思賢講舍

湘陰郭嵩燾伯琛著

昏義

蓋親受之於父母也

孔疏壻北面奠雁再拜降出女出房南面立於母左父西面誡之女乃西行母南面誡之是壻親受之於父母也嵩燾案疏意主女之父母言之是時壻已出而女之父母自誡其女不得言壻親受士昏記父醮子命之辭曰往迎爾相承我宗事命者父也而兼母言之所以上繼父母之事也經於昏義詳壻之受昏以爲正家之本而不詳誡女之文承命以迎升堂奠雁行之女家者一以父母之命臨之文氣緊相關合孔

疏誤

男女有別而后夫婦有義夫婦有義而后父子有親父子有親而后君臣有正

鄭注言子受氣性純則孝孝則忠也嵩燾案鄭氏此注似近迂曲夫婦有義非徒親之而已必有所事與朝夕奉事舅姑之儀知其爲義之所必盡則子所以事其父者益得所助而父子益親資於事父以事君則君臣之義正矣端本於一家而取則於天下可以由閨門之內達之朝廷和順成則家庭有法度禮儀肅則朝廷有紀綱事相豫而道實相成也

厥明舅姑共饗婦以一獻之禮

鄭注昏禮不言厥明此言之者容大夫禮多或異日嵩燾案

士昏禮婦盥饋特豚卒食婦餕姑之饌徹于房中媵御餕姑酳之是婦饋而舅姑卒食婦又餕姑之餘無因接行饗婦之禮儀禮舅姑饗婦舅洗于南洗姑洗于北洗奠酬其文甚略而後云歸婦俎鄭注言俎則饗禮有牲矣婦以特豚饋舅姑饗婦亦以特豚皆特殺是饋與饗自宜異日而於昏義發之以補儀禮之未備鄭據以爲大夫禮非也

是以古者婦人先嫁二月祖廟未毀敎于公宮祖廟既毀敎于宗室敎以婦德婦言婦容婦工敎成祭之

鄭注祭無牲牢告事耳非正祭也君使有司告之宗子之家若其祖廟已毀則爲壇而告焉嵩燾案士昏禮親迎至於廟門入升再拜奠雁是女嫁必於廟義疏公宮謂君之宮廟準

此而言則士昏婦人亦當敎於禰廟三月鄭注祭之祭其所出之祖孔疏女出於君之高祖則祭高祖廟出於君之曾祖則祭曾祖廟五服之親統於四世之廟親親之義也所出之廟已毀則各敎於其宗室承毀廟爲文所謂宗室者小宗四世之廟室也宗子之爲大夫者統之士則於禰廟小宗四世無廟則於大宗之廟室臨之以祖嚴其事也敎成謂遣嫁時祭於所出之廟以告事也鄭注君使有司告於宗子之家四廟之親盡則其所謂宗子之家與君爲疏屬何取乎君之告之至謂祖廟毀爲壇而告則經明言敎成祭之爲敎於所出之廟而後有祭女嫁而爲壇以告於遠祖於義無取於禮尤無徵矣

天子立六官三公九卿二十七大夫八十一元士

鄭注三夫人以下百二十人周制也三公以下百二十人似夏制也嵩燾案周禮六官皆卿而兼上大夫而自周初三公皆六卿兼官考工記匠人外有九室九卿朝焉鄭注六卿三孤爲九卿三孤三公之佐猶太宰之有小宰大司徒以下之有小司徒故方氏慤以爲九卿兼三公數之然周禮司服公衮冕侯伯鷩冕子男毳冕孤希冕卿大夫元冕鄭司農注典命公之孤云上公九命得置孤卿一人是孤亦卿職也六官之職始備於周其三公以下或兼官不必備設亦如九嬪世婦之以兼職爲名說見曲禮記禮者取以三相函之義約略爲之辭正不宜以名數限之鄭注疑爲夏制者非也

禮記質疑卷四十四終

禮記質疑卷四十五

思賢講舍

湘陰郭嵩燾伯琛著

鄉飲酒義

案孔疏以鄉飲酒有四事一三年賓興賢能二鄉大夫飲國中賢者三州長習射飲酒四黨正臘祭飲酒竝據周禮爲說而鄉大夫飲國中賢者於禮無徵鄭氏謂記鄉大夫飲賓於序之禮則飲國中賢者鄉飲酒之正文也鄭注儀禮又以鄉飲酒專屬之大比賓賢據射義古者諸侯之射也必先行燕禮鄉大夫之射也必先行鄉飲酒之禮儀禮分鄉飲鄉射爲二葢射必飲而鄉飲不必盡射燕禮者諸侯通行之禮則鄉飲酒亦鄉大夫通行之禮也古者禮不下庶人惟臘祭及鄉

飲酒通行之庶人州長屬民讀法春秋以禮會民射於州序黨正春秋祭禜索鬼神飲酒於序以正爵位其禮近之而鄉大夫三年大比以禮賓賢因舉鄉射之禮州長黨正亦皆以大比贊鄉大夫廢興則是鄉飲酒之禮宜行於鄉養老賓賢皆寓其中周禮於鄉大夫不言歲時春秋明非歲時常禮也賓介二者必以賢其餘眾賓各以齒序故曰鄉飲酒者所以明長幼之序也昏義云尊於朝聘和於鄉射朝廷禮重故曰尊鄉飲以禮屬民而教之讓故曰和王制詳養老之禮曰國老曰庶老孔疏國老卿大夫致仕者庶老謂士也其云養庶老於虞庠天子所以養老也而其禮通行之鄉鄉大夫主之兼取正齒位賓賢二者之義而以禮屬民使觀之謂之鄉飲

酒者獻賢能之書於王鄉大夫所有事也疏竝州長黨正之屬民而析爲四事反使本義不明其鄉大夫以下之燕禮專主一人爲賓亦此義方氏析疑引尹吉甫飲御諸友而有張仲公父文伯飲南宮敬叔酒而以堵父爲客是也禮之通及士庶人者惟此聖人固曰觀於鄉而知王道之易易也

又案周禮鄉大夫三年大比興賢者能者帥其吏與其衆寡以禮賓之鄭注衆寡謂鄉人之善者無多少也下云大詢於衆庶則各帥其鄉之衆寡以致於朝疑此衆寡字卽據所與之賢能言之與下帥其鄉之衆寡同義所與之賢或少至一人或多至數人皆以禮賓之而以其有德而長者爲賓餘爲衆賓如詢衆庶則或從或違能與議者鄉或數人或十餘人

皆可以眾寡稱之非盡帥其愚無知之鄉人以致於朝也知此所云眾寡必不虛屬之鄉人矣

故聖人制之以道鄉人士君子

鄭注道指此禮鄉人鄉大夫也士州長黨正君子謂卿大夫士卿大夫士飲國中賢者亦用此禮嵩燾案王氏經義述聞以故聖人制之以道鄉人士君子十二字作一句讀謂聖人制此禮以教道鄉人士君子射義曰是以天子制之而諸侯務焉樂記曰先王恥其亂故制雅頌之聲以道之皆此文義王氏之說確不可易道兼道路引道二義馬融注論語道謂爲之政教玉篇廣韻竝云理也言合鄉之人士君子理治之王氏獨謂士君子爲士大夫賓介士主人大夫大夫謂之君

子則猶承鄭注言之經云鄉人者通辭也其與於鄉飲之禮者士也君子美稱所以引而進之玩此兩節文義亦見鄉飲爲鄉人士通行之禮周禮鄉大夫卿州長中大夫黨正下大夫鄭注一以鄉人士概之而又通鄉大夫謂之君子似此禮全與鄉人無涉恐未然也

賓主象天地也介僎象陰陽也

鄭注陰陽助天地養成萬物之氣也嵩燾案此經下文四面之坐象四時似此天地陰陽之象皆以坐次言之天極於西北故坐賓於西北以尊賓地極於東南故主人坐以自卑而上承賓猶地之承乎天也陰陽者日月之精之所統攝月生於西二十七日一周天至二十九日强半而與日會故以月

統日以介象月尊介也日出於東其光當月則月明背月則月暗僎者佐主人以承賓者也故象日云陰陽者又賓主之義也析言之則象天地陰陽合言之則象四時

又案鄭注古文禮僎皆作遵其注鄉飲酒禮遵者降席云今文遵爲僎蓋以儀禮有賓主人介衆賓之席而無僎者之席其後徹俎賓降席主人降席介降席遵者降席相連爲文因以遵當僎玉篇廣韻沿鄭氏之說兼收子倫切一音竟謂遵僎同字據儀禮之文推之殆未然也儀禮賓若有遵者一人舉觶乃入公如賓禮大夫如介禮明謂賓屬一人舉觶在獻衆賓之後酬酢之事畢矣鄉射禮遵者入門左主人獻遵者酢主人皆如賓禮入門左者賓屬也一人舉觶之後爲遵者

獻以申其敬其必非輔主人之僎一也席於賓東則猶在戶西也衆賓席於賓西而遵者席於賓東所以尊之鄉射禮遵者酢主人畢主人復阼階遵者降立於賓南鄭注於此云雖遵不奪人之正禮其必非輔主人之僎二也鄉飲禮記樂作大夫不入所謂大夫卽遵者也樂作而行旅酬無以申遵者之敬故遂不入其必非輔主人之僎三也說文僎具也具其置也鄉飲禮獻賓及介及衆賓及酬賓皆主人僎無與焉謂之僎者供具以將事豈可以賓之遵者當之鄉飲禮主人一相迎於門外相者不一人此云一相卽僎者也鄉飲酒禮有贊者有弟子鄭注鄉飲記贊者佐助主人禮事徹冪沃盥設薦俎疑此弟子之事非贊者之事贊者兼僎言之一人揚觶

二人揚觶皆贊者也鄉飲義謂之僎鄉飲鄉射禮謂之相大射禮謂之擯皆此贊者之稱主人獻賓獻介獻眾賓畢而後一人舉觶於賓一人當卽前之一相因遂作相爲司正而旅酬之禮行乃使二人舉觶於賓介一人舉觶與介對文二人舉觶與眾賓對文則此舉觶之一人卽相也卽鄉飲義之所謂僎也儀禮不著僎者之位葢僎位東北既爲司正則從賓於西階無常位也鄉飲義坐僎於東北原其始也而鄉飲記明言主人之贊者西面北上則亦坐僎東北之意主人獻工而不獻僎僎者所以輔主人不待獻記所謂贊者不與無算爵然後與明獻酢之儀不及僎也而自一人舉觶以後僎者之儀特繁是以有釋服息司正之文鄉飲有僎介燕射有擯

介燕及大射禮擯者爲司正鄉飲鄉射禮作相爲正司知相即僎無疑儀禮未明著其文而詳其儀特備鄭注以賓若有遵者當之證之儀禮而固不可通矣案明制鄉飲酒禮以大夫致仕者一人爲僎即儀禮所謂賓之遵者殊失禮經本義由承鄭注而誤

三賓象三光也

鄭注三光三大辰也孔疏引公羊傳大辰者何大火也伐爲大辰北辰亦爲大辰何休注大火與伐所以示民時早晚天下取以爲正三賓衆賓也嵩燾案鄉飲酒禮主人西南面三拜衆賓衆賓皆答一拜主人洗爵獻衆賓衆賓之長升拜受者三人衆賓獻則不拜而鄉飲記云衆賓之長一人辭洗如賓禮是衆賓辭洗者一人拜受者三人餘俱不拜獻安得據

眾賓之長拜受者三人以當三賓之數乎主人獻賓及介酬酢畢介立於賓南主人西南面拜眾賓疑眾賓之席皆東面北上當介席之北而稍後主人獻眾賓介遂立於賓南鄉射禮賓席南面東上眾賓之席繼而西而鄉射記云西序之席北上則或眾賓席多因繼賓席而屬於西而遂據鄉射之文謂眾賓三人皆席於賓西南面恐未然也三賓者賓也介也眾賓也賓介各一人以象日月眾賓不言數以象星自介與僎言之以東西相向而象日月自賓言之則月與星受光於日者也介與眾賓皆屬於賓以象三光義各有取不相蒙也賓者正也介者輔也又設眾賓以與賓介參立乎其閒故下云參之以三光鄭注以三賓當眾賓而避賓介以三辰當三

光而避日月恐竝失之

讓之三也象月之三日而成魄也

孔疏三日成魄者謂月盡之後三日乃成魄此謂月明盡之後而生魄非必月三日也初以前月大則月二日生魄前月小則月三日乃生魄嵩燾案朱子語類書稱哉生明旁死魄皆謂月二三日月初生時也稱既生魄謂十六日月始闕時也孔疏既有月明盡而生魄之說又言月二日三日生魄何相戾之甚陸氏佃云成魄謂望後三日月以生明爲進生魄爲退退讓之事也義疏亦取其說然經言成魄非言生魄月晦而死魄月望而生魄以見與不見爲生死死魄則竝月之魄而亦無能名焉至三日明生而魄始成成魄則明生明所

以爲月之用而魄其體也升堂奠爵而後行禮始升之三讓非所以行禮而亦禮之體也成魄者正承旁死魄爲言必至三日明生而後魄成也於望後之義無取記禮者以三日而後明生三讓而後禮行爲說略舉其義言之孔疏分二日三日爲生明之徵亦恐泥

四面之坐象四時也

孔疏四面之坐主人東南象夏始賓西北象冬始僎東北象春始介西南象秋始嵩燾案鄉射禮席主人於阼階上西面先儒據以釋鄉飲禮謂主人西面然射禮無介則亦不立僎故席賓南面以尊賓而主人自處西面之常位案此經下云賓必南鄉介必東鄉是賓正席介席當賓西東鄉衆賓以次皆東鄉四面之坐亦略言之如疏所云全與經牾矣鄉飲禮以

主人當賓以僎當介而於此發其義云四面之坐象四時也是主人之席當北面而鄉飲記云主人介凡升席自北方降自南方則席仍西面此經所謂主人必居東方是也盩僎立爲司正而旅酬之禮行司正傳主人之命洗觶賓觶奠觶皆有事焉無復位之文故主人常正西面之位以承乎賓四面之坐亦約略爲之辭耳下云坐賓西北坐介西南坐主人東南坐僎東北盩據方位所在言之孔疏郎以爲坐位於是四面之坐皆側席相向明世定鄉飲酒禮因之而承誤至今矣

五十者立

孔疏五十者立於西階下東面北上鄉飲酒禮衆賓立於堂下者皆二豆其五十者二豆而已嵩燾案鄉飲記立者東面

北上若有北面者東上正據五十以下立者言之其有北面者東上地或不能容則屬之南而北面也五十杖於鄉亦在老者之列而不得列於賓而立之堂下下云六十者三豆七十者四豆八十者五豆九十者六豆益尊老者自六十始也鄉飲記云主人之贊者西面北上不與無算爵然後與五十立者當同此禮立者無席安得有二豆之設孔疏之言未詳所據

笙入三終間歌三終

案鄉飲禮笙入三終樂南陔白華華黍間歌三終歌魚麗笙由庚歌南有嘉魚笙崇邱歌南山有臺笙由儀鄭注於六笙詩竝云今亡其義未聞詩小序華黍由儀後竝云有其義而

亡其辭鄭箋以爲遭戰國及秦而亡子夏序詩篇義合編故詩亡而義猶在毛氏訓故傳各引序冠其篇首正義所云有其義而亡其辭一語爲毛氏著之也劉氏敞謂亡本爲無非亡逸之亡也鄉飲酒言樂南陔白華華黍燕禮言奏南陔白華華黍曰笙曰樂曰奏而不言歌則有聲無辭明矣朱子詩傳因之郝氏敬又據鄉射禮奏騶虞國語金奏肆夏繁遏渠肆夏爲時邁繁遏爲執競渠爲思文皆有詩而亦言奏陳氏啟源云聲者樂也辭者詩也有聲無辭不當列之雅南陔等名篇當有取義朱子引投壺魯鼓薛鼓爲證魯鼓薛鼓無辭故冠之以國而不立篇名則但據以爲笙譜亦恐未然也疑笙詩當別有譜具列之簡中周衰失其傳遂竝詩亡之耳案漢

書藝文志有河南周歌聲曲折七篇周謠歌詩聲曲折七十五篇當爲古樂譜之遺

合樂三終

案孔疏合樂三終堂上下歌瑟及笙竝作工歌關雎則笙鵲巢歌葛覃則笙采蘩歌卷耳則笙采蘋賈公彥儀禮疏云堂上有歌堂下有笙磬合奏此詩堂上歌關雎堂下亦奏關雎堂上歌鵲巢堂下亦奏鵲巢萬氏充宗云如孔疏則三終是矣而關雎鵲巢諸詩文辭有多寡音節有短長何以能合如賈疏則合樂是矣而六詩當爲六終因謂周南召南惟其所用不必同時竝奏然如萬氏之說則經當如射禮記所云歌騶虞若采蘩之例不當以合樂兼周南召南言之近林氏喬蔭據射禮記歌騶虞若采蘋皆五終云終者樂之一成凡云

三終者每次各爲三闋不必一篇爲一終據大射禮歌鹿鳴
管新宫竝云三終是一詩而三終也林氏之說得之然儀禮
自云合樂三終則關雎鵲巢合而歌之自屬正解

建國必立三卿三賓者政教之本禮之大參也

孔疏鄉飲酒立三賓亦象國立三卿嵩燾案三卿者政之所
從出也鄉飲酒禮賓介衆賓與有事焉三卿有上卿次卿下
卿之等三賓亦猶是也鄉飲禮主人獻衆賓衆賓之長升拜
受者三人主人拜送衆賓獻則不拜每一人獻則薦諸其席
是凡獻衆賓必於其席賓拜受則主人亦拜送禮成乎三衆
賓拜受者三人明其餘不拜以示節也主人之於衆賓禮殺
矣拜受者三人以其長爲之非義所繫也故鄉飲禮賓介皆

使能衆賓拜受者三人以長不使能禮簡也安得於衆賓中別立三賓之名鄉飲義之言三賓爲之立名以示等也曰賓曰介曰衆賓亦如三卿之有其等也

禮記質疑卷四十五終

湘陰郭嵩燾伯琛著

射義

案孔疏禮射有三一大射是將祭擇士之射二賓射諸侯來朝天子或諸侯相朝而與之射三燕射謂息燕而與之射案燕者燕禮非息燕之謂天子諸侯大夫三射皆具士無大射又云大射在廟賓射在朝燕射在寢長樂陳氏又衍之云飮於鄉有鄉射會於州有州射聘禮有聘射習武有武射行軍有軍射據周禮大司樂大射王出入奏王夏及射奏騶虞詔諸侯以弓矢舞樂師燕射帥射夫以弓矢舞太師大射帥瞽而歌射節射人王大射以貍步張三侯司弓矢凡祭祀共射牲之弓矢澤

共射椹質之弓矢大射燕射共弓矢如數車僕大射共三乏是周禮但有大射燕射二者之分大僕王射則贊弓矢小臣賓射掌事如大僕之法眡瞭賓射皆奏其鐘鼓笙師凡祭祀饗射共其鐘笙之樂鎛師鼓其金奏之樂賓射亦如之典庸器設筍簴陳庸器賓射亦如之儀禮鄉射大射皆有賓則所云賓射者自兼大射燕射言之大宗伯所謂以賓射之禮親故舊朋友大射燕射皆可云賓射澤宮之射則司弓矢所云澤共射椹質之弓矢是也就儀禮之文求之燕禮云若射則大射正爲司射如鄉射之禮大射禮云君有命戒射宰戒百官有事於射者射人戒公卿大夫射司士戒士射與贊者燕射以燕爲主大射以射爲主司几筵凡大朝覲大饗射王位

設韛依依前南鄉射人掌國之三公孤卿大夫之位三公北面孤東面卿大夫西面諸侯在朝則皆北面是天子與畿內諸侯行射禮爲大射諸侯來朝者亦與焉司裘王大射則共虎侯熊侯豹侯諸侯則共熊侯豹侯卿大夫則共麋侯皆設其鵠諸侯與其臣行射禮下及卿大夫通名大射儀禮所記卽諸侯之禮也而鄉射記云凡侯天子熊侯白質諸侯麋侯赤質大夫布侯畫以虎豹士布侯畫以鹿豕歌騶虞若采蘋皆五終射無算於鄉射兼記天子諸侯射禮則燕射之禮也卿大夫以下之射屬之於鄉別於在朝之燕射耳大射燕射皆立賓比耦故通謂之賓射鄭氏目錄云名射義者以其記燕射大射之禮語最明晰而其中又有選士之射將祭澤宮

之射蓋皆推廣言之孔子射於矍相之圃則亦鄉射之禮也
又案鄭注周禮大射爲祭祀射郊廟之事以射擇諸侯及羣臣與邦國所貢之士其注大射禮亦云將有祭祀之事當射宰告於君君乃命之卽據射義爲說而於周禮儀禮之文無一合者先儒因據王制習射上功以當大射王制明言命鄉言耆老皆朝於庠蓋謂鄉射也以當大射誤矣詳考儀禮周禮之文但有大射燕射二事諸侯相朝之射若聘射皆於燕行之通謂之燕射卿大夫以下則謂之鄉射其貢士之射與澤宮選士之射不列大射燕射之中記禮者推廣言之鄭氏以當大射而禮經之文扞格不能通者多矣
又案儀禮燕禮及大射禮命賓及獻酢樂作射乃立司正其

事竝同而燕禮云若射則大射正爲司射如鄉飲之禮所異者燕有射有不射因燕而射遂名燕射其燕禮之樂工歌笙入間歌合樂與鄉飲同大射歌鹿鳴管新宮樂又從簡藍田呂氏直云諸侯之射必先行燕禮者大射也卿大夫之射必先行鄉飲酒之禮者鄉射也於儀禮之文未合周禮明分大射燕射兩事豈能合而一之據周禮大行人有饗禮有食禮而無燕禮掌客兼言饗食燕而司儀云賓之拜禮拜饔餼拜饗食則燕於禮爲簡也故曰燕以示慈惠聘禮公食大夫禮皆言及廟門而燕禮記云燕朝服於寢聘禮之禮賓卽饗禮也而後總言之云公於賓一食再饗燕無常數以此推之燕射於寢大射當於廟卿大夫之射皆在學鄉射記云惟君有

射於國中其餘否鄉射在鄉之學故不於國中射也大射者天子諸侯之禮孔疏云卿大夫皆具三射亦誤案大射禮宰夫爲主人獻賓獻公獻卿獻大夫不及士而司射請射遂告曰大夫與大夫士御於大夫又云若有士與大夫爲耦則以大夫之耦爲上是諸侯大射之禮士皆與也其卿大夫自爲射但名鄉射而不得謂之大射也

又案鄉大夫以鄉射五物詢衆庶一曰和二曰容三曰主皮四曰和容五曰興舞以此求之可以知聖人重射之義矣人生八年入學而有少儀弟子職諸篇約束其言動步趨之節使無敢少肆及其入太學所以調其心性習其儀容者一以禮樂之文詔之於是乎相習爲柔順而肌膚之會筋骸之束積靡而不復能自強聖人乃急道之於射使漸習乎禮樂之中以強其志氣練其筋骨悉天下之人皆有所恃以爲禦侮

捍患之資而要依於禮樂以爲節充實光輝自然有以勝天下之用所以通祭祀燕饗而皆有事於射使相與盡志於是而以不能爲恥此聖人所以振厲人心之大用也主皮者射中之一事論語云射不主皮爲力不同科古之道也聖人有感於當時之專以力相尙而爲之辭先儒據以爲射之本義者非也

是故古者天子以射選諸侯卿大夫士

鄭注選士者先考德行乃後決之以射孔疏諸侯繼世而立卿大夫有功乃升非專以射選但既爲諸侯卿大夫更以射辨其才藝高下嵩燾案疏申鄭義非也詳味射義之文自故曰射者所以觀盛德也以上通言大射燕射及卿大夫鄉射

之義爲射義一篇之正文以下皆推廣言之云古者蓋言射之事自古爲尙所從來遠也據尙書侯以明之孔傳當行射侯之禮以明善惡之敎下云書用識哉謂著之竹帛以識其善惡卽周禮書其德行道藝之意是以射分別善惡而書之其法自唐虞時已然王制習射尙功猶其遺意記者追溯三代之前選士之法一主於射而兩引古者以明之非但謂周禮然也孔疏據以爲成法而申論其義恐非經旨

是故古者天子之制諸侯歲獻貢士於天子天子試之於射宮

鄭注歲獻獻國事之書及計偕物也三歲而貢士舊說大國三人次國二人小國一人孔疏中多者得與於祭此謂大射也嵩燾案疏引尙書大傳古者諸侯之於天子三年一貢士

一適謂之好德再適謂之賢賢三適謂之有功有功者天子賜以衣服弓矢再賜以秬鬯三賜以虎賁百人號曰命諸侯一不適謂之過再不適謂之敖三不適謂之誣一絀以爵再絀以地三絀而地畢正與射義之文合葢謂諸侯貢士得其當則天子有慶不當則天子有讓與於祭不與於祭者所貢之士有慶有讓者貢士之君也射者射爲諸侯又據諸侯言之下文明分兩項與此互相發明兩引古者通言射之重如此而引申其義以明之孔疏據爲大射誤

四正具舉

鄭注四正正爵四行四行者獻賓獻公獻卿獻大夫乃後樂作而射嵩燾案儀禮大射燕射竝宰夫爲主人其行爵有獻

有酢有酬無專以獻爲正爵之文大射獻士在射後燕射獻
士在射前其儀又各別此詩言大夫君子凡以庶士實兼士
言之而獻止於大夫不當據此爲義近林氏喬蔭云射人職
樂以騶虞九節五正樂以貍首七節三正樂以采蘩樂以采
蘋五節二正皆繫於樂不繫於侯蓋正者樂之闋也樂之每
闋爲成而小成曰終大成曰正鄉飲禮所謂正樂備也天子
之禮不可見儀禮大射諸侯禮也工歌鹿鳴管新宮及射而
奏貍首此諸侯之三正也鄉射合二南而奏騶虞此大夫士
之二正也推之天子五正蓋升歌一正笙入二正閒歌三正
合樂四正及射而奏騶虞是爲五正此云四正具舉卽升歌
笙入閒歌合樂四者樂之正歌既備可以行射事卽大射儀

樂既作而立司正安賓司射請射時也此後以樂志射更有一正是爲五正正與節相聯統繫於樂九節七節五節者樂節疏數之差五正三正二正者則其用樂多寡之等也下云盡志於射以習禮樂林氏之說允矣

與爲人後者不入

案鄭注與猶奇也後人者一人而已既有爲者而往奇之是貪財也爲蠹案鄭氏此注古無其事訓與爲奇文義亦極迂曲劉氏敞云與爲人後者庶子而奪其宗則篡其祖也嫡子而後其族則輕其親也諸父諸兄諸弟而後其子兄弟則亂昭穆也異姓而後於人則背其姓也周衰此等葢多仲由之所惡也爲人後當兼此諸義言之其應立爲後者不在此列

鄭氏求其說而不得遂有奇出爲後之文

又使公罔之裘序點揚觶而語

鄭注射畢又使此二人舉觶者古者於旅也語孔疏引鄉射禮司馬反爲司正君使二人舉觶於賓與大夫以當公罔之裘序點二人舉觶之節嵩燾案鄉射禮將射比耦司正爲司馬卒射司馬反爲司正二人舉觶徹俎乃羞無算爵鄭注鄉飲酒無算爵無算樂盡歡而止其時賓且出而始擇賓疑非事也經明言射至司馬謂始立司馬時也鄉射比耦司馬誘射子路延射卽儀禮之誘射也射者升堂司馬揚弓司射進與司馬交於階前命射曰無射獲無獵獲公罔之裘序點之揚觶卽儀禮二人之命射也揚觶當爲揚弓之誤此舉聖人

鄉射之禮延射命射皆有辭以徵射以觀德之實

故天子之大射謂之射侯

鄭注大射將祭擇士之射也嵩燾案經言射己之鵠兼君臣父子言之其非專言擇士之射明矣鄭意以前言射宮之禮有射爲諸侯之文遂比合爲一事此申上射爲諸侯之義據天子大射言之禮射之大者也射之爲言繹也方言射之時各繹己之志射中爲諸侯不中不得爲諸侯皆其志之所存也梓人祭侯之辭曰惟若女寧侯無或若女不寧侯不屬於王所故抗而射女射之張侯其義葢取諸此記禮者以射爲繹己之志推廣言之立義絕精朱子疑射中爲諸侯不中不得爲諸侯之語難信亦失之拘矣

天子將祭必先習射於澤澤者所以擇士也已射於澤而後射於射宮

鄭注諸侯朝者諸臣及所貢士皆令習射於澤已乃射於射宮課中否也嵩燾案春秋昭公八年穀梁傳禽雖多天子取三十焉其餘士衆以習射於射宮射而中田不得禽則得禽射而不中則不得禽尙書大傳云凡祭取餘獲陳於澤然後卿大夫相與射也中也雖不中也取不中也雖中也不取嚮之取也於囿中勇力之取今之取也於澤宮揖讓之取也據此則習射於澤者射所獲之禽也旣得禽而後射於射宮司弓矢云澤共射椹質之弓矢鄭注樹椹以爲射正疑質自通槷匠人置槷以縣鄭云槷古文臬樹八尺之臬以縣正之樹

椹爲臯而繫禽其上但取中爲義以爲與祭不與祭之準明夫射而中者揖讓之儀能不失其節也而亦取其强有力以勝事此就射義推廣言之亦古者貴射之一義也鄭氏據此爲正文其誤久矣

案周禮司弓矢王弓弧弓以授射甲革椹質者鄭注樹椹以爲射正試弓習武也故書椹爲鞎圉師射則充椹質鄭注杜子春讀椹爲齊人言鈇椹之椹椹質所射者習射處玩鄭意謂椹質所以習射良然然司弓矢大射燕射共弓矢餘惟射牲射椹質二者其異於射之比耦張侯可知而於椹質之義言之未詳爾雅釋宮椹謂之榩郭注斫木櫍也詩商頌方斲是虔鄭箋正斲於椹上玉篇椹斫木櫍也櫍椹也史記范雎傳臣之胸不足以當椹質裴駰注椹筆椹也質剉刀也是椹者所以爲藉斫木剉芻竝用之而於射無取穀梁傳昭公八年以葛覆質以爲槷范甯注質椹也橛也槷門中臬似椹堅木可以爲臬韻譜櫍柎也說文柎闌足也樹木爲臯下承以柎澤宮射已獲之禽獸懸之於椹以爲的耳淮南兵略訓夫射儀度不得則格的不中高誘注格射之椹質的準也又沿周禮之文以椹質當射格其實椹質者圉師以剉芻之木充之非射格也鄭注云質正也射侯懸正爲的椹質立木爲臯取用各別椹質固不得

有正也通考禮經之文自能盡其義

又案周禮司弓矢有射澤之文而澤宮選士之說不著於經鄭氏以大射當射宮選士之射允爲無徵孔疏以大夫三射皆具士無臣祭無所擇故無大射少牢饋食禮則大夫之祭也亦竝無擇士以射之文射人職祭祀則贊射牲證之尚書大傳似澤宮之射卽射牲之禮國語云禘郊之事天子必自射其牲是禘郊大祭天子亦與其云選士者若太宰宗伯之屬上士八人中士十六人下士三十二人大司樂之屬上士八人中士十六人員數甚繁不盡與祭故於射選之以供戒具薦羞眡滌濯及諸宿懸展聲之類其助祭之諸侯贊祭之太宰詔相及攝王后薦豆籩之宗伯皆與射牲之禮而固不

待選也鄭氏據射義張大之辭遂以大射當之承誤至今無有據禮經之文以正其失者此云進爵絀地又沿上文貢士之文連類及之天子之士亦卽諸侯歲所貢之士也

君子無所爭必也射乎

鄭注言君子至於射則有爭也飲射爵者君子恥之是以射則爭中嵩燾案鄭注於經義似祇看得一層方氏慤云揖讓而升堂復下而飲不勝則材養不材之意也材養不材仁之道也君子當仁不讓於此安得不爭王氏謂求勝人而害之者小人之事也求勝人而養之者君子之事也與末節辭養之義相應射之所以飲不勝亦聖人制義之精也自故男子生以下雜引之以明射義之精微又此章之餘義

發而不失正鵠者其唯賢者乎

鄭注畫曰正棲皮曰鵠嵩燾案正與鵠二事棲皮與畫又屬二義朱子中庸注作畫布曰正衞氏集說因之則又與棲皮爲一義周禮司裘王大射其虎侯熊侯豹侯諸侯其熊侯豹侯卿大夫其麋侯皆設其鵠梓人爲侯參分其廣而鵠居一焉下云張皮侯而棲鵠張五采之侯張獸侯不云棲鵠是則大射張皮侯乃設鵠其不設鵠者鄉射記所云天子熊侯白質諸侯麋侯赤質大夫布侯畫以虎豹士布侯畫以鹿豕凡畫者丹質卽鄭注周禮所謂質正也而注射人之五正三正二正又云五正之侯中朱次白次蒼次黃元居外三正損元黃二正去白蒼而畫以朱綠然則五采之侯其正亦五采也

禮經所記別無證據鄉射記云侯道五十弓弓二寸以爲侯中倍中以爲躬倍躬以爲左右舌是侯身二丈而中一丈梓人云參分其廣而鵠居一鄭注天子侯中丈八尺則鵠六尺鄉射記鄉侯中十尺鵠蓋三尺三寸有奇疑中卽所謂白質赤質者侯中之中謂之正鄭衆馬融皆云十尺曰侯四尺曰鵠二尺曰正四寸曰質毛詩齊風傳亦云二尺曰正小爾雅云侯中者謂之鵠鵠中者謂之正正中者謂之槷賈逵則云四尺曰正鵠居其內禮經皆無明文似鄭氏爲得之而所云畫曰正者又主五色爲五正疑正卽質也畫獸其旁而空其中曰質射人云九節五正七節三正五節二正皆謂樂節不得更有五色爲五正如鄭氏所云也

禮記質疑卷四十六終

禮記質疑卷四十七

思賢講舍

湘陰郭嵩燾伯琛著

燕義

庶子官職諸侯卿大夫士之庶子之卒

鄭注卒皆讀爲倅諸子副代父者也嵩燾案說文隸人給事者爲卒鄭注周禮諸子掌國子之倅云故書倅爲卒說文無倅字鄭司農訓爲副倅鄭遂據國子爲公卿大夫士之副貳言之竊恐未然周禮師氏教國子以德行保氏養國子以道而教以藝屬之司徒凡國之貴游子弟學焉鄭注游無官師者此教國子之事也宮伯掌王宮之士庶子作其徒役之事邦有大事作宮衆則令之鄭司農云庶子宿衞之官鄭云士

庶子王宮諸吏之適庶子此庶子宿衛王宮之事也故屬之太宰諸子掌國子之倅而屬之司馬必非若師氏保氏之專敎國子所云掌其戒令與其敎治合其卒伍置其有司益爲國子之徒卒言也文王世子敘庶子之職而云若出疆之政庶子以公族之無事者守於公宮此云諸侯卿大夫士之庶子周禮謂之國子皆公族也庶子所領之國子益公族子弟之無爵位者其云別其等親疏之序也其云正其位公卿大夫士庶子之次也公卿大夫士之子領於庶子而屬之太子太子守國者也庶子率國子以其徒卒致於太子疑即文王世子守於公宮之義爲公族子弟之領於庶子者故司馬不得征也古者卒伍皆發之民司徒之職會萬民之卒伍凡起

徒役家一人而以其餘爲羨凡國之大事致民大故致餘子民者若後世之丁壯籍其名以供軍餘子者羨丁也以供役所謂上地家七人可任者家三人中地家六人可任者二家五人下地家五人可任者家二人卽合民與餘子計之國子之卒各發之於其族屬存游卒者就司徒所任之人數選取而別籍之爲游卒以待國子之徵發而使之就學以習射進者登諸庶子之版以待用退者除名也

又案儀禮大射儀獻賓獻公獻卿及射畢獻服不氏皆庶子設折俎公祭庶子贊授肺司馬請徹庶子正徹公俎其後旅酬獻庶子如獻士之禮宵則庶子執燭於阼階上並同燕禮而大射儀敘庶子之事爲詳疑此段當列射義之末所以推

廣言之言自公卿大夫士庶子之游倅皆使之入學以習於射蓋射者武事也聖人防民氣之囂也以禮樂化其氣質而和其心性又惡民氣之靡也立之射以便其手足而强其筋骨使之務於强而仍以禮樂行之此聖人之精義也合國子之游卒盡習於射而合其卒伍置其有司舉宗族之無事者皆可備甲兵之用亦所以推明習射之本義所重在射而已不繫乎庶子之事也芮氏城謂此與燕禮無與當删之而於射義關繫甚大知必爲兩章之錯簡矣

君立阼階之東南南鄉爾卿大夫皆少進定位也

孔疏引燕禮卿大夫入門右北面東上公南鄉爾卿卿西面北上爾大夫大夫皆少進皆北面鄭注儀禮亦云大夫猶北

面少前嵩燾案儀禮卿大夫入門右皆北面序立公南鄉爾卿而云阼階東南是必越中庭而南而後退立阼階下卿大夫皆趨而就西階東面序立曰卿西面北上爾大夫明大夫與卿相接其云大夫皆少進兼卿言之視前北面序立之處大夫之次最下者亦稍進也卿大夫皆西面立而後公揖而升經義極明而云大夫猶北面是不得爾卿矣孔疏大夫少進皆北面沿鄭注儀禮而失之

又案定位者始入門北面東上則卿東而大夫西繼而趨就西階東面北上則卿上而大夫下先定其位而後以次而升定位者猶後世之齊班也鄭注定位爲其始入蹴踖揖而安定也語殊迂曲

君獨升立席上西面特立莫敢適之義也

孔疏西面特立莫敢適言臣下莫敢與君匹敵而爲禮嵩燾案燕禮公升卽位於席西鄉而後納卿大夫卿大夫升就席賓筵於户西東上獻卿卷重席設於賓左東上諸公之席於阼階西北面東上大夫繼賓以西東上其獻賓及卿大夫皆於西階上是公席阼階西西面備賓主之禮而賓席户西猶賓禮也卿大夫皆席於賓左右諸公則阼階西無於西階東面面君者故曰西面特立特立無對待之辭也疏意似未分明

不以公卿爲賓而以大夫爲賓

鄭注公孤也孔疏上公得置孤孤止一人而燕禮云諸公鄭注彼云容牧有三監嵩燾案義疏云天子不以公爲賓諸侯

不以卿爲賓或通天子言之然燕禮若有諸公則先卿獻之如獻卿之禮席於阼階西北面東上無加席與獻卿卷重席而卿辭重席者禮又稍别不得爲天子之公明矣疑卿大夫老而致仕得謂之公故獻則先卿而重席之設北面之位禮又殺於卿也

席小卿次上卿大夫次小卿

孔疏云燕禮上卿在賓席之東小卿在賓席之西蒿毒案燕禮司宮筵賓於戶西東上射人請賓公曰命某爲賓鄭注某大夫也主人獻卿司宮卷重席設於賓左東上大夫繼賓以西東上三言東上明非一席賓一人亦云東上者尊賓也位於戶西而大夫繼賓以西明賓之亦爲大夫也安得有小卿

介乎其間孔氏乃以隔越賓席而云次上卿釋之徒爲迂曲而已案周制卿大夫士皆有等孟子自言卿大夫各爲一位儀禮略具其文記禮者引申而疏通之不必盡徵實也

俎豆牲體薦羞皆有等差

孔疏公及卿大夫士之節皆有等差燕禮不載無以言嵩燾案燕禮主人酬賓畢小臣請媵爵者下大夫二人媵爵公坐取大夫所媵爵以酬賓賓以旅酬於西階上是謂爲賓舉旅主人又獻卿畢二大夫媵爵如初公又行一爵若賓若長唯公所酬以旅於西階上是謂爲卿舉旅及樂作公舉奠爵唯所賜以旅於西階上是謂爲大夫舉旅及獻士畢賓媵觶於公公坐取賓所媵觶唯所賜受者如初受酬之禮是謂爲士舉旅盖初媵爵酬賓再媵爵酬賓及卿之長皆二大夫媵爵

示專敬也舉旅於大夫不媵爵舉旅於士用賓所媵爵庶子
及左右正及內小臣爲類而不舉旅此其等差之可見者

禮記質疑卷四十七終

禮記質疑卷四十八

思賢講舍

湘陰郭嵩燾伯琛著

聘義

上公七介侯伯五介子男三介

鄭注此皆遣卿出聘之介數也大行人職曰凡諸侯之卿其禮各下其君二等嵩燾案如鄭注是所云上公侯伯子男據遣聘之君言之然聘禮之使有卿有大夫此云上公侯伯子男而不言所遣之使則亦不能據以爲例疑諸侯相朝覲朝覲天子之禮自當稍殺記禮者舉上公侯伯子男之等以例其餘耳春秋傳記列國朝聘之介擯無及眾介之數者聘禮士介四人是五介也上介之禮亞於賓一食一饗而眾介無

之禮簡故不具也
卿為上擯大夫為承擯士為紹擯
孔疏主君公則擯者五人侯伯四人子男三人嵩燾案朱子論語集注云擯用命數之半是也周禮大行人上公之禮擯者五人侯伯四人子男三人王禮迎朝賓之擯以其爵為之等差而諸侯之擯無明文孔疏即據周禮為說然大行人之禮天子所以待諸侯諸侯待聘使之卿似不得上同於天子藍田呂氏謂當下其君二等上公當三人侯伯二人子男一人是又視聘賓介數以為之等而其禮皆無可徵周禮大宗伯王命諸侯則儐小行人掌賓客之禮籍為承而擯肆師大朝覲佐擯鄭注佐擯為承擯也小行人肆師皆下大夫司儀

掌擯相之事旅擯交擯擯之各以其禮公於上等侯伯於中等子男於下等司儀上士孔疏於此云擯者五人則士爲紹擯三人四人則士爲紹擯二人三人則士爲紹擯一人所謂擯之各以其禮也聘禮者諸侯之禮也而此所引實據王禮言之記禮者亦約略爲之辭耳

以圭璋聘重禮也已聘而還圭璋此輕財重禮之義也

鄭注圭璋用之還之皆爲重禮財謂璧琮享幣也受之爲輕財嵩燾案聘禮圭璋皆還於館而享用束帛加璧享夫人用琮不還主人致束紡禮玉束帛乘皮以報聘君鄭意圭璋重不能反報故還之璧琮則反報以分釋重禮輕財之義然圭璋聘以將禮璧琮享以通情情親而禮尊經文明主圭璋言

之鄭注兼璧琮爲說似屬歧出其釋還圭璋之義又云不可
以己所有遙復之意據圭璋爲命圭典瑞公執桓圭侯執信
圭伯執躬圭子執穀璧男執蒲璧以朝覲宗遇會同於王所
謂命圭也朝天子則執以合符典瑞又云瑑圭璋璧琮以頫
聘鄭司農云瑑有圻鄂瑑起聘禮之圭璋則瑑圭也聘使所
執之圭不得爲命圭明矣

出入三積

孔疏待客三積者謂上公之臣司儀云諸公之臣相爲國客
則三積嵩燾案周禮掌客子男三積五牢米二十車禾三十
車乘禽日五十雙凡諸侯之卿大夫士爲國客如其介之禮
以待之大行人凡諸侯之卿其禮各下其君二等卽謂介也

是諸侯之卿聘其禮當視子男米及乘禽之數與周禮微有異同記禮者亦略舉爲之辭耳

故聖王之貴勇敢强有力如此也

孔疏質明而始行事以下申明行聘之時此是聘禮酒清人飢而不敢飲謂射禮也勇敢射之所須强有力聘之所須前論聘稱强有力後論射則云勇敢嵩燾案孔意以章段首言聘射之禮因析分二事言之疑此爲聘禮之餘義聘射本二事經言聘義而兼及射蓋聖人制爲射禮以道民於强而飾之以禮樂使有以自勝其質氣一聘禮也而有食有饗有燕習爲委曲繁重之節文而無敢或怠與慢而卿大夫敘射之五物揖讓之文强武之實一以射禮習之記禮者於此發明

聖人制禮之微旨而兼聘射二者以著其功用爲安國治民之本聘之有射卽燕射也凡禮之行多由於射獨於聘義兼言之者聘以交鄰國强與弱之相接國之寵辱係焉大戴禮無此一段則此爲小戴氏推論聖人教民習射之原而發其微意如此孔疏之言大失經旨

孚尹旁達

鄭注孚讀爲浮尹讀如筠嵩燾案禮器疏筠竹之青皮也以浮筠爲玉之釆色語殊不類藍田呂氏云信發於中謂之孚尹或訓誠亦信也山陰陸氏云尹正也孚尹猶言信正言玉堅貞之德外達就字解義於辭亦覺不文說文卵孚字通通俗文卵化曰孚卵因伏而孚以喻玉之蘊藏於石而剖而治

之説文尹治也旁達者言玉在石而徵見於外就玉之未剖者言之與下天地三者爲一例聘用圭璋因以論玉終篇又承上節而推論其餘義

禮記質疑卷四十八終

禮記質疑卷四十九

思賢講舍

湘陰郭嵩燾伯琛著

喪服四制

資於事父以事母而愛同天無二日土無二王國無二君家無二尊以一治之也故父在爲母齊衰期者見無二尊也

案鄭注以此一段四十五字屬之上節以節制者也之下孔疏云自資於事父以下更明節制欲尊歸於一大戴本此四十五字在三日而食上先言喪服之有制次言喪期之有制於文爲順此當爲錯簡耳

杖者何也爵也三日授子杖五日授大夫杖七日授士杖或曰擔主或曰輔病婦人童子不杖不能病也

孔疏權制之中所以先明杖者以下有不應杖而杖又有應杖而不杖皆是權宜故先舉正杖於上嵩燾案喪服傳杖者何爵也無爵而杖者何擔主也非主而杖者何輔病也如諸侯爲天子天子諸侯卿大夫之臣爲君所謂杖者爵也庶人無爵而爲主則杖童子當室則杖女子子在室其主喪者不杖則子一人杖所謂擔主也擔者承荷之謂也庶子拜賓不杖而居次則杖婦人爲夫爲長子姑在亦杖所謂輔病也杖者正也而統於爵而杖是以權制也爲喪主則不應杖而杖亦以權制也輔病則不應杖而杖亦以權制也合喪服傳與此求之可以知其義矣

凡此八者以權制者也

孔疏所謂八者謂應杖不杖不應杖而杖一也扶而起二也杖而起三也面垢四也禿者五也傴者六也跛者七也老病者八也嵩燾案庾氏蔚之以父在爲母期爲八者之一而不數婦人童子不杖呂氏大臨亦以父在爲母期爲八者之一而不數扶而起疑父在爲母期不得爲權扶而起杖而起則非權也婦人童子不杖承上輔病爲言據婦爲舅姑言之爲夫爲長子則亦杖也八者何爵也擔主也輔病也扶而起杖而起及面垢之異也其下四者並同舊注此須融貫經旨而後能辨而知之

然而曰言不文者謂臣下也

鄭注言不文者謂喪事辨不所當共也嵩燾案鄭意謂喪事

所當其與否當一辨之辨則文矣呂氏大臨云言而後事行者杖而起故言不文此大夫士之喪禮也記禮者旣引高宗三年不言又引孝經言不文疑不言與孝經之文相刺繆故以臣下釋之明非爲天子者之喪節也下更推言唯而不對對而不言言而不議議而不及樂之別

嵩燾寡昧讀書無多不敢侈言論述而於禮經之文頗深求其義以知其曲折自漢以來諸儒論說各有發明亦頗能辨其得失

國朝經師推求文字之原以盡其變其制義尤精其辭尤辨亦幾窮極諸經之蘊而無餘憾矣嵩燾區區獨謂禮經之文多明先王制禮之義例今禮文可徵獨有周禮儀禮而春秋

三傳亦時有闡明推見三代之禮之遺凡記之言皆有據依稍與疏證之諸所劄記有同先儒之說視所徵引足以增益學識輒加錄採以廣見聞其無所發明即同舊說不復注明亦時有所見偶合而缺於援討無從指證意取暢明經旨而已原不敢以剽竊舊聞自矜博攬故亦不復有所避忌謹述其略幸覽者詳焉郭嵩燾謹記

禮記質疑卷四十九終